SPANISCH
DEUTSCH

WÖRTERBUCH • DICCIONARIO

ALEMÁN
ESPAÑOL

Berlitz Dictionaries

Dansk	Engelsk, Fransk, Italiensk, Spansk, Tysk
Deutsch	Dänisch, Englisch, Finnisch, Französisch, Italienisch, Niederländisch, Norwegisch, Portugiesisch, Schwedish, Spanisch
English	Danish, Dutch, Finnish, French, German, Italian, Norwegian, Portuguese, Spanish, Swedish, Turkish
Español	Alemán, Danés, Finlandés, Francés, Holandés, Inglés, Noruego, Sueco
Français	Allemand, Anglais, Danois, Espagnol, Finnois, Italien, Néerlandais, Norvégien, Portugais, Suédois
Italiano	Danese, Finlandese, Francese, Inglese, Norvegese, Olandese, Svedese, Tedesco
Nederlands	Duits, Engels, Frans, Italiaans, Portugees, Spaans
Norsk	Engelsk, Fransk, Italiensk, Spansk, Tysk
Português	Alemão, Francês, Holandês, Inglês, Sueco
Suomi	Englanti, Espanja, Italia, Ranska, Ruotsi, Saksa
Svenska	Engelska, Finska, Franska, Italienska, Portugisiska, Spanska, Tyska

SPANISCH DEUTSCH

WÖRTERBUCH • DICCIONARIO

ALEMÁN ESPAÑOL

mit Minigrammatik
con sección de mini-gramática

Library of Congress Catalog Card Number 78-78101

2nd revised edition 1994 – 5th printing 1997
Printed in the Netherlands

Inhaltsverzeichnis

Indice

	Seite		Página
Vorwort	6	Prefacio	7
Erläuterungen	11	Introducción	179
Aussprache	12	Guía de pronunciación	180
SPANISCH-DEUTSCHES WÖRTERBUCH	15	DICCIONARIO ESPAÑOL-ALEMÁN	15
Aus der Speisekarte	137	Léxico gastronómico	341
Minigrammatik	150	Mini-gramática	357
Spanische Abkürzungen	167	Abreviaturas alemanas	365
Zahlwörter	169	Numerales	367
Uhrzeit	170	La hora	368
Nützliche Redewendungen	171	Algunas expresiones útiles	171
DEUTSCH-SPANISCHES WÖRTERBUCH	183	DICCIONARIO ALEMÁN-ESPAÑOL	183

Vorwort

Bei der Auswahl der 12 500 Begriffe, die in jedem der beiden Teile dieses Wörterbuchs enthalten sind, standen die Bedürfnisse des Reisenden stets im Vordergrund. Dieses handliche und praktische, mit Hilfe einer Datenbank erstellte Wörterbuch wird sich deshalb für alle Reisende – ob Touristen oder Geschäftsleute –, aber auch für Anfänger und Sprachschüler als unschätzbarer Helfer erweisen. Es enthält den Grundwortschatz und alle wichtigen Ausdrücke, die man benötigt, um sich im Alltag in jeder Lage zurechtzufinden.

Wie unsere Sprachführer und Reiseführer paßt auch dieses Wörterbuch in jede Jacken- oder Handtasche und ist so immer griffbereit. Neben all dem, was man von einem Wörterbuch erwartet, bietet es noch diese besonderen Vorteile:

- Die internationale Lautschrift (IPA) nach jedem Stichwort in der Fremdsprache löst alle Ausspracheprobleme.
- Ein einzigartiges kulinarisches Lexikon hilft beim Lesen der Speise- und Getränkekarte und enträtselt all die unbekannten Gerichte und Zutaten.
- Nützliche Hinweise über Zeitangaben, Grund- und Ordnungszahlen, unregelmäßige Verben und übliche Abkürzungen werden ergänzt durch einige Sätze, die in alltäglichen Situationen zustatten kommen.

Selbstverständlich kann kein Wörterbuch dieses Formats Anspruch auf Vollständigkeit erheben. Wir glauben jedoch, daß der Benutzer dieses Buches sich mit Zuversicht auf die Reise machen kann. Es versteht sich, daß wir jede Art von Kommentar, Kritik oder Anregung begrüßen, die uns helfen, zukünftige Auflagen zu verbessern.

Prefacio

Al seleccionar las 12 500 palabras-conceptos en cada una de las lenguas de este diccionario, los redactores han tenido muy en cuenta las necesidades del viajero. Esta obra es indispensable para millones de viajeros, turistas y hombres de negocios, quienes apreciarán la seguridad que aporta un diccionario pequeño y práctico. Tanto a ellos como a los principiantes y estudiantes les ofrece todo el vocabulario básico que encontrarán o deberán emplear en el lenguaje de todos los días; les proporciona las palabras clave y las expresiones que les permitirán enfrentarse a las situaciones de la vida diaria.

Al igual que nuestros conocidos manuales de conversación y guías turísticas, estos diccionarios – realizados en computadora con la ayuda de un banco de datos – han sido ideados para llevarse en el bolsillo o en un bolso de mano, asumiendo de este modo su papel de compañeros disponibles en todo momento.

Además de las nociones que de ordinario ofrece un diccionario, encontrará:

- una transcripción fonética tan sencilla que facilita la lectura, aun cuando la palabra extranjera parezca impronunciable
- un léxico gastronómico inédito que le hará «descifrar» los menús en un restaurante extranjero, revelándole el secreto de los platos complicados y los misterios de la cuenta
- informaciones prácticas que le ayudarán a comunicar la hora y a contar, así como a utilizar los verbos irregulares, las abreviaturas más comunes y algunas expresiones útiles.

Ningún diccionario de este formato puede tener la pretensión de ser completo, pero el fin de este libro es permitir que quien lo emplee posea un arma para enfrentarse con confianza al viaje en el extranjero. Sin embargo, recibiremos con gusto los comentarios, críticas y sugestiones que con toda seguridad nos permitirán preparar las futuras ediciones.

spanisch-deutsch

español-alemán

Erläuterungen

Die Gestaltung des Wörterverzeichnisses wird allen praktischen Anforderungen gerecht. Unnötige sprachwissenschaftliche Angaben wurden weggelassen. Alle Eintragungen sind alphabetisch geordnet, egal ob das Stichwort in einem Wort oder als zwei oder mehr Wörter geschrieben wird. Die einzige Ausnahme von dieser Regel bilden einige idiomatische Wendungen, deren wichtigstes Wortglied als Stichwort dient. Untergeordnete Eintragungen wie übliche Redewendungen oder festgelegte Ausdrücke sind ebenfalls alphabetisch geordnet[1].

Jedem Stichwort folgt eine Aussprachebezeichnung (siehe Erklärung der Lautschrift). Der Umschrift folgt gegebenenfalls die Angabe der Wortart. Kann eine Vokabel mehreren Wortarten angehören, so stehen die Wortbedeutungen nach der Angabe der entsprechenden Wortart.

Soll eine Eintragung wiederholt werden, so vertritt die Tilde (~) die ganze vorangegangene Eintragung.

Ein Sternchen (*) vor einem Verb bedeutet, daß es unregelmäßig konjugiert wird (siehe Tabelle der unregelmäßigen Verben).

Dieses Wörterbuch baut auf dem Kastilischen auf. Alle ausschließlich mexikanischen Wörter und Wortbedeutungen sind entsprechend gekennzeichnet (siehe Tabelle der im Wörterbuch verwendeten Abkürzungen).

Abkürzungen

adj	Adjektiv
adv	Adverb
art	Artikel
conj	Konjunktion
f	Femininum
fMe	Femininum (mexikanisch)
fpl	Femininum Plural
fplMe	Femininum Plural (mexikanisch)
m	Maskulinum
Me	Mexikanisch
mMe	Maskulinum (mexikanisch)
mpl	Maskulinum Plural
mplMe	Maskulinum Plural (mexikanisch)
nt	Neutrum
ntpl	Neutrum Plural
num	Numerale
pl	Plural
pref	Präfix
prep	Präposition
pron	Pronomen
v	Verb
vMe	Verb (mexikanisch)

[1] Im Vergleich zur deutschen weist die spanische alphabetische Ordnung drei Besonderheiten auf: die Buchstabengruppe *ch* gilt als eigener Buchstabe und steht nach *c*; die Buchstabengruppe *ll* gilt als eigener Buchstabe und steht nach *l*; *ñ* steht nach *n*.

Aussprache

In diesem Teil des Wörterbuchs ist zu jedem Stichwort die Aussprache in Internationaler Lautschrift (IPA) angegeben. Jedes einzelne Zeichen dieser Umschrift steht für einen ganz bestimmten Laut. Zeichen, die hier nicht erklärt sind, werden ungefähr wie die entsprechenden Buchstaben im Deutschen ausgesprochen.

Konsonanten

β	ein schwacher **b**-Laut, fast ein **w**
ð	ein schwacher **d**-Laut, fast ein **s** wie in Rose, aber gelispelt
γ	ein stimmhafter **ch**-Laut, manchmal fast ein schwaches **g**
ʎ	wie **lli** in Mi**lli**on
ŋ	wie **ng** in Ri**ng**
ɲ	wie **nj** in So**nj**a
r	mit der Zungenspitze gerollt
s	immer wie in e**s**
θ	wie **s** in e**s**, aber gelispelt
w	ein flüchtiger **u**-Laut, ungefähr wie in Rit**u**al
z	wie **s** in Ro**s**e
tʃ	wie **tsch** in rut**sch**en

Vokale

Die Vokale entsprechen ungefähr den deutschen, sind aber nie lang. Zur Vereinfachung unterscheiden wir nicht zwischen geschlossenem und offenem **e** und **o**, denn dieser Unterschied spielt keine Rolle bei der Verständigung. Sie werden die beiden Klangfarben von **e** (wie in R**e**flex) und **o** (wie in R**oh**k**o**st) jedoch *hören* und können sie ohne weiteres nachahmen.

Diphthonge

Ein Diphthong besteht aus zwei Vokalen, von denen der eine stärker (betont) und der andere schwächer (unbetont) ist und die zusammen als »gleitender« Laut ausgesprochen werden, wie z.B. **ai** in M**ai**. Folgende Diphthonge sind zu beachten:

ei nicht wie in **ei**ns! Der erste Laut ist **e** wie in fest

eu nicht wie in n**eu**, sondern **e** wie in fest mit folgendem flüchtigem **u**-Laut

Betonung

Das Zeichen (') steht vor der betonten Silbe.

Lateinamerikanische Aussprache

Unsere Umschrift gibt die Aussprache der spanischen Landessprache, des Kastilischen, wieder. In den meisten Gebieten Lateinamerikas sind zwei kastilische Laute praktisch unbekannt:

1) **ll** wird statt [ʎ] meist wie ein spanisches **y** [j] ausgesprochen; in der Gegend des Río de la Plata spricht man **ll** und **y** als [ʒ] (wie **g** in Eta**g**e).

2) Die Buchstaben **c** (vor **e** und **i**) und **z** werden als [s], nicht als [θ] gesprochen.

A

a [a] *prep* zu, an; bei; **a las** ... um ... Uhr
abacería [aβaθe'ria] *f* Lebensmittelgeschäft *nt*
abacero [aβa'θero] *m* Lebensmittelhändler *m*
abadía [aβa'ðia] *f* Abtei *f*
abajo [a'βaxo] *adv* hinunter, unten; hinab, nieder, herab; **hacia** ~ nach unten, abwärts
abandonar [aβando'nar] *v* *verlassen
abanico [aβa'niko] *m* Fächer *m*
abarrotería [aβarrote'ria] *fMe* Lebensmittelgeschäft *nt*
abarrotero [aβarro'tero] *mMe* Lebensmittelhändler *m*
abastecimiento [aβasteθi'mjento] *m* Zufuhr *f*
abatido [aβa'tiðo] *adj* niedergeschlagen
abecedario [aβeθe'darjo] *m* Alphabet *nt*
abedul [aβe'ðul] *m* Birke *f*
abeja [a'βexa] *f* Biene *f*
abertura [aβer'tura] *f* Öffnung *f*
abierto [a'βjerto] *adj* offen
abismo [a'βizmo] *m* Abgrund *m*
ablandador [aβlanda'ðor] *m* Enthärtungsmittel *nt*
ablandar [aβlan'dar] *v* mildern
abogado [aβo'γaðo] *m* Rechtsanwalt *m*, Anwalt *m*; Anhänger *m*
abolir [aβo'lir] *v* abschaffen
abolladura [aβoʎa'ðura] *f* Beule *f*
abonado [aβo'naðo] *m* Abonnent *m*
abono [a'βono] *m* Dünger *m*
aborto [a'βorto] *m* Fehlgeburt *f*; Abortus *m*
abrazar [aβra'θar] *v* umarmen; liebkosen
abrazo [a'βraθo] *m* Umarmung *f*
abrecartas [aβre'kartas] *m* Brieföffner *m*
abrelatas [aβre'latas] *m* Büchsenöffner *m*, Dosenöffner *m*
abreviatura [aβreβja'tura] *f* Abkürzung *f*
abrigar [aβri'γar] *v* schützen
abrigo [a'βriγo] *m* Mantel *m*; ~ **de pieles** Pelzmantel *m*
abril [a'βril] April
abrir [a'βrir] *v* öffnen; *aufschließen; andrehen
abrochar [aβro'tʃar] *v* knöpfen
abrupto [a'βrupto] *adj* schroff, steil
absceso [aβs'θeso] *m* Abszeß *m*
absolución [aβsolu'θjon] *f* Freispruch *m*
absolutamente [aβsoluta'mente] *adv* völlig
absoluto [aβso'luto] *adj* absolut; gänzlich

abstemio [aβs'temjo] *m* Abstinenzler *m*
* **abstenerse de** [aβste'nerse] sich *enthalten
abstracto [aβs'trakto] *adj* abstrakt
absurdo [aβ'surðo] *adj* absurd, widersinnig; närrisch
abuela [a'βwela] *f* Großmama *f*, Oma *f*, Großmutter *f*
abuelo [a'βwelo] *m* Großpapa *m*, Opa *m*, Großvater *m*; **abuelos** *mpl* Großeltern *pl*
abundancia [aβun'danθja] *f* Überfluß *m*, Fülle *f*; Menge *f*
abundante [aβun'dante] *adj* reichlich
abundar [aβun'dar] *v* strotzen
aburrido [aβu'rriðo] *adj* langweilig
aburrimiento [aβurri'mjento] *m* Verdruß *m*
aburrir [aβu'rrir] *v* langweilen
abusar de [aβu'sar] ausbeuten
abuso [a'βuso] *m* Mißbrauch *m*
acá [a'ka] *adv* hier
acabar [aka'βar] *v* beenden; **acabado** alle; vorbei
academia [aka'ðemja] *f* Akademie *f*; ~ **de bellas artes** Kunstakademie *f*
acallar [aka'ʎar] *v* zum Schweigen *bringen
acampador [akampa'ðor] *m* Camper *m*
acampar [akam'par] *v* zelten
acantilado [akanti'laðo] *m* Klippe *f*
acariciar [akari'θjar] *v* verhätscheln
acaso [a'kaso] *adv* vielleicht
accesible [akθe'siβle] *adj* zugänglich
acceso [ak'θeso] *m* Zutritt *m*; Zugang *m*
accesorio [akθe'sorjo] *adj* nebensächlich; **accesorios** *mpl* Zubehör *nt*
accidental [akθiðen'tal] *adj* zufällig
accidente [akθi'ðente] *m* Unglück *nt*, Unfall *m*; ~ **aéreo** Flugzeugabsturz *m*
acción [ak'θjon] *f* Aktie *f*; Aktion *f*, Handlung *f*
acechar [aθe'tʃar] *v* auflauern
aceite [a'θeite] *m* Öl *nt*; ~ **bronceador** Sonnenöl *nt*; ~ **de mesa** Salatöl *nt*; ~ **de oliva** Olivenöl *nt*; ~ **lubricante** Schmieröl *nt*; ~ **para el pelo** Haaröl *nt*
aceitoso [aθei'toso] *adj* ölig
aceituna [aθei'tuna] *f* Olive *f*
acelerador [aθelera'ðor] *m* Gaspedal *nt*
acelerar [aθele'rar] *v* beschleunigen
acento [a'θento] *m* Akzent *m*; Betonung *f*
acentuar [aθen'twar] *v* betonen
aceptar [aθep'tar] *v* akzeptieren, *annehmen
acera [a'θera] *f* Bürgersteig *m*; Gehweg *m*
acerca de [a'θerka de] über
acercarse [aθer'karse] *v* sich nähern
acero [a'θero] *m* Stahl *m*; ~ **inoxidable** nichtrostender Stahl
* **acertar** [aθer'tar] *v* *treffen; *erraten
acidez [aθi'ðeθ] *f* Sodbrennen *nt*
ácido ['aθiðo] *m* Säure *f*
aclamar [akla'mar] *v* zujubeln
aclaración [aklara'θjon] *f* Erläuterung *f*
aclarar [akla'rar] *v* klarstellen
acné [ak'ne] *m* Akne *f*
acogida [ako'xiða] *f* Aufnahme *f*
acomodación [akomoða'θjon] *f* Unterkunft *f*
acomodado [akomo'ðaðo] *adj* wohlhabend
acomodador [akomoða'ðor] *m* Platzanweiser *m*
acomodadora [akomoða'ðora] *f* Platzanweiserin *f*
acomodar [akomo'ðar] *v* *unterbringen
acompañar [akompa'ɲar] *v* begleiten
aconsejar [akonse'xar] *v* *anraten, *ra-

ten; *empfehlen
***acontecer** [akonte'θer] *v* sich ereignen
acontecimiento [akonteθi'mjento] *m* Ereignis *nt*
***acordar** [akor'ðar] *v* übereinstimmen; ***acordarse** *v* *behalten, sich erinnern, sich *entsinnen
acortar [akor'tar] *v* verkürzen
***acostar** [akos'tar] *v* niederlegen; ***acostarse** *v* zu Bette *gehen
acostumbrado [akostum'braðo] *adj* gewohnt; gewöhnt, üblich
acostumbrar [akostum'brar] *v* gewöhnen
***acrecentarse** [akreθen'tarse] *v* *zunehmen
acreditar [akreði'tar] *v* kreditieren
acreedor [akree'ðor] *m* Gläubiger *m*
actitud [akti'tuð] *f* Einstellung *f*; Haltung *f*
actividad [aktiβi'ðað] *f* Aktivität *f*
activo [ak'tiβo] *adj* aktiv
acto ['akto] *m* Tat *f*; Akt *m*
actor [ak'tor] *m* Schauspieler *m*
actriz [ak'triθ] *f* Schauspielerin *f*
actual [ak'twal] *adj* gegenwärtig; aktuell
actualmente [aktwal'mente] *adv* jetzt
actuar [ak'twar] *v* *vorgehen; spielen
acuarela [akwa'rela] *f* Aquarell *nt*
acuerdo [a'kwerðo] *m* Einverständnis *nt*; Akkord *m*, Abkommen *nt*, Regelung *f*; **¡de acuerdo!** einverstanden!, in Ordnung!; ***estar de ~ con** billigen
acumulador [akumula'ðor] *m* Akku *m*
acusación [akusa'θjon] *f* Anklage *f*
acusado [aku'saðo] *m* Angeklagte *m*
acusar [aku'sar] *v* beschuldigen; anklagen
adaptador [aðapta'ðor] *m* Adapter *m*
adaptar [aðap'tar] *v* anpassen; anpassen an
adecuado [aðe'kwaðo] *adj* entsprechend; angemessen, geeignet
adelantar [aðelan'tar] *v* *vorwärtskommen; **por adelantado** im voraus, vorher; **prohibido ~** Überholen verboten
adelante [aðe'lante] *adv* vorwärts
adelanto [aðe'lanto] *m* Fortschritt *m*
adelgazar [aðelγa'θar] *v* *abnehmen
además [aðe'mas] *adv* außerdem, überdies; ferner; **~ de** außer
adentro [a'ðentro] *adv* drinnen, hinein; **hacia ~** nach innen
adeudado [aðeu'ðaðo] *adj* schuldig
adición [aði'θjon] *f* Addition *f*; Hinzufügung *f*
adicional [aðiθjo'nal] *adj* zusätzlich
adicionar [aðiθjo'nar] *v* addieren
¡adiós! [a'ðjos] auf Wiedersehen!
adivinanza [aðiβi'nanθa] *f* Rätsel *nt*
adivinar [aðiβi'nar] *v* *raten
adjetivo [aðxe'tiβo] *m* Eigenschaftswort *nt*
administración [aðministra'θjon] *f* Verwaltung *f*; Vorstand *m*
administrar [aðminis'trar] *v* verwalten; führen; verabreichen
administrativo [aðministra'tiβo] *adj* Verwaltungs-
admirable [aðmi'raβle] *adj* bewundernswert
admiración [aðmira'θjon] *f* Bewunderung *f*
admirador [aðmira'ðor] *m* Fan *m*
admirar [aðmi'rar] *v* bewundern
admisión [aðmi'sjon] *f* Zulassung *f*; Zutritt *m*
admitir [aðmi'tir] *v* *einlassen; einräumen, *zugeben
adonde [a'ðonde] *adv* wo
adoptar [aðop'tar] *v* adoptieren; *annehmen
adorable [aðo'raβle] *adj* reizend

adorar [aðo'rar] *v* verehren
adormidera [aðormi'ðera] *f* Mohn *m*
adorno [a'ðorno] *m* Verzierung *f*
adquirible [aðki'riβle] *adj* erhältlich, vorrätig
***adquirir** [aðki'rir] *v* *erwerben
adquisición [aðkisi'θjon] *f* Neuerwerbung *f*
aduana [a'dwana] *f* Zollbehörde *f*
adulto [a'ðulto] *adj* erwachsen; *m* Erwachsene *m*
adverbio [að'βerβjo] *m* Adverb *nt*
advertencia [aðβer'tenθja] *f* Warnung *f*
***advertir** [aðβer'tir] *v* warnen; bemerken
aerolínea [aero'linea] *f* Fluglinie *f*
aeropuerto [aero'pwerto] *m* Flughafen *m*
aerosol [aero'sol] *m* Spray *nt*
afamado [afa'maðo] *adj* berühmt
afección [afek'θjon] *f* Erkrankung *f*
afectado [afek'taðo] *adj* geziert
afectar [afek'tar] *v* beeinflussen; sich *beziehen auf; *vorgeben
afeitadora eléctrica [afeita'ðora e'lektrika] Rasierapparat *m*
afeitarse [afei'tarse] *v* sich rasieren; **máquina de afeitar** Rasierapparat *m*
afición [afi'θjon] *f* Liebhaberei *f*, Steckenpferd *nt*
aficionado [afiθjo'naðo] *m* Anhänger *m*
afilar [afi'lar] *v* *schleifen, schärfen; **afilado** scharf
afiliación [afilja'θjon] *f* Mitgliedschaft *f*
afiliado [afi'ljaðo] *adj* angegliedert
afirmación [afirma'θjon] *f* Behauptung *f*
afirmar [afir'mar] *v* behaupten
afirmativo [afirma'tiβo] *adj* bejahend
aflicción [aflik'θjon] *f* Betrübnis *f*
afligido [afli'xiðo] *adj* betrübt; ***estar ~** sich grämen
afluente [a'flwente] *m* Nebenfluß *m*
afortunado [afortu'naðo] *adj* glücklich
África ['afrika] *f* Afrika
África del Sur ['afrika del sur] Südafrika
africano [afri'kano] *adj* afrikanisch; *m* Afrikaner *m*
afuera [a'fwera] *adv* draußen; **hacia ~** nach draußen
afueras [a'fweras] *fpl* Außenbezirke *mpl*
agarradero [aɣarra'ðero] *m* Halt *m*
agarrar [aɣa'rrar] *v* *ergreifen; **agarrarse** *v* sich *festhalten
agarre [a'ɣarre] *m* Griff *m*
agencia [a'xenθja] *f* Agentur *f*, Vertretung *f*; **~ de viajes** Reisebüro *nt*
agenda [a'xenda] *f* Merkbuch *nt*
agente [a'xente] *m* Agent *m*; **~ de policía** Schutzmann *m*
ágil ['axil] *adj* gelenkig
agitación [axita'θjon] *f* Erregung *f*; Geschäftigkeit *f*
agitar [axi'tar] *v* aufreizen
agosto [a'ɣosto] August
agotado [aɣo'taðo] *adj* ausverkauft
agotar [aɣo'tar] *v* aufbrauchen
agradable [aɣra'ðaβle] *adj* angenehm; erfreulich; nett
***agradecer** [aɣraðe'θer] *v* danken
agradecido [aɣraðe'θiðo] *adj* erkenntlich, dankbar
agrario [a'ɣrarjo] *adj* agrarisch
agraviar [aɣra'βjar] *v* Unrecht *tun
agregar [aɣre'ɣar] *v* hinzufügen
agresivo [aɣre'siβo] *adj* aggressiv
agrícola [a'ɣrikola] *adj* Landwirtschafts-
agricultura [aɣrikul'tura] *f* Landwirtschaft *f*
agrio ['aɣrjo] *adj* sauer
agua ['aɣwa] *f* Wasser *nt*; **~ corrien-**

te fließendes Wasser; ~ **de mar** Meerwasser *nt*; ~ **de soda** Selterswasser *nt*; ~ **dulce** Süßwasser *nt*; ~ **helada** Eiswasser *nt*; ~ **mineral** Mineralwasser *nt*; ~ **potable** Trinkwasser *nt*
aguacero [aγwa'θero] *m* Schauer *m*; Regenschauer *m*, Regenguß *m*
aguafuerte [aγwa'fwerte] *f* Radierung *f*
aguanieve [aγwa'njeβe] *f* Matsch *m*
aguantar [aγwan'tar] *v* dulden
aguardado [aγwar'ðaðo] erwartet
aguardar [aγwar'dar] *v* erwarten
agudo [a'γuðo] *adj* scharf; akut
águila ['aγila] *m* Adler *m*
aguja [a'γuxa] *f* Nadel *f*; Spitze *f*; **labor de** ~ Handarbeit *f*
agujero [aγu'xero] *m* Loch *nt*
ahí [a'i] *adv* dort
ahogar [ao'γar] *v* *ertrinken; **ahogarse** *v* *ertrinken
ahora [a'ora] *adv* jetzt; **de** ~ **en adelante** von nun an; **hasta** ~ bisher
ahorrar [ao'rrar] *v* sparen
ahorros [a'orros] *mpl* Ersparnisse *fpl*; **caja de** ~ Sparkasse *f*
ahuyentar [aujen'tar] *v* verjagen
aire ['aire] *m* Luft *f*; ~ **acondicionado** Klimaanlage *f*; **cámara de** ~ Schlauch *m*; ***tener aires de** *aussehen
airear [aire'ar] *v* lüften
aireo [ai'reo] *m* Lüftung *f*
airoso [ai'roso] *adj* luftig
aislado [aiz'laðo] *adj* abgeschieden
aislador [aizla'ðor] *m* Isolator *m*
aislamiento [aizla'mjento] *m* Isolation *f*; Isolierung *f*
aislar [aiz'lar] *v* isolieren
ajedrez [axe'ðreθ] *m* Schach *nt*
ajeno [a'xeno] *adj* fremd
ajetrearse [axetre'arse] *v* sich abmühen
ajo ['axo] *m* Knoblauch *m*
ajustar [axus'tar] *v* anpassen; regulieren
ala ['ala] *f* Flügel *m*
alabar [ala'βar] *v* loben
alambre [a'lambre] *m* Draht *m*
alargar [alar'γar] *v* verlängern; *übergeben
alarma [a'larma] *f* Alarm *m*; ~ **de incendio** Feueralarm *m*
alarmante [alar'mante] *adj* unheimlich
alarmar [alar'mar] *v* alarmieren
alba ['alβa] *f* Morgendämmerung *f*
albañil [alβa'ɲil] *m* Maurer *m*
albaricoque [alβari'koke] *m* Aprikose *f*
albergue para jóvenes [al'βerγe 'para 'xoβenes] Jugendherberge *f*
alborotador [alβorota'ðor] *adj* streitsüchtig
alboroto [alβo'roto] *m* Krach *m*, Lärm *m*, Tumult *m*
álbum ['alβum] *m* Album *nt*
alcachofa [alka'tʃofa] *f* Artischocke *f*
alcalde [al'kalðe] *m* Bürgermeister *m*
alcance [al'kanθe] *m* Bereich *m*
alcanzable [alkan'θaβle] *adj* erreichbar
alcanzar [alkan'θar] *v* erreichen
alce ['alθe] *m* Elch *m*
alcohol [al'kol] *m* Alkohol *m*; ~ **de quemar** Brennspiritus *m*
alcohólico [al'koliko] *adj* alkoholisch
aldea [al'dea] *f* Weiler *m*
alegrar [ale'γrar] *v* aufheitern
alegre [a'leγre] *adj* heiter, fröhlich, freudig; erfreut, lustig
alegría [ale'γria] *f* Heiterkeit *f*; Freude *f*, Fröhlichkeit *f*
alejar [ale'xar] *v* entfernen
alemán [ale'man] *adj* deutsch; *m* Deutsche *m*
Alemania [ale'manja] *f* Deutschland
***alentar** [alen'tar] *v* ermutigen
alergia [a'lerxja] *f* Allergie *f*
alfiler [alfi'ler] *m* Stecknadel *f*
alfombra [al'fombra] *f* Teppich *m*

alfombrilla [alfom'briʎa] *f* Vorleger *m*
álgebra ['alɣeβra] *f* Algebra *f*
algo ['alɣo] *pron* etwas; *adv* ziemlich
algodón [alɣo'ðon] *m* Baumwolle *f*; Watte *f*; **de ~** Baumwoll-
alguien ['alɣjen] *pron* jemand
alguno [al'ɣuno] *adj* irgendein; **algunos** *adj* einige; *pron* manche
alhaja [a'laxa] *f* Kleinod *nt*
alharaca [ala'raka] *f* Getue *nt*
aliado [a'ljaðo] *m* Verbündete *m*; **Aliados** *mpl* Alliierten *mpl*
alianza [a'ljanθa] *f* Bündnis *nt*
alicates [ali'kates] *mpl* Zange *f*
alienado [alje'naðo] *m* Irre *m*
aliento [a'ljento] *m* Atem *m*
alimentar [alimen'tar] *v* ernähren
alimento [ali'mento] *m* Speise *f*; Kost *f*, Essen *nt*
alivio [a'liβjo] *m* Erleichterung *f*
alma ['alma] *f* Seele *f*; Geist *m*
almacén [alma'θen] *m* Lager *nt*, Depot *nt*, Lagerraum *m*, Lagerhaus *nt*; Laden *m*; **~ de licores** Spirituosenladen *m*; **grandes almacenes** Kaufhaus *nt*
almacenaje [almaθe'naxe] *m* Lagerung *f*
almacenar [almaθe'nar] *v* lagern
almanaque [alma'nake] *m* Almanach *m*
almendra [al'mendra] *f* Mandel *f*
almidón [almi'ðon] *m* Stärke *f*
almidonar [almiðo'nar] *v* stärken
almirante [almi'rante] *m* Admiral *m*
almohada [almo'aða] *f* Kopfkissen *nt*; **~ eléctrica** Heizkissen *nt*
almohadilla [almoa'ðiʎa] *f* Polster *nt*
almohadón [almoa'ðon] *m* Kissen *nt*
almuerzo [al'mwerθo] *m* Imbiß *m*, Mittagessen *nt*
alojamiento [aloxa'mjento] *m* Unterkunft *f*
alojar [alo'xar] *v* beherbergen
alondra [a'londra] *f* Lerche *f*
alquilar [alki'lar] *v* mieten; vermieten
alquiler [alki'ler] *m* Miete *f*; **~ de coches** Autovermietung *f*; **de ~** zu vermieten
alrededor de [alreðe'ðor de] um, um … herum
alrededores [alreðe'ðores] *mpl* Umgebung *f*
altar [al'tar] *m* Altar *m*
altavoz [alta'βoθ] *m* Lautsprecher *m*
alteración [altera'θjon] *f* Änderung *f*
alterar [alte'rar] *v* verändern
alternar con [alter'nar] verkehren mit
alternativa [alterna'tiβa] *f* Alternative *f*
alternativo [alterna'tiβo] *adj* abwechselnd
altiplano [alti'plano] *m* Hochland *nt*
altitud [alti'tuð] *f* Höhe *f*
altivo [al'tiβo] *adj* hochmütig
alto ['alto] *adj* hoch; lang, groß; **en ~** oben
¡alto! ['alto] halt!
altura [al'tura] *f* Höhe *f*
aludir a [alu'ðir] anspielen auf
alumbrado [alum'braðo] *m* Beleuchtung *f*
alumna [a'lumna] *f* Schülerin *f*
alumno [a'lumno] *m* Schüler *m*
alzar [al'θar] *v* *heben
allá [a'ʎa] *adv* drüben; **hacia ~** dorthin; **más ~** jenseits; **más ~ de** an … vorbei, über … hinaus, jenseits
allí [a'ʎi] *adv* dort
amable [a'maβle] *adj* nett, freundlich
amado [a'maðo] *adj* wert
amaestrar [amaes'trar] *v* dressieren
amamantar [amaman'tar] *v* stillen
amanecer [amane'θer] *m* Sonnenaufgang *m*, Tagesanbruch *m*
amante [a'mante] *m* Liebhaber *m*
amapola [ama'pola] *f* Klatschmohn *m*
amar [a'mar] *v* gern *haben, lieben

amargo [a'marγo] *adj* bitter
amarillo [ama'riʎo] *adj* gelb
amatista [ama'tista] *f* Amethyst *m*
ámbar ['ambar] *m* Bernstein *m*
ambicioso [ambi'θjoso] *adj* strebsam, ehrgeizig
ambiente [am'bjente] *m* Stimmung *f*
ambiguo [am'biγwo] *adj* doppelsinnig
ambos ['ambos] *adj* beide
ambulancia [ambu'lanθja] *f* Krankenwagen *m*, Ambulanz *f*
ambulante [ambu'lante] *adj* umherziehend
amenaza [ame'naθa] *f* Drohung *f*, Bedrohung *f*
amenazador [amenaθa'ðor] *adj* bedrohlich
amenazar [amena'θar] *v* drohen, bedrohen
ameno [a'meno] *adj* hübsch
América [a'merika] *f* Amerika; ~ **Latina** Lateinamerika
americana [ameri'kana] *f* Jacke *f*
americano [ameri'kano] *adj* amerikanisch; *m* Amerikaner *m*
amiga [a'miγa] *f* Freundin *f*
amígdalas [a'miγðalas] *fpl* Mandeln
amigdalitis [amiγða'litis] *f* Mandelentzündung *f*
amigo [a'miγo] *m* Freund *m*
amistad [amis'tað] *f* Freundschaft *f*
amistoso [amis'toso] *adj* freundschaftlich
amnistía [amnis'tia] *f* Amnestie *f*
amo ['amo] *m* Herr *m*
amoníaco [amo'niako] *m* Salmiakgeist *m*
amontonar [amonto'nar] *v* anhäufen
amor [a'mor] *m* Liebe *f*; Schatz *m*
amorío [amo'rio] *m* Verhältnis *nt*, Liebschaft *f*, Romanze *f*
amortiguador [amortiγwa'ðor] *m* Stoßdämpfer *m*
amortizar [amorti'θar] *v* tilgen
amotinamiento [amotina'mjento] *m* Meuterei *f*
ampliación [amplja'θjon] *f* Vergrößerung *f*; Ausdehnung *f*
ampliar [am'pljar] *v* vergrößern; erweitern
amplio ['ampljo] *adj* ausgedehnt
ampolla [am'poʎa] *f* Blase *f*
amueblar [amwe'βlar] *v* einrichten
amuleto [amu'leto] *m* Amulett *nt*
analfabeto [analfa'βeto] *m* Analphabet *m*
análisis [a'nalisis] *f* Analyse *f*
analista [ana'lista] *m* Analytiker *m*
analizar [anali'θar] *v* zerlegen, analysieren; aufgliedern
análogo [a'naloγo] *adj* ähnlich
anarquía [anar'kia] *f* Anarchie *f*
anatomía [anato'mia] *f* Anatomie *f*
anciano [an'θjano] *adj* alt; ältlich
ancla ['aŋkla] *f* Anker *m*
ancho ['antʃo] *adj* breit; weit; *m* Breite *f*
anchoa [an'tʃoa] *f* Sardelle *f*
anchura [an'tʃura] *f* Breite *f*
andadura [anda'ðura] *f* Gang *m*
andamio [an'damjo] *m* Gerüst *nt*
***andar** [an'dar] *v* *gehen
andares [an'dares] *mpl* Gang *m*
andén [an'den] *m* Bahnsteig *m*
anemia [a'nemja] *f* Blutarmut *f*
anestesia [anes'tesja] *f* Betäubung *f*
anestésico [anes'tesiko] *m* Betäubungsmittel *nt*
anexar [anek'sar] *v* einverleiben
anexo [a'nekso] *m* Anhang *m*, Beilage *f*; Nebengebäude *nt*
anfitrión [anfi'trjon] *m* Gastgeber *m*
ángel ['aŋxel] *m* Engel *m*
angosto [aŋ'gosto] *adj* eng
anguila [aŋ'gila] *f* Aal *m*
ángulo ['aŋgulo] *m* Winkel *m*
angustioso [aŋgus'tjoso] *adj* ängstlich
anhelar [ane'lar] *v* begehren, sich seh-

nen nach
anhelo [a'nelo] *m* Sehnsucht *f*
anillo [a'niʎo] *m* Ring *m* ; ~ **de boda** Ehering *m* ; ~ **de esponsales** Verlobungsring *m*
animado [ani'maðo] *adj* voll
animal [ani'mal] *m* Tier *nt* ; ~ **de presa** Raubtier *nt* ; ~ **doméstico** Haustier *nt*
animar [ani'mar] *v* anregen, begeistern ; beleben
ánimo ['animo] *m* Geist *m* ; Tapferkeit *f*
aniversario [aniβer'sarjo] *m* Jahrestag *m* ; Jubiläum *nt*
anoche [a'notʃe] *adv* gestern abend
anomalía [anoma'lia] *f* Abweichung *f*
anónimo [a'nonimo] *adj* anonym
anormal [anor'mal] *adj* abnorm
anotación [anota'θjon] *f* Eintragung *f*
anotar [ano'tar] *v* *aufschreiben
ansia ['ansja] *f* Angst *f*
ansioso [an'sjoso] *adj* bestrebt, begierig
ante ['ante] *prep* vor
anteayer [antea'jer] *adv* vorgestern
antecedentes [anteθe'ðentes] *mpl* Vorbildung *f*
antena [an'tena] *f* Antenne *f*
anteojos [ante'oxos] *mpl* Brille *f*
antepasado [antepa'saðo] *m* Vorfahr *m*
antepecho [ante'petʃo] *m* Fensterbrett *nt*
anterior [ante'rjor] *adj* früher
antes ['antes] *adv* zuvor ; vormals, früher, eher ; zuerst, vorher ; ~ **de** vor ; ~ **de que** bevor
antibiótico [anti'βjotiko] *m* Antibiotikum *nt*
anticipar [antiθi'par] *v* *vorschießen
anticipo [anti'θipo] *m* Vorschuß *m*
anticonceptivo [antikonθep'tiβo] *m* empfängnisverhütendes Mittel
anticongelante [antikoŋxe'lante] *m* Gefrierschutzmittel *nt*
anticuado [anti'kwaðo] *adj* altmodisch ; veraltet
anticuario [anti'kwarjo] *m* Antiquitätenhändler *m*
antigualla [anti'ɣwaʎa] *f* Antiquität *f*
Antigüedad [antiɣwe'ðað] *f* Altertum *nt*
antigüedades [antigwe'ðaðes] *fpl* Altertümer
antiguo [an'tiɣwo] *adj* uralt, antik ; alt ; ehemalig
antipatía [antipa'tia] *f* Abneigung *f*, Antipathie *f*
antipático [anti'patiko] *adj* unangenehm, unsympathisch
antiséptico [anti'septiko] *m* antiseptisches Mittel
antojarse [anto'xarse] *v* Lust *haben zu
antojo [an'toxo] *m* Torheit *f*, Grille *f*
antología [antolo'xia] *f* Anthologie *f*
antorcha [an'tortʃa] *f* Fackel *f*
anual [a'nwal] *adj* jährlich
anuario [a'nwario] *m* Jahrbuch *nt*
anudar [anu'ðar] *v* knoten
anular [anu'lar] *v* *widerrufen
anunciar [anun'θjar] *v* ankündigen ; bekanntmachen
anuncio [a'nunθjo] *m* Bekanntmachung *f*, Ankündigung *f* ; Anzeige *f*
anzuelo [an'θwelo] *m* Angelhaken *m*
añadir [aɲa'ðir] *v* hinzufügen
año ['aɲo] *m* Jahr *nt* ; **al** ~ jährlich ; ~ **bisiesto** Schaltjahr *nt* ; ~ **nuevo** Neujahr
apagado [apa'ɣaðo] *adj* glanzlos
apagar [apa'ɣar] *v* auslöschen ; ausschalten
aparato [apa'rato] *m* Gerät *nt*, Apparat *m* ; Vorrichtung *f*
aparcamiento [aparka'mjento] *m* das Parkieren ; **zona de** ~ Parkzone *f*

***aparecer** [apare'θer] *v* *erscheinen; *auftreten
aparejo [apa'rexo] *m* Ausrüstung *f*; ~ **de pesca** Angelgeräte *ntpl*
aparente [apa'rente] *adj* scheinbar
aparición [apari'θjon] *f* Erscheinung *f*
apariencia [apa'rjenθja] *f* Erscheinung *f*, Anschein *m*
apartado [apar'taðo] *adj* entlegen
apartamento [aparta'mento] *m* Zimmerflucht *f*; Appartement *nt*, Wohnung *f*
apartar [apar'tar] *v* trennen
aparte [a'parte] *adv* zur Seite, beiseite; *adj* einzeln
apasionado [apasjo'naðo] *adj* leidenschaftlich
apearse [ape'arse] *v* *aussteigen
apelación [apela'θjon] *f* Appell *m*
apelmazado [apelma'θaðo] *adj* klumpig
apellido [ape'ʎiðo] *m* Nachname *m*, Familienname *m*; ~ **de soltera** Mädchenname *m*
apenado [ape'naðo] *adj* bekümmert
apenas [a'penas] *adv* kaum; gerade
apéndice [a'pendiθe] *m* Blinddarm *m*
apendicitis [apendi'θitis] *f* Blinddarmentzündung *f*
aperitivo [aperi'tiβo] *m* Aperitif *m*
apertura [aper'tura] *f* Öffnung *f*
apestar [apes'tar] *v* *stinken
apetito [ape'tito] *m* Eßlust *f*, Appetit *m*
apetitoso [apeti'toso] *adj* lecker
apio ['apjo] *m* Sellerie *m*
aplaudir [aplau'ðir] *v* Beifall klatschen
aplauso [a'plauso] *m* Beifall *m*
aplazar [apla'θar] *v* *aufschieben, *verschieben
aplicación [aplika'sjon] *f* Anwendung *f*
aplicar [apli'kar] *v* *verwenden; gebrauchen; **aplicarse a** *gelten
apogeo [apo'xeo] *m* Höhepunkt *m*; ~ **de la temporada** Hochsaison *f*
***apostar** [apos'tar] *v* wetten
apoyar [apo'jar] *v* unterstützen; **apoyarse** *v* lehnen
apoyo [a'pojo] *m* Unterstützung *f*
apreciar [apre'θjar] *v* schätzen
aprecio [a'preθjo] *m* Schätzung *f*
aprender [apren'der] *v* lernen; **aprenderse de memoria** auswendig lernen
apresar [apre'sar] *v* kapern
apresurado [apresu'raðo] *adj* hastig
apresurarse [apresu'rarse] *v* eilen
apretado [apre'taðo] *adj* knapp
***apretar** [apre'tar] *v* drücken; enger machen, straffen, spannen
apretón [apre'ton] *m* Griff *m*; ~ **de manos** Händedruck *m*
aprobación [aproβa'θjon] *f* Billigung *f*
***aprobar** [apro'βar] *v* genehmigen, bejahen; *bestehen
apropiado [apro'pjaðo] *adj* angemessen, geeignet; tauglich, zweckmäßig, angebracht
aprovechar [aproβe'tʃar] *v* profitieren
aproximadamente [aproksimaða'mente] *adv* etwa, ungefähr
aproximado [aproksi'maðo] *adj* annähernd
aptitud [apti'tuð] *f* Befähigung *f*; Talent *nt*
apto ['apto] *adj* geeignet; ***ser ~ para** sich eignen
apuesta [a'pwesta] *f* Wette *f*
apuntar [apun'tar] *v* richten auf, zielen auf; zeigen
apunte [a'punte] *m* Aufzeichnung *f*; Memorandum *nt*; **libreta de apuntes** Notizbuch *nt*
aquel [a'kel] *adj* jener; **aquellos** *adj* jene
aquél [a'kel] *pron* jener; **aquéllos** *pron* jene
aquí [a'ki] *adv* hier
árabe ['araβe] *adj* arabisch; *m* Araber

m
Arabia Saudí [a'raβja sau'ði] Saudi-Arabien
arado [a'raðo] *m* Pflug *m*
arancel [aran'θel] *m* Tarif *m*; Einfuhrzoll *m*
araña [a'raɲa] *f* Spinne *f*; **tela de ~** Spinnwebe *f*
arar [a'rar] *v* pflügen
arbitrario [arβi'trarjo] *adj* willkürlich
árbitro ['arβitro] *m* Schiedsrichter *m*
árbol ['arβol] *m* Baum *m*; **~ de levas** Nockenwelle *f*
arbolado [arβo'laðo] *m* Waldung *f*
arbusto [ar'βusto] *m* Strauch *m*
arca ['arka] *f* Truhe *f*
arcada [ar'kaða] *f* Arkade *f*
arce ['arθe] *m* Ahorn *m*
arcilla [ar'θiʎa] *f* Ton *m*
arco ['arko] *m* Bogen *m*; **~ iris** Regenbogen *m*
archivo [ar'tʃiβo] *m* Archiv *nt*
arder [ar'ðer] *v* *brennen
ardilla [ar'ðiʎa] *f* Eichhörnchen *nt*
área ['area] *f* Gebiet *nt*; Ar *nt*
arena [a'rena] *f* Sand *m*
arenoso [are'noso] *adj* sandig
arenque [a'reŋke] *m* Hering *m*
Argelia [ar'xelja] *f* Algerien
argelino [arxe'lino] *adj* algerisch; *m* Algerier *m*
Argentina [arxen'tina] *f* Argentinien
argentino [arxen'tino] *adj* argentinisch; *m* Argentinier *m*
argumentar [arγumen'tar] *v* argumentieren
argumento [arγu'mento] *m* Argument *nt*
árido ['ariðo] *adj* dürr
arisco [a'risko] *adj* unfreundlich
aritmética [arit'metika] *f* Rechnen *nt*
arma ['arma] *f* Waffe *f*
armador [arma'ðor] *m* Reeder *m*
armadura [arma'ðura] *f* Gestell *nt*; Rüstung *f*
armar [ar'mar] *v* bewaffnen
armario [ar'marjo] *m* Schrank *m*; Wandschrank *m*; Garderobenschrank *m*
armonía [armo'nia] *f* Harmonie *f*
aroma [a'roma] *m* Aroma *nt*
arpa ['arpa] *f* Harfe *f*
arqueado [arke'aðo] *adj* bogenförmig
arqueología [arkeolo'xia] *f* Altertumskunde *f*, Archäologie *f*
arqueólogo [arke'oloγo] *m* Archäologe *m*
arquitecto [arki'tekto] *m* Architekt *m*
arquitectura [arkitek'tura] *f* Baukunst *f*, Architektur *f*
arraigarse [arrai'γarse] *v* sich *niederlassen
arrancar [arraŋ'kar] *v* entwurzeln, *ausreißen; starten
arranque [a'rraŋke] *m* Anlasser *m*
arrastrar [arras'trar] *v* schleppen; *ziehen; **arrastrarse** *v* *kriechen
arrecife [arre'θife] *m* Riff *nt*
arreglar [arre'γlar] *v* erledigen, regeln; aufräumen; reparieren, richten; **arreglarse con** sich *behelfen mit
arreglo [a'rreγlo] *m* Regelung *f*; Vergleich *m*; **con ~ a** gemäß
arrendamiento [arrenda'mjento] *m* Pacht *f*; **contrato de ~** Mietvertrag *m*
***arrendar** [arren'dar] *v* verpachten
arrepentimiento [arrepenti'mjento] *m* Bedauern *nt*, Reue *f*
arrestar [arres'tar] *v* verhaften
arresto [a'rresto] *m* Festnahme *f*, Verhaftung *f*
arriar [a'rjar] *v* *streichen
arriate [a'rjate] *m* Blumenbeet *nt*
arriba [a'rriβa] *adv* oben; nach oben, empor
arriesgado [arriez'γaðo] *adj* gewagt, riskant

arriesgar [arrjez'γar] *v* wagen
arrodillarse [arroði'ʎarse] *v* knien
arrogante [arro'γante] *adj* hochnäsig
arrojar [arro'xar] *v* *werfen
arroyo [a'rrojo] *m* Bach *m*
arroz [a'rroθ] *m* Reis *m*
arruga [a'rruγa] *f* Falte *f*
arrugar [arru'γar] *v* falten
arruinar [arrwi'nar] *v* ruinieren; **arruinado** blank
arte ['arte] *m/f* Kunst *f*; **artes industriales** Kunstgewerbe *nt*; **bellas artes** die schönen Künste
arteria [ar'terja] *f* Arterie *f*; ~ **principal** Hauptverkehrsstraße *f*
artesanía [artesa'nia] *f* Handwerk *nt*
articulación [artikula'θjon] *f* Gelenk *nt*
artículo [ar'tikulo] *m* Artikel *m*; Gegenstand *m*
artificial [artifi'θjal] *adj* künstlich
artificio [arti'fiθjo] *m* List *f*
artista [ar'tista] *m/f* Künstler *m*; Künstlerin *f*
artístico [ar'tistiko] *adj* künstlerisch
arzobispo [arθo'βispo] *m* Erzbischof *m*
asamblea [asam'blea] *f* Zusammenkunft *f*, Versammlung *f*
asar [a'sar] *v* *braten; ~ **en parrilla** rösten
asbesto [að'βesto] *m* Asbest *m*
ascensor [aθen'sor] *m* Aufzug *m*
aseado [ase'aðo] *adj* ordentlich
asegurar [aseγu'rar] *v* versichern; **asegurarse de** sich vergewissern, ermitteln
asemejarse [aseme'xarse] *v* *gleichen
asesinar [asesi'nar] *v* morden
asesinato [asesi'nato] *m* Mord *m*
asesino [ase'sino] *m* Mörder *m*
asfalto [as'falto] *m* Asphalt *m*
así [a'si] *adv* so; ~ **que** so daß
Asia ['asja] *f* Asien
asiático [a'sjatiko] *adj* asiatisch; *m* Asiate *m*
asiento [a'sjento] *m* Sitz *m*
asignación [asiγna'θjon] *f* Zulage *f*
asignar [asiγ'nar] *v* zuteilen
asilo [a'silo] *m* Anstalt *f*, Asyl *nt*; Heim *nt*
asimismo [asi'mizmo] *adv* gleichfalls, ebenfalls
***asir** [a'sir] *v* fassen
asistencia [asis'tenθja] *f* Teilnahme *f*; Beistand *m*
asistente [asis'tente] *m* Assistent *m*
asistir [asis'tir] *v* unterstützen, *helfen; ~ **a** beiwohnen
asma ['azma] *f* Asthma *nt*
asociación [asoθja'θjon] *f* Vereinigung *f*; Verein *m*, Gesellschaft *f*
asociado [aso'θjaðo] *m* Teilhaber *m*
asociar [aso'θjar] *v* assoziieren; **asociarse a** sich *anschließen
asombrar [asom'brar] *v* erstaunen, verblüffen
asombro [a'sombro] *m* Erstaunen *nt*; Verwunderung *f*
asombroso [asom'broso] *adj* erstaunlich
aspecto [as'pekto] *m* Aspekt *m*; Erscheinen *nt*, Aussehen *nt*, Anblick *m*
áspero ['aspero] *adj* rauh; holperig
aspiración [aspira'θjon] *f* Einatmung *f*; Streben *nt*
aspirador [aspira'ðor] *m* Staubsauger *m*; **pasar el** ~ staubsaugen
aspirar [aspi'rar] *v* streben; ~ **a** beabsichtigen, bezwecken
aspirina [aspi'rina] *f* Aspirin *nt*
asqueroso [aske'roso] *adj* ekelhaft
astilla [as'tiʎa] *f* Splitter *m*
astillar [asti'ʎar] *v* absplittern
astillero [asti'ʎero] *m* Schiffswerft *f*
astronomía [astrono'mia] *f* Astronomie *f*
astucia [as'tuθja] *f* List *f*
astuto [as'tuto] *adj* listig; schlau

asunto [a'sunto] *m* Angelegenheit *f*, Sache *f*; Thema *nt*
asustado [asus'taðo] *adj* bange
asustar [asus'tar] *v* *erschrecken; **asustarse** *v* *erschrecken
atacar [ata'kar] *v* *angreifen; *zuschlagen
atadura [ata'ðura] *f* Einband *m*
atañer [ata'ɲer] *v* *betreffen
ataque [a'take] *m* Angriff *m*, Anfall *m*; Schlaganfall *m*; ~ **cardíaco** Herzschlag *m*
atar [a'tar] *v* *binden; festmachen, befestigen; *zusammenbinden
atareado [atare'aðo] *adj* beschäftigt
atención [aten'θjon] *f* Aufmerksamkeit *f*; Beachtung *f*, Acht *f*; **prestar** ~ aufpassen, *achtgeben
***atender a** [aten'der] sich beschäftigen mit, sorgen für; pflegen
atento [a'tento] *adj* aufmerksam; zuvorkommend
ateo [a'teo] *m* Atheist *m*
aterido [ate'riðo] *adj* erstarrt
aterrador [aterra'ðor] *adj* furchterregend
aterrizar [aterri'θar] *v* landen
aterrorizar [aterrori'θar] *v* *erschrecken
Atlántico [at'lantiko] *m* Atlantik *m*
atleta [at'leta] *m* Athlet *m*
atletismo [atle'tizmo] *m* Athletik *f*
atmósfera [at'mosfera] *f* Atmosphäre *f*
atómico [a'tomiko] *adj* Atom-, atomar
átomo ['atomo] *m* Atom *nt*
atónito [a'tonito] *adj* sprachlos
atontado [aton'taðo] *adj* blöde
atormentar [atormen'tar] *v* quälen
atornillar [atorni'ʎar] *v* schrauben
atracar [atra'kar] *v* anlegen
atracción [atrak'θjon] *f* Anziehung *f*, Reiz *m*; Attraktion *f*
atraco [a'trako] *m* Überfall *m*
atractivo [atrak'tiβo] *adj* anziehend
***atraer** [atra'er] *v* *anziehen
atrapar [atra'par] *v* sich *zuziehen
atrás [a'tras] *adv* zurück
atrasado [atra'saðo] *adj* überfällig; rückständig
***atravesar** [atraβe'sar] *v* *hinübergehen, durchqueren
atreverse [atre'βerse] *v* sich trauen
atrevido [atre'βiðo] *adj* wagehalsig
***atribuir a** [atri'βwir] zuschreiben
atroz [a'troθ] *adj* grauenhaft
atún [a'tun] *m* Thunfisch *m*
audacia [au'ðaθja] *f* Kühnheit *f*
audaz [au'ðaθ] *adj* kühn
audible [au'ðiβle] *adj* hörbar
auditorio [auði'torjo] *m* Publikum *nt*
aula ['aula] *f* Zuhörerraum *m*
aumentar [aumen'tar] *v* vergrößern, erhöhen
aumento [au'mento] *m* Erhöhung *f*, Zunahme *f*
aun [a'un] *adv* (aún) noch; sogar
aunque ['auŋke] *conj* obgleich, obwohl, wenn auch
aurora [au'rora] *f* Tagesanbruch *m*
ausencia [au'senθja] *f* Abwesenheit *f*
ausente [au'sente] *adj* abwesend
Australia [aus'tralja] *f* Australien
australiano [austra'ljano] *adj* australisch; *m* Australier *m*
Austria ['austrja] *f* Österreich
austríaco [aus'triako] *adj* österreichisch; *m* Österreicher *m*
auténtico [au'tentiko] *adj* authentisch; echt, ursprünglich
auto ['auto] *m* Auto *nt*
autobús [auto'βus] *m* Reisebus *m*, Bus *m*
autoestopista [autoesto'pista] *m* Anhalter *m*
automático [auto'matiko] *adj* automatisch
automatización [automatiθa'θjon] *f* Automatisierung *f*

automóvil [auto'moβil] *m* Kraftwagen *m*, Auto *nt*; ~ **club** Automobilklub *m*
automovilismo [automoβi'lizmo] *m* Automobilismus *m*
automovilista [automoβi'lista] *m* Autofahrer *m*
autonomía [autono'mia] *f* Selbstverwaltung *f*
autónomo [au'tonomo] *adj* selbständig, autonom
autopista [auto'pista] *f* Autobahn *f*; ~ **de peaje** gebührenpflichtige Verkehrsstraße
autopsia [au'topsja] *f* Autopsie *f*
autor [au'tor] *m* Verfasser *m*, Autor *m*
autoridad [autori'ðað] *f* Befugnis *f*; **autoridades** *fpl* Behörde *f*
autoritario [autori'tarjo] *adj* autoritär
autorización [autoriθa'θjon] *f* Ermächtigung *f*; Genehmigung *f*
autorizar [autori'θar] *v* erlauben; konzessionieren; ~ **a** *lassen, gestatten, erlauben
autoservicio [autoser'βiθjo] *m* Selbstbedienung *f*
***hacer autostop** [a'θer auto'stop] per Anhalter *fahren
auxilio [auk'siljo] *m* Hilfe *f*; **primeros auxilios** erste Hilfe
avalancha [aβa'lantʃa] *f* Lawine *f*
avanzar [aβan'θar] *v* *fortschreiten
avaro [a'βaro] *adj* geizig
avefría [aβe'fria] *f* Kiebitz *m*
avellana [aβe'ʎana] *f* Haselnuß *f*
avena [a'βena] *f* Hafer *m*
avenida [aβe'niða] *f* Allee *f*
aventura [aβen'tura] *f* Abenteuer *nt*
***avergonzarse** [aβerɣon'θarse] *v* sich schämen; **avergonzado** *adj* beschämt
avería [aβe'ria] *f* Betriebsstörung *f*, Panne *f*
averiarse [aβe'rjarse] *v* eine Panne *haben; **averiado** *adj* funktionsunfähig
aversión [aβer'sjon] *f* Widerwille *m*
avestruz [aβes'truθ] *m* Strauß *m*
avión [a'βjon] *m* Flugzeug *nt*; Maschine *f*; ~ **a reacción** Düsenflugzeug *nt*; ~ **turborreactor** Strahlturbine *f*
avíos [a'βios] *mpl* Ausrüstung *f*; ~ **de pesca** Angelgeräte *ntpl*
avisar [aβi'sar] *v* benachrichtigen
aviso [a'βiso] *m* Anzeige *f*
avispa [a'βispa] *f* Wespe *f*
aya ['aja] *f* Gouvernante *f*
ayer [a'jer] *adv* gestern
ayuda [a'juða] *f* Hilfe *f*; Unterstützung *f*; ~ **de cámara** Diener *m*
ayudante [aju'ðante] *m* Helfer *m*
ayudar [aju'ðar] *v* *helfen
ayuntamiento [ajunta'mjento] *m* Rathaus *nt*
azada [a'θaða] *f* Schaufel *f*
azafata [aθa'fata] *f* Gastgeberin *f*; Stewardeß *f*
azar [a'θar] *m* Zufall *m*
azor [a'θor] *m* Habicht *m*
azote [a'θote] *m* Peitsche *f*
azúcar [a'θukar] *m/f* Zucker *m*; **terrón de** ~ Stück Zucker
azucena [aθu'θena] *f* Lilie *f*
azul [a'θul] *adj* blau
azulejo [aθu'lexo] *m* Kachel *f*

B

babor [ba'βor] *m* Backbord *nt*
bacalao [baka'lao] *m* Kabeljau *m*; Schellfisch *m*
bacteria [bak'terja] *f* Bakterie *f*
bache ['batʃe] *m* Grube *f*
bahía [ba'ia] *f* Bucht *f*
bailar [bai'lar] *v* tanzen

baile ['baile] *m* Ball *m*; Tanz *m*
baja ['baxa] *f* Preissenkung *f*
bajada [ba'xaða] *f* Abstieg *m*
bajamar [baxa'mar] *f* Ebbe *f*
bajar [ba'xar] *v* *herunterlassen; **bajarse** *v* sich bücken
bajo ['baxo] *adj* niedrig; klein; *prep* unter; *m* Baß *m*
bala ['bala] *f* Kugel *f*
baladí [bala'ði] *adj* belanglos
balance [ba'lanθe] *m* Bilanz *f*
balanza [ba'lanθa] *f* Waage *f*
balbucear [balβuθe'ar] *v* stammeln
balcón [bal'kon] *m* Balkon *m*
balde ['balde] *m* Eimer *m*
baldío [bal'dio] *adj* brach
balneario [balne'arjo] *m* Heilbad *nt*
ballena [ba'ʎena] *f* Wal *m*
ballet [ba'le] *m* Ballett *nt*
bambú [bam'bu] *m* Bambus *m*
banco ['baŋko] *m* Bank *f*
banda ['banda] *f* Band *nt*; Bande *f*
bandeja [ban'dexa] *f* Tablett *nt*
bandera [ban'dera] *f* Fahne *f*; Banner *nt*
bandido [ban'diðo] *m* Bandit *m*
banquete [baŋ'kete] *m* Festmahl *nt*
bañador [baɲa'ðor] *m* Badehose *f*
bañarse [ba'ɲarse] *v* baden
baño ['baɲo] *m* Bad *nt*; *mMe* Toilettenraum *m*; ~ **turco** Schwitzbad *nt*; **calzón de** ~ Badehose *f*; **traje de** ~ Badeanzug *m*
bar [bar] *m* Bar *f*; Café *nt*
barajar [bara'xar] *v* mischen
baranda [ba'randa] *f* Treppengeländer *nt*
barandilla [baran'diʎa] *f* Brüstung *f*; Gitter *nt*
barato [ba'rato] *adj* billig
barba ['barβa] *f* Bart *m*
barbero [bar'βero] *m* Friseur *m*
barbilla [bar'βiʎa] *f* Kinn *nt*
barca ['barka] *f* Boot *nt*
barco ['barko] *m* Schiff *nt*
barítono [ba'ritono] *m* Bariton *m*
barman ['barman] *m* Kellner *m*
barniz [bar'niθ] *m* Firnis *m*; Lack *m*; ~ **para las uñas** Nagellack *m*
barnizar [barni'θar] *v* lackieren
barómetro [ba'rometro] *m* Barometer *nt*
barquillo [bar'kiʎo] *m* Waffel *f*
barra ['barra] *f* Stange *f*; Schalter *m*
barrer [ba'rrer] *v* fegen
barrera [ba'rrera] *f* Schranke *f*, Geländer *nt*; ~ **de protección** Leitplanke *f*
barril [ba'rril] *m* Faß *nt*, Tonne *f*
barrilete [barri'lete] *m* Fäßchen *nt*
barrio ['barrjo] *m* Stadtviertel *nt*, Bezirk *m*; ~ **bajo** Elendsviertel *nt*
barroco [ba'rroko] *adj* barock
barrote [ba'rrote] *m* Stange *f*
basar [ba'sar] *v* gründen
báscula ['baskula] *f* Waage *f*
base ['base] *f* Basis *f*
basílica [ba'silika] *f* Basilika *f*
bastante [bas'tante] *adv* genug, genügend; recht, leidlich, ziemlich, beträchtlich, vielmehr
bastar [bas'tar] *v* reichen
bastardo [bas'tarðo] *m* Bastard *m*
bastón [bas'ton] *m* Stock *m*; Spazierstock *m*; **bastones de esquí** Schistöcke *mpl*
basura [ba'sura] *f* Müll *m*, Abfall *m*; **cubo de la** ~ Abfalleimer *m*
bata ['bata] *f* Morgenrock *m*; ~ **de baño** Bademantel *m*; ~ **suelta** Negligé *nt*
batalla [ba'taʎa] *f* Schlacht *f*
batería [bate'ria] *f* Batterie *f*
batidora [bati'ðora] *f* Mixer *m*
batir [ba'tir] *v* *schlagen; besiegen
baúl [ba'ul] *m* Koffer *m*
bautismo [bau'tizmo] *m* Taufe *f*
bautizar [bauti'θar] *v* taufen

bautizo [bau'tiθo] *m* Taufe *f*
baya ['baja] *f* Beere *f*
bebé [be'βe] *m* Baby *nt*
beber [be'βer] *v* *trinken
bebida [be'βiða] *f* Drink *m*, Getränk *nt*; **bebidas espirituosas** Spirituosen *pl*
beca ['beka] *f* Stipendium *nt*
becerro [be'θerro] *m* Kalbleder *nt*
beige ['beixe] *adj* beige
béisbol ['beizβol] *m* Baseball *m*
belga ['belγa] *adj* belgisch; *m* Belgier *m*
Bélgica ['belxika] *f* Belgien
belleza [be'ʎeθa] *f* Schönheit *f*; **salón de ~** Schönheitssalon *m*
bello ['beʎo] *adj* schön
bellota [be'ʎota] *f* Eichel *f*
***bendecir** [bende'θir] *v* segnen
bendición [bendi'θjon] *f* Segen *m*
beneficio [bene'fiθjo] *m* Vorteil *m*, Gewinn *m*; Nutzen *m*
berenjena [bereŋ'xena] *f* Aubergine *f*
berro ['berro] *m* Brunnenkresse *f*
besar [be'sar] *v* küssen
beso ['beso] *m* Kuß *m*
betún [be'tun] *m* Schuhkrem *f*
biblia ['biβlja] *f* Bibel *f*
biblioteca [biβljo'teka] *f* Bibliothek *f*
bicicleta [biθi'kleta] *f* Fahrrad *nt*
biciclo [bi'θiklo] *m* Rad *nt*
bicimotor [biθimo'tor] *m* Moped *nt*
biela ['bjela] *f* Kolbenstange *f*
bien [bjen] *adv* gut; **¡bien!** gut!; **bien ... bien** entweder ... oder
bienes ['bjenes] *mpl* Güter *ntpl*; Habe *f*
bienestar [bjenes'tar] *m* Wohlbefinden *nt*
bienvenida [bjenβe'niða] *f* Willkommen *nt*; ***dar la ~** bewillkommnen
bienvenido [bjenβe'niðo] *adj* willkommen
biftec [bif'tek] *m* Steak *nt*
bifurcación [bifurka'θjon] *f* Scheideweg *m*, Gabelung *f*
bifurcarse [bifur'karse] *v* sich gabeln
bigote [bi'γote] *m* Schnurrbart *m*
bilingüe [bi'liŋgwe] *adj* zweisprachig
bilis ['bilis] *f* Galle *f*
billar [bi'ʎar] *m* Billard *nt*
billete [bi'ʎete] *m* Karte *f*; **~ de andén** Bahnsteigkarte *f*; **~ de banco** Banknote *f*; **~ gratuito** Freikarte *f*
biología [bjolo'xia] *f* Biologie *f*
biológico [bjo'loxiko] *adj* biologisch
bisagra [bi'saγra] *f* Scharnier *nt*
bizco ['biθko] *adj* schielend
bizcocho [biθ'kotʃo] *m* Keks *m*
blanco[1] ['blaŋko] *adj* weiß; leer
blanco[2] ['blaŋko] *m* Zielscheibe *f*
blando ['blando] *adj* weich
blanquear [blaŋke'ar] *v* bleichen
bloc [blok] *mMe* Notizblock *m*
bloque ['bloke] *m* Klotz *m*; Notizblock *m*, Schreibblock *m*
bloquear [bloke'ar] *v* sperren
blusa ['blusa] *f* Bluse *f*
bobina [bo'βina] *f* Spule *f*; **~ del encendido** Zündung *f*
bobo ['boβo] *adj* albern
boca ['boka] *f* Mund *m*; Maul *nt*
bocadillo [boka'ðiʎo] *m* Sandwich *nt*
bocado [bo'kaðo] *m* Bissen *m*
bocina [bo'θina] *f* Hupe *f*; **tocar la ~** hupen
boda ['boða] *f* Hochzeit *f*
bodega [bo'ðeγa] *f* Laderaum *m*
bofetada [bofe'taða] *f* Klaps *m*, Schlag *m*
boina ['boina] *f* Baskenmütze *f*
bolera [bo'lera] *f* Kegelbahn *f*
boletín meteorológico [bole'tin meteoro'loxiko] Wetterbericht *m*
boleto [bo'leto] *mMe* Karte *f*
bolígrafo [bo'liγrafo] *m* Kugelschreiber *m*
Bolivia [bo'liβja] *f* Bolivien

boliviano [boli'βjano] *adj* bolivianisch; *m* Bolivianer *m*
bolsa ['bolsa] *f* Sack *m*; Börse *f*; Brieftasche *f*; ~ **de hielo** Eisbeutel *m*; ~ **de papel** Tüte *f*
bolsillo [bol'siʎo] *m* Tasche *f*
bolso ['bolso] *m* Handtasche *f*; Tasche *f*
bollo ['boʎo] *m* Brötchen *nt*
bomba ['bomba] *f* Pumpe *f*; Bombe *f*; ~ **de agua** Wasserpumpe *f*; ~ **de gasolina** Benzinpumpe *f*
bombardear [bombarðe'ar] *v* bombardieren
bombear [bombe'ar] *v* pumpen
bomberos [bom'beros] *mpl* Feuerwehr *f*
bombilla [bom'biʎa] *f* Glühbirne *f*; ~ **de flash** Blitzlicht *nt*
bombón [bom'bon] *m* Praline *f*; Bonbon *m*
bondad [bon'dað] *f* Güte *f*
bondadoso [bonda'ðoso] *adj* gutmütig, freundlich
bonito [bo'nito] *adj* schön, hübsch
boquerón [boke'ron] *m* Breitling *m*
boquilla [bo'kiʎa] *f* Zigarettenspitze *f*
bordado [bor'ðaðo] *m* Stickerei *f*
bordar [bor'ðar] *v* sticken
borde ['borðe] *m* Rand *m*; Kante *f*; ~ **del camino** Wegrand *m*
bordillo [bor'ðiʎo] *m* Randstein *m*
a bordo [a 'bordo] an Bord
borracho [bo'rratʃo] *adj* betrunken
borrar [bo'rrar] *v* ausradieren
borrascoso [borras'koso] *adj* windig
borrón [bo'rron] *m* Klecks *m*
bosque ['boske] *m* Wald *m*
bosquejar [boske'xar] *v* skizzieren
bosquejo [bos'kexo] *m* Skizze *f*
bostezar [boste'θar] *v* gähnen
bota ['bota] *f* Stiefel *m*; **botas de esquí** Schischuhe *mpl*
botadura [bota'ðura] *f* Stapellauf *m*
botánica [bo'tanika] *f* Botanik *f*
bote ['bote] *m* Ruderboot *nt*; ~ **a motor** Motorboot *nt*
botella [bo'teʎa] *f* Flasche *f*
botón [bo'ton] *m* Knopf *m*; Druckknopf *m*; ~ **del cuello** Kragenknopf *m*
botones [bo'tones] *mpl* Hotelpage *m*
bóveda ['boβeða] *f* Gewölbe *nt*
boxear [bokse'ar] *v* boxen
boya ['boja] *f* Boje *f*
braga ['braγa] *f* Slip *m*; Schlüpfer *m*
bragueta [bra'γeta] *f* Schlitz *m*
branquia ['braŋkja] *f* Kieme *f*
Brasil [bra'sil] *m* Brasilien
brasileño [brasi'leɲo] *adj* brasilianisch; *m* Brasilianer *m*
braza ['braθa] *f* Brustschwimmen *nt*; ~ **de mariposa** Schmetterlingsstil *m*
brazo ['braθo] *m* Arm *m*; **brazos** *mpl* Armlehne *f*; **del** ~ Arm in Arm
brea ['brea] *f* Teer *m*
brecha ['bretʃa] *f* Bresche *f*
bregar [bre'γar] *v* sich abmühen
brema ['brema] *f* Brassen *m*
breve ['breβe] *adj* kurz; bündig; **en** ~ alsbald
brezal [bre'θal] *m* Heide *f*
brezo ['breθo] *m* Heidekraut *nt*
brillante [bri'ʎante] *adj* brillant, glänzend
brillantina [briʎan'tina] *f* Haarkrem *f*
brillar [bri'ʎar] *v* glühen, leuchten
brillo ['briʎo] *m* Glut *f*, Glanz *m*
brincar [briŋ'kar] *v* hüpfen; *übergehen
brindis ['brindis] *m* Trinkspruch *m*
brisa ['brisa] *f* Brise *f*
británico [bri'taniko] *adj* englisch, britisch; *m* Brite *m*
brocha ['brotʃa] *f* Pinsel *m*; ~ **de afeitar** Rasierpinsel *m*
broche ['brotʃe] *m* Brosche *f*

broma ['broma] *f* Witz *m*
bronca ['broŋka] *f* Krach *m*
bronce ['bronθe] *m* Bronze *f*; **de ~** bronzen
bronquitis [broŋ'kitis] *f* Bronchitis *f*
brotar [bro'tar] *v* knospen
bruja ['bruxa] *f* Hexe *f*
brújula ['bruxula] *f* Kompaß *m*
brumoso [bru'moso] *adj* nebelig; diesig
brutal [bru'tal] *adj* brutal
bruto ['bruto] *adj* brutto
bucear [buθe'ar] *v* tauchen
bueno ['bweno] *adj* gut; brav, artig, gütig; zuverlässig; lecker; **¡bueno!** gut!
buey [bwei] *m* Ochse *m*
bufanda [bu'fanda] *f* Schal *m*
buffet [buf'fet] *m* Büfett *nt*
buhardilla [bwar'diʎa] *f* Boden *m*
buho ['buo] *m* Eule *f*
buitre ['bwitre] *m* Geier *m*
bujía [bu'xia] *f* Zündkerze *f*
bulbo ['bulβo] *m* Blumenzwiebel *f*, Zwiebel *f*; Birne *f*
Bulgaria [bul'γarja] *f* Bulgarien
búlgaro ['bulγaro] *adj* bulgarisch; *m* Bulgare *m*
bulto ['bulto] *m* Umfang *m*, Masse *f*
bulla ['buʎa] *f* Getue *nt*
buque ['buke] *m* Schiff *nt*; **~ a motor** Motorschiff *nt*; **~ cisterna** Tankschiff *nt*; **~ de guerra** Kriegsschiff *nt*; **~ velero** Segelboot *nt*
burbuja [bur'buxa] *f* Blase *f*
burdel [bur'ðel] *m* Bordell *nt*
burdo ['burðo] *adj* grob
burgués [bur'γes] *adj* bürgerlich, spießbürgerlich
burla ['burla] *f* Spott *m*
burlarse de [bur'larse] verspotten
burocracia [buro'kraθja] *f* Bürokratie *f*
burro ['burro] *m* Esel *m*
buscar [bus'kar] *v* suchen; nachsuchen, durchsuchen; ***ir a ~** holen, abholen
búsqueda ['buskeða] *f* Suche *f*
busto ['busto] *m* Büste *f*
butaca [bu'taka] *f* Sessel *m*, Lehnstuhl *m*; Sperrsitz *m*
buzón [bu'θon] *m* Briefkasten *m*

C

caballero [kaβa'ʎero] *m* Herr *m*; Ritter *m*
caballitos [kaβa'ʎitos] *mpl* Karussell *nt*
caballo [ka'βaʎo] *m* Pferd *nt*; **~ de carrera** Rennpferd *nt*; **~ de vapor** Pferdestärke *f*
cabaña [ka'βaɲa] *f* Hütte *f*
cabaret [kaβa'ret] *m* Kabarett *nt*; Nachtlokal *nt*, Nachtklub *m*
cabecear [kaβeθe'ar] *v* nicken
cabeceo [kaβe'θeo] *m* Nicken *nt*
cabello [ka'βeʎo] *m* Haar *nt*; **suivizante de ~** Weichspüler
cabelludo [kaβe'ʎuðo] *adj* haarig
cabeza [ka'βeθa] *f* Kopf *m*; Haupt *nt*; **~ de turco** Sündenbock *m*; **dolor de ~** Kopfschmerzen *mpl*
cabezudo [kaβe'θuðo] *adj* starrköpfig
cabina [ka'βina] *f* Kabine *f*; Zelle *f*, Umkleidekabine *f*; Kajüte *f*; **~ telefónica** Fernsprechzelle *f*
cable ['kaβle] *m* Kabel *nt*
cablegrafiar [kaβleγra'fjar] *v* telegraphieren
cablegrama [kaβle'γrama] *m* Telegramm *nt*
cabo ['kaβo] *m* Kap *nt*
cabra ['kaβra] *f* Ziege *f*
cabrón [ka'βron] *m* Ziegenbock *m*
cacahuate [kaka'wate] *mMe* Erdnuß *f*
cacahuete [kaka'wete] *m* Erdnuß *f*

cacerola [kaθe'rola] *f* Pfanne *f*
cachear [katʃe'ar] *v* visitieren
cachivache [katʃi'βatʃe] *m* Plunder *m*
cada ['kaða] *adj* jeder; ~ **uno** jeder
cadáver [ka'ðaβer] *m* Leiche *f*
cadena [ka'ðena] *f* Kette *f*
cadera [ka'ðera] *f* Hüfte *f*
caducado [kaðu'kaðo] *adj* verfallen
***caer** [ka'er] *v* *fallen
café [ka'fe] *m* Kaffee *m*; Wirtshaus *nt*
cafeína [kafe'ina] *f* Koffein *nt*
cafetera filtradora [kafe'tera filtra'ðora] Kaffeemaschine *f*
cafetería [kafete'ria] *f* Snackbar *f*, Selbstbedienungsrestaurant *nt*
caja ['kaxa] *f* Schachtel *f*; Kiste *f*; Kasse *f*; ~ **de cartón** Karton *m*; ~ **de caudales** Safe *m*, Stahlkammer *f*; ~ **de cerillas** Streichholzschachtel *f*; ~ **de colores** Malkasten *m*; ~ **de velocidades** Getriebe *nt*; ~ **fuerte** Geldschrank *m*; ~ **metálica** Dose *f*
cajera [ka'xera] *f* Kassiererin *f*
cajero [ka'xero] *m* Kassierer *m*; ~ **automático** Geldautomat
cajón [ka'xon] *m* Schublade *f*
cal [kal] *f* Kalk *m*
calambre [ka'lambre] *m* Krampf *m*
calamidad [kalami'ðað] *f* Unheil *nt*
calcetín [kalθe'tin] *m* Socke *f*
calcio ['kalθjo] *m* Kalzium *nt*
calculadora [kalkula'ðora] *f* Rechner *m*
calcular [kalku'lar] *v* rechnen, berechnen, ausrechnen
cálculo ['kalkulo] *m* Kalkulation *f*; ~ **biliar** Gallenstein *m*
calderilla [kalde'riʎa] *f* Kleingeld *nt*
calefacción [kalefak'θjon] *f* Heizung *f*
calefactor [kalefak'tor] *m* Heizofen *m*
calendario [kalen'darjo] *m* Kalender *m*
***calentar** [kalen'tar] *v* wärmen, heizen
calidad [kali'ðað] *f* Qualität *f*; **de primera** ~ erstklassig
caliente [ka'ljente] *adj* heiß, warm
calificado [kalifi'kaðo] *adj* qualifiziert
calina [ka'lina] *f* Dunst *m*
calinoso [kali'noso] *adj* diesig
calma ['kalma] *f* Ruhe *f*
calmante [kal'mante] *m* Beruhigungsmittel *nt*
calmar [kal'mar] *v* beruhigen
calor [ka'lor] *m* Wärme *f*, Hitze *f*
caloría [kalo'ria] *f* Kalorie *f*
calorífero [kalo'rifero] *m* Wärmflasche *f*
calumnia [ka'lumnja] *f* Verleumdung *f*
calvinismo [kalβi'nizmo] *m* Kalvinismus *m*
calvo ['kalβo] *adj* kahl
calzada [kal'θaða] *f* Fahrbahn *f*, Chaussee *f*; Weg *m*
calzado [kal'θaðo] *m* Schuhwerk *nt*
calzoncillos [kalθon'θiʎos] *mpl* Unterhose *f*
callado [ka'ʎaðo] *adj* schweigend; still
callarse [ka'ʎarse] *v* *schweigen
calle ['kaʎe] *f* Straße *f*; ~ **lateral** Seitenstraße *f*; ~ **mayor** Hauptstraße *f*
callejón [kaʎe'xon] *m* Gasse *f*; Pfad *m*; ~ **sin salida** Sackgasse *f*
callo ['kaʎo] *m* Schwiele *f*; Hühnerauge *nt*
cama ['kama] *f* Bett *nt*; ~ **de tijera** Liege *f*; **camas gemelas** Doppelbett *nt*; ~ **y desayuno** Zimmer mit Frühstück
camafeo [kama'feo] *m* Kamee *f*
cámara ['kamara] *f* Kamera *f*
camarada [kama'raða] *m* Genosse *m*
camarera [kama'rera] *f* Kellnerin *f*
camarero [kama'rero] *m* Ober *m*, Kellner *m*; Steward *m*; **jefe de camareros** Oberkellner *m*
camarón [kama'ron] *m* Garnele *f*
camastro [ka'mastro] *m* Koje *f*

cambiar [kam'bjar] *v* ändern; verändern; wechseln, austauschen; ~ **de marcha** schalten
cambio ['kambjo] *m* Veränderung *f*, Änderung *f*; Wendung *f*; Tausch *m*; Wechselgeld *nt*; Wechselkurs *m*, Kurs *m*; **oficina de** ~ Wechselstube *f*
camello [ka'meʎo] *m* Kamel *nt*
caminar [kami'nar] *v* *gehen; wandern
caminata [kami'nata] *f* Spaziergang *m*
camino [ka'mino] *m* Weg *m*; Straße *f*; **a mitad de** ~ halbwegs; **borde del** ~ Straßenseite *f*; ~ **de** unterwegs nach; ~ **en obras** Straßenarbeiten *fpl*; ~ **principal** Hauptstraße *f*
camión [ka'mjon] *m* Lastwagen *m*
camioneta [kamjo'neta] *f* Lieferauto *nt*
camisa [ka'misa] *f* Hemd *nt*
camiseta [kami'seta] *f* Unterhemd *nt*; Hemd *nt*
camisón [kami'son] *m* Nachthemd *nt*
campamento [kampa'mento] *m* Lager *nt*
campana [kam'pana] *f* Glocke *f*
campanario [kampa'narjo] *m* Kirchturm *m*
campaña [kam'paɲa] *f* Kampagne *f*; **catre de** ~ Feldbett *nt*
campeón [kampe'on] *m* Meister *m*
campesino [kampe'sino] *m* Bauer *m*
camping ['kampiŋ] *m* Zeltplatz *m*, Camping *nt*
campo ['kampo] *m* Landschaft *f*, Land *nt*; Acker *m*, Feld *nt*; ~ **de aviación** Flugplatz *m*; ~ **de golf** Golfplatz *m*; ~ **de tenis** Tennisplatz *m*; **día de** ~ Picknick *nt*
Canadá [kana'ða] *m* Kanada
canadiense [kana'ðjense] *adj* kanadisch; *m* Kanadier *m*
canal [ka'nal] *m* Kanal *m*; **Canal de la Mancha** Ärmelkanal *m*
canario [ka'narjo] *m* Kanarienvogel *m*
cancelación [kanθela'θjon] *f* Annullierung *f*
cancelar [kanθe'lar] *v* annullieren
cáncer ['kanθer] *m* Krebs *m*
canción [kan'θjon] *f* Lied *nt*
cancha ['kantʃa] *f* Tennisplatz *m*
candado [kan'daðo] *m* Vorhängeschloß *nt*
candela [kan'dela] *f* Kerze *f*
candelabro [kande'laβro] *m* Armleuchter *m*
candidato [kandi'ðato] *m* Kandidat *m*
canela [ka'nela] *f* Zimt *m*
cangrejo [kaŋ'grexo] *m* Krabbe *f*
canguro [kaŋ'guro] *m* Känguruh *nt*
canica [ka'nika] *f* Murmel *f*
canoa [ka'noa] *f* Kanu *nt*
cansancio [kan'sanθjo] *m* Müdigkeit *f*
cansar [kan'sar] *v* ermüden; **cansado** erschöpft, müde; überdrüssig
cantadora [kanta'ðora] *f* Sängerin *f*
cantante [kan'tante] *m* Sänger *m*
cantar [kan'tar] *v* *singen
cántaro ['kantaro] *m* Krug *m*
cantera [kan'tera] *f* Steinbruch *m*
cantidad [kanti'ðað] *f* Menge *f*, Quantität *f*; Anzahl *f*
cantina [kan'tina] *f* Kantine *f*; *fMe* Bar *f*
canto ['kanto] *m* Gesang *m*; Kante *f*
caña ['kaɲa] *f* Rohr *nt*; ~ **de pescar** Angelrute *f*
cañada [ka'ɲaða] *f* Bergschlucht *f*
cáñamo ['kaɲamo] *m* Hanf *m*
cañón [ka'ɲon] *m* Kanone *f*; Schlucht *f*
caos ['kaos] *m* Chaos *nt*
caótico [ka'otiko] *adj* chaotisch
capa ['kapa] *f* Umhang *m*; Schicht *f*, Sediment *nt*
capacidad [kapaθi'ðað] *f* Fähigkeit *f*
capataz [kapa'taθ] *m* Werkmeister *m*
capaz [ka'paθ] *adj* imstande; fähig, tüchtig; ***ser** ~ **de** imstande *sein

zu; sich eignen
capellán [kape'ʎan] *m* Kaplan *m*
capilla [ka'piʎa] *f* Kapelle *f*
capital [kapi'tal] *m* Kapital *nt*; *f* Hauptstadt *f*; *adj* Haupt-
capitalismo [kapita'lizmo] *m* Kapitalismus *m*
capitán [kapi'tan] *m* Kapitän *m*
capitulación [kapitula'θjon] *f* Kapitulation *f*
capítulo [ka'pitulo] *m* Kapitel *nt*
capó [ka'po] *m* Motorhaube *f*
capricho [ka'pritʃo] *m* Laune *f*
cápsula ['kapsula] *f* Kapsel *f*
captura [kap'tura] *f* Festnahme *f*
capturar [kaptu'rar] *v* *fangen
capucha [ka'putʃa] *f* Kapuze *f*
capullo [ka'puʎo] *m* Knospe *f*
caqui ['kaki] *m* Khaki *nt*
cara ['kara] *f* Gesicht *nt*
caracol [kara'kol] *m* Schnecke *f*; ~ **marino** Uferschnecke *f*
carácter [ka'rakter] *m* Charakter *m*
característica [karakte'ristika] *f* Kennzeichen *nt*; Eigenschaft *f*
característico [karakte'ristiko] *adj* bezeichnend, charakteristisch
caracterizar [karakteri'θar] *v* charakterisieren, kennzeichnen
caramelo [kara'melo] *m* Karamelle *f*, Sahnebonbon *m*, Bonbon *m*
caravana [kara'βana] *f* Wohnwagen *m*
carbón [kar'βon] *m* Kohle *f*; ~ **de leña** Holzkohle *f*
carburador [karβura'ðor] *m* Vergaser *m*
cárcel ['karθel] *f* Gefängnis *nt*
carcelero [karθe'lero] *m* Gefängniswärter *m*
cardenal [karðe'nal] *m* Kardinal *m*
cardinal [karði'nal] *adj* Kardinal-
cardo ['karðo] *m* Distel *f*
***carecer** [kare'θer] *v* mangeln
carencia [ka'renθja] *f* Mangel *m*
carga ['karγa] *f* Belastung *f*, Last *f*; Ladung *f*, Fracht *f*; Partie *f*
cargar [kar'γar] *v* belasten; *laden
cargo ['karγo] *m* Amt *nt*; Fracht *f*
cari ['kari] *m* Curry *m*
caridad [kari'ðað] *f* Wohltätigkeit *f*
carillón [kari'ʎon] *m* Glockenspiel *nt*
cariño [ka'riɲo] *m* Zuneigung *f*; Liebling *m*
cariñoso [kari'ɲoso] *adj* lieb, zärtlich
carmesí [karme'si] *adj* karmesinrot
carnaval [karna'βal] *m* Karneval *m*
carne ['karne] *f* Fleisch *nt*; ~ **de cerdo** Schweinefleisch *nt*; ~ **de gallina** Gänsehaut *f*; ~ **de ternera** Kalbfleisch *nt*; ~ **de vaca** Rindfleisch *nt*
carnero [kar'nero] *m* Hammelfleisch *nt*
carnicero [karni'θero] *m* Fleischer *m*
caro ['karo] *adj* kostspielig, teuer
carpa ['karpa] *f* Karpfen *m*
carpintero [karpin'tero] *m* Tischler *m*
carrera [ka'rrera] *f* Laufbahn *f*, Karriere *f*; Wettlauf *m*, Rennen *nt*; ~ **de caballos** Pferderennen *nt*; **pista para carreras** Rennbahn *f*
carretera [karre'tera] *f* Landstraße *f*
carretilla [karre'tiʎa] *f* Schubkarren *m*
carro ['karro] *m* Karren *m*, Wagen *m*; ~ **de gitanos** Wohnwagen *m*
carrocería [karroθe'ria] *f* Karosserie *f*
carroza [ka'rroθa] *f* Kutsche *f*
carta ['karta] *f* Karte *f*; Brief *m*; ~ **certificada** eingeschriebener Brief; ~ **de crédito** Akkreditiv *nt*; ~ **de recomendación** Empfehlungsschreiben *nt*; ~ **de vinos** Weinkarte *f*; ~ **marina** Seekarte *f*
cartel [kar'tel] *m* Anschlagzettel *m*, Plakat *nt*
cárter ['karter] *m* Kurbelgehäuse *nt*
cartera [kar'tera] *f* Handtasche *f*; Schultasche *f*; Brieftasche *f*

cartero [kar'tero] *m* Postbote *m*
cartílago [kar'tilaγo] *m* Knorpel *m*
cartón [kar'ton] *m* Pappe *f*; Stange *f*; **de ~** Papp-
cartucho [kar'tutʃo] *m* Patrone *f*
casa ['kasa] *f* Haus *nt*; Heim *nt*; **a ~** nach Hause; **ama de ~** Hausfrau *f*; **~ de campo** Sommerhaus *nt*; **~ de correos** Postamt *nt*; **~ del párroco** Pfarrhaus *nt*; **~ de pisos** Wohnblock *m*; Wohngebäude *nt*; **~ de reposo** Erholungsheim *nt*; **~ flotante** Wohnboot *nt*; **~ señorial** Herrschaftshaus *nt*; **en ~** zu Hause; im Haus; **gobierno de la ~** Hausarbeit *f*
casarse [ka'sarse] *v* heiraten
cascada [kas'kaða] *f* Wasserfall *m*
cascanueces [kaska'nweθes] *m* Nußknacker *m*
cáscara ['kaskara] *f* Schale *f*; **~ de nuez** Nußschale *f*
casco ['kasko] *m* Helm *m*; Huf *m*
casero [ka'sero] *adj* selbstgemacht
casi ['kasi] *adv* beinahe, fast
casimir [kasi'mir] *m* Kaschmir *m*
casino [ka'sino] *m* Kasino *nt*
caso ['kaso] *m* Vorfall *m*; Fall *m*; **~ de urgencia** Notfall *m*; **en ~ de** im Fall; **en ningún ~** keineswegs; **en tal ~** dann; **en todo ~** auf jeden Fall, ohnehin
caspa ['kaspa] *f* Schuppen *fpl*
casquillo [kas'kiʎo] *m* Fassung *f*
castaña [kas'taɲa] *f* Kastanie *f*
castellano [kaste'ʎano] *adj* kastilisch; *m* Kastilier *m*
castigar [kasti'γar] *v* strafen
castigo [kas'tiγo] *m* Strafe *f*
castillo [kas'tiʎo] *m* Schloß *nt*, Burg *f*
casto ['kasto] *adj* keusch; klar
castor [kas'tor] *m* Biber *m*
por casualidad [por kaswali'ðað] zufällig
catacumba [kata'kumba] *f* Katakombe *f*
catálogo [ka'taloγo] *m* Katalog *m*
catarro [ka'tarro] *m* Katarrh *m*
catástrofe [ka'tastrofe] *f* Mißgeschick *nt*, Katastrophe *f*, Kalamität *f*
catedral [kate'ðral] *f* Kathedrale *f*; Dom *m*
catedrático [kate'ðratiko] *m* Professor *m*
categoría [kateγo'ria] *f* Kategorie *f*
católico [ka'toliko] *adj* katholisch, römisch-katholisch
catorce [ka'torθe] *num* vierzehn
catorceno [kator'θeno] *num* vierzehnte
caucho ['kautʃo] *m* Gummi *m*
causa ['kausa] *f* Ursache *f*; Sache *f*, Fall *m*; Gerichtsverfahren *nt*; **a ~ de** aufgrund, wegen
causar [kau'sar] *v* verursachen
cautela [kau'tela] *f* Vorsicht *f*
cautivar [kauti'βar] *v* fesseln
cavar [ka'βar] *v* *graben
caviar [ka'βjar] *m* Kaviar *m*
cavidad [kaβi'ðað] *f* Höhlung *f*
caza ['kaθa] *f* Jagd *f*; Wild *nt*; **apeadero de ~** Jagdhaus *nt*
cazador [kaθa'ðor] *m* Jäger *m*
cazar [ka'θar] *v* jagen; verfolgen; **~ en vedado** wildern
cebada [θe'βaða] *f* Gerste *f*
cebo ['θeβo] *m* Köder *m*
cebolla [θe'βoʎa] *f* Zwiebel *f*
cebollino [θeβo'ʎino] *m* Schnittlauch *m*
cebra ['θeβra] *f* Zebra *nt*
ceder [θe'ðer] *v* *nachgeben
***cegar** [θe'γar] *v* blenden
ceja ['θexa] *f* Augenbraue *f*
celda ['θelda] *f* Zelle *f*
celebración [θeleβra'θjon] *f* Feier *f*
celebrar [θele'βrar] *v* feiern
célebre ['θeleβre] *adj* berühmt

celebridad [θeleβri'ðað] *f* Ruhm *m*
celeste [θe'leste] *adj* himmlisch
celibato [θeli'βato] *m* Zölibat *nt*
celo ['θelo] *m* Eifer *m*, Fleiß *m*; **celos** Eifersucht *f*
celofán [θelo'fan] *m* Zellophan *nt*
celoso [θe'loso] *adj* eifrig, fleißig; eifersüchtig
célula ['θelula] *f* Zelle *f*
cementerio [θemen'terjo] *m* Kirchhof *m*, Friedhof *m*
cemento [θe'mento] *m* Zement *m*
cena ['θena] *f* Abendessen *nt*
cenar [θe'nar] *v* zu Abend *essen, speisen
cenicero [θeni'θero] *m* Aschenbecher *m*
cenit [θe'nit] *m* Zenit *m*
ceniza [θe'niθa] *f* Asche *f*
censura [θen'sura] *f* Zensur *f*
centelleante [θenteʎe'ante] *adj* funkelnd
centígrado [θen'tiɣraðo] *adj* Celsius
centímetro [θen'timetro] *m* Zentimeter *m*; Bandmaß *nt*
central [θen'tral] *adj* zentral; **central eléctrica** Kraftwerk *nt*; **central telefónica** Telephonzentrale *f*
centralizar [θentrali'θar] *v* zentralisieren
centro ['θentro] *m* Mittelpunkt *m*, Zentrum *nt*; ~ **comercial** Einkaufszentrum *nt*; ~ **de la ciudad** Stadtzentrum *nt*
cepillar [θepi'ʎar] *v* bürsten
cepillo [θe'piʎo] *m* Bürste *f*; ~ **de dientes** Zahnbürste *f*; ~ **de la ropa** Kleiderbürste *f*; ~ **para el cabello** Haarbürste *f*; ~ **para las uñas** Nagelbürste *f*
cera ['θera] *f* Wachs *nt*
cerámica [θe'ramika] *f* Keramik *f*; Steingut *nt*, Töpferware *f*
cerca ['θerka] *f* Zaun *m*
cerca de ['θerka de] bei; fast
cercano [θer'kano] *adj* nahe
cercar [θer'kar] *v* *umschließen, *umgeben
cerdo ['θerðo] *m* Schwein *nt*
cereales [θere'ales] *mpl* Getreide *nt*
cerebro [θe'reβro] *m* Gehirn *nt*; **conmoción cerebral** Gehirnerschütterung *f*
ceremonia [θere'monja] *f* Feierlichkeit *f*
cereza [θe'reθa] *f* Kirsche *f*
cerilla [θe'riʎa] *f* Streichholz *nt*
cerillo [θe'riʎo] *mMe* Streichholz *nt*
cero ['θero] *m* Null *f*
cerradura [θerra'ðura] *f* Schloß *nt*; **ojo de la** ~ Schlüsselloch *nt*
***cerrar** [θe'rrar] *v* zumachen, *schließen, *abschließen; abdrehen; **cerrado** *adj* zu, geschlossen; ~ **con llave** *verschließen
cerrojo [θe'rroxo] *m* Riegel *m*
certificación [θertifika'θjon] *f* Attest *nt*
certificado [θertifi'kaðo] *m* Bescheinigung *f*, Zeugnis *nt*; ~ **de salud** Gesundheitsattest *nt*
certificar [θertifi'kar] *v* *einschreiben
cervato [θer'βato] *m* Rehkalb *nt*
cervecería [θerβeθe'ria] *f* Brauerei *f*
cerveza [θer'βeθa] *f* Bier *nt*
cesar [θe'sar] *v* aufhören, *aufgeben, einstellen
césped ['θespeð] *m* Rasen *m*; Gras *nt*
cesta ['θesta] *f* Korb *m*
cesto ['θesto] *m* Packkorb *m*; ~ **para papeles** Papierkorb *m*
cicatriz [θika'triθ] *f* Narbe *f*
ciclista [θi'klista] *m* Radfahrer *m*
ciclo ['θiklo] *m* Kreislauf *m*, Zyklus *m*
ciego ['θjeɣo] *adj* blind
cielo ['θjelo] *m* Himmel *m*; ~ **raso** Decke *f*
ciencia ['θjenθja] *f* Wissenschaft *f*
científico [θjen'tifiko] *adj* wissen-

schaftlich; *m* Wissenschaftler *m*
ciento ['θjento] *num* hundert; **por ~** Prozent *nt*
cierre ['θjerre] *m* Verschluß *m*; **~ relámpago** Reißverschluß *m*
cierto ['θjerto] *adj* gewiß, bestimmt; **por ~** wirklich
ciervo ['θjerβo] *m* Rotwild *nt*
cifra ['θifra] *f* Ziffer *f*, Zahl *f*
cigarrillo [θiγa'rriʎo] *m* Zigarette *f*
cigüeña [θi'γweɲa] *f* Storch *m*
cigüeñal [θiγwe'ɲal] *m* Kurbelwelle *f*
cilindro [θi'lindro] *m* Zylinder *m*; **culata del ~** Zylinderkopf *m*
cima ['θima] *f* Gipfel *m*
cinc [θiŋk] *m* Zink *nt*
cincel [θin'θel] *m* Meißel *m*
cinco ['θiŋko] *num* fünf
cincuenta [θiŋ'kwenta] *num* fünfzig
cine ['θine] *m* Kino *nt*
cinematógrafo [θinema'toγrafo] *m* Kino *nt*
cinta ['θinta] *f* Band *nt*, Kordel *f*; **~ adhesiva** Selbstklebeband *nt*, Klebestreifen *m*; **~ de goma** Gummiband *nt*; **~ métrica** Bandmaß *nt*
cintura [θin'tura] *f* Taille *f*
cinturón [θintu'ron] *m* Gürtel *m*; Umgehungsstraße *f*; **~ de seguridad** Sicherheitsgurt *m*
cipo ['θipo] *m* Wegweiser *m*
circo ['θirko] *m* Zirkus *m*
***circuir** [θir'kwir] *v* einkreisen
circulación [θirkula'θjon] *f* Umlauf *m*, Kreislauf *m*
circular [θirku'lar] *v* kreisen
círculo ['θirkulo] *m* Kreis *m*; Klub *m*
circundante [θirkun'dante] *adj* umliegend
circundar [θirkun'dar] *v* umkreisen
circunstancia [θirkuns'tanθja] *f* Umstand *m*
ciruela [θi'rwela] *f* Pflaume *f*; **~ pasa** Backpflaume *f*
cirujano [θiru'xano] *m* Chirurg *m*
cisne ['θizne] *m* Schwan *m*
cistitis [θis'titis] *f* Blasenentzündung *f*
cita ['θita] *f* Verabredung *f*; Zitat *nt*
citación [θita'θjon] *f* Vorladung *f*
citar [θi'tar] *v* zitieren
ciudad [θju'ðað] *f* Stadt *f*
ciudadanía [θjuðaða'nia] *f* Staatsangehörigkeit *f*
ciudadano [θjuða'ðano] *m* Bürger *m*
cívico ['θiβiko] *adj* Bürger-
civil [θi'βil] *adj* Bürger-, zivil
civilización [θiβiliθa'θjon] *f* Zivilisation *f*
civilizado [θiβili'θaðo] *adj* zivilisiert
claridad [klari'ðað] *f* Klarheit *f*
clarificar [klarifi'kar] *v* klären
claro ['klaro] *adj* klar; deutlich; hell; *m* Lichtung *f*
clase ['klase] *f* Klasse *f*; Art *f*, Sorte *f*; Klassenzimmer *nt*; **~ media** Mittelstand *m*; **~ turista** Touristenklasse *f*; **de primera ~** erstrangig; **toda ~ de** allerlei
clásico ['klasiko] *adj* klassisch
clasificar [klasifi'kar] *v* einteilen, sortieren, ordnen
cláusula ['klausula] *f* Klausel *f*
clavar [kla'βar] *v* feststecken
clavicémbalo [klaβi'θembalo] *m* Cembalo *nt*
clavícula [kla'βikula] *f* Schlüsselbein *nt*
clavo ['klaβo] *m* Nagel *m*
clemencia [kle'menθja] *f* Barmherzigkeit *f*
clérigo ['kleriγo] *m* Geistliche *m*
cliente ['kljente] *m* Klient *m*, Kunde *m*
clima ['klima] *m* Klima *nt*
climatizado [klimati'θaðo] *adj* klimatisiert
clínica ['klinika] *f* Klinik *f*
cloro ['kloro] *m* Chlor *nt*

club [kluβ] *m* Klub *m* ; ~ **de yates** Segelklub *m*
coagularse [koaγu'larse] *v* *gerinnen
cobarde [ko'βarðe] *adj* feige ; *m* Feigling *m*
cobertizo [koβer'tiθo] *m* Schuppen *m*
cobrador [koβra'ðor] *m* Schaffner *m*
cobrar [ko'βrar] *v* zu Gelde machen, *einnehmen
cobre ['koβre] *m* Kupfer *nt*, Messing *nt* ; **cobres** *mpl* Messingwaren *fpl*
cocaína [koka'ina] *f* Kokain *nt*
cocina [ko'θina] *f* Küche *f* ; Kocher *m*, Herd *m* ; ~ **de gas** Gasherd *m*
cocinar [koθi'nar] *v* kochen
cocinero [koθi'nero] *m* Koch *m*
coco ['koko] *m* Kokosnuß *f*
cocodrilo [koko'ðriʎo] *m* Krokodil *nt*
cóctel ['koktel] *m* Cocktail *m*
coche ['kotʃe] *m* Wagen *m* ; Kutsche *f* ; ~ **cama** Schlafwagen *m* ; ~ **comedor** Speisewagen *m* ; ~ **de carreras** Sportwagen *m* ; ~ **Pullman** Pullmanwagen *m*
cochecillo [kotʃe'θiʎo] *m* Kinderwagen *m*
cochinillo [kotʃi'niʎo] *m* Ferkel *nt*
codicia [ko'ðiθja] *f* Gier *f*
codicioso [koði'θjoso] *adj* gierig
código ['koðiγo] *m* Kode *m* ; ~ **postal** Postleitzahl *f*
codo ['koðo] *m* Ellbogen *m*
codorniz [koðor'niθ] *f* Wachtel *f*
coger [ko'xer] *v* *ergreifen, *fangen ; *nehmen ; **llegar a** ~ erreichen
coherencia [koe'renθja] *f* Zusammenhang *m*
cohete [ko'ete] *m* Rakete *f*
coincidencia [koinθi'ðenθja] *f* Zusammentreffen *nt*
coincidir [koinθi'ðir] *v* *zusammenfallen
cojear [koxe'ar] *v* hinken
cojo ['koxo] *adj* lahm

col [kol] *m* Kohl *m* ; ~ **de Bruselas** Rosenkohl *m*
cola ['kola] *f* Schlange *f*, Reihe *f* ; Schwanz *m* ; Klebstoff *m*, Leim *m* ; ***hacer** ~ Schlange *stehen
colaboración [kolaβora'θjon] *f* Mitarbeit *f*
colcha ['koltʃa] *f* Bettdecke *f*, Steppdecke *f*
colchón [kol'tʃon] *m* Matratze *f*
colección [kolek'θjon] *f* Kollektion *f*, Sammlung *f* ; ~ **de arte** Kunstsammlung *f*
coleccionar [kolekθjo'nar] *v* sammeln
coleccionista [kolekθjo'nista] *m* Sammler *m*
colectivo [kolek'tiβo] *adj* kollektiv
colector [kolek'tor] *m* Kollekteur *m*
colega [ko'leγa] *m* Kollege *m*
colegio [ko'lexjo] *m* Schule *f* ; höhere Lehranstalt
cólera ['kolera] *f* Ärger *m*, Wut *f*
colérico [ko'leriko] *adj* jähzornig
***colgar** [kol'γar] *v* *hängen, aufhängen
coliflor [koli'flor] *f* Blumenkohl *m*
colina [ko'lina] *f* Hügel *m*
colisión [koli'sjon] *f* Zusammenstoß *m*
colmena [kol'mena] *f* Bienenkorb *m*
colmo ['kolmo] *m* Gipfel *m*
colocar [kolo'kar] *v* stellen, setzen
Colombia [ko'lombja] *f* Kolumbien
colombiano [kolom'bjano] *adj* kolumbianisch ; *m* Kolumbianer *m*
colonia [ko'lonja] *f* Kolonie *f* ; ~ **veraniega** Ferienlager *nt*
color [ko'lor] *m* Farbe *f* ; ~ **de aguada** Wasserfarbe *f* ; **de** ~ farbig
colorado [kolo'raðo] *adj* bunt
colorante [kolo'rante] *m* Färbemittel *nt*
colorete [kolo'rete] *m* Rouge *nt*
columna [ko'lumna] *f* Pfeiler *m*, Säule *f* ; Rubrik *f*, Spalte *f* ; Kolonne *f* ; ~

del volante Lenksäule *f*
columpiarse [kolum'pjarse] *v* schaukeln
columpio [ko'lumpjo] *m* Schaukel *f*; Wippe *f*
collar [ko'ʎar] *m* Halsband *nt*, Halskette *f*
coma ['koma] *f* Komma *nt*; *m* Koma *nt*
comadrona [koma'ðrona] *f* Hebamme *f*
comandante [koman'dante] *m* Befehlshaber *m*; Flugkapitän *m*
comarca [ko'marka] *f* Gegend *f*
comba ['komba] *f* Kurve *f*
combate [kom'bate] *m* Gefecht *nt*, Kampf *m*, Streit *m*; ~ **de boxeo** Boxkampf *m*
combatir [komba'tir] *v* bekämpfen, kämpfen, sich *schlagen
combinación [kombina'θjon] *f* Kombination *f*; Unterrock *m*
combinar [kombi'nar] *v* kombinieren
combustible [kombus'tiβle] *m* Brennstoff *m*; Benzin *nt*; ~ **líquido** Heizöl *nt*
comedia [ko'meðja] *f* Komödie *f*; Lustspiel *nt*; ~ **musical** Musical *nt*
comediante [kome'ðjante] *m* Schauspieler *m*
comedor [kome'ðor] *m* Speisesaal *m*, Speisezimmer *nt*; ~ **de gala** Bankettsaal *m*
comentar [komen'tar] *v* kommentieren
comentario [komen'tarjo] *m* Kommentar *m*
***comenzar** [komen'θar] *v* *anfangen
comer [ko'mer] *v* *essen
comercial [komer'θjal] *adj* Handels-, kommerziell
comerciante [komer'θjante] *m* Händler *m*; Kaufmann *m*; ~ **al por menor** Einzelhändler *m*
comerciar [komer'θjar] *v* handeln
comercio [ko'merθjo] *m* Handel *m*, Gewerbe *nt*; ~ **al por menor** Einzelhandel *m*, Kleinhandel *m*
comestible [komes'tiβle] *adj* eßbar
comestibles [komes'tiβles] *mpl* Lebensmittel *pl*; **tienda de ~ finos** Feinkostgeschäft *nt*
cometer [kome'ter] *v* verüben, *begehen
cómico ['komiko] *adj* komisch; *m* Komiker *m*; Conférencier *m*
comida [ko'miða] *f* Kost *f*, Nahrung *f*; Mahl *nt*, Mahlzeit *f*; ~ **principal** Mittagessen *nt*, Hauptmahlzeit *f*
comidilla [komi'ðiʎa] *f* Steckenpferd *nt*
comienzo [ko'mjenθo] *m* Anfang *m*, Beginn *m*
comillas [ko'miʎas] *fpl* Anführungszeichen *ntpl*
comisaría [komisa'ria] *f* Polizeiwache *f*
comisión [komi'sjon] *f* Kommission *f*
comité [komi'te] *m* Ausschuß *m*
comitiva [komi'tiβa] *f* Zug *m*
como ['komo] *adv* wie; **así** ~ ebenso wie; ~ **máximo** höchstens; ~ **si** als ob
cómo ['komo] *adv* wie
cómoda ['komoða] *f* Kommode *f*
comodidad [komoði'ðað] *f* Bequemlichkeit *f*, Behaglichkeit *f*, Muße *f*
cómodo ['komoðo] *adj* bequem, behaglich
compacto [kom'pakto] *adj* kompakt
compadecerse de [kompaðe'θerse] bemitleiden
compañero [kompa'ɲero] *m* Gefährte *m*; Partner *m*; ~ **de clase** Klassenkamerad *m*
compañía [kompa'ɲia] *f* Gesellschaft *f*; Firma *f*
comparación [kompara'θjon] *f* Vergleich *m*
comparar [kompa'rar] *v* *vergleichen

compartimento [komparti'mento] *m* Abteil *nt*; ~ **para fumadores** Raucherabteil *nt*
compartir [kompar'tir] *v* teilen
compasión [kompa'sjon] *f* Mitgefühl *nt*
compasivo [kompa'siβo] *adj* mitfühlend
compatriota [kompa'trjota] *m* Landsmann *m*
compeler [kompe'ler] *v* *zwingen
compensación [kompensa'θjon] *f* Ausgleich *m*
compensar [kompen'sar] *v* *ausgleichen; vergüten
competencia [kompe'tenθja] *f* Konkurrenz *f*; Kompetenz *f*
competente [kompe'tente] *adj* fachkundig, befugt
competidor [kompeti'ðor] *m* Konkurrent *m*
***competir** [kompe'tir] *v* wetteifern
compilar [kompi'lar] *v* zusammenstellen
***complacer** [kompla'θer] *v* *entgegenkommen; gefällig *sein
complejo [kom'plexo] *adj* verwickelt; *m* Komplex *m*
completamente [kompleta'mente] *adv* völlig, durchaus
completar [komple'tar] *v* vollenden; ausfüllen
completo [kom'pleto] *adj* ganz, vollständig; völlig; vollbesetzt
complicado [kompli'kaðo] *adj* kompliziert, verwickelt
cómplice ['kompliθe] *m* Mitschuldige *m*
complot [kom'plot] *m* Komplott *nt*
***componer** [kompo'ner] *v* zusammenstellen
comportarse [kompor'tarse] *v* sich *benehmen
composición [komposi'θjon] *f* Zusammensetzung *f*; Aufsatz *m*; Komposition *f*
compositor [komposi'tor] *m* Komponist *m*
compra ['kompra] *f* Erwerb *m*, Kauf *m*; ***ir de compras** einkaufen
comprador [kompra'ðor] *m* Käufer *m*
comprar [kom'prar] *v* kaufen
comprender [kompren'der] *v* *begreifen, *verstehen; umfassen, *einschließen
comprensión [kompren'sjon] *m* Verständigung *f*
comprobante [kompro'βante] *m* Gutschein *m*
***comprobar** [kompro'βar] *v* feststellen, bemerken; *beweisen
comprometerse [komprome'terse] *v* sich verpflichten
compromiso [kompro'miso] *m* Vergleich *m*; Verpflichtung *f*, Verabredung *f*
compuerta [kom'pwerta] *f* Schleuse *f*
común [ko'mun] *adj* gemeinsam; allgemein, alltäglich; **en** ~ gemeinschaftlich
comuna [ko'muna] *f* Kommune *f*
comunicación [komunika'θjon] *f* Kommunikation *f*; Mitteilung *f*
comunicado [komuni'kaðo] *m* Bekanntmachung *f*, Mitteilung *f*
comunicar [komuni'kar] *v* mitteilen
comunidad [komuni'ðað] *f* Gemeinde *f*
comunismo [komu'nizmo] *m* Kommunismus *m*
comunista [komu'nista] *m* Kommunist *m*
con [kon] *prep* mit; bei
***concebir** [konθe'βir] *v* auffassen
conceder [konθe'ðer] *v* gewähren, bewilligen, *verleihen; *zuerkennen
concentración [konθentra'θjon] *f* Konzentration *f*
concentrarse [konθen'trarse] *v* konzen-

trieren
concepción [konθep'θjon] *f* Empfängnis *f*
concepto [kon'θepto] *m* Anschauung *f*
***concernir** [konθer'nir] *v* *betreffen, *angehen; **concerniente a** betreffs
concesión [konθe'sjon] *f* Konzession *f*, Zugeständnis *nt*
conciencia [kon'θjenθja] *f* Gewissen *nt*; Bewußtsein *nt*
concierto [kon'θjerto] *m* Konzert *nt*
conciso [kon'θiso] *adj* kurzgefaßt, knapp
***concluir** [koŋ'klwir] *v* *abschließen
conclusión [koŋklu'sjon] *f* Schlußfolgerung *f*, Schluß *m*; Abschluß *m*, Ende *nt*
***concordar** [koŋkor'ðar] *v* übereinstimmen
concreto [koŋ'kreto] *adj* konkret
concupiscencia [koŋkupi'θenθja] *f* Wollust *f*
concurrido [koŋku'rriðo] *adj* verkehrsreich
concurrir [koŋku'rrir] *v* *zusammenkommen; übereinstimmen
concurso [koŋ'kurso] *m* Wettbewerb *m*; Quiz *nt*
concha ['kontʃa] *f* Muschel *f*
condado [kon'daðo] *m* Grafschaft *f*
conde ['konde] *m* Graf *m*
condena [kon'dena] *f* Überführung *f*
condenado [konde'naðo] *m* Verurteilte *m*
condesa [kon'desa] *f* Gräfin *f*
condición [kondi'θjon] *f* Bedingung *f*; Verfassung *f*
condicional [kondiθjo'nal] *adj* bedingt
condimentado [kondimen'taðo] *adj* gewürzt
***conducir** [kondu'θir] *v* führen; *fahren; dirigieren
conducta [kon'dukta] *f* Betragen *nt*
conducto [kon'dukto] *m* Rohr *nt*
conductor [konduk'tor] *m* Fahrer *m*; *mMe* Schaffner *m*
conectar [konek'tar] *v* *verbinden; *anschließen
conejo [ko'nexo] *m* Kaninchen *nt*; **conejillo de Indias** Meerschweinchen *nt*
conexión [konek'sjon] *f* Zusammenhang *m*
confeccionado [konfekθjo'naðo] *adj* Konfektions-
confederación [konfedera'θjon] *f* Union *f*
conferencia [konfe'renθja] *f* Konferenz *f*; Vortrag *m*; ~ **interurbana** Ferngespräch *nt*
***confesarse** [konfe'sarse] *v* beichten
confesión [konfe'sjon] *f* Geständnis *nt*; Beichte *f*
confiable [kon'fjaβle] *adj* zuverlässig
confianza [kon'fjanθa] *f* Vertrauen *nt*; **indigno de** ~ unzuverlässig
confiar [kon'fjar] *v* *übergeben; ~ **en** vertrauen
confidencial [konfiðen'θjal] *adj* vertraulich
confirmación [konfirma'θjon] *f* Bestätigung *f*
confirmar [konfir'mar] *v* bestätigen
confiscar [konfis'kar] *v* beschlagnahmen
confitería [konfite'ria] *f* Süßwarengeschäft *nt*
confitero [konfi'tero] *m* Konditor *m*
confitura [konfi'tura] *f* Marmelade *f*
conflicto [kon'flikto] *m* Konflikt *m*
conforme [kon'forme] *adj* übereinstimmend; ~ **a** in Übereinstimmung mit; gemäß, entsprechend, mit Rücksicht auf
conformidad [konformi'ðað] *f* Übereinstimmung *f*
confort [kon'fort] *m* Komfort *m*
confortable [konfor'taβle] *adj* be-

quem; behaglich
confundir [konfun'dir] *v* verwechseln, verwirren
confusión [konfu'sjon] *f* Verwirrung *f*
confuso [kon'fuso] *adj* verwirrt
congelado [koŋxe'laðo] *adj* gefroren; **alimento** ~ Gefrierwaren *fpl*
congelador [koŋxela'ðor] *m* Tiefkühltruhe *f*
congelar [koŋxe'lar] *v* *gefrieren
congestión [koŋxes'tjon] *f* Verkehrsstauung *f*
congregación [koŋgreγa'θjon] *f* Orden *m*, Bruderschaft *f*; Gemeinde *f*
congreso [koŋ'greso] *m* Tagung *f*, Kongreß *m*
conjetura [koŋxe'tura] *f* Vermutung *f*
conjeturar [koŋxetu'rar] *v* vermuten
conjuración [koŋxura'θjon] *f* Verschwörung *f*
conmemoración [konmemora'θjon] *f* Gedenkfeier *f*
conmovedor [konmoβe'ðor] *adj* rührend
***conmover** [konmo'βer] *v* rühren
connotación [konnota'θjon] *f* Nebenbedeutung *f*
***conocer** [kono'θer] *v* *kennen
conocido [kono'θiðo] *m* Bekanntschaft *f*, Bekannte *m*
conocimiento [konoθi'mjento] *m* Kenntnis *f*
conquista [koŋ'kista] *f* Eroberung *f*, Einnahme *f*
conquistador [koŋkista'ðor] *m* Eroberer *m*
conquistar [koŋkis'tar] *v* erobern, *einnehmen
consciente [kon'θjente] *adj* bewußt
consecuencia [konse'kwenθja] *f* Wirkung *f*, Folge *f*; Ergebnis *nt*
***conseguir** [konse'γir] *v* *bekommen; *schaffen, erlangen
consejero [konse'xero] *m* Ratgeber *m*; Ratsmitglied *nt*
consejo [kon'sexo] *m* Empfehlung *f*, Rat *m*
consentimiento [konsenti'mjento] *m* Zustimmung *f*; Einwilligung *f*
***consentir** [konsen'tir] *v* zustimmen, einwilligen
conserje [kon'serxe] *m* Hausmeister *m*
conservación [konserβa'θjon] *f* Bewahrung *f*
conservador [konserβa'ðor] *adj* erhaltend, konservativ
conservar [konser'βar] *v* einmachen
conservas [kon'serβas] *fpl* Konserven *fpl*
conservatorio [konserβa'torjo] *m* Konservatorium *f*
considerable [konsiðe'raβle] *adj* beträchtlich
consideración [konsiðera'θjon] *f* Rücksicht *f*; Erwägung *f*
considerado [konsiðe'raðo] *adj* rücksichtsvoll
considerando [konsiðe'rando] *prep* in Anbetracht
considerar [konsiðe'rar] *v* *ansehen, betrachten; *erwägen, überlegen; *finden, *halten für
consigna [kon'siγna] *f* Gepäckaufbewahrung *f*
por consiguiente [por konsi'γjente] folglich
consistir en [konsis'tir] *bestehen aus
***consolar** [konso'lar] *v* trösten
consorcio [kon'sorθjo] *m* Konzern *m*
conspirar [konspi'rar] *v* sich *verschwören
constante [kons'tante] *adj* stetig, beständig; standhaft
constar de [kons'tar] *bestehen aus
constitución [konstitu'θjon] *f* Grundgesetz *nt*
***constituir** [konsti'twir] *v* bilden
construcción [konstruk'θjon] *f* Bau *m*;

Konstruktion *f*
***construir** [kons'trwir] *v* aufbauen, bauen
consuelo [kon'swelo] *m* Trost *m*
cónsul ['konsul] *m* Konsul *m*
consulado [konsu'laðo] *m* Konsulat *nt*
consulta [kon'sulta] *f* Konsultation *f*
consultar [konsul'tar] *v* konsultieren
consultorio [konsul'torjo] *m* Sprechzimmer *nt*
consumidor [konsumi'ðor] *m* Konsument *m*; Verbraucher *m*
consumir [konsu'mir] *v* verbrauchen
contacto [kon'takto] *m* Kontakt *m*; Berührung *f*
contador [konta'ðor] *m* Zähler *m*
contagioso [konta'xjoso] *adj* ansteckend
contaminación [kontamina'θjon] *f* Verschmutzung *f*
***contar** [kon'tar] *v* zählen; erzählen; ~ **con** sich *verlassen auf
contemplar [kontem'plar] *v* betrachten
contemporáneo [kontempo'raneo] *adj* zeitgenössisch; *m* Zeitgenosse *m*
contenedor [kontene'ðor] *m* Container *m*
***contener** [konte'ner] *v* *enthalten; in Schranken *halten
contenido [konte'niðo] *m* Inhalt *m*
contentar [konten'tar] *v* befriedigen
contento [kon'tento] *adj* zufrieden, froh; erfreut
contestar [kontes'tar] *v* beantworten
contienda [kon'tjenda] *f* Streitigkeit *f*
contiguo [kon'tiɣwo] *adj* benachbart
continental [kontinen'tal] *adj* kontinental
continente [konti'nente] *m* Kontinent *m*, Erdteil *m*; Festland *nt*
continuación [kontinwa'θjon] *f* Folge *f*
continuamente [kontinwa'mente] *adv* immerzu, fortwährend
continuar [konti'nwar] *v* *weitergehen, *fortfahren; verfolgen, fortsetzen; *bleiben
continuo [kon'tinwo] *adj* fortlaufend, ununterbrochen, unaufhörlich
contorno [kon'torno] *m* Umriß *m*
contra ['kontra] *prep* gegen
contrabandear [kontraβande'ar] *v* schmuggeln
***contradecir** [kontraðe'θir] *v* *widersprechen
contradictorio [kontraðik'torjo] *adj* widersprechend
contrahecho [kontra'etʃo] *adj* mißgestaltet
contralto [kon'tralto] *m* Alt *m*
contrario [kon'trarjo] *adj* gegensätzlich, entgegengesetzt; *m* Gegenteil *nt*; **al** ~ im Gegenteil
contraste [kon'traste] *m* Gegensatz *m*, Kontrast *m*
contratiempo [kontra'tjempo] *m* Unglück *nt*
contratista [kontra'tista] *m* Unternehmer *m*
contrato [kon'trato] *m* Vertrag *m*
contribución [kontriβu'θjon] *f* Beitrag *m*
***contribuir** [kontri'βwir] *v* *beitragen
contrincante [kontriŋ'kante] *m* Gegner *m*
control [kon'trol] *m* Kontrolle *f*
controlar [kontro'lar] *v* kontrollieren
controvertible [kontroβer'tiβle] *adj* umstritten
controvertido [kontroβer'tiðo] *adj* Streit-
convencer [komben'θer] *v* überzeugen; überführen
convencimiento [kombenθi'mjento] *m* Überzeugung *f*
conveniente [kombe'njente] *adj* passend; geeignet
convenio [kom'benjo] *m* Übereinkunft *f*

***convenir** [kombe'nir] *v* übereinstimmen; passen
convento [kom'bento] *m* Kloster *nt*; Nonnenkloster *nt*
conversación [kombersa'θjon] *f* Unterhaltung *f*, Gespräch *nt*
***convertir** [komber'tir] *v* bekehren; umrechnen, konvertieren; ***convertirse en** sich verwandeln in
convicción [kombik'θjon] *f* Überzeugung *f*
convidar [kombi'ðar] *v* *einladen
convulsión [kombul'sjon] *f* Krampf *m*
cónyuges ['konjuxes] *mpl* Ehepaar *nt*
coñac [ko'ɲak] *m* Kognak *m*
cooperación [koopera'θjon] *f* Zusammenarbeit *f*
cooperador [koopera'ðor] *adj* willig, bereitwillig
cooperativa [koopera'tiβa] *f* Genossenschaft *f*
cooperativo [koopera'tiβo] *adj* kooperativ
coordinación [koorðina'θjon] *f* Koordinierung *f*
coordinar [koorði'nar] *v* koordinieren
copa ['kopa] *f* Pokal *m*
copia ['kopja] *f* Abschrift *f*, Kopie *f*, Durchschlag *m*
copiar [ko'pjar] *v* kopieren
coraje [ko'raxe] *m* Mumm *m*
coral [ko'ral] *m* Koralle *f*
corazón [kora'θon] *m* Herz *nt*; Kerngehäuse *nt*
corbata [kor'βata] *f* Krawatte *f*; ~ **de lazo** Fliege *f*
corbatín [korβa'tin] *m* Fliege *f*
corcino [kor'θino] *m* Rehkalb *nt*
corcho ['kortʃo] *m* Korken *m*
cordel [kor'ðel] *m* Schnur *f*
cordero [kor'ðero] *m* Lamm *nt*; Lammfleisch *nt*
cordial [kor'ðjal] *adj* herzlich, sympathisch
cordillera [korði'ʎera] *f* Bergkette *f*
cordón [kor'ðon] *m* Leine *f*, Schnur *f*; Schnürsenkel *m*; ~ **de extensión** Verlängerungsschnur *f*
cornamenta [korna'menta] *f* Geweih *nt*
corneja [kor'nexa] *f* Krähe *f*
coro ['koro] *m* Chor *m*
corona [ko'rona] *f* Krone *f*
coronar [koro'nar] *v* krönen; bekrönen
coronel [koro'nel] *m* Oberst *m*
corpulento [korpu'lento] *adj* korpulent, stämmig
corral [ko'rral] *m* Hof *m*; **aves de** ~ Geflügel *nt*
correa [ko'rrea] *f* Leine *f*, Riemen *m*; ~ **del ventilador** Ventilatorriemen *m*; ~ **de reloj** Uhrband *nt*
corrección [korrek'θjon] *f* Berichtigung *f*
correcto [ko'rrekto] *adj* richtig; genau, gut
corredor [korre'ðor] *m* Makler *m*; ~ **de casas** Häusermakler *m*
***corregir** [korre'xir] *v* korrigieren, verbessern
correo [ko'rreo] *m* Post *f*; ~ **aéreo** Luftpost *f*; **enviar por** ~ *aufgeben; **sello de correos** Briefmarke *f*
correr [ko'rrer] *v* *laufen; stürmen; strömen
correspondencia [korrespon'denθja] *f* Korrespondenz *f*, Briefwechsel *m*
corresponder [korrespon'der] *v* übereinstimmen; **corresponderse** *v* korrespondieren
corresponsal [korrespon'sal] *m* Korrespondent *m*
corrida de toros [ko'rriða de 'toros] Stierkampf *m*
corriente [ko'rrjente] *adj* gangbar, gegenwärtig; gewohnt, gewöhnlich; *f* Strom *m*; Strömung *f*, Wasserlauf *m*; ~ **alterna** Wechselstrom *m*; ~

continua Gleichstrom *m*; ~ **de aire** Luftzug *m*
corromper [korrom'per] *v* *bestechen
corrupción [korrup'θjon] *f* Bestechung *f*
corrupto [ko'rrupto] *adj* korrupt
corsé [kor'se] *m* Korsett *nt*
cortadura [korta'ðura] *f* Schnitt *m*
cortaplumas [korta'plumas] *m* Taschenmesser *nt*
cortar [kor'tar] *v* *schneiden; *abschneiden; abschalten
corte ['korte] *f* Hof *m*
cortés [kor'tes] *adj* höflich
corteza [kor'teθa] *f* Rinde *f*; Kruste *f*
cortijo [kor'tixo] *m* Bauernhaus *nt*
cortina [kor'tina] *f* Vorhang *m*
corto ['korto] *adj* kurz
cortocircuito [kortoθir'kwito] *m* Kurzschluß *m*
cosa ['kosa] *f* Ding *nt*; **entre otras cosas** unter anderem
cosecha [ko'setʃa] *f* Ernte *f*
coser [ko'ser] *v* nähen
cosméticos [koz'metikos] *mpl* Schönheitsmittel *ntpl*
cosquillear [koski'ʎar] *v* kitzeln
costa ['kosta] *f* Küste *f*
***costar** [kos'tar] *v* kosten
coste ['koste] *m* Kosten *pl*
costilla [kos'tiʎa] *f* Rippe *f*
costoso [kos'toso] *adj* kostbar
costumbre [kos'tumbre] *f* Gewohnheit *f*; Sitte *f*
costura [kos'tura] *f* Naht *f*; **sin** ~ nahtlos
cotidiano [koti'ðjano] *adj* alltäglich
cotorra [ko'torra] *f* Sittich *m*
cráneo ['kraneo] *m* Schädel *m*
cráter ['krater] *m* Krater *m*
creación [krea'θjon] *f* Schöpfung *f*
crear [kre'ar] *v* erschaffen, *schaffen
***crecer** [kre'θer] *v* *wachsen
crecimiento [kreθi'mjento] *m* Wuchs *m*
crédito ['kreðito] *m* Kredit *m*
crédulo ['kreðulo] *adj* gutgläubig
creencia [kre'enθja] *f* Glaube *m*
***creer** [kre'er] *v* glauben; *denken
crema ['krema] *f* Krem *f*; ~ **de afeitar** Rasierkrem *f*; ~ **de base** Make-up-Unterlage; ~ **de noche** Nachtkrem *f*; ~ **facial** Gesichtskrem *f*; ~ **hidratante** Feuchtigkeitskrem *f*; ~ **para la piel** Hautkrem *f*; ~ **para las manos** Handkrem *f*
cremallera [krema'ʎera] *f* Reißverschluß *m*
cremoso [kre'moso] *adj* sahnig
crepúsculo [kre'puskulo] *m* Zwielicht *nt*, Abenddämmerung *f*
crespo ['krespo] *adj* lockig
cresta ['kresta] *f* Grat *m*
creta ['kreta] *f* Kreide *f*
criada ['krjaða] *f* Hausangestellte *f*
criado ['krjaðo] *m* Diener *m*
criar [krjar] *v* *großziehen; züchten
criatura [krja'tura] *f* Geschöpf *nt*; Säugling *m*
crimen ['krimen] *m* Verbrechen *nt*
criminal [krimi'nal] *adj* verbrecherisch, kriminell; *m* Verbrecher *m*
criminalidad [kriminali'ðað] *f* Kriminalität *f*
crisis ['krisis] *f* Krise *f*
cristal [kris'tal] *m* Kristall *nt*; Scheibe *f*; **de** ~ kristallen
cristiano [kris'tjano] *adj* christlich; *m* Christ *m*
Cristo ['kristo] Christus
criterio [kri'terjo] *m* Merkmal *nt*
crítica ['kritika] *f* Kritik *f*
criticar [kriti'kar] *v* kritisieren
crítico ['kritiko] *adj* kritisch; entscheidend, bedenklich; *m* Kritiker *m*
cromo ['kromo] *m* Chrom *nt*
crónica ['kronika] *f* Chronik *f*
crónico ['kroniko] *adj* chronisch

cronológico [krono'loxiko] *adj* chronologisch
cruce ['kruθe] *m* Kreuzung *f*; ~ **para peatones** Fußgängerübergang *m*; Zebrastreifen *m*
crucero [kru'θero] *m* Kreuzfahrt *f*, Seereise *f*
crucificar [kruθifi'kar] *v* kreuzigen
crucifijo [kruθi'fixo] *m* Kruzifix *nt*
crucifixión [kruθifik'sjon] *f* Kreuzigung *f*
crudo ['kruðo] *adj* roh
cruel [krwel] *adj* grausam
crujido [kru'xiðo] *m* Krachen *nt*
crujiente [kru'xjente] *adj* knusprig
crujir [kru'xir] *v* knirschen, krachen
cruz [kruθ] *f* Kreuz *nt*
cruzada [kru'θaða] *f* Kreuzzug *m*
cruzar [kru'θar] *v* kreuzen
cuadrado [kwa'ðraðo] *adj* quadratisch; *m* Quadrat *nt*
cuadriculado [kwaðriku'laðo] *adj* gewürfelt
cuadro ['kwaðro] *m* Kader *m*; Gemälde *nt*, Bild *nt*; **a cuadros** kariert; ~ **de distribución** Schaltbrett *nt*
cuál [kwal] *pron* welcher
cualidad [kwali'ðað] *f* Eigenschaft *f*
cualquiera [kwal'kjera] *pron* jedermann, irgend jemand; welcher auch immer; **cualquier cosa** irgend etwas
cuando ['kwando] *conj* als, wenn; ~ **quiera que** wann immer
cuándo ['kwando] *adv* wann
cuánto ['kwanto] *adv* wieviel; **cuanto más . . . más** je ... je; **en cuanto a** hinsichtlich
cuarenta [kwa'renta] *num* vierzig
cuarentena [kwaren'tena] *f* Quarantäne *f*
cuartel [kwar'tel] *m* Kaserne *f*; ~ **general** Hauptquartier *nt*
cuarterón [kwarte'ron] *m* Paneel *nt*
cuarto[1] ['kwarto] *num* vierte; *m* Viertel *nt*; ~ **de hora** Viertelstunde *f*
cuarto[2] ['kwarto] *m* Zimmer *nt*; ~ **de aseo** Toilette *f*; ~ **de baño** Badezimmer *nt*; ~ **de niños** Kinderzimmer *nt*; ~ **para huéspedes** Gästezimmer *nt*
cuatro ['kwatro] *num* vier
Cuba ['kuβa] *f* Kuba
cubano [ku'βano] *adj* kubanisch; *m* Kubaner *m*
cubierta [ku'βjerta] *f* Umschlag *m*; Deck *nt*
cubierto [ku'βjerto] *adj* bewölkt
cubiertos [ku'βjertos] *mpl* Besteck *nt*
cubo ['kuβo] *m* Kubus *m*; Würfel *m*; ~ **de la basura** Abfalleimer *m*
cubrir [ku'βrir] *v* bedecken, verdecken
cuclillo [ku'kliʎo] *m* Kuckuck *m*
cuchara [ku'tʃara] *f* Löffel *m*; Suppenlöffel *m*, Eßlöffel *m*
cucharada [kutʃa'raða] *f* Löffel voll
cucharadita [kutʃara'ðita] *f* Teelöffel voll *m*
cucharilla [kutʃa'riʎa] *f* Teelöffel *m*
cuchillo [ku'tʃiʎo] *m* Messer *nt*
cuello ['kweʎo] *m* Hals *m*; Kragen *m*; ~ **de botella** Engpaß *m*
cuenta ['kwenta] *f* Konto *nt*; Rechnung *f*; Perle *f*; ~ **de banco** Bankkonto *nt*; ***darse** ~ *einsehen
cuento ['kwento] *m* Geschichte *f*, Erzählung *f*
cuerda ['kwerða] *f* Seil *nt*; Saite *f*; ***dar** ~ *aufziehen
cuerno ['kwerno] *m* Horn *f*; Horn *nt*
cuero ['kwero] *m* Leder *nt*; ~ **vacuno** Kuhhaut *f*
cuerpo ['kwerpo] *m* Körper *m*; Leib *m*
cuervo ['kwerβo] *m* Rabe *m*
cuestión [kwes'tjon] *f* Frage *f*
cueva ['kweβa] *f* Höhle *f*; Weinkeller *m*

cuidado [kwi'ðaðo] *m* Sorge *f*; Pflege *f*; ***tener** ~ aufpassen, sich *vorsehen
cuidadoso [kwiða'ðoso] *adj* vorsichtig; eifrig, genau
cuidar de [kwi'ðar] sorgen für, aufpassen auf, sich kümmern um, pflegen
culebra [ku'leβra] *f* Schlange *f*
culpa ['kulpa] *f* Schuld *f*, Fehler *m*
culpable [kul'paβle] *adj* schuldig
culpar [kul'par] *v* beschuldigen
cultivar [kulti'βar] *v* bebauen; züchten, anbauen, kultivieren
cultivo [kul'tiβo] *m* Anbau *m*
culto ['kulto] *adj* kultiviert; *m* Gottesdienst *m*
cultura [kul'tura] *f* Kultur *f*
cultural [kultu'ral] *adj* kulturell
cumbre ['kumbre] *f* Spitze *f*
cumpleaños [kumple'aɲos] *m* Geburtstag *m*
cumplimentar [kumplimen'tar] *v* gratulieren, beglückwünschen
cumplimiento [kumpli'mjento] *m* Kompliment *nt*
cumplir [kum'plir] *v* zustande *bringen
cuna ['kuna] *f* Wiege *f*; ~ **de viaje** Baby-Tragetasche *f*
cuneta [ku'neta] *f* Graben *m*; Gosse *f*
cuña ['kuɲa] *f* Keil *m*
cuñada [ku'ɲaða] *f* Schwägerin *f*
cuñado [ku'ɲaðo] *m* Schwager *m*
cuota ['kwota] *f* Quote *f*
cupón [ku'pon] *m* Kupon *m*, Bezugsschein *m*
cúpula ['kupula] *f* Kuppel *f*
cura ['kura] *m* Priester *m*; *f* Kur *f*
curación [kura'θjon] *f* Genesung *f*
curandero [kuran'dero] *m* Kurpfuscher *m*
curar [ku'rar] *v* heilen; **curarse** *v* *genesen
curato [ku'rato] *m* Pfarrhaus *nt*
curiosidad [kurjosi'ðað] *f* Neugier *f*; Sehenswürdigkeit *f*; Rarität *f*
curioso [ku'rjoso] *adj* neugierig; gespannt; seltsam
cursiva [kur'siβa] *f* Kursivschrift *f*
curso ['kurso] *m* Lauf *m*; Vorlesung *f*, Lehrgang *m*, Kursus *m*; ~ **intensivo** Kurzlehrgang *m*
curva [kurβa] *f* Biegung *f*; Kurve *f*, Krümmung *f*
curvado [kur'βaðo] *adj* krumm
curvo ['kurβo] *adj* krumm
custodia [kus'toðja] *f* Obhut *f*
cuyo ['kujo] *pron* wessen; wovon

CH

chabacano [tʃaβa'kano] *mMe* Aprikose *f*
chal [tʃal] *m* Umschlagtuch *nt*, Schal *m*
chaleco [tʃa'leko] *m* Weste *f*; ~ **salvavidas** Rettungsgürtel *m*
chalet [tʃa'let] *m* Chalet *nt*
champán [tʃam'pan] *m* Sekt *m*
champú [tʃam'pu] *m* Shampoo *nt*
chantaje [tʃan'taxe] *m* Erpressung *f*; ***hacer** ~ erpressen
chapa ['tʃapa] *f* Platte *f*
chaparrón [tʃapa'rron] *m* Wolkenbruch *m*
chapucero [tʃapu'θero] *adj* schlampig
chaqueta [tʃa'keta] *f* Jackett *nt*; Jacke *f*, Wolljacke *f*; ~ **de sport** Sportjacke *f*; ~ **ligera** Blazer *m*
charanga [tʃa'raŋga] *f* Blaskapelle *f*
charco ['tʃarko] *m* Pfütze *f*
charla ['tʃarla] *f* Geschwätz *nt*, Geplauder *nt*
charlar [tʃar'lar] *v* plaudern, schwatzen
charlatán [tʃarla'tan] *m* Plappermaul *nt*; Scharlatan *m*

charola [tʃa'rola] *fMe* Tablett *nt*
chasis [tʃa'sis] *m* Fahrgestell *nt*
chatarra [tʃa'tarra] *f* Alteisen *nt*
checo ['tʃeko] *adj* tschechisch; *m* Tscheche *m*; **República Checa** Tschechische Republik
cheque ['tʃeke] *m* Scheck *m*; ~ **de viajero** Reisescheck *m*
chicle ['tʃikle] *m* Kaugummi *m*
chico ['tʃiko] *m* Bursche *m*; Kind *nt*
chichón [tʃi'tʃon] *m* Beule *f*
Chile ['tʃile] *m* Chile
chileno [tʃi'leno] *adj* chilenisch; *m* Chilene *m*
chillar [tʃi'ʎar] *v* *schreien, kreischen
chillido [tʃi'ʎiðo] *m* Schrei *m*, Gekreisch *nt*
chimenea [tʃime'nea] *f* Schornstein *m*; Kamin *m*
China ['tʃina] *f* China
chinche ['tʃintʃe] *f* Wanze *f*; Reißzwecke *f*; Reißnagel *m*
chinchorro [tʃin'tʃorro] *m* Jolle *f*
chino ['tʃino] *adj* chinesisch; *m* Chinese *m*; *adjMe* lockig
chisguete [tʃiz'ɣete] *m* Strahl *m*
chisme ['tʃizme] *m* Tratsch *m*; ***contar chismes** tratschen
chispa ['tʃispa] *f* Funken *m*
chistoso [tʃis'toso] *adj* geistreich, spaßig
chocante [tʃo'kante] *adj* empörend
chocar [tʃo'kar] *v* *zusammenstoßen; schockieren
chocolate [tʃoko'late] *m* Schokolade *f*
chófer ['tʃofer] *m* Chauffeur *m*
choque ['tʃoke] *m* Zusammenstoß *m*; Schock *m*
chorro ['tʃorro] *m* Strahl *m*
chuleta [tʃu'leta] *f* Kotelett *nt*
chupar [tʃu'par] *v* lutschen

D

dactilógrafa [dakti'loɣrafa] *f* Stenotypistin *f*
dadivoso [daði'βoso] *adj* großzügig
daltoniano [dalto'njano] *adj* farbenblind
dama ['dama] *f* Dame *f*
danés [da'nes] *adj* dänisch; *m* Däne *m*
dañar [da'ɲar] *v* beschädigen; verletzen
daño ['daɲo] *m* Schaden *m*; Böse *nt*; ***hacer** ~ weh *tun
dañoso [da'ɲoso] *adj* schädlich
***dar** [dar] *v* *geben; **dado que** angenommen daß
dátil ['datil] *m* Dattel *f*
dato ['dato] *m* Angabe *f*
de [de] *prep* von; aus
debajo [de'βaxo] *adv* unten; ~ **de** unterhalb, unter
debate [de'βate] *m* Debatte *f*, Auseinandersetzung *f*
debatir [deβa'tir] *v* diskutieren
debe ['deβe] *m* Soll *nt*
deber [de'βer] *m* Pflicht *f*; *v* *müssen, brauchen; schuldig *sein, schulden; verdanken; ~ **de** *müssen
debido [de'βiðo] *adj* fällig; gebührend; ~ **a** infolge
débil ['deβil] *adj* schwach
debilidad [deβili'ðað] *f* Schwäche *f*
decencia [de'θenθja] *f* Anstand *m*
decente [de'θente] *adj* anständig
decepcionar [deθepθjo'nar] *v* enttäuschen
decidir [deθi'ðir] *v* *beschließen, sich *entschließen, *entscheiden; **decidido** entschlossen
décimo ['deθimo] *num* zehnte
decimoctavo [deθimok'taβo] *num*

achtzehnte
decimonono [deθimo'nono] *num* neunzehnte
decimoséptimo [deθimo'septimo] *num* siebzehnte
decimosexto [deθimo'seksto] *num* sechzehnte
***decir** [de'θir] *v* sagen; ***querer** ~ meinen
decisión [deθi'sjon] *f* Beschluß *m*, Entscheidung *f*
decisivo [deθi'siβo] *adj* entscheidend
declaración [deklara'θjon] *f* Erklärung *f*
declarar [dekla'rar] *v* darlegen, erklären; verzollen
decoración [dekora'θjon] *f* Dekoration *f*
decorativo [dekora'tiβo] *adj* dekorativ
decreto [de'kreto] *m* Dekret *nt*
dedal [de'ðal] *m* Fingerhut *m*
dédalo ['deðalo] *m* Wirrwarr *m*, Durcheinander *m*
dedicar [deði'kar] *v* widmen
dedo ['deðo] *m* Finger *m*; ~ **auricular** kleine Finger; ~ **del pie** Zehe *f*
***deducir** [deðu'θir] *v* ableiten; *abziehen
defecto [de'fekto] *m* Defekt *m*, Mangel *m*
defectuoso [defek'twoso] *adj* schadhaft, mangelhaft, fehlerhaft
***defender** [defen'der] *v* verteidigen
defensa [de'fensa] *f* Verteidigung *f*; Abwehr *f*; Verteidigungsrede *f*; *fMe* Stoßstange *f*
defensor [defen'sor] *m* Verfechter *m*
deficiencia [defi'θjenθja] *f* Mangel *m*, Unzulänglichkeit *f*
déficit ['defiθit] *m* Defizit *nt*
definición [defini'θjon] *f* Definition *f*, Bestimmung *f*
definir [defi'nir] *v* definieren; **definido** bestimmt
definitivo [defini'tiβo] *adj* endgültig
deforme [de'forme] *adj* entstellt
dejar [de'xar] *v* *lassen; *zurücklassen, *verlassen; ~ **de** aufhören mit
delantal [delan'tal] *m* Schürze *f*
delante de [de'lante de] vor
delegación [deleγa'θjon] *f* Delegation *f*, Abordnung *f*
delegado [dele'γaðo] *m* Abgesandte *m*
deleitable [delei'taβle] *adj* angenehm
deleite [de'leite] *m* Wonne *f*
deleitoso [delei'toso] *adj* entzückend
deletrear [deletre'ar] *v* buchstabieren
deletreo [dele'treo] *m* Rechtschreibung *f*
delgado [del'γaðo] *adj* dünn
deliberación [deliβera'θjon] *f* Erörterung *f*, Beratung *f*
deliberar [deliβe'rar] *v* überlegen; **deliberado** *adj* absichtlich
delicado [deli'kaðo] *adj* zart, fein
delicia [de'liθja] *f* Wonne *f*, Genuß *m*
delicioso [deli'θjoso] *adj* herrlich, köstlich
delincuente [deliŋ'kwente] *m* Delinquent *m*
delito [de'lito] *m* Straftat *f*
demanda [de'manda] *f* Gesuch *nt*; Nachfrage *f*
demás [de'mas] *adj* übrig
demasiado [dema'sjaðo] *adv* zu
democracia [demo'kraθja] *f* Demokratie *f*
democrático [demo'kratiko] *adj* demokratisch
***demoler** [demo'ler] *v* *niederreißen
demolición [demoli'θjon] *f* Abbruch *m*
demonio [de'monjo] *m* Teufel *m*
demostración [demostra'θjon] *f* Kundgebung *f*
***demostrar** [demos'trar] *v* *beweisen, zeigen; demonstrieren
***denegar** [dene'γar] *v* versagen, *ent-

halten
denominación [denomina'θjon] *f* Benennung *f*
denso ['denso] *adj* dicht
dentadura postiza [denta'ðura pos'tiθa] künstliches Gebiß
dentista [den'tista] *m* Zahnarzt *m*
dentro ['dentro] *adv* im Innern; **de** ~ im Innern; ~ **de** innerhalb; in
departamento [departa'mento] *m* Abteilung *f*
depender de [depen'der] *abhängen von
dependiente [depen'djente] *adj* abhängig; *m* Verkäufer *m*
deporte [de'porte] *m* Sport *m*; **conjunto de** ~ Sportkleidung *f*; **chaqueta de** ~ Sportjacke *f*
deportista [depor'tista] *m* Sportler *m*
depositar [deposi'tar] *v* deponieren
depósito [de'posito] *m* Bank-Einlage *f*; ~ **de gasolina** Benzintank *m*
depresión [depre'sjon] *f* Tief *nt*; Rückgang *m*
deprimente [depri'mente] *adj* deprimierend
deprimir [depri'mir] *v* deprimieren; **deprimido** niedergeschlagen
derecho [de'retʃo] *m* Recht *nt*; *adj* recht, gerade; aufrecht; ~ **administrativo** Verwaltungsrecht *nt*; ~ **civil** Zivilrecht *nt*; ~ **comercial** Handelsrecht *m*; ~ **electoral** Wahlrecht *nt*; ~ **penal** Strafrecht *nt*
derivar de [deri'βar] herstammen von
derramar [derra'mar] *v* *vergießen
derribar [derri'βar] *v* *niederschlagen
derrochador [derrotʃa'ðor] *adj* verschwenderisch
derrota [de'rrota] *f* Niederlage *f*
derrotar [derro'tar] *v* besiegen
derrumbarse [derrum'barse] *v* *zusammenbrechen
desabotonar [desaβoto'nar] *v* aufknöpfen
desacelerar [desaθele'rar] *v* verzögern
desacostumbrado [desakostum'braðo] *adj* ungewohnt
desacostumbrar [desakostum'brar] *v* verlernen
desafiar [desa'fjar] *v* herausfordern
desafilado [desafi'laðo] *adj* stumpf
desafortunado [desafortu'naðo] *adj* unglücklich
desagradable [desaγra'ðaβle] *adj* garstig, unangenehm, unerfreulich; unliebenswürdig
desagradar [desaγra'ðar] *v* *mißfallen
desagüe [de'saγwe] *m* Abwasserkanal *m*, Abfluß *m*
desaliñado [desali'ɲado] *adj* unordentlich
desamueblado [desamwe'βlaðo] *adj* unmöbliert
desánimo [de'sanimo] *m* Niedergeschlagenheit *f*
***desaparecer** [desapare'θer] *v* *verschwinden
desaparecido [desapare'θiðo] *adj* weg; *m* Vermißte *m*
desapasionado [desapasjo'naðo] *adj* nüchtern
***desaprobar** [desapro'βar] *v* mißbilligen
desarrollar [desarro'ʎar] *v* entwickeln
desarrollo [desa'rroʎo] *m* Entwicklung *f*
desasosiego [desaso'sjeγo] *m* Unruhe *f*
desastre [de'sastre] *m* Katastrophe *f*, Unglück *nt*
desastroso [desas'troso] *adj* verheerend
desatar [desa'tar] *v* aufmachen, aufknoten
desautorizado [desautori'θaðo] *adj* unbefugt
desayuno [desa'juno] *m* Frühstück *nt*
descafeinado [deskafei'naðo] *adj* koffe-

infrei
descansar [deskan'sar] *v* ruhen; sich entspannen
descanso [des'kanso] *m* Rast *f*; Pause *f*; Halbzeit *f*
descarado [deska'raðo] *adj* frech, flegelhaft; *m* Schuft *m*
descargar [deskar'ɣar] *v* *entladen, *ausladen, *abladen
descendencia [deθen'denθja] *f* Abstammung *f*
***descender** [deθen'der] *v* *fallen
descendiente [deθen'djente] *m* Nachkomme *m*
descolorido [deskolo'riðo] *adj* verfärbt
descompostura [deskompos'tura] *fMe* Panne *f*
***desconcertar** [deskonθer'tar] *v* verblüffen, in Verlegenheit *bringen
desconectar [deskonek'tar] *v* ausschalten; trennen
desconfiado [deskon'fjaðo] *adj* mißtrauisch
desconfianza [deskon'fjanθa] *f* Mißtrauen *nt*
desconfiar de [deskon'fjar] *v* mißtrauen
descongelarse [deskoŋxe'larse] *v* tauen; auftauen
***desconocer** [deskono'θer] *v* niet *kennen, *verkennen
desconocido [deskono'θiðo] *adj* unbekannt
descontento [deskon'tento] *adj* unzufrieden
descorchar [deskor'tʃar] *v* entkorken
descortés [deskor'tes] *adj* unhöflich
describir [deskri'βir] *v* *beschreiben
descripción [deskrip'θjon] *f* Beschreibung *f*
descubrimiento [deskuβri'mjento] *m* Entdeckung *f*
descubrir [desku'βrir] *v* entdecken
descuento [des'kwento] *m* Rabatt *m*; ~ **bancario** Diskontsatz *m*
descuidar [deskwi'ðar] *v* vernachlässigen; **descuidado** unordentlich
descuido [des'kwiðo] *m* Versehen *nt*
desde ['dezðe] *prep* von; seit; ~ **entonces** seither; ~ **que** seitdem
desdén [dez'ðen] *m* Geringschätzung *f*
desdichado [dezði'tʃaðo] *adj* unglücklich
deseable [dese'aβle] *adj* wünschenswert; begehrenswert
desear [dese'ar] *v* wünschen; begehren, verlangen
desecar [dese'kar] *v* trockenlegen
desechable [dese'tʃaβle] *adj* wegwerfbar
desechar [dese'tʃar] *v* ausrangieren
desecho [de'setʃo] *m* Abfall *m*
desembarcar [desembar'kar] *v* an Land *gehen, landen
desembocadura [desemboka'ðura] *f* Mündung *f*
desempaquetar [desempake'tar] *v* auspacken
desempeñar [desempe'ɲar] *v* verrichten
desempleo [desem'pleo] *m* Arbeitslosigkeit *f*
desengaño [deseŋ'gaɲo] *m* Enttäuschung *f*
desenvoltura [desembol'tura] *f* Ungezwungenheit *f*
***desenvolver** [desembol'βer] *v* auspacken
deseo [de'seo] *m* Wunsch *m*; Begehren *nt*, Verlangen *nt*
desertar [deser'tar] *v* desertieren
desesperación [desespera'θjon] *f* Verzweiflung *f*
desesperado [desespe'raðo] *adj* hoffnungslos, verzweifelt; ***estar** ~ verzweifeln
desfavorable [desfaβo'raβle] *adj* ungünstig

desfile [des'file] *m* Umzug *m*
desgarrar [dezγa'rrar] *v* *reißen
desgracia [dez'γraθja] *f* Unglück *nt*
desgraciadamente [dezγraθjaða'mente] *adv* leider
***deshacer** [desa'θer] *v* zerstören
deshielo [de'sjelo] *m* Tauwetter *nt*
deshilacharse [desila'tʃarse] *v* zerfasern
deshonesto [deso'nesto] *adj* unehrlich
deshonor [deso'nor] *m* Schande *f*
deshonra [de'sonra] *f* Schande *f*
deshuesar [deswe'sar] *v* entbeinen
desierto [de'sjerto] *adj* verlassen; *m* Wüste *f*
designar [desiγ'nar] *v* *anweisen; anstellen
desigual [desi'γwal] *adj* ungleich; uneben
desinclinado [desiŋkli'naðo] *adj* unwillig
desinfectante [desinfek'tante] *m* Desinfektionsmittel *nt*
desinfectar [desinfek'tar] *v* desinfizieren
desinteresado [desintere'saðo] *adj* selbstlos
desliz [dez'liθ] *m* Fehltritt *m*
deslizarse [dezli'θarse] *v* *gleiten; *ausgleiten *f*; entwischen
deslucido [dezlu'θiðo] *adj* trübe
deslumbrador [dezlumbra'ðor] *adj* blendend
desmayarse [dezma'jarse] *v* ohnmächtig *werden
desnudarse [deznu'ðarse] *v* sich entkleiden
desnudo [dez'nuðo] *adj* bloß, nackt; *m* Akt *m*
desnutrición [deznutri'θjon] *f* Unterernährung *f*
desocupado [desoku'paðo] *adj* unbesetzt; arbeitslos
desodorante [desoðo'rante] *m* Deodorant *nt*
desorden [de'sorden] *m* Unordnung *f*; Durcheinander *nt*
despachar [despa'tʃar] *v* abfertigen, *versenden, *absenden
despacho [des'patʃo] *m* Arbeitszimmer *nt*
despedida [despe'ðiða] *f* Abschied *m*; Abreise *f*
***despedir** [despe'ðir] *v* fortschicken, *entlassen; ***despedirse** *v* sich abmelden
despegar [despe'γar] *v* starten
despegue [des'peγe] *m* Start *m*
despensa [des'pensa] *f* Speisekammer *f*
desperdicio [desper'ðiθjo] *m* Abfall *m*; Verschwendung *f*
despertador [desperta'ðor] *m* Wecker *m*
***despertar** [desper'tar] *v* wecken; ***despertarse** *v* aufwachen, wach *werden
despierto [des'pjerto] *adj* wach; wachsam
***desplegar** [desple'γar] *v* entfalten
desplomarse [desplo'marse] *v* *zusammenbrechen
despreciar [despre'θjar] *v* verachten
desprecio [des'preθjo] *m* Verachtung *f*
despreocupado [despreoku'paðo] *adj* unbekümmert
después [des'pwes] *adv* hernach, später, nachher; darauf, dann; ~ **de** nach; ~ **de que** nachdem
destacado [desta'kaðo] *adj* hervorragend
destacarse [desta'karse] *v* hervorragen
destapar [desta'par] *v* aufdecken
destartalado [destarta'laðo] *adj* wacklig
destello [des'teʎo] *m* grelles Licht
***desteñirse** [deste'ɲirse] *v* verblassen, *verschießen, sich verfärben; **no**

destiñe farbecht
destinar [desti'nar] *v* bestimmen; adressieren
destinatario [destina'tarjo] *m* Adressat *m*
destino [des'tino] *m* Schicksal *nt*, Verhängnis *nt*, Los *nt*; Bestimmungsort *m*
destornillador [destorniʎa'ðor] *m* Schraubenzieher *m*
destornillar [destorni'ʎar] *v* abschrauben
destrucción [destruk'θjon] *f* Zerstörung *f*
***destruir** [des'trwir] *v* zerstören, vernichten
desvalorización [dezβaloriθa'θjon] *f* Abwertung *f*
desvalorizar [dezβalori'θar] *v* entwerten
desvelado [dezβe'laðo] *adj* schlaflos
desventaja [dezβen'taxa] *f* Nachteil *m*
desviar [dez'βjar] *v* abwenden; **desviarse** *v* *abweichen
desvío [dez'βio] *m* Umweg *m*; Umleitung *f*
detallado [deta'ʎaðo] *adj* ausführlich, eingehend
detalle [de'taʎe] *m* Einzelheit *f*; **vender al** ~ im kleinen verkaufen
detective [detek'tiβe] *m* Detektiv *m*
detención [deten'θjon] *f* Haft *f*
***detener** [dete'ner] *v* hemmen
detergente [deter'xente] *m* Reinigungsmittel *nt*
determinar [determi'nar] *v* bestimmen, festsetzen
detestar [detes'tar] *v* hassen, nicht ausstehen *können
detrás [de'tras] *adv* hinten; ~ **de** hinter
deuda ['deuða] *f* Schuld *f*
***devolver** [deβol'βer] *v* *zurückbringen; zurückschicken, *zurücksenden
día ['dia] *m* Tag *m*; **¡buenos días!** guten Tag!; **de** ~ bei Tage; ~ **de trabajo** Werktag *m*; ~ **laborable** Wochentag *m*; **el otro** ~ kürzlich
diabetes [dja'βetes] *f* Diabetes *m*, Zuckerkrankheit *f*
diabético [dja'βetiko] *m* Diabetiker *m*
diablo ['djaβlo] *m* Teufel *m*
diabluras [dja'βluras] *fpl* Unfug *m*
diagnosis [djaγ'nosis] *m* Diagnose *f*
diagnosticar [djaγnosti'kar] *v* diagnostizieren
diagonal [djaγo'nal] *adj* diagonal; *f* Diagonale *f*
dialecto [dja'lekto] *m* Mundart *f*
diamante [dja'mante] *m* Diamant *m*
diapositiva [djaposi'tiβa] *f* Dia *nt*
diario ['djarjo] *adj* alltäglich, täglich; *m* Tageszeitung *f*, Zeitung *f*; Tagebuch *nt*; **a** ~ pro Tag; ~ **matutino** Morgenzeitung *f*
diarrea [dja'rrea] *f* Durchfall *m*
dibujar [diβu'xar] *v* zeichnen
dibujo [di'βuxo] *m* Zeichnung *f*; **dibujos animados** Zeichentrickfilm *m*
diccionario [dikθjo'narjo] *m* Wörterbuch *nt*
diciembre [di'θjembre] Dezember
dictado [dik'taðo] *m* Diktat *nt*
dictador [dikta'ðor] *m* Diktator *m*
dictadura [dikta'ðura] *f* Diktatur *f*
dictáfono [dik'tafono] *m* Diktiergerät *nt*
dictar [dik'tar] *v* diktieren
dichoso [di'tʃoso] *adj* glücklich
diecinueve [djeθi'nweβe] *num* neunzehn
dieciocho [dje'θjotʃo] *num* achtzehn
dieciséis [djeθi'seis] *num* sechzehn
diecisiete [djeθi'sjete] *num* siebzehn
diente ['djente] *m* Zahn *m*; ~ **de león** Löwenzahn *m*
diesel ['disel] *m* Diesel *m*

diestro ['djestro] *adj* behende
diez [djeθ] *num* zehn
diferencia [dife'renθja] *f* Unterschied *m*
diferente [dife'rente] *adj* verschieden; unähnlich
***diferir** [dife'rir] *v* verschieden *sein, sich *unterscheiden; *aufschieben
difícil [di'fiθil] *adj* schwierig
dificultad [difikul'tað] *f* Schwierigkeit *f*
difunto [di'funto] *adj* verstorben
difuso [di'fuso] *adj* trübe
digerible [dixes'tiβle] *adj* verdaulich
***digerir** [dixe'rir] *v* verdauen
digestión [dixes'tjon] *f* Verdauung *f*
digital [dixi'tal] *adj* digital
dignidad [diγni'ðað] *f* Würde *f*
digno de ['diɲo de] würdig
dilación [dila'θjon] *f* Aufschub *m*
diligencia [dili'xenθja] *f* Eifer *m*
diligente [dili'xente] *adj* fleißig
***diluir** [di'lwir] *v* verdünnen
dimensión [dimen'sjon] *f* Ausmaß *nt*
Dinamarca [dina'marka] *f* Dänemark
dínamo ['dinamo] *f* Dynamo *m*
dinero [di'nero] *m* Geld *nt*; ~ **contante** Bargeld *nt*
dios [djos] *m* Gott *m*
diosa ['djosa] *f* Göttin *f*
diploma [di'ploma] *m* Diplom *nt*
diplomático [diplo'matiko] *m* Diplomat *m*
diputado [dipu'taðo] *m* Abgeordnete *m*
dique ['dike] *m* Deich *m*; Damm *m*
dirección [direk'θjon] *f* Richtung *f*; Anschrift *f*; Führung *f*, Leitung *f*, Verwaltung *f*; ~ **de escena** Regie *f*; ~ **única** Einbahnverkehr *m*
directamente [direkta'mente] *adv* geradewegs; sofort
directo [di'rekto] *adj* direkt; unmittelbar
director [direk'tor] *m* Direktor *m*; Dirigent *m*; ~ **de escena** Regisseur *m*; ~ **de escuela** Schuldirektor *m*, Schulleiter *m*
directorio telefónico [direk'torjo tele'foniko] *Me* Telephonbuch *nt*
directriz [direk'triθ] *f* Richtlinie *f*
dirigir [diri'xir] *v* leiten; richten, *weisen; **dirigirse a** *ansprechen
disciplina [diθi'plina] *f* Disziplin *f*
discípulo [dis'θipulo] *m* Schüler *m*
disco ['disko] *m* Scheibe *f*; Schallplatte *f*
disco compacto ['disko kom'pakto] *m* Compact Disk *f*; **reproductor de ~s ~s** CD-Spieler
discreto [dis'kreto] *adj* unauffällig
disculpa [dis'kulpa] *f* Entschuldigung *f*
disculpar [diskul'par] *v* entschuldigen; **¡disculpe!** Verzeihung!
discurso [dis'kurso] *m* Ansprache *f*, Rede *f*
discusión [disku'sjon] *f* Besprechung *f*, Diskussion *f*, Auseinandersetzung *f*
discutir [disku'tir] *v* erörtern, beratschlagen, diskutieren
disentería [disente'ria] *f* Ruhr *f*
***disentir** [disen'tir] *v* nicht übereinstimmen
diseñar [dise'ɲar] *v* *entwerfen
diseño [di'seɲo] *m* Entwurf *m*; Motiv *nt*, Muster *nt*; **cuaderno de** ~ Skizzenbuch *nt*
disfraz [dis'fraθ] *m* Verkleidung *f*
disfrazarse [disfra'θarse] *v* sich verkleiden
disfrutar [disfru'tar] *v* *genießen
disgustar [dizγus'tar] *v* verstimmen
disimular [disimu'lar] *v* *verbergen
dislocado [dizlo'kaðo] *adj* verrenkt
dislocar [dizlo'kar] *v* verdrehen
***disminuir** [dizmi'nwir] *v* vermindern, *abnehmen
***disolver** [disol'βer] *v* auflösen
disparar [dispa'rar] *v* *schießen

dispensar [dispen'sar] *v* befreien; ~ **de** *entbinden von; **¡dispense usted!** Verzeihung!
dispensario [dispen'sarjo] *m* Beratungsstelle *f*
***disponer** [dispo'ner] *v* ordnen; ~ **de** verfügen über
disponible [dispo'niβle] *adj* vorhanden, verfügbar; überschüssig
disposición [disposi'θjon] *f* Verfügung *f*
dispuesto [dis'pwesto] *adj* gewillt, willig
disputa [dis'puta] *f* Auseinandersetzung *f*, Wortwechsel *m*, Streit *m*, Zank *m*
disputar [dispu'tar] *v* *streiten, zanken; *bestreiten
distancia [dis'tanθja] *f* Entfernung *f*; Abstand *m*
distinción [distin'θjon] *f* Unterscheidung *f*, Unterschied *m*
distinguido [distiŋ'giðo] *adj* vornehm, würdevoll
distinguir [distiŋ'gir] *v* *unterscheiden; **distinguirse** *v* sich auszeichnen
distinto [dis'tinto] *adj* verschieden
distracción [distrak'θjon] *f* Vergnügen *nt*
***distraer** [distra'er] *v* zerstreuen
distribuidor [distriβwi'ðor] *m* Generalvertreter *m*; Stromverteiler *m*
***distribuir** [distri'βwir] *v* verteilen; *ausgeben
distrito [dis'trito] *m* Bezirk *m*; ~ **electoral** Wahlkreis *m*
disturbio [dis'turβjo] *m* Störung *f*
disuadir [diswa'ðir] *v* *abraten
diván [di'βan] *m* Couch *f*
diversión [diβer'sjon] *f* Spaß *m*, Vergnügen *nt*, Ulk *m*; Ablenkung *f*, Amüsement *nt*
diverso [di'βerso] *adj* verschiedenartig
divertido [diβer'tiðo] *adj* unterhaltsam
***divertir** [diβer'tir] *v* *unterhalten
dividir [diβi'ðir] *v* teilen
divino [di'βino] *adj* göttlich
división [diβi'sjon] *f* Teilung *f*; Fach *nt*
divorciar [diβor'θjar] *v* *scheiden
divorcio [di'βorθjo] *m* Scheidung *f*
dobladillo [doβla'ðiʎo] *m* Saum *m*
doblar [do'βlar] *v* *biegen; falten; zusammenfalten
doble ['doβle] *adj* doppelt
doce ['doθe] *num* zwölf
docena [do'θena] *f* Dutzend *nt*
dock [dok] *m* Dock *nt*
doctor [dok'tor] *m* Doktor *m*
doctrina [dok'trina] *f* Doktrin *f*
documento [doku'mento] *m* Urkunde *f*
***doler** [do'ler] *v* schmerzen
dolor [do'lor] *m* Schmerz *m*; Kummer *m*; **dolores** *mpl* Wehen *fpl*; **sin** ~ schmerzlos
dolorido [dolo'riðo] *adj* schmerzhaft
doloroso [dolo'roso] *adj* schmerzhaft, wund
domesticado [domesti'kaðo] *adj* zahm
domesticar [domesti'kar] *v* zähmen
doméstico [do'mestiko] *adj* häuslich; **faenas domésticas** Haushaltsarbeiten *fpl*
domicilio [domi'θiljo] *m* Wohnsitz *m*
dominación [domina'θjon] *f* Herrschaft *f*
dominante [domi'nante] *adj* Haupt-
dominar [domi'nar] *v* beherrschen
domingo [do'miŋgo] *m* Sonntag *m*
dominio [do'minjo] *m* Herrschaft *f*
don [don] *m* Begabung *f*
donación [dona'θjon] *f* Schenkung *f*, Spende *f*
donante [do'nante] *m* Donator *m*
donar [do'nar] *v* spenden
doncella [don'θeʎa] *f* Zimmermädchen

nt
donde ['donde] *conj* wo; **en ~ sea** wo auch immer
dónde ['donde] *adv* wo
dondequiera [donde'kjera] *adv* überall; **~ que** wo immer
dorado [do'raðo] *adj* vergoldet; golden
dormido [dor'miðo] *adj* im Schlaf; **quedarse ~** *verschlafen
***dormir** [dor'mir] *v* *schlafen
dormitorio [dormi'torjo] *m* Schlafzimmer *nt*; Schlafsaal *m*
dos [dos] *num* zwei; **~ veces** zweimal
dosis ['dosis] *f* Dosis *f*
dotado [do'taðo] *adj* begabt
dragón [dra'ɣon] *m* Drache *m*
drama ['drama] *m* Drama *nt*
dramático [dra'matiko] *adj* dramatisch
dramaturgo [drama'turɣo] *m* Bühnenautor *m*, Dramatiker *m*
drenar [dre'nar] *v* entwässern
droguería [droɣe'ria] *f* Drogerie *f*
ducha ['dutʃa] *f* Dusche *f*
duda ['duða] *f* Zweifel *m*; ***poner en ~** bezweifeln; **sin ~** zweifellos, ohne Zweifel
dudar [du'ðar] *v* zweifeln; bezweifeln
dudoso [du'ðoso] *adj* zweifelhaft
duelo ['dwelo] *m* Duell *nt*; Kummer *m*
duende ['dwenðe] *m* Elfe *f*
dueña ['dweɲa] *f* Herrin *f*
dueño ['dweɲo] *m* Hausbesitzer *m*
dulce ['dulθe] *adj* süß; geschmeidig; *m* Nachtisch *m*; **dulces** Gebäck *nt*; Süßigkeiten *fpl*
duna ['duna] *f* Düne *f*
duodécimo [dwo'deθimo] *num* zwölfte
duque ['duke] *m* Herzog *m*
duquesa [du'kesa] *f* Herzogin *f*
duración [dura'θjon] *f* Dauer *f*
duradero [dura'ðero] *adj* dauerhaft, bleibend
durante [du'rante] *prep* während
durar [du'rar] *v* dauern; fortdauern
duro ['duro] *adj* hart; zäh

E

ébano ['eβano] *m* Ebenholz *nt*
eclipse [e'klipse] *m* Finsternis *f*
eco ['eko] *m* Widerhall *m*, Echo *nt*
economía [ekono'mia] *f* Wirtschaft *f*
económico [eko'nomiko] *adj* wirtschaftlich; sparsam; vorteilhaft
economista [ekono'mista] *m* Volkswirt *m*
economizar [ekonomi'θar] *v* sparen
Ecuador [ekwa'ðor] *m* Ekuador
ecuador [ekwa'ðor] *m* Äquator *m*
ecuatoriano [ekwato'rjano] *m* Ekuadorianer *m*
eczema [ek'θema] *m* Ekzem *nt*
echada [e'tʃaða] *f* Wurf *m*
echar [e'tʃar] *v* *werfen; **~ al correo** *aufgeben; **~ a perder** *verderben; **~ la culpa** *vorwerfen
edad [e'ðað] *f* Alter *nt*; **mayor de ~** mündig; **menor de ~** minderjährig
Edad Media [e'ðað 'meðja] Mittelalter *nt*
edición [eði'θjon] *f* Ausgabe *f*; **~ de mañana** Morgenausgabe *f*
edificar [eðifi'kar] *v* errichten
edificio [eði'fiθjo] *m* Gebäude *nt*
editor [eði'tor] *m* Verleger *m*
edredón [eðre'ðon] *m* Daunendecke *f*
educación [eðuka'θjon] *f* Erziehung *f*
educar [eðu'kar] *v* ausbilden, *erziehen, *großziehen, *aufziehen
efectivamente [efektiβa'mente] *adv* tatsächlich
efectivo [efek'tiβo] *m* Bargeld *nt*; ***hacer ~** einkassieren
efecto [e'fekto] *m* Wirkung *f*
efectuar [efek'twar] *v* zustande *brin-

gen; ausführen
efervescencia [eferβe'θenθja] *f* Brause *f*
eficacia [efi'kaθja] *f* Tüchtigkeit *f*
eficaz [efi'kaθ] *adj* wirksam, wirkungsvoll
eficiente [efi'θjente] *adj* leistungsfähig, zweckmäßig
egipcio [e'xipθjo] *adj* ägyptisch; *m* Ägypter *m*
Egipto [e'xipto] *m* Ägypten
egocéntrico [eγo'θentriko] *adj* ichbezogen
egoísmo [eγo'izmo] *m* Selbstsucht *f*
egoísta [eγo'ista] *adj* egoistisch, selbstsüchtig
eje ['exe] *m* Achse *f*
ejecución [exeku'θjon] *f* Hinrichtung *f*
ejecutar [exeku'tar] *v* ausführen, *vollziehen
ejecutivo [exeku'tiβo] *adj* vollziehend; *m* Geschäftsführer *m*
ejemplar [exem'plar] *m* Exemplar *nt*
ejemplo [e'xemplo] *m* Beispiel *nt*; **por** ~ zum Beispiel
ejercer [exer'θer] *v* ausüben
ejercicio [exer'θiθjo] *m* Aufgabe *f*, Übung *f*
ejercitar [exerθi'tar] *v* üben
ejército [e'xerθito] *m* Armee *f*
ejote [e'xote] *mMe* Bohne *f*
el [el] *art* (f la; pl los, las) der *art*
él [el] *pron* er
elaborar [elabo'rar] *v* ausarbeiten
elasticidad [elastiθi'ðað] *f* Spannkraft *f*
elástico [e'lastiko] *adj* elastisch; *m* Gummiband *nt*
elección [elek'θjon] *f* Wahl *f*
electricidad [elektriθi'ðað] *f* Elektrizität *f*
electricista [elektri'θista] *m* Elektriker *m*
eléctrico [e'lektriko] *adj* elektrisch
electrónico [elek'troniko] *adj* elektronisch
elefante [ele'fante] *m* Elefant *m*
elegancia [ele'γanθja] *f* Eleganz *f*
elegante [ele'γante] *adj* elegant
***elegir** [ele'xir] *v* wählen, auswählen
elemental [elemen'tal] *adj* elementar
elemento [ele'mento] *m* Bestandteil *m*, Element *nt*
elevador [eleβa'ðor] *mMe* Aufzug *m*
elevar [ele'βar] *v* *emporheben
eliminar [elimi'nar] *v* beseitigen
elogio [e'loxjo] *m* Lob *nt*
elucidar [eluθi'ðar] *v* erläutern
ella ['eʎa] *pron* sie
ello ['eʎo] *pron* es
ellos ['eʎos] *pron* sie
emancipación [emanθipa'θjon] *f* Emanzipation *f*
embajada [emba'xaða] *f* Botschaft *f*
embajador [embaxa'ðor] *m* Botschafter *m*
embalaje [emba'laxe] *m* Verpackung *f*
embalar [emba'lar] *v* packen
embalse [em'balse] *m* Reservoir *nt*
embarazada [embara'θaða] *adj* schwanger
embarazoso [embara'θoso] *adj* peinlich; unbegreiflich
embarcación [embarka'θjon] *f* Schiff *nt*; Einschiffung *f*
embarcar [embar'kar] *v* sich einschiffen; *einsteigen
embargar [embar'γar] *v* *einziehen
embargo [em'barγo] *m* Embargo *nt*; **sin** ~ jedoch, dennoch
emblema [em'blema] *m* Emblem *nt*
emboscada [embos'kaða] *f* Hinterhalt *m*
embotado [embo'taðo] *adj* stumpf
embotellamiento [emboteʎa'mjento] *m* Verkehrsstauung *f*
embrague [em'braγe] *m* Kupplung *f*
embriagado [embrja'γaðo] *adj* berauscht

embrollar [embro'ʎar] *v* *durcheinanderbringen
embrollo [em'broʎo] *m* Durcheinander *nt*
embromar [embro'mar] *v* foppen
embudo [em'buðo] *m* Trichter *m*
emergencia [emer'xenθja] *f* Notlage *f*
emigración [emi'ɣra'θjon] *f* Auswanderung *f*
emigrante [emi'ɣrante] *m* Auswanderer *m*
emigrar [emi'ɣrar] *v* auswandern
eminente [emi'nente] *adj* eminent
emisión [emi'sjon] *f* Ausgabe *f*
emisor [emi'sor] *m* Sender *m*
emitir [emi'tir] *v* *senden; äußern
emoción [emo'θjon] *f* Rührung *f*, Erregung *f*
empalme [em'palme] *m* Knotenpunkt *m*
empapar [empa'par] *v* einweichen, weichen
empaquetar [empake'tar] *v* einpacken
emparedado [empare'ðaðo] *m* Butterbrot *nt*
emparentado [emparen'taðo] *adj* verwandt
empaste [em'paste] *m* Plombe *f*
empeñar [empe'ɲar] *v* verpfänden
empeño [em'peɲo] *m* Pfand *nt*; Beharrlichkeit *f*
emperador [empera'ðor] *m* Kaiser *m*
emperatriz [empera'triθ] *f* Kaiserin *f*
***empezar** [empe'θar] *v* *beginnen, *anfangen
empleado [emple'aðo] *m* Arbeitnehmer *m*, Angestellte *m*; ~ **de oficina** Büroangestellte *m*
emplear [emple'ar] *v* *verwenden; anstellen, beschäftigen
empleo [em'pleo] *m* Beschäftigung *f*, Tätigkeit *f*
emprender [empren'der] *v* *unternehmen
empresa [em'presa] *f* Unternehmung *f*, Unternehmen *nt*
empujar [empu'xar] *v* *stoßen; drängen; drücken; *schieben
empujón [empu'xon] *m* Stoß *m*; Schub *m*
en [en] *prep* in; auf, zu
enamorado [enamo'raðo] *adj* verliebt
enamorarse [enamo'rarse] *v* sich verlieben
enano [e'nano] *m* Zwerg *m*
encantado [eŋkan'taðo] *adj* entzückt
encantador [eŋkanta'ðor] *adj* bezaubernd; charmant
encantar [eŋkan'tar] *v* entzücken; verzaubern
encanto [eŋ'kanto] *m* Reiz *m*, Liebreiz *m*, Scharm *m*; Zauber *m*
encarcelamiento [eŋkarθela'mjento] *m* Haft *f*
encarcelar [eŋkarθe'lar] *v* inhaftieren
encargarse de [eŋkar'ɣarse] *übernehmen
encargo [eŋ'karɣo] *m* Zuweisung *f*
encariñado con [eŋkari'ɲaðo kon] zugetan
encendedor [enθende'ðor] *m* Feuerzeug *nt*, Anzünder *m*
***encender** [enθen'der] *v* anzünden; einschalten
encendido [enθen'diðo] *m* Zündung *f*
***encerrar** [enθe'rrar] *v* *einschließen
encía [en'θia] *f* Zahnfleisch *nt*
enciclopedia [enθiklo'peðja] *f* Enzyklopädie *f*
encima [en'θima] *adv* oben; über; ~ **de** oberhalb, über, oben auf
encinta [en'θinta] *adj* schwanger
encogerse [eŋko'xerse] *v* schrumpfen; **no encoge** nicht einlaufend
***encontrar** [eŋkon'trar] *v* begegnen, *finden; ***encontrarse con** begegnen, *treffen
encorvado [eŋkor'βaðo] *adj* gekrümmt

encrucijada [eŋkruθi'xaðа] *f* Kreuzung *f*, Straßenkreuzung *f*
encuentro [eŋ'kwentro] *m* Treffen *nt*, Begegnung *f*
encuesta [eŋ'kwesta] *f* Untersuchung *f*; Umfrage *f*
encurtidos [eŋkur'tiðos] *mpl* Pickles *pl*
enchufar [entʃu'far] *v* einstöpseln
enchufe [en'tʃufe] *m* Stecker *m*
endosar [endo'sar] *v* indossieren
endulzar [endul'θar] *v* süßen
enemigo [ene'miγo] *m* Feind *m*
energía [ener'xia] *f* Energie *f*; Kraft *f*; Lust *f*; ~ **nuclear** Kernenergie *f*
enérgico [e'nerxiko] *adj* energisch
enero [e'nero] Januar
enfadado [enfa'ðaðo] *adj* zornig, böse
énfasis ['enfasis] *m* Betonung *f*
enfatizar [enfati'θar] *v* betonen
enfermedad [enferme'ðað] *f* Krankheit *f*; Leiden *nt*; ~ **venérea** Geschlechtskrankheit *f*
enfermera [enfer'mera] *f* Schwester *f*, Krankenschwester *f*
enfermería [enferme'ria] *f* Krankensaal *m*
enfermizo [enfer'miθo] *adj* ungesund
enfermo [en'fermo] *adj* krank
enfoque [en'foke] *m* Behandlungsweise *f*
enfrentarse con [enfren'tarse] *gegenüberstehen
enfrente de [en'frente de] gegenüber
engañar [eŋga'ɲar] *v* *betrügen; zum besten *haben
engaño [eŋ'gaɲo] *m* Betrug *m*
engrasar [eŋgra'sar] *v* schmieren
enhebrar [ene'βrar] *v* aufreihen
enigma [e'niγma] *m* Rätsel *nt*
enjuagar [eŋxwa'γar] *v* spülen
enjuague [eŋ'xwaγe] *m* Spülung *f*; ~ **bucal** Mundwasser *nt*
enjugar [eŋxu'γar] *v* auswischen, abwischen
enlace [en'laθe] *m* Verbindung *f*, Anschluß *m*
enlazar [enla'θar] *v* *verbinden
enmaderado [enmaðe'raðo] *m* Täfelung *f*
enmohecido [enmoe'θiðo] *adj* schimmelig
enojado [eno'xado] *adj* böse, ungehalten
enojo [e'noxo] *m* Zorn *m*
enorme [e'norme] *adj* ungeheuer, riesig
enrollar [enro'ʎar] *v* *winden
ensalada [ensa'laða] *f* Salat *m*
ensamblar [ensam'blar] *v* zusammenfügen
ensanchar [ensan'tʃar] *v* erweitern
ensayar [ensa'jar] *v* prüfen; proben; **ensayarse** *v* sich üben
ensayo [en'sajo] *m* Test *m*; Probe *f*; Essay *m*
ensenada [ense'naða] *f* Bucht *f*
enseñanza [ense'ɲanθa] *f* Unterricht *m*; Lehre *f*
enseñar [ense'ɲar] *v* lehren, unterrichten; ausstellen
ensueño [en'sweɲo] *m* Träumerei *f*
entallar [enta'ʎar] *v* einkerben
***entender** [enten'der] *v* *verstehen; kapieren
entendimiento [entendi'mjento] *m* Einsicht *f*; Vorstellung *f*
enteramente [entera'mente] *adv* vollkommen, ganz, völlig
enterar [ente'rar] *v* benachrichtigen
entero [en'tero] *adj* ganz
***enterrar** [ente'rrar] *v* beerdigen; *begraben
entierro [en'tje'rro] *m* Bestattung *f*, Begräbnis *nt*
entonces [en'tonθes] *adv* damals; **de** ~ damalig
entrada [en'traða] *f* Eingang *m*; Zugang *m*, Eintritt *m*; Auftritt *m*;

Eintrittsgeld *nt*; **prohibida la ~** kein Eingang
entrañas [en'traɲas] *fpl* Eingeweide *pl*
entrar [en'trar] *v* *hineingehen, *betreten, *eintreten
entre ['entre] *prep* zwischen, inmitten, unter
entreacto [entre'akto] *m* Pause *f*
entrega [en'treγa] *f* Zustellung *f*
entregar [entre'γar] *v* überreichen; abliefern, ausliefern; anvertrauen
entremeses [entre'meses] *mpl* Hors-d'œuvre *nt*, Vorspeise *f*
entrenador [entrena'ðor] *m* Trainer *m*
entrenamiento [entrena'mjento] *m* Ausbildung *f*
entrenar [entre'nar] *v* ausbilden, trainieren
entresuelo [entre'swelo] *m* Zwischenstock *m*
entretanto [entre'tanto] *adv* inzwischen, mittlerweile
***entretener** [entrete'ner] *v* amüsieren
entretenido [entrete'niðo] *adj* amüsant
entretenimiento [entreteni'mjento] *m* Unterhaltung *f*
entrevista [entre'βista] *f* Unterredung *f*, Interview *nt*
entumecido [entume'θiðo] *adj* starr
entusiasmo [entu'sjazmo] *m* Begeisterung *f*
entusiasta [entu'sjasta] *adj* begeistert
envenenar [embene'nar] *v* vergiften
enviado [em'bjaðo] *m* Abgesandte *m*
enviar [em'bjar] *v* verschicken, schicken
envidia [em'biðja] *f* Neid *m*
envidiar [embi'ðjar] *v* mißgönnen, beneiden
envidioso [embi'ðjoso] *adj* neidisch
envío [em'bio] *m* Versand *m*, Sendung *f*
***envolver** [embol'βer] *v* einwickeln; *einschließen

épico ['epiko] *adj* episch
epidemia [epi'ðemja] *f* Epidemie *f*
epilepsia [epi'lepsja] *f* Epilepsie *f*
epílogo [e'piloγo] *m* Epilog *m*
episodio [epi'soðio] *m* Episode *f*
época ['epoka] *f* Zeitraum *m*
equilibrio [eki'liβrjo] *m* Gleichgewicht *nt*
equipaje [eki'paxe] *m* Gepäck *nt*; **~ de mano** Handgepäck *nt*; **furgón de equipajes** Gepäckwagen *m*
equipar [eki'par] *v* ausrüsten, ausstatten
equipo [e'kipo] *m* Ausrüstung *f*; Schicht *f*, Team *nt*, Mannschaft *f*; Besatzung *f*; Elf *f*
equitación [ekita'θjon] *f* Reitsport *m*
equivalente [ekiβa'lente] *adj* entsprechend, gleichwertig
equivocación [ekiβoka'θjon] *f* Mißverständnis *nt*, Irrtum *m*
equivocado [ekiβo'kaðo] *adj* falsch
equivocarse [ekiβo'karse] *v* sich täuschen, sich irren
equívoco [e'kiβoko] *adj* zweideutig
era ['era] *f* Ära *f*
erguido [er'γiðo] *adj* aufgerichtet
erigir [eri'xir] *v* aufbauen, errichten, aufrichten
erizo [e'riθo] *m* Igel *m*; **~ de mar** Seeigel *m*
***errar** [e'rrar] *v* irren, sich irren; umherwandern
erróneo [e'rroneo] *adj* falsch
error [e'rror] *m* Fehler *m*, Irrtum *m*; Versehen *nt*
erudito [eru'ðito] *m* Gelehrte *m*
esbelto [ez'βelto] *adj* schlank
escala [es'kala] *f* Maßstab *m*; **~ de incendios** Nottreppe *f*; **~ musical** Tonleiter *f*
escalar [eska'lar] *v* *besteigen
escalera [eska'lera] *f* Treppe *f*; **~ de mano** Leiter *f*; **~ móvil** Rolltreppe

f
escalofrío [eskalo'frio] *m* Frösteln *nt*
escama [es'kama] *f* Schuppe *f*
escándalo [es'kandalo] *m* Skandal *m*; Verstoß *m*
Escandinavia [eskandi'naβja] *f* Skandinavien
escandinavo [eskandi'naβo] *adj* skandinavisch; *m* Skandinavier *m*
escapar [eska'par] *v* *entgehen; **escaparse** *v* *entkommen
escaparate [eskapa'rate] *m* Schaufenster *nt*
escape [es'kape] *m* Auspuff *m*; **gases de ~** Auspuffgase *ntpl*
escaque [es'kake] *m* Karo *nt*
escarabajo [eskara'βaxo] *m* Käfer *m*
escarcha [es'kartʃa] *f* Frost *m*
escarcho [es'kartʃo] *m* Plötze *f*
escarlata [eskar'lata] *adj* scharlachrot
escarnio [es'karnjo] *m* Hohn *m*
escasez [eska'seθ] *f* Mangel *m*, Knappheit *f*
escaso [es'kaso] *adj* knapp; gering
escena [e'θena] *f* Szene *f*; Umgebung *f*
escenario [esθe'narjo] *m* Bühne *f*
esclavo [es'klaβo] *m* Sklave *m*
esclusa [es'klusa] *f* Schleuse *f*
escoba [es'koβa] *f* Besen *m*
escocés [esko'θes] *adj* schottisch; *m* Schotte *m*
Escocia [es'koθja] *f* Schottland
escoger [esko'xer] *v* wählen
escolta [es'kolta] *f* Geleit *nt*
escoltar [eskol'tar] *v* eskortieren
escombro [es'kombro] *m* Makrele *f*
esconder [eskon'der] *v* *verbergen, verstecken
escribano [eskri'βano] *m* Schreiber *m*
escribir [eskri'βir] *v* *schreiben; **~ a máquina** tippen; **papel de ~** Schreibpapier *nt*; **por escrito** schriftlich
escrito [es'krito] *m* Schrift *f*
escritor [eskri'tor] *m* Schriftsteller *m*
escritorio [eskri'torjo] *m* Schreibtisch *m*
escritura [eskri'tura] *f* Handschrift *f*
escrupuloso [eskrupu'loso] *adj* sorgfältig
escuadrilla [eskwa'ðriʎa] *f* Geschwader *nt*
escuchar [esku'tʃar] *v* anhören, zuhören; abhorchen
escuela [es'kwela] *f* Schule *f*; **director de ~** Schulleiter *m*, Schuldirektor *m*; **~ secundaria** höhere Schule
escultor [eskul'tor] *m* Bildhauer *m*
escultura [eskul'tura] *f* Skulptur *f*
escupir [esku'pir] *v* spucken
escurridor [eskurri'ðor] *m* Durchschlag *m*
ese ['ese] *adj* jener; **ése** *pron* das
esencia [e'senθja] *f* Wesen *nt*, Essenz *f*
esencial [esen'θjal] *adj* grundlegend, wesentlich
esfera [es'fera] *f* Kugel *f*; Stimmung *f*; Kreis *m*
***esforzarse** [esfor'θarse] *v* sich bemühen, sich Mühe *geben
esfuerzo [es'fwerθo] *m* Bemühung *f*; Anstrengung *f*; Spannung *f*
esgrimir [ezγri'mir] *v* *fechten
eslabón [ezla'βon] *m* Glied *nt*
esmaltado [ezmal'taðo] *adj* emailliert
esmaltar [ezmal'tar] *v* glasieren
esmalte [ez'malte] *m* Email *f*
esmeralda [ezme'ralda] *f* Smaragd *m*
esnórquel [ez'norkel] *m* Schnorchel *m*
eso ['eso] *pron* das
espaciar [espa'θjar] *v* in Abständen anordnen
espacio [es'paθjo] *m* Raum *m*; Zwischenraum *m*
espacioso [espa'θjoso] *adj* geräumig
espada [es'paða] *f* Schwert *nt*
espalda [es'palda] *f* Rücken *m*; **dolor**

de ~ Rückenschmerzen *mpl*
espantado [espan'taðo] *adj* verängstigt
espantar [espan'tar] *v* *erschrecken
espanto [es'panto] *m* Schreck *m*; Schauder *m*
espantoso [espan'toso] *adj* furchtbar
España [es'paɲa] *f* Spanien
español [espa'ɲol] *adj* spanisch; *m* Spanier *m*
esparadrapo [espara'ðrapo] *m* Heftpflaster *nt*, Pflaster *nt*
esparcir [espar'θir] *v* verstreuen, verbreiten
espárrago [es'parraγo] *m* Spargel *m*
especia [es'peθja] *f* Gewürz *nt*
especial [espe'θjal] *adj* speziell; besonder
especialidad [espeθjali'ðað] *f* Spezialität *f*
especialista [espeθja'lista] *m* Spezialist *m*
especializarse [espeθjali'θarse] *v* sich spezialisieren; **especializado** erfahren
especialmente [espeθjal'mente] *adv* besonders
especie [es'peθje] *f* Art *f*, Gattung *f*
específico [espe'θifiko] *adj* spezifisch
espécimen [es'peθimen] *m* Exemplar *nt*
espectáculo [espek'takulo] *m* Schauspiel *nt*, Vorstellung *f*; ~ **de variedades** Kabarett *nt*
espectador [espekta'ðor] *m* Zuschauer *m*
espectro [es'pektro] *m* Gespenst *nt*; Spektrum *nt*
especular [espeku'lar] *v* spekulieren
espejo [es'pexo] *m* Spiegel *m*
espeluznante [espeluθ'nante] *adj* gruselig
esperanza [espe'ranθa] *f* Hoffnung *f*; Erwartung *f*
esperanzado [esperan'θaðo] *adj* hoffnungsvoll
esperar [espe'rar] *v* hoffen; warten; erwarten, warten auf
espesar [espe'sar] *v* verdicken
espeso [es'peso] *adj* dick
espesor [espe'sor] *m* Dicke *f*
espetón [espe'ton] *m* Bratspieß *m*
espía [es'pia] *m* Spion *m*
espiar [es'pjar] *v* spähen
espina [es'pina] *f* Dorn *m*; Fischgräte *f*; ~ **dorsal** Rückgrat *nt*
espinacas [espi'nakas] *fpl* Spinat *m*
espinazo [espi'naθo] *m* Rückgrat *nt*
espirar [espi'rar] *v* ausatmen
espíritu [es'piritu] *m* Geist *m*
espiritual [espiri'twal] *adj* geistig
espléndido [es'plen'diðo] *adj* herrlich; prächtig, zauberhaft, glänzend
esplendor [esplen'dor] *m* Pracht *f*
esponja [es'poŋxa] *f* Schwamm *m*
esposa [es'posa] *f* Gattin *f*; **esposas** *fpl* Handschellen *fpl*
esposo [es'poso] *m* Gatte *m*
espuma [es'puma] *f* Schaum *m*
espumante [espu'mante] *adj* perlend
espumar [espu'mar] *v* schäumen
esputo [es'puto] *m* Speichel *m*
esquela [es'kela] *f* Notiz *f*
esqueleto [eske'leto] *m* Gerippe *nt*, Skelett *nt*
esquema [es'kema] *m* Schema *nt*; Darstellung *f*
esquí [es'ki] *m* Schi *m*; Schilauf *m*; ~ **acuático** Wasserschi *m*; **salto de** ~ Schisprung *m*
esquiador [eskja'ðor] *m* Schiläufer *m*
esquiar [es'kjar] *v* Schi *laufen
esquina [es'kina] *f* Ecke *f*
esquivo [es'kiβo] *adj* scheu
estable [es'taβle] *adj* beständig, stabil
***establecer** [estaβle'θer] *v* gründen
establo [es'taβlo] *m* Stall *m*
estación [esta'θjon] *f* Saison *f*; Bahnhof *m*; ~ **central** Hauptbahnhof

m; ~ **de servicio** Tankstelle *f*; ~ **terminal** Endstation *f*
estacionamiento [estaθjona'mjento] *m* Parkplatz *m*; **derechos de** ~ Parkgebühr *f*
estacionar [estaθjo'nar] *v* parken; **prohibido estacionarse** Parken verboten
estacionario [estaθjo'narjo] *adj* stillstehend
estadio [es'taðjo] *m* Stadion *nt*
estadista [esta'ðista] *m* Staatsmann *m*
estadística [esta'ðistika] *f* Statistik *f*
Estado [es'taðo] *m* Staat *m*; **del** ~ Staats-
estado [es'taðo] *m* Zustand *m*
Estados Unidos [es'taðos u'niðos] Vereinigte Staaten
estafa [es'tafa] *f* Betrug *m*
estafador [estafa'ðor] *m* Betrüger *m*
estafar [esta'far] *v* beschwindeln, *betrügen
estallar [esta'ʎar] *v* explodieren
estambre [es'tambre] *m/f* Kammgarn *nt*
estampa [es'tampa] *f* Stich *m*
estampilla [estam'piʎa] *fMe* Briefmarke *f*
estancia [es'tanθja] *f* Aufenthalt *m*
estanco [es'taŋko] *m* Zigarrenladen *m*, Tabakladen *m*
estanque [es'taŋke] *m* Teich *m*
estanquero [estaŋ'kero] *m* Tabakhändler *m*
estante [es'tante] *m* Regal *nt*
estaño [es'taɲo] *m* Zinn *nt*
***estar** [es'tar] *v* *sein
estatua [es'tatwa] *f* Standbild *nt*
estatura [esta'tura] *f* Figur *f*
este[1] ['este] *m* Osten *m*
este[2] ['este] *adj* dieser; **éste** *pron* dies
estera [es'tera] *f* Matte *f*
estercolero [esterko'lero] *m* Misthaufen *m*
estéril [es'teril] *adj* steril
esterilizar [esterili'θar] *v* sterilisieren
estético [es'tetiko] *adj* ästhetisch
estilo [es'tilo] *m* Stil *m*
estilográfica [estilo'ɣrafika] *f* Füller *m*
estima [es'tima] *f* Achtung *f*
estimación [estima'θjon] *f* Achtung *f*; Voranschlag *m*
estimar [esti'mar] *v* schätzen
estimulante [estimu'lante] *m* Reizmittel *nt*
estimular [estimu'lar] *v* anspornen; drängen
estímulo [es'timulo] *m* Anregung *f*
estipulación [estipula'θjon] *f* Klausel *f*
estipular [estipu'lar] *v* abmachen, festsetzen
estirar [esti'rar] *v* dehnen
estirón [esti'ron] *m* Ruck *m*
esto ['esto] *adj* dieser
estola [es'tola] *f* Stola *f*
estómago [es'tomaɣo] *m* Magen *m*; **dolor de** ~ Bauchschmerzen *mpl*, Magenschmerzen *mpl*
estorbar [estor'βar] *v* stören, hindern
estornino [estor'nino] *m* Star *m*
estornudar [estornu'ðar] *v* niesen
estrangular [estraŋgu'lar] *v* erwürgen
estrato [es'trato] *m* Lage *f*
estrechar [estre'tʃar] *v* *zusammenziehen; **estrecharse** *v* enger *werden
estrecho [es'tretʃo] *adj* schmal, eng; stramm
estrella [es'treʎa] *f* Stern *m*
estremecido [estreme'θiðo] *adj* fröstelnd
estremecimiento [estremeθi'mjento] *m* Schauder *m*
estreñido [estre'ɲiðo] *adj* verstopft
estreñimiento [estreɲi'mjento] *m* Obstipation *f*, Verstopfung *f*
estribo [es'tri'βo] *m* Steigbügel *m*
estribor [estri'βor] *m* Steuerbord *nt*
estricto [es'trikto] *adj* streng

estrofa [es'trofa] *f* Strophe *f*
estropeado [estrope'aðo] *adj* kaputt; verkrüppelt
estropear [estrope'ar] *v* in Unordnung *bringen
estructura [estruk'tura] *f* Struktur *f*
estuario [es'twarjo] *m* Trichtermündung *f*
estuco [es'tuko] *m* Putz *m*
estuche [es'tutʃe] *m* Etui *nt*
estudiante [estu'ðjante] *m* Student *m*; *f* Studentin *f*
estudiar [estu'ðjar] *v* studieren
estudio [es'tuðjo] *m* Studium *nt*
estufa [es'tufa] *f* Ofen *m*; ~ **de gas** Gasofen *m*
estupefaciente [estupefa'θjente] *m* Droge *f*
estupendo [estu'pendo] *adj* prächtig
estúpido [es'tupiðo] *adj* dumm
etapa [e'tapa] *f* Etappe *f*
etcétera [et'θetera] und so weiter
éter ['eter] *m* Äther *m*
eternidad [eterni'ðað] *f* Ewigkeit *f*
eterno [e'terno] *adj* ewig
etíope [e'tiope] *adj* äthiopisch; *m* Äthiopier *m*
Etiopía [e'tjopja] *f* Äthiopien
etiqueta [eti'keta] *f* Etikett *nt*
Europa [eu'ropa] *f* Europa
europeo [euro'peo] *adj* europäisch; *m* Europäer *m*
evacuar [eβa'kwar] *v* evakuieren
evaluar [eβa'lwar] *v* veranschlagen
evangelio [eβaŋ'xeljo] *m* Evangelium *nt*
evaporar [eβapo'rar] *v* verdampfen
evasión [eβa'sjon] *f* Flucht *f*
eventual [eβen'twal] *adj* möglich; eventuell
evidente [eβi'ðente] *adj* offensichtlich; selbstverständlich
evitar [eβi'tar] *v* *vermeiden; *meiden
evolución [eβolu'θjon] *f* Evolution *f*
exactamente [eksakta'mente] *adv* genau
exactitud [eksakti'tuð] *f* Richtigkeit *f*
exacto [ek'sakto] *adj* exakt, präzis, genau
exagerar [eksaxe'rar] *v* *übertreiben
examen [ek'samen] *m* Examen *nt*; Untersuchung *f*
examinar [eksami'nar] *v* prüfen
excavación [ekskaβa'θjon] *f* Ausgrabung *f*
exceder [ekθe'ðer] *v* *überschreiten
excelencia [ekθe'lenθja] *f* Trefflichkeit *f*
excelente [ekθe'lente] *adj* ausgezeichnet, hervorragend
excéntrico [ek'θentriko] *adj* überspannt
excepción [ekθep'θjon] *f* Ausnahme *f*
excepcional [ekθepθjo'nal] *adj* außergewöhnlich
excepto [ek'θepto] *prep* ausgenommen, außer
excesivo [ekθe'siβo] *adj* übertrieben
exceso [ek'θeso] *m* Ausschreitung *f*; ~ **de velocidad** Geschwindigkeitsübertretung *f*
excitación [ekθita'θjon] *f* Aufregung *f*
excitante [ekθi'tante] *adj* aufregend
excitar [ekθi'tar] *v* aufregen, erregen
exclamación [eksklama'θjon] *f* Ausruf *m*
exclamar [ekskla'mar] *v* *ausrufen
***excluir** [eks'klwir] *v* *ausschließen
exclusivamente [eksklusiβa'mente] *adv* ausschließlich
exclusivo [eksklu'siβo] *adj* exklusiv
excursión [ekskur'sjon] *f* Ausflug *m*
excusa [eks'kusa] *f* Entschuldigung *f*
excusar [eksku'sar] *v* *verzeihen
exención [eksen'θjon] *f* Befreiung *f*
exento [ek'sento] *adj* befreit; ~ **de impuestos** zollfrei
exhalar [eksa'lar] *v* ausatmen

exhausto [ek'sausto] *adj* übermüdet
exhibir [eksi'βir] *v* vorführen, auslegen
exigencia [eksi'xenθja] *f* Forderung *f*
exigente [eksi'xente] *adj* wählerisch
exigir [eksi'xir] *v* fordern
exiliado [eksi'ljaðo] *m* Verbannte *m*
exilio [ek'siljo] *m* Verbannung *f*
eximir [eksi'mir] *v* *ausnehmen
existencia [eksis'tenθja] *f* Dasein *nt*; **existencias** *fpl* Vorrat *m*; ***tener en** ~ vorrätig *haben
existir [eksis'tir] *v* *bestehen
éxito ['eksito] *m* Erfolg *m*, Glück *nt*; Schlager *m*; **de** ~ erfolgreich; ***tener** ~ *gelingen
exorbitante [eksorβi'tante] *adj* unerschwinglich
exótico [ek'sotiko] *adj* exotisch
expansión [ekspan'sjon] *f* Ausdehnung *f*
expedición [ekspeði'θjon] *f* Expedition *f*
expediente [ekspe'ðjente] *m* Akten
experiencia [ekspe'rjenθja] *f* Erfahrung *f*
experimentar [eksperimen'tar] *v* experimentieren; *erfahren, erleben; **experimentado** erfahren
experimento [eksperi'mento] *m* Experiment *nt*
experto [eks'perto] *m* Sachverständige *m*, Fachmann *m*
expirar [ekspi'rar] *v* *verfallen, *ablaufen
explanada [ekspla'naða] *f* Promenade *f*
explicable [ekspli'kaβle] *adj* erklärbar
explicación [eksplika'θjon] *f* Auslegung *f*, Erklärung *f*
explicar [ekspli'kar] *v* erläutern, erklären; Rechenschaft ablegen über
explícito [eks'pliθito] *adj* ausdrücklich
explorador [eksplora'ðor] *m* Pfadfinder *m*
exploradora [eksplora'ðora] *f* Pfadfinderin *f*
explorar [eksplo'rar] *v* erforschen
explosión [eksplo'sjon] *f* Explosion *f*; Ausbruch *m*
explosivo [eksplo'siβo] *adj* explosiv; *m* Sprengstoff *m*
explotar [eksplo'tar] *v* ausnutzen
***exponer** [ekspo'ner] *v* ausstellen
exportación [eksporta'θjon] *f* Ausfuhr *f*, Export *m*
exportar [ekspor'tar] *v* ausführen, exportieren
exposición [eksposi'θjon] *f* Ausstellung *f*, Auslage *f*; Belichtung *f*; ~ **de arte** Kunstausstellung *f*
exposímetro [ekspo'simetro] *m* Belichtungsmesser *m*
expresar [ekspre'sar] *v* Ausdruck *geben, äußern, ausdrücken
expresión [ekspre'sjon] *f* Ausdruck *m*; Äußerung *f*
expresivo [ekspre'siβo] *adj* expressiv
expreso [eks'preso] *adj* ausdrücklich; Eil-; **por** ~ Eilpost
expulsar [ekspul'sar] *v* *vertreiben; *ausweisen
exquisito [ekski'sito] *adj* auserlesen; lecker
éxtasis ['ekstasis] *m* Verzückung *f*
***extender** [eksten'der] *v* ausbreiten, ausdehnen
extenso [eks'tenso] *adj* umfassend, umfangreich, ausgedehnt
extenuar [ekste'nwar] *v* erschöpfen
exterior [ekste'rjor] *adj* äußerlich; *m* Außenseite *f*, Äußere *nt*
externo [eks'terno] *adj* äußer
extinguir [ekstiŋ'gir] *v* löschen
extintor [ekstin'tor] *m* Feuerlöscher *m*
extorsión [ekstor'sjon] *f* Erpressung *f*
extorsionar [ekstorsjo'nar] *v* erpressen
extra ['ekstra] *adj* zusätzlich
extracto [eks'trakto] *m* Auszug *m*
***extraer** [ekstra'er] *v* *ausziehen, *aus-

reißen
extranjero [ekstraŋ'xero] *adj* ausländisch; *m* Ausländer *m*, Fremde *m*; Fremdling *m*; **en el** ~ im Ausland; ins Ausland
extrañar [ekstra'ɲar] *v* verwundern, erstaunen; verbannen
extraño [eks'traɲo] *adj* fremd; eigentümlich, komisch, sonderbar
extraoficial [ekstraofi'θjal] *adj* offiziös
extraordinario [ekstraorði'narjo] *adj* außerordentlich, ungewöhnlich
extravagante [ekstraβa'γante] *adj* extravagant
extraviar [ekstra'βjar] *v* verlegen
extremo [eks'tremo] *adj* extrem; höchst, äußerst; *m* Extrem *nt*; Ende *nt*
exuberante [eksuβe'rante] *adj* überschwenglich

F

fábrica ['faβrika] *f* Fabrik *f*; ~ **de gas** Gaswerk *nt*
fabricante [faβri'kante] *m* Fabrikant *m*
fabricar [faβri'kar] *v* herstellen, fabrizieren
fábula ['faβula] *f* Fabel *f*
fácil ['faθil] *adj* bequem
facilidad [faθili'ðað] *f* Leichtigkeit *f*; Fazilität *f*
facilitar [faθili'tar] *v* erleichtern
factible [fak'tiβle] *adj* erreichbar
factor [fak'tor] *m* Faktor *m*
factura [fak'tura] *f* Faktur *f*
facturar [faktu'rar] *v* fakturieren
facultad [fakul'tað] *f* Gabe *f*, Fähigkeit *f*; Fakultät *f*
fachada [fa'tʃaða] *f* Fassade *f*
faisán [fai'san] *m* Fasan *m*
faja ['faxa] *f* Streifen *m*; Hüfthalter *m*
falda ['falda] *f* Rock *m*
faldón [fal'don] *m* Giebel *m*
falsificación [falsifika'θjon] *f* Fälschung *f*
falsificar [falsifi'kar] *v* fälschen
falso ['falso] *adj* falsch; unwahr, unecht
falta ['falta] *f* Fehler *m*; Fehlen *nt*, Mangel *m*; Vergehen *nt*; **sin** ~ unbedingt
faltar [fal'tar] *v* mangeln
fallar [fa'ʎar] *v* fehlen, versagen
***fallecer** [faʎe'θer] *v* *sterben
fama ['fama] *f* Name *m*, Ruhm *m*; **de** ~ **mundial** weltberühmt; **de mala** ~ berüchtigt
familia [fa'milja] *f* Verwandtschaft *f*; Familie *f*
familiar [fami'ljar] *adj* vertraulich, vertraut
famoso [fa'moso] *adj* berühmt
fanal [fa'nal] *m* Scheinwerfer *m*
fanático [fa'natiko] *adj* fanatisch
fantasía [fanta'sia] *f* Einbildung *f*
fantasma [fan'tazma] *m* Gespenst *nt*, Geist *m*
fantástico [fan'tastiko] *adj* phantastisch
farallón [fara'ʎon] *m* Klippe *f*
fardo ['farðo] *m* Last *f*
farmacéutico [farma'θeutiko] *m* Apotheker *m*
farmacia [far'maθja] *f* Apotheke *f*
farmacología [farmakolo'xia] *f* Arzneimittellehre *f*
faro ['faro] *m* Scheinwerfer *m*; Leuchtturm *m*
farol trasero [fa'rol tra'sero] Rücklicht *nt*
farsa ['farsa] *f* Posse *f*
fascismo [fa'θizmo] *m* Faschismus *m*
fascista [fa'θista] *adj* faschistisch; *m* Faschist *m*

fase ['fase] *f* Phase *f*, Stadium *nt*
fastidiar [fasti'ðjar] *v* ärgern, belästigen
fastidioso [fasti'ðjoso] *adj* schwer
fatal [fa'tal] *adj* unheilvoll, verhängnisvoll; tödlich
favor [fa'βor] *m* Gefälligkeit *f*; **a ~ de** zugunsten; **por ~** bitte
favorable [faβo'raβle] *adj* günstig
***favorecer** [faβore'θer] *v* begünstigen, bevorrechten
favorecido [faβore'θiðo] *m* Zahlungsempfänger *m*
favorito [faβo'rito] *adj* Lieblings-; *m* Liebling *m*, Favorit *m*
fe [fe] *f* Glaube *m*
febrero [fe'βrero] Februar
febril [fe'βril] *adj* fiebrig
fecundo [fe'kundo] *adj* fruchtbar
fecha ['fetʃa] *f* Datum *nt*
federación [feðera'θjon] *f* Verband *m*, Föderation *f*
federal [feðe'ral] *adj* Bundes-
felicidad [feliθi'ðað] *f* Glück *nt*
felicitación [feliθita'θjon] *f* Beglückwünschung *f*, Glückwunsch *m*
felicitar [feliθi'tar] *v* gratulieren, beglückwünschen
feliz [fe'liθ] *adj* glücklich
femenino [feme'nino] *adj* weiblich
fenómeno [fe'nomeno] *m* Phänomen *nt*
feo ['feo] *adj* häßlich
feria ['ferja] *f* Kirmes *f*; Messe *f*
fermentar [fermen'tar] *v* *gären
feroz [fe'roθ] *adj* wüst
ferretería [ferrete'ria] *f* Eisenwarenhandlung *f*
ferrocarril [ferroka'rril] *m* Bahn *f*, Eisenbahn *f*
fértil ['fertil] *adj* fruchtbar
fertilidad [fertili'ðað] *f* Fruchtbarkeit *f*
festival [festi'βal] *m* Festival *nt*
festivo [fes'tiβo] *adj* festlich
feudal [feu'ðal] *adj* feudal
fiable ['fjaβle] *adj* zuverlässig
fianza ['fjanθa] *f* Pfand *nt*; Kaution *f*
fiasco ['fjasko] *m* Fehlschlag *m*
fibra ['fiβra] *f* Faser *f*
ficción [fik'θjon] *f* Fiktion *f*, Erdichtung *f*
ficha ['fitʃa] *f* Spielmarke *f*, Münze *f*
fiebre ['fjeβre] *f* Fieber *nt*; **~ del heno** Heuschnupfen *m*
fiel [fjel] *adj* treu, aufrichtig
fieltro ['fjeltro] *m* Filz *m*
fiero ['fjero] *adj* wild
fiesta ['fjesta] *f* Fest *nt*; Party *f*; Feiertag *m*
figura [fi'γura] *f* Gestalt *f*
figurarse [fiγu'rarse] *v* sich *denken
fijador [fixa'ðor] *m* Haarfixativ *nt*
fijar [fi'xar] *v* anheften; **fijarse en** *achtgeben auf
fijo ['fixo] *adj* fest
fila ['fila] *f* Reihe *f*
Filipinas [fili'pinas] *fpl* Philippinen *pl*
filipino [fili'pino] *adj* philippinisch; *m* Philippine *m*
filmar [fil'mar] *v* filmen
filme ['filme] *m* Film *m*
filosofía [filoso'fia] *f* Philosophie *f*
filosófico [filo'sofiko] *adj* philosophisch
filósofo [fi'losofo] *m* Philosoph *m*
filtrar [fil'trar] *v* sieben
filtro ['filtro] *m* Filter *m*; **~ de aire** Luftfilter *m*; **~ del aceite** Ölfilter *nt*
fin [fin] *m* Schluß *m*; Ziel *nt*, Zweck *m*; **a ~ de** damit; **al ~** endlich
final [fi'nal] *adj* endgültig, letzt; *m* Ende *nt*; **al ~** schließlich, zuletzt
financiar [finan'θjar] *v* finanzieren
financiero [finan'θjero] *adj* finanziell
finanzas [fi'nanθas] *fpl* Finanzen *pl*
finca ['fiŋka] *f* Gebäude *nt*
fingir [fiŋ'xir] *v* sich verstellen, *vorge-

ben
finlandés [finlan'des] *adj* finnisch; *m* Finne *m*
Finlandia [fin'landja] *f* Finnland
fino ['fino] *adj* mißlich, fein; dünn
firma ['firma] *f* Unterschrift *f*; Firma *f*
firmar [fir'mar] *v* *unterschreiben
firme ['firme] *adj* beständig, fest; sicher
física ['fisika] *f* Physik *f*, Naturwissenschaft *f*
físico ['fisiko] *adj* physisch; *m* Physiker *m*
fisiología [fisjolo'xia] *f* Physiologie *f*
flaco ['flako] *adj* mager
flamenco [fla'meŋko] *m* Flamingo *m*
flauta ['flauta] *f* Flöte *f*
flecha ['fletʃa] *f* Pfeil *m*
flexible [flek'siβle] *adj* geschmeidig; biegsam, dehnbar
flojel [flo'xel] *m* Daune *f*
flojo ['floxo] *adj* dünn
flor [flor] *f* Blume *f*
florista [flo'rista] *m* Blumenhändler *m*
floristería [floriste'ria] *f* Blumenhandlung *f*
flota ['flota] *f* Flotte *f*
flotador [flota'ðor] *m* Schwimmer *m*
flotar [flo'tar] *v* *schwimmen
fluido ['fluiðo] *adj* flüssig; *m* Flüssigkeit *f*
***fluir** [flwir] *v* *fließen, strömen
foca ['foka] *f* Robbe *f*, Seehund *m*
foco ['foko] *m* Brennpunkt *m*; *mMe* Glühbirne *f*
folklore [fol'klore] *m* Folklore *f*
folleto [fo'ʎeto] *m* Broschüre *f*
fondo ['fondo] *m* Hintergrund *m*; Boden *m*; *mMe* Unterrock *m*; **fondos** *mpl* Fonds *m*
fonético [fo'netiko] *adj* phonetisch
foque ['foke] *m* Focksegel *nt*
forastero [foras'tero] *m* Ausländer *m*; Unbekannte *m*
forma ['forma] *f* Form *f*
formación [forma'θjon] *f* Gestaltung *f*
formal [for'mal] *adj* förmlich
formalidad [formali'ðað] *f* Formalität *f*
formar [for'mar] *v* formen, bilden; ausbilden
formato [for'mato] *m* Format *nt*
formidable [formi'ðaβle] *adj* gewaltig
fórmula ['formula] *f* Formel *f*
formulario [formu'larjo] *m* Formular *nt*; ~ **de matriculación** Anmeldebogen *m*
forro ['forro] *m* Futter *nt*
fortaleza [forta'leθa] *f* Festung *f*, Fort *nt*
fortuna [for'tuna] *f* Glück *nt*; Vermögen *nt*
forúnculo [fo'ruŋkulo] *m* Furunkel *m*
***forzar** [for'θar] *v* *zwingen; forcieren
forzosamente [forθosa'mente] *adv* zwangsweise
foso ['foso] *m* Wallgraben *m*
foto ['foto] *f* Photo *nt*
fotocopia [foto'kopja] *f* Fotokopie *f*
fotografía [fotoɣra'fia] *f* Lichtbild *nt*; Photographie *f*; ~ **de pasaporte** Paßphoto *nt*
fotografiar [fotoɣra'fjar] *v* photographieren
fotógrafo [fo'toɣrafo] *m* Photograph *m*
fracasado [fraka'saðo] *adj* erfolglos
fracaso [fra'kaso] *m* Mißerfolg *m*
fracción [frak'θjon] *f* Bruchstück *nt*
fractura [frak'tura] *f* Bruch *m*
fracturar [fraktu'rar] *v* *brechen
frágil ['fraxil] *adj* zerbrechlich
fragmento [fraɣ'mento] *m* Fragment *nt*, Stück *nt*; Abschnitt *m*
frambuesa [fram'bwesa] *f* Himbeere *f*
francés [fran'θes] *adj* französisch; *m* Franzose *m*
Francia ['franθja] *f* Frankreich

franco ['fraŋko] *adj* portofrei, franko
francotirador [fraŋkotira'ðor] *m* Heckenschütze *m*
franela [fra'nela] *f* Flanell *m*
franja ['fraŋxa] *f* Franse *f*
franqueo [fraŋ'keo] *m* Porto *nt*
frasco ['frasko] *m* Flakon *nt*
frase ['frase] *f* Satz *m*; Redewendung *f*
fraternidad [fraterni'ðað] *f* Brüderschaft *f*
fraude ['frauðe] *m* Schwindel *m*, Betrug *m*
frecuencia [fre'kwenθja] *f* Frequenz *f*, Häufigkeit *f*
frecuentar [frekwen'tar] *v* *umgehen mit
frecuente [fre'kwente] *adj* häufig; üblich
frecuentemente [frekwente'mente] *adv* oft
***fregar** [fre'γar] *v* *abwaschen; scheuern
***freír** [fre'ir] *v* *braten
frenar [fre'nar] *v* abbremsen
freno ['freno] *m* Bremse *f*; ~ **de mano** Handbremse *f*; ~ **de pie** Fußbremse *f*
frente ['frente] *f* Stirn *f*; *m* Vorderseite *f*
fresa ['fresa] *f* Erdbeere *f*
fresco ['fresko] *adj* frisch; erfrischend; kühl
fricción [frik'θjon] *f* Reibung *f*
frigorífico [friγo'rifiko] *m* Kühlschrank *m*
frío ['frio] *adj* kalt; *m* Kälte *f*
frontera [fron'tera] *f* Grenze *f*; Landesgrenze *f*
frotar [fro'tar] *v* *reiben
fruta ['fruta] *f* Obst *nt*
fruto ['fruto] *m* Frucht *f*
fuego ['fweγo] *m* Feuer *nt*
fuente ['fwente] *f* Quelle *f*; Springbrunnen *m*; Schüssel *f*
fuera ['fwera] *adv* heraus, hinaus; weg, ab; ~ **de** außerhalb, außer; ~ **de lugar** unangebracht; ~ **de temporada** außer Saison
fuerte ['fwerte] *adj* stark, kräftig; mächtig; laut
fuerza ['fwerθa] *f* Kraft *f*; Macht *f*; Stärke *f*; Gewalt *f*; ~ **de voluntad** Willenskraft *f*; ~ **motriz** Treibkraft *f*; **fuerzas armadas** Kriegsmacht *f*, Streitkräfte *pl*
fugitivo [fuxi'tiβo] *m* Ausreißer *m*
fumador [fuma'ðor] *m* Raucher *m*; **compartimento para fumadores** Raucherabteil *nt*
fumar [fu'mar] *v* rauchen; **prohibido** ~ Rauchen verboten
función [fun'θjon] *f* Funktion *f*
funcionamiento [funθjona'mjento] *m* Betrieb *m*, Funktion *f*
funcionar [funθjo'nar] *v* funktionieren, arbeiten
funcionario [funθjo'narjo] *m* Staatsbeamte *m*
funda ['funda] *f* Hülle *f*; ~ **de almohada** Kissenbezug *m*
fundación [funda'θjon] *f* Stiftung *f*
fundamentado [fundamen'taðo] *adj* wohlbegründet
fundamental [fundamen'tal] *adj* grundlegend
fundamento [funda'mento] *m* Grundlage *f*
fundar [fun'dar] *v* gründen, errichten, stiften
fundir [fun'dir] *v* *schmelzen
funerales [fune'rales] *mpl* Begräbnis *nt*
furgoneta [furγo'neta] *f* Lieferwagen *m*
furioso [fu'rjoso] *adj* rasend, wütend
furor [fu'ror] *m* Wut *f*, Toben *nt*
fusible [fu'siβle] *m* Sicherung *f*

fusil [fu'sil] *m* Gewehr *nt*
fusión [fu'sjon] *f* Fusion *f*
fútbol ['futβol] *m* Fußball *m*
fútil ['futil] *adj* unbedeutend
futuro [fu'turo] *adj* zukünftig

G

gabinete [gaβi'nete] *m* Kabinett *nt*
gafas ['gafas] *fpl* Schutzbrille *f*; ~ **de sol** Sonnenbrille *f*
gaitero [gai'tero] *adj* bunt
galería [gale'ria] *f* Galerie *f*; ~ **de arte** Kunstgalerie *f*
galgo ['galɣo] *m* Windhund *m*
galope [ga'lope] *m* Galopp *m*
galleta [ga'ʎeta] *f* Keks *m*
gallina [ga'ʎina] *f* Huhn *nt*, Henne *f*
gallo ['gaʎo] *m* Hahn *m*; ~ **de bosque** Moorhuhn *nt*
gamba ['gamba] *f* Krabbe *f*; Steingarnele *f*
gamuza [ga'muθa] *f* Wildleder *nt*
gana ['gana] *f* Lust *f*; Appetit *m*
ganado [ga'naðo] *m* Vieh *nt*
ganador [gana'ðor] *adj* gewinnend
ganancia [ga'nanθja] *f* Gewinn *m*
ganar [ga'nar] *v* *gewinnen; verdienen
ganas ['ganas] *fpl* Lust *f*
gancho ['gantʃo] *m* Haken *m*
ganga ['gaŋga] *f* Gelegenheitskauf *m*
garaje [ga'raxe] *m* Garage *f*; **dejar en** ~ einstellen
garante [ga'rante] *m* Bürge *m*
garantía [garan'tia] *f* Bürgschaft *f*, Garantie *f*
garantizar [garanti'θar] *v* garantieren
garganta [gar'ɣanta] *f* Hals *m*, Kehle *f*; **dolor de** ~ Halsschmerzen *mpl*
garra ['garra] *f* Klaue *f*
garrafa [ga'rrafa] *f* Karaffe *f*
garrote [ga'rrote] *m* Knüppel *m*
garza ['garθa] *f* Reiher *m*
gas [gas] *m* Gas *nt*; **cocina de** ~ Gasherd *m*
gasa ['gasa] *f* Gaze *f*
gasolina [gaso'lina] *f* Benzin *nt*; ~ **sin plomo** bleifreies Benzin; **puesto de** ~ Tankstelle *f*
gastado [gas'taðo] *adj* abgenutzt, abgetragen, verschlissen
gastar [gas'tar] *v* verausgaben, *ausgeben; *abtragen
gasto ['gasto] *m* Ausgabe *f*, Aufwand *m*; **gastos de viaje** Fahrgeld *nt*, Reisespesen *pl*
gástrico ['gastriko] *adj* gastrisch
gastrónomo [gas'tronomo] *m* Feinschmecker *m*
gatear [gate'ar] *v* *kriechen
gato ['gato] *m* Katze *f*; Wagenheber *m*
gaviota [ga'βjota] *f* Möwe *f*; Seemöwe *f*
gema ['xema] *f* Edelstein *m*
gemelos [xe'melos] *mpl* Zwillinge *mpl*; Opernglas *nt*; Manschettenknöpfe *mpl*; ~ **de campaña** Feldstecher *m*
***gemir** [xe'mir] *v* stöhnen
generación [xenera'θjon] *f* Generation *f*
generador [xenera'ðor] *m* Generator *m*
general [xene'ral] *adj* allgemein; global; *m* General *m*; **en** ~ im allgemeinen
generalmente [xeneral'mente] *adv* meistens, gewöhnlich
generar [xene'rar] *v* erzeugen
género ['xenero] *m* Geschlecht *nt*; Sorte *f*
generosidad [xenerosi'ðað] *f* Großmut *m*
generoso [xene'roso] *adj* freigebig, großzügig

genial [xe'njal] *adj* genial
genio ['xenjo] *m* Genie *nt*
genital [xeni'tal] *adj* geschlechtlich
gente ['xente] *f* Volk *nt*; Leute *pl*
gentil [xen'til] *adj* sanft
genuino [xe'nwino] *adj* echt
geografía [xeoɣra'fia] *f* Erdkunde *f*
geográfico [xeo'ɣrafiko] *adj* geografisch
geología [xeolo'xia] *f* Geologie *f*
geometría [xeome'tria] *f* Geometrie *f*
gerencial [xeren'θjal] *adj* administrativ
germen ['xermen] *m* Keim *m*; Bazille *f*
gesticular [xestiku'lar] *v* gestikulieren
gestión [xes'tjon] *f* Verwaltung *f*, Führung *f*
gesto ['xesto] *m* Gebärde *f*
gigante [xi'ɣante] *m* Riese *m*
gigantesco [xiɣan'tesko] *adj* riesig, riesenhaft
gimnasia [xim'nasja] *f* Turnen *nt*
gimnasio [xim'nasjo] *m* Turnhalle *f*
gimnasta [xim'nasta] *m* Turner *m*
ginecólogo [xine'koloɣo] *m* Gynäkologe *m*, Frauenarzt *m*
girar [xi'rar] *v* *wenden
giro ['xiro] *m* Tratte *f*; ~ **postal** Postanweisung *f*
gitano [xi'tano] *m* Zigeuner *m*
glaciar [gla'θjar] *m* Gletscher *m*
glándula ['glandula] *f* Drüse *f*
globo ['gloβo] *m* Globus *m*, Erdball *m*; Ballon *m*
gloria ['glorja] *f* Ehre *f*, Ruhm *m*
glosario [glo'sarjo] *m* Wörterverzeichnis *nt*
glotón [glo'ton] *adj* gefräßig
gobernador [goβerna'ðor] *m* Gouverneur *m*
gobernante [goβer'nante] *m* Herrscher *m*
***gobernar** [goβer'nar] *v* regieren
gobierno [go'βjerno] *m* Regierung *f*; ~ **de la casa** Haushalt *m*
goce ['goθe] *m* Genuß *m*
gol [gol] *m* Tor *nt*
golf [golf] *m* Golf *nt*; **campo de ~** Golfplatz *m*
golfo ['golfo] *m* Golf *m*
golondrina [golon'drina] *f* Schwalbe *f*
golosina [golo'sina] *f* Leckerbissen *m*; **golosinas** Süßigkeiten *fpl*; Nascherei *f*
golpe ['golpe] *m* Schlag *m*; Klopfen *nt*; ***dar golpes** *schlagen
golpear [golpe'ar] *v* *schlagen, klopfen; pochen
golpecito [golpe'θito] *m* Klopfen *nt*
gollerías [goʎe'rias] *fpl* Feinkost *f*
goma ['goma] *f* Gummi *m*; ~ **de borrar** Radiergummi *m*; ~ **de mascar** Kaugummi *m*; ~ **espumada** Schaumgummi *m*
góndola ['gondola] *f* Gondel *f*
gordo ['gorðo] *adj* dick; korpulent
gorra ['gorra] *f* Mütze *f*
gorrión [go'rrjon] *m* Sperling *m*
gorro ['gorro] *m* Mütze *f*; ~ **de baño** Bademütze *f*
gota ['gota] *f* Tropfen *m*; Gicht *f*
gotear [gote'ar] *v* lecken
goteo [go'teo] *m* Leck *nt*
gozar [go'θar] *v* *genießen
grabación [graβa'θjon] *f* Aufnahme *f*
grabado [gra'βaðo] *m* Stich *m*
grabador [graβa'ðor] *m* Graveur *m*
grabar [gra'βar] *v* gravieren
gracia ['gra'θja] *f* Gunst *f*; Anmut *f*
gracias ['graθjas] danke schön
gracioso [gra'θjoso] *adj* spaßig, witzig; reizend, anmutig
grado ['graðo] *m* Grad *m*; Rang *m*; **a tal ~** dermaßen
gradual [gra'ðwal] *adj* allmählich
graduar [gra'ðwar] *v* einstufen; **graduarse** *v* ein Diplom erlangen
gráfico ['grafiko] *adj* graphisch; *m*

Graphik *f*, Diagramm *nt*, graphische Darstellung
gramática [gra'matika] *f* Grammatik *f*
gramatical [gramati'kal] *adj* grammatikalisch
gramo ['gramo] *m* Gramm *nt*
gramófono [gra'mofono] *m* Grammophon *nt*
Gran Bretaña [gran bre'taɲa] Großbritannien
grande ['grande] *adj* groß
grandeza [gran'deθa] *f* Größe *f*
grandioso [gran'djoso] *adj* großartig
granero [gra'nero] *m* Scheune *f*
granito [gra'nito] *m* Granit *m*
granizo [gra'niθo] *m* Hagel *m*
granja ['graŋxa] *f* Bauernhof *m*
granjera [graŋ'xera] *f* Bäuerin *f*
granjero [graŋ'xero] *m* Bauer *m*
grano ['grano] *m* Korn *nt*; Pickel *m*
grapa ['grapa] *f* Klammer *f*; Heftklammer *f*
grasa ['grasa] *f* Fett *nt*; *fMe* Schuhkrem *f*
grasiento [gra'sjento] *adj* fettig, fett
graso ['graso] *adj* fett
grasoso [gra'soso] *adj* fettig
gratis ['gratis] *adv* kostenlos
gratitud [grati'tuð] *f* Dankbarkeit *f*
grato ['grato] *adj* gefällig
gratuito [gra'twito] *adj* umsonst, unentgeltlich, gratis
grava ['graβa] *f* Kies *m*
grave ['graβe] *adj* ernst; ernsthaft
gravedad [graβe'ðað] *f* Schwerkraft *f*
Grecia ['greθja] *f* Griechenland
griego ['grjeγo] *adj* griechisch; *m* Grieche *m*
grieta ['grjeta] *f* Spalte *f*, Spalt *m*; Riß *m*
grifo ['grifo] *m* Hahn *m*; Wasserhahn *m*
grillo ['griʎo] *m* Grille *f*
gripe ['gripe] *f* Grippe *f*
gris [gris] *adj* grau
gritar [gri'tar] *v* *schreien; kreischen, *rufen
grito ['grito] *m* Schrei *m*; Aufschrei *m*, Ruf *m*
grosella [gro'seʎa] *f* Beere *f*; ~ **espinosa** Stachelbeere *f*; ~ **negra** Johannisbeere *f*
grosero [gro'sero] *adj* grob; gemein, frech
grotesco [gro'tesko] *adj* lachhaft
grúa ['grua] *f* Kran *m*
gruesa ['grwesa] *f* Gros *nt*
grueso ['grweso] *adj* beleibt
grumo ['grumo] *m* Klumpen *m*
***gruñir** [gru'ɲir] *v* brummen
grupo ['grupo] *m* Gruppe *f*; Haufen *m*
gruta ['gruta] *f* Grotte *f*
guante ['gwante] *m* Handschuh *m*
guapo ['gwapo] *adj* stattlich
guarda [gwarða] *m* Saalwärter *m*
guardabarros [gwarða'βarros] *m* Kotflügel *m*
guardabosques [gwarða'βoskes] *m* Förster *m*
guardar [gwar'ðar] *v* bewahren, weglegen; bewachen; ~ **con llave** einsperren; **guardarse** *v* sich hüten
guardarropa [gwarða'rropa] *m* Kleiderschrank *m*; Garderobe *f*
guardería [gwarðe'ria] *f* Kinderkrippe *f*
guardia ['gwarðja] *f* Wache *f*; *m* Polizist *m*; ~ **personal** Leibwache *f*
guardián [gwar'ðjan] *m* Wärter *m*, Wächter *m*, Aufseher *m*; Hausmeister *m*
guateque [gwa'teke] *m* Party *f*
guerra ['gerra] *f* Krieg *m*; ~ **mundial** Weltkrieg *m*
guía ['gia] *m* Führer *m*; ~ **telefónica** Telephonbuch *nt*
guiar [gjar] *v* führen

guijarro [gi'xarro] *m* Kieselstein *m*
guión [gjon] *m* Gedankenstrich *m*; Bindestrich *m*
guisante [gi'sante] *m* Erbse *f*
guisar [gi'sar] *v* zubereiten
guiso ['giso] *m* Gericht *nt*
guitarra [gi'tarra] *f* Gitarre *f*
gusano [gu'sano] *m* Wurm *m*
gustar [gus'tar] *v* gern *haben; *mögen
gusto ['gusto] *m* Geschmack *m*; **con mucho** ~ mit Vergnügen
gustosamente [gustosa'mente] *adv* gern, gerne

H

***haber** [a'βer] *v* *haben
hábil ['aβil] *adj* fähig, geschickt, geübt, gewandt
habilidad [aβili'ðað] *f* Vermögen *nt*; Fähigkeit *f*, Fertigkeit *f*
habitable [aβi'taβle] *adj* bewohnbar
habitación [aβita'θjon] *f* Raum *m*, Zimmer *nt*; ~ **individual** Einzelzimmer *nt*; ~ **para huéspedes** Gästezimmer *nt*
habitante [aβi'tante] *m* Bewohner *m*, Einwohner *m*
habitar [aβi'tar] *v* bewohnen
hábito ['aβito] *m* Gewohnheit *f*
habitual [aβi'twal] *adj* gewohnt
habitualmente [aβitwal'mente] *adv* gewöhnlich
habla ['aβla] *f* Sprache *f*
habladuría [aβlaðu'ria] *f* Quatsch *m*
hablar [a'βlar] *v* *sprechen, reden
***hacer** [a'θer] *v* handeln; *tun; machen; **hace** her; ***hacerse** *v* *werden
hacia ['aθja] *prep* nach; etwa; ~ **abajo** herunter; ~ **adelante** voraus; ~ **arriba** aufwärts, nach oben, hinauf; ~ **atrás** rückwärts
hacienda [a'θjenda] *f* Landgut *nt*
hacha ['atʃa] *f* Beil *nt*
hada ['aða] *f* Fee *f*; **cuento de hadas** Märchen *nt*
halcón [al'kon] *m* Falke *m*
halibut [ali'βut] *m* Heilbutt *m*
hallar [a'ʎar] *v* *finden
hallazgo [a'ʎaðɣo] *m* Fund *m*
hamaca [a'maka] *f* Hängematte *f*
hambre ['ambre] *f* Hunger *m*
hambriento [am'brjento] *adj* hungrig
harina [a'rina] *f* Mehl *nt*
harto de ['arto de] überdrüssig
hasta ['asta] *prep* bis, bis zu; ~ **ahora** bis jetzt; ~ **que** bis
haya ['aja] *f* Buche *f*
hebilla [e'βiʎa] *f* Schnalle *f*
hebreo [e'βreo] *m* Hebräisch *nt*
hechizar [etʃi'θar] *v* behexen
hecho ['etʃo] *m* Tatsache *f*
***heder** [e'ðer] *v* *stinken
hediondo [e'ðjondo] *adj* übelriechend
helado [e'laðo] *adj* eisig; *m* Eis *nt*
***helar** [e'lar] *v* *frieren
hélice ['eliθe] *f* Schraube *f*, Propeller *m*
hemorragia [emo'rraxja] *f* Blutsturz *m*; ~ **nasal** Nasenbluten *nt*
hemorroides [emo'rroiðes] *fpl* Hämorrhoiden *fpl*
***hender** [en'der] *v* spalten
hendidura [endi'ðura] *f* Spalt *m*, Riß *m*
heno ['eno] *m* Heu *nt*
heredar [ere'ðar] *v* erben
hereditario [ereði'tarjo] *adj* erblich
herencia [eren'θja] *f* Erbschaft *f*
herida [e'riða] *f* Verletzung *f*, Wunde *f*
***herir** [e'rir] *v* verletzen, verwunden
hermana [er'mana] *f* Schwester *f*
hermano [er'mano] *m* Bruder *m*
hermético [er'metiko] *adj* luftdicht

hermoso [er'moso] *adj* schön
hernia ['ernja] *f* Bruch *m*
héroe ['eroe] *m* Held *m*
heroico [e'roiko] *adj* heroisch
heroísmo [ero'izmo] *m* Heldenmut *m*
herradura [erra'ðura] *f* Hufeisen *nt*
herramienta [erra'mjenta] *f* Gerät *nt*, Werkzeug *nt*; **bolsa de herramientas** Werkzeugtasche *f*
herrería [erre'ria] *f* Eisenhütte *f*
herrero [e'rrero] *m* Schmied *m*
herrumbre [e'rrumbre] *f* Rost *m*
* **hervir** [er'βir] *v* kochen
heterosexual [eterosek'swal] *adj* heterosexuell
hidalgo [i'ðalɣo] *m* Edelmann *m*
hidrógeno [i'ðroxeno] *m* Wasserstoff *m*
hiedra ['jeðra] *f* Efeu *m*
hielo ['jelo] *m* Eis *nt*
hierba ['jerβa] *f* Kraut *nt*; **brizna de** ~ Grashalm *m*; **mala** ~ Unkraut *nt*
hierro ['jerro] *m* Eisen *nt*; **de** ~ eisern; ~ **fundido** Gußeisen *nt*
hígado ['iɣaðo] *m* Leber *f*
higiene [i'xjene] *f* Hygiene *f*
higiénico [i'xjeniko] *adj* hygienisch; **papel** ~ Toilettenpapier *nt*
higo ['iɣo] *m* Feige *f*
hija ['ixa] *f* Tochter *f*
hijastro [i'xastro] *m* Stiefkind *nt*
hijo ['ixo] *m* Sohn *m*
hilar [i'lar] *v* *spinnen
hilo ['ilo] *m* Garn *nt*, Zwirn *m*, Faden *m*; ~ **de zurcir** Stopfgarn *nt*
himno ['imno] *m* Hymne *f*; ~ **nacional** Nationalhymne *f*
hinchar [in'tʃar] *v* aufblähen; **hincharse** *v* *schwellen
hinchazón [intʃa'θon] *f* Geschwulst *f*
hipo ['ipo] *m* Schluckauf *m*
hipocresía [ipokre'sia] *f* Heuchelei *f*
hipócrita [i'pokrita] *adj* heuchlerisch, hypokritisch; *m* Heuchler *m*
hipódromo [i'poðromo] *m* Rennbahn *f*
hipoteca [ipo'teka] *f* Hypothek *f*
hispanoamericano [ispanoameri'kano] *adj* ibero-amerikanisch
histérico [is'teriko] *adj* hysterisch
historia [is'torja] *f* Geschichte *f*; ~ **de amor** Liebesgeschichte *f*; ~ **del arte** Kunstgeschichte *f*
historiador [istorja'ðor] *m* Historiker *m*
histórico [is'toriko] *adj* geschichtlich, historisch
hocico [o'θiko] *m* Maul *nt*, Schnauze *f*
hockey ['xokei] *m* Hockey *nt*
hogar [o'ɣar] *m* Herd *m*
hoja ['oxa] *f* Blatt *nt*; Klinge *f*; ~ **de afeitar** Rasierklinge *f*; ~ **de pedido** Bestellzettel *m*; **hojas de oro** Blattgold *nt*
¡hola! ['ola] hallo!
Holanda [o'landa] *f* Holland
holandés [olan'des] *adj* niederländisch, holländisch; *m* Niederländer *m*, Holländer *m*
hombre ['ombre] *m* Mann *m*; Mensch *m*
hombro ['ombro] *m* Schulter *f*
homenaje [ome'naxe] *m* Huldigung *f*
homosexual [omosek'swal] *adj* homosexuell
hondo ['ondo] *adj* tief
honesto [o'nesto] *adj* ehrlich; rechtschaffen
hongo ['oŋgo] *m* Pilz *m*
honor [o'nor] *m* Ehre *f*
honorable [ono'raβle] *adj* ehrenwert
honorarios [ono'rarjos] *mpl* Honorar *nt*
honra ['onrra] *f* Ehre *f*
honradez [onra'ðeθ] *f* Ehrlichkeit *f*
honrado [on'rraðo] *adj* ehrenhaft
honrar [on'rar] *v* ehren
hora ['ora] *f* Stunde *f*; ~ **de afluencia**

Hauptverkehrszeit *f*; ~ **de llegada** Ankunftszeit *f*; ~ **de salida** Abfahrtszeit *f*; ~ **punta** Hauptverkehrszeit *f*; **horas de consulta** Sprechstunde *f*; **horas de oficina** Bürostunden *fpl*, Geschäftszeit *f*; **horas de visita** Besuchsstunden *fpl*; **horas hábiles** Öffnungszeiten *fpl*
horario [o'rarjo] *m* Plan *m*; Fahrplan *m*; ~ **de verano** Sommerzeit *f*
horizontal [oriθon'tal] *adj* waagerecht
horizonte [ori'θonte] *m* Horizont *m*
hormiga [or'miγa] *f* Ameise *f*
hormigón [ormi'γon] *m* Beton *m*
hornear [orne'ar] *v* backen
horno ['orno] *m* Backofen *m;* Ofen *m;* ~ **de microonda** Mikrowellenherd
horquilla [or'kiʎa] *f* Haarnadel *f*, Haarklemme *f*
horrible [o'rriβle] *adj* entsetzlich; scheußlich, abscheulich
horror [o'rror] *m* Entsetzen *nt*
horticultura [ortikul'tura] *f* Gartenbau *m*
hospedar [ospe'ðar] *v* bewirten; **hospedarse** *v* verweilen, sich *aufhalten
hospedería [ospeðe'ria] *f* Herberge *f*
hospicio [os'piθjo] *m* Heim *nt*
hospital [ospi'tal] *m* Klinik *f*, Krankenhaus *nt*
hospitalario [ospita'larjo] *adj* gastfreundlich
hospitalidad [ospitali'ðað] *f* Gastfreundschaft *f*
hostil [os'til] *adj* feindlich
hotel [o'tel] *m* Hotel *nt*
hoy [oi] *adv* heute; ~ **en día** heutzutage
hoyo ['ojo] *m* Grube *f*
hueco ['weko] *adj* hohl; *m* Lücke *f*
huelga ['welγa] *f* Streik *m*; ***estar en** ~ streiken
huella ['weʎa] *f* Spur *f*
huérfano ['werfano] *m* Waise *f*
huerto ['werto] *m* Gemüsegarten *m*
hueso ['weso] *m* Bein *nt*, Knochen *m*; Kern *m*
huésped ['wespeð] *m* Gast *m*; Untermieter *m*, Kostgänger *m*
hueva ['weβa] *f* Rogen *m*
huevera [we'βera] *f* Eierbecher *m*
huevo ['weβo] *m* Ei *nt*; **yema de** ~ Eidotter *nt*
***huir** [wir] *v* *fliehen, flüchten
hule ['ule] *mMe* Gummi *m*
humanidad [umani'ðað] *f* Menschheit *f*
humano [u'mano] *adj* menschlich
humedad [ume'ðað] *f* Feuchtigkeit *f*
***humedecer** [umeðe'θer] *v* anfeuchten, befeuchten
húmedo ['umeðo] *adj* feucht
humilde [u'milde] *adj* bescheiden
humo ['umo] *m* Rauch *m*
humor [u'mor] *m* Laune *f*, Stimmung *f*; Humor *m*; **de buen** ~ gutgelaunt
humorístico [umo'ristiko] *adj* humorvoll
hundimiento [undi'mjento] *m* Zusammensturz *m*
hundirse [un'dirse] *v* *sinken
húngaro ['uŋgaro] *adj* ungarisch; *m* Ungar *m*
Hungría [uŋ'gria] *m* Ungarn
huracán [ura'kan] *m* Wirbelsturm *m*
hurtar [ur'tar] *v* *stehlen
hurto ['urto] *m* theft

I

ibérico [i'βeriko] *adj* iberisch
icono [i'kono] *m* Ikone *f*
ictericia [ikte'riθja] *f* Gelbsucht *f*

idea [i'ðea] *f* Idee *f*; Einfall *m*
ideal [iðe'al] *adj* ideal; *m* Ideal *nt*
idear [iðe'ar] *v* *ausdenken
idéntico [i'ðentiko] *adj* identisch
identidad [iðenti'ðað] *f* Identität *f*; **carnet de** ~ Ausweis *m*
identificación [iðentifika'θjon] *f* Identifizierung *f*
identificar [iðentifi'kar] *v* identifizieren
idioma [i'ðjoma] *m* Sprache *f*
idiomático [iðjo'matiko] *adj* idiomatisch
idiota [i'ðjota] *adj* verrückt; *m* Idiot *m*, Tor *m*
ido ['iðo] *adv* (pp ir) fort
ídolo ['iðolo] *m* Abgott *m*; Idol *nt*
iglesia [i'ɣlesja] *f* Kirche *f*
ignorancia [iɣno'ranθja] *f* Unwissenheit *f*
ignorante [iɣno'rante] *adj* unwissend
ignorar [iɣno'rar] *v* ignorieren
igual [i'ɣwal] *adj* gleich; eben; **sin** ~ unübertroffen
igualar [iɣwa'lar] *v* gleichmachen, *ausgleichen; *gleichkommen
igualdad [iɣwal'dað] *f* Gleichheit *f*
igualmente [iɣwal'mente] *adv* gleich; ebenso
ilegal [ile'ɣal] *adj* illegal, ungesetzlich, rechtswidrig
ilegible [ile'xiβle] *adj* unleserlich
ileso [i'leso] *adj* unverletzt
ilimitado [ilimi'taðo] *adj* unbegrenzt, unbeschränkt
iluminación [ilumina'θjon] *f* Beleuchtung *f*
iluminar [ilumi'nar] *v* erleuchten
ilusión [ilu'sjon] *f* Täuschung *f*, Illusion *f*
ilustración [ilustra'θjon] *f* Illustration *f*; Abbildung *f*
ilustrar [ilus'trar] *v* illustrieren
ilustre [i'lustre] *adj* berühmt
imagen [i'maxen] *f* Bild *nt*; ~ **reflejada** Spiegelbild *nt*
imaginación [imaxina'θjon] *f* Phantasie *f*, Einbildung *f*
imaginar [imaxi'nar] *v* sich vorstellen; **imaginarse** *v* sich einbilden, sich vorstellen
imaginario [imaxi'narjo] *adj* imaginär
imitación [imita'θjon] *f* Nachahmung *f*, Imitation *f*
imitar [imi'tar] *v* nachmachen, nachahmen
impaciente [impa'θjente] *adj* begierig, ungeduldig
impar [im'par] *adj* ungerade
imparcial [impar'θjal] *adj* unparteiisch
impecable [impe'kaβle] *adj* tadellos
impedimento [impeði'mento] *m* Hindernis *nt*
***impedir** [impe'ðir] *v* hindern; *zurückhalten, *anhalten, verhindern
impeler [impe'ler] *v* *antreiben
imperdible [imper'ðiβle] *m* Sicherheitsnadel *f*
imperfección [imperfek'θjon] *f* Fehler *m*
imperfecto [imper'fekto] *adj* unvollkommen
imperial [impe'rjal] *adj* kaiserlich; Reichs-
imperio [im'perjo] *m* Kaiserreich *nt*; Reich *nt*
impermeable [imperme'aβle] *adj* wasserdicht; *m* Regenmantel *m*
impersonal [imperso'nal] *adj* unpersönlich
impertinencia [imperti'nenθja] *f* Unverschämtheit *f*
impertinente [imperti'nente] *adj* frech, unverschämt
impetuoso [impe'twoso] *adj* heftig
implicar [impli'kar] *v* in sich *schließen, besagen; **implicado** beteiligt
imponente [impo'nente] *adj* großartig, imposant

imponible [impo'niβle] *adj* zollpflichtig
impopular [impopu'lar] *adj* unpopulär, unbeliebt
importación [importa'θjon] *f* Importware *f*, Einfuhr *f*, Import *m*
importador [importa'ðor] *m* Importeur *m*
importancia [impor'tanθja] *f* Bedeutung *f*, Wichtigkeit *f*; ***tener** ~ von Bedeutung *sein
importante [impor'tante] *adj* wichtig; beachtlich, bedeutend
importar [impor'tar] *v* einführen, importieren
importuno [impor'tuno] *adj* ärgerlich
imposible [impo'siβle] *adj* unmöglich
impotencia [impo'tenθja] *f* Impotenz *f*
impotente [impo'tente] *adj* machtlos; impotent
impresión [impre'sjon] *f* Eindruck *m*; ~ **digital** Fingerabdruck *m*
impresionante [impresjo'nante] *adj* eindrucksvoll; treffend
impresionar [impresjo'nar] *v* *auffallen, imponieren, beeindrucken
impreso [im'preso] *m* Drucksache *f*
imprevisto [impre'βisto] *adj* unvorhergesehen, zufällig
***imprimir** [impri'mir] *v* drucken
improbable [impro'βaβle] *adj* unwahrscheinlich
ímprobo ['improβo] *adj* unbillig, unehrlich
impropio [im'propjo] *adj* unpassend; unrecht
improvisar [improβi'sar] *v* improvisieren
imprudente [impru'ðente] *adj* unüberlegt
impudente [impu'ðente] *adj* unverschämt
impuesto [im'pwesto] *m* Besteuerung *f*, Steuer *f*; Zoll *m*; ~ **de aduana** Zoll *m*; **impuestos de importación** Einfuhrzoll *m*; **libre de impuestos** steuerfrei
impulsivo [impul'siβo] *adj* impulsiv
impulso [im'pulso] *m* Impuls *m*
inaccesible [inakθe'siβle] *adj* unzugänglich
inaceptable [inaθep'taβle] *adj* unannehmbar
inadecuado [inaðe'kwaðo] *adj* unzulänglich; untauglich, ungeeignet
inapreciable [inapre'θjaβle] *adj* unschätzbar
incapaz [iŋka'paθ] *adj* unfähig
incendio [in'θendjo] *m* Brand *m*
incidente [inθi'ðente] *m* Zwischenfall *m*
incienso [in'θjenso] *m* Weihrauch *m*
incierto [in'θjerto] *adj* unsicher
incineración [inθinera'θjon] *f* Einäscherung *f*
incinerar [inθine'rar] *v* *verbrennen
incisión [inθi'sjon] *f* Einschnitt *m*
incitar [inθi'tar] *v* anregen
inclinación [iŋklina'θjon] *f* Neigung *f*
inclinar [iŋkli'nar] *v* beugen; **inclinado** geneigt; abschüssig, schräg; **inclinarse** *v* neigen; *abfallen, sich neigen
***incluir** [iŋ'klwir] *v* *enthalten, *einschließen; *beischließen, beilegen; mitzählen; **todo incluido** alles inbegriffen
incluso [iŋ'kluso] *adj* einschließlich, eingeschlossen
incombustible [iŋkombus'tiβle] *adj* feuersicher
incomible [iŋko'miβle] *adj* ungenießbar
incomodidad [iŋkomoði'ðað] *f* Unbequemlichkeit *f*
incómodo [iŋ'komoðo] *adj* ungemütlich
incompetente [iŋkompe'tente] *adj* unfähig; unqualifiziert

incompleto [iŋkom'pleto] *adj* unvollständig
inconcebible [iŋkonθe'βiβle] *adj* unfaßbar
incondicional [iŋkondiθjo'nal] *adj* bedingungslos
inconsciente [iŋkon'θjente] *adj* unbewußt; bewußtlos
inconveniencia [iŋkombe'njenθja] *f* Unannehmlichkeit *f*
incorrecto [iŋko'rrekto] *adj* unrichtig
increíble [iŋkre'iβle] *adj* unglaublich
incrementar [iŋkremen'tar] *v* *anwachsen
inculto [iŋ'kulto] *adj* unkultiviert; ungebildet
incurable [iŋku'raβle] *adj* unheilbar
indagación [indaγa'θjon] *f* Nachfrage *f*
indagar [inda'γar] *v* befragen
indecente [inde'θente] *adj* unanständig
indefenso [inde'fenso] *adj* ungeschützt
indefinido [indefi'niðo] *adj* unbestimmt
indemnización [indemniθa'θjon] *f* Schadenersatz *m*, Entschädigung *f*
independencia [indepen'denθja] *f* Unabhängigkeit *f*
independiente [indepen'djente] *adj* selbständig, unabhängig
indeseable [indese'aβle] *adj* unerwünscht
India ['indja] *f* Indien
indicación [indika'θjon] *f* Anzeichen *nt*
indicador [indika'ðor] *m* Winker *m*, Blinker *m*
indicar [indi'kar] *v* zeigen; *angeben
indicativo [indika'tiβo] *m* Ortsnetzkennzahl *f*
índice ['indiθe] *m* Verzeichnis *nt*, Index *m*, Inhaltsverzeichnis *nt*; Zeigefinger *m*
indiferencia [indife'renθja] *f* Gleichgültigkeit *f*
indiferente [indife'rente] *adj* gleichgültig; gedankenlos
indígena [in'dixena] *m* Eingeborene *m*
indigestión [indixes'tjon] *f* Magenverstimmung *f*
indignación [indiγna'θjon] *f* Entrüstung *f*
indio ['indjo] *adj* indianisch, indisch; *m* Indianer *m*, Inder *m*
indirecto [indi'rekto] *adj* indirekt
indispensable [indispen'saβle] *adj* unentbehrlich
indispuesto [indis'pwesto] *adj* unwohl
individual [indiβi'ðwal] *adj* individuell
individuo [indi'βiðwo] *m* Einzelne *m*, Individuum *nt*
Indonesia [indo'nesja] *f* Indonesien
indonesio [indo'nesjo] *adj* indonesisch; *m* Indonesier *m*
indudable [indu'ðaβle] *adj* zweifellos
indulto [in'dulto] *m* Begnadigung *f*
industria [in'dustrja] *f* Industrie *f*, Gewerbe *nt*
ineficiente [inefi'θjente] *adj* unzweckmäßig
inerte [i'nerte] *adj* schlaff
inesperado [inespe'raðo] *adj* unerwartet
inestable [ines'taβle] *adj* unstet, labil
inevitable [ineβi'taβle] *adj* unvermeidlich
inexacto [inek'sakto] *adj* ungenau; verkehrt
inexperto [ineks'perto] *adj* unerfahren
inexplicable [inekspli'kaβle] *adj* unerklärlich
infancia [in'fanθja] *f* Kindheit *f*
infantería [infante'ria] *f* Infanterie *f*
infantil [infan'til] *adj* kindlich
infección [infek'θjon] *f* Infektion *f*
infectar [infek'tar] *v* anstecken; **infectarse** *v* entzünden
inferior [infe'rjor] *adj* geringer, unter; unterst; minderwertig
infiel [in'fjel] *adj* untreu

infierno [in'fjerno] *m* Hölle *f*
infinidad [infini'ðað] *f* Unendlichkeit *f*
infinitivo [infini'tiβo] *m* Infinitiv *m*
infinito [infi'nito] *adj* unendlich
inflable [in'flaβle] *adj* aufblasbar
inflación [infla'θjon] *f* Inflation *f*
inflamable [infla'maβle] *adj* entzündbar
inflamación [inflama'θjon] *f* Entzündung *f*
influencia [in'flwenθja] *f* Einfluß *m*
***influir** [in'flwir] *v* beeinflussen
influjo [in'fluxo] *m* Einfluß *m*
influyente [influ'jente] *adj* einflußreich
información [informa'θjon] *f* Erkundigung *f*, Auskunft *f*; **oficina de informaciones** Auskunftsbüro *nt*
informal [infor'mal] *adj* informell; zwanglos
informar [infor'mar] *v* melden, berichten, informieren; plädieren; **informarse** *v* nachfragen
informe [in'forme] *m* Bericht *m*; **informes** *mpl* Nachricht *f*; ***pedir informes** sich erkundigen
infortunio [infor'tunjo] *m* Mißgeschick *nt*
infrarrojo [infra'rroxo] *adj* infrarot
infrecuente [infre'kwente] *adj* selten
infringir [infriŋ'xir] *v* *eindringen
ingeniero [iŋxe'njero] *m* Ingenieur *m*
ingenioso [iŋxe'njoso] *adj* geistreich
ingenuo [iŋ'xenwo] *adj* naiv; schlicht
Inglaterra [iŋgla'terra] *f* England
ingle ['iŋgle] *f* Leiste *f*
inglés [iŋ'gles] *adj* englisch; *m* Engländer *m*
ingrato [iŋ'grato] *adj* undankbar
ingrediente [iŋgre'ðjente] *m* Zutat *f*, Bestandteil *m*
ingresar [iŋgre'sar] *v* hinterlegen
ingreso [iŋgreso] *m* Eintritt *m*
ingresos [iŋ'gresos] *mpl* Einkünfte *fpl*, Einnahmen, Einkommen *nt*; **impuesto sobre los ~** Einkommenssteuer *f*
inhabitable [inaβi'taβle] *adj* unbewohnbar
inhabitado [inaβi'taðo] *adj* unbewohnt
inhalar [ina'lar] *v* einatmen
inicial [ini'θjal] *adj* Anfangs-, erste; *f* Anfangsbuchstabe *m*
iniciar [ini'θjar] *v* einführen
iniciativa [iniθja'tiβa] *f* Initiative *f*
ininterrumpido [ininterrum'piðo] *adj* anhaltend
injusticia [iŋxus'tiθja] *f* Unrecht *nt*
injusto [iŋ'xusto] *adj* ungerecht
inmaculado [inmaku'laðo] *adj* fleckenlos
inmediatamente [inmeðjata'mente] *adv* augenblicklich, unverzüglich, sogleich
inmediato [inme'ðjato] *adj* unmittelbar, sofortig; **de ~** sofort
inmenso [in'menso] *adj* unendlich, unermeßlich
inmerecido [inmere'θiðo] *adj* unverdient
inmigración [inmiγra'θjon] *f* Einwanderung *f*
inmigrante [inmi'γrante] *m* Einwanderer *m*
inmigrar [inmi'γrar] *v* einwandern
inmodesto [inmo'ðesto] *adj* unbescheiden
inmueble [in'mweβle] *m* Gebäude *nt*
inmundo [in'mundo] *adj* schmutzig
inmunidad [inmuni'ðað] *f* Immunität *f*
inmunizar [inmuni'θar] *v* immunisieren
innato [in'nato] *adj* angeboren
innecesario [inneθe'sarjo] *adj* unnötig
innumerable [innume'raβle] *adj* zahllos
inocencia [ino'θenθja] *f* Unschuld *f*
inocente [ino'θente] *adj* unschuldig
inoculación [inokula'θjon] *f* Impfung *f*
inocuo [i'nokwo] *adj* harmlos
inoportuno [inopor'tuno] *adj* ungele-

gen; unangebracht
inquietarse [iŋkje'tarse] *v* sich beunruhigen
inquieto [in'kjeto] *adj* ruhelos, unruhig; beunruhigt
inquietud [iŋkje'tuð] *f* Ruhelosigkeit *f*; Besorgtheit *f*
inquilino [iŋki'lino] *m* Mieter *m*
insalubre [insa'luβre] *adj* ungesund
insatisfecho [insatis'fetʃo] *adj* unzufrieden
inscribir [inskri'βir] *v* *einschreiben, *eintragen; **inscribirse** *v* sich *einschreiben, sich anmelden
inscripción [inskrip'θjon] *f* Inschrift *f*; Eintragung *f*
insecticida [insekti'θiða] *m* Insektengift *nt*
insectífugo [insek'tifuγo] *m* Insektenschutzmittel *nt*
insecto [in'sekto] *m* Insekt *nt*
inseguro [inse'γuro] *adj* unsicher; ungewiß
insensato [insen'sato] *adj* unsinnig
insensible [insen'siβle] *adj* unempfindlich; herzlos
insertar [inser'tar] *v* einfügen
insignificante [insiγnifi'kante] *adj* unwichtig, geringfügig, unerheblich, unbedeutend
insípido [in'sipiðo] *adj* geschmacklos
insistir [insis'tir] *v* beharren, *bestehen
insolación [insola'θjon] *f* Sonnenstich *m*
insolencia [inso'lenθja] *f* Unverschämtheit *f*
insolente [inso'lente] *adj* frech, unverschämt
insólito [in'solito] *adj* ungewöhnlich
insomnio [in'somnjo] *m* Schlaflosigkeit *f*
insonorizado [insonori'θaðo] *adj* schalldicht
insoportable [insopor'taβle] *adj* unerträglich
inspección [inspek'θjon] *f* Inspektion *f*; ~ **de pasaportes** Paßkontrolle *f*
inspeccionar [inspekθjo'nar] *v* inspizieren
inspector [inspek'tor] *m* Aufsichtsbeamte *m*
inspirar [inspi'rar] *v* begeistern
instalación [instala'θjon] *f* Einrichtung *f*; Betriebsanlage *f*
instalar [insta'lar] *v* installieren; möblieren
instantánea [instan'tanea] *f* Schnappschuß *m*
instantáneamente [instantanea'mente] *adv* unverzüglich
instante [ins'tante] *m* Augenblick *m*; **al** ~ sofort
instinto [in'stinto] *m* Instinkt *m*
institución [institu'θjon] *f* Institution *f*, Anstalt *f*
***instituir** [insti'twir] *v* einrichten
instituto [insti'tuto] *m* Einrichtung *f*, Institut *nt*
institutor [institu'tor] *m* Lehrer *m*
instrucción [instruk'θjon] *f* Unterweisung *f*; Anweisung *f*
instructivo [instruk'tiβo] *adj* lehrreich
instructor [instruk'tor] *m* Lehrer *m*
***instruir** [ins'trwir] *v* *unterweisen
instrumento [instru'mento] *m* Instrument *nt*; ~ **músico** Musikinstrument *nt*
insuficiente [insufi'θjente] *adj* ungenügend
insufrible [insu'friβle] *adj* unerträglich
insultante [insul'tante] *adj* beleidigend
insultar [insul'tar] *v* beleidigen; schimpfen, ausschimpfen
insulto [in'sulto] *m* Beleidigung *f*
intacto [in'takto] *adj* unversehrt; unbeschädigt
integral [inte'γral] *adj* ganzheitlich
integrar [inte'γrar] *v* integrieren

intelecto [inte'lekto] *m* Intellekt *m*, Verstand *m*
intelectual [intelek'twal] *adj* intellektuell
inteligencia [inteli'xenθja] *f* Intelligenz *f*, Verstand *m*
inteligente [inteli'xente] *adj* intelligent; gewandt
intención [inten'θjon] *f* Absicht *f*; ***tener la ~ de** beabsichtigen
intencionado [intenθjo'naðo] *adj* absichtlich
intencional [intenθjo'nal] *adj* absichtlich
intensidad [intensi'ðað] *f* Intensität *f*
intenso [in'tenso] *adj* heftig, intensiv
intentar [inten'tar] *v* probieren, versuchen; beabsichtigen
intercambiar [interkam'bjar] *v* auswechseln
interés [inte'res] *m* Interesse *nt*; Nutzen *m*
interesado [intere'saðo] *adj* interessiert; beteiligt; *m* Bewerber *m*
interesante [intere'sante] *adj* interessant
interesar [intere'sar] *v* interessieren
interferencia [interfe'renθja] *f* Eingreifen *nt*
interferir [interfe'rir] *v* *einschreiten
ínterin ['interin] *m* Zwischenzeit *f*
interior [inte'rjor] *adj* inner, inwendig; inländisch; *m* Innere *nt*, Innenseite *f*
intermediario [interme'ðjarjo] *m* Vermittler *m*
intermedio [inter'meðjo] *m* Zwischenspiel *nt*
internacional [internaθjo'nal] *adj* international
internado [inter'naðo] *m* Internat *nt*
interno [in'terno] *adj* inner, intern
interpretar [interpre'tar] *v* dolmetschen; darstellen
intérprete [in'terprete] *m* Dolmetscher *m*
interrogar [interro'γar] *v* verhören
interrogativo [interroγa'tiβo] *adj* fragend
interrogatorio [interroγa'torjo] *m* Verhör *nt*
interrumpir [interrum'pir] *v* *unterbrechen
interrupción [interrup'θjon] *f* Unterbrechung *f*
interruptor [interrup'tor] *m* Schalter *m*
intersección [intersek'θjon] *f* Kreuzung *f*
intervalo [inter'βalo] *m* Pause *f*, Intervall *nt*
intervención [interβen'θjon] *f* Intervention *f*
***intervenir** [interβe'nir] *v* sich einmischen
intestino [intes'tino] *m* Darm *m*; **~ recto** Mastdarm *m*; **intestinos** Eingeweide *pl*, Därme *pl*
intimidad [intimi'ðað] *f* Privatleben *nt*
íntimo ['intimo] *adj* intim; gemütlich
intoxicación alimentaria [intoksika'θjon alimen'tarja] Nahrungsmittelvergiftung *f*
intransitable [intransi'taβle] *adj* ungangbar
intriga [in'triγa] *f* Komplott *nt*
introducción [introðuk'θjon] *f* Einführung *f*
***introducir** [introðu'θir] *v* einführen; *vorbringen
intruso [in'truso] *m* Eindringling *m*
inundación [inunda'θjon] *f* Überschwemmung *f*
inusitado [inusi'taðo] *adj* ungebräuchlich
inútil [i'nutil] *adj* nutzlos
inútilmente [inutil'mente] *adv* vergebens
invadir [imba'ðir] *v* *eindringen

inválido [im'baliðo] *adj* invalide; *m* Invalide *m*
invasión [imba'sjon] *f* Invasion *f*
invención [imben'θjon] *f* Erfindung *f*
inventar [imben'tar] *v* *erfinden; *ersinnen
inventario [imben'tarjo] *m* Inventar *nt*
inventivo [imben'tiβo] *adj* erfinderisch
inventor [imben'tor] *m* Erfinder *m*
invernáculo [imber'nakulo] *m* Gewächshaus *nt*
invernadero [imberna'ðero] *m* Treibhaus *nt*
inversión [imber'sjon] *f* Geldanlage *f*, Investition *f*
inversionista [imbersjo'nista] *m* Kapitalgeber *m*
inverso [im'berso] *adj* umgekehrt
***invertir** [imber'tir] *v* umdrehen; anlegen, investieren
investigación [imbestiγa'θjon] *f* Forschung *f*; Untersuchung *f*
investigador [imβestiγa'ðor] *m* Untersucher *m*
investigar [imbesti'γar] *v* untersuchen
invierno [im'bjerno] *m* Winter *m*; **deportes de ~** Wintersport *m*
invisible [imbi'siβle] *adj* unsichtbar
invitación [imbita'θjon] *f* Einladung *f*
invitado [imbi'taðo] *m* Gast *m*
invitar [imbi'tar] *v* auffordern; *einladen
inyección [injek'θjon] *f* Spritze *f*, Injektion *f*
inyectar [injek'tar] *v* einspritzen
***ir** [ir] *v* *gehen; **~ por** holen; ***irse** *v* *weggehen
Irak [i'rak] *m* Irak
Irán [i'ran] *m* Iran
iraní [ira'ni] *adj* iranisch; *m* Iranier *m*
iraquí [ira'ki] *adj* irakisch
irascible [iras'θiβle] *adj* jähzornig, reizbar
Irlanda [ir'landa] *f* Irland
irlandés [irlan'des] *adj* irisch; *m* Ire *m*
ironía [iro'nia] *f* Ironie *f*
irónico [i'roniko] *adj* ironisch
irrazonable [irraθo'naβle] *adj* unvernünftig
irreal [irre'al] *adj* irreal
irreflexivo [irreflek'siβo] *adj* unbesonnen
irregular [irreγu'lar] *adj* unregelmäßig; uneben
irrelevante [irrele'βante] *adj* nichtssagend
irreparable [irrepa'raβle] *adj* irreparabel
irrevocable [irreβo'kaβle] *adj* unwiderruflich
irritable [irri'taβle] *adj* reizbar
irritante [irri'tante] *adj* lästig
irritar [irri'tar] *v* irritieren; reizen
irrompible [irrom'piβle] *adj* unzerbrechlich
irrupción [irrup'θjon] *f* Einfall *m*
isla ['izla] *f* Insel *f*
islandés [izlan'des] *adj* isländisch; *m* Isländer *m*
Islandia [iz'landja] *f* Island
Israel [isra'el] *m* Israel
israelí [israe'li] *adj* israelisch; *m* Israeli *m*
istmo ['istmo] *m* Landenge *f*
Italia [i'talja] *f* Italien
italiano [ita'ljano] *adj* italienisch; *m* Italiener *m*
ítem ['item] *m* Posten *m*
itinerario [itine'rarjo] *m* Reiseplan *m*
izar [i'θar] *v* *hochziehen
izquierdo [iθ'kjerðo] *adj* linke

J

jabón [xa'βon] *m* Seife *f*; **~ de afeitar** Rasierseife *f*; **~ en polvo** Seifen-

pulver *nt*, Waschpulver *nt*
jade ['xaðe] *m* Jade *m*
jadear [xaðe'ar] *v* keuchen
jalar [xa'lar] *vMe* *ziehen
jalea [xa'lea] *f* Gelee *nt*
jamás [xa'mas] *adv* jemals
jamón [xa'mon] *m* Schinken *m*
Japón [xa'pon] *m* Japan
japonés [xapo'nes] *adj* japanisch ; *m* Japaner *m*
¡jaque! ['xake] Schach!
jarabe [xa'raβe] *m* Sirup *m*
jardín [xar'ðin] *m* Garten *m* ; ~ **de infancia** Kindergarten *m* ; ~ **público** Anlage *f* ; ~ **zoológico** zoologischer Garten, Zoo *m*
jardinero [xarði'nero] *m* Gärtner *m*
jarra ['xarra] *f* Krug *m*
jaula ['xaula] *f* Käfig *m*
jefe ['xefe] *m* Haupt *nt*, Chef *m* ; Anführer *m* ; Häuptling *m* ; ~ **de cocina** Küchenchef *m* ; ~ **de estación** Stationsvorsteher *m* ; ~ **de Estado** Staatsoberhaupt *nt* ; ~ **de gobierno** Premierminister *m*
jengibre [xeŋ'xiβre] *m* Ingwer *m*
jerarquía [xerar'kia] *f* Hierarchie *f*
jeringa [xe'riŋga] *f* Spritze *f*
jersey [xer'sei] *m* Jersey *m* ; Jumper *m*, Wollpullover *m*
jinete [xi'nete] *m* Reiter *m*
jitomate [xito'mate] *mMe* Tomate *f*
Jordania [xor'ðanja] *f* Jordanien
jordano [xor'ðano] *adj* jordanisch ; *m* Jordanier *m*
jornada [xor'naða] *f* Tagesausflug *m*
joven ['xoβen] *adj* jung ; *m* Junge *m*
jovencito [xoβen'θito] *m* Teenager *m*
jovial [xo'βjal] *adj* fröhlich
joya ['xoja] *f* Juwel *nt*
joyería [xoje'ria] *f* Schmuck *m*
joyero [xo'jero] *m* Juwelier *m*
jubilado [xuβi'laðo] *adj* pensioniert
judía [xu'ðia] *f* Bohne *f*
judío [xu'ðio] *adj* jüdisch ; *m* Jude *m*
juego ['xweγo] *m* Spiel *nt* ; Satz *m* ; ***hacer ~ con** passen zu ; ~ **de bolos** Kegeln *nt* ; ~ **de damas** Damespiel *nt* ; ~ **de té** Teeservice *nt*
jueves ['xweβes] *m* Donnerstag *m*
juez [xweθ] *m* Richter *m*
jugada [xu'γaða] *f* Zug *m*
jugador [xuγa'ðor] *m* Spieler *m*
***jugar** [xu'γar] *v* spielen
juguete [xu'γete] *m* Spielzeug *nt*
juguetería [xuγete'ria] *f* Spielwarenladen *m*
juicio ['xwiθjo] *m* Verstand *m* ; Urteil *nt*
julio ['xuljo] Juli
junco ['xuŋko] *m* Binse *f*
jungla ['xuŋgla] *f* Dschungel *m*
junio ['xunjo] Juni
junquillo [xuŋ'kiʎo] *m* Schilfrohr *nt*
junta ['xunta] *f* Versammlung *f*
juntamente [xunta'mente] *adv* gemeinsam
juntar [xun'tar] *v* beifügen ; sammeln ; *verbinden ; **juntarse** *v* sich versammeln
junto a ['xunto a] neben
juntos ['xuntos] *adv* zusammen
jurado [xu'raðo] *m* Preisgericht *nt*
juramento [xura'mento] *m* Eid *m* ; **prestar** ~ *schwören
jurar [xu'rar] *v* *schwören ; fluchen
jurídico [xu'riðiko] *adj* rechtlich
jurista [xu'rista] *m* Jurist *m*
justamente [xusta'mente] *adv* mit Recht ; genau
justicia [xus'tiθja] *f* Gerechtigkeit *f*
justificar [xustifi'kar] *v* rechtfertigen
justo ['xusto] *adj* redlich, gerecht, berechtigt ; korrekt, richtig
juvenil [xuβe'nil] *adj* jugendlich
juventud [xuβen'tuð] *f* Jugend *f*
juzgar [xuð'γar] *v* urteilen ; beurteilen

K

Kenya ['kenja] *m* Kenia
kilogramo [kilo'γramo] *m* Kilo *nt*
kilometraje [kilome'traxe] *m* Kilometerzahl *f*
kilómetro [ki'lometro] *m* Kilometer *m*

L

la [la] *pron* sie
laberinto [laβe'rinto] *m* Irrgarten *m*, Labyrinth *nt*
labio ['laβjo] *m* Lippe *f*
labor [la'βor] *f* Arbeit *f*
laboratorio [laβora'torjo] *m* Laboratorium *nt*; ~ **de lenguas** Sprachlabor *nt*
laca ['laka] *f* Lack *m*; ~ **para el cabello** Haarlack *m*
ladera [la'ðera] *f* Hang *m*
lado ['laðo] *m* Seite *f*; **al** ~ nebenan; **al otro** ~ drüben; **al otro** ~ **de** jenseits
ladrar [la'ðrar] *v* bellen
ladrillo [la'ðriʎo] *m* Ziegelstein *m*, Ziegel *m*
ladrón [la'ðron] *m* Dieb *m*, Räuber *m*; Einbrecher *m*
lago ['laγo] *m* See *m*
lágrima ['laγrima] *f* Träne *f*
laguna [la'γuna] *f* Lagune *f*
lamentable [lamen'taβle] *adj* jämmerlich
lamentar [lamen'tar] *v* beklagen; trauern
lamer [la'mer] *v* lecken
lámpara ['lampara] *f* Lampe *f*; ~ **para lectura** Leselampe *f*; ~ **sorda** Sturmlaterne *f*
lana ['lana] *f* Wolle *f*; **de** ~ wollen
landa ['lanða] *f* Heide *f*
langosta [laŋ'gosta] *f* Hummer *m*
lanza ['lanθa] *f* Speer *m*
lanzamiento [lanθa'mjento] *m* Wurf *m*
lanzar [lan'θar] *v* *werfen; *abschießen; in Gang *bringen
lápida ['lapiða] *f* Grabstein *m*
lápiz ['lapiθ] *m* Bleistift *m*; ~ **labial** Lippenstift *m*; ~ **para las cejas** Augenbrauenstift *m*
largo ['larγo] *adj* lang; langwierig; **a lo** ~ **de** entlang; **pasar de** ~ *vorbeigehen
laringitis [lariŋ'xitis] *f* Halsentzündung *f*
¡qué lástima! [ke 'lastima] schade!
lata ['lata] *f* Büchse *f*, Dose *f*
lateralmente [lateral'mente] *adv* seitwärts
latín [la'tin] *m* Latein *nt*
latinoamericano [latinoameri'kano] *adj* lateinamerikanisch
latitud [lati'tuð] *f* Breitengrad *m*
latón [la'ton] *m* Messing *nt*
lavable [la'βaβle] *adj* waschbar; waschecht
lavabo [la'βaβo] *m* Waschtisch *m*
lavabos [la'βaβos] *mpl* Toilettenraum *m*; ~ **para caballeros** Herrentoilette *f*; ~ **para señoras** Damentoilette *f*
lavado [la'βaðo] *m* Waschen *nt*
lavandería [laβande'ria] *f* Wäscherei *f*; ~ **de autoservicio** Münzwäscherei *f*
lavar [la'βar] *v* *waschen
laxante [lak'sante] *m* Abführmittel *nt*
le [le] *pron* ihm; ihn; ihr
leal [le'al] *adj* treu, loyal
lección [lek'θjon] *f* Lektion *f*
leche ['letʃe] *f* Milch *f*; **batido de** ~ Milkshake *m*
lechería [letʃe'ria] *f* Molkerei *f*

lechero [le'tʃero] *m* Milchmann *m*
lechigada [letʃi'γaða] *f* Wurf *m*
lechoso [le'tʃoso] *adj* milchig
lechuga [le'tʃuγa] *f* Salat *m*
***leer** [le'er] *v* *lesen
legación [leγa'θjon] *f* Gesandtschaft *f*
legal [le'γal] *adj* gesetzlich
legalización [leγaliθa'θjon] *f* Legalisierung *f*
legible [le'xiβle] *adj* leserlich
legitimación [lexitima'θjon] *f* Legitimierung *f*
legítimo [le'xitimo] *adj* rechtmäßig, gesetzmäßig
legumbre [le'γumbre] *f* Gemüse *nt*
lejano [le'xano] *adj* entfernt, fern
lejos ['lexos] *adv* fern
lema ['lema] *f* Devise *f*, Wahlspruch *m*
lengua ['leŋgwa] *f* Zunge *f*; Sprache *f*; ~ **materna** Muttersprache *f*
lenguado [leŋ'gwaðo] *m* Seezunge *f*
lenguaje [leŋ'gwaxe] *m* Sprache *f*
lente ['lente] *m/f* Linse *f*; ~ **de aumento** Vergrößerungsglas *nt*; **lentillas** *fpl* Kontaktlinsen *fpl*
lento ['lento] *adj* langsam; träge
león [le'on] *m* Löwe *m*
lepra ['lepra] *f* Lepra *f*
lerdo ['lerðo] *adj* schwerfällig
les [les] *pron* sie; ihnen
lesión [le'sjon] *f* Verletzung *f*, Verwundung *f*
letra ['letra] *f* Buchstabe *m*
levadura [leβa'ðura] *f* Hefe *f*
levantamiento [leβanta'mjento] *m* Anhöhe *f*; Aufstand *m*
levantar [leβan'tar] *v* *heben, *aufheben; *vorbringen; **levantarse** *v* *aufstehen
leve ['leβe] *adj* geringfügig
ley [lei] *f* Gesetz *nt*
leyenda [le'jenda] *f* Legende *f*
liar [ljar] *v* bündeln
libanés [liβa'nes] *adj* libanesisch; *m* Libanese *m*
Líbano ['liβano] *m* Libanon
liberación [liβera'θjon] *f* Befreiung *f*; Erlösung *f*
liberal [liβe'ral] *adj* liberal
liberalismo [liβera'lizmo] *m* Liberalismus *m*
Liberia [li'βerja] *f* Liberia
liberiano [liβe'rjano] *adj* liberisch; *m* Liberier *m*
libertad [liβer'tað] *f* Freiheit *f*
libra ['liβra] *f* Pfund *nt*
libranza [li'βranθa] *f* Anweisung *f*
librar [li'βrar] *v* erlösen
libre ['liβre] *adj* frei
librería [liβre'ria] *f* Buchladen *m*, Buchhandlung *f*
librero [li'βrero] *m* Buchhändler *m*
libro ['liβro] *m* Buch *nt*; ~ **de bolsillo** Taschenbuch *nt*; ~ **de cocina** Kochbuch *nt*; ~ **de reclamaciones** Beschwerdebuch *nt*; ~ **de texto** Lehrbuch *nt*
licencia [li'θenθja] *f* Konzession *f*, Lizenz *f*; Urlaub *m*
lícito ['liθito] *adj* gesetzlich
licor [li'kor] *m* Likör *m*
líder ['liðer] *m* Leiter *m*
liebre ['ljeβre] *f* Hase *m*
liga ['liγa] *f* Vereinigung *f*, Bund *m*
ligero [li'xero] *adj* leicht
lima ['lima] *f* Feile *f*; Limone *f*; ~ **para las uñas** Nagelfeile *f*
limitar [limi'tar] *v* beschränken
límite ['limite] *m* Grenze *f*; ~ **de velocidad** Höchstgeschwindigkeit *f*
limón [li'mon] *m* Zitrone *f*
limonada [limo'naða] *f* Limonade *f*
limpiaparabrisas [limpjapara'βrisas] *m* Scheibenwischer *m*
limpiapipas [limpja'pipas] *m* Pfeifenreiniger *m*
limpiar [lim'pjar] *v* säubern, reinigen;

~ **en seco** chemisch reinigen
limpieza [lim'pjeθa] *f* Reinemachen *nt*, Reinigung *f*
limpio ['limpjo] *adj* sauber
lindo ['lindo] *adj* lieb
línea ['linea] *f* Linie *f*; ~ **de navegación** Schiffahrtslinie *f*; ~ **de pesca** Angelschnur *f*; ~ **principal** Hauptstrecke *f*
lino ['lino] *m* Leinen *nt*
linterna [lin'terna] *f* Laterne *f*; Taschenlampe *f*
liquidación [likiða'θjon] *f* Ausverkauf *m*
líquido ['likiðo] *adj* flüssig
liso ['liso] *adj* flach, glatt
lista ['lista] *f* Liste *f*; ~ **de correos** postlagernd; ~ **de espera** Warteliste *f*; ~ **de precios** Preisliste *f*
listín telefónico [lis'tin tele'foniko] Telephonbuch *nt*; Fernsprechverzeichnis *nt*
listo ['listo] *adj* klug; gescheit, schlau; bereit
litera [li'tera] *f* Koje *f*; Schlafwagenbett *nt*
literario [lite'rarjo] *adj* literarisch
literatura [litera'tura] *f* Literatur *f*
litoral [lito'ral] *m* Meeresküste *f*
litro ['litro] *m* Liter *m*
living ['liβiŋ] *m* Wohnzimmer *nt*
lo [lo] *pron* es; ~ **que** was
lobo ['loβo] *m* Wolf *m*
local [lo'kal] *adj* lokal, örtlich
localidad [lokali'ðað] *f* Örtlichkeit *f*; Platz *m*
localizar [lokali'θar] *v* ausfindig machen
loco ['loko] *adj* verrückt; wahnsinnig, irre, toll
locomotora [lokomo'tora] *f* Lokomotive *f*
locuaz [lo'kwaθ] *adj* gesprächig
locura [lo'kura] *f* Wahnsinn *m*, Irrsinn *m*
lodo ['loðo] *m* Schlamm *m*
lodoso [lo'ðoso] *adj* schlammig
lógica ['loxika] *f* Logik *f*
lógico ['loxiko] *adj* logisch
lograr [lo'γrar] *v* leisten; sich bemächtigen
lona ['lona] *f* Segeltuch *nt*; ~ **impermeable** Plane *f*
longitud [loŋxi'tuð] *f* Länge *f*; Längengrad *m*; ~ **de onda** Wellenlänge *f*
longitudinalmente [loŋxituðinal'mente] *adv* der Länge nach
loro ['loro] *m* Papagei *m*
lotería [lote'ria] *f* Lotterie *f*
loza ['loθa] *f* Steingut *nt*; Töpferware *f*; Fayence *f*
lubricación [luβrika'θjon] *f* Schmierung *f*
lubricar [luβri'kar] *v* schmieren
lubrificar [luβrifi'kar] *v* ölen
lucio ['luθjo] *m* Hecht *m*
***lucir** [lu'θir] *v* *scheinen
lucha ['lutʃa] *f* Kampf *m*; Streit *m*; Ringen *nt*
luchar [lu'tʃar] *v* kämpfen; *ringen
luego ['lweγo] *adv* später; **¡hasta luego!** bis dahin!
lugar [lu'γar] *m* Ort *m*; Stelle *f*; **en ~ de** anstatt; ~ **de camping** Campingplatz *m*; ~ **de descanso** Erholungsort *m*; ~ **de nacimiento** Geburtsort *m*; ~ **de reunión** Treffpunkt *m*; ***tener ~** *stattfinden
lúgubre ['luγuβre] *adj* unheimlich
lujo ['luxo] *m* Luxus *m*
lujoso [lu'xoso] *adj* luxuriös
lumbago [lum'baγo] *m* Hexenschuß *m*
luminoso [lumi'noso] *adj* leuchtend
luna ['luna] *f* Mond *m*; ~ **de miel** Hochzeitsreise *f*, Flitterwochen *fpl*
lunático [lu'natiko] *adj* wahnsinnig, irrsinnig

lunes ['lunes] *m* Montag *m*
lúpulo ['lupulo] *m* Hopfen *m*
lustroso [lus'troso] *adj* glänzend
luto ['luto] *m* Trauer *f*
luz [luθ] *f* Licht *nt*; **luces de freno** Bremslichter *ntpl*; ~ **de estacionamiento** Parkleuchte *f*; ~ **de la luna** Mondlicht *nt*; ~ **del día** Tageslicht *nt*; ~ **del sol** Sonnenlicht *nt*; ~ **lateral** Seitenlicht *nt*; ~ **trasera** Schlußlicht *nt*

LL

llaga ['ʎaɣa] *f* wunde Stelle
llama ['ʎama] *f* Flamme *f*
llamada [ʎa'maða] *f* Ruf *m*; Anruf *m*; ~ **local** Ortsgespräch *nt*; ~ **telefónica** Telephonanruf *m*
llamar [ʎa'mar] *v* *rufen; *nennen; *anrufen; **así llamado** sogenannt; ~ **por teléfono** *anrufen; **llamarse** *v* *heißen
llano ['ʎano] *adj* flach; glatt, eben; *m* Ebene *f*
llanta ['ʎanta] *f* Felge *f*; *fMe* Reifen *m*
llave ['ʎaβe] *f* Schlüssel *m*; **ama de llaves** Haushälterin *f*; **guardar con** ~ einsperren; ~ **de la casa** Hausschlüssel *m*; ~ **inglesa** Schraubenschlüssel *m*
llegada [ʎe'ɣaða] *f* Ankunft *f*; Eintreffen *nt*
llegar [ʎe'ɣar] *v* *ankommen, *eintreffen; ~ **a** erreichen
llenar [ʎe'nar] *v* füllen; ausfüllen; vollfüllen
lleno ['ʎeno] *adj* voll
llevar [ʎe'βar] *v* *bringen; *tragen; *anhaben; **llevarse** *v* *abnehmen
llorar [ʎo'rar] *v* weinen
***llover** [ʎo'βer] *v* regnen
llovizna [ʎo'βiθna] *f* Sprühregen *m*
lluvia ['ʎuβja] *f* Regen *m*
lluvioso [ʎu'βjoso] *adj* regnerisch

M

macizo [ma'θiθo] *adj* massiv
machacar [matʃa'kar] *v* zerstampfen
macho ['matʃo] *adj* männlich
madera [ma'ðera] *f* Holz *nt*; **de** ~ hölzern; ~ **de construcción** Bauholz *nt*
madero [ma'ðero] *m* Klotz *m*
madrastra [ma'ðrastra] *f* Stiefmutter *f*
madre ['maðre] *f* Mutter *f*
madriguera [maðri'ɣera] *f* Höhle *f*
madrugada [maðru'ɣaða] *f* Tagesanbruch *m*
madrugar [maðru'ɣar] *v* früh *aufstehen
madurez [maðu'reθ] *f* Reife *f*
maduro [ma'ðuro] *adj* reif
maestro [ma'estro] *m* Meister *m*; Lehrer *m*, Volksschullehrer *m*, Schullehrer *m*; ~ **particular** Hauslehrer *m*
magia ['maxja] *f* Zauberei *f*, Magie *f*
mágico ['maxiko] *adj* Zauber-
magistrado [maxis'traðo] *m* Richter *m*
magnético [maɣ'netiko] *adj* magnetisch
magneto [maɣ'neto] *m* Magnet *m*
magnetófono [maɣne'tofono] *m* Tonbandgerät *nt*
magnífico [maɣ'nifiko] *adj* prächtig, wunderbar
magro ['maɣro] *adj* mager
magulladura [maɣuʎa'ðura] *f* Quetschung *f*
magullar [maɣu'ʎar] *v* quetschen
maíz [ma'iθ] *m* Mais *m*; ~ **en la ma-**

zorca Maiskolben *m*
majestad [maxes'tað] *f* Majestät *f*
mal [mal] *m* Übel *nt*; Unrecht *nt*; Unheil *nt*
malaria [ma'larja] *f* Malaria *f*
Malasia [ma'lasja] *f* Malaysia
malayo [ma'lajo] *adj* malaiisch
* **maldecir** [malde'θir] *v* verfluchen; fluchen
maldición [maldi'θjon] *f* Fluch *m*
maleta [ma'leta] *f* Handkoffer *m*, Koffer *m*
maletín [male'tin] *m* Handköfferchen *nt*
malévolo [ma'leβolo] *adj* gehässig
malicioso [mali'θjoso] *adj* boshaft
maligno [ma'liγno] *adj* bösartig; böse
malo ['malo] *adj* schlecht; böse, schlimm
malva ['malβa] *adj* hellviolett
malvado [mal'βaðo] *adj* böse, schlecht
malla ['maʎa] *f* Masche *f*
mamífero [ma'mifero] *m* Säugetier *nt*
mampara [mam'para] *f* Schirm *m*
mampostear [mamposte'ar] *v* mauern
mamut [ma'mut] *m* Mammut *nt*
manada [ma'naða] *f* Herde *f*
manantial [manan'tjal] *m* Quelle *f*
mancuernillas [mankwer'niʎas] *fplMe* Manschettenknöpfe *mpl*
mancha ['mantʃa] *f* Klecks *m*, Fleck *m*; Makel *m*
manchado [man'tʃaðo] *adj* beschmutzt
manchar [man'tʃar] *v* beflecken
mandar [man'dar] *v* *befehlen; *senden
mandarina [manda'rina] *f* Mandarine *f*
mandato [man'dato] *m* Mandat *nt*; Befehl *m*
mandíbula [man'diβula] *f* Kiefer *m*
mando ['mando] *m* Führung *f*
manejable [mane'xaβle] *adj* handlich
manejar [mane'xar] *v* handhaben
manejo [ma'nexo] *m* Verwaltung *f*
manera [ma'nera] *f* Art *f*, Weise *f*; **de otra** ~ anders
manga ['maŋga] *f* Ärmel *m*
mango ['maŋgo] *m* Handgriff *m*; Stiel *m*
manía [ma'nia] *f* Fimmel *m*
manicura [mani'kura] *f* Maniküre *f*; * **hacer la** ~ maniküren
manifestación [manifesta'θjon] *f* Demonstration *f*; * **hacer una** ~ demonstrieren
* **manifestar** [manifes'tar] *v* offenbaren
maniquí [mani'ki] *m* Mannequin *nt*
mano ['mano] *f* Hand *f*; **de segunda** ~ gebraucht; **hecho a** ~ handgearbeitet
mansión [man'sjon] *f* Herrschaftshaus *nt*
manso ['manso] *adj* zahm
manta ['manta] *f* Decke *f*
mantel [man'tel] *m* Tischtuch *nt*
* **mantener** [mante'ner] *v* *aufrechterhalten
mantenimiento [manteni'mjento] *m* Instandhaltung *f*
mantequilla [mante'kiʎa] *f* Butter *f*
manual [ma'nwal] *adj* Hand-; *m* Handbuch *nt*; ~ **de conversación** Sprachführer *m*
manuscrito [manus'krito] *m* Manuskript *nt*
manutención [manuten'θjon] *f* Unterhalt *m*
manzana [man'θana] *f* Apfel *m*; ~ **de casas** Häuserblock *m*
mañana [ma'ɲana] *f* Morgen *m*; *adv* morgen; **esta** ~ heute morgen
mapa ['mapa] *m* Landkarte *f*; ~ **de carreteras** Autokarte *f*
maquillaje [maki'ʎaxe] *m* Schminke *f*
máquina ['makina] *f* Maschine *f*; ~ **de afeitar** Rasierapparat *m*; ~ **de billetes** Fahrkartenautomat *m*; ~ **de coser** Nähmaschine *f*; ~ **de es-**

cribir Schreibmaschine *f*; ~ **de lavar** Waschmaschine *f*; ~ **tragamonedas** Automat *m*
maquinaria [maki'narja] *f* Mechanismus *m*
mar [mar] *m* Meer *nt*; **orilla del** ~ Küste *f*, Meeresküste *f*
maravilla [mara'βiʎa] *f* Wunder *nt*
maravillarse [maraβi'ʎarse] *v* sich wundern
maravilloso [maraβi'ʎoso] *adj* wunderbar, prächtig
marca ['marka] *f* Marke *f*; Brandmarke *f*, Zeichen *nt*; ~ **de fábrica** Schutzmarke *f*
marcar [mar'kar] *v* ankreuzen, bezeichnen, zeichnen; *anschreiben
marco ['marko] *m* Rahmen *m*
marcha ['martʃa] *f* Marsch *m*; ***dar** ~ **atrás** rückwärts *fahren; ~ **atrás** Rückwärtsgang *m*
marchar [mar'tʃar] *v* marschieren
marea [ma'rea] *f* Tide *f*
mareado [mare'aðo] *adj* schwindlig; seekrank
mareo [ma'reo] *m* Schwindelgefühl *nt*; Seekrankheit *f*
marfil [mar'fil] *m* Elfenbein *nt*
margarina [marγa'rina] *f* Margarine *f*
margen ['marxen] *m* Rand *m*
marido [ma'riðo] *m* Mann *m*
marina [ma'rina] *f* Marine *f*
marinero [mari'nero] *m* Matrose *m*
marino [ma'rino] *m* Matrose *m*
mariposa [mari'posa] *f* Schmetterling *m*
marisco [ma'risko] *m* Schalentier *nt*
marisma [ma'rizma] *f* Morast *m*
marítimo [ma'ritimo] *adj* maritim
mármol ['marmol] *m* Marmor *m*
marqués [mar'kes] *m* Marquis *m*
marroquí [marro'ki] *adj* marokkanisch; *m* Marokkaner *m*
Marruecos [ma'rwekos] *m* Marokko
martes ['martes] *m* Dienstag *m*
martillo [mar'tiʎo] *m* Hammer *m*
mártir ['martir] *m* Märtyrer *m*
marzo ['marθo] März
mas [mas] *conj* aber
más [mas] *adv* mehr; plus; **algo** ~ etwas mehr; **el** ~ meist; ~ **de** über
masa ['masa] *f* Menge *f*; Masse *f*, Haufen *m*; Teig *m*
masaje [ma'saxe] *m* Massage *f*; ***dar** ~ massieren; ~ **facial** Gesichtsmassage *f*
masajista [masa'xista] *m* Masseur *m*
máscara ['maskara] *f* Maske *f*; ~ **facial** Gesichtspackung *f*
masculino [masku'lino] *adj* männlich
masticar [masti'kar] *v* kauen
mástil ['mastil] *m* Mast *m*
matar [ma'tar] *v* *umbringen, töten
mate ['mate] *adj* matt
matemáticas [mate'matikas] *fpl* Mathematik *f*
matemático [mate'matiko] *adj* mathematisch
materia [ma'terja] *f* Stoff *m*, Materie *f*; ~ **prima** Rohmaterial *nt*
material [mate'rjal] *adj* stofflich, materiell, sachlich; *m* Material *nt*
matiz [ma'tiθ] *m* Nuance *f*
matorral [mato'rral] *m* Gestrüpp *nt*, Busch *m*
matrícula [ma'trikula] *f* Kennzeichen *nt*
matrimonial [matrimo'njal] *adj* ehelich
matrimonio [matri'monjo] *m* Heirat *f*, Ehe *f*
matriz [ma'triθ] *f* Gebärmutter *f*
mausoleo [mauso'leo] *m* Mausoleum *nt*
máximo ['maksimo] *m* Maximum *nt*
mayo ['majo] Mai
mayor [ma'jor] *adj* überragend, Haupt-; größer, größt, ältest; *m* Major *m*

mayoría [majo'ria] *f* Mehrheit *f*
mayorista [majo'rista] *m* Großhändler *m*
mayúscula [ma'juskula] *f* Großbuchstabe *m*
mazo ['maθo] *m* Holzhammer *m*
me [me] *pron* mich; mir
mecánico [me'kaniko] *adj* mechanisch; *m* Monteur *m*, Mechaniker *m*
mecanismo [meka'nizmo] *m* Mechanismus *m*
mecanografiar [mekanoγra'fjar] *v* Maschine *schreiben
mecer [me'θer] *v* schaukeln
mecha ['metʃa] *f* Lunte *f*
medalla [me'ðaʎa] *f* Medaille *f*
media ['meðja] *f* Strumpf *m*; ~ **pantalón** Strumpfhose *f*; **medias elásticas** elastische Strümpfe
mediador [meðja'ðor] *m* Vermittler *m*
medianamente [meðjana'mente] *adv* ziemlich
mediano [me'ðjano] *adj* mittelmäßig, mittler
medianoche [meðja'notʃe] *f* Mitternacht *f*
mediante [me'ðjante] *adv* mittels
mediar [me'ðjar] *v* vermitteln
medicamento [meðika'mento] *m* Medizin *f*, Arznei *f*
medicina [meði'θina] *f* Medizin *f*
médico ['meðiko] *adj* ärztlich, medizinisch; *m* Doktor *m*, Arzt *m*; ~ **de cabecera** praktischer Arzt
medida [me'ðiða] *f* Maß *nt*; Maßnahme *f*; **hecho a la** ~ auf Bestellung gemacht, nach Maß
medidor [meði'ðor] *m* Messer *m*
medieval [meðje'βal] *adj* mittelalterlich
medio ['meðjo] *adj* halb; durchschnittlich; mittler; *m* Mitte *f*; Mittel *nt*; **en ~ de** inmitten; ~ **ambiente** Milieu *nt*, Umwelt *f*
mediocre [me'ðjokre] *adj* mittelmäßig, schwach
mediodía [meðjo'ðia] *m* Mittag *m*
* **medir** [me'ðir] *v* *messen
meditación [meðita'θjon] *f* Meditation *f*
meditar [meði'tar] *v* meditieren
Mediterráneo [meðite'rraneo] Mittelmeer *nt*
médula ['meðula] *f* Mark *nt*
medusa [me'ðusa] *f* Qualle *f*
mejicano [mexi'kano] *adj* mexikanisch; *m* Mexikaner *m*
Méjico ['mexiko] *m* Mexiko
mejilla [me'xiʎa] *f* Wange *f*
mejillón [mexi'ʎon] *m* Muschel *f*
mejor [me'xor] *adj* besser
mejora [me'xora] *f* Verbesserung *f*
mejorar [mexo'rar] *v* verbessern
melancolía [melaŋko'lia] *f* Schwermut *f*
melancólico [melaŋ'koliko] *adj* trübsinnig
melocotón [meloko'ton] *m* Pfirsich *m*
melodía [melo'ðia] *f* Melodie *f*
melodioso [melo'ðjoso] *adj* melodisch
melodrama [melo'ðrama] *m* Melodrama *nt*
melón [me'lon] *m* Melone *f*
membrana [mem'brana] *f* Membran *f*
memorable [memo'raβle] *adj* denkwürdig
memoria [me'morja] *f* Gedächtnis *nt*; Erinnerung *f*; Andenken *nt*; **de** ~ auswendig
menaje [me'naxe] *m* Haushalt *m*
mención [men'θjon] *f* Meldung *f*; Erwähnung *f*
mencionar [menθjo'nar] *v* erwähnen
mendigar [mendi'γar] *v* betteln
mendigo [men'diγo] *m* Bettler *m*
menor [me'nor] *adj* kleiner; jünger
menos ['menos] *adv* weniger; außer; **a**

~ **que** außer wenn; **por lo** ~ zumindest, wenigstens
menosprecio [menos'preθjo] *m* Geringschätzung *f*
mensaje [men'saxe] *m* Nachricht *f*, Bescheid *m*
mensajero [mensa'xero] *m* Bote *m*
menstruación [menstrwa'θjon] *f* Menstruation *f*
mensual [men'swal] *adj* monatlich
menta ['menta] *f* Minze *f*; Pfefferminze *f*
mental [men'tal] *adj* geistig
mente ['mente] *f* Geist *m*
***mentir** [men'tir] *v* *lügen
mentira [men'tira] *f* Lüge *f*
menú [me'nu] *m* Speisekarte *f*
menudo [me'nuðo] *adj* winzig, gering; **a** ~ häufig
mercado [mer'kaðo] *m* Markt *m*; ~ **negro** Schwarzmarkt *m*
mercancía [merkan'θia] *f* Handelsware *f*, Ware *f*
mercería [merθe'ria] *f* Kurzwarengeschäft *nt*
mercurio [mer'kurjo] *m* Quecksilber *nt*
***merecer** [mere'θer] *v* verdienen
meridional [meriðjo'nal] *adj* südlich
merienda [me'rjenda] *f* Teestunde *f*
mérito ['merito] *m* Verdienst *nt*
merluza [mer'luθa] *f* Weißfisch *m*
mermelada [merme'laða] *f* Marmelade *f*
mes [mes] *m* Monat *m*
mesa ['mesa] *f* Tisch *m*
mesera [me'sera] *fMe* Kellnerin *f*
mesero [me'sero] *mMe* Ober *m*
meseta [me'seta] *f* Hochebene *f*
meta ['meta] *f* Ziel *nt*; Tor *nt*; Ziellinie *f*
metal [me'tal] *m* Metall *nt*
metálico [me'taliko] *adj* metallisch
meter [me'ter] *v* stecken
meticuloso [metiku'loso] *adj* genau
metódico [me'toðiko] *adj* methodisch
método ['metoðo] *m* Methode *f*
métrico ['metriko] *adj* metrisch
metro ['metro] *m* Meter *nt*; U-Bahn *f*; Untergrundbahn *f*
mezcla ['meθkla] *f* Mischung *f*
mezclar [meθ'klar] *v* mischen; **mezclado** gemischt; meliert; **mezclarse en** sich einmischen
mezquino [meθ'kino] *adj* engstirnig, kleinlich; niederträchtig
mezquita [meθ'kita] *f* Moschee *f*
mi [mi] *adj* mein
micrófono [mi'krofono] *m* Mikrophon *nt*
microscopio [mikros'kopjo] *m* Mikroskop *nt*
microsurco [mikro'surko] *m* Langspielplatte *f*
miedo ['mjeðo] *m* Angst *f*; ***tener** ~ Angst *haben
miel [mjel] *f* Honig *m*
miembro ['mjembro] *m* Glied *nt*; Mitglied *nt*
mientras ['mjentras] *conj* indem, während
miércoles ['mjerkoles] *m* Mittwoch *m*
migaja [mi'γaxa] *f* Krümel *m*
migraña [mi'γraɲa] *f* Migräne *f*
mil [mil] *num* tausend
milagro [mi'laγro] *m* Wunder *nt*
milagroso [mila'γroso] *adj* wunderbar
militar [mili'tar] *adj* militärisch; *m* Soldat *m*
milla ['miʎa] *f* Meile *f*
millaje [mi'ʎaxe] *m* Meilenstand *m*
millón [mi'ʎon] *m* Million *f*
millonario [miʎo'narjo] *m* Millionär *m*
mimar [mi'mar] *v* verwöhnen
mina ['mina] *f* Bergwerk *nt*; Grube *f*; ~ **de oro** Goldgrube *f*
mineral [mine'ral] *m* Mineral *nt*; Erz *nt*
minería [mine'ria] *f* Bergbau *m*

minero [mi'nero] *m* Bergmann *m*
miniatura [minja'tura] *f* Miniatur *f*
mínimo ['minimo] *adj* geringst, kleinst
mínimum ['minimum] *m* Minimum *nt*
ministerio [minis'terjo] *m* Ministerium *nt*
ministro [mi'nistro] *m* Minister *m*
minoría [mino'ria] *f* Minderheit *f*
minorista [mino'rista] *m* Kleinhändler *m*
minucioso [minu'θjoso] *adj* gründlich, sorgfältig
minusválido [minuz'βali'ðo] *adj* körperbehindert
minuto [mi'nuto] *m* Minute *f*
mío ['mio] *pron* mein
miope ['mjope] *adj* kurzsichtig
mirada [mi'raða] *f* Blick *m*
mirar [mi'rar] *v* gucken, schauen; *achtgeben auf, besichtigen, anschauen, *ansehen; starren
mirlo ['mirlo] *m* Amsel *f*
misa ['misa] *f* Messe *f*
misceláneo [miθe'laneo] *adj* vermischt
miserable [mise'raβle] *adj* erbärmlich, elend
miseria [mi'serja] *f* Jammer *m*, Elend *nt*
misericordia [miseri'kordja] *f* Gnade *f*
misericordioso [miserikor'djoso] *adj* barmherzig
misión [mi'sjon] *f* Mission *f*
mismo ['mizmo] *adj* selb
misterio [mis'terjo] *m* Geheimnis *nt*
misterioso [miste'rjoso] *adj* rätselhaft, geheimnisvoll; unklar
mitad [mi'tað] *f* Hälfte *f*; **partir por la ~** halbieren
mito ['mito] *m* Mythos *m*
moción [mo'θjon] *f* Antrag *m*
mochila [mo'tʃila] *f* Rucksack *m*
moda ['moða] *f* Mode *f*; **a la ~** modern
modales [mo'ðales] *mpl* Manieren *fpl*
modelar [moðe'lar] *v* formen; modellieren
modelo [mo'ðelo] *m* Modell *nt*
moderado [moðe'raðo] *adj* gemäßigt, mäßig
moderno [mo'ðerno] *adj* modern
modestia [moðes'tja] *f* Bescheidenheit *f*
modesto [mo'ðesto] *adj* bescheiden
modificación [moðifika'θjon] *f* Änderung *f*
modificar [moðifi'kar] *v* abändern, modifizieren
modismo [mo'ðizmo] *m* Idiom *nt*
modista [mo'ðista] *f* Schneiderin *f*
modo ['moðo] *m* Weise *f*, Art *f*; **de cualquier ~** irgendwie; **de ningún ~** keinesfalls; **de todos modos** wie auch immer; jedenfalls; **en ~ alguno** überhaupt; **~ de empleo** Gebrauchsanweisung *f*
mohair [mo'er] *m* Mohair *m*
moho ['moo] *m* Schimmel *m*
mojado [mo'xaðo] *adj* naß
mojigato [moxi'γato] *adj* scheinheilig
mojón [mo'xon] *m* Markstein *m*
***moler** [mo'ler] *v* mahlen
molestar [moles'tar] *v* stören, bemühen, belästigen
molestia [mo'lestja] *f* Mühe *f*, Last *f*, Unfug *m*, Belästigung *f*
molesto [mo'lesto] *adj* lästig
molinero [moli'nero] *m* Müller *m*
molino [mo'lino] *m* Mühle *f*; **~ de viento** Windmühle *f*
momento [mo'mento] *m* Moment *m*, Augenblick *m*
monarca [mo'narka] *m* Monarch *m*
monarquía [monar'kia] *f* Monarchie *f*
monasterio [monas'terjo] *m* Kloster *nt*
moneda [mo'neða] *f* Währung *f*; Münze *f*; Kleingeld *nt*; **~ extranjera** fremde Währung
monedero [mone'ðero] *m* Geldbeutel

m
monetario [mone'tarjo] *adj* monetär; **unidad monetaria** Währungseinheit *f*
monja ['moŋxa] *f* Nonne *f*
monje ['moŋxe] *m* Mönch *m*
mono ['mono] *m* Affe *m*; Arbeitsanzug *m*
monólogo [mo'noloγo] *m* Monolog *m*
monopolio [mono'poljo] *m* Monopol *nt*
monótono [mo'notono] *adj* monoton
monstruo ['monstrwo] *m* Monstrum *nt*
montaña [mon'taɲa] *f* Berg *m*
montañismo [monta'ɲizmo] *m* Bergsteigen *nt*
montañoso [monta'ɲoso] *adj* gebirgig
montar [mon'tar] *v* *besteigen, *einsteigen; zusammensetzen, montieren; *reiten
monte ['monte] *m* Berg *m*
montículo [mon'tikulo] *m* Erhebung *f*
montón [mon'ton] *m* Stapel *m*, Haufen *m*
montuoso [mon'twoso] *adj* hügelig
monumento [monu'mento] *m* Monument *nt*, Denkmal *nt*
mora ['mora] *f* Maulbeere *f*; Brombeere *f*
morado [mo'raðo] *adj* violett
moral [mo'ral] *adj* sittlich, moralisch; *f* Moral *f*; Stimmung *f*
moralidad [morali'ðað] *f* Moral *f*
mordaza [mor'ðaθa] *f* Klemme *f*
mordedura [morðe'ðura] *f* Biß *m*
***morder** [mor'ðer] *v* *beißen
morena [mo'rena] *f* Brünette *f*
moreno [mo'reno] *adj* braun
moretón [more'ton] *m* blauer Fleck
morfina [mor'fina] *f* Morphium *nt*
***morir** [mo'rir] *v* *sterben
moro ['moro] *m* Maure *m*
morral [mo'rral] *m* Brotbeutel *m*
morro ['morro] *m* Katze *f*
mortal [mor'tal] *adj* sterblich; tödlich
mosaico [mo'saiko] *m* Mosaik *nt*
mosca ['moska] *f* Fliege *f*
mosquitero [moski'tero] *m* Moskitonetz *nt*
mosquito [mos'kito] *m* Mücke *f*; Moskito *m*
mostaza [mos'taθa] *f* Senf *m*
mostrador [mostra'ðor] *m* Ladentisch *m*
***mostrar** [mos'trar] *v* zeigen, sehen *lassen
mote ['mote] *m* Spitzname *m*
moteado [mote'aðo] *adj* gesprenkelt
motel [mo'tel] *m* Motel *nt*
motín [mo'tin] *m* Aufruhr *m*
motivo [mo'tiβo] *m* Motiv *nt*; Grund *m*, Anlaß *m*
motocicleta [motoθi'kleta] *f* Motorrad *nt*; Moped *nt*
motoneta [moto'neta] *f* Motorroller *m*
motor [mo'tor] *m* Motor *m*; ~ **de arranque** Anlasser *m*
***mover** [mo'βer] *v* bewegen
movible [mo'βiβle] *adj* beweglich
móvil ['moβil] *adj* mobil, beweglich
movimiento [moβi'mjento] *m* Bewegung *f*
mozo ['moθo] *m* Bub *m*; Träger *m*
muchacha [mu'tʃatʃa] *f* Mädchen *nt*; Dienstmädchen *nt*
muchacho [mu'tʃatʃo] *m* Junge *m*; Bursche *m*
muchedumbre [mutʃe'ðumbre] *f* Menge *f*
mucho ['mutʃo] *adv* viel; sehr; **con ~** bei weitem
mudanza [mu'ðanθa] *f* Umzug *m*
mudarse [mu'ðarse] *v* *umziehen; sich *umziehen
mudo ['mu'ðo] *adj* stumm
muela ['mwela] *f* Backenzahn *m*; **dolor de muelas** Zahnweh *nt*
muelle ['mweʎe] *m* Kai *m*; Pier *m*;

Feder *f*
muerte ['mwerte] *f* Tod *m*
muerto ['mwerto] *adj* tot
muestra ['mwestra] *f* Muster *nt*
mugir [mu'xir] *v* heulen
mujer [mu'xer] *f* Frau *f*
mújol ['muxol] *m* Meeräsche *f*
muleta [mu'leta] *f* Krücke *f*
mulo ['mulo] *m* Maultier *nt*, Maulesel *m*
multa ['multa] *f* Geldstrafe *f*; Anzeige *f*
multiplicación [multiplika'θjon] *f* Multiplikation *f*
multiplicar [multipli'kar] *v* multiplizieren
multitud [multi'tuð] *f* Menge *f*
mundial [mun'djal] *adj* weltweit, weltumfassend
mundo ['mundo] *m* Welt *f*; **todo el ~** jedermann
municipal [muniθi'pal] *adj* städtisch
municipalidad [muniθipali'ðað] *f* Stadtverwaltung *f*
muñeca [mu'ɲeka] *f* Puppe *f*; Handgelenk *nt*
muralla [mu'raʎa] *f* Mauerwerk *nt*
muro ['muro] *m* Mauer *f*
músculo ['muskulo] *m* Muskel *m*
musculoso [musku'loso] *adj* muskulös
muselina [muse'lina] *f* Musselin *m*
museo [mu'seo] *m* Museum *nt*; **~ de figuras de cera** Wachsfigurenkabinett *nt*
musgo ['muzγo] *m* Moos *nt*
música ['musika] *f* Musik *f*
musical [musi'kal] *adj* musikalisch; **comedia ~** Musical *nt*
músico ['musiko] *m* Musiker *m*
muslo ['muzlo] *m* Oberschenkel *m*
musulmán [musul'man] *m* Moslem *m*
mutuo ['mutwo] *adj* wechselseitig
muy [mui] *adv* sehr, ganz

N

nácar ['nakar] *m* Perlmutt *nt*
***nacer** [na'θer] *v* geboren *werden
nacido [na'θiðo] *adj* geboren
nacimiento [naθi'mjento] *m* Geburt *f*; Aufstieg *m*
nación [na'θjon] *f* Nation *f*
nacional [naθjo'nal] *adj* national; Volks-
nacionalidad [naθjonali'ðað] *f* Staatsangehörigkeit *f*
nacionalizar [naθjonali'θar] *v* nationalisieren
nada ['naða] nichts
nadador [naða'ðor] *m* Schwimmer *m*
nadar [na'ðar] *v* *schwimmen
nadie ['naðje] *pron* niemand
naipe ['naipe] *m* Spielkarte *f*
nalga ['nalγa] *m* Hinterbacke *f*
naranja [na'raŋxa] *f* Apfelsine *f*
narciso [nar'θiso] *m* Narzisse *f*
narcosis [nar'kosis] *f* Narkose *f*
narcótico [nar'kotiko] *m* Rauschgift *nt*
nariz [na'riθ] *f* Nase *f*
narración [narra'θjon] *f* Bericht *m*
nata ['nata] *f* Sahne *f*
natación [nata'θjon] *f* Schwimmsport *m*
nativo [na'tiβo] *adj* einheimisch
natural [natu'ral] *adj* natürlich; *m* Wesensart *f*
naturaleza [natura'leθa] *f* Natur *f*
naturalmente [natural'mente] *adv* natürlich
náusea ['nausea] *f* Übelkeit *f*
navaja [na'βaxa] *f* Taschenmesser *nt*
naval [na'βal] *adj* Marine-
navegable [naβe'γaβle] *adj* befahrbar
navegación [naβeγa'θjon] *f* Schiffahrt *f*, Navigation *f*
navegar [naβe'γar] *v* *fahren; steu-

ern; ~ **por** *befahren
Navidad [naβi'ðað] *f* Weihnachten
nebuloso [neβu'loso] *adj* nebelig
necesario [neθe'sarjo] *adj* notwendig; nötig, erforderlich
neceser [neθe'ser] *m* Toilettennecessaire *nt*
necesidad [neθesi'ðað] *f* Notwendigkeit *f*; Bedürfnis *nt*, Bedarf *m*; Not *f*
necesitar [neθesi'tar] *v* nötig *haben, brauchen
necio ['neθjo] *adj* albern, töricht
***negar** [ne'γar] *v* leugnen; verweigern
negativa [neγa'tiβa] *f* Verweigerung *f*
negativo [neγa'tiβo] *adj* verneinend, negativ; *m* Negativ *nt*
negligencia [neγli'xenθja] *f* Vernachlässigung *f*
negligente [neγli'xente] *adj* nachlässig
negociación [neγoθja'θjon] *f* Verhandlung *f*
negociante [neγo'θjante] *m* Kaufmann *m*
negociar [neγo'θjar] *v* verhandeln
negocio [ne'γoθjo] *m* Geschäft *nt*; ***hacer negocios con** Geschäfte machen mit; **hombre de negocios** Geschäftsmann *m*; ~ **fotográfico** Photogeschäft *nt*; **negocios** *mpl* Handel *m*; **viaje de negocios** Geschäftsreise *f*
negro ['neγro] *adj* schwarz; *m* Neger *m*
neón [ne'on] *m* Neon *nt*
nervio ['nerβjo] *m* Nerv *m*
nervioso [ner'βjoso] *adj* nervös
neto ['neto] *adj* netto
neumático [neu'matiko] *adj* pneumatisch; *m* Reifen *m*; ~ **de repuesto** Ersatzreifen *m*; ~ **desinflado** Reifenpanne *f*
neumonía [neumo'nia] *f* Lungenentzündung *f*
neuralgia [neu'ralxja] *f* Neuralgie *f*
neurosis [neu'rosis] *f* Neurose *f*
neutral [neu'tral] *adj* neutral
neutro ['neutro] *adj* sächlich
***nevar** [ne'βar] *v* schneien
nevasca [ne'βaska] *f* Schneesturm *m*
nevoso [ne'βoso] *adj* schneebedeckt
ni ... ni [ni] weder ... noch
nicotina [niko'tina] *f* Nikotin *nt*
nido ['niðo] *m* Nest *nt*
niebla ['njeβla] *f* Nebel *m*; **faro de** ~ Nebellampe *f*
nieta ['njeta] *f* Enkelin *f*
nieto ['njeto] *m* Enkel *m*
nieve ['njeβe] *f* Schnee *m*
Nigeria [ni'xerja] *f* Nigeria
nigeriano [nixe'rjano] *adj* nigerianisch; *m* Nigerianer *m*
ninguno [niŋ'guno] *adj* kein; *pron* keiner; ~ **de los dos** keiner von beiden
niñera [ni'ɲera] *f* Kindermädchen *nt*
niño ['niɲo] *m* Kind *nt*
níquel ['nikel] *m* Nickel *m*
nitrógeno [ni'troxeno] *m* Stickstoff *m*
nivel [ni'βel] *m* Stand *m*, Niveau *nt*; Wasserwaage *f*; ~ **de vida** Lebensstandard *m*; **paso a** ~ Bahnübergang *m*
nivelar [niβe'lar] *v* nivellieren
no [no] nicht; nein; **si** ~ sonst
noble ['noβle] *adj* adlig; edel
nobleza [no'βleθa] *f* Adel *m*
noción [no'θjon] *f* Begriff *m*, Ahnung *f*; Vorstellung *f*
nocturno [nok'turno] *adj* nächtlich
noche ['notʃe] *f* Nacht *f*; Abend *m*; **de** ~ über Nacht, bei Nacht; **esta** ~ heute nacht, heute abend
nogal [no'γal] *m* Walnuß *f*
nombramiento [nombra'mjento] *m* Ernennung *f*
nombrar [nom'brar] *v* *nennen; *ernennen
nombre ['nombre] *m* Hauptwort *nt*;

Name *m*; **en ~ de** im Namen von; **~ de pila** Vorname *m*
nominación [nomina'θjon] *f* Ernennung *f*
nominal [nomi'nal] *adj* nominell
nordeste [nor'ðeste] *m* Nordosten *m*
norma ['norma] *f* Norm *f*, Maßstab *m*
normal [nor'mal] *adj* normal; Standard-, gewohnt
noroeste [noro'este] *m* Nordwesten *m*
norte ['norte] *m* Norden *m*; **del ~** nördlich; **polo ~** Nordpol *m*
norteño [nor'teɲo] *adj* nördlich
Noruega [no'rweɣa] *f* Norwegen
noruego [no'rweɣo] *adj* norwegisch; *m* Norweger *m*
nos [nos] *pron* uns
nosotros [no'sotros] *pron* wir; uns
nostalgia [nos'talxja] *f* Heimweh *nt*
nota ['nota] *f* Zettel *m*; Vermerk *m*; Zensur *f*
notable [no'taβle] *adj* bedeutend; merkwürdig, erstaunlich, bemerkenswert
notar [no'tar] *v* merken; anmerken
notario [no'tarjo] *m* Notar *m*
noticia [no'tiθja] *f* Neuigkeit *f*, Bericht *m*; **noticias** *fpl* Nachrichten
noticiario [noti'θjarjo] *m* Nachrichten; Wochenschau *f*
notificar [notifi'kar] *v* benachrichtigen, mitteilen
notorio [no'torjo] *adj* bekannt
novedad [noβe'ðað] *f* Neuheit *f*
novela [no'βela] *f* Roman *m*; **~ policíaca** Kriminalroman *m*; **~ por entregas** Feuilleton *nt*
novelista [noβe'lista] *m* Romanschriftsteller *m*
noveno [no'βeno] *num* neunte
noventa [no'βenta] *num* neunzig
novia ['noβja] *f* Verlobte *f*; Braut *f*
noviazgo [no'βjaθɣo] *m* Verlobung *f*
noviembre [no'βjembre] November
* **hacer novillos** [a'θer no'βiʎos] schwänzen
novio ['noβjo] *m* Verlobte *m*; Bräutigam *m*
nube ['nuβe] *f* Wolke *f*; **nubes** *fpl* Bewölkung *f*
nublado [nu'βlaðo] *adj* bewölkt
nuca ['nuka] *f* Nacken *m*
nuclear [nukle'ar] *adj* Kern-, nuklear
núcleo ['nukleo] *m* Kern *m*
nudillo [nu'ðiʎo] *m* Fingergelenk *nt*
nudo ['nuðo] *m* Knoten *m*; Brocken *m*; **~ corredizo** Schlinge *f*
nuestro ['nwestro] *adj* unser
Nueva Zelanda ['nweβa θe'landa] Neuseeland
nueve ['nweβe] *num* neun
nuevo ['nweβo] *adj* neu; **de ~** nochmals
nuez [nweθ] *f* Nuß *f*; **~ moscada** Muskatnuß *f*
nulo ['nulo] *adj* ungültig, nichtig
numeral [nume'ral] *m* Zahlwort *nt*
número ['numero] *m* Nummer *f*; Ziffer *f*, Zahl *f*; Anzahl *f*
numeroso [nume'roso] *adj* zahlreich
nunca ['nuŋka] *adv* niemals; nie
nutritivo [nutri'tiβo] *adj* nahrhaft
nylon ['nailon] *m* Nylon *nt*

O

o [o] *conj* oder; **o … o** entweder … oder
oasis [o'asis] *f* Oase *f*
* **obedecer** [oβeðe'θer] *v* gehorchen
obediencia [oβe'ðjenθja] *f* Gehorsam *m*
obediente [oβe'ðjente] *adj* gehorsam
obertura [oβer'tura] *f* Ouvertüre *f*
obesidad [oβesi'ðað] *f* Fettheit *f*
obeso [o'βeso] *adj* dick

obispo [o'βispo] *m* Bischof *m*
objeción [oβxe'θjon] *f* Widerspruch *m*, Einwand *m*; ***hacer ~ a** etwas einzuwenden *haben gegen
objetar [oβxe'tar] *v* *einwenden
objetivo [oβxe'tiβo] *adj* objektiv; *m* Zweck *m*, Ziel *nt*
objeto [oβ'xeto] *m* Objekt *nt*, Gegenstand *m*; Ziel *nt*; **objetos de valor** Wertsachen *fpl*; **objetos perdidos** Fundsachen *fpl*
oblea [o'βlea] *f* Oblate *f*
oblicuo [o'βlikwo] *adj* schief
obligación [oβliγa'θjon] *f* Obligation *f*
obligar [oβli'γar] *v* verpflichten; *zwingen
obligatorio [oβliγa'torjo] *adj* obligatorisch
oblongo [o'βloŋgo] *adj* länglich
obra ['oβra] *f* Arbeit *f*; **~ de arte** Kunstwerk *nt*; **~ de teatro** Schauspiel *nt*; **~ hecha a mano** Handarbeit *f*; **~ maestra** Meisterstück *nt*
obrar [o'βrar] *v* wirken; verrichten
obrero [o'βrero] *m* Arbeiter *m*; **~ portuario** Hafenarbeiter *m*
obsceno [oβ'θeno] *adj* obszön
obscuridad [oβskuri'ðað] *f* Düsterkeit *f*
obscuro [oβs'kuro] *adj* dunkel, obskur
observación [oβserβa'θjon] *f* Observation *f*, Beobachtung *f*; Bemerkung *f*; ***hacer una ~** bemerken
observar [oβser'βar] *v* beobachten, observieren, beachten, feststellen, *wahrnehmen
observatorio [oβserβa'torjo] *m* Observatorium *nt*
obsesión [oβse'sjon] *f* Besessenheit *f*
obstáculo [oβs'takulo] *m* Hindernis *nt*
no obstante [no oβs'tante] nichtsdestoweniger
obstinado [oβsti'naðo] *adj* hartnäckig, starrköpfig
***obstruir** [oβs'trwir] *v* versperren, blockieren
***obtener** [oβte'ner] *v* *erhalten
obtenible [oβte'niβle] *adj* vorrätig
obtuso [oβ'tuso] *adj* stumpf
obvio ['oββjo] *adj* offensichtlich
oca ['oka] *f* Gans *f*
ocasión [oka'sjon] *f* Gelegenheit *f*
ocasionalmente [okasjonal'mente] *adv* gelegentlich
ocaso [o'kaso] *m* Sonnenuntergang *m*
occidental [okθiðen'tal] *adj* westlich
occidente [okθi'ðente] *m* Westen *m*
océano [o'θeano] *m* Ozean *m*; **Océano Pacífico** Stille Ozean
ocio ['oθjo] *m* Muße *f*
ocioso [o'θjoso] *adj* müßig
octavo [ok'taβo] *num* achte
octubre [ok'tuβre] Oktober
oculista [oku'lista] *m* Augenarzt *m*
ocultar [okul'tar] *v* verstecken
ocupación [okupa'θjon] *f* Besetzung *f*; Beschäftigung *f*
ocupante [oku'pante] *m* Inhaber *m*
ocupar [oku'par] *v* *einnehmen, besetzen; **ocupado** *adj* beschäftigt, besetzt; **ocuparse de** versorgen
ocurrencia [oku'rrenθja] *f* Idee *f*
ocurrir [oku'rrir] *v* *vorkommen
ochenta [o'tʃenta] *num* achtzig
ocho ['otʃo] *num* acht
odiar [o'ðjar] *v* hassen
odio ['oðjo] *m* Haß *m*
oeste [o'este] *m* Westen *m*
ofender [ofen'der] *v* verletzen, kränken, beleidigen
ofensa [o'fensa] *f* Beleidigung *f*
ofensivo [ofen'siβo] *adj* offensiv; anstößig; *m* Offensive *f*
oferta [o'ferta] *f* Angebot *nt*
oficial [ofi'θjal] *adj* offiziell; *m* Offizier *m*; **~ de aduanas** Zöllner *m*
oficina [ofi'θina] *f* Dienstraum *m*, Büro *nt*; **~ de cambio** Wechselstube

f; ~ **de colocación** Arbeitsamt *nt*; ~ **de informaciones** Auskunftsbüro *nt*; ~ **de objetos perdidos** Fundbüro *nt*
oficinista [ofiθi'nista] *m* Beamte *m*
oficio [o'fiθjo] *m* Fach *nt*, Beruf *m*
***ofrecer** [ofre'θer] *v* *anbieten
oído [o'iðo] *m* Gehör *nt*; **dolor de oídos** Ohrenschmerzen *mpl*
***oír** [o'ir] *v* hören
ojal [o'xal] *m* Knopfloch *nt*
ojeada [oxe'aða] *f* Blick *m*
ojear [oxe'ar] *v* erblicken
ojo ['oxo] *m* Auge *nt*
ola ['ola] *f* Welle *f*
***oler** [o'ler] *v* *riechen
olmo ['olmo] *m* Ulme *f*
olor [o'lor] *m* Geruch *m*
olvidadizo [olβiða'ðiθo] *adj* vergeßlich
olvidar [olβi'ðar] *v* *vergessen
olla ['oʎa] *f* Topf *m*; Kessel *m*; ~ **a presión** Schnellkochtopf *m*
ombligo [om'bliγo] *m* Nabel *m*
omitir [omi'tir] *v* *auslassen; versäumen
omnipotente [omnipo'tente] *adj* allmächtig
once ['onθe] *num* elf
onceno [on'θeno] *num* elfte
onda ['onda] *f* Welle *f*
ondulación [ondula'θjon] *f* Welle *f*; ~ **permanente** Dauerwelle *f*
ondulado [ondu'laðo] *adj* wellig
ondulante [ondu'lante] *adj* wellig
ónix ['oniks] *m* Onyx *m*
ópalo ['opalo] *m* Opal *m*
opcional [opθjo'nal] *adj* beliebig
ópera ['opera] *f* Oper *f*
operación [opera'θjon] *f* Operation *f*
operar [ope'rar] *v* operieren; wirken
opereta [ope'reta] *f* Operette *f*
opinar [opi'nar] *v* der Ansicht *sein
opinión [opi'njon] *f* Ansicht *f*, Meinung *f*
***oponerse** [opo'nerse] *v* sich widersetzen; ~ **a** Einwand *erheben gegen
oportunidad [oportuni'ðað] *f* Chance *f*, Gelegenheit *f*
oportuno [opor'tuno] *adj* geeignet
oposición [oposi'θjon] *f* Opposition *f*
oprimir [opri'mir] *v* bedrücken, unterdrücken
óptico ['optiko] *m* Optiker *m*
optimismo [opti'mizmo] *m* Optimismus *m*
optimista [opti'mista] *adj* optimistisch; *m* Optimist *m*
óptimo ['optimo] *adj* best
opuesto [o'pwesto] *adj* entgegengesetzt; abgeneigt
oración [ora'θjon] *f* Gebet *nt*
oral [o'ral] *adj* mündlich
orar [o'rar] *v* beten
orden ['orðen] *f* Befehl *m*; Auftrag *m*; *m* Ordnung *f*; Reihenfolge *f*; **de primer** ~ vorzüglich; ~ **del día** Tagesordnung *f*
ordenador [orðena'ðor] *m* Computer *m*
ordenar [orðe'nar] *v* ordnen; *befehlen
ordinario [orði'narjo] *adj* üblich, gewöhnlich; ordinär
oreja [o'rexa] *f* Ohr *nt*
orfebre [or'feβre] *m* Goldschmied *m*
orgánico [or'γaniko] *adj* organisch
organillo [orγa'niʎo] *m* Leierkasten *m*
organismo [orγa'nizmo] *m* Organismus *m*
organización [orγaniθa'θjon] *f* Organisation *f*
organizar [orγani'θar] *v* organisieren; vorbereiten
órgano ['orγano] *m* Organ *nt*; Orgel *f*
orgullo [or'γuʎo] *m* Stolz *m*
orgulloso [orγu'ʎoso] *adj* hochmütig, stolz
oriental [orjen'tal] *adj* östlich; orienta-

lisch
orientarse [orjen'tarse] *v* sich orientieren
oriente [o'rjente] *m* Orient *m*
origen [o'rixen] *m* Abstammung *f*, Ursprung *m*
original [orixi'nal] *adj* originell
originalmente [orixinal'mente] *adv* anfänglich
originar [orixi'nar] *v* *hervorbringen
orilla [o'riʎa] *f* Ufer *nt*; Küste *f*
orina [o'rina] *f* Urin *m*
orlón [or'lon] *m* Orlon *nt*
ornamental [ornamen'tal] *adj* ornamental
oro ['oro] *m* Gold *nt*
orquesta [or'kesta] *f* Orchester *nt*; Kapelle *f*
ortodoxo [orto'ðokso] *adj* orthodox
os [os] *pron* euch
osar [o'sar] *v* wagen
oscilar [oθi'lar] *v* schaukeln
oscuridad [oskuri'ðað] *f* Dunkelheit *f*, Finsternis *f*
oscuro [os'kuro] *adj* finster, dunkel, obskur
oso ['oso] *m* Bär *m*
ostentación [ostenta'θjon] *f* Wichtigtuerei *f*
ostra ['ostra] *f* Auster *f*
otoño [o'toɲo] *m* Herbst *m*
otro ['otro] *adj* ander; ~ **más** noch ein
ovalado [oβa'laðo] *adj* oval
oveja [o'βexa] *f* Schaf *nt*
overol [oβe'rol] *mMe* Arbeitsanzug *m*
oxidado [oksi'ðaðo] *adj* rostig
oxígeno [ok'sixeno] *m* Sauerstoff *m*
oyente [o'jente] *m* Zuhörer *m*

P

pabellón [paβe'ʎon] *m* Pavillon *m*
***pacer** [pa'θer] *v* weiden
paciencia [pa'θjenθja] *f* Geduld *f*
paciente [pa'θjente] *adj* geduldig; *m* Patient *m*
pacifismo [paθi'fizmo] *m* Pazifismus *m*
pacifista [paθi'fista] *adj* pazifistisch; *m* Pazifist *m*
***padecer** [paðe'θer] *v* *leiden
padrastro [pa'ðrastro] *m* Stiefvater *m*
padre ['paðre] *m* Vater *m*; Pater *m*
padres ['paðres] *mpl* Eltern *pl*; ~ **adoptivos** Pflegeeltern *pl*; ~ **políticos** Schwiegereltern *pl*
padrino [pa'ðrino] *m* Pate *m*
paga ['paγa] *f* Lohn *m*
pagano [pa'γano] *adj* heidnisch; *m* Heide *m*
pagar [pa'γar] *v* bezahlen, zahlen; **pagado por adelantado** vorausbezahlt; ~ **a plazos** abzahlen
página ['paxina] *f* Blatt *nt*, Seite *f*
pago ['paγo] *m* Bezahlung *f*; **primer** ~ Anzahlung *f*
painel [pai'nel] *m* Paneel *nt*
país [pa'is] *m* Land *nt*; ~ **natal** Heimatland *nt*
paisaje [pai'saxe] *m* Landschaft *f*
paisano [pai'sano] *m* Zivilist *m*
Países Bajos [pa'ises 'baxos] *mpl* Niederlande *fpl*
paja ['paxa] *f* Stroh *nt*
pájaro ['paxaro] *m* Vogel *m*
paje ['paxe] *m* Hotelpage *m*
pala ['pala] *f* Spaten *m*, Schaufel *f*
palabra [pa'laβra] *f* Wort *nt*
palacio [pa'laθjo] *m* Palast *m*
palanca [pa'laŋka] *f* Hebel *m*; ~ **de cambios** Gangschaltung *f*
palangana [palaŋ'gana] *f* Becken *nt*;

Waschbecken *nt*
pálido ['paliðo] *adj* bleich; matt; hell
palillo [pa'liʎo] *m* Zahnstocher *m*
palma ['palma] *f* Palme *f*; Handfläche *f*
palo ['palo] *m* Stock *m*; ~ **de golf** Golfklub *m*
paloma [pa'loma] *f* Taube *f*
palpable [pal'paβle] *adj* fühlbar
palpar [pal'par] *v* betasten
palpitación [palpita'θjon] *f* Herzklopfen *nt*
pan [pan] *m* Brot *nt*, Laib *m*; ~ **integral** Vollkornbrot *nt*; ~ **tostado** Toast *m*
pana ['pana] *f* Kordsamt *m*, Baumwollsamt *m*
panadería [panaðe'ria] *f* Bäckerei *f*
panadero [pana'ðero] *m* Bäcker *m*
panecillo [pane'θiʎo] *m* Brötchen *nt*
pánico ['paniko] *m* Panik *f*
pantalones [panta'lones] *mpl* Hose *f*; ~ **cortos** kurze Hose; ~ **de esquí** Schihose *f*; ~ **de gimnasia** Turnhose *f*
pantalla [pan'taʎa] *f* Lampenschirm *m*; Bildschirm *m*, Filmleinwand *f*
pantano [pan'tano] *m* Sumpf *m*
pantanoso [panta'noso] *adj* sumpfig
pantorrilla [panto'rriʎa] *f* Wade *f*
pañal [pa'ɲal] *m* Windel *f*
pañería [paɲe'ria] *f* Tuchwaren *fpl*
pañero [pa'ɲero] *m* Tuchhändler *m*
paño ['paɲo] *m* Lappen *m*; ~ **higiénico** Damenbinde *f*
pañuelo [pa'ɲwelo] *m* Taschentuch *nt*; ~ **de papel** Papiertaschentuch *nt*
Papa ['papa] *m* Papst *m*
papa ['papa] *fMe* Kartoffel *f*
papá [pa'pa] *m* Vater *m*
papaíto [papa'ito] *m* Vati *m*
papel [pa'pel] *m* Papier *nt*; **de** ~ papieren; ~ **carbón** Kohlepapier *nt*; ~ **de envolver** Packpapier *nt*; ~ **de escribir** Schreibpapier *nt*; ~ **de estaño** Stanniol *nt*; ~ **de lija** Schmirgelpapier *nt*; ~ **higiénico** Toilettenpapier *nt*; ~ **para cartas** Briefpapier *nt*; ~ **para mecanografiar** Schreibmaschinenpapier *nt*; ~ **pintado** Tapete *f*; ~ **secante** Löschpapier *nt*
papelería [papele'ria] *f* Schreibwaren *fpl*; Schreibwarenhandlung *f*
paperas [pa'peras] *fpl* Mumps *m*
paquete [pa'kete] *m* Päckchen *nt*, Paket *nt*; Bündel *nt*
Paquistán [pakis'tan] *m* Pakistan
paquistaní [pakista'ni] *adj* pakistanisch; *m* Pakistaner *m*
par [par] *adj* gerade; *m* Paar *nt*
para ['para] *prep* vor, für; nach; um zu; ~ **con** zu; ~ **que** wozu
parabrisas [para'βrisas] *m* Windschutzscheibe *f*
parachoques [para'tʃokes] *m* Stoßstange *f*
parada [pa'raða] *f* Parade *f*; Haltestelle *f*; ~ **de taxis** Taxistand *m*
parado [pa'raðo] *adjMe* aufrecht
parador [para'ðor] *m* Gaststätte *f*
parafina [para'fina] *f* Petroleum *nt*
paraguas [pa'raγwas] *m* Regenschirm *m*
paraíso [para'iso] *m* Paradies *nt*
paralelo [para'lelo] *adj* gleichlaufend, parallel; *m* Parallele *f*
paralítico [para'litiko] *adj* gelähmt
paralizar [parali'θar] *v* lähmen
pararse [pa'rarse] *v* *anhalten
parcela [par'θela] *f* Parzelle *f*
parcial [par'θjal] *adj* teilweise; parteiisch
parecer [pare'θer] *m* Meinung *f*, Ansicht *f*
***parecer** [pare'θer] *v* *scheinen, *erscheinen

parecido [pare'θiðo] *adj* ähnlich; **bien** ~ hübsch
pared [pa'reð] *f* Wand *f*
pareja [pa'rexa] *f* Paar *nt*; Partner *m*
pariente [pa'rjente] *m* Verwandte *m*
parlamentario [parlamen'tarjo] *adj* parlamentarisch
parlamento [parla'mento] *m* Parlament *nt*
párpado ['parpaðo] *m* Augenlid *nt*
parque ['parke] *m* Park *m*; ~ **de estacionamiento** Parkplatz *m*; ~ **de reserva zoológica** Wildpark *m*; ~ **nacional** Naturschutzpark *m*
parquímetro [par'kimetro] *m* Parkuhr *f*
párrafo ['parrafo] *m* Absatz *m*
parrilla [pa'riʎa] *f* Bratrost *m*; Grillroom *m*; **asar en** ~ grillen
parroquia [pa'rrokja] *f* Kirchspiel *nt*
parsimonioso [parsimo'njoso] *adj* sparsam
parte ['parte] *f* Teil *m*; **en alguna** ~ irgendwo; **en ninguna** ~ nirgends; **en** ~ teils, teilweise; **otra** ~ anderswo; ~ **posterior** Hinterseite *f*; ~ **superior** Spitze *f*, Oberseite *f*; **por otra** ~ übrigens; **por todas partes** überall
participante [partiθi'pante] *m* Teilnehmer *m*
participar [partiθi'par] *v* *teilnehmen
particular [partiku'lar] *adj* privat; besonder; **en** ~ im einzelnen, speziell
particularidad [partikulari'ðað] *f* Einzelheit *f*; Eigentümlichkeit *f*
partida [par'tiða] *f* Abfahrt *f*
partido [par'tiðo] *m* Partei *f*; Spiel *nt*; ~ **de fútbol** Fußballspiel *nt*
partir [par'tir] *v* *weggehen, abreisen, *abfahren; **a** ~ **de** ab; von ... an
parto ['parto] *m* Entbindung *f*
párvulo ['parβulo] *m* Kleinkind *nt*; **escuela de párvulos** Kindergarten *m*
pasa ['pasa] *f* Rosine *f*; ~ **de Corinto** Korinthe *f*
pasado [pa'saðo] *adj* vorig, letzt, vergangen; *m* Vergangenheit *f*
pasaje [pa'saxe] *m* Durchgang *m*; Durchfahrt *f*
pasajero [pasa'xero] *m* Passagier *m*
pasaporte [pasa'porte] *m* Paß *m*
pasar [pa'sar] *v* passieren, sich ereignen; durchmachen; überholen; *vorbeifahren; reichen; *verbringen; ~ **por alto** *übersehen; **pasarse sin** entbehren
pasarela [pasa'rela] *f* Laufplanke *f*
Pascua ['paskwa] Ostern
paseante [pase'ante] *m* Spaziergänger *m*
pasear [pase'ar] *v* spazieren, bummeln
paseo [pa'seo] *m* Bummel *m*; Fahrt *f*; Promenade *f*
pasillo [pa'siʎo] *m* Flur *m*; Gang *m*
pasión [pa'sjon] *f* Leidenschaft *f*, Passion *f*
pasivo [pa'siβo] *adj* passiv
paso ['paso] *m* Schritt *m*, Tritt *m*; Gang *m*; Übergang *m*; Gebirgspaß *m*; **de** ~ beiläufig; ~ **a nivel** Bahnübergang *m*; **prioridad de** ~ Vorfahrtsrecht *nt*; **prohibido el** ~ Eintritt verboten
pasta ['pasta] *f* Paste *f*; ~ **dentífrica** Zahnpaste *f*
pastel [pas'tel] *m* Kuchen *m*
pastelería [pastele'ria] *f* Gebäck *nt*, Kuchen *m*; Konditorei *f*
pastilla [pas'tiʎa] *f* Tablette *f*
pastor [pas'tor] *m* Hirt *m*; Pastor *m*, Pfarrer *m*
pata ['pata] *f* Pfote *f*; Bein *nt*
patada [pa'taða] *f* Tritt *m*, Fußtritt *m*
patata [pa'tata] *f* Kartoffel *f*; **patatas fritas** Pommes frites
patear [pate'ar] *v* *stoßen, *treten;

stampfen
patente [pa'tente] *f* Patent *nt*
patillas [pa'tiʎas] *fpl* Backenbart *m*, Koteletten
patín [pa'tin] *m* Schlittschuh *m*; Roller *m*
patinar [pati'nar] *v* *eislaufen; schleudern
pato ['pato] *m* Ente *f*
patria ['patrja] *f* Vaterland *nt*
patriota [pa'trjota] *m* Patriot *m*
patrón [pa'tron] *m* Chef *m*, Meister *m*; Arbeitgeber *m*; Wirt *m*
patrona [pa'trona] *f* Wirtin *f*
patrulla [pa'truʎa] *f* Streife *f*
patrullar [patru'ʎar] *v* patrouillieren
paulatinamente [paulatina'mente] *adv* allmählich
pausa ['pausa] *f* Pause *f*; ***hacer una ~** pausieren
pavimentar [paβimen'tar] *v* pflastern
pavimento [paβi'mento] *m* Pflaster *nt*
pavo ['paβo] *m* Pfau *m*; Truthahn *m*
payaso [pa'jaso] *m* Clown *m*
paz [paθ] *f* Frieden *m*; Ruhe *f*
peaje [pe'axe] *m* Wegegeld *nt*
peatón [pea'ton] *m* Fußgänger *m*; **prohibido para los peatones** Fußgänger verboten
pecado [pe'kaðo] *m* Sünde *f*
pecio ['peθjo] *m* Wrack *nt*
peculiar [peku'ljar] *adj* sonderbar
pecho ['petʃo] *m* Brust *f*, Brustkasten *m*
pedal [pe'ðal] *m* Pedal *nt*
pedazo [pe'ðaθo] *m* Stück *nt*; Stückchen *nt*
pedernal [peðer'nal] *m* Feuerstein *m*
pedicuro [peði'kuro] *m* Fußpfleger *m*
pedido [pe'ðiðo] *m* Bestellung *f*
***pedir** [pe'ðir] *v* *bitten; bestellen; verlangen
pegajoso [peγa'xoso] *adj* klebrig
pegar [pe'γar] *v* *schlagen; kleben, ankleben; **pegarse** *v* *anbrennen
peinado [pei'naðo] *m* Haartracht *f*, Frisur *f*
peinar [pei'nar] *v* kämmen
peine ['peine] *m* Kamm *m*; **~ de bolsillo** Taschenkamm *m*
pelar [pe'lar] *v* schälen
peldaño [pel'daɲo] *m* Stufe *f*
pelea [pe'lea] *f* Streit *m*
peletero [pele'tero] *m* Kürschner *m*
pelícano [pe'likano] *m* Pelikan *m*
película [pe'likula] *f* Film *m*; **~ en colores** Farbfilm *m*
peligro [pe'liγro] *m* Gefahr *f*; Not *f*
peligroso [peli'γroso] *adj* gefährlich
pelmazo [pel'maθo] *m* Langweiler *m*
pelota [pe'lota] *f* Ball *m*
peluca [pe'luka] *f* Perücke *f*
peluquero [pelu'kero] *m* Friseur *m*
pelvis ['pelβis] *m* Becken *nt*
pellizcar [peʎiθ'kar] *v* *kneifen
pena ['pena] *f* Kummer *m*; Mühe *f*; Buße *f*; **~ de muerte** Todesstrafe *f*
penalty [pe'nalti] *m* Strafstoß *m*
pendiente [pen'djente] *adj* abschüssig; *m* Ohrring *m*, Anhänger *m*; *f* Gefälle *nt*, Abhang *m*
penetrar [pene'trar] *v* *durchdringen
penicilina [peniθi'lina] *f* Penicillin *nt*
península [pe'ninsula] *f* Halbinsel *f*
pensador [pensa'ðor] *m* Denker *m*
pensamiento [pensa'mjento] *m* Gedanke *m*
***pensar** [pen'sar] *v* *denken; **~ en** *denken an
pensativo [pensa'tiβo] *adj* nachdenklich
pensión [pen'sjon] *f* Fremdenheim *nt*, Pension *f*; Rente *f*; **~ alimenticia** Alimente *ntpl*; **~ completa** Vollpension *f*
Pentecostés [pentekos'tes] *m* Pfingsten
peña ['peɲa] *f* Felsblock *m*

peón [pe'on] *m* Bauer *m*
peor [pe'or] *adj* schlechter; *adv* schlechter
pepino [pe'pino] *m* Gurke *f*
pepita [pe'pita] *f* Kern *m*
pequeño [pe'keɲo] *adj* klein
pera ['pera] *f* Birne *f*
perca ['perka] *f* Barsch *m*
percepción [perθep'θjon] *f* Empfindung *f*
perceptible [perθep'tiβle] *adj* wahrnehmbar
percibir [perθi'βir] *v* *wahrnehmen
percha ['pertʃa] *f* Aufhänger *m*, Kleiderbügel *m*, Kleiderhaken *m*; Garderobenständer *m*
***perder** [per'ðer] *v* *verlieren; verpassen, einbüßen; vergeuden; **perdido** *adj* verirrt
pérdida ['perðiða] *f* Verlust *m*
perdiz [per'ðiθ] *f* Rebhuhn *nt*
perdón [per'ðon] *m* Verzeihung *f*; Gnade *f*; **¡perdón**! Entschuldigung!
perdonar [perðo'nar] *v* entschuldigen, *verzeihen
perecedero [pereθe'ðero] *adj* leicht verderblich
***perecer** [pere'θer] *v* *umkommen
peregrinación [pereγrina'θjon] *f* Pilgerfahrt *f*
peregrino [pere'γrino] *m* Pilger *m*
perejil [pere'xil] *m* Petersilie *f*
perezoso [pere'θoso] *adj* faul
perfección [perfek'θjon] *f* Perfektion *f*, Vollkommenheit *f*
perfecto [per'fekto] *adj* vollkommen; einwandfrei
perfil [per'fil] *m* Profil *nt*
perfume [per'fume] *m* Parfüm *nt*
periódico [pe'rjoðiko] *adj* periodisch; *m* Zeitschrift *f*, Zeitung *f*; **vendedor de periódicos** Zeitungshändler *m*
periodismo [perjo'dizmo] *m* Journalismus *m*
periodista [perjo'ðista] *m* Journalist *m*
período [pe'rioðo] *m* Zeitabschnitt *m*, Termin *m*
perito [pe'rito] *m* Fachmann *m*, Kenner *m*
perjudicar [perxuði'kar] *v* schaden
perjudicial [perxuði'θjal] *adj* nachteilig, schädlich
perjuicio [per'xwiθjo] *m* Schaden *m*
perjurio [per'xurjo] *m* Meineid *m*
perla ['perla] *f* Perle *f*
***permanecer** [permane'θer] *v* *bleiben
permanente [perma'nente] *adj* dauernd; **planchado** ~ mit Dauerbügelfalte
permiso [per'miso] *m* Erlaubnis *f*, Bewilligung *f*, Genehmigung *f*; Konzession *f*; ~ **de conducir** Führerschein *m*; ~ **de pesca** Angelschein *m*; ~ **de residencia** Aufenthaltsgenehmigung *f*; ~ **de trabajo** Arbeitsbewilligung *f*
permitir [permi'tir] *v* gestatten, erlauben, bewilligen; befähigen; **permitirse** *v* sich leisten
perno ['perno] *m* Bolzen *m*
pero ['pero] *conj* dennoch, doch, jedoch
peróxido [pe'roksiðo] *m* Wasserstoffsuperoxyd *nt*
perpendicular [perpendiku'lar] *adj* senkrecht
perpetuo [per'petwo] *adj* immerwährend
perra ['perra] *f* Hündin *f*
perrera [pe'rrera] *f* Hundehütte *f*; *m* Hundezwinger *m*
perro ['perro] *m* Hund *m*; ~ **lazarillo** Blindenhund *m*
persa ['persa] *adj* persisch; *m* Perser *m*
***perseguir** [perse'γir] *v* verfolgen; nachstreben

perseverar [perseβe'rar] *v* ausharren
Persia ['persja] *f* Persien
persiana [per'sjana] *f* Jalousie *f*, Fensterladen *m*
persistir [persis'tir] *v* *bestehen
persona [per'sona] *f* Person *f*; **por ~** pro Person
personal [perso'nal] *adj* persönlich; *m* Personal *nt*
personalidad [personali'ðað] *f* Persönlichkeit *f*
perspectiva [perspek'tiβa] *f* Perspektive *f*; Aussicht *f*
persuadir [perswaðir] *v* bereden, überreden
* **pertenecer** [pertene'θer] *v* gehören
pertenencias [perte'nenθjas] *fpl* Habe *f*
pertinaz [perti'naθ] *adj* hartnäckig
pesado [pe'saðo] *adj* schwer
pesadumbre [pesa'ðumbre] *f* Leid *nt*
pesar [pe'sar] *v* *wiegen; **a ~ de** trotz; ungeachtet
pesca ['peska] *f* Fischerei *f*
pescadería [peskaðe'ria] *f* Fischhandlung *f*
pescador [peska'ðor] *m* Fischer *m*
pescar [pes'kar] *v* angeln, fischen; **~ con caña** angeln
pesebre [pe'seβre] *m* Krippe *f*
pesimismo [pesi'mizmo] *m* Pessimismus *m*
pesimista [pesi'mista] *adj* pessimistisch; *m* Pessimist *m*
pésimo ['pesimo] *adj* schlechtest; schrecklich
peso ['peso] *m* Gewicht *nt*; Last *f*
pestaña [pes'taɲa] *f* Augenwimper *f*
petaca [pe'taka] *f* Beutel *m*; Tabaksbeutel *m*
pétalo ['petalo] *m* Blumenblatt *nt*
petición [peti'θjon] *f* Bittschrift *f*
petirrojo [peti'rroxo] *m* Rotkehlchen *nt*
petróleo [pe'troleo] *m* Petroleum *nt*; **~ lampante** Kerosin *nt*; **pozo de ~** Ölquelle *f*; **refinería de ~** Ölraffinerie *f*
pez [peθ] *m* Fisch *m*
piadoso [pja'ðoso] *adj* fromm
pianista [pja'nista] *m* Pianist *m*
piano ['pjano] *m* Klavier *nt*; **~ de cola** Flügel *m*
picadero [pika'ðero] *m* Reitschule *f*
picadura [pika'ðura] *f* Stich *m*; Zigarettentabak *m*
picante [pi'kante] *adj* pikant
picar [pi'kar] *v* jucken; zerhacken; *stechen
pícaro ['pikaro] *m* Schalk *m*
picazón [pika'θon] *f* Jucken *nt*
pico ['piko] *m* Schnabel *m*; Gipfel *m*; Spitzhacke *f*
pie [pje] *m* Fuß *m*; **a ~** zu Fuß; **de ~** aufrecht; ***estar de ~** *stehen; **~ de cabra** Brecheisen *nt*
piedad [pje'ðað] *f* Mitleid *nt*; ***tener ~ de** Mitleid *haben mit
piedra ['pjeðra] *f* Stein *m*; **de ~** steinern; **~ miliar** Meilenstein *m*; **~ pómez** Bimsstein *m*; **~ preciosa** Edelstein *m*
piel [pjel] *f* Haut *f*; Pelz *m*, Fell *nt*; Schale *f*; Pelzwerk *nt*; **de ~** Leder-, ledern; **~ de cerdo** Schweinsleder *nt*
pierna ['pjerna] *f* Bein *nt*
pieza ['pjeθa] *f* Stück *nt*; **de dos piezas** zweiteilig; **~ de repuesto** Ersatzteil *nt*; **~ en un acto** Einakter *m*
pijama [pi'xama] *m* Pyjama *m*
pilar [pi'lar] *m* Säule *f*
píldora ['pildora] *f* Pille *f*
pileta [pi'leta] *f* Ausguß *m*
piloto [pi'loto] *m* Pilot *m*
pillo ['piʎo] *m* Schelm *m*
pimienta [pi'mjenta] *f* Pfeffer *m*

pincel [pin'θel] *m* Pinsel *m*
pinchado [pin'tʃaðo] *adj* durchstochen
pinchar [pin'tʃar] *v* *stechen
pinchazo [pin'tʃaθo] *m* Reifenpanne *f*
pingüino [piŋ'gwino] *m* Pinguin *m*
pino ['pino] *m* Tanne *f*
pintar [pin'tar] *v* malen, *anstreichen
pintor [pin'tor] *m* Maler *m*
pintoresco [pinto'resko] *adj* pittoresk, malerisch
pintura [pin'tura] *f* Farbe *f*; Gemälde *nt*; ~ **al óleo** Ölgemälde *nt*
pinzas ['pinθas] *fpl* Pinzette *f*
pinzón [pin'θon] *m* Fink *m*
piña ['piɲa] *f* Ananas *f*
pío ['pio] *adj* fromm
piojo ['pjoxo] *m* Laus *f*
pionero [pjo'nero] *m* Pionier *m*
pipa ['pipa] *f* Pfeife *f*
pirata [pi'rata] *m* Seeräuber *m*
pisar [pi'sar] *v* *treten
piscina [pi'θina] *f* Schwimmbad *nt*
piso ['piso] *m* Etage *f*, Stockwerk *nt*, Geschoß *nt*; Wohnung *f*; ~ **bajo** Erdgeschoß *nt*
pista ['pista] *f* Zirkusarena *f*; Bahn *f*; Fahrbahn *f*; ~ **de aterrizaje** Startbahn *f*; ~ **de patinaje** Schlittschuhbahn *f*, Eisbahn *f*
pistola [pis'tola] *f* Pistole *f*
pistón [pis'ton] *m* Kolben *m*
pitillera [piti'ʎera] *f* Zigarettenetui *nt*
pizarra [pi'θarra] *f* Schiefer *m*; Wandtafel *f*
placa ['plaka] *f* Nummernschild *nt*
placer [pla'θer] *m* Vergnügen *nt*, Freude *f*
***placer** [pla'θer] *v* *gefallen
plaga ['plaγa] *f* Plage *f*
plan [plan] *m* Plan *m*
plancha ['plantʃa] *f* Bügeleisen *nt*; **no precisa** ~ bügelfrei
planchar [plan'tʃar] *v* bügeln
planeador [planea'ðor] *m* Segelflugzeug *nt*
planear [plane'ar] *v* planen
planeta [pla'neta] *m* Planet *m*
planetario [plane'tarjo] *m* Planetarium *nt*
plano ['plano] *adj* platt, eben, flach; *m* Grundriß *m*, Plan *m*; **primer** ~ Vordergrund *m*
planta ['planta] *f* Pflanze *f*
plantación [planta'θjon] *f* Plantage *f*
plantar [plan'tar] *v* pflanzen
plantear [plante'ar] *v* stellen
plástico ['plastiko] *m* Kunststoff *m*; **de** ~ Kunststoff-
plata ['plata] *f* Silber *nt*; **de** ~ silbern; ~ **labrada** Silber *nt*
plátano ['platano] *m* Banane *f*
platero [pla'tero] *m* Silberschmied *m*
platija [pla'tixa] *f* Scholle *f*
platillo [pla'tiʎo] *m* Untertasse *f*
platino [pla'tino] *m* Platin *nt*
plato ['plato] *m* Teller *m*; Platte *f*, Gang *m*; ~ **para sopa** Suppenteller *m*
playa ['plaja] *f* Strand *m*; ~ **de veraneo** Seebad *nt*; ~ **para nudistas** FKK-Strand *m*
plaza ['plaθa] *f* Platz *m*; ~ **de mercado** Marktplatz *m*; ~ **de toros** Stierkampfarena *f*; ~ **fuerte** Burg *f*
plazo ['plaθo] *m* Frist *f*; Ratenzahlung *f*; **compra a plazos** Teilzahlungskauf *m*
pleamar [plea'mar] *f* Flut *f*
***plegar** [ple'γar] *v* zerknittern
pliegue ['pljeγe] *m* Falte *f*
plomero [plo'mero] *m* Installateur *m*
plomo ['plomo] *m* Blei *nt*
pluma ['pluma] *f* Feder *f*
plural [plu'ral] *m* Mehrzahl *f*
población [poβla'θjon] *f* Bevölkerung *f*
pobre ['poβre] *adj* arm; ärmlich
pobreza [po'βreθa] *f* Armut *f*
poco ['poko] *adj* wenig; *m* bißchen;

dentro de ~ sogleich; **un** ~ was
poder [po'ðer] *m* Macht *f*; Machtbefugnis *f*
***poder** [po'ðer] *v* *können; *dürfen, *mögen
poderoso [poðe'roso] *adj* mächtig
podrido [po'ðriðo] *adj* verdorben
poema [po'ema] *m* Gedicht *nt*; ~ **épico** Epos *nt*
poesía [poe'sia] *f* Dichtung *f*
poeta [po'eta] *m* Dichter *m*
poético [po'etiko] *adj* dichterisch
polaco [po'lako] *adj* polnisch; *m* Pole *m*
polea [po'lea] *f* Rolle *f*
policía [poli'θia] *f* Polizei *f*
polifacético [polifa'θetiko] *adj* vielseitig
polilla [po'liʎa] *f* Motte *f*
polio ['poljo] *f* Polio *f*
poliomielitis [poljomje'litis] *f* Kinderlähmung *f*
política [po'litika] *f* Vorgehen *nt*, Politik *f*
político [po'litiko] *adj* politisch; *m* Politiker *m*
póliza ['poliθa] *f* Police *f*
Polonia [po'lonja] *f* Polen
polución [polu'θjon] *f* Verunreinigung *f*
polvera [pol'βera] *f* Puderdose *f*
polvo ['polβo] *m* Staub *m*; Puder *m*; Grus *m*; ~ **para los dientes** Zahnpulver *nt*; ~ **para los pies** Fußpuder *m*
pólvora ['polβora] *f* Schießpulver *nt*
polvoriento [polβo'rjento] *adj* staubig
pollero [po'ʎero] *m* Geflügelhändler *m*
pollo ['poʎo] *m* Huhn *nt*; Küken *nt*
pomelo [po'melo] *m* Pampelmuse *f*
pómulo ['pomulo] *m* Backenknochen *m*
ponderado [ponde'raðo] *adj* besonnen
***poner** [po'ner] *v* setzen, legen, stellen; ***ponerse** *v* *anziehen
pony ['poni] *m* Pony *nt*
popelín [pope'lin] *m* Popelin *m*
popular [popu'lar] *adj* beliebt; Volks-; **canción** ~ Volkslied *nt*; **danza** ~ Volkstanz *m*
populoso [popu'loso] *adj* dicht bevölkert
por [por] *prep* von, durch; aus; über; wegen; mal
porcelana [porθe'lana] *f* Porzellan *nt*
porcentaje [porθen'taxe] *m* Prozentsatz *m*
porción [por'θjon] *f* Portion *f*
porque ['porke] *conj* weil, denn; **por qué** warum
porra ['porra] *f* Keule *f*
portador [porta'ðor] *m* Inhaber *m*
portaequipajes [portaeki'paxes] *m* Kofferraum *m*
portafolio [porta'foljo] *m* Aktentasche *f*
portaligas [porta'liγas] *m* Hüfthalter *m*
portátil [por'tatil] *adj* tragbar
portero [por'tero] *m* Portier *m*, Pförtner *m*; Torwart *m*
pórtico ['portiko] *m* Bogengang *m*
portilla [por'tiʎa] *f* Luke *f*
portón [por'ton] *m* Tor *nt*
Portugal [portu'γal] *m* Portugal
portugués [portu'γes] *adj* portugiesisch; *m* Portugiese *m*
porvenir [porβe'nir] *m* Zukunft *f*
posada [po'saða] *f* Gasthof *m*
posadero [posa'ðero] *m* Gastwirt *m*
***poseer** [pose'er] *v* *besitzen
posesión [pose'sjon] *f* Besitz *m*
posibilidad [posiβili'ðað] *f* Möglichkeit *f*
posible [po'siβle] *adj* möglich
posición [posi'θjon] *f* Lage *f*, Position *f*
positiva [posi'tiβa] *f* Positiv *nt*, Abzug

m
positivo [posi'tiβo] *adj* positiv
postal ilustrada [pos'tal ilus'traða] Ansichtskarte *f*
poste ['poste] *m* Pfosten *m*; ~ **de farol** Laternenpfahl *m*; ~ **de indicador** Wegweiser *m*
poster [pos'ter] *m* Plakat *nt*
posterior [poste'rjor] *adj* folgend
postizo [pos'tiθo] *m* Toupet *nt*
postre ['postre] *m* Nachtisch *m*
potable [po'taβle] *adj* trinkbar
potencia [po'tenθja] *f* Leistungsfähigkeit *f*; Macht *f*
pozo ['poθo] *m* Brunnen *m*; Quelle *f*; ~ **de petróleo** Ölquelle *f*
práctica ['praktika] *f* Praxis *f*
prácticamente ['praktikamente] *adv* nahezu
practicar [prakti'kar] *v* ausüben
práctico ['praktiko] *adj* praktisch; geschäftsmäßig; *m* Lotse *m*
prado ['praðo] *m* Wiese *f*, Weide *f*
precario [pre'karjo] *adj* heikel
precaución [prekau'θjon] *f* Vorsicht *f*, Vorsichtsmaßnahme *f*
precaverse [preka'βerse] *v* sich in Acht *nehmen
precedente [preθe'ðente] *adj* vorig, vorhergehend
preceder [preθe'ðer] *v* *vorangehen
precio ['preθjo] *m* Preis *m*; Gebühr *f*, Satz *m*; ~ **de compra** Kaufpreis *m*; ~ **del billete** Fahrgeld *nt*
precioso [pre'θjoso] *adj* teuer; wunderbar
precipicio [preθi'piθjo] *m* Abgrund *m*
precipitación [preθipita'θjon] *f* Niederschläge *mpl*
precipitarse [preθipi'tarse] *v* eilen; abstürzen; **precipitado** *adj* übereilt
preciso [pre'θiso] *adj* präzis; exakt, genau
predecesor [preðeθe'sor] *m* Vorgänger *m*
***predecir** [preðe'θir] *v* vorhersagen
predicar [preði'kar] *v* predigen
preferencia [prefe'renθja] *f* Vorzug *m*
preferible [prefe'riβle] *adj* vorzuziehend
***preferir** [prefe'rir] *v* *vorziehen; **preferido** *adj* Lieblings-
prefijo [pre'fixo] *m* Präfix *nt*
pregunta [pre'γunta] *f* Frage *f*
preguntar [preγun'tar] *v* fragen; sich erkundigen; **preguntarse** *v* sich fragen
prejuicio [pre'xwiθjo] *m* Vorurteil *nt*
preliminar [prelimi'nar] *adj* einleitend; vorläufig
prematuro [prema'turo] *adj* vorzeitig
premio ['premjo] *m* Preis *m*; ~ **de consolación** Trostpreis *m*
prender [pren'der] *v* befestigen
prensa ['prensa] *f* Presse *f*; **conferencia de** ~ Pressekonferenz *f*
preocupación [preokupa'θjon] *f* Sorge *f*, Besorgtheit *f*
preocupado [preoku'paðo] *adj* besorgt
preocuparse de [preoku'parse] sich sorgen um
preparación [prepara'θjon] *f* Vorbereitung *f*
preparado [prepa'raðo] *adj* bereit, fertig
preparar [prepa'rar] *v* vorbereiten; fertigmachen, zurichten
preposición [preposi'θjon] *f* Präposition *f*
presa ['presa] *f* Damm *m*
prescindir [preθin'dir] *v* *auslassen; außer Acht *lassen; **prescindiendo de** abgesehen von
prescribir [preskri'βir] *v* *verschreiben
prescripción [preskrip'θjon] *f* Rezept *nt*
presencia [pre'senθja] *f* Gegenwart *f*, Anwesenheit *f*

presenciar [presen'θjar] *v* Zeuge *sein von
presentación [presenta'θjon] *f* Vorstellung *f*
presentar [presen'tar] *v* vorstellen; *anbieten, leisten; **presentarse** *v* sich melden
presente [pre'sente] *adj* anwesend; *m* Geschenk *nt*; Gegenwart *f*
preservar [preser'βar] *v* bewahren
preservativo [preserba'tiβo] *m* Kondom *m*
presidente [presi'ðente] *m* Vorsitzende *m*, Präsident *m*
presidir [presi'ðir] *v* *vorsitzen
presión [pre'sjon] *f* Druck *m*; ~ **atmosférica** Luftdruck *m*; ~ **del aceite** Öldruck *m*; ~ **del neumático** Reifendruck *m*
preso ['preso] *m* Häftling *m*; **coger** ~ *gefangennehmen
préstamo ['prestamo] *m* Anleihe *f*
prestar [pres'tar] *v* *leihen; ~ **atención a** beachten, *achtgeben auf, achten auf; **tomar prestado** borgen
prestidigitador [prestiðixita'ðor] *m* Zauberer *m*
prestigio [pres'tixjo] *m* Prestige *nt*
presumible [presu'miβle] *adj* vermutlich
presumido [presu'miðo] *adj* überheblich
presumir [presu'mir] *v* voraussetzen; prahlen
presuntuoso [presun'twoso] *adj* eingebildet; übermütig
presupuesto [presu'pwesto] *m* Voranschlag *m*, Budget *nt*
pretender [preten'der] *v* beanspruchen
pretensión [preten'sjon] *f* Anspruch *m*
pretexto [pre'teksto] *m* Vorwand *m*
* **prevenir** [preβe'nir] *v* *zuvorkommen, verhüten
preventivo [preβen'tiβo] *adj* vorbeugend
* **prever** [pre'βer] *v* erwarten, *vorhersehen
previo ['preβjo] *adj* vorhergehend
previsión [preβi'sjon] *f* Aussicht *f*, Vorhersage *f*
prima ['prima] *f* Base *f*; Prämie *f*
primario [pri'marjo] *adj* Grund-
primavera [prima'βera] *f* Frühling *m*, Lenz *m*
primero [pri'mero] *num* erste; *adj* Anfangs-
primitivo [primi'tiβo] *adj* primitiv
primo ['primo] *m* Vetter *m*
primordial [primor'ðjal] *adj* hauptsächlich
princesa [prin'θesa] *f* Prinzessin *f*
principal [prinθi'pal] *adj* wichtigst; Ober-, Haupt-, hauptsächlich; *m* Direktor *m*
principalmente [prinθipal'mente] *adv* hauptsächlich
príncipe ['prinθipe] *m* Prinz *m*
principiante [prinθi'pjante] *m* Anfänger *m*
principio [prin'θipjo] *m* Grundsatz *m*, Prinzip *nt*; **al** ~ anfangs
prioridad [prjori'ðað] *f* Vorrang *m*; Priorität *f*
prisa ['prisa] *f* Hast *f*, Eile *f*; ***dar** ~ rasen; ***darse** ~ sich beeilen; **de** ~ eilig
prisión [pri'sjon] *f* Gefängnis *nt*
prisionero [prisjo'nero] *m* Gefangene *m*; ~ **de guerra** Kriegsgefangene *m*
prismáticos [priz'matikos] *mpl* Feldstecher *m*
privado [pri'βaðo] *adj* privat
privar de [pri'βar] *entnehmen
privilegio [priβi'lexjo] *m* Vorrecht *nt*
probable [pro'βaβle] *adj* wahrscheinlich; vermutlich
probablemente [proβaβle'mente] *adv* wahrscheinlich

probador [proβa'ðor] *m* Anproberaum *m*
* **probar** [pro'βar] *v* versuchen; testen; kosten; * **probarse** *v* anprobieren
problema [pro'βlema] *m* Frage *f*, Problem *nt*
procedencia [proθe'ðenθja] *f* Herkunft *f*
proceder [proθe'ðer] *v* *verfahren
procedimiento [proθeði'mjento] *m* Verfahren *nt*
procesión [proθe'sjon] *f* Prozession *f*
proceso [pro'θeso] *m* Prozeß *m*, Gerichtsverfahren *nt*; Vorgang *m*
proclamar [prokla'mar] *v* proklamieren
procurador [prokura'ðor] *m* Anwalt *m*
procurar [proku'rar] *v* verschaffen
pródigo ['proðiγo] *adj* verschwenderisch
producción [proðuk'θjon] *f* Produktion *f*, Ausstoß *m*; ~ **en serie** Massenproduktion *f*
* **producir** [proðu'θir] *v* herstellen
producto [pro'ðukto] *m* Produkt *nt*, Ertrag *m*; Erlös *m*
productor [proðuk'tor] *m* Produzent *m*
profano [pro'fano] *m* Laie *m*
profesar [profe'sar] *v* *bekennen
profesión [profe'sjon] *f* Fach *nt*, Beruf *m*
profesional [profesjo'nal] *adj* beruflich
profesor [profe'sor] *m* Studienrat *m*, Lehrer *m*; Professor *m*
profesora [profe'sora] *f* Lehrerin *f*
profeta [pro'feta] *m* Prophet *m*
profundidad [profundi'ðað] *f* Tiefe *f*
profundo [pro'fundo] *adj* tief; tiefsinnig
programa [pro'γrama] *m* Programm *nt*
progresista [proγre'sista] *adj* fortschrittlich, progressiv
progresivo [proγre'siβo] *adj* zunehmend
progreso [pro'γreso] *m* Fortschritt *m*
prohibición [proiβi'θjon] *f* Verbot *nt*
prohibido [proi'βiðo] *adj* verboten
prohibir [proi'βir] *v* *verbieten
prolongación [prolonga'θjon] *f* Verlängerung *f*
prolongar [prolon'gar] *v* verlängern
promedio [pro'meðjo] *adj* durchschnittlich; *m* Durchschnitt *m*; **en** ~ durchschnittlich
promesa [pro'mesa] *f* Versprechen *nt*
prometer [prome'ter] *v* *versprechen
prometido [prome'tiðo] *adj* verlobt
promoción [promo'θjon] *f* Beförderung *f*
promontorio [promon'torjo] *m* Landzunge *f*
* **promover** [promo'βer] *v* fördern, befördern
pronombre [pro'nombre] *m* Fürwort *nt*
pronosticar [pronosti'kar] *v* voraussagen
pronto ['pronto] *adj* unverzüglich; *adv* bald, in kurzem; **tan ~ como** sobald als
pronunciación [pronunθja'θjon] *f* Aussprache *f*
pronunciar [pronun'θjar] *v* *aussprechen
propaganda [propa'γanda] *f* Propaganda *f*
propicio [pro'piθjo] *adj* günstig; wohlgesinnt
propiedad [propje'ðað] *f* Besitz *m*, Eigentum *nt*; Landsitz *m*
propietario [propje'tarjo] *m* Besitzer *m*, Eigentümer *m*; Hausbesitzer *m*
propina [pro'pina] *f* Trinkgeld *nt*
propio ['propjo] *adj* eigen
* **proponer** [propo'ner] *v* *vorschlagen
proporción [propor'θjon] *f* Verhältnis *nt*
proporcional [proporθjo'nal] *adj* proportional

proporcionar [proporθjo'nar] *v* anpassen; besorgen
propósito [pro'posito] *m* Absicht *f*; **a ~** übrigens
propuesta [pro'pwesta] *f* Vorschlag *m*
prórroga ['prorroɣa] *f* Verlängerung *f*
prosa ['prosa] *f* Prosa *f*
***proseguir** [prose'ɣir] *v* *fortfahren
prospecto [pros'pekto] *m* Prospekt *m*
prosperidad [prosperi'ðað] *f* Wohlstand *m*
próspero ['prospero] *adj* wohlhabend
prostituta [prosti'tuta] *f* Prostituierte *f*
protección [protek'θjon] *f* Schutz *m*
proteger [prote'xer] *v* schützen
proteína [prote'ina] *f* Protein *nt*
protesta [pro'testa] *f* Protest *m*
protestante [protes'tante] *adj* protestantisch
protestar [protes'tar] *v* protestieren
provechoso [proβe'tʃoso] *adj* einträglich
***proveer** [proβe'er] *v* liefern, beschaffen; **~ de** *versehen mit
proverbio [pro'βerβjo] *m* Sprichwort *nt*
provincia [pro'βinθja] *f* Provinz *f*
provincial [proβin'θjal] *adj* provinziell
provisional [proβisjo'nal] *adj* vorläufig
provisiones [proβi'sjones] *fpl* Vorrat *m*
provocar [proβo'kar] *v* anrichten
próximamente ['proksimamente] *adv* in kurzem, bald
próximo ['proksimo] *adj* nächst
proyectar [projek'tar] *v* projektieren; projizieren; *werfen
proyecto [pro'jekto] *m* Projekt *nt*, Plan *m*
proyector [projek'tor] *m* Scheinwerfer *m*
prudente [pru'ðente] *adj* vorsichtig, bedächtig, behutsam
prueba ['prweβa] *f* Versuch *m*, Probe *f*; Beweis *m*; **a ~** zur Ansicht
prurito [pru'rito] *m* Jucken *nt*
psicoanalista [sikoana'lista] *m* Psychoanalytiker *m*
psicología [sikolo'xia] *f* Psychologie *f*
psicológico [siko'loxiko] *adj* psychologisch
psicólogo [si'koloɣo] *m* Psychologe *m*
psiquiatra [si'kjatra] *m* Psychiater *m*
psíquico ['sikiko] *adj* psychisch
publicación [puβlika'θjon] *f* Veröffentlichung *f*
publicar [puβli'kar] *v* veröffentlichen, *herausgeben
publicidad [puβliθi'ðað] *f* Werbung *f*, Reklame *f*
público ['puβliko] *adj* öffentlich; *m* Publikum *nt*
pueblo ['pweβlo] *m* Volk *nt*; Dorf *nt*
puente ['pwente] *m* Brücke *f*; **~ colgante** Hängebrücke *f*; **~ levadizo** Zugbrücke *f*; **~ superior** Oberdeck *nt*
puerta ['pwerta] *f* Tür *f*; **~ corrediza** Schiebetür *f*; **~ giratoria** Drehtür *f*
puerto ['pwerto] *m* Hafen *m*; **~ de mar** Seehafen *m*
pues [pwes] *conj* da
puesta ['pwesta] *f* Einsatz *m*
puesto ['pwesto] *m* Stelle *f*, Platz *m*; Stellung *f*, Posten *m*; Stand *m*, Bude *f*; **~ de gasolina** Tankstelle *f*; **~ de libros** Bücherstand *m*
puesto que ['pwesto ke] da
pulcro ['pulkro] *adj* sorgfältig
pulgar [pul'ɣar] *m* Daumen *m*
pulir [pu'lir] *v* polieren
pulmón [pul'mon] *m* Lunge *f*
pulóver [pu'loβer] *m* Pullover *m*
púlpito ['pulpito] *m* Kanzel *f*
pulpo ['pulpo] *m* Polyp *m*
pulsera [pul'sera] *f* Armband *nt*, Armreif *m*
pulso ['pulso] *m* Puls *m*; Pulsschlag *m*
pulverizador [pulβeriθa'ðor] *m* Zer-

stäuber *m*
punta ['punta] *f* Spitze *f*
puntiagudo [puntja'γuðo] *adj* spitz
puntilla [pun'tiʎa] *f* Spitze *f*
punto ['punto] *m* Punkt *m*; Stich *m*; **géneros de ~** Wirkwaren *fpl*; ***hacer ~** stricken; **~ de congelación** Gefrierpunkt *m*; **~ de partida** Ausgangspunkt *m*; **~ de vista** Standpunkt *m*; **~ y coma** Strichpunkt *m*
puntual [pun'twal] *adj* genau, pünktlich
punzada [pun'θaða] *f* Stechen *nt*
punzar [pun'θar] *v* durchbohren
puñado [pu'ɲaðo] *m* Handvoll *f*
puñetazo [puɲe'taθo] *m* Faustschlag *m*; ***dar puñetazos** knuffen
puño ['puɲo] *m* Faust *f*; Manschette *f*
pupitre [pu'pitre] *m* Schulbank *f*, Pult *nt*
purasangre [pura'saŋgre] *adj* vollblütig
puro ['puro] *adj* rein; *m* Zigarre *f*
purpúreo [pur'pureo] *adj* purpur
pus [pus] *f* Eiter *m*

Q

que [ke] *pron* welcher, der; *conj* daß; wie, als
qué [ke] *pron* was; *adv* wie
quebradizo [keβra'ðiθo] *adj* knusprig
quebrantar [keβran'tar] *v* *brechen
***quebrar** [ke'βrar] *v* *brechen, *bersten
quedar [ke'ðar] *v* *übrigbleiben; **quedarse** *v* *bleiben
queja ['kexa] *f* Beschwerde *f*
quejarse [ke'xarse] *v* sich beschweren
quemadura [kema'ðura] *f* Brandwunde *f*; **~ del sol** Sonnenbrand *m*
quemar [ke'mar] *v* *brennen; *verbrennen
***querer** [ke'rer] *v* *wollen; gern *mögen
querida [ke'riða] *f* Liebling *m*; Mätresse *f*
querido [ke'riðo] *adj* geliebt, lieb; teuer; *m* Liebling *m*
queso ['keso] *m* Käse *m*
quien [kjen] *pron* wer; **a ~** wem
quienquiera [kjeŋ'kjera] *pron* wer auch immer
quieto ['kjeto] *adj* still, ruhig; ***estarse ~** *schweigen
quilate [ki'late] *m* Karat *nt*
quilla ['kiʎa] *f* Kiel *m*
química ['kimika] *f* Chemie *f*
químico ['kimiko] *adj* chemisch
quincalla [kiŋ'kaʎa] *f* Eisenwaren *fpl*
quince ['kinθe] *num* fünfzehn
quincena [kin'θena] *f* vierzehn Tage
quinceno [kin'θeno] *num* fünfzehnte
quinina [ki'nina] *f* Chinin *nt*
quinta ['kinta] *f* Landhaus *nt*
quinto¹ ['kinto] *num* fünfte
quinto² ['kinto] *m* Dienstpflichtige *m*
quiosco ['kjosko] *m* Kiosk *m*; **~ de periódicos** Zeitungsstand *m*
quitamanchas [kita'mantʃas] *m* Fleckenreinigungsmittel *nt*
quitar [ki'tar] *v* *wegnehmen, entfernen
quitasol [kita'sol] *m* Sonnenschirm *m*
quizás [ki'θas] *adv* vielleicht

R

rábano ['raβano] *m* Rettich *m*; **~ picante** Meerrettich *m*
rabia ['raβja] *f* Wut *f*; Tollwut *f*
rabiar [ra'βjar] *v* rasen, wüten
rabioso [ra'βjoso] *adj* wütend
racial [ra'θjal] *adj* Rassen-
ración [ra'θjon] *f* Ration *f*

radiador [raðja'ðor] *m* Heizkörper *m*
radical [raði'kal] *adj* radikal
radio ['raðjo] *m* Umkreis *m*; Speiche *f*; *f* Rundfunk *m*, Radio *nt*
radiografía [raðjoɣra'fia] *f* Röntgenbild *nt*
radiografiar [raðjoɣra'fjar] *v* röntgen
raedura [rae'ðura] *f* Kratzer *m*; ***hacer raeduras** kratzen
ráfaga ['rafaɣa] *f* Windstoß *m*
raíz [ra'iθ] *f* Wurzel *f*
rallar [ra'ʎar] *v* raspeln
rama ['rama] *f* Ast *m*
ramita [ra'mita] *f* Zweig *m*
ramo ['ramo] *m* Strauß *m*
rampa ['rampa] *f* Rampe *f*
rana ['rana] *f* Frosch *m*
rancio ['ranθjo] *adj* ranzig
rancho ['rantʃo] *mMe* Bauernhaus *nt*
rango ['raŋgo] *m* Rang *m*
ranura [ra'nura] *f* Schlitz *m*
rápidamente ['rapidamente] *adv* in Kürze
rapidez ['rapiðeθ] *f* Schnelligkeit *f*
rápido ['rapiðo] *adj* rasch, schnell; **rápidos de río** Stromschnelle *f*
raqueta [ra'keta] *f* Schläger *m*
raro ['raro] *adj* selten; komisch, seltsam, sonderbar; **raras veces** selten
rascacielos [raska'θjelos] *m* Wolkenkratzer *m*
rascar [ras'kar] *v* kratzen
rasgar [raz'ɣar] *v* *zerreißen
rasgo ['razɣo] *m* Zug *m*; Gesichtszug *m*; ~ **característico** Charakterzug *m*
rasgón [raz'ɣon] *m* Riß *m*
rasguño [raz'ɣuɲo] *m* Schramme *f*
raso ['raso] *adj* kahl; *m* Satin *m*
raspar [ras'par] *v* schaben
rastrear [rastre'ar] *v* nachspüren
rastrillo [ras'triʎo] *m* Harke *f*
rastro ['rastro] *m* Fährte *f*
rasurarse [rasu'rarse] *v* sich rasieren
rata ['rata] *f* Ratte *f*
rato ['rato] *m* Weile *f*
ratón [ra'ton] *m* Maus *f*
raya ['raja] *f* Strich *m*, Streifen *m*; Falte *f*; Scheitel *m*
rayado [ra'jaðo] *adj* gestreift
rayador [raja'ðor] *m* Reibe *f*
rayo ['rajo] *m* Strahl *m*
rayón [ra'jon] *m* Kunstseide *f*
raza ['raθa] *f* Rasse *f*
razón [ra'θon] *f* Verstand *m*, Vernunft *f*; Grund *m*; **no *tener ~** unrecht *haben; ***tener ~** recht *haben
razonable [raθo'naβle] *adj* billig, vernünftig
razonar [raθo'nar] *v* logisch *durchdenken
reacción [reak'θjon] *f* Reaktion *f*
reaccionar [reakθjo'nar] *v* reagieren
real [re'al] *adj* tatsächlich, wirklich; königlich
realidad [reali'ðað] *f* Wirklichkeit *f*; **en ~** tatsächlich, wirklich
realizable [reali'θaβle] *adj* durchführbar, ausführbar
realización [realiθa'θjon] *f* Leistung *f*
realizar [reali'θar] *v* realisieren, verwirklichen; durchführen
rebaja [re'βaxa] *f* Rabatt *m*; **rebajas** *fpl* Schlußverkauf *m*
rebajar [reβa'xar] *v* herabsetzen
rebaño [re'βaɲo] *m* Herde *f*
rebelde [re'βelde] *m* Rebell *m*
rebelión [reβe'ljon] *f* Aufstand *m*, Aufruhr *m*
recado [re'kaðo] *m* Botengang *m*
recambio [re'kambjo] *m* Ersatzteil *nt*
recaudar [rekau'ðar] *v* *erheben
recepción [reθep'θjon] *f* Empfang *m*
recepcionista [reθepθjo'nista] *f* Empfangsdame *f*
receptáculo [reθep'takulo] *m* Behälter *m*
receptor [reθep'tor] *m* Telephonhörer

m
receta [re'θeta] *f* Rezept *nt*
recibir [reθi'βir] *v* *bekommen, *empfangen
recibo [re'θiβo] *m* Beleg *m*, Empfangsschein *m*, Quittung *f*; Empfang *m*; **oficina de ~** Rezeption *f*
reciclable [reθi'klahβle] *adj* wiederverwertbar
reciclar [reθi'klar] *v* wiederverwerten
recién [re'θjen] *adv* kürzlich
reciente [re'θjente] *adj* jüngst
recio ['reθjo] *adj* kräftig
recíproco [re'θiproko] *adj* gegenseitig
recital [reθi'tal] *m* Solistenkonzert *nt*
reclamar [rekla'mar] *v* beanspruchen
recluta [re'kluta] *m* Rekrut *m*
recoger [reko'xer] *v* *aufnehmen, pflücken; holen, abholen, einholen; überholen
recogida [reko'xiða] *f* Leerung *f*
recomendación [rekomenda'θjon] *f* Empfehlung *f*
* **recomendar** [rekomen'dar] *v* *anempfehlen, *empfehlen
* **recomenzar** [rekomen'θar] *v* wieder *beginnen
recompensa [rekom'pensa] *f* Belohnung *f*
recompensar [rekompen'sar] *v* belohnen
reconciliación [rekonθilja'θjon] *f* Versöhnung *f*
* **reconocer** [rekono'θer] *v* *erkennen; *zugeben, *gestehen, *anerkennen; sich vergegenwärtigen
reconocimiento [rekonoθi'mjento] *m* Anerkennung *f*; Untersuchung *f*
récord ['rekorð] *m* Rekord *m*
* **recordar** [rekor'ðar] *v* erinnern; *denken an
recreación [rekrea'θjon] *f* Erholung *f*
recreo [re'kreo] *m* Erholung *f*; **patio de ~** Spielplatz *m*
recriar [re'krjar] *v* züchten
rectangular [rektaŋgu'lar] *adj* rechteckig
rectángulo [rek'taŋgulo] *m* Rechteck *nt*
rectificación [rektifika'θjon] *f* Verbesserung *f*
recto ['rekto] *adj* aufrecht
rector [rek'tor] *m* Pastor *m*
rectoría [rekto'ria] *f* Pfarre *f*
recuerdo [re'kwerðo] *m* Erinnerung *f*; Andenken *nt*
recuperación [rekupera'θjon] *f* Wiederherstellung *f*
recuperar [rekupe'rar] *v* wiedererlangen
rechazar [retʃa'θar] *v* *zurückweisen, *verwerfen
red [reð] *f* Netz *nt*; **~ de carreteras** Straßennetz *nt*; **~ de pescar** Fischnetz *nt*
redacción [reðak'θjon] *f* Formulierung *f*; Redaktion *f*
redactar [reðak'tar] *v* zusammenstellen; abfassen
redactor [reðak'tor] *m* Redakteur *m*
redecilla [reðe'θiʎa] *f* Haarnetz *nt*
redimir [reði'mir] *v* erlösen
rédito ['reðito] *m* Zins *m*
redondeado [reðonde'aðo] *adj* abgerundet
redondo [re'ðondo] *adj* rund
reducción [reðuk'θjon] *f* Preisnachlaß *m*, Ermäßigung *f*
* **reducir** [reðu'θir] *v* senken, vermindern, reduzieren
reembolsar [reembol'sar] *v* zurückzahlen, wiedererstatten
reemplazar [reempla'θar] *v* ersetzen
reemprender [reempren'der] *v* *wiederaufnehmen
reexpedir [reekspe'ðir] *v* *nachsenden
referencia [refe'renθja] *f* Referenz *f*,

Verweis *m*; **punto de ~** Landmarke *f*
***referir** [refe'rir] *v* *verweisen; erzählen
refinería [refine'ria] *f* Raffinerie *f*
reflector [reflek'tor] *m* Reflektor *m*; Scheinwerfer *m*
reflejar [refle'xar] *v* widerspiegeln
reflejo [re'flexo] *m* Spiegelung *f*
reflexionar [refleksjo'nar] *v* *nachdenken
Reforma [re'forma] *f* Reformation *f*
refractario [refrak'tarjo] *adj* feuerfest
refrenar [refre'nar] *v* zügeln
refrescar [refres'kar] *v* erfrischen
refresco [re'fresko] *m* Erfrischung *f*
refrigerador [refrixera'ðor] *m* Kühlschrank *m*, Eisschrank *m*
refugio [re'fuxjo] *m* Schutz *m*; Obdach *nt*
refunfuñar [refunfu'ɲar] *v* murren
regalar [reɣa'lar] *v* schenken
regaliz [reɣa'liθ] *m* Lakritze *f*
regalo [re'ɣalo] *m* Präsent *nt*, Geschenk *nt*
regata [re'ɣata] *f* Regatta *f*
regatear [reɣate'ar] *v* handeln
régimen ['reximen] *m* (pl regímenes) Regime *nt*; Verwaltung *f*; Diät *f*
regimiento [rexi'mjento] *m* Regiment *nt*
región [re'xjon] *f* Gegend *f*; Gebiet *nt*
regional [rexjo'nal] *adj* örtlich
***regir** [re'xir] *v* regieren, herrschen
registrar [rexis'trar] *v* *eintragen, aufzeichnen
registro [re'xistro] *m* Akte *f*
regla ['reɣla] *f* Regel *f*; Regelung *f*; Lineal *nt*; **en ~** in Ordnung; **por ~ general** in der Regel
reglamento [reɣla'mento] *m* Vorschrift *f*
regocijo [reɣo'θixo] *m* Freude *f*
regordete [reɣor'ðete] *adj* mollig
regresar [reɣre'sar] *v* *zurückgehen
regreso [re'ɣreso] *m* Rückkehr *f*; **viaje de ~** Rückfahrt *f*; **vuelo de ~** Rückflug *m*
regulación [reɣula'θjon] *f* Vorschrift *f*
regular [reɣu'lar] *v* regeln; *adj* regelmäßig
rehabilitación [reaβilita'θjon] *f* Rehabilitation *f*
rehén [re'en] *m* Geisel *f*
rehusar [reu'sar] *v* verweigern; ablehnen
reina ['reina] *f* Königin *f*
reinado [rei'naðo] *m* Herrschaft *f*
reino ['reino] *m* Reich *nt*, Königreich *nt*
reintegrar [reinte'ɣrar] *v* zurückzahlen, rückvergüten
reintegro [rein'teɣro] *m* Rückzahlung *f*, Rückvergütung *f*
***reír** [re'ir] *v* lachen
reivindicación [reiβindika'θjon] *f* Forderung *f*
reivindicar [reiβindi'kar] *v* fordern
reja ['rexa] *f* Rost *m*; Gatter *nt*, Tor *nt*
rejilla [re'xiʎa] *f* Gepäcknetz *nt*
relación [rela'θjon] *f* Beziehung *f*, Verbindung *f*; Meldung *f*
relacionar [relaθjo'nar] *v* *beziehen
relajación [relaxa'θjon] *f* Entspannung *f*
relajado [rela'xaðo] *adj* lässig
relámpago [re'lampaɣo] *m* Blitz *m*
relatar [rela'tar] *v* berichten
relativo [rela'tiβo] *adj* relativ, verhältnismäßig; **~ a** betreffs
relato [re'lato] *m* Geschichte *f*
relevar [rele'βar] *v* ablösen; erleichtern
relieve [re'ljeβe] *m* Relief *nt*
religión [reli'xjon] *f* Religion *f*
religioso [reli'xjoso] *adj* religiös
reliquia [re'likja] *f* Reliquie *f*

reloj [re'lox] *m* Uhr *f*; ~ **de bolsillo** Taschenuhr *f*; ~ **de pulsera** Armbanduhr *f*
relojero [relo'xero] *m* Uhrmacher *m*
reluciente [relu'θjente] *adj* leuchtend
***relucir** [relu'θir] *v* strahlen
rellenado [reʎe'nado] *adj* gefüllt
relleno [re'ʎeno] *m* Füllung *f*
remanente [rema'nente] *m* Überrest *m*
remar [re'mar] *v* rudern
remedio [re'meðjo] *m* Mittel *nt*; Heilmittel *nt*
***remendar** [remen'dar] *v* ausbessern; flicken
remesa [re'mesa] *f* Überweisung *f*
remitir [remi'tir] *v* *überweisen; ~ **a** *verweisen auf
remo ['remo] *m* Paddel *nt*, Ruder *nt*
remoción [remo'θjon] *f* Beseitigung *f*
remojar [remo'xar] *v* durchnässen
remolacha [remo'latʃa] *f* Bete *f*, Rübe *f*
remolcador [remolka'ðor] *m* Schlepper *m*
remolcar [remol'kar] *v* schleppen
remolque [re'molke] *m* Anhänger *m*
remoto [re'moto] *adj* abgelegen, entfernt
***remover** [remo'βer] *v* beseitigen
remuneración [remunera'θjon] *f* Entlohnung *f*
remunerar [remune'rar] *v* entschädigen
Renacimiento [renaθi'mjento] *m* Renaissance *f*
rendición [rendi'θjon] *f* Übergabe *f*
***rendir** [ren'dir] *v* sich lohnen; ~ **homenaje** huldigen; ***rendirse** *v* sich *ergeben
renglón [reŋ'glon] *m* Zeile *f*
reno ['reno] *m* Ren *nt*
renombre [re'nombre] *m* Ansehen *nt*
***renovar** [reno'βar] *v* erneuern
renta ['renta] *f* Einkommen *nt*
rentable [ren'taβle] *adj* rentabel
renunciar [renun'θjar] *v* *aufgeben
***reñir** [re'ɲir] *v* *streiten
reparación [repara'θjon] *f* Wiederherstellung *f*, Reparatur *f*; Instandsetzung *f*
reparar [repa'rar] *v* reparieren, flicken
repartir [repar'tir] *v* verteilen, austeilen
reparto [re'parto] *m* Lieferung *f*; **camioneta de** ~ Lieferwagen *m*
repelente [repe'lente] *adj* abstoßend
repentinamente [repentina'mente] *adv* plötzlich
repertorio [reper'torjo] *m* Repertoire *nt*
repetición [repeti'θjon] *f* Wiederholung *f*
repetidamente [repetiða'mente] *adv* immer wieder
***repetir** [repe'tir] *v* wiederholen
repleto [re'pleto] *adj* brechend voll, überfüllt
reportero [repor'tero] *m* Berichterstatter *m*
reposado [repo'saðo] *adj* ruhig
reposo [re'poso] *m* Ruhe *f*
reprender [repren'der] *v* tadeln, schimpfen
representación [representa'θjon] *f* Vertretung *f*; Aufführung *f*
representante [represen'tante] *m* Vertreter *m*
representar [represen'tar] *v* *vertreten; vorstellen
representativo [representa'tiβo] *adj* repräsentativ
reprimir [repri'mir] *v* unterdrücken
***reprobar** [repro'βar] *v* *verwerfen
reprochar [repro'tʃar] *v* *vorwerfen
reproche [re'protʃe] *m* Vorwurf *m*
reproducción [reproðuk'θjon] *f* Reproduktion *f*
***reproducir** [reproðu'θir] *v* reproduzieren
reptil [rep'til] *m* Reptil *nt*

república [re'puβlika] *f* Republik *f*
republicano [repuβli'kano] *adj* republikanisch
repuesto [re'pwesto] *m* Vorrat *m*; Ersatzfüllung *f*
repugnancia [repuɣ'nanθja] *f* Abneigung *f*
repugnante [repuɣ'nante] *adj* widerwärtig, widerlich
repulsivo [repul'siβo] *adj* widerwärtig
reputación [reputa'θjon] *f* Ruf *m*
requerimiento [rekeri'mjento] *m* Erfordernis *nt*
* **requerir** [reke'rir] *v* erfordern, verlangen
resaca [re'saka] *f* Unterströmung *f*; Kater *m*
resbaladizo [rezβala'ðiθo] *adj* glitschig, schlüpfrig
resbalar [rezβa'lar] *v* ausrutschen, *gleiten
rescatar [reska'tar] *v* retten
rescate [res'kate] *m* Rettung *f*; Lösegeld *nt*
* **resentirse por** [resen'tirse] *übelnehmen
reseña [re'seɲa] *f* Besprechung *f*
reserva [re'serβa] *f* Vorbehalt *m*; Reserve *f*; Reservierung *f*; **de ~** Reserve-
reservación [reserβa'θjon] *f* Reservierung *f*, Einschreibung *f*
reservar [reser'βar] *v* mieten; vorbestellen, reservieren, buchen
resfriado [res'frjaðo] *m* Erkältung *f*
resfriarse [res'frjarse] *v* sich erkälten
residencia [resi'ðenθja] *f* Wohnsitz *m*
residente [resi'ðente] *adj* wohnhaft; *m* Ortsansässige *m*
residir [resi'ðir] *v* wohnen
residuo [re'siðwo] *m* Rest *m*
resignación [resiɣna'θjon] *f* Rücktritt *m*
resignar [resiɣ'nar] *v* *zurücktreten
resina [re'sina] *f* Harz *m*
resistencia [resis'tenθja] *f* Widerstand *m*
resistir [resis'tir] *v* *widerstehen
resolución [resolu'θjon] *f* Entscheidung *f*
* **resolver** [resol'βer] *v* lösen
* **resonar** [reso'nar] *v* erschallen
respectivo [respek'tiβo] *adj* jeweilig
respecto a [res'pekto a] betreffs, hinsichtlich, in Anbetracht
respetable [respe'taβle] *adj* achtbar, ehrbar
respetar [respe'tar] *v* achten
respeto [res'peto] *m* Ehrfurcht *f*, Respekt *m*
respetuoso [respe'twoso] *adj* ehrerbietig
respiración [respira'θjon] *f* Atmung *f*
respirar [respi'rar] *v* atmen
* **resplandecer** [resplande'θer] *v* glänzen
resplandor [resplan'dor] *m* Glanz *m*
responder [respon'der] *v* antworten; **~ a** beantworten
responsabilidad [responsaβili'ðað] *f* Verantwortlichkeit *f*; Haftbarkeit *f*
responsable [respon'saβle] *adj* verantwortlich; haftbar
respuesta [res'pwesta] *f* Antwort *f*
* **restablecerse** [restaβle'θerse] *v* sich erholen
restablecimiento [restaβleθi'mjento] *m* Erholung *f*
restante [res'tante] *adj* übrig
restar [res'tar] *v* subtrahieren
restaurante [restau'rante] *m* Restaurant *nt*; **~ de autoservicio** Selbstbedienungsrestaurant *nt*
resto ['resto] *m* Rest *m*; Überbleibsel *nt*, Restbestand *m*
restricción [restrik'θjon] *f* Einschränkung *f*
resuelto [re'swelto] *adj* resolut, ent-

schlossen
resultado [resul'taðo] *m* Ergebnis *nt*; Folge *f*, Resultat *nt*
resultar [resul'tar] *v* sich *ergeben; sich herausstellen
resumen [re'sumen] *m* Zusammenfassung *f*, Übersicht *f*
retardar [retar'ðar] *v* verzögern,
retina [re'tina] *f* Netzhaut *f*
retirar [reti'rar] *v* *zurückziehen
reto ['reto] *m* Herausforderung *f*
retrasado [retra'saðo] *adj* verspätet
retraso [re'traso] *m* Aufenthalt *m*
retrato [re'trato] *m* Porträt *nt*
retrete [re'trete] *m* Toilette *f*
retroceso [retro'θeso] *m* Rückgang *m*
retumbo [re'tumbo] *m* Dröhnen *nt*
reumatismo [reuma'tizmo] *m* Rheumatismus *m*
reunión [reu'njon] *f* Treffen *nt*, Versammlung *f*
reunir [reu'nir] *v* vereinigen, versammeln; wiedervereinigen
revelación [reβela'θjon] *f* Enthüllung *f*
revelar [reβe'lar] *v* enthüllen; *verraten; entwickeln
revendedor [reβende'ðor] *m* Wiederverkäufer *m*
***reventar** [reβen'tar] *v* *bersten
reventón [reβen'ton] *m* Reifenpanne *f*
reverencia [reβe'renθja] *f* Ehrerbietung *f*
reverso [re'βerso] *m* Kehrseite *f*
revés [re'βes] *m* Rückschlag *m*; **al** ~ andersherum; umgekehrt; verkehrt
revisar [reβi'sar] *v* überarbeiten, überholen
revisión [reβi'sjon] *f* Überarbeitung *f*
revisor [reβi'sor] *m* Schaffner *m*
revista [re'βista] *f* Zeitschrift *f*; Kabarett *nt*; ~ **mensual** Monatsheft *nt*
revocar [reβo'kar] *v* *widerrufen
revolución [reβolu'θjon] *f* Revolution *f*; Umdrehung *f*
revolucionar [reβoluθjo'nar] *v* rebellieren
revolucionario [reβoluθjo'narjo] *adj* revolutionär
***revolver** [reβol'βer] *v* rühren
revólver [re'βolβer] *m* Revolver *m*
revuelta [re'βwelta] *f* Aufruhr *m*
rey [rei] *m* König *m*
rezar [re'θar] *v* beten
riada ['rjaða] *f* Flut *f*
ribera [ri'βera] *f* Flußufer *nt*, Ufer *nt*
rico ['riko] *adj* reich; wohlschmeckend, schmackhaft, lecker
ridiculizar [riðikuli'θar] *v* bespötteln
ridículo [ri'ðikulo] *adj* lächerlich
riesgo ['rjezγo] *m* Risiko *nt*
rifle ['rifle] *m* Gewehr *nt*
rigoroso [riγo'roso] *adj* streng
riguroso [riγu'roso] *adj* rauh
rima ['rima] *f* Reim *m*
rímel ['rimel] *m* Wimperntusche *f*
rincón [riŋ'kon] *m* Winkel *m*
rinoceronte [rinoθe'ronte] *m* Nashorn *nt*
riña ['riɲa] *f* Zank *m*
riñón [ri'ɲon] *m* Niere *f*
río ['rio] *m* Fluß *m*; ~ **abajo** stromabwärts; ~ **arriba** stromaufwärts
riqueza [ri'keθa] *f* Reichtum *m*
risa ['risa] *f* Gelächter *nt*, Lachen *nt*
ritmo ['ritmo] *m* Rhythmus *m*; Tempo *nt*
rival [ri'βal] *m* Rivale *m*
rivalidad [riβali'ðað] *f* Rivalität *f*
rivalizar [riβali'θar] *v* rivalisieren
rizador [riθa'ðor] *m* Brennschere *f*
rizar [ri'θar] *v* locken
rizo ['riθo] *m* Locke *f*
robar [ro'βar] *v* rauben; *einbrechen
roble ['roβle] *m* Eiche *f*
robo ['roβo] *m* Raub *m*, Diebstahl *m*
robusto [ro'βusto] *adj* stark, robust
roca ['roka] *f* Felsen *m*
rocío [ro'θio] *m* Tau *m*

rocoso [ro'koso] *adj* felsig
rodaballo [roða'βaʎo] *m* Glattbutt *m*
***rodar** [ro'ðar] *v* rollen
rodear [roðe'ar] *v* *einschließen, umringen; *umgehen
rodilla [ro'ðiʎa] *f* Knie *nt*
***rogar** [ro'ɣar] *v* *bitten
rojo ['roxo] *adj* rot
rollo ['roʎo] *m* Rolle *f*
romano [ro'mano] *adj* römisch
Romanticismo [romanti'θizmo] *m* Romantik *f*
romántico [ro'mantiko] *adj* romantisch
rompecabezas [rompeka'βeθas] *m* Puzzlespiel *nt*
romper [rom'per] *v* *zerbrechen
roncar [roŋ'kar] *v* schnarchen
ronco ['roŋko] *adj* rauh, heiser
ropa ['ropa] *f* Kleidung *f*; ~ **de cama** Bettzeug *nt*; ~ **interior** Unterwäsche *fpl*; ~ **sucia** Wäsche *f*
rosa ['rosa] *f* Rose *f*; *adj* rosa
rosado [ro'saðo] *adj* rosa
rosario [ro'sarjo] *m* Rosenkranz *m*
rostro ['rostro] *m* Gesicht *nt*
rota ['rota] *f* Peddigrohr *nt*
roto ['roto] *adj* kaputt, entzwei
rótula ['rotula] *f* Kniescheibe *f*
rotular [rotu'lar] *v* beschriften
rótulo ['rotulo] *m* Etikett *nt*
rozadura [roθa'ðura] *f* Schramme *f*
rubí [ru'βi] *m* Rubin *m*
rubia ['ruβja] *f* Blondine *f*
rubio ['ruβjo] *adj* blond
ruborizarse [ruβori'θarse] erröten
rubricar [ruβri'kar] *v* abzeichnen
rueda ['rweða] *f* Rad *nt*; ~ **de repuesto** Reserverad *nt*
ruego ['rweɣo] *m* Bitte *f*
rugido [ru'xiðo] *m* Brüllen *nt*
rugir [ru'xir] *v* brüllen
ruibarbo [rwi'βarβo] *m* Rhabarber *m*
ruido ['rwiðo] *m* Lärm *m*; Geräusch *nt*
ruidoso [rwi'ðoso] *adj* hellhörig, lärmend
ruina ['rwina] *f* Ruine *f*; Untergang *m*
ruinoso [rwi'noso] *adj* baufällig
ruiseñor [rwise'ɲor] *m* Nachtigall *f*
ruleta [ru'leta] *f* Roulett *nt*
rulo ['rulo] *m* Lockenwickler *m*
Rumania [ru'manja] *f* Rumänien
rumano [ru'mano] *adj* rumänisch; *m* Rumäne *m*
rumbo ['rumbo] *m* Kurs *m*
rumor [ru'mor] *m* Gerücht *nt*
rural [ru'ral] *adj* ländlich
Rusia ['rusja] *f* Rußland
ruso ['ruso] *adj* russisch; *m* Russe *m*
rústico ['rustiko] *adj* ländlich
ruta ['ruta] *f* Route *f*; ~ **principal** Durchgangsstraße *f*
rutina [ru'tina] *f* Routine *f*

S

sábado ['saβaðo] *m* Sonnabend *m*
sábana ['saβana] *f* Laken *nt*
sabañón [saβa'ɲon] *m* Frostbeule *f*
***saber** [sa'βer] *v* *wissen; *können; **a** ~ nämlich; ~ **a** schmecken
sabiduría [saβiðu'ria] *f* Weisheit *f*
sabio ['saβjo] *adj* weise
sabor [sa'βor] *m* Geschmack *m*
sabroso [sa'βroso] *adj* schmackhaft
sacacorchos [saka'kortʃos] *mpl* Korkenzieher *m*
sacapuntas [saka'puntas] *m* Bleistiftspitzer *m*
sacar [sa'kar] *v* *herausnehmen; *abheben; ~ **brillo** putzen
sacarina [saka'rina] *f* Saccharin *nt*
sacerdote [saθer'ðote] *m* Priester *m*
saco ['sako] *m* Sack *m*; *mMe* Jacke *f*; ~ **de compras** Einkaufstasche *f*; ~ **de dormir** Schlafsack *m*

sacrificar [sakrifi'kar] *v* aufopfern
sacrificio [sakri'fiθjo] *m* Opfer *nt*
sacrilegio [sakri'lexjo] *m* Entheiligung *f*
sacristán [sakris'tan] *m* Küster *m*
sacudir [saku'ðir] *v* schütteln
sagrado [sa'ɣraðo] *adj* heilig
sainete [sai'nete] *m* Posse *f*
sal [sal] *f* Salz *nt*; **sales de baño** Badesalz *nt*
sala ['sala] *f* Saal *m*; ~ **de conciertos** Konzertsaal *m*; ~ **de espera** Wartezimmer *nt*; ~ **de estar** Wohnzimmer *nt*; ~ **de lectura** Lesesaal *m*; ~ **para fumar** Rauchzimmer *nt*
salado [sa'laðo] *adj* salzig
salario [sa'larjo] *m* Gehalt *nt*
salchicha [sal'tʃitʃa] *f* Wurst *f*
saldo ['saldo] *m* Saldo *m*
salero [sa'lero] *m* Salzfäßchen *nt*
salida [sa'liða] *f* Ausweg *m*, Ausgang *m*; Ausfahrt *f*; ~ **de emergencia** Notausgang *m*
***salir** [sa'lir] *v* *ausgehen; sich zeigen
saliva [sa'liβa] *f* Spucke *f*
salmón [sal'mon] *m* Lachs *m*
salón [sa'lon] *m* Salon *m*, Gesellschaftsraum *m*, Empfangszimmer *nt*; ~ **de baile** Ballsaal *m*; ~ **de belleza** Schönheitssalon *m*; ~ **de demostraciones** Ausstellungsraum *m*; ~ **de té** Teestube *f*
salpicadera [salpika'ðera] *fMe* Kotflügel *m*
salpicar [salpi'kar] *v* bespritzen
salsa ['salsa] *f* Soße *f*; Bratensoße *f*
saltamontes [salta'montes] *m* Heuschrecke *f*
saltar [sal'tar] *v* *springen; hüpfen
salto ['salto] *m* Sprung *m*, Hupf *m*
salud [sa'luð] *f* Gesundheit *f*
saludable [salu'ðaβle] *adj* bekömmlich
saludar [salu'ðar] *v* grüßen
saludo [sa'luðo] *m* Gruß *m*

salvador [salβa'ðor] *m* Retter *m*
salvaje [sal'βaxe] *adj* wild; wüst
salvar [sal'βar] *v* retten
sanatorio [sana'torjo] *m* Sanatorium *nt*
sandalia [san'dalja] *f* Sandale *f*; **sandalias de gimnasia** Turnschuhe *mpl*
sandía [san'dia] *f* Wassermelone *f*
sangrar [saŋ'grar] *v* bluten
sangre ['saŋgre] *f* Blut *nt*
sangriento [saŋ'grjento] *adj* blutig
sanitario [sani'tarjo] *adj* sanitär
sano ['sano] *adj* gesund
santo ['santo] *adj* heilig; *m* Heilige *m*; ~ **y seña** Losungswort *nt*
santuario [san'twarjo] *m* Heiligtum *nt*, Schrein *m*
sapo ['sapo] *m* Kröte *f*
sarampión [saram'pjon] *m* Masern *pl*
sardina [sar'ðina] *f* Sardine *f*
sartén [sar'ten] *f* Pfanne *f*; Bratpfanne *f*
sastre ['sastre] *m* Schneider *m*
satélite [sa'telite] *m* Satellit *m*
satisfacción [satisfak'θjon] *f* Befriedigung *f*, Genugtuung *f*
***satisfacer** [satisfa'θer] *v* zufriedenstellen, befriedigen; **satisfecho** zufrieden; satt
saudí [sau'ði] *adj* saudiarabisch
sauna ['sauna] *f* Sauna *f*
sazonar [saθo'nar] *v* würzen
se [se] *pron* sich; euch
secadora [seka'ðora] *f* Trockner *m*
secar [se'kar] *v* trocknen; abtrocknen
sección [sek'θjon] *f* Abschnitt *m*; Dienststelle *f*
seco ['seko] *adj* trocken
secretaria [sekre'tarja] *f* Sekretärin *f*
secretario [sekre'tarjo] *m* Sekretär *m*
secreto [se'kreto] *adj* geheim; *m* Geheimnis *nt*
sector [sek'tor] *m* Sektor *m*

secuencia [se'kwenθja] *f* Aufnahme *f*
secuestrador [sekwestra'ðor] *m* Kaper *m*
secundario [sekun'darjo] *adj* untergeordnet
sed [seð] *f* Durst *m*
seda ['seða] *f* Seide *f*
sede ['seðe] *f* Sitz *m*
sediento [se'ðjento] *adj* durstig
sedoso [se'ðoso] *adj* seiden
***seducir** [seðu'θir] *v* verführen
en seguida [en se'γiða] sofort
***seguir** [se'γir] *v* folgen; ~ **el paso** Schritt *halten mit; **todo seguido** geradeaus
según [se'γun] *prep* gemäß
segundo [se'γundo] *num* zweite; *m* Sekunde *f*
seguramente [seγura'mente] *adv* sicherlich
seguridad [seγuri'ðað] *f* Sicherheit *f*; **cinturón de** ~ Sicherheitsgurt *m*
seguro [se'γuro] *adj* sicher; *m* Versicherung *f*; **póliza de** ~ Versicherungspolice *f*; ~ **de viaje** Reiseversicherung *f*; ~ **de vida** Lebensversicherung *f*
seis [seis] *num* sechs
selección [selek'θjon] *f* Auswahl *f*
seleccionado [selekθjo'naðo] *adj* auserlesen
seleccionar [selekθjo'nar] *v* *auslesen
selecto [se'lekto] *adj* erlesen
selva ['selβa] *f* Urwald *m*, Forst *m*
selvoso [sel'βoso] *adj* bewaldet
sellar [se'ʎar] *v* frankieren
sello ['seʎo] *m* Briefmarke *f*; Siegel *nt*; Stempel *m*
semáforo [se'maforo] *m* Verkehrsampel *f*
semana [se'mana] *f* Woche *f*; **fin de** ~ Wochenende *nt*
semanal [sema'nal] *adj* wöchentlich
***sembrar** [sem'brar] *v* säen
semejante [seme'xante] *adj* egal
semejanza [seme'xanθa] *f* Ähnlichkeit *f*
semi- ['semi] Halb-
semicírculo [semi'θirkulo] *m* Halbkreis *m*
semilla [se'miʎa] *f* Samen *m*
senado [se'naðo] *m* Senat *m*
senador [sena'ðor] *m* Senator *m*
sencillo [sen'θiʎo] *adj* schlicht
senda ['senda] *f* Fußweg *m*, Pfad *m*
sendero [sen'dero] *m* Pfad *m*
senil [se'nil] *adj* senil
seno ['seno] *m* Busen *m*; Brust *f*
sensación [sensa'θjon] *f* Eindruck *m*, Sensation *f*; Gefühl *nt*, Empfindung *f*
sensacional [sensaθjo'nal] *adj* aufsehenerregend, sensationell
sensato [sen'sato] *adj* verständig; sachlich
sensibilidad [sensiβili'ðað] *f* Empfindlichkeit *f*
sensible [sen'siβle] *adj* empfindlich; wahrnehmbar
sensitivo [sensi'tiβo] *adj* empfindlich
***sentarse** [sen'tarse] *v* sich setzen; ***estar sentado** *sitzen; ***sentar bien** gut *stehen
sentencia [sen'tenθja] *f* Urteil *nt*
sentenciar [senten'θjar] *v* verurteilen
sentido [sen'tiðo] *m* Sinn *m*; Bedeutung *f*; Vernunft *f*; ~ **del honor** Ehrgefühl *nt*; **sin** ~ sinnlos
sentimental [sentimen'tal] *adj* sentimental
sentimiento [senti'mjento] *m* Gefühl *nt*
***sentir** [sen'tir] *v* fühlen, spüren; bedauern
seña ['seɲa] *f* Wink *m*; **señas personales** Personalbeschreibung *f*
señal [se'ɲal] *f* Zeichen *nt*, Signal *nt*, Merkmal *nt*; Vermerkhäkchen *nt*;

* **hacer señales** signalisieren; winken; ~ **de alarma** Notsignal *nt*
señalar [seɲa'lar] *v* anhaken, *angeben
señor [se'ɲor] *m* Herr *m*; mein Herr
señora [se'ɲora] *f* Dame *f*; Hausherrin *f*; gnädige Frau
señorita [seɲo'rita] *f* Fräulein *nt*
separación [separa'θjon] *f* Trennung *f*
separadamente [separaða'mente] *adv* getrennt
separado [sepa'raðo] *adj* getrennt; besonder; **por** ~ gesondert, apart
separar [sepa'rar] *v* trennen; losmachen
septentrional [septentrjo'nal] *adj* nördlich
septicemia [septi'θemja] *f* Blutvergiftung *f*
séptico ['septiko] *adj* septisch
septiembre [sep'tjembre] September
séptimo ['septimo] *num* siebente
sepulcro [se'pulkro] *m* Grab *nt*
sepultura [sepul'tura] *f* Grab *nt*
sequía [se'kia] *f* Dürre *f*
ser [ser] *m* Wesen *nt*, Geschöpf *nt*; ~ **humano** Mensch *m*
* **ser** [ser] *v* *sein
sereno [se'reno] *adj* ruhig
serie ['serje] *f* Folge *f*, Serie *f*
seriedad [serje'ðað] *f* Ernst *m*
serio ['serjo] *adj* seriös, ernst
sermón [ser'mon] *m* Predigt *f*
serpentear [serpente'ar] *v* sich *winden
serrín [se'rrin] *m* Sägemehl *nt*
servicial [serβi'θjal] *adj* hilfreich
servicio [ser'βiθjo] *m* Dienst *m*; Bedienung *f*; ~ **de habitación** Zimmerbedienung *f*; ~ **de mesa** Eßservice *nt*; ~ **postal** Postdienst *m*
servilleta [serβi'ʎeta] *f* Serviette *f*; ~ **de papel** Papierserviette *f*
* **servir** [ser'βir] *v* bedienen; nützen
sesenta [se'senta] *num* sechzig
sesión [se'sjon] *f* Sitzung *f*
seta ['seta] *f* Champignon *m*
setenta [se'tenta] *num* siebzig
seto ['seto] *m* Hecke *f*
severo [se'βero] *adj* streng, ernst
sexo ['sekso] *m* Geschlecht *nt*
sexto ['seksto] *num* sechste
sexual [sek'swal] *adj* sexuell
sexualidad [sekswali'ðað] *f* Sexualität *f*; Sex *m*
si [si] *conj* falls, wenn; ob; **si** ... **o** ob ... oder; ~ **bien** obwohl
sí [si] ja
siamés [sja'mes] *adj* siamesisch; *m* Siamese *m*
SIDA ['siða] *m* Aids *nt*
siempre ['sjempre] *adv* immer
sien [sjen] *f* Schläfe *f*
sierra ['sjerra] *f* Säge *f*
siesta ['sjesta] *f* Schläfchen *nt*
siete ['sjete] *num* sieben
sifón [si'fon] *m* Siphon *m*
siglo ['siɣlo] *m* Jahrhundert *nt*
significado [siɣnifi'kaðo] *m* Bedeutung *f*
significar [siɣnifi'kar] *v* bedeuten
significativo [siɣnifika'tiβo] *adj* bedeutungsvoll
signo ['siɣno] *m* Zeichen *nt*; ~ **de interrogación** Fragezeichen *nt*
siguiente [si'ɣjente] *adj* nächst, folgend
sílaba ['silaβa] *f* Silbe *f*
silbar [sil'βar] *v* *pfeifen
silbato [sil'βato] *m* Pfeife *f*
silenciador [silenθja'ðor] *m* Auspufftopf *m*
silencio [si'lenθjo] *m* Stille *f*
silencioso [silen'θjoso] *adj* still
silla ['siʎa] *f* Sessel *m*, Stuhl *m*; Sattel *m*; ~ **de ruedas** Rollstuhl *m*; ~ **de tijera** Liegestuhl *m*
sillón [si'ʎon] *m* Lehnstuhl *m*
simbólico [sim'boliko] *adj* symbolisch

símbolo ['simbolo] *m* Symbol *nt*
similar [simi'lar] *adj* derartig, ähnlich
simpatía [simpa'tia] *f* Sympathie *f*
simpático [sim'patiko] *adj* sympathisch, nett; gefällig
simple ['simple] *adj* einfach
simular [simu'lar] *v* heucheln
simultáneamente [simul'taneamente] *adv* gleichzeitig
simultáneo [simul'taneo] *adj* gleichzeitig
sin [sin] *prep* ohne
sinagoga [sina'γoγa] *f* Synagoge *f*
sincero [sin'θero] *adj* aufrichtig; offenherzig
sindicato [sindi'kato] *m* Gewerkschaft *f*
sinfonía [sinfo'nia] *f* Symphonie *f*
singular [siŋgu'lar] *adj* merkwürdig, wunderlich; *m* Einzahl *f*
siniestro [si'njestro] *adj* verhängnisvoll, unheilvoll
sino ['sino] *conj* aber
sinónimo [si'nonimo] *m* Synonym *nt*
sintético [sin'tetiko] *adj* synthetisch
síntoma ['sintoma] *m* Symptom *nt*
sintonizar [sintoni'θar] *v* einstellen
siquiera [si'kjera] *adv* wenigstens; *conj* selbst wenn
sirena [si'rena] *f* Sirene *f*; Seejungfrau *f*
Siria ['sirja] *f* Syrien
sirio ['sirjo] *adj* syrisch; *m* Syrer *m*
sirviente [sir'βjente] *m* Diener *m*
sistema [sis'tema] *m* Ordnung *f*, System *nt*; ~ **de lubricación** Schmiersystem *nt*; ~ **de refrigeración** Kühlsystem *nt*
sistemático [siste'matiko] *adj* systematisch
sitio ['sitjo] *m* Lage *f*, Gelände *nt*; Platz *m*; Belagerung *f*
situación [sitwa'θjon] *f* Lage *f*
situado [si'twaðo] *adj* gelegen
situar [si'twar] *v* stellen
slogan ['sloγan] *m* Schlagwort *nt*
soberano [soβe'rano] *m* Herrscher *m*
soberbio [so'βerβjo] *adj* prächtig
sobornar [soβor'nar] *v* *bestechen
soborno [so'βorno] *m* Bestechung *f*
sobra ['soβra] *f* Überschuß *m*
sobrar [so'βrar] *v* übrig *bleiben; strotzen
sobre ['soβre] *prep* auf; *m* Briefumschlag *m*
sobrecubierta [soβreku'βjerta] *f* Umschlag *m*
sobreexcitado [soβreekθi'taðo] *adj* überspannt
sobrepeso [soβre'peso] *m* Übergewicht *nt*
sobretasa [soβre'tasa] *f* Zuschlag *m*
sobretodo [soβre'toðo] *m* Überzieher *m*, Überrock *m*
sobrevivir [soβreβi'βir] *v* überleben
sobrina [so'βrina] *f* Nichte *f*
sobrino [so'βrino] *m* Neffe *m*
sobrio ['soβrjo] *adj* nüchtern
social [so'θjal] *adj* Gesellschafts-, sozial
socialismo [soθja'lizmo] *m* Sozialismus *m*
socialista [soθja'lista] *adj* sozialistisch; *m* Sozialist *m*
sociedad [soθje'ðað] *f* Gemeinschaft *f*, Gesellschaft *f*; Unternehmen *nt*; Verein *m*
socio ['soθjo] *m* Mitglied *nt*; Teilhaber *m*
socorro [so'korro] *m* Hilfe *f*; **puesto de** ~ Unfallstation *f*
soda ['soða] *f* Sodawasser *nt*
sofá [so'fa] *m* Sofa *nt*
sofocante [sofo'kante] *adj* stickig
sofocarse [sofo'karse] *v* ersticken
soga ['soγa] *f* Seil *nt*
sol [sol] *m* Sonne *f*; **tomar el** ~ sich sonnen

solamente [sola'mente] *adv* nur, bloß
solapa [so'lapa] *f* Rockaufschlag *m*
soldado [sol'daðo] *m* Soldat *m*
soldador [solda'ðor] *m* Lötkolben *m*
soldadura [solda'ðura] *f* Lötstelle *f*
***soldar** [sol'dar] *v* löten; schweißen
soleado [sole'aðo] *adj* sonnig
soledad [sole'ðað] *f* Einsamkeit *f*
solemne [so'lemne] *adj* feierlich
***soler** [so'ler] *v* pflegen
solicitar [soliθi'tar] *v* *bitten; ~ **un puesto** sich *bewerben
solicitud [soliθi'tuð] *f* Bewerbung *f*
sólido ['soliðo] *adj* fest, solide; *m* Festkörper *m*
solitario [soli'tarjo] *adj* einsam
solo ['solo] *adj* einzig
sólo ['solo] *adv* allein; nur
***soltar** [sol'tar] *v* lockern
soltero [sol'tero] *adj* ledig; *m* Junggeselle *m*
solterona [solte'rona] *f* alte Jungfer
soluble [so'luβle] *adj* löslich
solución [solu'θjon] *f* Lösung *f*
sombra ['sombra] *f* Schatten *m*; ~ **para los ojos** Augenschminke *f*
sombreado [sombre'aðo] *adj* schattig
sombrerera [sombre'rera] *f* Modistin *f*
sombrero [som'brero] *m* Hut *m*
sombrío [som'brio] *adj* düster
someter [some'ter] *v* *unterwerfen
somnífero [som'nifero] *m* Schlafmittel *nt*
***sonar** [so'nar] *v* *klingen; läuten
sonido [so'niðo] *m* Klang *m*, Schall *m*
sonreír [sonre'ir] *v* lächeln
sonrisa [son'risa] *f* Lächeln *nt*
***soñar** [so'ɲar] *v* träumen
soñoliento [soɲo'ljento] *adj* schläfrig
sopa ['sopa] *f* Suppe *f*
soplar [so'plar] *v* *blasen; wehen
soportar [sopor'tar] *v* *ertragen, *aushalten; stützen
sóquet ['soket] *mMe* Fassung *f*
sorbo ['sorβo] *m* Schlückchen *nt*
sórdido ['sorðiðo] *adj* dreckig
sordo ['sorðo] *adj* taub
sorprender [sorpren'der] *v* überraschen; erwischen
sorpresa [sor'presa] *f* Überraschung *f*; Erstaunen *nt*
sorteo [sor'teo] *m* Ziehung *f*
sosegado [sose'ɣaðo] *adj* gesetzt
sospecha [sos'petʃa] *f* Verdacht *m*
sospechar [sospe'tʃar] *v* vermuten, verdächtigen
sospechoso [sospe'tʃoso] *adj* verdächtig; **persona sospechosa** Verdächtige *m*
sostén [sos'ten] *m* Büstenhalter *m*
***sostener** [soste'ner] *v* stützen
sota ['sota] *f* Bube *m*
sótano ['sotano] *m* Untergeschoß *nt*; Keller *m*
soto ['soto] *m* Hain *m*
soviético [so'βjetiko] *adj* sowjetisch
starter ['starter] *m* Choke *m*
su [su] *adj* sein; ihr
suahili [swa'ili] *m* Suaheli *nt*
suave ['swaβe] *adj* mild; leicht
subacuático [suβa'kwatiko] *adj* Unterwasser-
subalterno [suβal'terno] *adj* Unter-
subasta [su'βasta] *f* Versteigerung *f*
súbdito ['suβðito] *m* Staatsangehörige *m*
subestimar [suβesti'mar] *v* unterschätzen
subida [su'βiða] *f* Aufstieg *m*, Steigung *f*
subir [su'βir] *v* *steigen, *aufgehen, *aufsteigen, *hinaufsteigen; *einsteigen
súbito ['suβito] *adj* plötzlich
sublevación [suβleβa'θjon] *f* Aufstand *m*
sublevarse [suβle'βarse] *v* rebellieren
subordinado [suβorði'naðo] *adj* unter-

geordnet
subrayar [suβra'jar] *v* *unterstreichen
subsidio [suβ'siðjo] *m* Subvention *f*
substancia [suβs'tanθja] *f* Stoff *m*
substantivo [suβstan'tiβo] *m* Substantiv *nt*
***substituir** [suβsti'twir] *v* ersetzen
subterráneo [suβte'rraneo] *adj* unterirdisch
subtítulo [suβ'titulo] *m* Untertitel *m*
suburbano [suβur'βano] *adj* vorstädtisch; *m* Pendler *m*
suburbio [su'βurβjo] *m* Vorort *m*, Vorstadt *f*
subvención [suββen'θjon] *f* Zuschuß *m*
subyugar [suβju'γar] *v* überwältigen
suceder [suθe'ðer] *v* *geschehen; nachfolgen
sucesión [suθe'sjon] *f* Reihenfolge *f*
suceso [su'θeso] *m* Ereignis *nt*
suciedad [suθje'ðað] *f* Schmutz *m*; Dreck *m*
sucio ['suθjo] *adj* schmutzig; unrein, schmierig, dreckig
sucumbir [sukum'bir] *v* *erliegen
sucursal [sukur'sal] *f* Zweigstelle *f*
sudar [su'ðar] *v* schwitzen
sudeste [su'ðeste] *m* Südosten *m*
sudoeste [suðo'este] *m* Südwesten *m*
sudor [su'ðor] *m* Schweiß *m*
Suecia ['sweθja] *f* Schweden
sueco ['sweko] *adj* schwedisch; *m* Schwede *m*
suegra ['sweγra] *f* Schwiegermutter *f*
suegro ['sweγro] *m* Schwiegervater *m*
suela ['swela] *f* Sohle *f*
sueldo ['sweldo] *m* Lohn *m*, Gehalt *nt*; **aumento de ~** Gehaltserhöhung *f*; Lohnerhöhung *f*
suelo ['swelo] *m* Erdboden *m*, Erde *f*, Boden *m*; Fußboden *m*
suelto ['swelto] *adj* lose
sueño ['sweɲo] *m* Schlaf *m*; Traum *m*
suero ['swero] *m* Serum *nt*
suerte ['swerte] *f* Glück *nt*; Geschick *nt*, Los *nt*; Zufall *m*; **mala ~** Pech *nt*
suéter ['sweter] *m* Sweater *m*
suficiente [sufi'θjente] *adj* genügend, hinreichend; ***ser ~** genügen
sufragio [su'fraxjo] *m* Wahlrecht *nt*
sufrimiento [sufri'mjento] *m* Leid *nt*, Leiden *nt*
sufrir [su'frir] *v* *leiden; *erleiden
***sugerir** [suxe'rir] *v* *vorschlagen
sugestión [suxes'tjon] *f* Vorschlag *m*
suicidio [swi'θiðjo] *m* Selbstmord *m*
Suiza ['swiθa] *f* Schweiz *f*
suizo ['swiθo] *adj* schweizerisch; *m* Schweizer *m*
sujetador [suxeta'ðor] *m* Beha *m*, BH *m*
sujeto [su'xeto] *m* Subjekt *nt*; Stoff *m*
sujeto a [su'xeto a] unterworfen, ausgesetzt
suma ['suma] *f* Summe *f*, Betrag *m*
sumar [su'mar] *v* addieren; *betragen
sumario [su'marjo] *m* Zusammenfassung *f*
suministrar [suminis'trar] *v* liefern
suministro [sumi'nistro] *m* Lieferung *f*
a lo sumo ['sumo] allenfalls
superar [supe'rar] *v* *übertreffen
superficial [superfi'θjal] *adj* oberflächlich
superficie [super'fiθje] *f* Oberfläche *f*; Fläche *f*
superfluo [su'perflwo] *adj* überflüssig
superior [supe'rjor] *adj* überlegen, ober, höher; oberst
superlativo [superla'tiβo] *adj* überragend; *m* Superlativ *m*
supermercado [supermer'kaðo] *m* Supermarkt *m*
superstición [supersti'θjon] *f* Aberglaube *m*
supervisar [superβi'sar] *v* beaufsichti-

gen
supervisión [superβi'sjon] *f* Kontrolle *f*, Aufsicht *f*
supervisor [superβi'sor] *m* Aufseher *m*
supervivencia [superβi'βenθja] *f* Überleben *nt*
suplemento [suple'mento] *m* Beilage *f*
suplicar [supli'kar] *v* anflehen
***suponer** [supo'ner] *v* *annehmen, vermuten
supositorio [suposi'torjo] *m* Zäpfchen *nt*
supremo [su'premo] *adj* oberst
suprimir [supri'mir] *v* einstellen
por supuesto [por su'pwesto] selbstverständlich, allerdings
sur [sur] *m* Süden *m*; **polo ~** Südpol *m*
surco ['surko] *m* Rille *f*
surgir [sur'xir] *v* sich *erheben, *entstehen
surtido [sur'tiðo] *m* Auswahl *f*, Sortiment *nt*
suscribir [suskri'βir] *v* unterzeichnen
suscripción [suskrip'θjon] *f* Abonnement *nt*
suscrito [sus'krito] *m* Unterzeichnete *m*
suspender [suspen'der] *v* suspendieren; ***ser suspendido** *durchfallen
suspensión [suspen'sjon] *f* Federung *f*, Aufhängung *f*
suspicacia [suspi'kaθja] *f* Argwohn *m*
suspicaz [suspi'kaθ] *adj* argwöhnisch
sustancia [sus'tanθja] *f* Substanz *f*
sustancial [sustan'θjal] *adj* bedeutend
sustento [sus'tento] *m* Unterhalt *m*
***sustituir** [susti'twir] *v* ersetzen
sustituto [susti'tuto] *m* Stellvertreter *m*; Ersatz *m*
susto ['susto] *m* Schreck *m*
susurrar [susu'rrar] *v* flüstern
susurro [su'surro] *m* Geflüster *nt*
sutil [su'til] *adj* subtil
sutura [su'tura] *f* Stich *m*; ***hacer una ~** nähen
suyo ['sujo] *pron* sein

T

tabaco [ta'βako] *m* Tabak *m*; **~ de pipa** Tabak *m*
taberna [ta'βerna] *f* Wirtshaus *nt*, Kneipe *f*; Schenke *f*; **moza de ~** Bardame *f*
tabique [ta'βike] *m* Scheidewand *f*
tabla ['taβla] *f* Brett *nt*; Tabelle *f*; **~ de conversión** Umrechnungstabelle *f*; **~ para surf** Wellenreiterbrett *nt*
tablero [ta'βlero] *m* Tafel; **~ de ajedrez** Schachbrett *nt*; **~ de damas** Damebrett *nt*; **~ de instrumentos** Armaturenbrett *nt*
tablón [ta'βlon] *m* Brett *nt*
tabú [ta'βu] *m* Tabu *nt*
tacón [ta'kon] *m* Absatz *m*
táctica ['taktika] *f* Taktik *f*
tacto ['takto] *m* Tastsinn *m*
tailandés [tailan'des] *adj* thailändisch; *m* Thailänder *m*
Tailandia [tai'landja] *f* Thailand
tajada [ta'xaða] *f* Schnitte *f*
tajar [ta'xar] *v* hacken
tal [tal] *adj* solch; **con ~ que** vorausgesetzt daß; **~ como** wie
taladrar [tala'ðrar] bohren
taladro [ta'laðro] *m* Bohrer *m*
talco ['talko] *m* Talkpuder *m*
talento [ta'lento] *m* Gabe *f*, Begabung *f*, Talent *nt*
talentoso [talen'toso] *adj* begabt
talismán [taliz'man] *m* Amulett *nt*
talón [ta'lon] *m* Ferse *f*; Kontrollabschnitt *m*
talonario [talo'narjo] *m* Scheckbuch *nt*
talla ['taʎa] *f* Holzschnitzerei *f*,

Schnitzerei *f*
tallar [ta'ʎar] *v* schnitzen
taller [ta'ʎer] *m* Werkstatt *f*
tallo ['taʎo] *m* Stiel *m*
tamaño [ta'maɲo] *m* Größe *f*; ~ **extraordinario** Übergröße *f*
también [tam'bjen] *adv* auch, ebenfalls; **así** ~ ebenso
tambor [tam'bor] *m* Trommel *f*; ~ **del freno** Bremstrommel *f*
tamiz [ta'miθ] *m* Sieb *nt*
tamizar [tami'θar] *v* sieben
tampoco [tam'poko] *adv* auch nicht
tan [tan] *adv* so
tangible [taŋ'xiβle] *adj* greifbar
tanque ['taŋke] *m* Tank *m*
tanteo [tan'teo] *m* Spielstand *m*
tanto ['tanto] *adv* ebensosehr, ebensoviel; ebenso; **por lo** ~ darum; **por** ~ also; **tanto . . . como** sowohl ... als auch
tapa ['tapa] *f* Deckel *m*; Appetithappen *m*
tapiz [ta'piθ] *m* Wandteppich *m*, Gobelin *m*
tapizar [tapi'θar] *v* polstern, *überziehen
tapón [ta'pon] *m* Stöpsel *m*; Tampon *m*
taquigrafía [takiɣra'fia] *f* Stenographie *f*
taquígrafo [ta'kiɣrafo] *m* Stenograph *m*
taquilla [ta'kiʎa] *f* Vorverkaufskasse *f*
tararear [tarare'ar] *v* summen
tardanza [tar'ðanθa] *f* Verzögerung *f*
tarde ['tarðe] *f* Nachmittag *m*; Abend *m*; **esta** ~ heute nachmittag
tardío [tar'ðio] *adj* spät
tarea [ta'rea] *f* Aufgabe *f*; Arbeit *f*
tarifa [ta'rifa] *f* Tarif *m*; ~ **nocturna** Nachttarif *m*
tarjeta [tar'xeta] *f* Karte *f*; ~ **de crédito** Kreditkarte *f*; ~ **de temporada** Dauerkarte *f*; ~ **de visita** Visitenkarte *f*; ~ **postal** Postkarte *f*; ~ **postal ilustrada** Ansichtskarte *f*; ~ **verde** grüne Versicherungskarte
tarta ['tarta] *f* Torte *f*
taxi ['taksi] *m* Taxi *nt*
taxímetro [tak'simetro] *m* Taxameter *m*
taxista [tak'sista] *m* Taxifahrer *m*, Taxichauffeur *m*
taza ['taθa] *f* Tasse *f*; Becher *m*; ~ **de té** Teetasse *f*
tazón [ta'θon] *m* Schale *f*, Schüssel *f*
te [te] *pron* dich
té [te] *m* Tee *m*
teatro [te'atro] *m* Theater *nt*; Schauspielhaus *nt*; ~ **de la ópera** Opernhaus *nt*; ~ **de variedades** Varietétheater *nt*; ~ **guiñol** Kasperletheater *nt*
tebeo [te'βeo] *m* Comics *pl*
técnica ['teknika] *f* Technik *f*
técnico ['tekniko] *adj* technisch; *m* Techniker *m*
tecnología [teknolo'xia] *f* Technologie *f*
techo ['tetʃo] *m* Dach *nt*; ~ **de paja** Strohdach *nt*
teja ['texa] *f* Dachziegel *m*
tejedor [texe'ðor] *m* Weber *m*
tejer [te'xer] *v* weben
tejido [te'xiðo] *m* Stoff *m*, Gewebe *nt*, Material *nt*
tela ['tela] *f* Tuch *nt*; ~ **para toallas** Frottierstoff *m*
telaraña [tela'raɲa] *f* Spinnwebe *f*
telefax [tele'faks] *m* Fax *nt*; **mandar un** ~ faxen
telefonear [telefone'ar] *v* telephonieren; *anrufen
teléfono [te'lefono] *m* Fernsprecher *m*, Telephon *nt*; **llamar por** ~ *anrufen
telegrafiar [teleɣra'fjar] *v* telegraphie-

ren
telegrama [tele'γrama] *m* Telegramm *nt*
teleobjetivo [teleoβxe'tiβo] *m* Teleobjektiv *nt*
telepatía [telepa'tia] *f* Telepathie *f*
telesilla [tele'siʎa] *m* Schilift *m*
televisión [teleβi'sjon] *f* Fernsehen *nt;* ~ **por cable** Kabelfernsehen; ~ **por satélite** Satellitenfernsehen
televisor [teleβi'sor] *m* Fernsehgerät *nt*
télex ['teleks] *m* Telex *nt*
telón [te'lon] *m* Vorhang *m*
tema ['tema] *m* Thema *nt*
***temblar** [tem'βlar] *v* zittern
temer [te'mer] *v* fürchten, befürchten
temor [te'mor] *m* Furcht *f*, Angst *f*
temperamento [tempera'mento] *m* Temperament *nt*
temperatura [tempera'tura] *f* Temperatur *f*; ~ **ambiente** Zimmertemperatur *f*
tempestad [tempes'tað] *f* Unwetter *nt*
tempestuoso [tempes'twoso] *adj* stürmisch
templo ['templo] *m* Tempel *m*
temporada [tempo'raða] *f* Jahreszeit *f*; **apogeo de la** ~ Hochsaison *f*; ~ **baja** Nachsaison *f*
temporal [tempo'ral] *adj* zeitweilig
temprano [tem'prano] *adj* früh
tenazas [te'naθas] *f* Zange *f*, Kneifzange *f*
tendencia [ten'denθja] *f* Tendenz *f*
***tender a** [ten'der] neigen; ***tenderse** *v* sich niederlegen
tendero [ten'dero] *m* Ladeninhaber *m*; Geschäftsmann *m*
tendón [ten'don] *m* Sehne *f*
tenedor [tene'ðor] *m* Gabel *f*
***tener** [te'ner] *v* *haben; *halten; *festhalten; ~ **que** *müssen; sollen; **tenga usted** bitte
teniente [te'njente] *m* Leutnant *m*
tenis ['tenis] *m* Tennis *nt*; ~ **de mesa** Tischtennis *nt*
tensión [ten'sjon] *f* Anspannung *f*, Spannung *f*; ~ **arterial** Blutdruck *m*
tenso ['tenso] *adj* gespannt
tentación [tenta'θjon] *f* Versuchung *f*
***tentar** [ten'tar] *v* versuchen
tentativa [tenta'tiβa] *f* Versuch *m*
tentempié [tentem'pje] *m* Imbiß *m*
***teñir** [te'ɲir] *v* färben
teología [teolo'xia] *f* Theologie *f*
teoría [teo'ria] *f* Theorie *f*
teórico [te'oriko] *adj* theoretisch
terapia [te'rapja] *f* Therapie *f*
tercero [ter'θero] *num* dritte
terciopelo [terθjo'pelo] *m* Samt *m*
terilene [teri'lene] *m* Terylene *nt*
terminación [termina'θjon] *f* Schluß *m*
terminar [termi'nar] *v* beenden, enden, fertigmachen; vollenden; **terminado** fertig; **terminarse** *v* aufhören, enden
término ['termino] *m* Ausdruck *m*; Ende *nt*
termo ['termo] *m* Thermosflasche *f*
termómetro [ter'mometro] *m* Thermometer *nt*
termostato [termos'tato] *m* Thermostat *m*
ternero [ter'nero] *m* Kalb *nt*
ternura [ter'nura] *f* Zärtlichkeit *f*
terraplén [terra'plen] *m* Damm *m*
terraza [te'rraθa] *f* Terrasse *f*
terremoto [terre'moto] *m* Erdbeben *nt*
terreno [te'rreno] *m* Gelände *nt*; Gebiet *nt*, Grundstück *nt*
terrible [te'rriβle] *adj* fürchterlich; furchtbar, schrecklich
territorio [terri'torjo] *m* Gebiet *nt*
terrón [te'rron] *m* Stück *nt*
terror [te'rror] *m* Furcht *f*; Terror *m*
terrorismo [terro'rizmo] *m* Terroris-

mus *m*
terrorista [terro'rista] *m* Terrorist *m*
tesis ['tesis] *f* These *f*
Tesorería [tesore'ria] *f* Schatzamt *nt*
tesorero [teso'rero] *m* Zahlmeister *m*
tesoro [te'soro] *m* Schatz *m*
testamento [testa'mento] *m* Testament *nt*
testarudo [testa'ruðo] *adj* starrköpfig, hartnäckig
testigo [tes'tiγo] *m* Zeuge *m* ; ~ **de vista** Augenzeuge *m*
testimoniar [testimo'njar] *v* bezeugen
testimonio [testi'monjo] *m* Aussage *f*
tetera [te'tera] *f* Teekanne *f*
textil [teks'til] *m* Textilien *pl*
texto ['teksto] *m* Text *m*
textura [teks'tura] *f* Struktur *f*
tez [teθ] *f* Teint *m*
ti [ti] *pron* dich
tía ['tia] *f* Tante *f*
tibio ['tiβjo] *adj* lauwarm
tiburón [tiβu'ron] *m* Hai *m*
tiempo ['tjempo] *m* Zeit *f*; Wetter *nt* ; **a** ~ rechtzeitig; ~ **libre** Freizeit *f*
tienda ['tjenda] *f* Geschäft *nt* ; Zelt *nt*
tierno ['tjerno] *adj* zart, zärtlich
tierra ['tjerra] *f* Erde *f*; Grund *m*, Boden *m* ; Land *nt* ; **en** ~ an Land ; ans Land ; ~ **baja** Tiefland *nt* ; ~ **firme** Festland *nt*
tieso ['tjeso] *adj* steif
tifus ['tifus] *m* Typhus *m*
tigre ['tiγre] *m* Tiger *m*
tijeras [ti'xeras] *fpl* Schere *f* ; ~ **para las uñas** Nagelschere *f*
tilo ['tilo] *m* Lindenbaum *m*, Linde *f*
timbre ['timbre] *m* Klang *m* ; Klingel *f*; Türklingel *f*; *mMe* Briefmarke *f*
timidez [timi'ðeθ] *f* Schüchternheit *f*
tímido ['timiðo] *adj* schüchtern, verlegen
timón [ti'mon] *m* Ruder *nt*, Steuerruder *nt*
timonel [timo'nel] *m* Steuermann *m*
timonero [timo'nero] *m* Steuermann *m*
tímpano ['timpano] *m* Trommelfell *nt*
tinta ['tinta] *f* Tinte *f*
tintorería [tintore'ria] *f* chemische Reinigung
tintura [tin'tura] *f* Farbe *f*
tío ['tio] *m* Onkel *m*
típico ['tipiko] *adj* typisch, bezeichnend
tipo ['tipo] *m* Typ *m* ; Kerl *m*, Bursche *m*
tirada [ti'raða] *f* Auflage *f*
tirano [ti'rano] *m* Tyrann *m*
tirantes [ti'rantes] *mpl* Hosenträger *mpl*
tirar [ti'rar] *v* *ziehen ; schleudern ; *schießen
tiritar [tiri'tar] *v* frösteln
tiro ['tiro] *m* Schuß *m*
tirón [ti'ron] *m* Ruck *m*
titular [titu'lar] *m* Schlagzeile *f*
título ['titulo] *m* Überschrift *f*, Titel *m*
toalla [to'aʎa] *f* Handtuch *nt* ; ~ **de baño** Badetuch *nt*
tobera [to'βera] *f* Schnabel *m*
tobillo [to'βiʎo] *m* Fußknöchel *m*
tobogán [toβo'γan] *m* Rutschbahn *f*
tocadiscos [toka'diskos] *m* Grammophon *nt*, Plattenspieler *m*
tocador [toka'ðor] *m* Frisierkommode *f*; Damentoilette *f*; **artículos de** ~ Toilettenartikel *mpl*
tocante a [to'kante a] hinsichtlich
tocar [to'kar] *v* berühren, anrühren, *treffen ; spielen
tocino [to'θino] *m* Speck *m*
todavía [toða'βia] *adv* noch, dennoch
todo ['toðo] *adj* all, alle ; ganz ; *pron* alles ; **sobre** ~ besonders, vor allem, hauptsächlich ; **todos** *pron* jedermann
toldo ['toldo] *m* Markise *f*
tolerable [tole'raβle] *adj* erträglich

tomar [to'mar] *v* *nehmen; *greifen; ~ **el pelo** necken
tomate [to'mate] *m* Tomate *f*
tomillo [to'miʎo] *m* Thymian *m*
tomo ['tomo] *m* Teil *m*
tonada [to'naða] *f* Lied *nt*, Melodie *f*
tonel [to'nel] *m* Tonne *f*, Faß *nt*
tonelada [tone'laða] *f* Tonne *f*
tónico ['toniko] *m* Stärkungsmittel *nt*; ~ **para el cabello** Haartonikum *nt*
tono ['tono] *m* Ton *m*; Farbton *m*
tontería [tonte'ria] *f* Unsinn *m*; ***decir tonterías** quatschen
tonto ['tonto] *adj* töricht; *m* Narr *m*
topetar [tope'tar] *v* *stoßen
topetón [tope'ton] *m* Stoß *m*
toque ['toke] *m* Berührung *f*
torcedura [torθe'ðura] *f* Verstauchung *f*
***torcer** [tor'θer] *v* drehen, *winden; ***torcerse** *v* verstauchen
tordo ['torðo] *m* Drossel *f*
tormenta [tor'menta] *f* Sturm *m*
tormento [tor'mento] *m* Qual *f*
tormentoso [tormen'toso] *adj* gewitterschwül
tornar [tor'nar] *v* *zurückkommen; *zurückgeben
torneo [tor'neo] *m* Turnier *nt*
tornillo [tor'niʎo] *m* Schraube *f*
en torno [en 'torno] umher, herum, rundherum
en torno de [en 'torno de] um, um … herum
toro ['toro] *m* Stier *m*
toronja [to'ronxa] *fMe* Pampelmuse *f*
torpe ['torpe] *adj* ungeschickt
torre ['torre] *f* Turm *m*
torsión [tor'sjon] *f* Drehung *f*
tortilla [tor'tiʎa] *f* Eierkuchen *m*
tortuga [tor'tuγa] *f* Schildkröte *f*
tortuoso [tor'twoso] *adj* gewunden
tortura [tor'tura] *f* Marter *f*
torturar [tortu'rar] *v* martern
tos [tos] *f* Husten *m*
toser [to'ser] *v* husten
tostado [tos'taðo] *adj* braun
total [to'tal] *adj* total; gesamt, gänzlich; *m* Gesamtsumme *f*; Ganze *nt*; **en** ~ insgesamt
totalitario [totali'tarjo] *adj* totalitär
totalizador [totaliθa'ðor] *m* Totalisator *m*
totalmente [total'mente] *adv* gänzlich
tóxico ['toksiko] *adj* toxisch
trabajar [traβa'xar] *v* arbeiten
trabajo [tra'βaxo] *m* Tätigkeit *f*, Arbeit *f*; Mühe *f*; ~ **manual** Handarbeit *f*
tractor [trak'tor] *m* Traktor *m*
tradición [traði'θjon] *f* Tradition *f*
tradicional [traðiθjo'nal] *adj* traditionell
traducción [traðuk'θjon] *f* Übersetzung *f*
***traducir** [traðu'θir] *v* übersetzen
traductor [traðuk'tor] *m* Übersetzer *m*
***traer** [tra'er] *v* *mitbringen, *bringen
tragar [tra'γar] *v* *verschlingen, schlucken
tragedia [tra'xeðja] *f* Trauerspiel *nt*, Tragödie *f*
trágico ['traxiko] *adj* tragisch
traición [trai'θjon] *f* Verrat *m*
traicionar [traiθjo'nar] *v* *verraten
traidor [trai'ðor] *m* Verräter *m*
traílla [tra'iʎa] *f* Leine *f*
traje ['traxe] *m* Anzug *m*; Kleid *nt*; Gewand *nt*; ~ **de baño** Badehose *f*, Badeanzug *m*; ~ **de etiqueta** Gesellschaftsanzug *m*; ~ **del país** Tracht *f*; ~ **de malla** Trikot *nt*; ~ **pantalón** Hosenanzug *m*
trama ['trama] *f* Handlung *f*
trampa ['trampa] *f* Falle *f*; Luke *f*
tranquilidad [traŋkili'ðað] *f* Ruhe *f*
tranquilizar [traŋkili'θar] *v* beruhigen
tranquilo [traŋ'kilo] *adj* ruhig, still; ge-

lassen, friedlich
transacción [transak'θjon] *f* Transaktion *f*, Geschäft *nt*; **volumen de transacciones** Umsatz *m*
transatlántico [transat'lantiko] *adj* transatlantisch
transbordador [tranzβorða'ðor] *m* Fährboot *nt*; ~ **de trenes** Eisenbahnfähre *f*
transcurrir [transku'rrir] *v* *vergehen
transeúnte [transe'unte] *m* Passant *m*
* **transferir** [transfe'rir] *v* *übertragen
transformador [transforma'ðor] *m* Transformator *m*
transformar [transfor'mar] *v* verwandeln
transgredir [tranzγre'dir] *v* sich *vergehen
transición [transi'θjon] *f* Übergang *m*
tránsito ['transito] *m* Verkehr *m*
transmisión [tranzmi'sjon] *f* Sendung *f*
transmitir [tranzmi'tir] *v* *senden
transparente [transpa'rente] *adj* durchsichtig
transpiración [transpira'θjon] *f* Transpiration *f*
transpirar [transpi'rar] *v* transpirieren
transportar [transpor'tar] *v* transportieren; *versenden
transporte [trans'porte] *m* Transport *m*, Beförderung *f*
tranvía [tram'bia] *m* Straßenbahn *f*
trapo ['trapo] *m* Lumpen *m*; ~ **de cocina** Geschirrtuch *nt*
tras [tras] *prep* hinter
* **hacer trasbordo** [a'θer traz'βorðo] *umsteigen
trasero [tra'sero] *m* Hintern *m*, Gesäß *nt*
trasladar [trazla'ðar] *v* versetzen
traslúcido [traz'luθiðo] *adj* durchscheinend
trastornado [trastor'naðo] *adj* bestürzt
trastornar [trastor'nar] *v* stören
trastos ['trastos] *mpl* Schutt *m*
tratado [tra'taðo] *m* Abhandlung *f*; Vertrag *m*
tratamiento [trata'mjento] *m* Behandlung *f*; ~ **de belleza** kosmetische Behandlung
tratar [tra'tar] *v* behandeln; ~ **con** sich befassen mit
trato ['trato] *m* Umgang *m*
a través de [a tra'βes de] über, durch
travesía [traβe'sia] *f* Überfahrt *f*
travieso [tra'βjeso] *adj* ungezogen, unartig; schelmisch
trazar [tra'θar] *v* skizzieren
trébol ['treβol] *m* Klee *m*, Kleeblatt *nt*
trece ['treθe] *num* dreizehn
treceno [tre'θeno] *num* dreizehnte
trecho ['tretʃo] *m* Strecke *f*
treinta ['treinta] *num* dreißig
treintavo [trein'taβo] *num* dreißigste
tremendo [tre'mendo] *adj* schrecklich, abscheulich; ungeheuer, großartig
trementina [tremen'tina] *f* Terpentin *nt*
tren [tren] *m* Zug *m*; ~ **de cercanías** Bummelzug *m*; ~ **de mercancías** Güterzug *m*; ~ **de pasajeros** Personenzug *m*; ~ **directo** durchgehender Zug; ~ **expreso** Schnellzug *m*; ~ **nocturno** Nachtzug *m*; ~ **ómnibus** Nahverkehrszug *m*
trenza ['trenθa] *f* Schnur *f*
trepar [tre'par] *v* klettern, *steigen
tres [tres] *num* drei
triangular [trjaŋgu'lar] *adj* dreieckig
triángulo ['trjaŋgulo] *m* Dreieck *nt*
tribu ['triβu] *m* Stamm *m*
tribuna [tri'βuna] *f* Tribüne *f*
tribunal [triβu'nal] *m* Gericht *nt*, Gerichtshof *m*
trigal [tri'γal] *m* Kornfeld *nt*
trigo ['triγo] *m* Getreide *nt*, Korn *nt*; Weizen *m*
trimestral [trimes'tral] *adj* vierteljähr-

lich
trimestre [tri'mestre] *m* Quartal *nt*
trinchar [trin'tʃar] *v* zerlegen
trineo [tri'neo] *m* Schlitten *m*
triste ['triste] *adj* traurig; niedergeschlagen
tristeza [tris'teθa] *f* Betrübnis *f*, Traurigkeit *f*
triturar [tritu'rar] *v* *zerreiben
triunfante [trjun'fante] *adj* triumphierend
triunfar [trjun'far] *v* triumphieren
triunfo ['trjunfo] *m* Triumph *m*
***trocar** [tro'kar] *v* tauschen
trolebús [trole'βus] *m* Obus *m*
trompeta [trom'peta] *f* Trompete *f*
tronada [tro'naða] *f* Gewitter *nt*
***tronar** [tro'nar] *v* donnern
tronco ['troŋko] *m* Stamm *m*
trono ['trono] *m* Thron *m*
tropas ['tropas] *fpl* Truppen *fpl*
***tropezarse** [trope'θarse] *v* stolpern
tropical [tropi'kal] *adj* tropisch
trópicos ['tropikos] *mpl* Tropen *pl*
trozo ['troθo] *m* Klumpen *m*, Stück *nt*; Bruchstück *nt*, Stelle *f*
truco ['truko] *m* Kniff *m*, Trick *m*
trucha ['trutʃa] *f* Forelle *f*
trueno ['trweno] *m* Donner *m*
tu [tu] *adj* dein
tú [tu] *pron* du
tuberculosis [tuβerku'losis] *f* Tuberkulose *f*
tubo ['tuβo] *m* Röhre *f*, Rohr *nt*; Tube *f*
tuerca ['twerka] *f* Schraubenmutter *f*
tulipán [tuli'pan] *m* Tulpe *f*
tumba ['tumba] *f* Grab *nt*
tumor [tu'mor] *m* Geschwulst *f*, Tumor *m*
tunecino [tune'θino] *adj* tunesisch; *m* Tunesier *m*
túnel ['tunel] *m* Tunnel *m*
Túnez ['tuneθ] *m* Tunesien
túnica ['tunika] *f* Tunika *f*
turbar [tur'βar] *v* verwirren; **turbado** *adj* verlegen
turbera [tur'βera] *f* Moor *nt*
turbina [tur'βina] *f* Turbine *f*
turco ['turko] *adj* türkisch; *m* Türke *m*
turismo [tu'rizmo] *m* Fremdenverkehr *m*
turista [tu'rista] *m* Tourist *m*; **oficina para turistas** Verkehrsverein *m*
turno ['turno] *m* Reihe *f*; Schicht *f*
Turquía [tur'kia] *f* Türkei
turrón [tu'rron] *m* Nougat *m*
tutela [tu'tela] *f* Vormundschaft *f*
tutor [tu'tor] *m* Vormund *m*
tuyos ['tujos] *adj* euer

U

ubicación [uβika'θjon] *f* Lage *f*
ujier [u'xjer] *m* Gerichtsvollzieher *m*
úlcera ['ulθera] *f* Geschwür *nt*; ~ **gástrica** Magengeschwür *nt*
ulterior [ulte'rjor] *adj* weiter
últimamente ['ultimamente] *adv* in letzter Zeit
último ['ultimo] *adj* letzt
ultraje [ul'traxe] *m* Gewaltakt *m*
ultramar [ultra'mar] *adv* überseeisch
ultravioleta [ultraβjo'leta] *adj* ultraviolett
umbral [um'bral] *m* Schwelle *f*
un [un] *art* ein *art*
unánime [u'nanime] *adj* gleichgesinnt, einstimmig
ungüento [uŋ'gwento] *m* Salbe *f*
únicamente ['unikamente] *adv* nur
único ['uniko] *adj* einzigartig, einzig
unidad [uni'ðað] *f* Einheit *f*
unido [u'niðo] *adj* verbunden
uniforme [uni'forme] *adj* gleichförmig;

m Uniform *f*
unilateral [unilate'ral] *adj* einseitig
unión [u'njon] *f* Vereinigung *f*
Unión Europea [u'njon eu'ropea] *f* Europäische Vereinigung *f*
unir [u'nir] *v* vereinigen; *verbinden; **unirse a** sich beteiligen an
universal [uniβer'sal] *adj* universal
universidad [uniβersi'ðað] *f* Universität *f*
universo [uni'βerso] *m* Weltall *nt*
uno ['uno] *num* eins; *pron* man; **unos** *adj* einige
uña ['uɲa] *f* Nagel *m*
urbano [ur'βano] *adj* städtisch
urgencia [ur'xenθja] *f* Dringlichkeit *f*; Notfall *m*; **botiquín de ~** Verbandskasten *m*
urgente [ur'xente] *adj* dringlich, dringend
urraca [u'rraka] *f* Elster *f*
Uruguay [uru'ɣwai] *m* Uruguay
uruguayo [uru'ɣwajo] *adj* uruguayisch
usar [u'sar] *v* benutzen, gebrauchen
uso ['uso] *m* Gebrauch *m*, Brauch *m*
usted [us'teð] *pron* Sie; **a ~** Ihnen; **de ~** Ihr
usual [u'swal] *adj* üblich, gewöhnlich
usuario [u'swarjo] *m* Benutzer *m*.
utensilio [uten'siljo] *m* Gebrauchsgegenstand *m*, Gerät *nt*
útil ['util] *adj* brauchbar, nützlich
utilidad [utili'ðað] *f* Nutzen *m*
utilizable [utili'θaβle] *adj* brauchbar
utilizar [utili'θar] *v* benutzen
uvas ['uβas] *fpl* Trauben *fpl*

V

vaca ['baka] *f* Kuh *f*
vacaciones [baka'θjones] *fpl* Urlaub *m*, Ferien *pl*; **de ~** auf Urlaub
vacante [ba'kante] *adj* frei; *f* Vakanz *f*
vaciar [ba'θjar] *v* leeren; räumen
vacilante [baθilante] *adj* wankelmütig, wacklig
vacilar [baθi'lar] *v* zögern; wanken
vacío [ba'θio] *adj* leer; *m* Vakuum *nt*
vacunación [bakuna'θjon] *f* Impfung *f*
vacunar [baku'nar] *v* impfen
vadear [baðe'ar] *v* waten
vado ['baðo] *m* Furt *f*
vagabundear [baɣaβunde'ar] *v* wandern, umherschweifen
vagabundo [baɣa'βundo] *m* Landstreicher *m*, Vagabund *m*
vagancia [ba'ɣanθja] *f* Landstreicherei *f*
vagar [ba'ɣar] *v* umherschweifen
vago ['baɣo] *adj* undeutlich; vage, schwach; faul
vagón [ba'ɣon] *m* Waggon *m*, Wagen *m*
vainilla [bai'niʎa] *f* Vanille *f*
vale ['bale] *m* Banknote *f*
***valer** [ba'ler] *v* wert *sein; **~ la pena** sich lohnen
valiente [ba'ljente] *adj* tapfer, mutig, beherzt
valija [ba'lixa] *f* Koffer *m*
valioso [ba'ljoso] *adj* wertvoll, kostbar
valor [ba'lor] *m* Wert *m*; Mut *m*, Tapferkeit *f*; **bolsa de valores** Effektenbörse *f*; **sin ~** wertlos
vals [bals] *m* Walzer *m*
valuar [ba'lwar] *v* schätzen
válvula ['balβula] *f* Ventil *nt*
valle ['baʎe] *m* Tal *nt*
vanidoso [bani'ðoso] *adj* eitel
vano ['bano] *adj* nutzlos, unnütz; **en ~** umsonst
vapor [ba'por] *m* Dampf *m*, Dunst *m*; Dampfer *m*; **~ de línea** Linienschiff *nt*
vaporizador [baporiθa'ðor] *m* Zerstäuber *m*

vaqueros [ba'keros] *mpl* Bluejeans *pl*
variable [ba'rjaβle] *adj* veränderlich
variación [barja'θjon] *f* Abwechslung *f*
variado [ba'rjaðo] *adj* verschieden
variar [ba'rjar] *v* variieren, wechseln
varice ['bariθe] *f* Krampfader *f*
varicela [bari'θela] *f* Windpocken *fpl*
variedad [barje'ðað] *f* Auswahl *f*; **espectáculo de variedades** Varietévorstellung *f*
varios ['barjos] *adj* allerlei, verschiedene, etliche, mehrere
vaselina [base'lina] *f* Vaseline *f*
vasija [ba'sixa] *f* Gefäß *nt*
vaso ['baso] *m* Glas *nt*; Becher *m*; Vase *f*; ~ **sanguíneo** Blutgefäß *nt*
vasto ['basto] *adj* weit; umfassend, unermeßlich
vatio ['batjo] *m* Watt *nt*
vecindad [beθin'dað] *f* Nachbarschaft *f*, Nähe *f*
vecindario [beθin'darjo] *m* Gemeinde *f*
vecino [be'θino] *adj* benachbart; *m* Nachbar *m*
vegetación [bexeta'θjon] *f* Vegetation *f*
vegetariano [bexeta'rjano] *m* Vegetarier *m*
vehículo [be'ikulo] *m* Fahrzeug *nt*
veinte ['beinte] *num* zwanzig
vejez [be'xeθ] *f* Alter *nt*
vejiga [be'xiɣa] *f* Blase *f*
vela ['bela] *f* Segel *nt*; **deporte de** ~ Segelsport *m*
velo ['belo] *m* Schleier *m*
velocidad [beloθi'ðað] *f* Geschwindigkeit *f*; Gang *m*; **límite de** ~ Geschwindigkeitsbegrenzung *f*; ~ **de cruce** Reisegeschwindigkeit *f*
velocímetro [belo'θimetro] *m* Geschwindigkeitsmesser *m*
veloz [be'loθ] *adj* geschwind
vena ['bena] *f* Ader *f*
vencedor [benθe'ðor] *m* Sieger *m*
vencer [ben'θer] *v* *überwinden, besiegen; *gewinnen
vencimiento [benθi'mjento] *m* Fälligkeitstermin *m*
vendaje [ben'daxe] *m* Verband *m*
vendar [ben'dar] *v* *verbinden
vendedor [bende'ðor] *m* Verkäufer *m*
vendedora [bende'ðora] *f* Verkäuferin *f*
vender [ben'der] *v* verkaufen; ~ **al detalle** im kleinen verkaufen
vendible [ben'diβle] *adj* verkäuflich
vendimia [ben'dimja] *f* Weinlese *f*
veneno [be'neno] *m* Gift *nt*
venenoso [bene'noso] *adj* giftig
venerable [bene'raβle] *adj* ehrwürdig
venerar [bene'rar] *v* verehren
venezolano [beneθo'lano] *adj* venezolanisch; *m* Venezolaner *m*
Venezuela [bene'θwela] *f* Venezuela
venganza [beŋ'ganθa] *f* Rache *f*
venidero [beni'ðero] *adj* herannahend
***venir** [be'nir] *v* *kommen
venta ['benta] *f* Verkauf *m*; **de** ~ zu verkaufen; ~ **al por mayor** Großhandel *m*
ventaja [ben'taxa] *f* Vorteil *m*; Nutzen *m*; Vorsprung *m*
ventajoso [benta'xoso] *adj* vorteilhaft
ventana [ben'tana] *f* Fenster *nt*; ~ **de la nariz** Nasenloch *nt*
ventarrón [benta'rron] *m* Sturm *m*
ventilación [bentila'θjon] *f* Ventilation *f*
ventilador [bentila'ðor] *m* Ventilator *m*
ventilar [benti'lar] *v* ventilieren
ventisca [βen'tiska] *f* Schneesturm *m*
ventoso [ben'toso] *adj* windig
***ver** [ber] *v* *sehen
veranda [be'randa] *f* Veranda *f*
verano [be'rano] *m* Sommer *m*; **pleno** ~ Hochsommer *m*
verbal [ber'βal] *adj* mündlich

verbo ['berβo] *m* Zeitwort *nt*
verdad [ber'ðað] *f* Wahrheit *f*
verdaderamente [berðaðera'mente] *adv* tatsächlich
verdadero [berða'ðero] *adj* wahr; wirklich; tatsächlich
verde ['berðe] *adj* grün
verdulero [berðu'lero] *m* Gemüsehändler *m*
veredicto [bere'ðikto] *m* Urteilsspruch *m*
vergel ['berγel] *m* Obstgarten *m*
vergüenza [ber'gwenθa] *f* Schande *f*; **¡qué vergüenza!** pfui!
verídico [be'riðiko] *adj* wahrhaft
verificar [berifi'kar] *v* prüfen, nachprüfen
verosímil [bero'simil] *adj* glaubwürdig
versión [ber'sjon] *f* Darstellung *f*; Übersetzung *f*
verso ['berso] *m* Vers *m*
***verter** [ber'ter] *v* schenken, *gießen; einschenken; verschütten
vertical [berti'kal] *adj* senkrecht
vértigo ['bertiγo] *m* Schwindel *m*, Schwindelanfall *m*
vestíbulo [bes'tiβulo] *m* Halle *f*, Vestibül *nt*; Foyer *nt*
vestido [bes'tiðo] *m* Kleid *nt*
***vestir** [bes'tir] *v* ankleiden; ***vestirse** *v* sich kleiden, sich ankleiden
vestuario [bes'twarjo] *m* Garderobe *f*; Ankleideraum *nt*
veterinario [beteri'narjo] *m* Tierarzt *m*
vez [beθ] *f* Mal *nt*; **alguna ~** einmal; **a veces** manchmal; **de ~ en cuando** ab und zu, hin und wieder; **otra ~** wieder, noch einmal; **pocas veces** selten; **una ~** einst, einmal
vía ['bia] *f* Gleis *nt*; **~ del tren** Schienenweg *m*; **~ navegable** Wasserstraße *f*
viaducto [bja'ðukto] *m* Viadukt *m*
viajar [bja'xar] *v* reisen
viaje ['bjaxe] *m* Reise *f*
viajero [bja'xero] *m* Reisende *m*
vibrar [bi'βrar] *v* beben, vibrieren
vicario [bi'karjo] *m* Vikar *m*
vicioso [bi'θjoso] *adj* bösartig
víctima ['biktima] *f* Opfer *nt*; Geschädigte *m*
victoria [bik'torja] *f* Sieg *m*
vid [bið] *f* Weinrebe *f*
vida ['biða] *f* Leben *nt*; **en ~** am Leben; **~ privada** Privatleben *nt*
videocámara [biðeo'kamara] *f* Videokamera *f*
videocasete [biðeoka'sete] *m* Videokassette *f*
videograbadora [biðeograβa'ðora] *f* Videorekorder *m*
vidrio ['biðrjo] *m* Glas *nt*; **de ~** gläsern; **~ de color** buntes Glas
viejo ['bjexo] *adj* alt; bejahrt; altbacken
viento ['bjento] *m* Wind *m*
vientre ['bjentre] *m* Bauch *m*
viernes ['bjernes] *m* Freitag *m*
viga ['biγa] *f* Balken *m*
vigente [bi'xente] *adj* gültig
vigésimo [bi'xesimo] *num* zwanzigste
vigilar [bixi'lar] *v* überwachen
vigor [bi'γor] *m* Kraft *f*; Widerstandsfähigkeit *f*
villa ['biʎa] *f* Villa *f*
villano [bi'ʎano] *m* Schuft *m*
vinagre [bi'naγre] *m* Essig *m*
vino ['bino] *m* Wein *m*
viña ['biɲa] *f* Weinberg *m*
violación [bjola'θjon] *f* Verletzung *f*
violar [bjo'lar] *v* vergewaltigen
violencia [bjo'lenθja] *f* Gewalt *f*
violento [bjo'lento] *adj* gewaltsam; heftig
violeta [bjo'leta] *f* Veilchen *nt*
violín [bjo'lin] *m* Geige *f*
virgen ['birxen] *f* Jungfrau *f*
virtud [bir'tuð] *f* Tugend *f*

visado [bi'saðo] *m* Visum *nt*
visar [bi'sar] *v* abzeichnen
visibilidad [bisiβili'ðað] *f* Sichtweite *f*
visible [bi'siβle] *adj* sichtbar
visión [bi'sjon] *f* Einsicht *f*
visita [bi'sita] *f* Besuch *m*
visitante [bisi'tante] *m* Gast *m*
visitar [bisi'tar] *v* besuchen
vislumbrar [bizlum'brar] *v* erblicken
vislumbre [biz'lumbre] *m* Blick *m*
visón [bi'son] *m* Nerz *m*
visor [bi'sor] *m* Sucher *m*
vista ['bista] *f* Sicht *f*, Aussicht *f*; **punto de ~** Anschauung *f*
vistoso [bis'toso] *adj* auffallend
vital [bi'tal] *adj* vital
vitamina [bita'mina] *f* Vitamin *nt*
vitrina [bi'trina] *f* Vitrine *f*
viuda ['bjuða] *f* Witwe *f*
viudo ['bjuðo] *m* Witwer *m*
vivaz [bi'βaθ] *adj* lebhaft
vivero [bi'βero] *m* Baumschule *f*
vivienda [bi'βjenda] *f* Wohnung *f*
vivir [bi'βir] *v* leben; wohnen; erleben
vivo ['biβo] *adj* lebend; lebhaft
vocabulario [bokaβu'larjo] *m* Wortschatz *m*; Vokabular *nt*
vocación [boka'θjon] *f* Berufung *f*
vocal [bo'kal] *f* Selbstlaut *m*; *adj* vokal
vocalista [boka'lista] *m* Sänger *m*
volante [bo'lante] *m* Steuerrad *nt*
***volar** [bo'lar] *v* *fliegen
volatería [bolate'ria] *f* Geflügel *nt*
volcán [bol'kan] *m* Vulkan *m*
voltaje [bol'taxe] *m* Spannung *f*
voltio ['boltjo] *m* Volt *nt*
volumen [bo'lumen] *m* Volumen *nt*; Band *m*
voluminoso [bolumi'noso] *adj* umfangreich; dick
voluntad [bolun'tað] *f* Wille *m*; **buena ~** Wohlwollen *nt*
voluntario [bolun'tarjo] *adj* freiwillig; *m* Freiwillige *m*
***volver** [bol'βer] *v* *zurückkommen, zurückkehren, umkehren; *umwenden, kehren, umdrehen; **~ a casa** *heimgehen
vomitar [bomi'tar] *v* sich *übergeben, *erbrechen
vosotros [bo'sotros] *pron* ihr
votación [bota'θjon] *f* Abstimmung *f*
votar [bo'tar] *v* stimmen
voto ['boto] *m* Stimme *f*; Gelübde *nt*
voz [boθ] *f* Stimme *f*; Ruf *m*; **en ~ alta** laut
vuelo ['bwelo] *m* Flug *m*; **~ fletado** Charterflug *m*; **~ nocturno** Nachtflug *m*
vuelta ['bwelta] *f* Rückreise *f*, Rückweg *m*; Rundreise *f*; Kurve *f*, Drehung *f*; Runde *f*; **ida y ~** Hin- und Rückfahrt
vuestro ['bwestro] *adj* euer
vulgar [bul'γar] *adj* gemein
vulnerable [bulne'raβle] *adj* verletzbar

Y

y [i] *conj* und
ya [ja] *adv* bereits, schon; **~ no** nicht mehr; **~ que** da
***yacer** [ja'θer] *v* *liegen
yacimiento [jaθi'mjento] *m* Ablagerung *f*
yate ['jate] *m* Jacht *f*
yegua ['jeγwa] *f* Stute *f*
yema ['jema] *f* Dotter *nt*
yerno ['jerno] *m* Schwiegersohn *m*
yeso ['jeso] *m* Gips *m*
yo [jo] *pron* ich
yodo ['joðo] *m* Jod *nt*
yugo ['juγo] *m* Joch *nt*

Z

zafiro [θa'firo] *m* Saphir *m*
zanahoria [θana'orja] *f* Mohrrübe *f*, Karotte *f*
zanja ['θaŋxa] *f* Graben *m*
zapatería [θapate'ria] *f* Schuhgeschäft *nt*
zapatero [θapa'tero] *m* Schuhmacher *m*
zapatilla [θapa'tiʎa] *f* Hausschuh *m*, Pantoffel *m*
zapato [θa'pato] *m* Schuh *m*; **zapatos de gimnasia** Turnschuhe *mpl*; **zapatos de tenis** Tennisschuhe *mpl*
zatara [θa'tara] *f* Floß *nt*
zodíaco [θo'ðiako] *m* Tierkreis *m*
zona ['θona] *f* Zone *f*; Gebiet *nt*; ~ **industrial** Industriegebiet *nt*
zoología [θoolo'xia] *f* Zoologie *f*
zorro ['θorro] *m* Fuchs *m*
zueco ['θweko] *m* Holzschuh *m*
zumo ['θumo] *m* Saft *m*; Fruchtsaft *m*
zumoso [θu'moso] *adj* saftig
zurcir [θur'θir] *v* stopfen
zurdo ['θurðo] *adj* linkshändig
zurra ['θurra] *f* Prügel *pl*

Aus der Speisekarte

Speisen

a caballo Steak mit zwei Spiegeleiern
acedera Sauerampfer
aceite Öl
aceituna Olive
achicoria Endivie
(al) adobo mariniert
aguacate Avocadobirne
ahumado geräuchert
ajiaceite Knoblauchmayonnaise
ajiaco bogotano Hühner- und Kartoffelsuppe
(al) ajillo in Öl und Knoblauch gekocht
ajo Knoblauch
al, a la auf . . . Art; in oder mit
albahaca Basilikum
albaricoque Aprikose
albóndiga gewürztes Fleisch- oder Fischklößchen
alcachofa Artischocke
alcaparra Kaper
aliñado gewürzt
almeja Muschelart
almejas a la marinera in einer scharfen Pimentsoße zubereitet
almendra Mandel
~ **garrapiñada** Mandelbonbon
almíbar Sirup
almuerzo Mittagessen
alubia Bohne
anchoa Sardelle
anguila Aal
angula Jungaal
anticucho mit Paprikaschoten gegrilltes Rinderherz
apio Sellerie
a punto halb durchgebraten
arenque Hering
~ **en escabeche** eingelegter Salzhering
arepa hauchdünnes Omelett aus Maismehl
arroz Reis
~ **blanco** weiß; gekocht
~ **escarlata** mit Tomaten und Garnelen
~ **a la española** mit Geflügelleber, Schweinefleisch, Tomaten und Fischsud
~ **con leche** Milchreis
~ **primavera** mit jungem Gemüse
~ **a la valenciana** mit Gemüse, Hühnerfleisch, Muscheln und manchmal Aal
asado 1) gebraten 2) Braten
~ **antiguo a la venezolana mechado** mit Kapern gespickter Rinderbraten

asturias vollreifer, pikanter Edelpilzkäse aus Asturien
atún Thunfisch
avellana Haselnuß
azafrán Safran
azúcar Zucker
bacalao Kabeljau, Dorsch
~ **a la vizcaína** mit Paprikaschoten, Kartoffeln und Tomatensoße
barbo Barbe
batata süße Kartoffel
becada Waldschnepfe
berberecho Herzmuschel
berenjena Aubergine
berraza Pastinake, Hirschmöhre
berro (Brunnen-)Kresse
berza Kohl
besugo Meerbrasse
bien hecho durchgebraten, gargekocht
biftec, bistec Beefsteak
bizcocho Biskuit(kuchen)
~ **borracho** mit Rumsirup getränkter Hefekuchen, Napfkuchen
bizcotela Keks, manchmal mit Glasur
blando weich, zart
bocadillo 1) belegtes Brot 2) Süßigkeit (Kolumbien)
bollito, bollo Brötchen, Semmel
bonito makrelenartiger Thunfisch
boquerón 1) Sardelle 2) Weißfisch
(en) brocheta (am) Spieß
budín Pudding
buey Rindfleisch
buñuelo 1) süßer Krapfen, Küchlein 2) Schinken-, Muschel-, Garnelenkrapfen, manchmal mit Branntwein abgeschmeckt
burgos beliebter sahniger Weichkäse aus der Gegend von Burgos
butifarra pikante katalonische Wurstspezialität
caballa Makrelenart
cabeza de ternera Kalbskopf
cabra Ziegenfleisch
cabrales dem Roquefort ähnelnder Ziegenkäse
cabrito Zicklein
cacahuete Erdnuß
cachelos mit Kohl, Paprika, Knoblauch, Speck und *chorizo* gekochte gewürfelte Kartoffeln
calabacín Zucchini, Kürbischen
calabaza Kürbis
calamar Kalmar
calamares a la romana Kalmare in Mehl und Ei gewendet und in Öl schwimmend gebacken
caldereta de cabrito Zickleineintopf, oft mit Rotwein
caldillo de congrio Meeraalsuppe mit Tomaten und Kartoffeln
caldo Kraftbrühe, Bouillon
~ **gallego** Fleisch- und Gemüsebouillon
callos Kaldaunen, Kutteln, oft in einer Pimentsoße serviert
~ **a la madrileña** in einer pikanten Soße mit Tomaten und einer Schweinswurst
camarón Garnele
canela Zimt
cangrejo de mar Krabbe
cangrejo de río Flußkrebs
cantarela Pfifferling
caracol Schnecke
carbonada criolla mit Rindfleischwürfeln gefüllter, gebackener Kürbis
carne Fleisch
~ **asada al horno** Braten
~ **molida** Gehacktes, Hackfleisch
~ **a la parrilla** auf Holzkohle

gegrillt
~ **picada** feingeschnitten
carnero Schaf-, Hammelfleisch
carpa Karpfen
(a la) carta nach Speisekarte essen, nicht ein Menü mit festem Preis
casero hausgemacht
castaña Edelkastanie, Marone
castañola Meerbarsch, Wolfsbarsch
(a la) catalana mit Zwiebeln, Petersilie, Tomaten und Kräutern
caza Wild(bret)
a la cazadora mit Pilzen, Kräutern, Schnittlauch und Wein
cazuela de cordero Lammeintopf mit Gemüse
cebolla Zwiebel
cebolleta Schnittlauch
cebrero sahniger, pikanter Schimmelpilzkäse mit blaßgelber Rinde
cena Abendessen
centolla Seespinne
cerdo Schweinefleisch
cereza Kirsche
ceviche in gewürztem Zitronellensaft marinierter Fisch
cigala Langustine
cincho ein harter Schafkäse
ciruela Pflaume, Zwetschge
~ **pasa** Backpflaume
cocido 1) gekocht, geschmort 2) Eintopf aus Rindfleisch mit Schinken, Hühnerfleisch, Kichererbsen, Kartoffeln und anderem Gemüse; die Brühe wird zuerst serviert
cochifrito de cordero pikantes Lammfleischragout
codorniz Wachtel
col Kohl
~ **de Bruselas** Rosenkohl
coliflor Blumenkohl
comida Essen, meist Abendessen
compota Kompott
conejo Kaninchen
confitura Marmelade
congrio Meeraal
consomé Kraftbrühe, Bouillon
~ **al jerez** Hühnerbrühe mit Sherry
copa nuria schaumig geschlagene, mit Marmelade servierte Eier
corazón de alcachofa Artischokkenherz
corazonada in Soße geschmortes Herz
cordero Lammfleisch
~ **recental** Milchlamm
cortadillo Zitroneneierkuchen
corzo Reh
costilla Kotelett
crema 1) Krem, Schaum
~ **batida** Schlagsahne
~ **española** Nachspeise aus Milch, Eiern und Früchtegelee
~ **nieve** mit Zucker und Rum (oder Wein) abgeschmeckter Eierschaum
crema 2) Suppe
criadillas (de toro) (Stier-)Hoden
(a la) criolla mit Paprikaschoten, Kräutern und Tomaten
croqueta Fleisch- oder Fischklößchen bzw. -krokette
crudo roh
cubierto Preis für das Gedeck, Gedeck extra
cuenta Rechnung
curanto Meeresfrüchte, Wurst, Gemüse und ein Spanferkel werden in einem Erdloch auf Holzkohle gekocht
chabacano Aprikose
chalote Schalotte
champiñón Pilz

chancho adobado mit süßen Kartoffeln, Apfelsinen- und Zitronensaft geschmortes Schweinefleisch
chanfaina eine Art Ragout aus Ziegeninnereien
chanquete Weißfisch
chile Chilipfefferschote
~ **con carne** Eintopf aus roten Bohnen, gehacktem Rindfleisch, Tomaten, Kräutern und Chilischoten (oder Piment)
chiles en nogada mit Schlagsahne und Nußsoße gefüllte Paprikaschoten
chimichurri scharfe Petersiliensoße
chipirón Kalmar
chopa eine Art Meerbrasse
chorizo mit Knoblauch und Paprika gewürzte Schweinswurst
chuleta Kotelett
chupe de mariscos mit Käse überbackene und in einer sahnigen Soße servierte Meeresfrüchte
churro länglicher Krapfen
damasco eine Aprikosenart
dátil Dattel
desayuno Frühstück
dorada Goldbrasse
dulce süß
~ **de naranja** Apfelsinenmarmelade
durazno Pfirsich
embuchado mit Fleisch gefüllt, farciert
embutido eine pikante Wurstware
empanada Fleisch- oder Fischpastete
~ **de horno** mit Hackfleisch gefüllte Teigtaschen
empanadilla kleine, mit gewürztem Fleisch oder Fisch gefüllte Pastete
empanado paniert
emperador Schwertfisch
encurtidos in Essig eingelegtes Gemüse
enchilada mit Fleisch gefüllter Maismehlpfannkuchen *(tortilla)*, dazu gibt es eine Soße und Gemüse
~ **roja** mit einer Wurst gefüllter Maismehlpfannkuchen, der in einer Soße aus roten Paprikaschoten gebraten wird
~ **verde** mit (Hühner-)Fleisch gefüllter Maismehlpfannkuchen, der in einer Soße aus grünen Tomaten gebraten wird
endibia Brüsseler Endivie
eneldo Dill
ensalada Salat
~ **común** grüner
~ **de frutas** Frucht-, Obstsalat
~ **(a la) primavera** (aus) Frühlingsgemüse
~ **valenciana** mit Paprikaschoten, Kopfsalat und Apfelsinen
ensaladilla rusa russischer Salat
entremés Vorspeise
erizo de mar Seeigel
(en) escabeche mariniert, eingelegt
~ **de gallina** in Essig mariniertes Huhn
escalope de ternera Kalbsschnitzel
escarcho Knurrhahn
escarola Endivie(nsalat)
espalda Schulter
(a la) española mit Tomaten
espárrago Spargel
especia Gewürz
especialidad de la casa Spezialität des Hauses
espinaca Spinat
esqueixada Fischsalat
(al) estilo de nach/in der Art von

estofado 1) geschmort 2) bei sehr schwacher Hitze geschmort 3) garniert
estragón Estragon
fabada (asturiana) Eintopf aus Schweinefleisch, Saubohnen, Speck und Wurst
faisán Fasan
fiambres Fleischaufschnitt
fideo Fadennudel
filete Filet
~ **de lomo** Filetsteak
~ **de res** Rinderfilet
~ **de lenguado empanado** paniertes Seezungenfilet
(a la) flamenca mit Zwiebeln, Erbsen, Paprikaschoten, Tomaten und pikanten Würstchen
flan Puddingtörtchen
frambuesa Himbeere
(a la) francesa in Butter gekocht, geschwenkt
fresa Erdbeere
~ **de bosque** Walderdbeere
fresco frisch
fresón Gartenerdbeere
fricandó Kalbsroulade
frijol rote oder braune Bohne
frijoles refritos Püree aus roten Bohnen
frío kalt
frito 1) gebraten 2) Fritüre
fritos Krapfen
~ **de patata** Kartoffelkrokette
fritura in schwimmendem Fett gebackene Speise, Fritüre
~ **mixta** Fisch, Fleisch oder Gemüse, durch Backteig gezogen und fritiert
fruta Frucht, Obst
~ **escarchada** kandierte
~ **seca** Backobst
galleta gesalzener oder süßer Keks
~ **de nata** Sahnekeks
gallina Huhn
~ **de Guinea** Perlhuhn
gallo Hahn
gamba Garnele
~ **grande** Granat
gambas con mayonesa Garnelencocktail
ganso Gans
garbanzo Kichererbse
gazpacho kalte, pikante Gemüsesuppe aus rohen Zwiebeln, Tomaten, Knoblauch, Gurken und Paprikaschoten
(a la) gitanilla mit Knoblauch
gordo fett, reichhaltig
granada Granatapfel
grande groß
(al) gratín gratiniert, überbacken
gratinado gratiniert, überbacken
grelo Blatt der weißen Rübe
grosella Johannisbeere
~ **espinosa** Stachelbeere
~ **negra** schwarze Johannisbeere
~ **roja** rote Johannisbeere
guacamole pikantes Avocadopüree; als Salattunke, *tortilla*-Füllung oder Garnierung
guarnición Beilage, Garnierung
guayaba Guajave (tropische Frucht)
guinda Weichselkirsche
guindilla Piment, Nelkenpfeffer
guisado 1) geschmort, gedämpft 2) Eintopf, Ragout
guisante Erbse
haba Saubohne
habichuela verde grüne Bohne
hamburguesa deutsches Beefsteak
hayaca central mit Hackfleisch gefüllter Maismehlpfannkuchen
helado Speiseeis
hervido 1) gekocht 2) Eintopf

(Lateinamerika)
hielo Eis, Eiswürfel
hierba Küchenkraut
hierbas finas feingehackte Kräuter
hígado Leber
higo Feige
hinojo Fenchel
hongo Pilz
(al) horno im Ofen gebacken, gebraten
hortaliza grünes Gemüse
hueso Knochen
huevo Ei
~ **cocido** weichgekochtes
~ **duro** hartgekochtes
~ **escalfado** verlorenes
~ **a la española** mit Tomaten gefüllt und in einer Käsesoße serviert
~ **a la flamenca** mit Spargeln, Erbsen, Paprikaschoten, Zwiebeln, Tomaten und Wurst gebacken
~ **frito** Spiegelei
~ **al nido** in kleine, weiche Brötchen gefülltes Eigelb wird gebacken und dann mit dem Eiweiß bedeckt
~ **pasado por agua** weichgekochtes
~ **revuelto** Rührei
~ **con tocino** Ei mit Speck
humita gekochter Mais mit Zwiebeln, grünen Paprikaschoten und Käse .
(a la) inglesa 1) halbroh, blutig 2) gekocht 3) mit Gemüsebeilage
jabalí Wildschwein
jalea Fruchtgelee
jamón Schinken
~ **cocido** gekocht (wird oft als *jamón de York* bezeichnet)
~ **en dulce** in Weißwein gekocht
~ **gallego** geräuchert, in dünne Scheiben geschnitten
~ **serrano** gepökelt und manchmal auch geräuchert
(a la) jardinera junges gekochtes Gemüse in holländischer Soße
jengibre Ingwer
(al) jerez in Sherry geschmort
judía Bohne
~ **verde** grüne Bohne
jugo Soße, Bratensaft
en su ~ im (eigenen) Saft
juliana in feine Streifen geschnittenes Gemüse
jurel Makrelenart
lacón Schweineschulter
~ **curado** gesalzenes Schweinefleisch
lamprea Neunauge (aalartiger Meeresfisch)
langosta Languste
langostino Langustine
laurel Lorbeerblatt
lechón Spanferkel
lechuga Lattich
lebumbre Gemüse
lengua Zunge
lenguado Seezunge
~ **frito** gebratene Seezungenfilets mit jungem Gemüse
lenteja Linse
liebre Hase
~ **estofada** Hasenpfeffer
lima 1) Limetta 2) Zitronelle
limón Zitrone
lista de platos Speisekarte
lista de vinos Weinkarte
lobarro Barschart
lombarda Rotkohl
lomo Nierenbraten
longaniza eine scharfgewürzte Wurst
lonja (Fleisch-)Scheibe

lubina Seebarsch
macarrones Makkaroni
(a la) madrileña mit *chorizo,* Tomaten und Paprika
magras al estilo de Aragón Rohschinken in Tomatensoße
maíz Mais
(a la) mallorquina meistens ein scharfgewürztes Fisch- oder Schalentiergericht
manchego harter, weißer oder goldgelber Schafkäse aus der Mancha
mandarina Mandarine
maní Erdnuß
mantecado 1) kleiner Butterkuchen 2) Sahneeis
mantequilla Butter
manzana Apfel
~ **en dulce** in Honig
(a la) marinera gewöhnlich mit Miesmuscheln, Zwiebeln, Tomaten, Kräutern und Wein
marisco Schalentier
matambre Rinderroulade
mayonesa Mayonnaise
mazapán Marzipan
mejillón Miesmuschel
mejorana Majoran
melaza Melasse
melocotón Pfirsich
melón Melone
membrillo Quitte
menestra Gemüsesuppe
~ **de pollo** Hühner- und Gemüsesuppe
menta Minze
menú Menü, Gedeck
~ **del día** Tagesgedeck
~ **turístico** Touristenmenü
menudillos Innereien
merengue Baiser, Meringe(l)
merienda Imbiß
merluza Seehecht
mezclado gemischt
miel Honig
(a la) milanesa mit Käse (gewöhnlich überbacken)
minuta Speisekarte
mixto gemischt, verschiedene
mole poblano Huhn in einer scharfgewürzten (Piment) Schokoladensoße
molusco Schalen- oder Krustentier
molleja Kalbsbries, -milch
mora 1) Maulbeere 2) Brombeere
morcilla Blutwurst
morilla Morchel
moros y cristianos Reis und schwarze Bohnen mit gewürfeltem Schinken, Knoblauch, Paprikaschoten und Kräutern
mostaza Senf
mújol Meerbarbe
nabo Rübe
naranja Apfelsine
nata Sahne
~ **batida** Schlagsahne
natillas kleiner Süßspeisen-Pudding
~ **al limón** Zitronenkrem
níspola Loquat, japanische Mispel
nopalito junge Kaktus- oder Distelblätter, meist in Essig-Kräuter-Soße
nuez Nuß
~ **moscada** Muskatnuß
olla Eintopfgericht
~ **gitana** Gemüseeintopf
~ **podrida** Fleischeintopf (gewöhnlich Schinken) mit Gemüse
ostra Auster
oveja Schaf
pabellón criollo Rindfleisch in Tomatensoße, wird mit Bohnen, Reis und Bananen serviert

paella in großer flacher Pfanne zubereitetes Eintopfgericht, bestehend aus Safranreis mit verschiedenen Meeresfrüchten und manchmal Fleisch
~ **alicantina** mit grünen Paprikaschoten, Zwiebeln, Tomaten, Artischockenherzen und Fisch
~ **catalana** mit Würsten, Schweinefleisch, Kalmaren, Tomaten, roten Paprikaschoten und Erbsen
~ **marinera** mit Fisch, Schalentieren und Fleisch
~ **(a la) valenciana** mit Hühnerfleisch, Garnelen, Muscheln, Erbsen, Tomaten und Knoblauch
palmito Palmenherz
palta Avocado(birne)
pan Brot
panecillo Semmel, Brötchen
papas Kartoffeln
~ **a la huancaína** mit Käse und Paprikaschoten
(a la) parrilla gegrillt, geröstet
parrilla mixta Mixed Grill, verschiedene gegrillte Fleischstücke
pasado gekocht
bien ~ fast durchgebraten (rosig)
poco ~ halbgar, innen noch roh
pastas Teigwaren
pastel 1) Kuchen 2) Torte, Pastete
~ **de choclo** Maispüree mit gehacktem Rindfleisch, Hühnerfleisch, Rosinen und Oliven
pastelillo Törtchen
pata Fuß (von Schwein oder Lamm)
patatas Kartoffeln
~ **fritas** Pommes frites
~ **(a la) leonesa** mit Zwiebeln
~ **nuevas** neue
pato Ente
pavo Truthahn, Puter
pechuga Geflügelbrust
pepinillo Gewürzgurke
pepino Gurke
(en) pepitoria mit Zwiebeln, Paprikaschoten und Tomaten bei schwacher Hitze langsam gekocht
pera Birne
perca Flußbarsch
percebe eine Art Muschel
perdiz Rebhuhn
~ **en escabeche** in Essig mit Zwiebeln, Petersilie, Karotten und Paprikaschoten mariniert
~ **estofada** geschmort, in einer Weißweinsoße serviert
perejil Petersilie
perifollo Kerbel
perilla ein fester, milder Käse
pescadilla Wittling
pescado Fisch
pez espada Schwertfisch
picadillo Hackfleisch, Gehacktes
picado feingeschnitten
picante scharf, pikant, stark gewürzt
picatoste in tiefem Fett gebackene Brotscheibe
pichoncillo Täubchen
pierna Keule
pimentón Piment, Nelkenpfeffer
pimienta Pfeffer
pimiento Paprikaschote
~ **morrón** rote
pincho moruno Grillspießchen mit pikanter Soße
pintada Perlhuhn
piña Ananas
pisto eine Art scharf gewürzter, kalter Gemüseeintopf
(a la) plancha auf dem Rost ge-

grillt
plátano Banane
plato Gericht, Portion
~ **típico de la región** landschaftliche Spezialität
pollito Küken
pollo Hühnchen, Hähnchen
~ **pibil** in gewürztem Fruchtsaft langsam gargekocht
polvorón Sandteigkeks mit Nüssen
pomelo Pampelmuse, Grapefruit
porción Portion
porotos granados mit Kürbis und Mais servierte Saubohnen
postre Nachspeise
potaje Suppe
puchero Eintopfgericht
puerro Lauch, Porree
pulpo Tintenfisch
punta de espárrago Spargelspitze
punto de nieve Nachspeise aus Schlagsahne und geschlagenem Eiweiß
puré de patatas Kartoffelpüree
queso Käse
quisquilla Garnele
rábano Rettich
~ **picante** Meerrettich
raja 1) Portion 2) Scheibe
rallado gerieben, geraspelt
rape Anglerfisch, Seeteufel
ravioles Ravioli
raya Rochen
rebanada Scheibe
rebozado 1) paniert 2) durch Backteig gezogen und fritiert
recargo Zuschlag, Aufpreis
rehogada sautiert, geschwenkt
relleno gefüllt, farciert
remolacha Rübe
repollo Kohl
requesón ein Art Quark
riñón Niere
róbalo Schellfisch
rodaballo Steinbutt
(a la) romana durch Backteig gezogen und fritiert
romero Rosmarin
roncal ein pikanter Hartkäse
ropa vieja gekochte Fleisch- und Gemüsereste, mit Tomaten und Paprikaschoten bedeckt
rosbif Roastbeef
rosquilla Krapfen
rubio eine Art Meerbarbe
ruibarbo Rhabarber
sal Salz
salado gesalzen
salchicha kleine Schweinebratwurst
salchichón (Salami-)Wurst
salmón Lachs
salmonete Rotbarbe
salsa Soße
~ **blanca** weiße Sahnesoße
~ **española** gewürzte Weinsoße mit Knoblauch und Kräutern
~ **mayordoma** Buttersoße mit Petersilie
~ **picante** Pfeffer- und Paprikasoße
~ **romana** Speck oder Schinken, Ei und Sahne, manchmal mit Muskat abgeschmeckt
~ **tártara** Tatarensoße
~ **verde** Petersiliesoße
salsifi Schwarzwurzelart
salteado sautiert, geschwenkt
salvia Salbei
san simón ein fester, milder Käse mit gelber Rinde
sandía Wassermelone
sardina Sardine
sémola Grieß
sencillo einfach; weder Soße noch Füllung
sepia Kuttelfisch

servicio Bedienung
~ **(no) incluido** (nicht) inbegriffen
sesos Hirn, Bregen
seta Pilz
sobrasada große (Salami-)Wurst
solomillo Filetsteak, Lendenschnitte
sopa Suppe
~ **(de) cola de buey** Ochsenschwanzsuppe
~ **sevillana** eine stark gewürzte Fischsuppe
suave mild
suflé Soufflé, Auflauf
suizo Milchbrötchen
surtido Auswahl
taco Weizen- oder Maismehlpfannkuchen, gewöhnlich mit Fleischfüllung und einer scharfen Soße
tajada Scheibe, Schnitte
tallarín Nudel
tamal Maismehlpastete mit Fleisch- oder Früchtefüllung; wird in Maisblättern im Wasserbad gargekocht
tapa Appetithappen
tarta Torte, Kuchen
~ **helada** Eisbombe, Eiskremtorte
ternera Kalbfleisch
tocino Schweinespeck
~ **de cielo** 1) Karamelkrem 2) Kuchen mit Eierkremfüllung
tomillo Thymian
tordo Krammetsvogel, Wacholderdrossel
toronja eine Art Pampelmuse
tortilla 1) Omelett, Eierkuchen 2) eine Art Maismehl-Eierkuchen
~ **de chorizo** mit pikanten Wurststücken
~ **a la española** mit Zwiebeln und Kartoffeln, scharf gewürzt
~ **a la francesa** einfach, ohne Füllung
~ **gallega** mit Kartoffeln, Schinken, roten Paprikaschoten und Erbsen
~ **al ron** mit Rum
tortita Waffel
tortuga Schildkröte
tostada Toast, geröstete Brotscheibe
tripas Kaldaunen, Kutteln
trucha Forelle
~ **frita a la asturiana** paniert, gebraten und mit Zitrone garniert
trufa Trüffel
turrón Nougat
ulloa ein Weichkäse, der dem reifen Camembert gleicht
uva Weinbeere
uvas pasas Rosinen
vaca salada Corned beef, Büchsenfleisch
vainilla Vanille
(a la) valenciana mit Reis, Tomaten und Knoblauch
variado gemischt
varios diverse, verschiedene
venado Hirsch
venera Jakobsmuschel (eigentlich deren Muschel, gemeint ist jedoch das Tier)
verdura Gemüse
vieira Jakobsmuschel
villalón ein Schafkäse
vinagre Essig
vinagreta Essig-Kräuter-Soße
(a la) ~ in Essig-Kräuter-Soße mariniert
(a la) vizcaína mit Paprikaschoten, Tomaten, Knoblauch und Paprika
yema Eidotter, -gelb

yemas Nachspeise aus geschlagenem Eigelb und Zucker
zanahoria Mohrrübe
zarzamora wilde Brombeere
zarzuela Fisch- und Schalentiereintopf
~ **de mariscos** dicke Suppe aus Meeresfrüchten
~ **de pescado** verschiedene Fische und Schalentiere in einer scharfen Soße
~ **de verduras** Gemüseeintopf

Getränke

abocado Sherryverschnitt aus süßem und trockenem Wein
agua Wasser
aguardiente Branntwein
Alicante Gegend südlich von Valencia; erzeugt eine große Menge roter Tischweine und einige gute Roséweine, besonders bei Yecla
Amontillado leicht süßer, bernsteinfarbener Sherry
Andalucía trockener Sherry mit Apfelsinensaft
Angélica ein baskischer Kräuterlikör, ähnlich wie gelber Chartreuse
anís Anislikör
Anís del Mono ein katalanischer Anislikör
anís seco Anisbranntwein
anisado Erfrischungsgetränk mit Anisgeschmack, oft leicht alkoholisch
batido Milchmix
bebida Getränk
Bobadilla Gran Reserva ein Weinbrand
botella Flasche
media ~ halbe Flasche
café Kaffee
~ **cortado** kleine Tasse starken Kaffees mit einem Schuß Milch oder Sahne
~ **descafeinado** koffeinfrei
~ **exprés** Espresso
~ **granizado** Eiskaffee
~ **con leche** mit Milch
~ **negro/solo** schwarz
Calisay ein Likör mit Chiningeschmack
Carlos I ein Weinbrand
Cataluña Katalonien ist vor allem für seinen Schaumwein bekannt (oft *xampañ* genannt), der außer dem Namen jedoch nur geringe Ähnlichkeit mit echtem Champagner hat
Cazalla ein Anislikör
cerveza Bier
~ **de barril** Faßbier
~ **dorada** helles
~ **negra** dunkles
cola de mono ein Gemisch aus Kaffee, Milch, Rum und *pisco*
coñac 1) französischer Kognak 2) spanischer Weinbrand
Codorníu ein katalonischer Schaumwein, in der Herstel-

lungsgegend *xampañ* (Champagner) genannt
cosecha Ernte; Bezeichnung für den Weinjahrgang
crema de cacao Kakaolikör
Cuarenta y Tres ein Eierlikör
Cubra libre Rum und Cola
champán, champaña 1) französischer Champagner 2) spanischer Schaumwein
chicha de manzana Apfelbranntwein
Chinchón ein Anislikör
chocolate Schokolade
~ **con leche** heiße Schokolade mit Milch
Dulce fruchtiger Dessertwein, der jedoch auch bei anderen Gelegenheiten getrunken wird
espumoso schäumend, perlend
Fino ein im Vergleich zum *Manzanilla* weniger trockener, doch farblich kräftigerer Sherry, der wie der *Manzanilla* gekühlt getrunken wird
Fundador ein Weinbrand
Galicia Gegend an der atlantischen Küste; erzeugt einen guten Tischwein
gaseosa Sprudel
ginebra Gin
gran vino Bezeichnung auf dem Etikett für chilenische Spitzenweine
granadina mit Wein oder Weinbrand gemischter Granatapfelsirup
horchata de almendra (oder **de chufa**) Getränk aus gemahlenen Mandeln (oder Jerusalem-Artischocken)
Jerez 1) Sherry 2) aus dieser Gegend im Süden von Spanien (in der Nähe der portugiesischen Grenze) stammt der weltbekannte Sherry
jugo Fruchtsaft
leche Milch
limonada 1) Limonade 2) frischer Zitronensaft
Málaga 1) Dessertwein 2) Gegend im Süden Spaniens; sie ist besonders für ihren Dessertwein bekannt
Manzanilla sehr trockener, blasser Sherry, den man gekühlt trinkt
margarita *tequila* mit Limettensaft
Montilla Dessertwein aus der Nähe von Córdoba; wird oft als Aperitif getrunken
Moscatel fruchtiger Dessertwein von Tarragona oder Málaga
naranjada Orangeade, Apfelsinenlimonade
Oloroso würziger, süßer bernsteinfarbener Sherry
Oporto Portwein
pisco ein Weinbrand
ponche crema Eierlikör
Priorato Gegend um Barcelona; erzeugt gute Rot- und Weißweine, aber auch einen Dessertwein, *Priorato*, der bei der Ausfuhr den Namen *Tarragona* erhält
refresco Erfrischungsgetränk
reservado Bezeichnung auf dem Etikett für chilenische Weine der gehobenen Güteklasse
Rioja Gebiet im Ebrotal, nahe der französischen Grenze, die bekannteste Weingegend des Landes; der rote Rioja zählt zu den besten Rotweinen Europas
ron Rum
sangría Getränk aus Rotwein mit Eis, Apfelsinen, Zitronen und Zucker

sangrita *tequila* mit Tomaten-, Apfelsinen- und Limettensaft
sidra Apfelwein
sol y sombra ein Likör aus Weinbrand und Anis
sorbete Fruchtgetränk mit Eis
té Tee
tequila Agavenbranntwein
tinto 1) Rotwein 2) schwarzer Kaffee mit Zucker (Kolumbien)
Tio Pepe ein Sherry
Triple Seco ein Apfelsinenlikör
Valdepeñas Gegend südlich von Madrid; wichtiges Weinbaugebiet
vermú Wermutwein
Veterano Osborne ein Weinbrand
vino Wein
~ **blanco** Weißwein
~ **clarete** Roséwein
~ **común** Tischwein
~ **dulce** Dessertwein
~ **espumoso** Schaumwein
~ **de mesa** Tischwein
~ **del país** Landwein
~ **rosado** Roséwein
~ **seco** trockener Wein
~ **suave** Süßwein
~ **tinto** Rotwein
xampañ katalonischer Schaumwein
yerba mate Matetee
zumo Saft

Minigrammatik

Artikel

Sie stimmen in Geschlecht und Zahl mit dem Substantiv überein. Es gibt zwei Geschlechter: männlich und weiblich.

1. Bestimmter Artikel (der/die/das und Mehrzahl die).

	Einzahl		Mehrzahl
männlich	**el tren**	(der Zug)	**los trenes**
weiblich	**la casa**	(das Haus)	**las casas**

2. Unbestimmter Artikel (ein/eine und Mehrzahl).

männlich	**un lápiz**	(ein Bleistift)	**unos lápices**
weiblich	**una carta**	(ein Brief)	**unas cartas**

Substantive

1. Die meisten Substantive auf **-o** sind männlich, jene mit der Endung **-a** im allgemeinen weiblich.

el vestido (das Kleid) **la camisa** (das Hemd)

2. Die Mehrzahl bildet man durch Anhängen von **-s** bzw. **-es.**

el hombre – los hombres (der Mann – die Männer)
el hotel – los hoteles (das Hotel – die Hotels)

3. Der Genitiv wird mit der Präposition **de** (von) gebildet.

el fin de la fiesta das Ende des Festes
el principio del* mes der Monatsanfang
las maletas de los viajeros die Koffer der Reisenden

***del** ist die Zusammenziehung von **de + el**.

Adjektive

1. Sie richten sich in Geschlecht und Zahl nach dem Substantiv. In der Regel steht das Adjektiv *nach* dem Substantiv.

el niño pequeño der kleine Junge
la niña pequeña das kleine Mädchen
los niños pequeños die kleinen Kinder

Bei Adjektiven, die auf **-e** oder Konsonant enden, gibt es in der Regel nur eine Form für männlich und weiblich.

el muro grande/la casa grande die große Mauer/das große Haus
el mar azul/la flor azul das blaue Meer/die blaue Blume

2. Komparativ bzw. Superlativ werden gebildet, indem **más** bzw. **lo/la/el más** vor das Adjektiv gestellt werden.

alto hoch
más alto höher
lo más alto am höchsten

Einige Adjektive haben im Komparativ und Superlativ Sonderformen:

bueno (gut)	**mejor**	**óptimo (lo mejor)**
malo (schlecht)	**peor**	**pésimo (lo peor)**
grande (groß)	**mayor**	**máximo (lo más grande)**
pequeño (klein)	**menor**	**mínimo (lo más pequenõ)**

Adverb

Das Adverb wird durch Anhängen der Endung **-mente** an die weibliche Form des Adjektivs gebildet (wenn diese von der männlichen abweicht), sonst wird **-mente** an die männliche Form angehängt.

cierto(a)	sicher	**ciertamente**
fácil	leicht	**fácilmente**

Personalpronomen

	1. Fall (Nom.)	3. Fall (Dat.)	4. Fall (Akk.)	nach einer Präposition
ich	**yo**	**me**	**me**	**mí**
du	**tú**	**te**	**te**	**ti**
er/sie	**él/ella**	**le**	**lo/la**	**él/ella**
es (unpers.)	**ello**	**le**	**lo**	**ello**
Sie (Einz.)	**usted**	**le**	**lo/la**	**usted**
wir	**nosotros(as)**	**nos**	**nos**	**nosotros(as)**
ihr	**vosotros(as)**	**os**	**os**	**vosotros(as)**
sie (m./w.)	**ellos(as)**	**les**	**los/las**	**ellos(as)**
Sie (Mehrz.)	**ustedes**	**les**	**los/las**	**ustedes**

Demonstrativpronomen

	männlich	weiblich	sächlich
dieser/diese/dieses	**éste**	**ésta**	**esto**
diese (Mehrzahl)	**éstos**	**éstas**	
jener/jene/jenes	**ése**	**ésa**	**eso**
	aquél	**aquella**	**aquello**
jene (Mehrzahl)	**ésos/ aquellos**	**ésas/ aquellas**	

Die Unterschiede zwischen den drei Formen sind folgende: **éste** deutet auf einen ganz in der Nähe liegenden Gegenstand hin, **ése** auf einen etwas entfernteren und **aquél** auf einen außer Reichweite befindlichen.

Compro este libro.	Ich kaufe dieses Buch.
¿Conoce usted a ese señor?	Kennen Sie den Herrn dort drüben?

Possessivpronomen

	unbetont	betont
mein, meine	mi	mío(a)
dein, deine	tu	tuyo(a)
sein/ihr, seine/ihre	su	suyo(a)
Ihr, Ihre	su	suyo(a)
unser, unsere	nuestro(a)	nuestro(a)
euer, eure	vuestro(a)	vuestro(a)
ihr, ihre	su	suyo(a)

Das unbetonte Possessivpronomen steht immer vor dem Substantiv und stimmt in Geschlecht und Zahl mit ihm überein. Die betonte Form steht nach dem Substantiv oder alleine. Die Mehrzahl wird wie beim Substantiv gebildet.

su hijo	sein Sohn, ihr Sohn oder Ihr Sohn
sus maletas	seine Koffer, ihre Koffer oder Ihre Koffer (die Bedeutung ergibt sich aus dem Zusammenhang)

Este libro es mío.	Das ist *mein* Buch. (betont)
un amigo suyo	ein Freund von ihm (von ihr, ihnen, Ihnen)

Verneinung

Die Verneinung erfolgt durch Einschieben des Wörtchens **no** (= nicht) vor das Verb:

Es nuevo.	Es ist neu.
No es nuevo.	Es ist nicht neu.

Steht im bejahten Satz kein Artikel, so wird im verneinten Satz »kein« mit **no** übersetzt.

Tengo tiempo.	Ich habe Zeit.
No tengo tiempo.	Ich habe keine Zeit.

Fragen

Fragen werden meistens durch Veränderung des Tonfalls gebildet. Auch hier wird das Pronomen meist weggelassen.

Hablo español.	Ich spreche Spanisch.
¿Habla español?	Sprechen Sie Spanisch?

Man beachte das doppelte Fragezeichen im Spanischen, dasselbe gilt für das Ausrufezeichen:

¡Dése prisa!	Beeilen Sie sich!

Verben

Nachstehend finden Sie einige Beispiele spanischer Verben der drei regelmäßigen Konjugationen, die gemäß ihren Infinitivendungen (*-ar, -er, -ir*) geordnet aufgeführt sind. Verben, die diesen Konjugationen nicht folgen, werden als unregelmäßige Verben bezeichnet (siehe Liste der unregelmäßigen Verben). Außerdem gibt es noch Verben, die zwar regelmäßig konjugiert werden, aber Unregelmäßigkeiten im Verbstamm aufweisen: *tocar – toque, cargar – cargue* usw.

Auf das Personalpronomen wird im allgemeinen verzichtet, da die Endung des Verbs eindeutig auf die Person schließen läßt.

		I. Konj.	II. Konj.	III. Konj.
Infinitiv		**am ar** *(lieben)*	**tem er** *(fürchten)*	**viv ir** *(leben)*
Präsens	(yo)	am **o**	tem **o**	viv **o**
	(tú)	am **as**	tem **es**	viv **es**
	(él)	am **a**	tem **e**	viv **e**
	(nosotros)	am **amos**	tem **emos**	viv **imos**
	(vosotros)	am **áis**	tem **éis**	viv **ís**
	(ellos)	am **an**	tem **en**	viv **en**
Imperfekt	(yo)	am **aba**	tem **ía**	viv **ía**
	(tú)	am **abas**	tem **ías**	viv **ías**
	(él)	am **aba**	tem **ía**	viv **ía**
	(nosotros)	am **ábamos**	tem **íamos**	viv **íamos**
	(vosotros)	am **abais**	tem **íais**	viv **íais**
	(ellos)	am **aban**	tem **ían**	viv **ían**
Historisches Perfekt	(yo)	am **é**	tem **í**	viv **í**
	(tú)	am **aste**	tem **iste**	viv **iste**
	(él)	am **ó**	tem **ió**	viv **ió**
	(nosotros)	am **amos**	tem **imos**	viv **imos**
	(vosotros)	am **asteis**	tem **isteis**	viv **isteis**
	(ellos)	am **aron**	tem **ieron**	viv **ieron**
Futur	(yo)	am **aré**	tem **eré**	viv **iré**
	(tú)	am **arás**	tem **erás**	viv **irás**
	(él)	am **ará**	tem **erá**	viv **irá**
	(nosotros)	am **aremos**	tem **eremos**	viv **iremos**
	(vosotros)	am **aréis**	tem **eréis**	viv **iréis**
	(ellos)	am **arán**	tem **erán**	viv **irán**
Konditional	(yo)	am **aría**	tem **ería**	viv **iría**
	(tú)	am **arías**	tem **erías**	viv **irías**
	(él)	am **aría**	tem **ería**	viv **iría**
	(nosotros)	am **aríamos**	tem **eríamos**	viv **iríamos**
	(vosotros)	am **aríais**	tem **eríais**	viv **iríais**
	(ellos)	am **arían**	tem **erían**	viv **irían**
Konjunktiv Präsens	(yo)	am **e**	tem **a**	viv **a**
	(tú)	am **es**	tem **as**	viv **as**
	(él)	am **e**	tem **a**	viv **a**
	(nosotros)	am **emos**	tem **amos**	viv **amos**
	(vosotros)	am **éis**	tem **áis**	viv **áis**
	(ellos)	am **en**	tem **an**	viv **an**

Partizip Präsens	am **ando**	tem **iendo**	viv **iendo**
Partizip Perfekt	am **ado**	tem **ido**	viv **ido**

Hilfsverben

Das Verb **haben** wird entweder mit *haber* oder *tener* übersetzt. *Haber* ist ein Hilfsverb (Beispiel: Er hat gesagt). *Tener* (siehe Liste der unregelmäßigen Verben) ist ein transitives Verb, das den Besitz ausdrückt (Beispiel: Sie hat ein Haus).

Das Verb **sein** wird entweder mit *ser* oder *estar* übersetzt. *Ser* ist ein Hilfsverb, es drückt wesentliche Eigenschaften aus (Beispiel: Der Mensch ist sterblich). Mit *ser* bildet man auch die Passivformen. *Estar* (siehe Liste der unregelmäßigen Verben) drückt Zustände aus, ob von Dauer oder nicht, sowohl Sachen als auch Personen betreffend (Beispiel: Der Kaffee ist kalt).

	haber *(haben)*		**ser** *(sein)*	
	Präsens	*Imperfekt*	*Präsens*	*Imperfekt*
(yo)	he	había	soy	era
(tú)	has	habías	eres	eras
(él)	ha	había	es	era
(nosotros)	hemos	habíamos	somos	éramos
(vosotros)	habéis	habíais	sois	erais
(ellos)	han	habían	son	eran
	Futur	*Konditional*	*Futur*	*Konditional*
(yo)	habré	habría	seré	sería
(tú)	habrás	habrías	serás	serías
(él)	habrá	habría	será	sería
(nosotros)	habremos	habríamos	seremos	seríamos
(vosotros)	habréis	habríais	seréis	seríais
(ellos)	habrán	habrían	serán	serían
	Konjunktiv Präsens	*Perfekt*	*Konjunktiv Präsens*	*Perfekt*
(yo)	haya	he habido	sea	he sido
(tú)	hayas	has habido	seas	has sido
(él)	haya	ha habido	sea	ha sido
(nosotros)	hayamos	hemos habido	seamos	hemos sido
(vosotros)	hayáis	habéis habido	seáis	habéis sido
(ellos)	hayan	han habido	sean	han sido
	Partizip Präsens	*Partizip Perfekt*	*Partizip Präsens*	*Partizip Perfekt*
	habiendo	habido	siendo	sido

Unregelmäßige Verben

Nachfolgend finden Sie eine Liste der gebräuchlichsten Verben und Zeitformen, die in der gesprochenen spanischen Sprache verwendet werden. In der Liste steht a) für Präsens b) für Imperfekt c) für Historischen Imperfekt d) für Futur e) für Partizip Präsens und f) für Partizip Perfekt.

Wir geben hier nur die unregelmäßigen Formen an, die häufig benutzt werden. In anderen Zeitformen als dem Präsens kann man alle Personen von der ersten Person ableiten. Falls nicht anders angegeben, werden Verben mit Vorsilben wie *ad-, ante-, com-, de-, des-, dis-, en-, ex-, im-, pos-, pre-, pro-, re-, sobre-, sub-, tras-,* usw. genau wie die Stammverben konjugiert.

abstenerse →tener
sich enthalten

acertar →cerrar
erraten

acontecer →agradecer
sich ereignen

acordar →contar
beschließen

acostarse →contar
sich hinlegen

acrecentar →cerrar
vergrößern, vermehren

adormecer →agradecer
einschläfern

adquirir a) adquiero, adquieres, adquiere, adquirimos, adquirís, adquieren; b) adquiría; c) adquirí; d) adquiriré; e) adquiriendo; f) adquirido
erwerben

advertir →sentir
aufmerksam machen

agradecer a) agradezco, agradeces, agradece, agradecemos, agradecéis, agradecen; b) agradecía; c) agradecí; d) agradeceré; e) agradeciendo; f) agradecido
danken

alentar →cerrar
ermutigen

almorzar →contar
zu Mittag essen

amanecer →agradecer
tagen

andar a) ando, andas, anda, andamos, andáis, andan; b) andaba; c) anduve; d) andaré; e) andando; f) andado
gehen

anochecer →agradecer
dunkeln

apetecer →agradecer
begehren

apostar →contar
wetten

apretar →cerrar
(zusammen)drücken

arrendar →cerrar
(ver)mieten

arrepentirse →sentir
bereuen

ascender →perder
besteigen

atenerse →tener
sich auf etwas verlassen

atravesar →cerrar
durchkreuzen

atribuir →instruir
zuteilen

aventar →cerrar
hinausblasen

avergonzar →contar
beschämen

bendecir →decir
weihen

caber a) quepo, cabes, cabe, cabemos, cabéis, caben; b) cabía; c) cupe; d) cabré; e) cabiendo; f) cabido
enthalten

caer a) caigo, caes, cae, caemos, caéis, caen; b) caía; c) caí; d) caeré; e) cayendo; f) caído
fallen

calentar →cerrar
wärmen

carecer →agradecer
(er)mangeln

cegar →cerrar
blindmachen

cerrar a) cierro, cierras, cierra, cerramos, cerráis, cierran; b) cerraba; c) cerré; d) cerraré; e) cerrando; f) cerrado
schließen

cocer a) cuezo, cueces, cuece, cocemos, cocéis, cuecen; b) cocía; c) cocí; d) coceré; e) cociendo; f) cocido
kochen

colar →contar
filtern

colgar →contar
hängen

comenzar →cerrar
beginnen

competir →pedir
konkurrieren

concebir →pedir
empfangen

concernir →sentir
betreffen

concluir →instruir
(ab)schließen

concordar →contar
übereinstimmen

conducir →traducir
führen

conferir →sentir
verleihen

confesar →cerrar
beichten, bekennen

conocer a) conozco, conoces, conoce, conocemos, conocéis, conocen; b) conocía; c) conocí; d) conoceré; e) conociendo; f) conocido
kennen

consolar →contar
trösten

constituir →instruir
gründen

construir →instruir
bauen

contar a) cuento, cuentas, cuenta, contamos, contáis, cuentan; b) contaba; c) conté; d) contaré; e) contando; f) contado
(er)zählen

contribuir →instruir
beitragen

convertir →sentir
umwandeln

corregir →pedir
berichtigen

costar →contar
kosten

crecer →agradecer
wachsen

dar a) doy, das, da, damos, dais, dan; b) daba; c) di; d) daré; e) dando; f) dado
geben

decir a) digo, dices, dice, decimos, decís, dicen; b) decía; c) dije; d) diré e) diciendo; f) dicho
sagen

deducir →traducir
folgern

defender →perder
verteidigen

derretir →pedir
schmelzen

descender →perder
(her)absteigen

descollar →contar
überragen

desconcertar →cerrar
verwirren

despertar →cerrar
(auf)wecken

desterrar →cerrar
verbannen

destituir →instruir
entlassen

destruir →instruir
zerstören

desvanecer →agradecer
zerstreuen, verwischen

diferir →sentir
abweichen

digerir →sentir
verdauen

diluir →instruir
verdünnen

discernir →sentir
unterscheiden

disminuir →instruir
verkleinern

disolver →morder
auflösen

distribuir →instruir
verteilen

divertir →sentir
(sich) vergnügen

doler
schmerzen →morder

dormir
schlafen a) duermo, duermes, duerme, dormimos, dormis, duermen; b) dormía; c) dormí; d) dormiré; e) durmiendo; f) dormido

elegir
(aus)wählen →pedir

embestir
anfallen →pedir

empezar →cerrar
beginnen

enaltecer →agradecer
preisen

enardecer →agradecer
entzünden

encender →perder
anzünden

encomendar →cerrar
beauftragen

encontrar →contar
finden, begegnen

engrandecer →agradecer
vergrößern

enloquecer →agradecer
wahnsinnig machen

enmendar →cerrar
verbessern

enmudecer →agradecer
verstummen

enorgullecer →agradecer
stolz machen

enriquecer →agradecer
bereichern

ensangrentar →cerrar
mit Blut beflecken

ensoberbecer →agradecer
hochmütig machen

ensordecer →agradecer
betäuben

enternecer →agradecer
erweichen

enterrar →cerrar
begraben

entristecer →agradecer
betrüben

envejecer →agradecer
altern

errar →cerrar
umherschweifen

escarmentar →cerrar
züchtigen

escarnecer →agradecer
verspotten

establecer →agradecer
festsetzen

estar *sein*	a) estoy, estás, está, estamos, estáis, están; b) estaba; c) estuve; d) estaré; e) estando; f) estado
estremecer *erschüttern*	→agradecer
excluir *ausschließen*	→instruir
fallecer *sterben*	→agradecer
favorecer *begünstigen*	→agradecer
florecer *blühen*	→agradecer
fluir *fließen*	→instruir
fortalecer *stärken*	→agradecer
forzar *(er)zwingen*	→contar
fregar *abwaschen*	→cerrar
freír *braten*	→reír
gemir *stöhnen*	→pedir
gobernar *regieren*	→cerrar
gruñir *murren*	a) gruño, gruñes, gruñe, gruñimos, gruñís, gruñen; b) gruñía ;c) gruñí; d) gruñiré; e) gruñiendo; f) gruñido
haber *haben*	a) he, has, ha, hemos, habéis, han; b) había; c) hube; d) habré; e) habiendo; f) habido
hacer *machen*	a) hago, haces, hace, hacemos, hacéis, hacen; b) hacía; c) hice; d) haré; e) haciendo; f) hecho
heder *stinken*	→perder
helar *(ge)frieren*	→cerrar
hender *spalten, brechen*	→perder
herir *verletzen*	→sentir
hervir *kochen*	→sentir
huir *fliehen*	→instruir

humedecer →agradecer
(be)feuchten

incluir →instruir
einschließen

inducir →traducir
zu etwas bewegen

ingerir →sentir
einführen, einnehmen

instituir →instruir
einrichten

instruir a) instruyo, instruyes, instruye, instruimos, instruís, instruyen; b) instruía; c) instruí; d) instruiré; e) instruyendo; f) instruido
unterrichten

introducir →traducir
einführen

invertir →sentir
umkehren, umstellen

ir a) voy, vas, va, vamos, vais, van; b) iba; c) fui; d) iré; e) yendo; f) ido
gehen

jugar a) juego, juegas, juega, jugamos, jugáis, juegan; b) jugaba; c) jugué; d) jugaré; e) jugando; f) jugado
spielen

lucir a) luzco, luces, luce, lucimos, lucís, lucen; b) lucía; c) lucí; d) luciré; e) luciendo; f) lucido
leuchten

llover a) llueve; b) llovía; c) llovió; d) lloverá; e) lloviendo; f) llovido
regnen

manifestar →cerrar
bekunden

mantener →tener
aufrechterhalten

medir →pedir
messen

mentir →sentir
lügen

merecer →agradecer
verdienen

merendar →cerrar
vespern

moler →morder
ausmahlen

morder a) muerdo, muerdes, muerde, mordemos, mordéis, muerden; b) mordía; c) mordí; d) morderé; e) mordiendo; f) mordido
beißen

morir →dormir
sterben

mostrar *zeigen*	→contar
mover *bewegen*	→morder
nacer *geboren werden*	a) nazco, naces, nace, nacemos, nacéis, nacen; b) nacía; c) nací; d) naceré; e) naciendo; f) nacido
negar *verneinen*	→cerrar
nevar *schneien*	a) nieva; b) nevaba; c) nevó; d) nevará; e) nevando; f) nevado
obedecer *gehorchen*	→agradecer
obscurecer *verdunkeln*	→agradecer
obstruir *versperren, hindern*	→instruir
obtener *erhalten*	→tener
ofrecer *anbieten*	→agradecer
oír *hören*	a) oigo, oyes, oye, oímos, oís, oyen; b) oía; c) oí; d) oiré; e) oyendo; f) oído
oler *riechen*	→morder
pacer *grasen*	→nacer
padecer *(er)leiden*	→agradecer
parecer *erscheinen*	→agradecer
pedir *bitten*	a) pido, pides, pide, pedimos, pedís, piden; b) pedía; c) pedí; d) pediré; e) pidiendo; f) pedido
pensar *denken*	→cerrar
perder *verlieren*	a) pierdo, pierdes, pierde, perdemos, perdéis, pierden; b) perdía; c) perdí; d) perderé; e) perdiendo; f) perdido
perecer *umkommen*	→agradecer
permanecer *bleiben*	→agradecer
pertenecer *gehören*	→agradecer
pervertir *verderben*	→sentir

placer *gefallen* — a) plazco, places, place, placemos, placéis, placen; b) placía; c) plací; d) placeré; e) placiendo; f) placido

plegar *falten* — →cerrar

poblar *bevölkern* — →contar

poder *können* — a) puedo, puedes, puede, podemos, podéis, pueden; b) podía; c) pude; d) podré; e) pudiendo; f) podido

poner *setzen, stellen, legen* — a) pongo, pones, pone, ponemos, ponéis, ponen; b) ponía; c) puse; d) pondré; e) poniendo; f) puesto

preferir *vorziehen* — →sentir

probar *prüfen* — →contar

producir *erzeugen* — →traducir

proferir *äußern* — →sentir

quebrar *brechen* — →cerrar

querer *wollen, wünschen* — a) quiero, quieres, quiere, queremos, queréis, quieren; b) quería; c) quise; d) querré; e) queriendo; f) querido

recomendar *empfehlen* — →cerrar

recordar *erinnern* — →contar

reducir *beschränken* — →traducir

referir *erzählen* — →sentir

regar *begießen* — →cerrar

regir *regieren* — →pedir

reír *lachen* — a) río, ríes, ríe, reímos, reís, ríen; b) reía; c) reí; d) reiré; e) riendo; f) reído

remendar *ausbessern* — →cerrar

rendir *bezwingen* — →pedir

renovar *erneuern* — →contar

reñir *zanken* — →teñir

repetir *wiederholen*	→pedir
requerir *bitten, verlangen*	→sentir
resolver *entscheiden*	→morder
resplandecer *glänzen*	→agradecer
restituir *wiederherstellen*	→instruir
retribuir *vergüten*	→instruir
reventar *(zer)platzen*	→cerrar
robustecer *stärken*	→agradecer
rodar *rollen*	→contar
rogar *bitten*	→contar
saber *wissen*	a) sé, sabes, sabe, sabemos, sabéis, saben; b) sabía; c) supe; d) sabré; e) sabiendo; f) sabido
salir *hinausgehen*	a) salgo, sales, sale, salimos, salís, salen; b) salía; c) salí; d) saldré; e) saliendo; f) salido
satisfacer *befriedigen*	→hacer
seducir *verführen*	→traducir
seguir *folgen*	→pedir
sembrar *säen*	→cerrar
sentar *setzen*	→cerrar
sentir *fühlen*	a) siento, sientes, siente, sentimos, sentís, sienten; b) sentía; c) sentí; d) sentiré; e) sintiendo; f) sentido
ser *sein*	a) soy, eres, es, somos, sois, son; b) era c) fui; d) seré; e) siendo; f) sido
servir *dienen*	→pedir
soldar *(zusammen)schweißen*	→contar
soler *etwas zu tun pflegen*	a) suelo, sueles, suele, solemos, soléis, suelen; b) solía; c) solí; e) soliendo; f) solido

soltar →contar
losmachen

sonar →contar
klingen

soñar →contar
träumen

sugerir →sentir
anregen

sustituir →instruir
ersetzen

temblar →cerrar
zittern

tender →perder
spannen

tener a) tengo, tienes, tiene, tenemos, tenéis, tienen; b) tenía; c) tuve; d) tendré; e) teniendo; f) tenido
haben, halten

tentar →cerrar
fühlen, versuchen

teñir a) tiño, tiñes, tiñe, teñimos, teñís, tiñen; b) teñía; c) teñí; d) teñiré; e) tiñiendo; f) teñido
färben

torcer →cocer
(ver)drehen

tostar →contar
rösten

traducir a) traduzco, traduces, traduce, traducimos, traducís, traducen; b) traducía; c) traduje; d) traduciré; e) traduciendo; f) traducido
übersetzen

traer a) traigo, traes, trae, traemos, traéis, traen; b) traía; c) traje; d) traeré; e) trayendo; f) traído
(her)bringen

transferir →sentir
übertragen

trocar →contar
austauschen

tronar a) trueno, truenas, truena, tronamos, tronáis, truenan; b) tronaba; c) troné; d) tronaré; e) tronando; f) tronado
donnern

tropezar →cerrar
stolpern

valer a) valgo, vales, vale, valemos, valéis, valen; b) valía; c) valí; d) valdré; e) valiendo; f) valido
beschützen, gelten

venir a) vengo, vienes, viene, venimos, venís, vienen; b) venía; c) vine; d) vendré; e) viniendo; f) venido
kommen

ver a) veo, ves, ve, vemos, veis, ven; b) veía; c) vi; d) veré; e) viendo; f) visto
sehen

verter →perder
verschütten

vestir →pedir
kleiden

volar →contar
fliegen

volcar →contar
kippen

volver →morder
zurückkommen

yacer →nacer
(da)liegen, ruhen

zambullir a) zambullo, zambulles, zambulle, zambullimos, zambullís, zambullen; b) zambullía; c) zambullí; d) zambulliré; e) zambullendo; f) zambullido
tauchen

Spanische Abkürzungen

a. C.	*antes de Cristo*	vor Christus
A.C.	*año de Cristo*	nach Christus
admón.	*administración*	Verwaltung
A.L.A.L.C.	*Asociación Latino-Americana de Libre Comercio*	Lateinamerikanische Freihandelszone
apdo.	*apartado de correos*	Postfach
Av./Avda.	*Avenida*	Allee
Barna.	*Barcelona*	Barcelona
C/	*Calle*	Straße
c/c.	*cuenta corriente*	Kontokorrent
Cía.	*Compañía*	Kompanie, Gesellschaft
ct(s).	*céntimo(s)*	1/100 des Pesetas
cta.	*cuenta*	Rechnung, Konto
cte.	*corriente*	dieses Monats
CV.	*caballos de vapor*	Pferdestärke
D.	*Don*	Höflichkeitsform in der Anrede (männl.), wird dem Vornamen vorangestellt
D.ª	*Doña*	Höflichkeitsform in der Anrede (weibl.), wird dem Vornamen vorangestellt
dcha.	*derecha*	rechts
D.N.I.	*Documento Nacional de Identidad*	Personalausweis
d. v.	*días de visita*	Besuchstage
EE.UU.	*Estados Unidos*	Vereinigte Staaten von Amerika
Exc.ª	*Excelencia*	Exzellenz
f. c.	*ferrocarril*	Eisenbahn, Zug
G.C.	*Guardia Civil*	Spanische Polizei
gral.	*general*	allgemein, generell
h.	*hora*	Stunde, Uhrzeit
hab.	*habitantes*	Einwohner(zahl)
hnos.	*hermanos*	Brüder, Gebrüder
íd.	*ídem*	idem (der-, die- oder dasselbe)
igla.	*iglesia*	Kirche
izq./izqda.	*izquierda*	links
lic.	*licenciado*	Lizentiat; Rechtsanwalt
M.I.T.	*Ministerio de Información y Turismo*	Spanisches Ministerium für Information und Tourismus
Mons.	*Monseñor*	Anrede eines römisch-katholischen Geistlichen

N.ª S.ª	*Nuestra Señora*	»Unsere Liebe Frau«, Muttergottes
n.º/núm.	*número*	Nummer
O.E.A.	*Organización de Estados Americanos*	Organisation Amerikanischer Staaten
P.	*Padre*	Vater, Pater
pág.	*página*	Seite
P.D.	*posdata*	Postskriptum, Nachtrag
p. ej.	*por ejemplo*	zum Beispiel
P.P.	*porte pagado*	franko (frei)
pta(s).	*peseta(s)*	Peseten (spanische Währung)
P.V.P.	*precio de venta al público*	Einzelhandelspreis, Ladenpreis
R.A.C.E.	*Real Automóvil Club de España*	Königlich-Spanischer Automobilklub
R.A.E.	*Real Academia Española*	Königliche Akademie der spanischen Sprache
R.C.	*Real Club…*	Königlicher Klub …
RENFE	*Red Nacional de los Ferrocarriles Españoles*	Spanische Staatsbahnen
R.M.	*Reverenda Madre*	Mutter Oberin
R.P.	*Reverendo Padre*	Hochwürden
Rte.	*Remite, Remitente*	Absender
RTVE	*Radio Televisión Española*	Radio und Fernsehen Spaniens
S./Sto./ Sta.	*San/Santo/Santa*	Sankt/Heiliger/Heilige
S.A.	*Sociedad Anónima*	Aktiengesellschaft
S.A.R.	*Su Alteza Real*	Seine Königliche Hoheit
s. a. s. s.	*su atento y seguro servidor*	soviel wie: Mit vorzüglicher Hochachtung
S.E.	*Su Excelencia*	Seine Exzellenz
sgte.	*siguiente*	folgende(r)
S.M.	*Su Majestad*	Seine Majestät
Sr.	*Señor*	Herr
Sra.	*Señora*	Frau
S.R.C.	*se ruega contestación*	Antwort erbeten
Sres./Srs.	*Señores*	Herren
Srta.	*Señorita*	Fräulein
S.S.	*Su Santidad*	Seine Heiligkeit
Ud./Vd.	*Usted*	Sie (Anredeform, Einzahl)
Uds./Vds.	*Ustedes*	Sie (Anredeform, Mehrzahl)
Vda.	*viuda*	Witwe
v. g./v. gr.	*verbigracia*	zum Beispiel

Zahlwörter

Grundzahlen		Ordnungszahlen	
0	cero	1.º	primero
1	uno	2.º	segundo
2	dos	3.º	tercero
3	tres	4.º	cuarto
4	cuatro	5.º	quinto
5	cinco	6.º	sexto
6	seis	7.º	séptimo
7	siete	8.º	octavo
8	ocho	9.º	noveno (nono)
9	nueve	10.º	décimo
10	diez	11.º	undécimo
11	once	12.º	duodécimo
12	doce	13.º	decimotercero
13	trece	14.º	decimocuarto
14	catorce	15.º	decimoquinto
15	quince	16.º	decimosexto
16	dieciséis	17.º	decimoséptimo
17	diecisiete	18.º	decimoctavo
18	dieciocho	19.º	decimonoveno
19	diecinueve	20.º	vigésimo
20	veinte	21.º	vigésimo primero
21	veintiuno	22.º	vigésimo segundo
30	treinta	30.º	trigésimo
31	treinta y uno	40.º	cuadragésimo
40	cuarenta	50.º	quincuagésimo
50	cincuenta	60.º	sexagésimo
60	sesenta	70.º	septuagésimo
70	setenta	80.º	octogésimo
80	ochenta	90.º	nonagésimo
90	noventa	100.º	centésimo
100	ciento (cien)	230.º	ducentésimo trigésimo
101	ciento uno	300.º	tricentésimo
230	doscientos treinta	400.º	cuadringentésimo
500	quinientos	500.º	quingentésimo
700	setecientos	600.º	sexcentésimo
900	novecientos	700.º	septingentésimo
1.000	mil	800.º	octingentésimo
100.000	cien mil	900.º	noningentésimo
1.000.000	un millón	1.000.º	milésimo

Uhrzeit

In sämtlichen spanischsprachigen Ländern wird die Zeitangabe (ausgenommen in Fahrplänen) im Zwölfstundensystem verwendet, aber in Lateinamerika ist auch die englische Schreibweise *a.m.* (von Mitternacht bis Mittag) und *p.m.* (von Mittag bis Mitternacht) gebräuchlich.

Morgens heißt *de la mañana,* nachmittags *de la tarde* und abends *de la noche.*

las ocho de la mañana	8 Uhr morgens
la una de la tarde	1 Uhr nachmittags
las ocho de la noche	8 Uhr abends

Wochentage

domingo	Sonntag	*jueves*	Donnerstag
lunes	Montag	*viernes*	Freitag
martes	Dienstag	*sábado*	Samstag, Sonnabend
miércoles	Mittwoch		

Nützliche Redewendungen	Algunas expresiones útiles
Bitte.	Por favor.
Vielen Dank.	Muchas gracias.
Gern geschehen.	No hay de qué.
Guten Morgen.	Buenos días.
Guten Tag *(nachmittags)*.	Buenas tardes.
Guten Abend.	Buenas noches.
Gute Nacht.	Buenas noches (despedida).
Auf Wiedersehen.	Adiós.
Bis bald.	Hasta luego.
Wo ist/Wo sind ...?	¿Dónde está/Dónde están...?
Wie heißt dies?	¿Cómo se llama esto?
Was bedeutet das?	¿Qué quiere decir eso?
Sprechen Sie Englisch?	¿Habla usted inglés?
Sprechen Sie Deutsch?	¿Habla usted alemán?
Sprechen Sie Französisch?	¿Habla usted francés?
Sprechen Sie Spanisch?	¿Habla usted español?
Sprechen Sie Italienisch?	¿Habla usted italiano?
Könnten Sie bitte etwas langsamer sprechen?	¿Puede usted hablar más despacio, por favor?
Ich verstehe nicht.	No comprendo.
Kann ich ... haben?	¿Puede darme...?
Können Sie mir ... zeigen?	¿Puede usted enseñarme...?
Können Sie mir sagen ... ?	¿Puede usted decirme...?
Können Sie mir bitte helfen?	¿Puede usted ayudarme, por favor?
Ich hätte gern ...	Quisiera...
Wir hätten gern ...	Quisiéramos...
Geben Sie mir bitte ...	Por favor, déme...
Bringen Sie mir bitte ...	Por favor, tráigame ...
Ich habe Hunger.	Tengo hambre.
Ich habe Durst.	Tengo sed.
Ich habe mich verirrt.	Me he perdido.
Beeilen Sie sich!	¡Dése prisa!

Es gibt...	Hay...
Es gibt keinen, keine, kein/Es gibt keine...	No hay...

Ankunft	**Llegada**
Ihren Paß, bitte.	Su pasaporte, por favor.
Haben Sie etwas zu verzollen?	¿Tiene usted algo que declarar?
Nein, gar nichts.	No, nada en absoluto.
Können Sie mir mit meinem Gepäck helfen, bitte?	¿Puede usted ayudarme con mi equipaje, por favor?
Wo ist der Bus zum Stadtzentrum, bitte?	¿Dónde está el autobús que va al centro, por favor?
Hier durch, bitte.	Por aquí, por favor.
Wo finde ich ein Taxi?	¿Dónde puedo coger un taxi?
Was kostet es bis... ?	¿Cuánto es la tarifa a...?
Fahren Sie mich bitte zu dieser Adresse.	Lléveme a esta dirección, por favor.
Ich habe es eilig.	Tengo mucha prisa.

Hotel	**Hotel**
Mein Name ist...	Me llamo...
Haben Sie vorbestellt?	¿Ha hecho usted una reserva?
Ich hätte gern ein Zimmer mit Bad.	Quisiera una habitación con baño.
Wieviel kostet es pro Nacht?	¿Cuánto cuesta por noche?
Kann ich das Zimmer sehen?	¿Puedo ver la habitación?
Welche Zimmernummer habe ich, bitte?	¿Cuál es el número de mi habitación, por favor?
Es kommt kein warmes Wasser.	No hay agua caliente.
Kann ich bitte den Direktor sprechen?	¿Puedo ver al director, por favor?
Hat mich jemand angerufen?	¿Me ha llamado alguien?
Ist Post für mich da?	¿Hay correo para mí?
Kann ich bitte meine Rechnung haben?	¿Puede darme mi cuenta, por favor?

Gaststätten	**Restaurante**
Haben Sie ein Menü?	¿Tiene usted un menú de precio fijo?
Kann ich die Speisekarte sehen?	¿Puedo ver la carta?
Können wir bitte einen Aschenbecher haben?	¿Nos puede traer un cenicero, por favor?
Wo ist die Toilette, bitte?	¿Dónde están los servicios, por favor?
Ich hätte gern eine Vorspeise.	Quisiera un entremés.
Haben Sie Suppe?	¿Tiene usted sopa?
Ich hätte gern Fisch.	Quisiera pescado.
Was für Fisch haben Sie?	¿Qué clases de pescado tiene usted?
Ich hätte gern ein Beefsteak.	Quisiera un bistec.
Was für Gemüse haben Sie?	¿Qué verduras tiene usted?
Nein danke, nichts mehr.	Nada más, gracias.
Was möchten Sie gern trinken?	¿Qué le gustaría beber?
Ich nehme ein Bier, bitte.	Tomaré una cerveza, por favor.
Ich möchte eine Flasche Wein.	Quisiera una botella de vino.
Die Rechnung, bitte.	¿Podría darme la cuenta, por favor?
Ist Bedienung inbegriffen?	¿Está incluido el servicio?
Danke, das Essen war sehr gut.	Gracias. Ha sido una comida muy buena.

Reisen	**Viajes**
Wo ist der Bahnhof, bitte?	¿Dónde está la estación de ferrocarril, por favor?
Wo ist der Fahrkartenschalter, bitte?	¿Dónde está la taquilla, por favor?
Ich möchte eine Fahrkarte nach...	Quisiera un billete para...
Erste oder zweite Klasse?	¿Primera o segunda clase?
Erste Klasse, bitte.	Primera clase, por favor.
Einfach oder hin und zurück?	¿Ida, o ida y vuelta?
Muß ich umsteigen?	¿Tengo que transbordar?
Auf welchem Bahnsteig fährt der Zug nach... ab?	¿De qué andén sale el tren para...?

Wo ist die nächste U-Bahn-Station?	¿Dónde está la próxima estación de Metro?
Wo ist der Busbahnhof, bitte?	¿Dónde está la estación de autobuses, por favor?
Wann fährt der erste Bus nach...?	¿Cuándo sale el primer autobús para...?
Bitte lassen Sie mich an der nächsten Haltestelle aussteigen.	Por favor, deténgase en la próxima parada.

Unterhaltung	**Diversiones**
Was gibt es im Kino zu sehen?	¿Qué dan en el cine?
Wann beginnt der Film?	¿A qué hora empieza la película?
Gibt es noch Karten für heute abend?	¿Quedan entradas para esta noche?
Wohin können wir tanzen gehen?	¿Dónde se puede ir a bailar?

Bekanntschaft schließen	**Presentaciones – Citas**
Guten Tag.	Buenos días Señora/Señorita/Señor.
Wie geht es Ihnen?	¿Cómo está usted?
Sehr gut, danke. Und Ihnen?	Muy bien, gracias. ¿Y usted?
Darf ich Ihnen... vorstellen?	¿Me permite presentarle a...?
Ich heiße...	Me llamo...
Sehr erfreut.	Tanto gusto (en conocerle).
Wie lange sind Sie schon hier?	¿Cuánto tiempo lleva usted aquí?
Es war mir ein Vergnügen.	Ha sido un placer conocerle.
Stört es Sie, wenn ich rauche?	¿Le molesta si fumo?
Haben Sie Feuer, bitte?	¿Tiene usted fuego, por favor?
Darf ich Ihnen etwas zu trinken bestellen?	¿Me permite invitarle a una bebida (una copa)?
Darf ich Sie heute abend zum Essen einladen?	¿Me permite invitarle a cenar esta noche?
Wo treffen wir uns?	¿Dónde quedamos citados?

Läden, Geschäfte usw.	**Comercios y servicios**
Wo ist die nächste Bank, bitte?	Dónde está el banco más cercano, por favor?
Wo kann ich Reiseschecks einlösen?	¿Dónde puedo cambiar unos cheques de viaje?
Können Sie mir bitte Kleingeld geben?	¿Puede usted darme algún dinero suelto, por favor?
Wo ist die nächste Apotheke?	¿Dónde está la farmacia más cercana?
Wie komme ich dorthin?	¿Cómo podría ir hasta allí?
Kann man zu Fuß gehen?	¿Se puede ir andando?
Können Sie mir helfen, bitte?	¿Puede usted atenderme, por favor?
Wieviel kostet dies? Und das?	¿Cuánto cuesta éste? ¿Y ése?
Es ist nicht ganz das, was ich möchte.	No es exactamente lo que quiero.
Es gefällt mir.	Me gusta.
Können Sie mir etwas gegen Sonnenbrand empfehlen?	¿Podría recomendarme algo para las quemaduras del sol?
Ich möchte mir das Haar schneiden lassen, bitte.	Quisiera cortarme el pelo, por favor.
Ich möchte eine Maniküre, bitte.	Quisiera una manicura, por favor.

Wo? Wohin?	**Direcciones**
Können Sie mir auf der Karte zeigen, wo ich bin?	¿Puede enseñarme en el mapa dónde estoy?
Sie sind auf der falschen Straße.	Está usted equivocado de camino.
Fahren/Gehen Sie geradeaus.	Siga todo derecho.
Es ist linker Hand/rechter Hand.	Está a la izquierda/a la derecha.

Im Notfall	**Urgencias**
Rufen Sie schnell einen Arzt.	Llame a un médico rápidamente.
Rufen Sie einen Krankenwagen.	Llame a una ambulancia.
Rufen Sie bitte die Polizei.	Llame a la policía, por favor.

alemán-español

deutsch-spanisch

Abreviaturas

adj	adjetivo	*mpl*	masculino plural
adv	adverbio	*mplMe*	masculino plural (mexicano)
art	artículo	*nt*	neutro
conj	conjunción	*ntpl*	neutro plural
f	femenino	*num*	numeral
fMe	femenino (mexicano)	*pl*	plural
fpl	femenino plural	*pref*	prefijo
fplMe	femenino plural (mexicano)	*prep*	preposición
m	masculino	*pron*	pronombre
Me	mexicano	*v*	verbo
mMe	masculino (mexicano)	*vMe*	verbo (mexicano)

Introducción

Este diccionario ha sido concebido para resolver de la mejor manera posible sus problemas prácticos de lenguaje. Se han suprimido las informaciones lingüísticas innecesarias. Los vocablos se suceden en un estricto orden alfabético, sin tener en cuenta si la palabra es simple o compuesta, o si se trata de una expresión formada por dos o más términos separados. Como única excepción, los verbos reflexivos y algunas expresiones idiomáticas están colocados en orden alfabético considerando para ello el verbo o la palabra más característica.

Ej.: *sich befassen mit* se encuentra bajo *b*
auf Wiedersehen se encuentra bajo *w*

Si un término principal va seguido de otras palabras, expresiones o locuciones, éstas se hallan anotadas también en orden alfabético.

Cada palabra va seguida de una transcripción fonética (véase la guía de pronunciación). Después de la transcripción fonética se encuentra una indicación de la parte de la oración a la que pertenece el vocablo. Cuando una palabra puede desempeñar distintos oficios en la oración, las diferentes traducciones se dan una a continuación de la otra, precedidas de la indicación correspondiente.

Teniendo en cuenta la complejidad de las reglas para la formación del plural de los nombres alemanes, hemos indicado la forma plural cuando nos ha parecido que podría ser útil.

Cuando haya que repetir una palabra para formar el plural irregular o en las series de palabras se usa la tilde (~) para representar el vocablo principal. Una diéresis colocada sobre la tilde (~) significa que en plural la palabra lleva el *Umlaut.*

En los plurales irregulares de las palabras compuestas sólo se escribe la parte que cambia, mientras que la parte invariable se representa por un guión (-).

Ej.: Abenteuer (pl ~)	Plural: Abenteuer
Abend (pl ~e)	Abende
Satz (pl ~̈e)	Sätze
Geschäftsmann (pl -leute)	Geschäftsleute

Un asterisco (*) colocado antes de un verbo indica que dicho verbo es irregular. Para más detalles puede consultar la lista de los verbos irregulares.

Guía de pronunciación

Cada vocablo principal de esta parte del diccionario va acompañado de una transcripción fonética destinada a indicar la pronunciación. Esta representación fonética debe leerse como si se tratara del idioma español hablado en Castilla. A continuación figuran tan solo las letras y los símbolos ambiguos o particularmente difíciles de comprender.

Cada sílaba está separada por un guión y la que lleva el acento está impresa en letra *bastardilla*.

Por supuesto, los sonidos de dos lenguas rara vez coinciden exactamente, pero siguiendo con atención nuestras explicaciones, el lector de habla española llegará a pronunciar las palabras extranjeras de manera que pueda ser comprendido. A fin de facilitar su tarea, algunas veces nuestras transcripciones simplifican ligeramente el sistema fonético del idioma, sin dejar por ello de reflejar las diferencias de sonido esenciales.

Consonantes

b siempre como en **b**ueno

d siempre como en **d**ía

gh como **g** en **g**ato

h sonido que es una espiración suave

ng como **n** en bla**n**co

r pronunciada en el fondo de la boca

s sonido siempre suave y sonoro como en mi**s**mo

ʃ como **ch** en mu**ch**o, pero sin la **t** inicial que compone el sonido

v más o menos como en la**v**a; sonido que se obtiene colocando los dientes incisivos superiores sobre el labio inferior y expulsando suavemente el aire

ʒ como la **ll** argentina

Vocales y diptongos

e como en noch**e**

ê como **e** en sab**e**r

o como en p**o**r

ô como **o** en cas**o**

ö vocal neutra; sonido parecido al de la **a** española, pero con los labios extendidos

ü como **i**, pero con los labios redondeados

1) Las vocales largas están impresas a doble.

2) Algunas palabras alemanas toman del francés las vocales nasales, que están indicadas con un símbolo de vocal más ~~**ng**~~ (por. ej.: **a**~~**ng**~~). Este signo ~~**ng**~~ *no* se debe pronunciar y sólo sirve para indicar la nasalidad de la vocal precedente. Las vocales nasales se pronuncian con la boca y la nariz simultáneamente.

A

Aal (aal) *m* (pl ~e) anguila *f*
ab (ap) *prep* a partir de; *adv* fuera; ~ **und zu** de vez en cuando
abändern (*ap*-ên-dörn) *v* modificar
Abbildung (*ap*-bil-dung) *f* (pl ~en) ilustración *f*
abbremsen (*ap*-brêm-sön) *v* frenar
Abbruch (*ap*-bruj) *m* demolición *f*
abdrehen (*ap*-dree-ön) *v* *cerrar
Abend (*aa*-bönt) *m* (pl ~e) noche *f*, tarde *f*
Abenddämmerung (*aa*-bönt-dê-mö-rung) *f* crepúsculo *m*
Abendessen (*aa*-bönt-ê-ssön) *nt* cena *f*
abends (*aa*-böntss) *adv* por la noche
Abenteuer (*aa*-bön-toi-ör) *nt* (pl ~) aventura *f*
aber (*aa*-bör) *conj* mas
Aberglaube (*aa*-bör-ghlau-bö) *m* superstición *f*
***abfahren** (*ap*-faa-rön) *v* partir
Abfahrt (*ap*-faart) *f* partida *f*
Abfahrtszeit (*ap*-faartss-tssait) *f* (pl ~en) hora de salida
Abfall (*ap*-fal) *m* (pl ~̈e) basura *f*; desperdicio *m*, desecho *m*
Abfalleimer (*ap*-fal-ai-mör) *m* (pl ~) cubo de la basura
***abfallen** (*ap*-fa-lön) *v* inclinarse
abfassen (*ap*-fa-ssön) *v* redactar
abfertigen (*ap*-fêr-ti-ghön) *v* despachar
Abfluß (*ap*-fluss) *m* desagüe *m*
Abführmittel (*ap*-füür-mi-töl) *nt* (pl ~) laxante *m*
abgelegen (*ap*-ghö-lee-ghön) *adj* remoto
abgeneigt (*ap*-ghö-naikt) *adj* opuesto
abgenutzt (*ap*-ghö-nutsst) *adj* gastado
Abgeordnete (*ap*-ghö-or-dnö-tö) *m* (pl ~n) diputado *m*
abgerundet (*ap*-ghö-run-döt) *adj* redondeado
Abgesandte (*ap*-ghö-san-tö) *m* (pl ~n) delegado *m*, enviado *m*
abgeschieden (*ap*-ghö-ʃii-dön) *adj* aislado
abgesehen von (*ap*-ghö-see-ön) prescindiendo de
Abgott (*ap*-ghot) *m* (pl ~̈er) ídolo *m*
Abgrund (*ap*-ghrunt) *m* (pl ~̈e) abismo *m*, precipicio *m*
Abhandlung (*ap*-han-dlung) *f* (pl ~en) tratado *m*
Abhang (*ap*-hang) *m* (pl ~̈e) pendiente *f*
***abhängen von** (*ap*-hêng-ön) depender de
abhängig (*ap*-hêng-ij) *adj* dependiente
***abheben** (*ap*-hee-bön) *v* sacar

abholen (*ap*-hôô-lön) *v* recoger, *ir a buscar
abhorchen (*ap*-hor-jön) *v* escuchar
Abkommen (*ap*-ko-mön) *nt* (pl ~) acuerdo *m*
Abkürzung (*ap*-kür-tssung) *f* (pl ~en) abreviatura *f*
***abladen** (*ap*-laa-dön) *v* descargar
Ablagerung (*ap*-laa-ghö-rung) *f* (pl ~en) yacimiento *m*
***ablaufen** (*ap*-lau-fön) *v* expirar
ablehnen (*ap*-lee-nön) *v* rehusar
ableiten (*ap*-lai-tön) *v* *deducir
Ablenkung (*ap*-lêng-kung) *f* diversión *f*
abliefern (*ap*-lii-förn) *v* entregar
ablösen (*ap*-löö-sön) *v* relevar
abmachen (*ap*-ma-jön) *v* estipular
sich abmelden (*ap*-mêl-dön) *despedirse
sich abmühen (*ap*-müü-ön) ajetrearse, bregar
Abnahme (*ap*-naa-mö) *f* (pl ~n) disminución *f*
***abnehmen** (*ap*-nee-mön) *v* llevarse; *disminuir; adelgazar
Abneigung (*ap*-nai-ghung) *f* antipatía *f*, repugnancia *f*
abnorm (ap-*norm*) *adj* anormal
Abonnement (a-bo-nö-*mang*) *nt* (pl ~s) suscripción *f*
Abonnent (a-bo-*nênt*) *m* (pl ~en) abonado *m*
Abordnung (*ap*-or-dnung) *f* (pl ~en) delegación *f*
Abortus (a-*bor*-tuss) *m* (pl ~) aborto *m*
***abraten** (*ap*-raa-tön) *v* disuadir
Abreise (*ap*-rai-sö) *f* despedida *f*
abreisen (*ap*-rai-sön) *v* partir
Absatz (*ap*-satss) *m* (pl ~̈e) tacón *m*; párrafo *m*
abschaffen (*ap*-ʃa-fön) *v* abolir
abschalten (*ap*-ʃal-tön) *v* cortar
abscheulich (ap-*ʃoi*-lij) *adj* horrible, tremendo
Abschied (*ap*-ʃiit) *m* despedida *f*
***abschießen** (*aab*-ʃii-ssön) *v* lanzar
***abschließen** (*ap*-ʃlii-ssön) *v* *cerrar
Abschluß (*ap*-ʃluss) *m* conclusión *f*
***abschneiden** (*ap*-ʃnai-dön) *v* cortar
Abschnitt (*ap*-ʃnit) *m* (pl ~e) sección *f*; fragmento *m*
abschrauben (*ap*-ʃrau-bön) *v* destornillar
Abschrift (*ap*-ʃrift) *f* (pl ~en) copia *f*
abschüssig (*ap*-ʃü-ssij) *adj* inclinado, pendiente
***absenden** (*ap*-sên-dön) *v* despachar
Absicht (*ap*-sijt) *f* (pl ~en) propósito *m*, intención *f*
absichtlich (*ap*-sijt-lij) *adj* deliberado, intencionado, intencional
absolut (ap-sô-*luut*) *adj* absoluto
absplittern (*ap*-ʃpli-törn) *v* astillar
Abstammung (*ap*-ʃta-mung) *f* descendencia *f*, origen *m*
Abstand (*ap*-ʃtant) *m* distancia *f*
Abstieg (*ap*-ʃtiik) *m* bajada *f*
Abstimmung (*ap*-ʃti-mung) *f* votación *f*
Abstinenzler (apss-ti-*nên*-tsslör) *m* (pl ~) abstemio *m*
abstoßend (*ap*-ʃtôô-ssönt) *adj* repelente
abstrakt (apss-*trakt*) *adj* abstracto
abstürzen (*ap*-ʃtür-tssön) *v* precipitarse
absurd (ap-*surt*) *adj* absurdo
Abszeß (*apss*-tssêss) *m* (pl -esse) absceso *m*
Abtei (ap-*tai*) *f* (pl ~en) abadía *f*
Abteil (ap-*tail*) *nt* (pl ~e) compartimento *m*
Abteilung (ap-*tai*-lung) *f* (pl ~en) departamento *m*
***abtragen** (*ap*-traa-ghön) *v* gastar
abtrocknen (*ap*-tro-knön) *v* secar

abwärts (*ap*-vêrtss) *adv* hacia abajo
***abwaschen** (*ap*-va-ʃön) *v* *fregar
Abwasserkanal (*ap*-va-ssör-ka-naal) *m* (pl ⁻̈e) desagüe *m*
abwechselnd (*ap*-vê-kssölnt) *adj* alternativo
Abwechslung (*ap*-vê-ksslung) *f* variación *f*
Abwehr (*ap*-veer) *f* defensa *f*
***abweichen** (*ap*-vai-jön) *v* desviarse
Abweichung (*ap*-vai-jung) *f* (pl ~en) anomalía *f*
abwenden (*ap*-vên-dön) *v* desviar
Abwertung (*ap*-vêêr-tung) *f* desvalorización *f*
abwesend (*ap*-vee-sönt) *adj* ausente
Abwesenheit (*ap*-vee-sön-hait) *f* ausencia *f*
abwischen (*ap*-vi-ʃön) *v* enjugar
abzahlen (*ap*-tssaa-lön) *v* pagar a plazos
abzeichnen (*ap*-tssaij-nön) *v* rubricar; visar
***abziehen** (*ap*-tssii-ön) *v* *deducir
Abzug (*ap*-tssuuk) *m* (pl ⁻̈e) positiva *f*; gatillo *m*
Achse (*a*-kssö) *f* (pl ~n) eje *m*
Acht (ajt) *f* atención *f*; **sich in ~ *nehmen** precaverse
acht (ajt) *num* ocho
achtbar (*ajt*-baar) *adj* respetable
achte (*aj*-tö) *num* octavo
achten (*aj*-tön) *v* respetar; **~ auf** *tener cuidado con; prestar atención a
***achtgeben** (*ajt*-ghee-bön) *v* prestar atención; **~ auf** mirar; prestar atención a; fijarse en
Achtung (*aj*-tung) *f* estima *f*; estimación *f*
achtzehn (*aj*-tsseen) *num* dieciocho
achtzehnte (*aj*-tsseen-tö) *num* decimoctavo
achtzig (*aj*-tssij) *num* ochenta
Acker (*a*-kör) *m* (pl ⁻̈) campo *m*
Adapter (a-*dap*-tör) *m* adaptador *m*
addieren (a-*dii*-rön) *v* adicionar; sumar
Addition (a-di-*tssyôôn*) *f* (pl ~en) adición *f*
Adel (*aa*-döl) *m* nobleza *f*
Ader (*aa*-dör) *f* (pl ~n) vena *f*
Adler (*aa*-dlör) *m* (pl ~) águila *m*
administrativ (at-mi-ni-sstra-*tiif*) *adj* gerencial
Admiral (at-mi-*raal*) *m* (pl ~e) almirante *m*
adoptieren (a-dop-*tii*-rön) *v* adoptar
Adressat (a-drê-*ssaat*) *m* (pl ~en) destinatario *m*
Adresse (a-*drê*-ssö) *f* (pl ~n) dirección *f*
adressieren (a-drê-*ssii*-rön) *v* destinar
Adverb (at-*vêrp*) *nt* (pl ~ien) adverbio *m*
Affe (*a*-fö) *m* (pl ~n) mono *m*
Afrika (*a*-fri-kaa) África *f*
Afrikaner (a-fri-*kaa*-nör) *m* (pl ~) africano *m*
afrikanisch (a-fri-*kaa*-niʃ) *adj* africano
Agent (a-*ghênt*) *m* (pl ~en) agente *m*
Agentur (a-ghên-*tuur*) *f* (pl ~en) agencia *f*
aggressiv (a-ghrê-*ssiif*) *adj* agresivo
Ägypten (ê-*ghüp*-tön) Egipto *m*
Ägypter (ê-*ghüp*-tör) *m* (pl ~) egipcio *m*
ägyptisch (ê-*ghüp*-tiʃ) *adj* egipcio
ähnlich (*êên*-lij) *adj* similar; parecido
Ähnlichkeit (*êên*-lij-kait) *f* (pl ~en) semejanza *f*
Ahnung (*aa*-nung) *f* noción *f*
Ahorn (*aa*-horn) *m* (pl ~e) arce *m*
Aids (eids) *nt* **SIDA** *m*
Akademie (a-ka-de-*mii*) *f* (pl ~n) academia *f*
Akkord (a-*kort*) *m* (pl ~e) acuerdo *m*
Akkreditiv (a-kre-di-*tiif*) *nt* (pl ~e) carta de crédito

Akku (*a*-ku) *m* (pl ~s) acumulador *m*
Akne (*a*-knö) *f* acné *m*
Akt (akt) *m* (pl ~e) acto *m*; desnudo *m*
Akte (*ak*-tö) *f* (pl ~n) registro *m*
Aktentasche (*ak*-tön-ta-ʃö) *f* (pl ~n) portafolio *m*
Aktie (*ak*-tssyö) *f* (pl ~n) acción *f*
Aktion (ak-*tssyôôn*) *f* (pl ~en) acción *f*
aktiv (ak-*tiif*) *adj* activo
Aktivität (ak-ti-vi-*têêt*) *f* (pl ~en) actividad *f*
aktuell (ak-tu-*êl*) *adj* actual
akut (a-*kuut*) *adj* agudo
Akzent (ak-*tssênt*) *m* (pl ~e) acento *m*
akzeptieren (ak-tssêp-*tii*-rön) *v* aceptar
Alarm (a-*larm*) *m* alarma *f*
alarmieren (a-lar-*mii*-rön) *v* alarmar
albern (*al*-börn) *adj* bobo, necio
Album (*al*-bum) *nt* (pl Alben) álbum *m*
Algebra (*al*-ghe-bra) *f* álgebra *f*
Algerien (al-*ghee*-ryön) Argelia *f*
Algerier (al-*ghee*-ryör) *m* (pl ~) argelino *m*
algerisch (al-*ghee*-riʃ) *adj* argelino
Alimente (a-li-*men*-tö) *ntpl* pensión alimenticia
Alkohol (*al*-kô-hol) *m* alcohol *m*
alkoholisch (al-kô-*hôô*-liʃ) *adj* alcohólico
all (al) *num* todo; **alle** *num* todo; *adv* acabado
Allee (a-*lee*) *f* (pl ~n) avenida *f*
allein (a-*lain*) *adv* sólo
allenfalls (*a*-lön-falss) *adv* a lo sumo
allerdings (*a*-lör-dingss) *adv* por supuesto
Allergie (a-lêr-*ghii*) *f* (pl ~n) alergia *f*
allerlei (*a*-lör-lai) *adj* varios, toda clase de
alles (*a*-löss) *pron* todo; ~ **inbegriffen** todo incluido
allgemein (al-ghö-*main*) *adj* general; común; **im allgemeinen** en general
Alliierten (a-li-*iir*-tön) *mpl* Aliados *mpl*
allmächtig (al-*mêj*-tij) *adj* omnipotente
allmählich (al-*mêê*-lij) *adj* gradual; *adv* paulatinamente
alltäglich (al-*teek*-lij) *adj* común, cotidiano; diario
Almanach (*al*-ma-naj) *m* (pl ~e) almanaque *m*
Alphabet (al-fa-*beet*) *nt* abecedario *m*
als (alss) *conj* cuando; que; ~ **ob** como si
alsbald (alss-*balt*) *adv* en breve
also (*al*-sôô) *conj* por tanto
Alt (alt) *m* (pl ~e) contralto *m*
alt (alt) *adj* viejo; anciano; antiguo
Altar (al-*taar*) *m* (pl ⁻̈e) altar *m*
altbacken (*alt*-ba-kön) *adj* viejo
Alteisen (*alt*-ai-sön) *nt* chatarra *f*
Alter (*al*-tör) *nt* edad *f*; vejez *f*
Alternative (al-têr-na-*tii*-vö) *f* (pl ~n) alternativa *f*
Altertum (*al*-tör-tuum) *nt* Antigüedad *f*
Altertumskunde (*al*-tör-tuumss-kun-dö) *f* arqueología *f*
ältlich (*êlt*-lij) *adj* anciano
altmodisch (*alt*-môô-diʃ) *adj* anticuado
Ambulanz (am-bu-*lantss*) *f* (pl ~en) ambulancia *f*
Ameise (*aa*-mai-sö) *f* (pl ~n) hormiga *f*
Amerika (a-*mee*-ri-ka) América *f*
Amerikaner (a-me-ri-*kaa*-nör) *m* (pl ~) americano *m*
amerikanisch (a-me-ri-*kaa*-niʃ) *adj* americano
Amethyst (a-me-*tüsst*) *m* (pl ~en)

amatista *f*
Amnestie (am-ne-*sstii*) *f* amnistía *f*
Amsel (*am*-söl) *f* (pl ~n) mirlo *m*
Amt (amt) *nt* (pl ¨~er) cargo *m*
Amulett (a-mu-*lêt*) *nt* (pl ~e) amuleto *m*, talismán *m*
amüsant (a-mü-*sant*) *adj* entretenido
Amüsement (a-mü-sö-*mang*) *nt* diversión *f*
amüsieren (a-mü-*sii*-rön) *v* *entretener
an (an) *prep* a
Analphabet (a-nal-fa-*beet*) *m* (pl ~en) analfabeto *m*
Analyse (a-na-*lüü*-sö) *f* (pl ~n) análisis *f*
analysieren (a-na-lü-*sii*-rön) *v* analizar
Analytiker (a-na-*lüü*-ti-kör) *m* (pl ~) analista *m*
Ananas (*a*-na-nass) *f* piña *f*
Anarchie (a-nar-*jii*) *f* anarquía *f*
Anatomie (a-na-tô-*mii*) *f* anatomía *f*
anbauen (*an*-bau-ön) *v* cultivar
in Anbetracht (in *an*-bö-trajt) respecto a, considerando
***anbieten** (*an*-bii-tön) *v* *ofrecer; presentar
Anblick (*an*-blik) *m* aspecto *m*
***anbrennen** (*an*-brê-nön) *v* pegarse
Andenken (*an*-dêng-kön) *nt* (pl ~) recuerdo *m*; memoria *f*
ander (*an*-dör) *adj* otro
ändern (*ên*-dörn) *v* cambiar
anders (*an*-dörss) *adv* de otra manera
andersherum (*an*-dörss-hê-rum) *adv* al revés
anderswo (*an*-dörss-vôô) *adv* otra parte
Änderung (*ên*-dö-rung) *f* (pl ~en) cambio *m*; modificación *f*, alteración *f*
andrehen (*an*-dree-ön) *v* abrir
***anempfehlen** (*an*-em-pfee-lön) *v* *recomendar
***anerkennen** (*an*-êr-kê-nön) *v* *reconocer
Anerkennung (*an*-êr-kê-nung) *f* (pl ~en) reconocimiento *m*
Anfall (*an*-fal) *m* (pl ¨~e) ataque *m*
Anfang (*an*-fang) *m* comienzo *m*; **Anfangs-** inicial; primero
***anfangen** (*an*-fang-ön) *v* *empezar, *comenzar
Anfänger (*an*-fêng-ör) *m* (pl ~) principiante *m*
anfänglich (*an*-fêng-lij) *adv* originalmente
anfangs (*an*-fangss) *adv* al principio
Anfangsbuchstabe (*an*-fangss-buuj-ʃtaa-bö) *m* (pl ~n) inicial *f*
anfeuchten (*an*-foij-tön) *v* *humedecer
anflehen (*an*-flee-ön) *v* suplicar
Anführer (*an*-füü-rör) *m* (pl ~) jefe *m*
Anführungszeichen (*an*-füü-rungss-tssai-jön) *ntpl* comillas *fpl*
Angabe (*an*-ghaa-bö) *f* (pl ~n) dato *m*
***angeben** (*an*-ghee-bön) *v* señalar; indicar
angeboren (*an*-ghö-bôô-rön) *adj* innato
Angebot (*an*-ghö-bôôt) *nt* (pl ~e) oferta *f*
angebracht (*an*-ghö-brajt) *adj* apropiado
angegliedert (*an*-ghö-ghlii-dört) *adj* afiliado
***angehen** (*an*-ghee-ön) *v* *concernir
Angeklagte (*an*-ghö-klaak-tö) *m* (pl ~n) acusado *m*
Angelegenheit (*an*-ghö-lee-ghön-hait) *f* (pl ~en) asunto *m*
Angelgeräte (*ang*-öl-ghö-rêê-tö) *ntpl* aparejo de pesca, avíos de pesca
Angelhaken (*ang*-öl-haa-kön) *m* (pl ~) anzuelo *m*
angeln (*ang*-öln) *v* pescar con caña, pescar

Angelrute (*ang*-öl-ruu-tö) *f* (pl ~n) caña de pescar
Angelschein (*ang*-öl-ʃain) *m* (pl ~e) permiso de pesca
Angelschnur (*ang*-öl-ʃnuur) *f* (pl ⸚e) línea de pesca
angemessen (*an*-ghö-mê-ssön) *adj* apropiado; adecuado
angenehm (*an*-ghö-neem) *adj* agradable; deleitable
Angestellte (*an*-ghö-ʃtêl-tö) *m* (pl ~n) empleado *m*
***angreifen** (*an*-ghrai-fön) *v* atacar
Angriff (*an*-ghrif) *m* (pl ~e) ataque *m*
Angst (angsst) *f* (pl ⸚e) miedo *m*; temor *m*; ~ ***haben** *tener miedo
ängstlich (*êngsst*-lij) *adj* angustioso
***anhaben** (*an*-haa-bön) *v* llevar
anhaken (*an*-haa-kön) *v* señalar
***anhalten** (*an*-hal-tön) *v* pararse; *impedir; **anhaltend** ininterrumpido
Anhalter (*an*-hal-tör) *m* (pl ~) autoestopista *m*; **per** ~ ***fahren** *hacer autostop
Anhang (*an*-hang) *m* (pl ⸚e) anexo *m*
Anhänger (*an*-hêng-ör) *m* (pl ~) aficionado *m*; abogado *m*; pendiente *m*; remolque *m*
anhäufen (*an*-hoi-fön) *v* amontonar
anheften (*an*-hef-tön) *v* fijar
Anhöhe (*an*-höö-ö) *f* (pl ~n) levantamiento *m*
anhören (*an*-höö-rön) *v* escuchar
Anker (*ang*-kör) *m* (pl ~) ancla *f*
Anklage (*an*-klaa-ghö) *f* (pl ~n) acusación *f*
anklagen (*an*-klaa-ghön) *v* acusar
ankleben (*an*-klee-bön) *v* pegar
ankleiden (*an*-klai-dön) *v* *vestir
Ankleideraum (*an*-klai-dö-raum) *nt* (pl ⸚e) vestuario *m*
***ankommen** (*an*-ko-mön) *v* llegar
ankreuzen (*an*-kroi-tssön) *v* marcar
ankündigen (*an*-kün-di-ghön) *v* anunciar
Ankündigung (*an*-kün-di-ghung) *f* (pl ~en) anuncio *m*
Ankunft (*an*-kunft) *f* llegada *f*
Ankunftszeit (*an*-kunftss-tssait) *f* (pl ~en) hora de llegada
Anlage (*an*-laa-ghö) *f* (pl ~n) inversión *f*; jardín público
Anlaß (*an*-lass) *m* (pl Anlässe) motivo *m*
Anlasser (*an*-la-ssör) *m* motor de arranque, arranque *m*
anlegen (*an*-lee-ghön) *v* atracar; *invertir
Anleihe (*an*-lai-ö) *f* (pl ~n) préstamo *m*
Anmeldebogen (*an*-mêl-dö-bôô-ghön) *m* (pl ⸚) formulario de matriculación
sich anmelden (*an*-mêl-dön) inscribirse
anmerken (*an*-mêr-kön) *v* notar
Anmut (*an*-muut) *f* gracia *f*
anmutig (*an*-muu-tij) *adj* gracioso
annähernd (*an*-nêê-örnt) *adj* aproximado
***annehmen** (*an*-nee-mön) *v* aceptar; *suponer; adoptar; **angenommen daß** dado que
annullieren (a-nu-*lii*-rön) *v* cancelar
Annullierung (a-nu-*lii*-rung) *f* (pl ~en) cancelación *f*
anonym (a-nô-*nüüm*) *adj* anónimo
anpassen (*an*-pa-ssön) *v* adaptar; ajustar
Anproberaum (*an*-prôô-bö-raum) *m* (pl ⸚e) probador *m*
anprobieren (*an*-prô-bii-rön) *v* *probarse
***anraten** (*an*-raa-tön) *v* aconsejar
anregen (*an*-ree-ghön) *v* incitar
Anregung (*an*-ree-ghung) *f* estímulo *m*

anrichten (*an*-rij-tön) *v* provocar
Anruf (*an*-ruuf) *m* (pl ~e) llamada *f*, llamada telefónica
***anrufen** (*an*-ruu-fön) *v* llamar, llamar por teléfono; telefonear
anrühren (*an*-rüü-rön) *v* tocar
anschauen (*an*-ʃau-ön) *v* mirar
Anschauung (*an*-ʃau-ung) *f* (pl ~en) punto de vista, concepto *m*
Anschein (*an*-ʃain) *m* apariencia *f*
anscheinend (*an*-ʃai-nönt) *adv* por lo visto
Anschlagzettel (*an*-ʃlaak-tssê-töl) *m* (pl ~) cartel *m*
***anschließen** (*an*-ʃlii-ssön) *v* conectar; **sich** ~ asociarse a
Anschluß (*an*-ʃluss) *m* (pl Anschlüsse) enlace *m*
***anschreiben** (*an*-ʃrai-bön) *v* marcar
Anschrift (*an*-ʃrift) *f* (pl ~en) dirección *f*
Ansehen (*an*-see-ön) *nt* renombre *m*
***ansehen** (*an*-see-ön) *v* mirar; considerar
Ansicht (*an*-sijt) *f* (pl ~en) opinión *f*, parecer *m*; **der** ~ ***sein** opinar; **zur** ~ a prueba
Ansichtskarte (*an*-sijtss-kar-tö) *f* (pl ~n) tarjeta postal ilustrada, postal ilustrada
Anspannung (*an*-ʃpa-nung) *f* (pl ~en) tensión *f*
anspornen (*an*-ʃpor-nön) *v* estimular
Ansprache (*an*-ʃpraa-jö) *f* (pl ~n) discurso *m*
***ansprechen** (*an*-ʃprê-jön) *v* dirigirse a
Anspruch (*an*-ʃpruj) *m* (pl ¨~e) pretensión *f*
Anstalt (*an*-ʃtalt) *f* (pl ~en) institución *f*; asilo *m*
Anstand (*an*-ʃtant) *m* decencia *f*
anständig (*an*-ʃtên-dij) *adj* decente
anstatt (an-*ʃtat*) *prep* en lugar de
anstecken (*an*-ʃtê-kön) *v* infectar
ansteckend (*an*-ʃtê-könt) *adj* contagioso
anstellen (*an*-ʃtê-lön) *v* designar; emplear
Anstoß (*an*-ʃtôôss) *m* saque inicial
anstößig (*an*-ʃtöö-ssij) *adj* ofensivo
***anstreichen** (*an*-ʃtrai-jön) *v* pintar
Anstrengung (*an*-ʃtrêng-ung) *f* (pl ~en) esfuerzo *m*
Antenne (an-*tê*-nö) *f* (pl ~n) antena *f*
Anthologie (an-tô-lô-*ghii*) *f* (pl ~n) antología *f*
Antibiotikum (an-ti-bi-*ôô*-ti-kum) *nt* (pl -ka) antibiótico *m*
antik (an-*tiik*) *adj* antiguo
Antipathie (an-ti-pa-*tii*) *f* antipatía *f*
Antiquität (an-ti-kvi-*têêt*) *f* (pl ~en) antigualla *f*
Antiquitätenhändler (an-ti-kvi-*têê*-tön-hên-dlör) *m* (pl ~) anticuario *m*
Antrag (*an*-traak) *m* (pl ¨~e) moción *f*
***antreiben** (*an*-trai-bön) *v* impeler
Antwort (*ant*-vort) *f* (pl ~en) respuesta *f*; **als** ~ en contestación
antworten (*ant*-vor-tön) *v* responder
anvertrauen (*an*-fêr-trau-ön) *v* entregar
***anwachsen** (*an*-va-kssön) *v* incrementar
Anwalt (*an*-valt) *m* (pl ¨~e) abogado *m*; procurador *m*
***anweisen** (*an*-vai-sön) *v* designar
Anweisung (*an*-vai-sung) *f* (pl ~en) instrucción *f*; libranza *f*
***anwenden** (*an*-vên-dön) *v* aplicar
Anwendung (*an*-vên-dung) *f* (pl ~en) aplicación *f*
anwesend (*an*-vee-sönt) *adj* presente
Anwesenheit (*an*-vee-sön-hait) *f* presencia *f*
Anzahl (*an*-tssaal) *f* (pl ~en) cantidad *f*; número *m*
Anzahlung (*an*-tssaa-lung) *f* (pl ~en)

primer pago
Anzeichen (*an*-tssai-jön) *nt* (pl ~) indicación *f*
Anzeige (*an*-tssai-ghö) *f* (pl ~n) aviso *m*; anuncio *m*; multa *f*
***anziehen** (*an*-tssii-ön) *v* *atraer; *ponerse
anziehend (*an*-tssii-önt) *adj* atractivo
Anziehung (*an*-tssii-ung) *f* atracción *f*
Anzug (*an*-tssuuk) *m* (pl ¨e) traje *m*
anzünden (*an*-tssün-dön) *v* *encender
Anzünder (*an*-tssün-dör) *m* (pl ~) encendedor *m*
apart (a-*part*) *adv* por separado
Aperitif (a-pê-ri-*tiif*) *m* (pl ~s) aperitivo *m*
Apfel (*a*-pföl) *m* (pl ¨) manzána *f*
Apfelsine (a-pföl-*sii*-nö) *f* (pl ~n) naranja *f*
Apotheke (a-pô-*tee*-kö) *f* (pl ~n) farmacia *f*
Apotheker (a-pô-*tee*-kör) *m* (pl ~) farmacéutico *m*
Apparat (a-pa-*raat*) *m* (pl ~e) aparato *m*
Appartement (a-par-tö-*mang*) *nt* (pl ~e) apartamento *m*
Appell (a-*pêl*) *m* (pl ~e) apelación *f*
Appetit (a-pe-*tiit*) *m* apetito *m*
Appetithappen (a-pe-*tiit*-ha-pön) *m* (pl ~) tapa *f*
Aprikose (a-pri-*kôô*-sö) *f* (pl ~n) albaricoque *m*; chabacano *mMe*
April (a-*pril*) abril
Aquarell (a-kva-*rêl*) *nt* (pl ~e) acuarela *f*
Äquator (ê-*kvaa*-tor) *m* ecuador *m*
Araber (*aa*-ra-bör) *m* (pl ~) árabe *m*
arabisch (a-*raa*-biʃ) *adj* árabe
Arbeit (*ar*-bait) *f* (pl ~en) obra *f*, trabajo *m*, labor *f*; tarea *f*
arbeiten (*ar*-bai-tön) *v* trabajar; funcionar
Arbeiter (*ar*-bai-tör) *m* (pl ~) obrero *m*
Arbeitgeber (*ar*-bait-ghee-bör) *m* (pl ~) patrón *m*
Arbeitnehmer (*ar*-bait-nee-mör) *m* (pl ~) empleado *m*
Arbeitsamt (*ar*-baitss-amt) *nt* (pl ¨er) oficina de colocación
Arbeitsanzug (*ar*-baitss-an-tssuuk) *m* (pl ¨e) overol *mMe*
Arbeitsbewilligung (*ar*-baitss-bö-vi-li-ghung) *f* (pl ~en) permiso de trabajo
arbeitslos (*ar*-baitss-lôôss) *adj* desocupado
Arbeitslosigkeit (*ar*-baitss-lôô-sij-kait) *f* desempleo *m*
Arbeitszimmer (*ar*-baitss-tssi-mör) *nt* (pl ~) despacho *m*
Archäologe (ar-jê-ô-*lôô*-ghö) *m* (pl ~n) arqueólogo *m*
Archäologie (ar-jê-ô-lô-*ghii*) *f* arqueología *f*
Architekt (ar-ji-*têkt*) *m* (pl ~en) arquitecto *m*
Architektur (ar-ji-têk-*tuur*) *f* arquitectura *f*
Archiv (ar-*jiif*) *nt* (pl ~e) archivo *m*
Argentinien (ar-ghên-*tii*-nyön) Argentina *f*
Argentinier (ar-ghên-*tii*-nyör) *m* (pl ~) argentino *m*
argentinisch (ar-ghên-*tii*-niʃ) *adj* argentino
Ärger (*êr*-ghör) *m* cólera *f*
ärgerlich (*êr*-ghör-lij) *adj* importuno
ärgern (*êr*-ghörn) *v* fastidiar
Argument (ar-ghu-*mênt*) *nt* (pl ~e) argumento *m*
argumentieren (ar-ghu-mên-*tii*-rön) *v* argumentar
Argwohn (*ark*-vôôn) *m* suspicacia *f*
argwöhnisch (*ark*-vöö-niʃ) *adj* suspicaz
Arkade (ar-*kaa*-dö) *f* (pl ~n) arcada *f*

Arm (arm) *m* (pl ~e) brazo *m*; ~ **in Arm** del brazo
arm (arm) *adj* pobre
Armaturenbrett (ar-ma-*tuu*-rön-brêt) *nt* tablero de instrumentos
Armband (*arm*-bant) *nt* (pl ¨~er) pulsera *f*
Armbanduhr (*arm*-bant-uur) *f* (pl ~en) reloj de pulsera
Armee (ar-*mee*) *f* (pl ~n) ejército *m*
Ärmel (*êr*-möl) *m* (pl ~) manga *f*
Ärmelkanal (*êr*-möl-ka-naal) *m* Canal de la Mancha
Armlehne (*arm*-lee-nö) *f* (pl ~n) brazos *mpl*
Armleuchter (*arm*-loij-tör) *m* (pl ~) candelabro *m*
ärmlich (*êrm*-lij) *adj* pobre
Armreif (*arm*-raif) *m* (pl ~en) pulsera *f*
Armut (*ar*-muut) *f* pobreza *f*
Aroma (a-*rôô*-ma) *nt* aroma *m*
Art (art) *f* (pl ~en) especie *f*, clase *f*; modo *m*, manera *f*
Arterie (ar-*tee*-ryö) *f* (pl ~n) arteria *f*
artig (*ar*-tij) *adj* bueno
Artikel (ar-*tii*-köl) *m* (pl ~) artículo *m*
Artischocke (ar-ti-*ʃo*-kö) *f* (pl ~n) alcachofa *f*
Arznei (artss-*nai*) *f* (pl ~en) medicamento *m*
Arzneimittellehre (artss-*nai*-mit-töl-lee-rö) *f* farmacología *f*
Arzt (artsst) *m* (pl ¨~e) médico *m*; **praktischer** ~ médico de cabecera
ärztlich (*êrtsst*-lij) *adj* médico
Asbest (ass-*bêsst*) *m* asbesto *m*
Asche (*a*-ʃö) *f* ceniza *f*
Aschenbecher (*a*-ʃön-bê-jör) *m* (pl ~) cenicero *m*
Asiate (a-*syaa*-tö) *m* (pl ~n) asiático *m*
asiatisch (a-*syaa*-tiʃ) *adj* asiático
Asien (*aa*-syön) Asia *f*
Aspekt (ass-*pêkt*) *m* (pl ~e) aspecto *m*
Asphalt (ass-*falt*) *m* asfalto *m*
Aspirin (ass-pi-*riin*) *nt* aspirina *f*
Assistent (a-ssiss-*tênt*) *m* (pl ~en) asistente *m*
assoziieren (a-ssô-tssi-*ii*-rön) *v* asociar
Ast (asst) *m* (pl ¨~e) rama *f*
Asthma (*asst*-ma) *nt* asma *f*
Astronomie (a-sstrô-nô-*mii*) *f* astronomía *f*
Asyl (a-*süül*) *nt* (pl ~e) asilo *m*
Atem (*aa*-töm) *m* aliento *m*
Atheist (a-te-*isst*) *m* (pl ~en) ateo *m*
Äther (*êê*-tör) *m* éter *m*
Äthiopien (ê-ti-*ôô*-pyön) Etiopía *f*
Äthiopier (ê-ti-*ôô*-pyör) *m* (pl ~) etíope *m*
äthiopisch (ê-ti-*ôô*-piʃ) *adj* etíope
Athlet (at-*leet*) *m* (pl ~en) atleta *m*
Athletik (at-*lee*-tik) *f* atletismo *m*
Atlantik (at-*lan*-tik) *m* Atlántico *m*
atmen (*aat*-mön) *v* respirar
Atmosphäre (at-mô-*ssfêê*-rö) *f* atmósfera *f*
Atmung (*aat*-mung) *f* respiración *f*
Atom (a-*tôôm*) *nt* (pl ~e) átomo *m*; **Atom-** atómico
atomar (a-tô-*maar*) *adj* atómico
Attest (a-*têsst*) *nt* (pl ~e) certificación *f*
Attraktion (a-trak-*tssyôôn*) *f* (pl ~en) atracción *f*
Aubergine (ô-bêr-*ʒii*-nö) *f* berenjena *f*
auch (auj) *adv* también
auf (auf) *prep* sobre; en
aufbauen (*auf*-bau-ön) *v* *construir; erigir
aufblähen (*auf*-blêê-ön) *v* hinchar
aufblasbar (*auf*-blaass-baar) *adj* inflable
aufdecken (*auf*-dê-kön) *v* destapar
Aufenthalt (*auf*-ênt-halt) *m* (pl ~e) estancia *f*; retraso *m*

Aufenthaltsgenehmigung (*auf*-ênt-haltss-ghö-nee-mi-ghung) *f* (pl ~en) permiso de residencia
***auffallen** (*auf*-fa-lön) *v* impresionar
auffallend (*auf*-fa-lönt) *adj* vistoso
auffassen (*auf*-fa-ssön) *v* *concebir
auffordern (*auf*-for-dörn) *v* invitar
Aufführung (*auf*-füü-rung) *f* (pl ~en) representación *f*
Aufgabe (*auf*-ghaa-bö) *f* (pl ~n) tarea *f*; ejercicio *m*
***aufgeben** (*auf*-ghee-bön) *v* cesar, renunciar; enviar por correo, echar al correo
***aufgehen** (*auf*-ghee-ön) *v* subir
aufgliedern (*auf*-ghlii-dörn) *v* analizar
aufgrund (auf-*ghrunt*) *prep* a causa de
sich *aufhalten (*auf*-hal-tön) hospedarse
aufhängen (*auf*-hêng-ön) *v* *colgar
Aufhänger (*auf*-hêng-ör) *m* (pl ~) percha *f*
Aufhängung (*auf*-hêng-ung) *f* suspensión *f*
***aufheben** (*auf*-hee-bön) *v* levantar
aufheitern (*auf*-hai-törn) *v* alegrar
aufhören (*auf*-höö-rön) *v* cesar, terminarse
aufknöpfen (*auf*-knö-pfön) *v* desabotonar
aufknoten (*auf*-knôô-tön) *v* desatar
Auflage (*auf*-laa-ghö) *f* (pl ~n) tirada *f*
auflauern (*auf*-lau-örn) *v* acechar
auflösen (*auf*-löö-sön) *v* *disolver; **sich** ~ *disolverse
aufmachen (*auf*-ma-jön) *v* desatar
aufmerksam (*auf*-mêrk-saam) *adj* atento
Aufmerksamkeit (*auf*-mêrk-saam-kait) *f* atención *f*
Aufnahme (*auf*-naa-mö) *f* (pl ~n) acogida *f*; secuencia *f*; grabación *f*
***aufnehmen** (*auf*-nee-mön) *v* recoger
aufopfern (*auf*-o-pförn) *v* sacrificar
aufpassen (auf-pa-ssön) *v* prestar atención; *tener cuidado; ~ **auf** cuidar de
aufräumen (*auf*-roi-mön) *v* arreglar
aufrecht (*auf*-rêjt) *adj* derecho, recto; parado *adjMe*; *adv* de pie
***aufrechterhalten** (*auf*-rêjt-êr-hal-tön) *v* *mantener
aufregen (*auf*-ree-ghön) *v* excitar; **aufregend** excitante
Aufregung (*auf*-ree-ghung) *f* excitación *f*
aufreihen (*auf*-rai-ön) *v* enhebrar
aufrichten (*auf*-rij-tön) *v* erigir; **aufgerichtet** erguido
aufrichtig (*auf*-rij-tij) *adj* sincero; fiel
Aufruhr (*auf*-ruur) *m* revuelta *f*, rebelión *f*; motín *m*
Aufsatz (*auf*-satss) *m* (pl ⁓̈e) composición *f*
***aufschieben** (*auf*-ʃii-bön) *v* *diferir; aplazar
***aufschließen** (*auf*-ʃlii-ssön) *v* abrir
Aufschrei (*auf*-ʃrai) *m* (pl ~e) grito *m*
***aufschreiben** (*auf*-ʃrai-bön) *v* anotar
Aufschub (*auf*-ʃuup) *m* dilación *f*
aufsehenerregend (*auf*-see-ön-êr-ree-ghönt) *adj* sensacional
Aufseher (*auf*-see-ör) *m* (pl ~) supervisor *m*; guardián *m*
Aufsicht (*auf*-sijt) *f* supervisión *f*
Aufsichtsbeamte (*auf*-sijtss-bö-am-tö) *m* (pl ~n) inspector *m*
Aufstand (*auf*-ʃtant) *m* (pl ⁓̈e) sublevación *f*; rebelión *f*, levantamiento *m*
***aufstehen** (*auf*-ʃtee-ön) *v* levantarse
***aufsteigen** (*auf*-ʃtai-ghön) *v* subir
Aufstieg (*auf*-ʃtiik) *m* subida *f*; nacimiento *m*
auftauen (*auf*-tau-ön) *v* descongelarse
Auftrag (*auf*-traak) *m* (pl ⁓̈e) orden *f*
***auftreten** (*auf*-tree-tön) *v* *aparecer

Auftritt (*auf*-trit) *m* (pl ~e) entrada *f*
aufwachen (*auf*-va-jön) *v* *despertarse
Aufwand (*auf*-vant) *m* gasto *m*
aufwärts (*auf*-vêrtss) *adv* hacia arriba
aufzeichnen (*auf*-tssaij-nön) *v* registrar
Aufzeichnung (*auf*-tssaij-nung) *f* (pl ~en) apunte *m*
***aufziehen** (*auf*-tssii-ön) *v* *dar cuerda; educar
Aufzug (*auf*-tssuuk) *m* (pl ~̈e) ascensor *m*; elevador *mMe*
Auge (*au*-ghö) *nt* (pl ~n) ojo *m*
Augenarzt (*au*-ghön-artsst) *m* (pl ~̈e) oculista *m*
Augenblick (*au*-ghön-blik) *m* (pl ~e) momento *m*; instante *m*
augenblicklich (*au*-ghön-blik-lij) *adv* inmediatamente
Augenbraue (*au*-ghön-brau-ö) *f* (pl ~n) ceja *f*
Augenbrauenstift (*au*-ghön-brau-ön-ʃtift) *m* (pl ~e) lápiz para las cejas
Augenlid (*au*-ghön-liit) *nt* (pl ~er) párpado *m*
Augenschminke (*au*-ghön-ʃming-kö) *f* sombra para los ojos
Augenwimper (*au*-ghön-vim-pör) *f* (pl ~n) pestaña *f*
Augenzeuge (*au*-ghön-tssoi-ghö) *m* (pl ~n) testigo de vista
August (au-*ghusst*) agosto
aus (auss) *prep* de; por
ausarbeiten (*auss*-ar-bai-tön) *v* elaborar
ausatmen (*auss*-aat-mön) *v* espirar, exhalar
ausbessern (*auss*-bê-ssörn) *v* *remendar
ausbeuten (*auss*-boi-tön) *v* abusar de
ausbilden (*auss*-bil-dön) *v* formar, educar; entrenar
Ausbildung (*auss*-bil-dung) *f* entrenamiento *m*
ausbreiten (*auss*-brai-tön) *v* *extender
Ausbruch (*auss*-bruj) *m* (pl ~̈e) explosión *f*
ausdehnen (*auss*-dee-nön) *v* *extender
Ausdehnung (*auss*-dee-nung) *f* ampliación *f*
***ausdenken** (*auss*-dêng-kön) *v* idear
Ausdruck (*auss*-druk) *m* (pl ~̈e) término *m*, expresión *f*; ~ ***geben** expresar
ausdrücken (*auss*-drü-kön) *v* expresar
ausdrücklich (*auss*-drük-lij) *adj* expreso, explícito
Auseinandersetzung (auss-ai-*nan*-dör-sê-tssung) *f* (pl ~en) discusión *f*, debate *m*; disputa *f*
auserlesen (*auss*-êr-lee-sön) *adj* seleccionado, exquisito
Ausfahrt (*auss*-faart) *f* (pl ~en) salida *f*
Ausflug (*auss*-fluuk) *m* (pl ~̈e) excursión *f*
Ausfuhr (*auss*-fuur) *f* exportación *f*
ausführbar (*auss*-füür-baar) *adj* realizable
ausführen (*auss*-füü-rön) *v* ejecutar; exportar; efectuar
ausführlich (*auss*-füür-lij) *adj* detallado
ausfüllen (*auss*-fü-lön) *v* completar, llenar
Ausgabe (*auss*-ghaa-bö) *f* (pl ~n) edición *f*; gasto *m*; emisión *f*
Ausgang (*auss*-ghang) *m* (pl ~̈e) salida *f*
Ausgangspunkt (*auss*-ghangss-pungkt) *m* (pl ~e) punto de partida
***ausgeben** (*auss*-ghee-bön) *v* gastar; *distribuir
ausgedehnt (*auss*-ghö-deent) *adj* extenso; amplio
***ausgehen** (*auss*-ghee-ön) *v* *salir

ausgenommen (*auss*-ghö-no-mön) *prep* excepto
ausgesetzt (*auss*-ghö-sêtsst) sujeto a
ausgezeichnet (*auss*-ghö-tssaij-nöt) *adj* excelente
Ausgleich (*auss*-ghlaij) *m* (pl ~e) compensación *f*
***ausgleichen** (*auss*-ghlai-jön) *v* igualar; compensar
***ausgleiten** (*auss*-ghlai-tön) *f* deslizarse
Ausgrabung (*auss*-ghraa-bung) *f* (pl ~en) excavación *f*
Ausguß (*auss*-ghuss) *m* (pl -güsse) pileta *f*
***aushalten** (*auss*-hal-tön) *v* soportar
ausharren (*auss*-ha-rön) *v* perseverar
Auskunft (*auss*-kunft) *f* (pl ⁻̈e) información *f*
Auskunftsbüro (*auss*-kunftss-bü-rôô) *nt* (pl ~s) oficina de informaciones
***ausladen** (*auss*-laa-dön) *v* descargar
Auslage (*auss*-laa-ghö) *f* (pl ~n) exposición *f*
im Ausland (im *auss*-lant) en el extranjero
Ausländer (*auss*-lên-dör) *m* (pl ~) extranjero *m*, forastero *m*
ausländisch (*auss*-lên-diʃ) *adj* extranjero
***auslassen** (*auss*-la-ssön) *v* omitir
auslegen (*auss*-lee-ghön) *v* exhibir
Auslegung (*auss*-lêê-ghung) *f* (pl ~en) explicación *f*
***auslesen** (*auss*-lee-sen) *v* seleccionar
ausliefern (*auss*-lii-förn) *v* entregar
auslöschen (*auss*-lö-ʃön) *v* apagar
Ausmaß (*auss*-maass) *nt* (pl ~e) dimensión *f*
Ausnahme (*auss*-naa-mö) *f* (pl ~n) excepción *f*
***ausnehmen** (*auss*-nee-mön) *v* eximir
ausnutzen (*auss*-nu-tssön) *v* explotar
auspacken (*auss*-pa-kön) *v* *desenvolver, desempaquetar
Auspuff (*auss*-puf) *m* (pl ~e) tubo de escape, escape *m*
Auspuffgase (*auss*-puf-ghaa-sö) *ntpl* gases de escape
Auspufftopf (*auss*-puf-topf) *m* silenciador *m*
ausrangieren (*auss*-rang-ʒii-rön) *v* desechar
ausrechnen (*auss*-rêj-nön) *v* calcular
***ausreißen** (*auss*-rai-ssön) *v* *extraer
Ausreißer (*auss*-rai-ssör) *m* (pl ~) fugitivo *m*
Ausruf (*auss*-ruuf) *m* (pl ~e) exclamación *f*
***ausrufen** (*auss*-ruu-fön) *v* exclamar
ausruhen (*auss*-ruu-ön) *v* *hacer reposo
ausrüsten (*auss*-rüss-tön) *v* equipar
Ausrüstung (*auss*-rüss-tung) *f* equipo *m*; aparejo *m*, avíos *mpl*
ausrutschen (*auss*-ru-chön) *v* resbalar
aussaugen (*auss*-sau-ghön) *v* chupar la sangre
ausschalten (*auss*-ʃal-tön) *v* apagar; desconectar
ausschimpfen (*auss*-ʃim-pfön) *v* insultar
Ausschlag (*auss*-ʃlaak) *m* erupción *f*
***ausschließen** (*auss*-ʃlii-ssön) *v* *excluir
ausschließlich (*auss*-ʃliiss-lij) *adv* exclusivamente
Ausschreitung (*auss*-ʃrai-tung) *f* (pl ~en) exceso *m*
Ausschuß (*auss*-ʃuss) *m* (pl -schüsse) comité *m*
Aussehen (*auss*-see-ön) *nt* aspecto *m*
***aussehen** (*auss*-see-ön) *v* *tener aires de
Außenbezirke (*au*-ssön-bö-tssir-kö) *mpl* afueras *fpl*
Außenseite (*au*-ssön-sai-tö) *f* exterior *m*

außer (*au*-ssör) *prep* además de; menos, excepto; fuera de; ~ **wenn** a menos que
äußer (*oi*-ssör) *adj* externo; **äußerst** *adj* extremo
außerdem (*au*-ssör-deem) *adv* además
Äußere (*oi*-ssö-rö) *nt* exterior *m*
außergewöhnlich (*au*-ssör-ghö-vöön-lij) *adj* excepcional
außerhalb (*au*-ssör-halp) *prep* fuera de
äußerlich (*oi*-ssör-lij) *adj* exterior
äußern (*oi*-ssörn) *v* expresar; emitir
außerordentlich (au-ssör-*or*-dönt-lij) *adj* extraordinario
Äußerung (*oi*-ssö-rung) *f* (pl ~en) expresión *f*
Aussicht (*auss*-sijt) *f* (pl ~en) perspectiva *f*; vista *f*, visión *f*; previsión *f*
Aussprache (*auss*-ʃpraa-jö) *f* pronunciación *f*
***aussprechen** (*auss*-ʃprê-jön) *v* pronunciar
ausstatten (*auss*-ʃta-tön) *v* equipar
***aussteigen** (*auss*-ʃtai-ghön) *v* apearse
ausstellen (*auss*-ʃtê-lön) *v* *exponer; enseñar
Ausstellung (*auss*-ʃtê-lung) *f* (pl ~en) exposición *f*
Ausstellungsraum (*auss*-ʃtê-lungss-raum) *m* (pl ~̈e) salón de demostraciones
Ausstoß (*auss*-ʃtôôss) *m* producción *f*
austauschen (*auss*-tau-ʃön) *v* cambiar
austeilen (*auss*-tai-lön) *v* repartir
Auster (*auss*-tör) *f* (pl ~n) ostra *f*
Australien (auss-*traa*-lyön) Australia *f*
Australier (auss-*traa*-lyör) *m* (pl ~) australiano *m*
australisch (auss-*traa*-liʃ) *adj* australiano
ausüben (*auss*-üü-bön) *v* ejercer; practicar
Ausverkauf (*auss*-fêr-kauf) *m* liquidación *f*
ausverkauft (*auss*-fêr-kauft) *adj* agotado
Auswahl (*auss*-vaal) *f* selección *f*; surtido *m*; variedad *f*
auswählen (*auss*-vêê-lön) *v* *elegir
Auswanderer (*auss*-van-dö-rör) *m* (pl ~) emigrante *m*
auswandern (*auss*-van-dörn) *v* emigrar
Auswanderung (*auss*-van-dö-rung) *f* emigración *f*
auswechseln (*auss*-vê-kssöln) *v* intercambiar
Ausweg (*auss*-veek) *m* (pl ~e) salida *f*
Ausweis (*auss*-vaiss) *m* (pl ~e) carnet de identidad
***ausweisen** (*auss*-vai-sön) *v* expulsar
auswendig (*auss*-vên-dij) *adv* de memoria
auswischen (*auss*-vi-ʃön) *v* enjugar
sich auszeichnen (*auss*-tssaij-nön) distinguirse
***ausziehen** (*auss*-tssii-ön) *v* *extraer
Auszug (*auss*-tssuuk) *m* (pl ~̈e) extracto *m*
authentisch (au-*tên*-tiʃ) *adj* auténtico
Auto (*au*-tô) *nt* (pl ~s) automóvil *m*; **im ~ *fahren** *ir en coche
Autobahn (*au*-tô-baan) *f* (pl ~en) autopista *f*
Autofahrer (*au*-tô-faa-rör) *m* (pl ~) automovilista *m*
Autokarte (*au*-tô-kar-tö) *f* (pl ~n) mapa de carreteras
Automat (au-tô-*maat*) *m* (pl ~en) máquina tragamonedas
automatisch (au-tô-*maa*-tiʃ) *adj* automático
Automatisierung (au-tô-ma-ti-*sii*-rung) *f* automatización *f*
Automobilismus (au-tô-mô-bi-*liss*-

muss) *m* automovilismo *m*
Automobilklub (au-tô-mô-*biil*-klup) *m* (pl ~s) automóvil club
autonom (au-tô-*nôôm*) *adj* autónomo
Autopsie (au-tô-*pssii*) *f* autopsia *f*
Autor (*au*-tor) *m* (pl ~en) autor *m*
autoritär (au-tô-ri-*têêr*) *adj* autoritario
Autovermietung (*au*-tô-fêr-mii-tung) *f* alquiler de coches

B

Baby (*bee*-bi) *nt* (pl ~s) bebé *m*
Babysitter (*bee*-bi-ssi-tör) *m* (pl ~) babysitter *m*
Baby-Tragetasche (*bee*-bi-traa-ghö-ta-ʃö) *f* (pl ~n) cuna de viaje
Bach (baj) *m* (pl ~̈e) arroyo *m*
Backbord (*bak*-bord) *nt* babor *m*
backen (*ba*-kön) *v* hornear
Backenbart (*ba*-kön-bart) *m* patillas *fpl*
Backenknochen (*ba*-kön-kno-jön) *m* (pl ~) pómulo *m*
Backenzahn (*ba*-kön-tssaan) *m* (pl ~̈e) muela *f*
Bäcker (*bê*-kör) *m* (pl ~) panadero *m*
Bäckerei (bê-kö-*rai*) *f* (pl ~en) panadería *f*
Backofen (*bak*-ôô-fön) *m* (pl ~̈) horno *m*
Backpflaume (*bak*-pflau-mö) *f* (pl ~n) ciruela pasa
Bad (baat) *nt* (pl ~̈er) baño *m*
Badeanzug (*baa*-dö-an-tssuuk) *m* (pl ~̈e) traje de baño
Badehose (*baa*-dö-hôô-sö) *f* (pl ~n) calzón de baño, bañador *m*, traje de baño
Bademantel (*baa*-dö-man-töl) *m* (pl ~̈) bata de baño
Bademütze (*baa*-dö-mü-tssö) *f* (pl ~n) gorro de baño
baden (*baa*-dön) *v* bañarse
Badesalz (*baa*-dö-saltss) *nt* (pl ~e) sales de baño
Badetuch (*baa*-dö-tuuj) *nt* (pl ~̈er) toalla de baño
Badezimmer (*baa*-dö-tssi-mör) *nt* (pl ~) cuarto de baño
Bahn (baan) *f* (pl ~en) ferrocarril *m*; pista *f*
Bahnhof (*baan*-hôôf) *m* (pl ~̈e) estación *f*
Bahnsteig (*baan*-ʃtaik) *m* (pl ~e) andén *m*
Bahnsteigkarte (*baan*-ʃtaik-kar-tö) *f* (pl ~n) billete de andén
Bahnübergang (*baan*-üü-bör-ghang) *m* (pl ~̈e) paso a nivel
Bakterie (bak-*tee*-ryö) *f* (pl ~n) bacteria *f*
bald (balt) *adv* pronto; próximamente
Balken (*bal*-kön) *m* (pl ~) viga *f*
Balkon (bal-*kong*) *m* (pl ~s) balcón *m*
Ball (bal) *m* (pl ~̈e) pelota *f*; baile *m*
Ballett (ba-*lêt*) *nt* (pl ~s) ballet *m*
Ballon (ba-*long*) *m* (pl ~e) globo *m*
Ballsaal (*bal*-saal) *m* (pl -säle) salón de baile
Bambus (*bam*-buss) *m* bambú *m*
Banane (ba-*naa*-nö) *f* (pl ~n) plátano *m*
Band[1] (bant) *nt* (pl ~̈er) banda *f*; cinta *f*
Band[2] (bant) *m* (pl ~̈e) volumen *m*
Bande (*ban*-dö) *f* (pl ~n) banda *f*
Bandit (ban-*diit*) *m* (pl ~en) bandido *m*
Bandmaß (*bant*-maass) *nt* (pl ~e) centímetro *m*, cinta métrica
bange (*bang*-ö) *adj* asustado
Bank[1] (bangk) *f* (pl ~en) banco *m*
Bank[2] (bangk) *f* (pl ~̈e) banco *m*

Bank-Einlage (*bangk*-ain-laa-ghö) *f* (pl ~n) depósito *m*
Bankettsaal (bang-*kêt*-saal) *m* (pl -säle) comedor de gala
Bankkonto (*bangk*-kon-tô) *nt* (pl -konten) cuenta de banco
Banknote (*bangk*-nôô-tö) *f* (pl ~n) vale *m*, billete de banco
bankrott (bang-*krot*) *adj* en quiebra
Banner (*ba*-nör) *nt* (pl ~) bandera *f*
Bar (baar) *f* (pl ~s) bar *m*; cantina *fMe*
Bär (bêêr) *m* (pl ~en) oso *m*
Bardame (*baar*-daa-mö) *f* (pl ~n) moza de taberna
Bargeld (*baar*-ghêlt) *nt* dinero contante, efectivo *m*
Bariton (*baa*-ri-ton) *m* (pl ~e) barítono *m*
barmherzig (barm-*hêr*-tssij) *adj* misericordioso
Barmherzigkeit (barm-*hêr*-tssij-kait) *f* clemencia *f*
barock (ba-*rok*) *adj* barroco
Barometer (ba-rô-*mee*-tör) *nt* (pl ~) barómetro *m*
Barsch (barʃ) *m* (pl ~e) perca *f*
Bart (bart) *m* (pl ~̈e) barba *f*
Base (*baa*-sö) *f* (pl ~n) prima *f*
Baseball (*beess*-bôôl) *m* béisbol *m*
Basilika (ba-*sii*-li-ka) *f* (pl -ken) basílica *f*
Basis (*baa*-siss) *f* (pl Basen) base *f*
Baskenmütze (*bass*-kön-mü-tssö) *f* (pl ~n) boina *f*
Baß (bass) *m* (pl Bässe) bajo *m*
Bastard (*bass*-tart) *m* (pl ~e) bastardo *m*
Batterie (ba-tö-*rii*) *f* (pl ~n) batería *f*
Bau (bau) *m* construcción *f*
Bauch (bauj) *m* (pl ~̈e) vientre *m*
Bauchschmerzen (*bauj*-ʃmêr-tssön) *mpl* dolor de estómago
bauen (*bau*-ön) *v* *construir
Bauer (*bau*-ör) *m* (pl ~n) granjero *m*; campesino *m*; peón *m*
Bäuerin (*boi*-ö-rin) *f* (pl ~nen) granjera *f*
Bauernhaus (*bau*-örn-hauss) *nt* (pl ~̈er) cortijo *m*; rancho *mMe*
Bauernhof (*bau*-örn-hôôf) *m* (pl ~̈e) granja *f*
baufällig (*bau*-fê-lij) *adj* ruinoso
Bauholz (*bau*-holtss) *nt* madera de construcción
Baukunst (*bau*-kunsst) *f* arquitectura *f*
Baum (baum) *m* (pl ~̈e) árbol *m*
Baumschule (*baum*-ʃuu-lö) *f* (pl ~n) vivero *m*
Baumwolle (*baum*-vo-lö) *f* algodón *m*; **Baumwoll-** de algodón
Baumwollsamt (*baum*-vol-samt) *m* pana *f*
Bazille (ba-*tssi*-lö) *f* (pl ~n) germen *m*
beabsichtigen (bö-*ap*-sij-ti-ghön) *v* intentar, *tener la intención de; aspirar a
beachten (bö-*aj*-tön) *v* prestar atención a; observar
beachtlich (bö-*ajt*-lij) *adj* importante
Beachtung (bö-*aj*-tung) *f* atención *f*
Beamte (bö-*am*-tö) *m* (pl ~n) oficinista *m*
beanspruchen (bö-*an*-ʃpru-jön) *v* reclamar
beantworten (bö-*ant*-vor-tön) *v* responder a
beaufsichtigen (bö-*auf*-sij-ti-ghön) *v* supervisar
bebauen (bö-*bau*-ön) *v* cultivar
beben (*bee*-bön) *v* vibrar
Becher (*bê*-jör) *m* (pl ~) vaso *m*, taza *f*
Becken (*bê*-kön) *nt* (pl ~) palangana *f*; pelvis *m*
bedächtig (bö-*dêj*-tij) *adj* prudente
Bedarf (bö-*darf*) *m* necesidad *f*

Bedauern (bö-*dau*-örn) *nt* arrepentimiento *m*
bedauern (bö-*dau*-örn) *v* *sentir
bedecken (bö-*dê*-kön) *v* cubrir
bedenklich (bö-*dêngk*-lij) *adj* crítico
bedeuten (bö-*doi*-tön) *v* significar
bedeutend (bö-*doi*-tönt) *adj* importante, notable; sustancial
Bedeutung (bö-*doi*-tung) *f* (pl ~en) significado *m*, sentido *m*; importancia *f*; **von ~ *sein** *tener importancia
bedeutungsvoll (bö-*doi*-tungss-fol) *adj* significativo
bedienen (bö-*dii*-nön) *v* *servir
Bedienung (bö-*dii*-nung) *f* servicio *m*
bedingt (bö-*dingkt*) *adj* condicional
Bedingung (bö-*ding*-ung) *f* (pl ~en) condición *f*
bedingungslos (bö-*ding*-ungss-lôôss) *adj* incondicional
bedrohen (bö-*drôô*-ön) *v* amenazar
bedrohlich (bö-*drôô*-lij) *adj* amenazador
Bedrohung (bö-*drôô*-ung) *f* (pl ~en) amenaza *f*
bedrücken (bö-*drü*-kön) *v* oprimir
Bedürfnis (bö-*dürf*-niss) *nt* (pl ~se) necesidad *f*
sich beeilen (bö-*ai*-lön) *darse prisa
beeindrucken (bö-*ain*-dru-kön) *v* impresionar
beeinflussen (bö-*ain*-flu-ssön) *v* *influir; afectar
beenden (bö-*ên*-dön) *v* terminar, acabar
beerdigen (bö-*êêr*-di-ghön) *v* *enterrar
Beere (*bee*-rö) *f* (pl ~n) baya *f*; grosella *f*
befähigen (bö-*fêê*-i-ghön) *v* permitir
Befähigung (bö-*fêê*-i-ghung) *f* (pl ~en) aptitud *f*
befahrbar (bö-*faar*-baar) *adj* navegable
***befahren** (bö-*faa*-rön) *v* navegar por
sich befassen mit (bö-*fa*-ssön) tratar con
Befehl (bö-*feel*) *m* (pl ~e) mandato *m*; orden *f*
***befehlen** (bö-*fee*-lön) *v* ordenar; mandar
Befehlshaber (bö-*feelss*-haa-bör) *m* (pl ~) comandante *m*
befestigen (bö-*fêss*-ti-ghön) *v* atar; prender
befeuchten (bö-*foij*-tön) *v* *humedecer
beflecken (bö-*flê*-kön) *v* manchar
befördern (bö-*för*-dörn) *v* *promover
Beförderung (bö-*för*-dö-rung) *f* (pl ~en) transporte *m*; promoción *f*
befragen (bö-*fraa*-ghön) *v* indagar
befreien (bö-*frai*-ön) *v* dispensar
befreit (bö-*frait*) *adj* exento
Befreiung (bê-*frai*-ung) *f* liberación *f*; exención *f*
befriedigen (bö-*frii*-di-ghön) *v* *satisfacer
Befriedigung (bö-*frii*-di-ghung) *f* satisfacción *f*
Befugnis (bö-*fuuk*-niss) *f* (pl ~se) autoridad *f*
befugt (bö-*fuukt*) *adj* competente
befürchten (bö-*fürj*-tön) *v* temer
begabt (bö-*ghaapt*) *adj* talentoso, dotado
Begabung (bö-*ghaa*-bung) *f* talento *m*, don *m*
begegnen (bö-*ghee*-ghnön) *v* *encontrarse con; *encontrar
Begegnung (bö-*ghee*-ghnung) *f* (pl ~en) encuentro *m*
***begehen** (bö-*ghee*-ön) *v* cometer
Begehren (bö-*ghee*-rön) *nt* deseo *m*
begehren (bö-*ghee*-rön) *v* desear; anhelar
begehrenswert (bö-*ghee*-rönss-veert) *adj* deseable

begeistern (bö-*ghaiss*-törn) *v* inspirar; **begeistert** *adj* entusiasta
Begeisterung (bö-*ghaiss*-tö-rung) *f* entusiasmo *m*
begierig (bö-*ghii*-rij) *adj* ansioso, impaciente
Beginn (bö-*ghin*) *m* comienzo *m*
***beginnen** (bö-*ghi*-nön) *v* *empezar; **wieder** ~ *recomenzar
begleiten (bö-*ghlai*-tön) *v* acompañar
beglückwünschen (bö-*ghlük*-vün-ʃön) *v* felicitar, cumplimentar
Beglückwünschung (bö-*ghlük*-vün-ʃung) *f* (pl ~en) felicitación *f*
Begnadigung (bö-*ghnaa*-di-ghung) *f* (pl ~en) indulto *m*
***begraben** (bö-*ghraa*-bön) *v* *enterrar
Begräbnis (bö-*ghrêêp*-niss) *nt* (pl ~se) funerales *mpl*, entierro *m*
***begreifen** (bö-*ghrai*-fön) *v* comprender
Begriff (bö-*ghrif*) *m* (pl ~e) noción *f*
begünstigen (bö-*ghünss*-ti-ghön) *v* *favorecer
Beha *m* (pl ~s) sujetador *m*
behaglich (bö-*haak*-lij) *adj* cómodo, confortable
Behaglichkeit (bö-*haak*-lij-kait) *f* (pl ~en) comodidad *f*
***behalten** (bö-*hal*-tön) *v* *acordarse
Behälter (bö-*hêl*-tör) *m* (pl ~) receptáculo *m*
behandeln (bö-*han*-döln) *v* tratar
Behandlung (bö-*han*-dlung) *f* (pl ~en) tratamiento *m*; **kosmetische** ~ tratamiento de belleza
Behandlungsweise (bö-*han*-dlungss-vai-sö) *f* (pl ~n) enfoque *m*
beharren (bö-*ha*-rön) *v* insistir
behaupten (bö-*haup*-tön) *v* afirmar
sich *behelfen mit (bö-*hêl*-fön) arreglarse con
behende (bö-*hên*-dö) *adj* diestro
beherbergen (bö-*hêr*-bêr-ghön) *v* alojar
beherrschen (bö-*hêr*-ʃön) *v* dominar
beherzt (bö-*hêrtsst*) *adj* valiente
behexen (bö-*hê*-kssön) *v* hechizar
Behörde (bö-*höör*-dö) *f* (pl ~n) autoridades *fpl*
behutsam (bö-*huut*-saam) *adj* prudente
bei (bai) *prep* con, a; cerca de
Beichte (*baij*-tö) *f* (pl ~n) confesión *f*
beichten (*baij*-tön) *v* *confesarse
beide (*bai*-dö) *adj* ambos; **einer von beiden** cualquiera de los dos
Beifall (*bai*-fal) *m* aplauso *m*; ~ **klatschen** aplaudir
beifügen (*bai*-füü-ghön) *v* juntar
beige (beeʒ) *adj* beige
Beil (bail) *nt* (pl ~e) hacha *f*
Beilage (*bai*-laa-ghö) *f* (pl ~n) anexo *m*; suplemento *m*
beiläufig (*bai*-loi-fij) *adj* de paso
beilegen (*bai*-lee-ghön) *v* *incluir
Bein (bain) *nt* (pl ~e) pata *f*, pierna *f*; hueso *m*
beinahe (*bai*-naa-ö) *adv* casi
***beischließen** (*bai*-ʃlii-ssön) *v* *incluir
beiseite (bai-*sai*-tö) *adv* aparte
Beispiel (*bai*-ʃpiil) *nt* (pl ~e) ejemplo *m*; **zum** ~ por ejemplo
***beißen** (*bai*-ssön) *v* *morder
Beistand (*bai*-ʃtant) *m* asistencia *f*
Beitrag (*bai*-traak) *m* (pl ¨~e) contribución *f*
beiwohnen (*bai*-vôô-nön) *v* asistir a
bejahen (bö-*yaa*-ön) *v* *aprobar; **bejahend** afirmativo
bejahrt (bö-*yaart*) *adj* viejo
bekämpfen (bö-*kêm*-pfön) *v* combatir
bekannt (bö-*kant*) *adj* notorio
Bekannte (bö-*kan*-tö) *m* (pl ~n) conocido *m*
bekanntmachen (bö-*kant*-ma-jön) *v* anunciar
Bekanntmachung (bö-*kant*-ma-jung) *f*

(pl ~en) anuncio *m*; comunicado *m*
Bekanntschaft (bö-*kant*-ʃaft) *f* (pl ~en) conocido *m*
bekehren (bö-*kee*-rön) *v* *convertir
***bekennen** (bö-*kê*-nön) *v* profesar
***bekommen** (bö-*ko*-mön) *v* *conseguir; recibir
bekömmlich (bö-*köm*-lij) *adj* saludable
bekrönen (bö-*kröö*-nön) *v* coronar
bekümmert (bö-*kü*-mört) *adj* apenado
Belagerung (bö-*laa*-ghö-rung) *f* (pl ~en) sitio *m*
belanglos (bö-*lang*-lôôss) *adj* baladí
belasten (bö-*lass*-tön) *v* cargar
belästigen (bö-*lêss*-ti-ghön) *v* fastidiar, molestar
Belästigung (bö-*lêss*-ti-ghung) *f* (pl ~en) molestia *f*
Belastung (bö-*lass*-tung) *f* (pl ~en) carga *f*
Beleg (bö-*leek*) *m* (pl ~e) recibo *m*
beleibt (bö-*laipt*) *adj* grueso
beleidigen (bö-*lai*-di-ghön) *v* ofender, insultar; **beleidigend** *adj* insultante
Beleidigung (bö-*lai*-di-ghung) *f* (pl ~en) ofensa *f*, insulto *m*
Beleuchtung (bö-*loij*-tung) *f* alumbrado *m*, iluminación *f*
Belgien (*bêl*-ghyön) Bélgica *f*
Belgier (*bêl*-ghyör) *m* (pl ~) belga *m*
belgisch (*bêl*-ghiʃ) *adj* belga
Belichtung (bö-*lij*-tung) *f* exposición *f*
Belichtungsmesser (bö-*lij*-tungss-mê-ssör) *m* (pl ~) exposímetro *m*
beliebig (bö-*lii*-bij) *adj* opcional
beliebt (bö-*liipt*) *adj* popular
bellen (*bê*-lön) *v* ladrar
belohnen (bö-*lôô*-nön) *v* recompensar
Belohnung (bö-*lôô*-nung) *f* (pl ~en) recompensa *f*
sich bemächtigen (bö-*mêj*-ti-ghön) lograr
bemerken (bö-*mêr*-kön) *v* *advertir; *comprobar *hacer una observación
bemerkenswert (bö-*mêr*-könss-veert) *adj* notable
Bemerkung (bö-*mêr*-kung) *f* (pl ~en) observación *f*
bemitleiden (bö-*mit*-lai-dön) *v* compadecerse de
bemühen (bö-*müü*-ön) *v* molestar; **sich** ~ *esforzarse
Bemühung (bö-*müü*-ung) *f* (pl ~en) esfuerzo *m*
benachbart (bö-*naj*-baart) *adj* contiguo, vecino
benachrichtigen (bö-*naaj*-rij-ti-ghön) *v* notificar
sich *benehmen (bö-*nee*-mön) comportarse
Benennung (bö-*nê*-nung) *f* (pl ~en) denominación *f*
benutzen (bö-*nu*-tssön) *v* usar; utilizar
Benutzer (bö-*nu*-tssör) *m* (pl ~) usuario *m*
Benzin (bên-*tssiin*) *nt* gasolina *f*; combustible *m;* **bleifreies** ~ gasolina sin plomo
Benzinpumpe (bên-*tssiin*-pum-pö) *f* (pl ~n) bomba de gasolina
Benzintank (bên-*tssiin*-tangk) *m* depósito de gasolina
beobachten (bö-*ôô*-baj-tön) *v* observar
Beobachtung (bö-*ôô*-baj-tung) *f* (pl ~en) observación *f*
bequem (bö-*kveem*) *adj* confortable; fácil, cómodo
Bequemlichkeit (bö-*kveem*-lij-kait) *f* (pl ~en) comodidad *f*
beratschlagen (bö-*raat*-ʃlaa-ghön) *v* discutir
Beratung (bö-*raa*-tung) *f* (pl ~en) deliberación *f*
Beratungsstelle (bö-*raa*-tungss-ʃtê-lö)

f (pl ~n) dispensario *m*
berauscht (bö-*rauſt*) *adj* embriagado
berechnen (bö-*rêj*-nön) *v* calcular
berechtigt (bö-*rêj*-tijt) *adj* justo
bereden (bö-*ree*-dön) *v* persuadir
Bereich (bö-*raij*) *m* alcance *m*
bereit (bö-*rait*) *adj* listo; preparado
bereits (bö-*raitss*) *adv* ya
bereitwillig (bö-*rait*-vi-lij) *adj* cooperador
Berg (bêrk) *m* (pl ~e) montaña *f*; monte *m*
Bergbau (*bêrk*-bau) *m* minería *f*
Bergkette (*bêrk*-kê-tö) *f* (pl ~n) cordillera *f*
Bergmann (*bêrk*-man) *m* (pl -leute) minero *m*
Bergschlucht (*bêrk*-ſlujt) *f* (pl ~en) cañada *f*
Bergsteigen (*bêrk*-ſtai-ghön) *nt* montañismo *m*
Bergwerk (*bêrk*-vêrk) *nt* (pl ~e) mina *f*
Bericht (bö-*rijt*) *m* (pl ~e) narración *f*, informe *m*; noticia *f*
berichten (bö-*rij*-tön) *v* informar; relatar
Berichterstatter (bö-*rijt*-ör-ſta-tör) *m* (pl ~) reportero *m*
Berichtigung (bö-*rij*-ti-ghung) *f* (pl ~en) corrección *f*
Bernstein (*bêrn*-ſtain) *m* ámbar *m*
***bersten** (*bêrss*-tön) *v* *quebrar, *reventar
berüchtigt (bö-*rüj*-tijt) *adj* de mala fama
Beruf (bö-*ruuf*) *m* (pl ~e) profesión *f*; oficio *m*
beruflich (bö-*ruuf*-lij) *adj* profesional
beruhigen (bö-*ruu*-i-ghön) *v* calmar; tranquilizar; **sich ~** calmarse
Beruhigungsmittel (bö-*ruu*-i-ghungss-mi-töl) *nt* (pl ~) calmante *m*
berühmt (bö-*rüümt*) *adj* afamado, famoso
berühren (bö-*rüü*-rön) *v* tocar
Berührung (bö-*rüü*-rung) *f* (pl ~en) contacto *m*, toque *m*
besagen (bö-*saa*-ghön) *v* implicar
Besatzung (bö-*sa*-tssung) *f* (pl ~en) equipo *m*
beschädigen (bö-*ſêê*-di-ghön) *v* dañar
beschaffen (bö-*ſa*-fön) *v* *proveer
beschäftigen (bö-*ſêf*-ti-ghön) *v* emplear; **beschäftigt** *adj* ocupado; atareado; **sich ~ mit** *atender a
Beschäftigung (bö-*ſêf*-ti-ghung) *f* (pl ~en) ocupación *f*; empleo *m*
beschämt (bö-*ſêêmt*) *adj* avergonzado
Bescheid (bö-*ſait*) *m* mensaje *m*
bescheiden (bö-*ſai*-dön) *adj* modesto; humilde
Bescheidenheit (bö-*ſai*-dön-hait) *f* modestia *f*
Bescheinigung (bö-*ſai*-ni-ghung) *f* (pl ~en) certificado *m*
beschlagnahmen (bö-*ſlaak*-naa-mön) *v* confiscar
beschleunigen (bö-*ſloi*-ni-ghön) *v* acelerar
***beschließen** (bö-*ſlii*-ssön) *v* decidir
Beschluß (bö-*ſluss*) *m* (pl Beschlüsse) decisión *f*
beschmutzt (bö-*ſmutsst*) *adj* manchado
beschränken (bö-*ſrêng*-kön) *v* limitar
***beschreiben** (bö-*ſrai*-bön) *v* describir
Beschreibung (bö-*ſrai*-bung) *f* (pl ~en) descripción *f*
beschriften (bö-*ſrif*-tön) *v* rotular
beschuldigen (bö-*ſul*-di-ghön) *v* acusar; culpar
Beschwerde (bö-*ſveer*-dö) *f* (pl ~n) queja *f*
Beschwerdebuch (bö-*ſveer*-dö-buuj) *nt* (pl ~̈er) libro de reclamaciones
sich beschweren (bö-*ſvee*-rön) quejarse

beschwindeln (bö-*ʃvin*-döln) *v* estafar
beseitigen (bö-*sai*-ti-ghön) *v* eliminar; *remover
Beseitigung (bö-*sai*-ti-ghung) *f* remoción *f*
Besen (*bee*-sön) *m* (pl ~) escoba *f*
besessen (bö-*sê*-ssön) *adj* poseído
Besessenheit (bö-*sê*-ssön-hait) *f* obsesión *f*
besetzen (bö-*sê*-tssön) *v* ocupar
Besetzung (bö-*sê*-tssung) *f* (pl ~en) ocupación *f*
besichtigen (bö-*sij*-ti-ghön) *v* mirar
besiegen (bö-*sii*-ghön) *v* batir; derrotar; vencer
Besitz (bö-*sitss*) *m* posesión *f*; propiedad *f*
***besitzen** (bö-*si*-tssön) *v* *poseer
Besitzer (bö-*si*-tssör) *m* (pl ~) propietario *m*
besonder (bö-*son*-dör) *adj* especial, particular; separado
besonders (bö-*son*-dörss) *adv* especialmente, sobre todo
besonnen (bö-*so*-nön) *adj* ponderado
besorgen (bö-*sor*-ghön) *v* procurar; cuidar, *hacer; **besorgt** preocupado
Besorgtheit (bö-*sorkt*-hait) *f* preocupación *f*, inquietud *f*
bespötteln (bö-*ʃpö*-töln) *v* ridiculizar
Besprechung (bö-*ʃprê*-jung) *f* (pl ~en) discusión *f*; reseña *f*
bespritzen (bö-*ʃpri*-tssön) *v* salpicar
besser (*bê*-ssör) *adj* mejor
best (bêsst) *adj* óptimo; **zum besten *haben** engañar
beständig (bö-*ʃtên*-dij) *adj* estable; firme, constante
Bestandteil (bö-*ʃtant*-tail) *m* (pl ~e) elemento *m*; ingrediente *m*
bestätigen (bö-*ʃtêê*-ti-ghön) *v* confirmar
Bestätigung (bö-*ʃtêê*-ti-ghung) *f* (pl ~en) confirmación *f*
Bestattung (bö-*ʃta*-tung) *f* (pl ~en) entierro *m*
***bestechen** (bö-*ʃtê*-jön) *v* corromper, sobornar
Bestechung (bö-*ʃtê*-jung) *f* (pl ~en) corrupción *f*, soborno *m*
Besteck (bö-*ʃtêk*) *nt* cubiertos *mpl*
***bestehen** (bö-*ʃtee*-ön) *v* existir; persistir, insistir; *aprobar; ~ **aus** constar de
***besteigen** (bö-*ʃtai*-ghön) *v* escalar, montar
bestellen (bö-*ʃtê*-lön) *v* *pedir
Bestellung (bö-*ʃtê*-lung) *f* (pl ~en) pedido *m*; **auf ~ gemacht** hecho a la medida
Bestellzettel (bö-*ʃtêl*-tssê-töl) *m* (pl ~) hoja de pedido
besteuern (bö-*ʃtoi*-örn) *v* *imponer contribuciones
Besteuerung (bö-*ʃtoi*-ö-rung) *f* impuesto *m*
bestimmen (bö-*ʃti*-mön) *v* determinar; destinar
bestimmt (bö-*ʃtimt*) *adj* cierto; determinado, definido
Bestimmung (bö-*ʃti*-mung) *f* (pl ~en) definición *f*
Bestimmungsort (bö-*ʃti*-mungss-ort) *m* (pl ~e) destino *m*
bestrafen (bö-*ʃtraa*-fön) *v* castigar
bestrebt (bö-*ʃtreept*) *adj* ansioso
***bestreiten** (bö-*ʃtrai*-tön) *v* disputar
bestürzt (bö-*ʃtürtsst*) *adj* trastornado
Besuch (bö-*suuj*) *m* (pl ~e) visita *f*
besuchen (bö-*suu*-jön) *v* visitar
Besuchsstunden (bö-*suujss*-ʃtun-dön) *fpl* horas de visita
betasten (bö-*tass*-tön) *v* palpar
Betäubung (bö-*toi*-bung) *f* (pl ~en) anestesia *f*
Betäubungsmittel (bö-*toi*-bungss-mi-töl) *nt* (pl ~) anestésico *m*
Bete (*bee*-tö) *f* (pl ~n) remolacha *f*

sich beteiligen an (bö-*tai*-li-ghön) unirse a
beteiligt (bö-*tai*-lijt) *adj* interesado, implicado
beten (*bee*-tön) *v* orar
Beton (be-*tong*) *m* hormigón *m*
betonen (bö-*tôô*-nön) *v* enfatizar, acentuar
Betonung (bö-*tôô*-nung) *f* énfasis *m*, acento *m*
betrachten (bö-*traj*-tön) *v* considerar
beträchtlich (bö-*trêjt*-lij) *adj* considerable; *adv* bastante
Betrag (bö-*traak*) *m* (pl ⁻̈e) suma *f*
Betragen (bö-*traa*-ghön) *nt* conducta *f*
***betragen** (bö-*traa*-ghön) *v* sumar
***betreffen** (bö-*trê*-fön) *v* atañer; *concernir
betreffs (bö-*trêfss*) *prep* respecto a, concerniente a, relativo a
***betreten** (bö-*tree*-tön) *v* entrar
Betrieb (bötriip) *m* funcionamiento *m*
Betriebsanlage (bö-*triipss*-an-laa-ghö) *f* (pl ~n) instalación *f*
Betriebsstörung (bö-*triipss*-ʃtöö-rung) *f* (pl ~en) avería *f*
Betrübnis (bö-*trüüp*-niss) *f* aflicción *f*, tristeza *f*
betrübt (bö-*trüüpt*) *adj* afligido
Betrug (bö-*truuk*) *m* engaño *m*; estafa *f*, fraude *m*
***betrügen** (bö-*trüü*-ghön) *v* engañar; estafar
Betrüger (bö-*trüü*-ghör) *m* (pl ~) estafador *m*
betrunken (bö-*trung*-kön) *adj* borracho
Bett (bêt) *nt* (pl ~en) cama *f*
Bettdecke (*bêt*-dê-kö) *f* (pl ~n) colcha *f*
betteln (*bê*-töln) *v* mendigar
Bettler (*bêt*-lör) *m* (pl ~) mendigo *m*
Bettzeug (*bêt*-tssoik) *nt* ropa de cama
beugen (*boi*-ghön) *v* inclinar
Beule (*boi*-lö) *f* (pl ~n) abolladura *f*; chichón *m*
sich beunruhigen (bö-*un*-ruu-i-ghön) inquietarse
beunruhigt (bö-*un*-ruu-ijt) *adj* inquieto
beurteilen (bö-*ur*-tai-lön) *v* juzgar
Beutel (*boi*-töl) *m* (pl ~) petaca *f*
Bevölkerung (bö-*föl*-kö-rung) *f* población *f*
bevor (bö-*fôôr*) *conj* antes de que
bevorrechten (bö-*fôôr*-rêj-tön) *v* *favorecer
bewachen (bö-*va*-jön) *v* guardar
bewaffnen (bö-*vaf*-nön) *v* armar
bewahren (bö-*vaa*-rön) *v* guardar; preservar
Bewahrung (bö-*vaa*-rung) *f* conservación *f*
bewaldet (bö-*val*-döt) *adj* selvoso
bewegen (bö-*vee*-ghön) *v* *mover; **sich** ~ *moverse
beweglich (bö-*veek*-lij) *adj* móvil; movible
Bewegung (bö-*vee*-ghung) *f* (pl ~en) movimiento *m*
Beweis (bö-*vaiss*) *m* (pl ~e) prueba *f*
***beweisen** (bö-*vai*-sön) *v* *comprobar; *demostrar
sich *bewerben (bö-*vêr*-bön) solicitar un puesto
Bewerber (bö-*vêr*-bör) *m* (pl ~) interesado *m*
Bewerbung (bö-*vêr*-bung) *f* (pl ~en) solicitud *f*
bewilligen (bö-*vi*-li-ghön) *v* permitir; conceder
Bewilligung (bö-*vi*-li-ghung) *f* permiso *m*
bewillkommnen (bö-*vil*-kom-nön) *v* *dar la bienvenida
bewirten (bö-*vir*-tön) *v* hospedar
bewohnbar (bö-*vôôn*-baar) *adj* habita-

ble
bewohnen (bö-*vôô*-nön) *v* habitar
Bewohner (bö-*vôô*-nör) *m* (pl ~) habitante *m*
bewölkt (bö-*völkt*) *adj* nublado, cubierto
Bewölkung (bö-*völ*-kung) *f* nubes *fpl*
bewundern (bö-*vun*-dörn) *v* admirar
Bewunderung (bö-*vun*-dö-rung) *f* admiración *f*
bewußt (bö-*vusst*) *adj* consciente
bewußtlos (bö-*vusst*-lôôss) *adj* inconsciente
Bewußtsein (bö-*vusst*-sain) *nt* conciencia *f*
bezahlen (bö-*tssaa*-lön) *v* pagar
Bezahlung (bö-*tssaa*-lung) *f* (pl ~en) pago *m*
bezaubernd (bö-*tssau*-börnt) *adj* encantador
bezeichnen (bö-*tssaij*-nön) *v* marcar; **bezeichnend** típico, característico
bezeugen (bö-*tssoi*-ghön) *v* testimoniar
sich *beziehen auf (bö-*tssii*-ön) afectar
Beziehung (bö-*tssii*-ung) *f* (pl ~en) relación *f*
Bezirk (bö-*tssirk*) *m* (pl ~e) distrito *m*; barrio *m*
in Bezug auf (in bö-*tssuk* auf) por lo que se refiere a
Bezugsschein (bö-*tssuukss*-ʃain) *m* (pl ~e) cupón *m*
bezwecken (bö-*tssvê*-kön) *v* aspirar a
bezweifeln (bö-*tssvai*-föln) *v* *poner en duda, dudar
BH (be-*haa*) *m* sujetador *m*
Bibel (*bii*-böl) *f* (pl ~n) biblia *f*
Biber (*bii*-bör) *m* (pl ~) castor *m*
Bibliothek (bi-bli-ô-*teek*) *f* (pl ~en) biblioteca *f*
***biegen** (*bii*-ghön) *v* doblar
biegsam (*biik*-saam) *adj* flexible
Biegung (*bii*-ghung) *f* (pl ~en) curva *f*
Biene (*bii*-nö) *f* (pl ~n) abeja *f*
Bienenkorb (*bii*-nön-korp) *m* (pl ~̈e) colmena *f*
Bier (biir) *nt* (pl ~e) cerveza *f*
***bieten** (*bii*-tön) *v* *ofrecer
Bilanz (bi-*lantss*) *f* (pl ~en) balance *m*
Bild (bilt) *nt* (pl ~er) imagen *f*; cuadro *m*
bilden (*bil*-dön) *v* formar
Bildhauer (*bilt*-hau-ör) *m* (pl ~) escultor *m*
Bildschirm (*bilt*-ʃirm) *m* (pl ~e) pantalla *f*
Billard (*bi*-lyart) *nt* billar *m*
billig (*bi*-lij) *adj* barato; razonable
billigen (*bi*-li-ghön) *v* *estar de acuerdo con
Billigung (*bi*-li-ghung) *f* aprobación *f*
Bimsstein (*bimss*-ʃtain) *m* piedra pómez
***binden** (*bin*-dön) *v* atar
Bindestrich (*bin*-dö-ʃtrij) *m* (pl ~e) guión *m*
Binse (*bin*-sö) *f* (pl ~n) junco *m*
Biologie (bi-ô-lô-*ghii*) *f* biología *f*
Birke (*bir*-kö) *f* (pl ~n) abedul *m*
Birne (*bir*-nö) *f* (pl ~n) pera *f*; bulbo *m*
bis (biss) *prep* hasta; *conj* hasta que; ~ **zu** hasta
Bischof (*bi*-ʃof) *m* (pl ~̈e) obispo *m*
bisher (biss-*heer*) *adv* hasta ahora
Biß (biss) *m* (pl Bisse) mordedura *f*; **bißchen** poco *m*
Bissen (*bi*-ssön) *m* (pl ~) bocado *m*
Bitte (*bi*-tö) *f* (pl ~n) ruego *m*
bitte (*bi*-tö) por favor; tenga usted
***bitten** (*bi*-tön) *v* *rogar; solicitar; *pedir
bitter (*bi*-tör) *adj* amargo
Bittschrift (*bit*-ʃrift) *f* (pl ~en) petición *f*

blank (blangk) *adj* arruinado
Blase (*blaa*-sö) *f* (pl ~n) ampolla *f*; vejiga *f*; burbuja *f*
***blasen** (*blaa*-sön) *v* soplar
Blasenentzündung (*blaa*-sön-ênt-tssün-dung) *f* cistitis *f*
Blaskapelle (*blaass*-ka-pê-lö) *f* (pl ~n) charanga *f*
Blatt (blat) *nt* (pl ⁻̈er) hoja *f*; página *f*
Blattgold (*blat*-gholt) *nt* hojas de oro
blau (blau) *adj* azul
Blazer (*blee*-sör) *m* (pl ~) chaqueta ligera
Blei (blai) *nt* plomo *m*
***bleiben** (*blai*-bön) *v* quedarse; continuar; **bleibend** duradero
bleich (blaij) *adj* pálido
bleichen (*blai*-jön) *v* blanquear
Bleistift (*blai*-ʃtift) *m* (pl ~e) lápiz *m*
Bleistiftspitzer (*blai*-ʃtift-ʃpi-tssör) *m* (pl ~) sacapuntas *m*
blenden (*blên*-dön) *v* *cegar; **blendend** deslumbrador
Blick (blik) *m* (pl ~e) mirada *f*; ojeada *f*, vislumbre *m*
blind (blint) *adj* ciego
Blinddarm (*blint*-darm) *m* (pl ⁻̈e) apéndice *m*
Blinddarmentzündung (*blint*-darm-ênt-tssün-dung) *f* apendicitis *f*
Blindenhund (*blin*-dön-hunt) *m* (pl ~e) perro lazarillo
Blinker (*bling*-kör) *m* (pl ~) indicador *m*
Blitz (blitss) *m* (pl ~e) relámpago *m*
Blitzlicht (*blitss*-lijt) *nt* (pl ~er) bombilla de flash
blockieren (blo-*kii*-rön) *v* *obstruir
blöde (*blöö*-dö) *adj* atontado
blond (blont) *adj* rubio
Blondine (blon-*dii*-nö) *f* (pl ~n) rubia *f*
bloß (blôôss) *adj* desnudo; *adv* solamente
Bluejeans (*bluu*-dʒiinss) *pl* jeans *mpl*, vaqueros *mpl*
blühen (*blüü*-ön) *v* *florecer
Blume (*bluu*-mö) *f* (pl ~n) flor *f*
Blumenbeet (*bluu*-mön-beet) *nt* (pl ~e) arriate *m*
Blumenblatt (*bluu*-mön-blat) *nt* (pl ⁻̈er) pétalo *m*
Blumenhändler (*bluu*-mön-hên-dlör) *m* (pl ~) florista *m*
Blumenhandlung (*bluu*-mön-han-dlung) *f* (pl ~en) floristería *f*
Blumenkohl (*bluu*-mön-kôôl) *m* coliflor *f*
Blumenzwiebel (*bluu*-mön-tssvii-böl) *f* (pl ~n) bulbo *m*
Bluse (*bluu*-sö) *f* (pl ~n) blusa *f*
Blut (bluut) *nt* sangre *f*
Blutarmut (*bluut*-ar-muut) *f* anemia *f*
Blutdruck (*bluut*-druk) *m* tensión arterial
bluten (*bluu*-tön) *v* sangrar
Blutgefäß (*bluut*-ghö-fêêss) *nt* (pl ~e) vaso sanguíneo
Blutsturz (*bluut*-ʃturtss) *m* (pl ⁻̈e) hemorragia *f*
Blutvergiftung (*bluut*-têr-ghif-tung) *f* septicemia *f*
Boden[1] (*bôô*-dön) *m* suelo *m*, tierra *f*
Boden[2] (*bôô*-dön) *m* (pl ⁻̈) fondo *m*; buhardilla *f*
Bogen (*bôô*-ghön) *m* (pl ⁻̈) arco *m*
bogenförmig (*bôô*-ghön-för-mij) *adj* arqueado
Bogengang (*bôô*-ghön-ghang) *m* (pl ⁻̈e) pórtico *m*
Bohne (*bôô*-nö) *f* (pl ~n) judía *f*; ejote *mMe*
bohren (*bôô*-rön) *v* taladrar, taladrar
Bohrer (*bôô*-rör) *m* (pl ~) taladro *m*
Boje (*bôô*-yö) *f* (pl ~n) boya *f*
Bolivianer (bô-li-*vyaa*-nör) *m* (pl ~) boliviano *m*

bolivianisch (bô-li-*vyaa*-niʃ) *adj* boliviano
Bolivien (bô-*lii*-vyön) Bolivia *f*
Bolzen (*bol*-tssön) *m* (pl ~) perno *m*
bombardieren (bom-bar-*dii*-rön) *v* bombardear
Bombe (*bom*-bö) *f* (pl ~n) bomba *f*
Bonbon (bo~~ng~~-*bo~~ng~~*) *m* (pl ~s) caramelo *m*; bombón *m*
Boot (bôôt) *nt* (pl ~e) barca *f*
an Bord (an bort) a bordo
Bordell (bor-*dêl*) *nt* (pl ~e) burdel *m*
borgen (*bor*-ghön) *v* tomar prestado
Börse (*böör*-sö) *f* (pl ~n) bolsa *f*
bösartig (*bööss*-ar-tij) *adj* vicioso, maligno
Böse (*böö*-sö) *nt* daño *m*
böse (*böö*-sö) *adj* enojado, enfadado; malvado, maligno, malo
boshaft (*bôôss*-haft) *adj* malicioso
Botanik (bô-*taa*-nik) *f* botánica *f*
Bote (*bôô*-tö) *m* (pl ~n) mensajero *m*
Botengang (*bôô*-tön-ghang) *m* (pl ⁼̈e) recado *m*
Botschaft (*bôôt*-ʃaft) *f* (pl ~en) embajada *f*
Botschafter (*bôôt*-ʃaf-tör) *m* (pl ~) embajador *m*
Boutique (bu-*tik*) *f* (pl ~n) boutique *f*
Bowling (*bôô*-ling) *nt* bowling *m*
boxen (*bo*-kssön) *v* boxear
Boxkampf (*bokss*-kampf) *m* (pl ⁼̈e) combate de boxeo
brach (braaj) *adj* baldío
Brand (brant) *m* (pl ⁼̈e) incendio *m*
Brandmarke (*brant*-mar-kö) *f* (pl ~n) marca *f*
Brandwunde (*brant*-vun-dö) *f* (pl ~n) quemadura *f*
Brasilianer (bra-si-*lyaa*-nör) *m* (pl ~) brasileño *m*
brasilianisch (bra-si-*lyaa*-niʃ) *adj* brasileño
Brasilien (bra-*sii*-lyön) Brasil *m*
Brassen (*bra*-ssön) *m* (pl ~) brema *f*
***braten** (*braa*-tön) *v* *freír; asar
Bratensoße (*braa*-tön-sôô-ssö) *f* (pl ~n) salsa *f*
Bratpfanne (*braat*-pfa-nö) *f* (pl ~n) sartén *f*
Bratrost (*braat*-rosst) *m* (pl ~e) parrilla *f*
Bratspieß (*braat*-ʃpiiss) *m* (pl ~e) espetón *m*
Brauch (brauj) *m* (pl ⁼̈e) uso *m*
brauchbar (*brauj*-baar) *adj* útil; utilizable
brauchen (*brau*-jön) *v* necesitar; deber
brauen (*brau*-ön) *v* fabricar cerveza
Brauerei (brau-ö-*rai*) *f* (pl ~en) cervecería *f*
braun (braun) *adj* moreno; tostado
Brause (*brau*-sö) *f* efervescencia *f*
Braut (braut) *f* (pl ⁼̈e) novia *f*
Bräutigam (*broi*-ti-gham) *m* (pl ~e) novio *m*
brav (braaf) *adj* bueno
Brecheisen (*brêj*-ai-sön) *nt* (pl ~) pie de cabra
***brechen** (*brê*-jön) *v* *quebrar, quebrantar; fracturar
breit (brait) *adj* ancho
Breite (*brai*-tö) *f* (pl ~n) anchura *f*, ancho *m*
Breitengrad (*brai*-tön-ghraat) *m* (pl ~e) latitud *f*
Breitling (*brait*-ling) *m* (pl ~e) boquerón *m*
Bremse (*brêm*-sö) *f* (pl ~n) freno *m*
Bremslichter (*brêmss*-lij-tör) *ntpl* luces de freno
Bremstrommel (*brêmss*-tro-möl) *f* (pl ~n) tambor del freno
***brennen** (*brê*-nön) *v* quemar
Brennpunkt (*brên*-pungkt) *m* (pl ~e) foco *m*
Brennschere (*brên*-ʃee-rö) *f* (pl ~n)

rizador *m*
Brennspiritus (*brên*-ʃpii-ri-tuss) *m* alcohol de quemar
Brennstoff (*brên*-ʃtof) *m* (pl ~e) combustible *m*
Bresche (*brê*-ʃö) *f* (pl ~n) brecha *f*
Brett (brêt) *nt* (pl ~er) tabla *f*, tablón *m*
Bridge (bridʒ) *nt* bridge *m*
Brief (briif) *m* (pl ~e) carta *f*; **eingeschriebener** ~ carta certificada
Briefkasten (*briif*-kass-tön) *m* (pl ¨~) buzón *m*
Briefmarke (*briif*-mar-kö) *f* (pl ~n) sello *m*, sello de correos; timbre *mMe*, estampilla *fMe*
Brieföffner (*briif*-öf-nör) *m* (pl ~) abrecartas *m*
Briefpapier (*briif*-pa-piir) *nt* papel para cartas
Brieftasche (*briif*-ta-ʃö) *f* (pl ~n) bolsa *f*, cartera *f*
Briefumschlag (*briif*-um-ʃlaak) *m* (pl ¨~e) sobre *m*
Briefwechsel (*briif*-vê-kssöl) *m* correspondencia *f*
brillant (bri-*lyant*) *adj* brillante
Brille (*bri*-lö) *f* (pl ~n) anteojos *mpl*
***bringen** (*bring*-ön) *v* *traer; llevar
Brise (*brii*-sö) *f* (pl ~n) brisa *f*
Brite (*bri*-tö) *m* (pl ~n) británico *m*
britisch (*bri*-tiʃ) *adj* británico
Brocken (*bro*-kön) *m* (pl ~) nudo *m*
Brombeere (*brom*-bee-rö) *f* (pl ~n) mora *f*
Bronchitis (bron-*jii*-tiss) *f* bronquitis *f*
Bronze (*brong*-ssö) *f* bronce *m*
bronzen (*brong*-ssön) *adj* de bronce
Brosche (*bro*-ʃö) *f* (pl ~n) broche *m*
Broschüre (bro-*ʃüü*-rö) *f* (pl ~n) folleto *m*
Brot (brôôt) *nt* (pl ~e) pan *m*
Brötchen (*brööt*-jön) *nt* (pl ~) bollo *m*, panecillo *m*
Bruch (bruj) *m* (pl ¨~e) fractura *f*; hernia *f*
Bruchstück (*bruj*-ʃtük) *nt* (pl ~e) fracción *f*; trozo *m*
Brücke (*brü*-kö) *f* (pl ~n) puente *m*
Bruder (*bruu*-dör) *m* (pl ¨~) hermano *m*
Bruderschaft (*bruu*-dör-ʃaft) *f* (pl ~en) congregación *f*
Brüderschaft (*brüü*-dör-ʃaft) *f* fraternidad *f*
Brüllen (*brü*-lön) *nt* rugido *m*
brüllen (*brü*-lön) *v* rugir
brummen (*bru*-mön) *v* *gruñir
Brünette (brü-*nê*-tö) *f* (pl ~n) morena *f*
Brunnen (*bru*-nön) *m* (pl ~) pozo *m*
Brunnenkresse (*bru*-nön-krê-ssö) *f* berro *m*
Brust (brusst) *f* (pl ¨~e) pecho *m*; seno *m*
Brustkasten (*brusst*-kass-tön) *m* pecho *m*
Brustschwimmen (*brusst*-ʃvi-mön) *nt* braza *f*
Brüstung (*brüss*-tung) *f* (pl ~en) barandilla *f*
brutal (bru-*taal*) *adj* brutal
brutto (*bru*-tô) *adj* bruto
Bub (buup) *m* (pl ~en) mozo *m*
Bube (*buu*-bö) *m* (pl ~n) sota *f*
Buch (buuj) *nt* (pl ¨~er) libro *m*
Buche (*buu*-jö) *f* (pl ~n) haya *f*
buchen (*buu*-jön) *v* reservar
Bücherstand (*büü*-jör-ʃtant) *m* (pl ¨~e) puesto de libros
Buchhändler (*buuj*-hên-dlör) *m* (pl ~) librero *m*
Buchhandlung (*buuj*-han-dlung) *f* (pl ~en) librería *f*
Buchladen (*buuj*-laa-dön) *m* (pl ¨~) librería *f*
Büchse (*bü*-kssö) *f* (pl ~n) lata *f*
Büchsenöffner (*bü*-kssön-öf-nör) *m*

(pl ~) abrelatas *m*
Buchstabe (*buuj*-ʃtaa-bö) *m* (pl ~n) letra *f*
buchstabieren (buuj-ʃta-*bii*-rön) *v* deletrear
Bucht (bujt) *f* (pl ~en) ensenada *f*, bahía *f*
sich bücken (*bü*-kön) bajarse
Bude (*buu*-dö) *f* (pl ~n) puesto *m*
Budget (bü-*dʒee*) *nt* (pl ~s) presupuesto *m*
Büfett (bü-*fêt*) *nt* (pl ~e) buffet *m*
Bügeleisen (*büü*-ghöl-ai-sön) *nt* (pl ~) plancha *f*
bügelfrei (*büü*-ghöl-frai) *adj* no precisa plancha
bügeln (*büü*-ghöln) *v* planchar
Bühne (*büü*-nö) *f* (pl ~n) escenario *m*
Bühnenautor (*büü*-nön-au-tor) *m* (pl ~en) dramaturgo *m*
Bulgare (bul-*ghaa*-rö) *m* (pl ~n) búlgaro *m*
Bulgarien (bul-*ghaa*-ryön) Bulgaria *f*
bulgarisch (bul-*ghaa*-riʃ) *adj* búlgaro
Bummel (*bu*-möl) *m* paseo *m*
bummeln (*bu*-möln) *v* pasear
Bummelzug (*bu*-möl-tssuuk) *m* (pl ¨e) tren de cercanías
Bund (bunt) *m* (pl ¨e) liga *f*; **Bundes-** federal
Bündel (*bün*-döl) *nt* (pl ~) paquete *m*
bündeln (*bün*-döln) *v* liar
bündig (*bün*-dij) *adj* breve
Bündnis (*bünt*-niss) *nt* (pl ~se) alianza *f*
bunt (bunt) *adj* colorado; gaitero; **buntes Glas** vidrio de color
Burg (burk) *f* (pl ~en) plaza fuerte, castillo *m*
Bürge (*bür*-ghö) *m* (pl ~n) garante *m*
Bürger (*bür*-ghör) *m* (pl ~) ciudadano *m*; **Bürger-** civil, cívico
bürgerlich (*bür*-ghör-lij) *adj* burgués
Bürgermeister (*bür*-ghör-maiss-tör) *m* (pl ~) alcalde *m*
Bürgersteig (*bür*-ghör-ʃtaik) *m* (pl ~e) acera *f*
Bürgschaft (*bür*-ghör-ʃaft) *f* (pl ~en) garantía *f*
Büro (bü-*rôô*) *nt* (pl ~s) oficina *f*
Büroangestellte (bü-*rôô*-an-ghö-ʃtêl-tö) *m* (pl ~n) empleado de oficina
Bürokratie (bü-rô-kra-*tii*) *f* burocracia *f*
Bürostunden (bü-*rôô*-ʃtun-dön) *fpl* horas de oficina
Bursche (*bur*-ʃö) *m* (pl ~n) tipo *m*, muchacho *m*, chico *m*
Bürste (*bürss*-tö) *f* (pl ~n) cepillo *m*
bürsten (*bürss*-tön) *v* cepillar
Bus (buss) *m* (pl ~se) autobús *m*
Busch (buʃ) *m* (pl ¨e) matorral *m*
Busen (*buu*-sön) *m* (pl ~) seno *m*
Buße (*buu*-ssö) *f* (pl ~n) pena *f*
Büste (*büss*-tö) *f* (pl ~n) busto *m*
Büstenhalter (*büss*-tön-hal-tör) *m* (pl ~) sostén *m*
Butter (*bu*-tör) *f* mantequilla *f*
Butterbrot (*bu*-tör-brôôt) *nt* (pl ~e) emparedado *m*

C

Café (ka-*fee*) *nt* (pl ~s) bar *m*
Camper (*kêm*-pör) *m* (pl ~) acampador *m*
Camping (*kêm*-ping) *nt* (pl ~s) camping *m*
Campingplatz (*kêm*-ping-platss) *m* (pl ¨e) lugar de camping
Celsius (*tssêl*-si-uss) centígrado
Cembalo (*chêm*-ba-lô) *nt* (pl ~s) clavicémbalo *m*
Chalet (ʃa-*lee*) *nt* (pl ~s) chalet *m*
Champignon (*ʃam*-pi-nyong) *m* (pl

~s) seta *f*
Chance (*ʃang*-ssö) *f* (pl ~n) oportunidad *f*
Chaos (*kaa*-oss) *nt* caos *m*
chaotisch (ka-*ôô*-tiʃ) *adj* caótico
Charakter (ka-*rak*-tör) *m* (pl ~e) carácter *m*
charakterisieren (ka-rak-tö-ri-*sii*-rön) *v* caracterizar
charakteristisch (ka-rak-tö-*riss*-tiʃ) *adj* característico
Charakterzug (ka-*rak*-tör-tssuuk) *m* (pl ¨~e) rasgo característico
charmant (ʃar-*mant*) *adj* encantador
Charterflug (*char*-tör-fluuk) *m* (pl ¨~e) vuelo fletado
Chauffeur (ʃo-*föör*) *m* (pl ~e) chófer *m*
Chaussee (ʃô-*ssee*) *f* (pl ~n) calzada *f*
Chef (ʃêf) *m* (pl ~s) jefe *m*; patrón *m*
Chemie (je-*mii*) *f* química *f*
chemisch (*jee*-miʃ) *adj* químico
Chile (*chii*-le) Chile *m*
Chilene (chi-*lee*-nö) *m* (pl ~n) chileno *m*
chilenisch (chi-*lee*-niʃ) *adj* chileno
China (*jii*-na) China *f*
Chinese (ji-*nee*-sö) *m* (pl ~n) chino *m*
chinesisch (ji-*nee*-siʃ) *adj* chino
Chinin (ji-*niin*) *nt* quinina *f*
Chirurg (ji-*rurk*) *m* (pl ~en) cirujano *m*
Chlor (klôôr) *nt* cloro *m*
Choke (chôôk) *m* starter *m*
Chor (kôôr) *m* (pl ¨~e) coro *m*
Christ (krisst) *m* (pl ~en) cristiano *m*
christlich (*krisst*-lij) *adj* cristiano
Christus (*kriss*-tuss) Cristo
Chrom (krôôm) *nt* cromo *m*
chronisch (*krôô*-niʃ) *adj* crónico
chronologisch (krô-nô-*lôô*-ghiʃ) *adj* cronológico
Clown (klaun) *m* (pl ~s) payaso *m*
Cocktail (*kok*-teel) *m* (pl ~s) cóctel *m*
Comics (*ko*-mikss) *pl* tebeo *m*
Compact Disk (*kom*-pakt-dissk) *f* disco compacto *m*; ~ **-Spieler** reproductor de discos compactos
Computer (kom-*puu*-tör) *m* ordenador *m*
Container (kon-*tee*-nör) *m* (pl ~) contenedor *m*

D

da (daa) *conj* ya que, puesto que
Dach (daj) *nt* (pl ¨~er) techo *m*
Dachziegel (*daj*-tssii-ghöl) *m* (pl ~) teja *f*
damals (*daa*-maalss) *adv* entonces
Dame (*daa*-mö) *f* (pl ~n) señora *f*
Damebrett (*daa*-mö-brêt) *nt* (pl ~er) tablero de damas
Damenbinde (*daa*-mön-bin-dö) *f* (pl ~n) paño higiénico
Damentoilette (*daa*-mön-tua-lê-tö) *f* (pl ~n) lavabos para señoras, tocador *m*
Damenunterwäsche (*daa*-mön-un-tör-vê-ʃö) *f* ropa interior de mujer
Damespiel (*daa*-mö-ʃpiil) *nt* juego de damas
damit (da-*mit*) *conj* a fin de
Damm (dam) *m* (pl ¨~e) presa *f*; dique *m*; terraplén *m*
Dampf (dampf) *m* (pl ¨~e) vapor *m*
Dampfer (*dam*-pför) *m* (pl ~) vapor *m*
Däne (*dêê*-nö) *m* (pl ~n) danés *m*
Dänemark (*dêê*-nö-mark) Dinamarca *f*
dänisch (*dêê*-niʃ) *adj* danés
dankbar (*dangk*-baar) *adj* agradecido
Dankbarkeit (*dangk*-baar-kait) *f* grati-

tud *f*
danken (*dang*-kön) *v* *agradecer; **danke schön** gracias
dann (dan) *adv* después, en tal caso
darauf (da-*rauf*) *adv* después
darlegen (*daar*-lee-ghön) *v* declarar
Darm (darm) *m* (pl ~̈e) intestino *m*
darstellen (*daar*-ʃtê-lön) *v* interpretar
Darstellung (*daar*-ʃtê-lung) *f* (pl ~en) esquema *m*; versión *f*
darum (*daa*-rum) *conj* por lo tanto
das (dass) *pron* eso
Dasein (*daa*-sain) *nt* existencia *f*
daß (dass) *conj* que
Dattel (*da*-töl) *f* (pl ~n) dátil *m*
Datum (*daa*-tum) *nt* (pl Daten) fecha *f*
Dauer (*dau*-ör) *f* duración *f*
dauerhaft (*dau*-ör-haft) *adj* duradero
Dauerkarte (*dau*-ör-kar-tö) *f* (pl ~n) tarjeta de temporada
dauern (*dau*-örn) *v* durar; **dauernd** permanente
Dauerwelle (*dau*-ör-vê-lö) *f* ondulación permanente
Daumen (*dau*-mön) *m* (pl ~) pulgar *m*
Daune (*dau*-nö) *f* (pl ~n) flojel *m*
Daunendecke (*dau*-nön-dê-kö) *f* (pl ~n) edredón *m*
Debatte (de-*ba*-tö) *f* (pl ~n) debate *m*
Deck (dêk) *nt* (pl ~s) cubierta *f*
Decke (*dê*-kö) *f* (pl ~n) manta *f*; cielo raso
Deckel (*dê*-köl) *m* (pl ~) tapa *f*
Deckkajüte (*dêk*-ka-yüü-tö) *f* (pl ~n) camarote en cubierta
Defekt (de-*fêkt*) *m* (pl ~e) defecto *m*
definieren (de-fi-*nii*-rön) *v* definir
Definition (de-fi-ni-*tssyôôn*) *f* (pl ~en) definición *f*
Defizit (*dee*-fi-tssit) *nt* (pl ~e) déficit *m*
dehnbar (*deen*-baar) *adj* flexible
dehnen (*dee*-nön) *v* estirar
Deich (daij) *m* (pl ~e) dique *m*
dein (dain) *pron* tu
Dekoration (de-kô-ra-*tssyôôn*) *f* (pl ~en) decoración *f*
Delegation (de-le-gha-*tssyôôn*) *f* (pl ~en) delegación *f*
Delinquent (de-ling-*kvênt*) *m* (pl ~en) delincuente *m*
Demokratie (de-mô-kra-*tii*) *f* (pl ~n) democracia *f*
demokratisch (de-mô-*kraa*-tiʃ) *adj* democrático
Demonstration (de-mon-sstra-*tssyôôn*) *f* (pl ~en) manifestación *f*
demonstrieren (de-mon-*sstrii*-rön) *v* *hacer una manifestación; *demostrar
***denken** (*dêng*-kön) *v* *pensar; *creer; ~ **an** *recordar, *pensar en; **sich** ~ figurarse
Denker (*dêng*-kör) *m* (pl ~) pensador *m*
Denkmal (*dêngk*-maal) *nt* (pl ~̈er) monumento *m*
denkwürdig (*dênk*-vür-dij) *adj* memorable
denn (dên) *conj* porque
dennoch (*dê*-noj) *adv* sin embargo, todavía; *conj* pero
Deodorant (de-ô-dô-*rant*) *nt* desodorante *m*
deponieren (de-pô-*nii*-rön) *v* depositar
Depot (de-*pôô*) *nt* (pl ~s) almacén *m*
deprimieren (de-pri-*mii*-rön) *v* deprimir
der (deer) *art* (f die, nt das) el *art*; *pron* que
derartig (*deer*-ar-tij) *adj* similar
dermaßen (*deer*-maa-ssön) *adv* a tal grado
desertieren (de-sêr-*tii*-rön) *v* desertar
deshalb (*dêss*-halp) *adv* por lo tanto
Desinfektionsmittel (dêss-in-fêk-

tssyôônss-mi-töl) *nt* (pl ~) desinfectante *m*
desinfizieren (dêss-in-fi-*tssii*-rön) *v* desinfectar
deswegen (*dêss*-vee-ghön) *adv* por tanto
Detektiv (de-têk-*tiif*) *m* (pl ~e) detective *m*
deutlich (*doit*-lij) *adj* claro
deutsch (doich) *adj* alemán
Deutsche (*doi*-chö) *m* (pl ~n) alemán *m*
Deutschland (*doich*-lant) Alemania *f*
Devise (de-*vii*-sö) *f* (pl ~n) lema *f*
Dezember (de-*tssêm*-bör) diciembre
Dezimalsystem (de-tssi-*maal*-süss-teem) *nt* sistema decimal
Dia (*dii*-a) *nt* (pl ~s) diapositiva *f*
Diabetes (di-a-*bee*-têss) *m* diabetes *f*
Diabetiker (di-a-*bee*-ti-kör) *m* (pl ~) diabético *m*
Diagnose (di-a-*ghnôô*-sö) *f* (pl ~n) diagnosis *m*
diagnostizieren (di-a-ghnoss-ti-*tssii*-rön) *v* diagnosticar
diagonal (di-a-ghô-*naal*) *adj* diagonal
Diagonale (di-a-ghô-*naa*-lö) *f* (pl ~n) diagonal *f*
Diagramm (di-a-*ghram*) *nt* (pl ~e) gráfico *m*
Diamant (di-a-*mant*) *m* (pl ~en) diamante *m*
Diät (di-*êêt*) *f* régimen *m*
dich (dij) *pron* te
dicht (dijt) *adj* denso ; ~ **bevölkert** populoso
Dichter (*dij*-tör) *m* (pl ~) poeta *m*
Dichtung (*dij*-tung) *f* poesía *f*
dick (dik) *adj* espeso, gordo ; obeso ; voluminoso
Dicke (*di*-kö) *f* espesor *m*
Dieb (diip) *m* (pl ~e) ladrón *m*
Diebstahl (*diip*-ʃtaal) *m* (pl ~̈e) robo *m*
dienen (*dii*-nön) *v* *servir
Diener (*dii*-nör) *m* (pl ~) criado *m* ; ayuda de cámara, sirviente *m*
Dienst (diinsst) *m* (pl ~e) servicio *m*
Dienstag (*diinss*-taak) *m* martes *m*
Dienstmädchen (*diinsst*-mêêt-jön) *nt* (pl ~) muchacha *f*
Dienstpflichtige (*diinsst*-pflij-ti-ghö) *m* (pl ~n) quinto *m*
Dienstraum (*diinsst*-raum) *m* (pl ~̈e) oficina *f*
Dienststelle (*diinsst*-sstê-lö) *f* (pl ~n) sección *f*
dies (diiss) *pron* éste
diese (*dii*-sö) *pron* éstos
Diesel (*dii*-söl) *m* diesel *m*
dieser (*dii*-sör) *pron* este, esto
digital (di-ghi-*taal*) *adj* digital
Diktat (dik-*taat*) *nt* (pl ~e) dictado *m*
Diktator (dik-*taa*-tor) *m* (pl ~en) dictador *m*
diktieren (dik-*tii*-rön) *v* dictar
Diktiergerät (dik-*tiir*-ghö-rêêt) *nt* (pl ~e) dictáfono *m*
Ding (ding) *nt* (pl ~e) cosa *f*
Diphtherie (dif-te-*rii*) *f* difteria *f*
Diplom (di-*plôôm*) *nt* (pl ~e) diploma *m* ; **ein ~ erlangen** graduarse
Diplomat (di-plô-*maat*) *m* (pl ~en) diplomático *m*
dir (diir) *pron* a ti
direkt (di-*rêkt*) *adj* directo
Direktor (di-*rêk*-tor) *m* (pl ~en) director *m* ; principal *m*
Dirigent (di-ri-*ghênt*) *m* (pl ~en) director *m*
dirigieren (di-ri-*ghii*-rön) *v* *conducir
Diskontsatz (diss-*kont*-satss) *m* (pl ~̈e) descuento bancario
Diskussion (diss-ku-*ssyôôn*) *f* (pl ~en) discusión *f*
diskutieren (diss-ku-*tii*-rön) *v* debatir ; discutir
Distel (*diss*-töl) *f* (pl ~n) cardo *m*

Disziplin (diss-tssi-*pliin*) *f* disciplina *f*
doch (doj) *conj* pero
Dock (dok) *nt* (pl ~s) dock *m*
Doktor (*dok*-tor) *m* (pl ~en) médico *m*; doctor *m*
dolmetschen (*dol*-mê-chön) *v* interpretar
Dolmetscher (*dol*-mê-chör) *m* (pl ~) intérprete *m*
Dom (dôôm) *m* (pl ~e) catedral *f*
Donator (dô-*naa*-tor) *m* (pl ~en) donante *m*
Donner (*do*-nör) *m* trueno *m*
donnern (*do*-nörn) *v* *tronar
Donnerstag (*do*-nörss-taak) *m* jueves *m*
Doppelbett (*do*-pöl-bêt) *nt* (pl ~en) camas gemelas
doppelsinnig (*do*-pöl-si-nij) *adj* ambiguo
doppelt (*do*-pölt) *adj* doble
Dorf (dorf) *nt* (pl ~er) pueblo *m*
Dorn (dorn) *m* (pl ~en) espina *f*
dort (dort) *adv* allí
dorthin (*dort*-hin) *adv* hacia allá
Dose (*dôô*-sö) *f* (pl ~n) lata *f*; caja metálica
Dosenöffner (*dôô*-sön-öf-nör) *m* (pl ~) abrelatas *m*
Dosis (*dôô*-siss) *f* (pl Dosen) dosis *f*
Dotter (*do*-tör) *nt* (pl ~) yema *f*
Drache (*dra*-jö) *m* (pl ~n) dragón *m*
Draht (draat) *m* (pl ~e) alambre *m*
Drama (*draa*-ma) *nt* (pl Dramen) drama *m*
Dramatiker (dra-*maa*-ti-kör) *m* (pl ~) dramaturgo *m*
dramatisch (dra-*maa*-tiʃ) *adj* dramático
drängen (*drêng*-ön) *v* empujar; estimular
draußen (*drau*-ssön) *adv* afuera; **nach** ~ hacia afuera
Dreck (drêk) *m* suciedad *f*
dreckig (*drê*-kij) *adj* sucio, sórdido
drehen (*dree*-ön) *v* *torcer
Drehtür (*dree*-tüür) *f* (pl ~en) puerta giratoria
Drehung (*dree*-ung) *f* (pl ~en) torsión *f*, vuelta *f*
drei (drai) *num* tres
Dreieck (*drai*-êk) *nt* (pl ~e) triángulo *m*
dreieckig (*drai*-ê-kij) *adj* triangular
dreißig (*drai*-ssij) *num* treinta
dreißigste (*drai*-ssijss-tö) *num* treintavo
dreiviertel (drai-*fir*-töl) *adj* tres cuartos
dreizehn (*drai*-tsseen) *num* trece
dreizehnte (*drai*-tsseen-tö) *num* treceno
dressieren (drê-*ssii*-rön) *v* amaestrar
dringend (*dring*-önt) *adj* urgente
dringlich (*dring*-lij) *adj* urgente
Dringlichkeit (*dring*-lij-kait) *f* urgencia *f*
Drink (dringk) *m* (pl ~s) bebida *f*
drinnen (*dri*-nön) *adv* adentro
dritte (*dri*-tö) *num* tercero
Droge (*drôô*-ghö) *f* (pl ~n) estupefaciente *m*
Drogerie (drô-ghö-*rii*) *f* (pl ~n) droguería *f*
drohen (*drôô*-ön) *v* amenazar
Drohung (*drôô*-ung) *f* (pl ~en) amenaza *f*
Drossel (*dro*-ssöl) *f* (pl ~n) tordo *m*
drüben (*drüü*-bön) *adv* al otro lado; allá
Druck (druk) *m* presión *f*
drucken (*dru*-kön) *v* *imprimir
drücken (*drü*-kön) *v* *apretar; empujar
Druckknopf (*druk*-knopf) *m* (pl ~e) botón *m*
Drucksache (*druk*-sa-jö) *f* (pl ~n) impreso *m*

Drüse (*drüü*-sö) *f* (pl ~n) glándula *f*
Dschungel (*dʒung*-öl) *m* jungla *f*
du (duu) *pron* tú
dulden (*dul*-dön) *v* aguantar
dumm (dum) *adj* estúpido
Düne (*düü*-nö) *f* (pl ~n) duna *f*
Dünger (*düng*-ör) *m* abono *m*
dunkel (*dung*-köl) *adj* obscuro, oscuro
Dunkelheit (*dung*-köl-hait) *f* oscuridad *f*
dünn (dün) *adj* delgado; fino; flojo
Dunst (dunsst) *m* (pl ⁼e) calina *f*; vapor *m*
durch (durj) *prep* a través de; por
durchaus (durj-*auss*) *adv* completamente
durchbohren (durj-*bôô*-rön) *v* punzar
***durchdringen** (durj-*dring*-ön) *v* penetrar
Durcheinander (durj-ai-*nan*-dör) *nt* desorden *m*, dédalo *m*, embrollo *m*
***durcheinanderbringen** (durj-ai-*nan*-dör-bring-ön) *v* embrollar
Durchfahrt (*durj*-faart) *f* pasaje *m*
Durchfall (*durj*-fal) *m* diarrea *f*
***durchfallen** (*durj*-fa-lön) *v* *ser suspendido
durchführbar (*durj*-füür-baar) *adj* realizable
durchführen (*durj*-füü-rön) *v* realizar
Durchgang (*durj*-ghang) *m* (pl ⁼e) pasaje *m*
Durchgangsstraße (*durj*-ghangss-ʃtraa-ssö) *f* (pl ~n) ruta principal
durchmachen (*durj*-ma-jön) *v* pasar
durchnässen (durj-*nê*-ssön) *v* remojar
durchqueren (durj-*kvee*-rön) *v* *atravesar
durchscheinend (*durj*-ʃai-nönt) *adj* traslúcido
Durchschlag (*durj*-ʃlaak) *m* (pl ⁼e) copia *f*; escurridor *m*
Durchschnitt (*durj*-ʃnit) *m* promedio *m*
durchschnittlich (*durj*-ʃnit-lij) *adj* medio, promedio; *adv* en promedio
durchsichtig (*durj*-sij-tij) *adj* transparente
durchsuchen (durj-*suu*-jön) *v* buscar
***dürfen** (*dür*-fön) *v* *estar autorizado a; *poder
dürr (dür) *adj* árido
Dürre (*dü*-rö) *f* sequía *f*
Durst (dursst) *m* sed *f*
durstig (*durss*-tij) *adj* sediento
Dusche (*du*-ʃö) *f* (pl ~n) ducha *f*
Düsenflugzeug (*düü*-sön-fluuk-tssoik) *nt* (pl ~e) avión a reacción
düster (*düüss*-tör) *adj* sombrío
Düsterkeit (*düüss*-tör-kait) *f* obscuridad *f*
Dutzend (*du*-tssönt) *nt* (pl ~e) docena *f*
Dynamo (dü-*naa*-mô) *m* (pl ~s) dínamo *f*

E

Ebbe (*ê*-bö) *f* bajamar *f*
eben (*ee*-bön) *adj* llano, plano; igual
Ebene (*ee*-bö-nö) *f* (pl ~n) llano *m*
ebenfalls (*ee*-bön-falss) *adv* también, asimismo
Ebenholz (*ee*-bön-holtss) *nt* ébano *m*
ebenso (*ee*-bön-sôô) *adv* tanto, igualmente; así también; ~ **wie** así como
ebensosehr (*ee*-bön-sô-seer) *adv* tanto
ebensoviel (*ee*-bön-sô-fiil) *adv* tanto
Echo (*ê*-jô) *nt* (pl ~s) eco *m*
echt (êjt) *adj* auténtico; genuino
Ecke (*ê*-kö) *f* (pl ~n) esquina *f*
edel (*ee*-döl) *adj* noble
Edelstein (*ee*-döl-ʃtain) *m* (pl ~e) gema *f*, piedra preciosa

Efeu (*ee*-foi) *m* hiedra *f*
Effektenbörse (ê-*fêk*-tön-böör-sö) *f* (pl ~n) bolsa de valores
egal (e-*ghaal*) *adj* semejante
egoistisch (e-ghô-*iss*-tiʃ) *adj* egoísta
Ehe (*ee*-ö) *f* (pl ~n) matrimonio *m*
ehe (*ee*-ö) *conj* antes que
ehelich (*ee*-ö-lij) *adj* matrimonial
ehemalig (*ee*-ö-maa-lij) *adj* antiguo
Ehepaar (*ee*-ö-paar) *nt* (pl ~e) cónyuges *mpl*
eher (*ee*-ör) *adv* antes; más bien
Ehering (*ee*-ö-ring) *m* (pl ~e) anillo de boda
ehrbar (*eer*-baar) *adj* respetable
Ehre (*ee*-rö) *f* (pl ~n) honor *m*; gloria *f*
ehren (*ee*-rön) *v* honrar
ehrenwert (*ee*-rön-veert) *adj* honorable
ehrerbietig (*eer*-êr-bii-tij) *adj* respetuoso
Ehrerbietung (*eer*-êr-bii-tung) *f* reverencia *f*
Ehrfurcht (*eer*-furjt) *f* respeto *m*
Ehrgefühl (*eer*-ghö-füül) *nt* sentido del honor
ehrgeizig (*eer*-ghai-tssij) *adj* ambicioso
ehrlich (*eer*-lij) *adj* honesto
Ehrlichkeit (*eer*-lij-kait) *f* honradez *f*
ehrwürdig (*eer*-vür-dij) *adj* venerable
Ei (ai) *nt* (pl ~er) huevo *m*
Eiche (*ai*-jö) *f* (pl ~n) roble *m*
Eichel (*ai*-jöl) *f* (pl ~n) bellota *f*
Eichhörnchen (*aij*-hörn-jön) *nt* (pl ~) ardilla *f*
Eid (ait) *m* (pl ~e) juramento *m*
Eidotter (*ai*-do-tör) *nt* (pl ~) yema de huevo
Eierbecher (*ai*-ör-bê-jör) *m* (pl ~) huevera *f*
Eierkuchen (*ai*-ör-kuu-jön) *m* (pl ~) tortilla *f*
Eifer (*ai*-för) *m* celo *m*; diligencia *f*
Eifersucht (*ai*-för-sujt) *f* celos
eifersüchtig (*ai*-för-süj-tij) *adj* celoso
eifrig (*ai*-frij) *adj* celoso, cuidadoso
eigen (*ai*-ghön) *adj* propio
Eigenschaft (*ai*-ghön-ʃaft) *f* (pl ~en) característica *f*, cualidad *f*
Eigenschaftswort (*ai*-ghön-ʃaftss-vort) *nt* (pl ¨~er) adjetivo *m*
eigentlich (*ai*-ghönt-lij) *adv* de veras
Eigentum (*ai*-ghön-tuum) *nt* propiedad *f*
Eigentümer (*ai*-ghön-tüü-mör) *m* (pl ~) propietario *m*
eigentümlich (*ai*-ghön-tüüm-lij) *adj* extraño
Eigentümlichkeit (*ai*-ghön-tüüm-lij-kait) *f* (pl ~en) particularidad *f*
sich eignen (*ai*-ghnön) *ser capaz de, *ser apto para
Eile (*ai*-lö) *f* prisa *f*; **Eil-** expreso
eilen (*ai*-lön) *v* apresurarse; precipitarse
eilig (*ai*-lij) *adv* de prisa
Eilpost (*ail*-posst) por expreso
Eimer (*ai*-mör) *m* (pl ~) balde *m*
ein (ain) *art* (f eine, nt ein) un *art*
Einakter (*ain*-ak-tör) *m* (pl ~) pieza en un acto
einander (ai-*nan*-dör) *pron* el uno al otro
Einäscherung (*ain*-ê-ʃö-rung) *f* (pl ~en) incineración *f*
einatmen (*ain*-aat-mön) *v* inhalar
Einbahnverkehr (*ain*-baan-fêr-keer) *m* dirección única
Einband (*ain*-bant) *m* (pl ¨~e) atadura *f*
sich einbilden (*ain*-bil-dön) imaginarse
Einbildung (*ain*-bil-dung) *f* imaginación *f*, fantasía *f*
***einbrechen** (*ain*-brê-jön) *v* robar
Einbrecher (*ain*-brê-jör) *m* (pl ~) la-

drón *m*
einbüßen (*ain*-büü-ssön) *v* *perder
***eindringen** (*ain*-dring-ön) *v* invadir; infringir
Eindringling (*ain*-dring-ling) *m* (pl ~e) intruso *m*
Eindruck (*ain*-druk) *m* (pl ¨~e) impresión *f*; sensación *f*
eindrucksvoll (*ain*-drukss-fol) *adj* impresionante
einfach (*ain*-faj) *adj* simple
Einfahrt (*ain*-faart) *f* (pl ~en) entrada *f*
Einfall (*ain*-fal) *m* (pl ¨~e) idea *f*; irrupción *f*
Einfluß (*ain*-fluss) *m* (pl -flüsse) influencia *f*
einflußreich (*ain*-fluss-raij) *adj* influyente
einfügen (*ain*-füü-ghön) *v* insertar
Einfuhr (*ain*-fuur) *f* importación *f*
einführen (*ain*-füü-rön) *v* importar; *introducir
Einführung (*ain*-füü-rung) *f* (pl ~en) introducción *f*
Einfuhrzoll (*ain*-fuur-tssol) *m* arancel *m*, impuestos de importación
Eingang (*ain*-ghang) *m* (pl ¨~e) entrada *f*; **kein** ~ prohibida la entrada
eingebildet (*ain*-ghö-bil-döt) *adj* presuntuoso
Eingeborene (*ain*-ghö-bôô-rö-nö) *m* (pl ~n) indígena *m*
eingehend (*ain*-ghee-önt) *adj* detallado
eingeschlossen (*ain*-ghö-ʃlo-ssön) incluso
Eingeweide (*ain*-ghö-vai-dö) *pl* intestinos *mpl*, entrañas *fpl*
Eingreifen (*ain*-ghrai-fön) *nt* interferencia *f*
einheimisch (*ain*-hai-miʃ) *adj* nativo
Einheit (*ain*-hait) *f* (pl ~en) unidad *f*
einholen (*ain*-hôô-lön) *v* recoger
einige (*ai*-ni-ghö) *pron* algunos, unos
einkassieren (*ain*-ka-ssii-rön) *v* *hacer efectivo
einkaufen (*ain*-kau-fön) *v* *ir de compras
Einkaufstasche (*ain*-kaufss-ta-ʃö) *f* (pl ~n) saco de compras
Einkaufszentrum (*ain*-kaufss-tssên-trum) *nt* (pl -zentren) centro comercial
einkerben (*ain*-kêr-bön) *v* entallar
Einkommen (*ain*-ko-mön) *nt* (pl ~) renta *f*, ingresos *mpl*
Einkommenssteuer (*ain*-ko-mönss-ʃtoi-ör) *f* impuesto sobre los ingresos
einkreisen (*ain*-krai-sön) *v* *circuir
Einkünfte (*ain*-künf-tö) *fpl* ingresos *mpl*
***einladen** (*ain*-laa-dön) *v* convidar; invitar
Einladung (*ain*-laa-dung) *f* (pl ~en) invitación *f*
***einlassen** (*ain*-la-ssön) *v* admitir
einleitend (*ain*-lai-tönt) *adj* preliminar
einmachen (*ain*-ma-jön) *v* conservar
einmal (*ain*-maal) *adv* una vez; alguna vez
sich einmischen (*ain*-mi-ʃön) *intervenir; mezclarse en
Einnahme (*ain*-naa-mö) *f* conquista *f*; **Einnahmen** ingresos *mpl*
***einnehmen** (*ain*-nee-mön) *v* cobrar; ocupar; conquistar
einpacken (*ain*-pa-kön) *v* empaquetar
einräumen (*ain*-roi-mön) *v* admitir
einrichten (*ain*-rij-tön) *v* amueblar; *instituir
Einrichtung (*ain*-rij-tung) *f* (pl ~en) instalación *f*; instituto *m*
eins (ainss) *num* uno
einsam (*ain*-saam) *adj* solitario
einsammeln (*ain*-sa-möln) *v* *hacer una colecta
Einsatz (*ain*-satss) *m* (pl ¨~e) puesta *f*

einschalten (*ain*-ʃal-tön) *v* *encender
einschenken (*ain*-ʃêng-kön) *v* *verter
sich einschiffen (*ain*-ʃi-fön) embarcar
Einschiffung (*ain*-ʃi-fung) *f* embarcación *f*
***einschließen** (*ain*-ʃlii-ssön) *v* comprender, *incluir; *envolver; *encerrar, rodear
einschließlich (*ain*-ʃliiss-lij) *adv* incluso
Einschnitt (*ain*-ʃnit) *m* (pl ~e) incisión *f*
Einschränkung (*ain*-ʃrêng-kung) *f* (pl ~en) restricción *f*
***einschreiben** (*ain*-ʃrai-bön) *v* inscribir; certificar
Einschreibung (*ain*-ʃrai-bung) *f* (pl ~en) reservación *f*
***einschreiten** (*ain*-ʃrai-tön) *v* interferir
***einsehen** (*ain*-see-ön) *v* *darse cuenta
einseitig (*ain*-sai-tij) *adj* unilateral
Einsicht (*ain*-sijt) *f* visión *f*; entendimiento *m*
einsperren (*ain*-ʃpê-rön) *v* guardar con llave
einspritzen (*ain*-ʃpri-tssön) *v* inyectar
einst (ainsst) *adv* una vez
***einsteigen** (*ain*-ʃtai-ghön) *v* subir, montar; embarcar
einstellen (*ain*-ʃtê-lön) *v* cesar, suprimir; sintonizar; dejar en garaje
Einstellung (*ain*-ʃtê-lung) *f* (pl ~en) actitud *f*
einstimmig (*ain*-ʃti-mij) *adj* unánime
einstöpseln (*ain*-ʃtö-pssöln) *v* enchufar
einstufen (*ain*-ʃtuu-fön) *v* graduar
einteilen (*ain*-tai-lön) *v* clasificar
***eintragen** (*ain*-traa-ghön) *v* inscribir, registrar
einträglich (*ain*-trêêk-lij) *adj* provechoso
Eintragung (*ain*-traa-ghung) *f* (pl ~en) anotación *f*; inscripción *f*
Eintreffen (*ain*-trê-fön) *nt* llegada *f*
***eintreffen** (*ain*-trê-fön) *v* llegar
***eintreten** (*ain*-tree-tön) *v* entrar
Eintritt (*ain*-trit) *m* entrada *f*; ingreso *m*; ~ **verboten** prohibido el paso
Eintrittsgeld (*ain*-tritss-ghêlt) *nt* entrada *f*
einverleiben (*ain*-fêr-lai-bön) *v* anexar
einverstanden! (*ain*-fêr-ʃtan-dön) ¡de acuerdo!
Einverständnis (*ain*-fêr-ʃtênt-niss) *nt* acuerdo *m*
Einwand (*ain*-vant) *m* (pl ¨~e) objeción *f*; ~ ***erheben gegen** *oponerse a
Einwanderer (*ain*-van-dö-rör) *m* (pl ~) inmigrante *m*
einwandern (*ain*-van-dörn) *v* inmigrar
Einwanderung (*ain*-van-dö-rung) *f* inmigración *f*
einwandfrei (*ain*-vant-frai) *adj* perfecto
einweichen (*ain*-vai-jön) *v* empapar
***einwenden** (*ain*-vên-dön) *v* objetar; **etwas einzuwenden *haben gegen** *hacer objeción a
einwickeln (*ain*-vi-köln) *v* *envolver
einwilligen (*ain*-vi-li-ghön) *v* *consentir
Einwilligung (*ain*-vi-li-ghung) *f* consentimiento *m*
Einwohner (*ain*-vôô-nör) *m* (pl ~) habitante *m*
Einzahl (*ain*-tssaal) *f* singular *m*
Einzelhandel (*ain*-tssöl-han-döl) *m* comercio al por menor
Einzelhändler (*ain*-tssöl-hên-dlör) *m* (pl ~) comerciante al por menor
Einzelheit (*ain*-tssöl-hait) *f* (pl ~en) detalle *m*; particularidad *f*
einzeln (*ain*-tssöln) *adj* aparte; **im einzelnen** en particular

Einzelne (*ain*-tssöl-nö) *m* (pl ~n) individuo *m*
Einzelzimmer (*ain*-tssöl-tssi-mör) *nt* (pl ~) habitación individual
***einziehen** (*ain*-tssii-ön) *v* embargar
einzig (*ain*-tssij) *adj* solo; único
einzigartig (*ain*-tssij-ar-tij) *adj* único
Eis (aiss) *nt* hielo *m*; helado *m*
Eisbahn (*aiss*-baan) *f* (pl ~en) pista de patinaje
Eisbeutel (*aiss*-boi-töl) *m* (pl ~) bolsa de hielo
Eisen (*ai*-sön) *nt* hierro *m*
Eisenbahn (*ai*-sön-baan) *f* (pl ~en) ferrocarril *m*
Eisenhütte (*ai*-sön-hü-tö) *f* (pl ~n) herrería *f*
Eisenwaren (*ai*-sön-vaa-rön) *fpl* quincalla *f*
Eisenwarenhandlung (*ai*-sön-vaa-rön-han-dlung) *f* (pl ~en) ferretería *f*
eisern (*ai*-sörn) *adj* de hierro
eisig (*ai*-sij) *adj* helado
***eislaufen** (*aiss*-lau-fön) *v* patinar
Eisschrank (*aiss*-ʃrangk) *m* (pl ¨~e) refrigerador *m*
Eiswasser (*aiss*-va-ssör) *nt* agua helada
eitel (*ai*-töl) *adj* vanidoso
Eiter (*ai*-tör) *m* pus *f*
ekelhaft (*ee*-köl-haft) *adj* asqueroso
Ekuador (e-kva-*dôôr*) Ecuador *m*
Ekuadorianer (e-kva-dô-*ryaa*-nör) *m* (pl ~) ecuatoriano *m*
Ekzem (êk-*tsseem*) *nt* eczema *m*
elastisch (e-*lass*-tiʃ) *adj* elástico
Elch (êlj) *m* (pl ~e) alce *m*
Elefant (e-le-*fant*) *m* (pl ~en) elefante *m*
elegant (e-le-*ghant*) *adj* elegante
Eleganz (e-le-*ghantss*) *f* elegancia *f*
Elektriker (e-*lêk*-tri-kör) *m* (pl ~) electricista *m*
elektrisch (e-*lêk*-triʃ) *adj* eléctrico
Elektrizität (e-lêk-tri-tssi-*têêt*) *f* electricidad *f*
elektronisch (e-lêk-*trôô*-niʃ) *adj* electrónico
Element (e-le-*mênt*) *nt* (pl ~e) elemento *m*
elementar (e-le-mön-*taar*) *adj* elemental
Elend (*ee*-lênt) *nt* miseria *f*
elend (*ee*-lênt) *adj* miserable
Elendsviertel (*ee*-lêntss-fir-töl) *nt* barrio bajo
elf (êlf) *num* once; **Elf** *f* equipo *m*
Elfe (*êl*-fö) *f* (pl ~n) duende *m*
Elfenbein (*êl*-fön-bain) *nt* marfil *m*
elfte (*êlf*-tö) *num* onceno
Ellbogen (*êl*-bôô-ghön) *m* (pl ~) codo *m*
Elster (*êlss*-tör) *f* (pl ~n) urraca *f*
Eltern (*êl*-törn) *pl* padres *mpl*
Email (e-*mai*) *f* esmalte *m*
emailliert (e-ma-*yiirt*) *adj* esmaltado
Emanzipation (e-man-tssi-pa-*tssyôôn*) *f* emancipación *f*
Embargo (êm-*bar*-ghô) *nt* embargo *m*
Emblem (êm-*bleem*) *nt* (pl ~e) emblema *m*
eminent (e-mi-*nênt*) *adj* eminente
Empfang (êm-*pfang*) *m* (pl ¨~e) recepción *f*; recibo *m*
***empfangen** (êm-*pfang*-ön) *v* recibir
Empfängnis (êm-*pfêng*-niss) *f* concepción *f*
Empfangsdame (êm-*pfangss*-daa-mö) *f* (pl ~n) recepcionista *f*
Empfangsschein (êm-*pfangss*-ʃain) *m* (pl ~e) recibo *m*
Empfangszimmer (êm-*pfangss*-tssi-mör) *nt* (pl ~) salón *m*
***empfehlen** (êm-*pfee*-lön) *v* *recomendar; aconsejar
Empfehlung (êm-*pfee*-lung) *f* (pl ~en) recomendación *f*; consejo *m*
Empfehlungsschreiben (êm-*pfee*-

lungss-ʃrai-bön) *nt* (pl ~) carta de recomendación
empfindlich (êm-*pfint*-lij) *adj* sensitivo
Empfindung (êm-*pfin*-dung) *f* (pl ~en) percepción *f*; sensación *f*
empor (êm-*pôôr*) *adv* arriba
empörend (êm-*pöö*-rönt) *adj* chocante
Ende (*ên*-dö) *nt* extremo *m*; conclusión *f*, final *m*, término *m*
enden (*ên*-dön) *v* terminarse; terminar
endgültig (*ênt*-ghül-tij) *adj* final
endlich (*ênt*-lij) *adv* al fin
Endstation (*ênt*-ʃta-tssyôôn) *f* (pl ~en) estación terminal
Energie (e-nêr-*ghii*) *f* energía *f*
energisch (e-*nêr*-ghiʃ) *adj* enérgico
eng (êng) *adj* estrecho; angosto; **enger machen** *apretar; **enger *werden** estrecharse
Engel (*êng*-öl) *m* (pl ~) ángel *m*
England (*êng*-lant) Inglaterra *f*
Engländer (*êng*-lên-dör) *m* (pl ~) inglés *m*
englisch (*êng*-liʃ) *adj* inglés; británico
Engpaß (*êng*-pass) *m* (pl -pässe) cuello de botella
engstirnig (*êng*-ʃtir-nij) *adj* mezquino
Enkel (*êng*-köl) *m* (pl ~) nieto *m*
Enkelin (*êng*-kö-lin) *f* (pl ~nen) nieta *f*
entbehren (ênt-*bee*-rön) *v* pasarse sin
entbeinen (ênt-*bai*-nön) *v* deshuesar
***entbinden von** (ênt-*bin*-dön) dispensar de
Entbindung (ênt-*bin*-dung) *f* (pl ~en) parto *m*
entdecken (ênt-*dê*-kön) *v* descubrir
Entdeckung (ênt-*dê*-kung) *f* (pl ~en) descubrimiento *m*
Ente (*ên*-tö) *f* (pl ~n) pato *m*
entfalten (ênt-*fal*-tön) *v* *desplegar
entfernen (ênt-*fêr*-nön) *v* quitar
entfernt (ênt-*fêrnt*) *adj* lejano; remoto
Entfernung (ênt-*fêr*-nung) *f* (pl ~en) distancia *f*
Entfernungsmesser (ênt-*fêr*-nungss-mê-ssör) *m* (pl ~) telémetro *m*
entgegengesetzt (ênt-*ghee*-ghön-ghö-sêtsst) *adj* opuesto; contrario
***entgehen** (ênt-*ghee*-ön) *v* escapar
***enthalten** (ênt-*hal*-tön) *v* *incluir, *contener; *denegar; **sich** ~ *abstenerse de
Enthärtungsmittel (ênt-*hêr*-tungss-mi-töl) *nt* (pl ~) ablandador *m*
Entheiligung (ênt-*hai*-li-ghung) *f* sacrilegio *m*
enthüllen (ênt-*hü*-lön) *v* revelar
Enthüllung (ênt-*hü*-lung) *f* (pl ~en) revelación *f*
sich entkleiden (ênt-*klai*-dön) desnudarse
***entkommen** (ênt-*ko*-mön) *v* escaparse
entkorken (ênt-*kor*-kön) *v* descorchar
***entladen** (ênt-*laa*-dön) *v* descargar
entlang (ênt-*lang*) *prep* a lo largo de
***entlassen** (ênt-*la*-ssön) *v* *despedir
entlegen (ênt-*lee*-ghön) *adj* apartado
***entleihen** (ênt-*lai*-ön) *v* tomar
Entlohnung (ênt-*lôô*-nung) *f* (pl ~en) remuneración *f*
***entnehmen** (ênt-*nee*-mön) *v* privar de
Entrüstung (ênt-*rüss*-tung) *f* indignación *f*
entschädigen (ênt-*ʃêê*-di-ghön) *v* remunerar
Entschädigung (ênt-*ʃêê*-di-ghung) *f* (pl ~en) indemnización *f*
***entscheiden** (ênt-*ʃai*-dön) *v* decidir
Entscheidung (ênt-*ʃai*-dung) *f* (pl ~en) decisión *f*
sich *entschließen (ênt-*ʃlii*-ssön) decidir
entschlossen (ênt-*ʃlo*-ssön) *adj* resuel-

to, decidido
Entschluß (ênt-*ʃluss*) *m* (pl -schlüsse) decisión *f*
entschuldigen (ênt-*ʃul*-di-ghön) *v* disculpar; perdonar; **sich** ~ disculparse
Entschuldigung (ênt-*ʃul*-di-ghung) *f* (pl ~en) excusa *f*, disculpa *f*; **Entschuldigung!** ¡perdón!
Entsetzen (ênt-*sê*-tssön) *nt* horror *m*
entsetzlich (ênt-*sêtss*-lij) *adj* horrible
sich *entsinnen (ênt-*si*-nön) *v* *acordarse
sich entspannen (ênt-*ʃpa*-nen) descansar
Entspannung (ênt-*ʃpa*-nung) *f* (pl ~en) relajación *f*
entsprechend (ênt-*ʃprê*-jönt) *adj* adecuado; equivalente
***entstehen** (ênt-*ʃtee*-ön) *v* surgir
entstellt (ênt-*ʃtêlt*) *adj* deforme
enttäuschen (ênt-*toi*-ʃön) *v* decepcionar; *ser decepcionante
Enttäuschung (ênt-*toi*-ʃung) *f* (pl ~en) desengaño *m*
entwässern (ênt-*vê*-ssörn) *v* drenar
entweder ... oder (*ênt*-vee-dör ... *ôô*-dör) bien ... bien; o ... o
***entwerfen** (ênt-*vêr*-fön) *v* diseñar
entwerten (ênt-*veer*-tön) *v* desvalorizar
entwickeln (ênt-*vi*-köln) *v* desarrollar; revelar
Entwicklung (ênt-*vi*-klungh) *f* (pl ~en) desarrollo *m*
entwischen (ênt-*vi*-ʃön) *v* deslizarse
Entwurf (ênt-*vurf*) *m* (pl ¨~e) diseño *m*
entzücken (ênt-*tssü*-kön) *v* encantar; **entzückend** deleitoso
entzündbar (ênt-*tssünt*-baar) *adj* inflamable
entzünden (ênt-*tssün*-dön) *v* infectarse
Entzündung (ênt-*tssün*-dung) *f* (pl ~en) inflamación *f*
entzwei (ênt-*tssvai*) *adj* roto
Enzyklopädie (ên-tssü-klô-pê-*dii*) *f* (pl ~n) enciclopedia *f*
Epidemie (e-pi-de-*mii*) *f* (pl ~n) epidemia *f*
Epilepsie (e-pi-lê-*pssii*) *f* epilepsia *f*
Epilog (e-pi-*lôôgh*) *m* (pl ~e) epílogo *m*
episch (*ee*-piʃ) *adj* épico
Episode (e-pi-*sôô*-dö) *f* (pl ~n) episodio *m*
Epos (*ee*-poss) *nt* (pl Epen) poema épico
er (eer) *pron* él
erbärmlich (êr-*bêrm*-lij) *adj* miserable
erben (*êr*-bön) *v* heredar
erblich (*êrp*-lij) *adj* hereditario
erblicken (êr-*bli*-kön) *v* ojear; vislumbrar
***erbrechen** (êr-*brê*-jön) *v* vomitar
Erbschaft (*êrp*-ʃaft) *f* (pl ~en) herencia *f*
Erbse (*êr*-pssö) *f* (pl ~n) guisante *m*
Erdball (*eert*-bal) *m* globo *m*
Erdbeben (*eert*-bee-bön) *nt* (pl ~) terremoto *m*
Erdbeere (*eert*-bee-rö) *f* (pl ~n) fresa *f*
Erdboden (*eert*-bôô-dön) *m* suelo *m*
Erde (*eer*-dö) *f* tierra *f*; suelo *m*
Erdgeschoß (*eert*-ghö-ʃoss) *nt* piso bajo
Erdichtung (êr-*dij*-tung) *f* (pl ~en) ficción *f*
Erdkunde (*eert*-kun-dö) *f* geografía *f*
Erdnuß (*eert*-nuss) *f* (pl -nüsse) cacahuete *m*; cacahuate *mMe*
Erdteil (*eert*-tail) *m* (pl ~e) continente *m*
sich ereignen (êr-*ai*-ghnön) pasar; *acontecer
Ereignis (êr-*ai*-ghniss) *nt* (pl ~se)

acontecimiento *m*
erfahren (êr-*faa*-rön) *adj* experimentado; especializado
***erfahren** (êr-*faa*-rön) *v* experimentar
Erfahrung (êr-*faa*-rung) *f* (pl ~en) experiencia *f*
***erfinden** (êr-*fin*-dön) *v* inventar
Erfinder (êr-*fin*-dör) *m* (pl ~) inventor *m*
erfinderisch (êr-*fin*-dö-riʃ) *adj* inventivo
Erfindung (êr-*fin*-dung) *f* (pl ~en) invención *f*
Erfolg (êr-*folk*) *m* (pl ~e) éxito *m*
erfolglos (êr-*folk*-lôôss) *adj* fracasado
erfolgreich (êr-*folk*-raij) *adj* de éxito
erforderlich (êr-*for*-dör-lij) *adj* necesario
erfordern (êr-*for*-dörn) *v* *requerir
Erfordernis (êr-*for*-dör-niss) *nt* (pl ~se) requerimiento *m*
erforschen (êr-*for*-ʃön) *v* explorar
erfreulich (êr-*froi*-lij) *adj* agradable
erfreut (êr-*froit*) *adj* alegre, contento
erfrischen (êr-*fri*-ʃön) *v* refrescar; **erfrischend** fresco
Erfrischung (êr-*fri*-ʃung) *f* refresco *m*
sich *ergeben (êr-*ghee*-bön) resultar; *rendirse
Ergebnis (êr-*gheep*-niss) *nt* (pl ~se) resultado *m*; consecuencia *f*
***ergreifen** (êr-*ghrai*-fön) *v* agarrar; coger
***erhalten** (êr-*hal*-tön) *v* *obtener
erhältlich (êr-*hêlt*-lij) *adj* adquirible
***erheben** (êr-*hee*-bön) *v* recaudar; **sich ~** surgir
Erhebung (êr-*hee*-bung) *f* (pl ~en) colina *f*, montículo *m*
erhöhen (êr-*höö*-ön) *v* aumentar
Erhöhung (êr-*höö*-ung) *f* (pl ~en) aumento *m*
sich erholen (êr-*hôô*-lön) *restablecerse
Erholung (êr-*hôô*-lung) *f* recreación *f*, recreo *m*; restablecimiento *m*
Erholungsheim (êr-*hôô*-lungss-haim) *nt* (pl ~e) casa de reposo
Erholungsort (êr-*hôô*-lungss-ort) *m* (pl ~e) lugar de descanso
erinnern (êr-*i*-nörn) *v* *recordar; **sich ~** *acordarse
Erinnerung (êr-*i*-nö-rung) *f* (pl ~en) memoria *f*; recuerdo *m*
sich erkälten (êr-*kêl*-tön) resfriarse
Erkältung (êr-*kêl*-tung) *f* (pl ~en) resfriado *m*
***erkennen** (êr-*kê*-nön) *v* *reconocer
erkenntlich (êr-*kênt*-lij) *adj* agradecido
erklärbar (êr-*klêêr*-baar) *adj* explicable
erklären (êr-*klêê*-rön) *v* explicar; declarar
Erklärung (êr-*klêê*-rung) *f* (pl ~en) explicación *f*; declaración *f*
Erkrankung (êr-*krang*-kung) *f* (pl ~en) afección *f*
sich erkundigen (êr-*kun*-di-ghön) preguntar, *pedir informes
Erkundigung (êr-*kun*-di-ghung) *f* (pl ~en) información *f*
erlangen (êr-*lang*-ön) *v* *conseguir
erlauben (êr-*lau*-bön) *v* autorizar, permitir; **erlaubt *sein** *estar autorizado
Erlaubnis (êr-*laup*-niss) *f* permiso *m*
erläutern (êr-*loi*-törn) *v* explicar; elucidar
Erläuterung (êr-*loi*-tö-rung) *f* (pl ~en) aclaración *f*
erleben (êr-*lee*-bön) *v* experimentar; vivir
erledigen (êr-*lee*-di-ghön) *v* arreglar
erleichtern (êr-*laij*-törn) *v* relevar
Erleichterung (êr-*laij*-tö-rung) *f* (pl ~en) alivio *m*
***erleiden** (êr-*lai*-dön) *v* sufrir
erlesen (êr-*lee*-sön) *adj* selecto

erleuchten (êr-*loij*-tön) *v* iluminar
***erliegen** (êr-*lii*-ghön) *v* sucumbir
Erlös (êr-*lööss*) *m* (pl ~e) producto *m*
erlösen (êr-*löö*-sön) *v* librar, redimir
Erlösung (êr-*löö*-sung) *f* liberación *f*
Ermächtigung (êr-*mêj*-ti-ghung) *f* (pl ~en) autorización *f*
Ermäßigung (êr-*mêê*-ssi-ghung) *f* (pl ~en) reducción *f*
ermitteln (êr-*mi*-töln) *v* asegurarse de
ermüden (êr-*müü*-dön) *v* cansar
ermutigen (êr-*muu*-ti-ghön) *v* *alentar
ernähren (êr-*nêê*-rön) *v* alimentar
***ernennen** (êr-*nê*-nön) *v* nombrar
Ernennung (êr-*nê*-nung) *f* (pl ~en) nombramiento *m*; nominación *f*
erneuern (êr-*noi*-örn) *v* *renovar
Ernst (êrnsst) *m* seriedad *f*
ernst (êrnsst) *adj* serio; grave; severo
ernsthaft (*êrnsst*-haft) *adj* grave
Ernte (*êrn*-tö) *f* (pl ~n) cosecha *f*
Eroberer (êr-*ôô*-bö-rör) *m* (pl ~) conquistador *m*
erobern (êr-*ôô*-börn) *v* conquistar
Eroberung (êr-*ôô*-bö-rung) *f* (pl ~en) conquista *f*
erörtern (êr-*ör*-törn) *v* discutir
Erörterung (êr-*ör*-tö-rung) *f* (pl ~en) deliberación *f*
erpressen (êr-*prê*-ssön) *v* *hacer chantaje; extorsionar
Erpressung (êr-*prê*-ssung) *f* (pl ~en) chantaje *m*; extorsión *f*
erregen (êr-*ree*-ghön) *v* excitar
Erregung (êr-*ree*-ghung) *f* emoción *f*; agitación *f*
erreichbar (êr-*raij*-baar) *adj* alcanzable; factible
erreichen (êr-*rai*-jön) *v* llegar a, alcanzar; llegar a coger
errichten (êr-*rij*-tön) *v* edificar; erigir; fundar
erröten (êr-*röö*-tön) *v* ruborizarse
Ersatz (êr-*satss*) *m* sustituto *m*
Ersatzfüllung (êr-*satss*-fü-lung) *f* (pl ~en) repuesto *m*
Ersatzreifen (êr-*satss*-rai-fön) *m* (pl ~) neumático de repuesto
Ersatzteil (êr-*satss*-tail) *nt* (pl ~e) recambio *m*, pieza de repuesto
erschaffen (êr-*ʃa*-fön) *v* crear
erschallen (êr-*ʃa*-lön) *v* *resonar
Erscheinen (êr-*ʃai*-nön) *nt* aspecto *m*
***erscheinen** (êr-*ʃai*-nön) *v* *aparecer; *parecer
Erscheinung (êr-*ʃai*-nung) *f* (pl ~en) apariencia *f*; aparición *f*
erschöpfen (êr-*ʃö*-pfön) *v* extenuar; **erschöpft** cansado
***erschrecken** (êr-*ʃrê*-kön) *v* asustarse; asustar, aterrorizar, espantar
ersetzen (êr-*sê*-tssön) *v* *sustituir, reemplazar
***ersinnen** (êr-*si*-nön) *v* inventar
Ersparnisse (êr-*ʃpaar*-ni-ssö) *fpl* ahorros *mpl*
erstarrt (êr-*ʃtart*) *adj* aterido
Erstaunen (êr-*ʃtau*-nön) *nt* asombro *m*, sorpresa *f*
erstaunen (êr-*ʃtau*-nön) *v* asombrar; extrañar
erstaunlich (êr-*ʃtaun*-lij) *adj* notable, asombroso
erste (*eerss*-tö) *num* primero; *adj* inicial
ersticken (êr-*ʃti*-kön) *v* sofocarse
erstklassig (*eersst*-kla-ssij) *adj* de primera calidad
erstrangig (*eersst*-rang-ij) *adj* de primera clase
Ertrag (êr-*traak*) *m* (pl ⁼e) producto *m*
***ertragen** (êr-*traa*-ghön) *v* soportar
erträglich (êr-*treek*-lij) *adj* tolerable
***ertrinken** (êr-*tring*-kön) *v* ahogar; ahogarse
erwachsen (êr-*va*-kssön) *adj* adulto
Erwachsene (êr-*va*-kssö-nö) *m* (pl

~n) adulto *m*
***erwägen** (êr-*vêê*-ghön) *v* considerar
Erwägung (êr-*vêê*-ghung) *f* (pl ~en) consideración *f*
erwähnen (êr-*vêê*-nön) *v* mencionar
Erwähnung (êr-*vêê*-nung) *f* (pl ~en) mención *f*
erwarten (êr-*var*-tön) *v* aguardar, esperar; *prever
Erwartung (êr-*var*-tung) *f* (pl ~en) esperanza *f*
erweitern (êr-*vai*-törn) *v* ampliar; ensanchar
Erwerb (êr-*vêrp*) *m* compra *f*
***erwerben** (êr-*vêr*-bön) *v* *adquirir
erwischen (êr-*vi*-ʃön) *v* sorprender
erwürgen (êr-*vür*-ghön) *v* estrangular
Erz (eertss) *nt* (pl ~e) mineral *m*
erzählen (êr-*tssêê*-lön) *v* *contar
Erzählung (êr-*tssêê*-lung) *f* (pl ~en) cuento *m*
Erzbischof (*êrtss*-bi-ʃof) *m* (pl ~̈e) arzobispo *m*
erzeugen (êr-*tssoi*-ghön) *v* generar
***erziehen** (êr-*tssii*-ön) *v* educar
Erziehung (êr-*tssii*-ung) *f* educación *f*
es (êss) *pron* lo
Esel (*ee*-söl) *m* (pl ~) burro *m*
eskortieren (êss-kor-*tii*-rön) *v* escoltar
Essay (*ê*-sse) *m* (pl ~s) ensayo *m*
eßbar (*êss*-baar) *adj* comestible
Essen (*ê*-ssön) *nt* alimento *m*
***essen** (*ê*-ssön) *v* comer; **zu Abend** ~ cenar
Essenz (ê-*ssêntss*) *f* esencia *f*
Essig (*ê*-ssij) *m* vinagre *m*
Eßlöffel (*êss*-lö-föl) *m* (pl ~) cuchara *f*
Eßlust (*êss*-lusst) *f* apetito *m*
Eßservice (*êss*-ssêr-viiss) *nt* servicio de mesa
Etage (e-*taa*-ʒö) *f* (pl ~n) piso *m*
Etappe (e-*ta*-pö) *f* (pl ~n) etapa *f*
Etikett (e-ti-*kêt*) *nt* (pl ~e) rótulo *m*, etiqueta *f*
etliche (*êt*-li-jö) *adj* varios
Etui (êt-*vii*) *nt* (pl ~s) estuche *m*
etwa (*êt*-va) *adv* aproximadamente, hacia
etwas (*êt*-vass) *pron* algo; **irgend** ~ cualquier cosa
euch (oij) *pron* os; se
euer (*oi*-ör) *pron* vuestro; tuyos
Eule (*oi*-lö) *f* (pl ~n) buho *m*
Europa (oi-*rôô*-pa) Europa *f*
Europäer (oi-rô-*pêê*-ör) *m* (pl ~) europeo *m*
europäisch (oi-rô-*pêê*-iʃ) *adj* europeo; **Europäische Union** Unión Europea
evakuieren (e-va-ku-*ii*-rön) *v* evacuar
Evangelium (e-vang-*ghee*-lyum) *nt* (pl -ien) evangelio *m*
eventuell (e-vên-tu-*êl*) *adj* eventual
Evolution (e-vô-lu-*tssyôôn*) *f* (pl ~en) evolución *f*
Ewigkeit (*ee*-vij-kait) *f* eternidad *f*
exakt (ê-*kssakt*) *adj* exacto, preciso
Examen (ê-*kssaa*-mön) *nt* (pl ~) examen *m*
Exemplar (ê-kssêm-*plaar*) *nt* (pl ~e) espécimen *m*; ejemplar *m*
exklusiv (êkss-klu-*siif*) *adj* exclusivo
exotisch (ê-*kssôô*-tiʃ) *adj* exótico
Expedition (êkss-pe-di-*tssyôôn*) *f* (pl ~en) expedición *f*
Experiment (êkss-pe-ri-*mênt*) *nt* (pl ~e) experimento *m*
experimentieren (êkss-pe-ri-mên-*tii*-rön) *v* experimentar
explodieren (êkss-plô-*dii*-rön) *v* estallar
Explosion (êkss-plô-*syôôn*) *f* (pl ~en) explosión *f*
explosiv (êkss-plô-*siif*) *adj* explosivo
Export (êkss-*port*) *m* exportación *f*
exportieren (êkss-por-*tii*-rön) *v* exportar
extravagant (*êkss*-tra-va-ghant) *adj*

extravagante
Extrem (êkss-*treem*) *nt* (pl ~e) extremo *m*
extrem (êkss-*treem*) *adj* extremo

F

Fabel (*faa*-böl) *f* (pl ~n) fábula *f*
Fabrik (fa-*briik*) *f* (pl ~en) fábrica *f*
Fabrikant (fa-bri-*kant*) *m* (pl ~en) fabricante *m*
fabrizieren (fa-bri-*tssii*-rön) *v* fabricar
Fach (faj) *nt* (pl ¨~er) división *f*; profesión *f*, oficio *m*
Fächer (*fê*-jör) *m* (pl ~) abanico *m*
fachkundig (*faj*-kun-dij) *adj* competente
Fachmann (*faj*-man) *m* (pl -leute) perito *m*, experto *m*
Fackel (*fa*-köl) *f* (pl ~n) antorcha *f*
Faden (*faa*-dön) *m* (pl ¨~) hilo *m*
fähig (*fêê*-ij) *adj* capaz; hábil
Fähigkeit (*fêê*-ij-kait) *f* (pl ~en) habilidad *f*; capacidad *f*, facultad *f*
Fahne (*faa*-nö) *f* (pl ~n) bandera *f*
Fahrbahn (*faar*-baan) *f* (pl ~en) calzada *f*; pista *f*
Fährboot (*fêêr*-bôôt) *nt* (pl ~e) transbordador *m*
***fahren** (*faa*-rön) *v* *conducir; *ir en coche; navegar
Fahrer (*faa*-rör) *m* (pl ~) conductor *m*
Fahrgeld (*faar*-ghêlt) *nt* gastos de viaje, precio del billete
Fahrgestell (*faar*-ghö-ʃtêl) *nt* (pl ~e) chasis *m*
Fahrkarte (*faar*-kar-tö) *f* (pl ~n) billete *m*
Fahrkartenautomat (*faar*-kar-tön-au-tô-maat) *m* (pl ~en) máquina de billetes
Fahrplan (*faar*-plaan) *m* (pl ¨~e) horario *m*
Fahrrad (*faar*-raat) *nt* (pl ¨~er) bicicleta *f*
Fahrt (faart) *f* (pl ~en) paseo *m*, paseo en coche
Fährte (*fêêr*-tö) *f* (pl ~n) rastro *m*
Fahrzeug (*faar*-tssoik) *nt* (pl ~e) vehículo *m*
Faktor (*fak*-tor) *m* (pl ~en) factor *m*
Faktur (fak-*tuur*) *f* (pl ~en) factura *f*
fakturieren (fak-tu-*rii*-rön) *v* facturar
Fakultät (fa-kul-*têêt*) *f* (pl ~en) facultad *f*
Falke (*fal*-kö) *m* (pl ~n) halcón *m*
Fall (fal) *m* (pl ¨~e) caso *m*; causa *f*; **auf jeden** ~ en todo caso; **im** ~ en caso de
Falle (*fa*-lö) *f* (pl ~n) trampa *f*
***fallen** (*fa*-lön) *v* *caer
fällig (*fê*-lij) *adj* debido
Fälligkeitstermin (*fê*-lij-kaitss-têr-miin) *m* (pl ~e) vencimiento *m*
falls (falss) *conj* si
falsch (falʃ) *adj* equivocado, erróneo; falso
fälschen (*fêl*-ʃön) *v* falsificar
Fälschung (*fêl*-ʃung) *f* (pl ~en) falsificación *f*
Falte (*fal*-tö) *f* (pl ~n) pliegue *m*; raya *f*; arruga *f*
falten (*fal*-tön) *v* doblar
Familie (fa-*mii*-lyö) *f* (pl ~n) familia *f*
Familienname (fa-*mii*-lyön-naa-mö) *m* apellido *m*
fanatisch (fa-*naa*-tiʃ) *adj* fanático
***fangen** (*fang*-ön) *v* coger; capturar
Farbe (*far*-bö) *f* (pl ~n) color *m*; pintura *f*; tintura *f*
farbecht (*farb*-êjt) *adj* no destiñe
Färbemittel (*fêr*-bö-mi-töl) *nt* (pl ~) colorante *m*
färben (*fêr*-bön) *v* *teñir
farbenblind (*far*-bön-blint) *adj* daltoniano

farbenfroh (*far*-bön-frôô) *adj* lleno de color
Farbfilm (*farp*-film) *m* (pl ~e) película en colores
farbig (*far*-bij) *adj* de color
Farbton (*farp*-tôôn) *m* (pl ~̈e) tono *m*
Fasan (fa-*saan*) *m* (pl ~e) faisán *m*
Faschismus (fa-*ʃiss*-muss) *m* fascismo *m*
Faschist (fa-*ʃisst*) *m* (pl ~en) fascista *m*
faschistisch (fa-*ʃiss*-tiʃ) *adj* fascista
Faser (*faa*-sör) *f* (pl ~n) fibra *f*
Faß (fass) *nt* (pl Fässer) barril *m*; tonel *m*
Fassade (fa-*ssaa*-dö) *f* (pl ~n) fachada *f*
Fäßchen (*fêss*-jön) *nt* (pl ~) barrilete *m*
fassen (*fa*-ssön) *v* *asir
Fassung (*fa*-ssung) *f* (pl ~en) casquillo *m*; sóquet *mMe*
fast (fasst) *adv* casi, cerca de
faul (faul) *adj* vago, perezoso
Faust (fausst) *f* (pl ~̈e) puño *m*
Fausthandschuhe (*fausst*-hant-ʃuu-ö) *mpl* guantes *mpl*
Faustschlag (*fausst*-ʃlaak) *m* (pl ~̈e) puñetazo *m*
Favorit (fa-vô-*riit*) *m* (pl ~en) favorito *m*
Fax (fakss) *nt* telefax *m*
faxen (*faks*-sön) *v* mandar un fax
Fazilität (fa-tssi-li-*têêt*) *f* (pl ~en) facilidad *f*
Februar (*fee*-bru-aar) febrero
Feder (*fee*-dör) *f* (pl ~n) pluma *f*; muelle *m*
Federung (*fee*-dö-rung) *f* suspensión *f*
Fee (fee) *f* (pl ~n) hada *f*
fegen (*fee*-ghön) *v* barrer
Fehlen (*fee*-lön) *nt* falta *f*
fehlen (*fee*-lön) *v* fallar
Fehler (*fee*-lör) *m* (pl ~) error *m*; falta *f*, imperfección *f*; culpa *f*
fehlerhaft (*fee*-lör-haft) *adj* defectuoso
Fehlgeburt (*feel*-ghö-buurt) *f* (pl ~en) aborto *m*
Fehlschlag (*feel*-ʃlaak) *m* (pl ~̈e) fiasco *m*
Fehltritt (*feel*-trit) *m* desliz *m*
Feier (*fai*-ör) *f* (pl ~n) celebración *f*
feierlich (*fai*-ör-lij) *adj* solemne
Feierlichkeit (*fai*-ör-lij-kait) *f* (pl ~en) ceremonia *f*
feiern (*fai*-örn) *v* celebrar
Feiertag (*fai*-ör-taak) *m* (pl ~e) fiesta *f*
Feige (*fai*-ghö) *f* (pl ~n) higo *m*
feige (*fai*-ghö) *adj* cobarde
Feigling (*faik*-ling) *m* (pl ~e) cobarde *m*
Feile (*fai*-lö) *f* (pl ~n) lima *f*
fein (fain) *adj* fino; delicado
Feind (faint) *m* (pl ~e) enemigo *m*
feindlich (*faint*-lij) *adj* hostil
Feinkost (*fain*-kosst) *f* gollerías *fpl*
Feinkostgeschäft (*fain*-kosst-ghö-ʃêft) *nt* (pl ~e) tienda de comestibles finos
Feinschmecker (*fain*-ʃmê-kör) *m* (pl ~) gastrónomo *m*
Feld (fêlt) *nt* (pl ~er) campo *m*
Feldbett (*fêlt*-bêt) *nt* (pl ~en) catre de campaña
Feldstecher (*fêlt*-ʃtê-jör) *m* (pl ~) gemelos de campaña, prismáticos *mpl*
Felge (*fêl*-ghö) *f* (pl ~n) llanta *f*
Fell (fêl) *nt* (pl ~e) piel *f*
Felsblock (*fêlss*-blok) *m* (pl ~̈e) peña *f*
Felsen (*fêl*-sön) *m* (pl ~) roca *f*
felsig (*fêl*-sij) *adj* rocoso
Fenster (*fênss*-tör) *nt* (pl ~) ventana *f*
Fensterbrett (*fênss*-tör-brêt) *nt* (pl ~er) antepecho *m*
Fensterladen (*fênss*-tör-laa-dön) *m* (pl ~̈) persiana *f*

Ferien (*fee*-ryön) *pl* vacaciones *fpl*
Ferienlager (*fee*-ryön-laa-ghör) *nt* (pl ~) colonia veraniega
fern (fêrn) *adj* lejano; **ferner** *adj* más lejos; *adv* además
Ferngespräch (*fêrn*-ghö-ʃprêêj) *nt* (pl ~e) conferencia interurbana
Fernsehen (*fêrn*-see-ön) *nt* televisión *f*; **Kabel** ~ televisión por cable; **Satelliten** ~ televisión por satélite
Fernsehgerät (*fêrn*-see-ghö-rêêt) *nt* televisor *m*
Fernsprecher (*fêrn*-ʃprêê-jör) *m* teléfono *m*
Fernsprechverzeichnis (*fêrn*-ʃprêj-fêr-tssaij-niss) *nt* (pl ~se) listín telefónico
Fernsprechzelle (*fêrn*-ʃprêj-tssê-lö) *f* (pl ~n) cabina telefónica
Ferse (*fêr*-sö) *f* (pl ~n) talón *m*
fertig (*fêr*-tij) *adj* preparado; terminado
Fertigkeit (*fêr*-tij-kait) *f* habilidad *f*
fertigmachen (*fêr*-tij-ma-jön) *v* preparar; terminar
fesseln (*fê*-ssöln) *v* cautivar
Fest (fêsst) *nt* (pl ~e) fiesta *f*
fest (fêsst) *adj* firme; fijo; sólido
***festhalten** (*fêsst*-hal-tön) *v* *tener; **sich** ~ agarrarse
Festival (*fêss*-ti-val) *nt* (pl ~s) festival *m*
Festkörper (*fêsst*-kör-pör) *m* (pl ~) sólido *m*
Festland (*fêsst*-lant) *nt* tierra firme; continente *m*
festlich (*fêsst*-lij) *adj* festivo
festmachen (*fêsst*-ma-jön) *v* atar
Festmahl (*fêsst*-maal) *nt* (pl ¨~er) banquete *m*
Festnahme (*fêsst*-naa-mö) *f* (pl ~n) arresto *m*; captura *f*
festsetzen (*fêsst*-sê-tssön) *v* determinar; estipular
feststecken (*fêsst*-ʃtê-kön) *v* clavar
feststellen (*fêsst*-ʃtê-lön) *v* observar; *comprobar
Festung (*fêss*-tung) *f* (pl ~en) fortaleza *f*
Fett (fêt) *nt* (pl ~e) grasa *f*
fett (fêt) *adj* graso; grasiento
Fettheit (*fêt*-hait) *f* obesidad *f*
fettig (*fê*-tij) *adj* grasoso, grasiento
feucht (foijt) *adj* húmedo
Feuchtigkeit (*foij*-tij-kait) *f* humedad *f*
Feuchtigkeitskrem (*foij*-tij-kaitss-kreem) *f* (pl ~s) crema hidratante
feudal (foi-*daal*) *adj* feudal
Feuer (*foi*-ör) *nt* (pl ~) fuego *m*
Feueralarm (*foi*-ör-a-larm) *m* alarma de incendio
feuerfest (*foi*-ör-fêsst) *adj* refractario
Feuerlöscher (*foi*-ör-lö-ʃör) *m* (pl ~) extintor *m*
feuersicher (*foi*-ör-si-jör) *adj* incombustible
Feuerstein (*foi*-ör-ʃtain) *m* (pl ~e) pedernal *m*
Feuerwehr (*foi*-ör-veer) *f* bomberos *mpl*
Feuerzeug (*foi*-ör-tssoik) *nt* (pl ~e) encendedor *m*
Feuilleton (*föi*-ö-to~~ng~~) *nt* (pl ~s) novela por entregas
Fieber (*fii*-bör) *nt* fiebre *f*
fiebrig (*fii*-brij) *adj* febril
Figur (*fi-ghuur*) *f* (pl ~en) estatura *f*
Fiktion (fik-*tssyôôn*) *f* (pl ~en) ficción *f*
Film (film) *m* (pl ~e) película *f*; filme *m*
filmen (*fil*-mön) *v* filmar
Filmleinwand (*film*-lain-vant) *f* pantalla *f*
Filter (*fil*-tör) *m* (pl ~) filtro *m*
Filz (filtss) *m* fieltro *m*
Fimmel (*fi*-möl) *m* (pl ~) manía *f*
Finanzen (fi-*nan*-tssön) *pl* finanzas *fpl*

finanziell (fi-nan-*tssyêl*) *adj* financiero
finanzieren (fi-nan-*tssii*-rön) *v* financiar
***finden** (*fin*-dön) *v* *encontrar; hallar; considerar
Finger (*fing*-ör) *m* (pl ~) dedo *m*; **kleine** ~ dedo auricular
Fingerabdruck (*fing*-ör-ap-druk) *m* (pl ¨~e) impresión digital
Fingergelenk (*fing*-ör-ghö-lêngk) *nt* (pl ~e) nudillo *m*
Fingerhut (*fing*-ör-huut) *m* (pl ¨~e) dedal *m*
Fink (fingk) *m* (pl ~en) pinzón *m*
Finne (*fi*-nö) *m* (pl ~n) finlandés *m*
finnisch (*fi*-niʃ) *adj* finlandés
Finnland (*fin*-lant) Finlandia *f*
finster (*finss*-tör) *adj* oscuro
Finsternis (*finss*-tör-niss) *f* (pl ~sen) oscuridad *f*; eclipse *m*
Firma (*fir*-ma) *f* (pl -men) compañía *f*, firma *f*
Firnis (*fir*-niss) *m* barniz *m*
Fisch (fiʃ) *m* (pl ~e) pez *m*
fischen (*fi*-ʃön) *v* pescar
Fischer (*fi*-ʃör) *m* (pl ~) pescador *m*
Fischerei (fi-ʃö-*rai*) pesca *f*
Fischgräte (*fiʃ*-ghrêê-tö) *f* (pl ~n) espina *f*
Fischhandlung (*fiʃ*-han-dlung) *f* (pl ~en) pescadería *f*
Fischnetz (*fiʃ*-nêtss) *nt* (pl ~e) red de pescar
Fjord (fyort) *m* (pl ~e) fiordo *m*
FKK-Strand (êf-kaa-*kaa*-ʃtrant) *m* (pl ¨~e) playa para nudistas
flach (flaj) *adj* liso, plano, llano
Fläche (*flê*-jö) *f* (pl ~n) superficie *f*
Flakon (fla-*kong*) *nt* (pl ~s) frasco *m*
Flamingo (fla-*ming*-ghô) *m* (pl ~s) flamenco *m*
Flamme (*fla*-mö) *f* (pl ~n) llama *f*
Flanell (fla-*nêl*) *m* franela *f*
Flasche (*fla*-ʃö) *f* (pl ~n) botella *f*
Flaschenöffner (*fla*-ʃön-öf-nör) *m* (pl ~) destapador de botellas
Fleck (flêk) *m* (pl ~e) mancha *f*; **blauer** ~ moretón *m*
fleckenlos (*flê*-kön-lôôss) *adj* inmaculado
Fleckenreinigungsmittel (*flê*-kön-rai-ni-ghungss-mi-töl) *nt* quitamanchas *m*
flegelhaft (*flee*-ghöl-haft) *adj* descarado
Fleisch (flaiʃ) *nt* carne *f*
Fleischer (*flai*-ʃör) *m* (pl ~) carnicero *m*
Fleiß (flaiss) *m* celo *m*
fleißig (*flai*-ssij) *adj* diligente, celoso
flicken (*fli*-kön) *v* reparar, *remendar
Fliege (*flii*-ghö) *f* (pl ~n) mosca *f*; corbata de lazo, corbatín *m*
***fliegen** (*flii*-ghön) *v* *volar
***fliehen** (*flii*-ön) *v* *huir
***fließen** (*flii*-ssön) *v* *fluir; **fließend** con soltura
Flitterwochen (*fli*-tör-vo-jön) *fpl* luna de miel
Floß (flôôss) *nt* (pl ¨~e) zatara *f*
Flöte (*flöö*-tö) *f* (pl ~n) flauta *f*
Flotte (*flo*-tö) *f* (pl ~n) flota *f*
Fluch (fluuj) *m* (pl ¨~e) maldición *f*
fluchen (*fluu*-jön) *v* jurar, *maldecir
Flucht (flujt) *f* evasión *f*
flüchten (*flüj*-tön) *v* *huir
Flug (fluuk) *m* (pl ¨~e) vuelo *m*
Flügel (*flüü*-ghöl) *m* (pl ~) ala *f*; piano de cola
Flughafen (*fluuk*-haa-fön) *m* (pl ¨~) aeropuerto *m*
Flugkapitän (*fluuk*-ka-pi-têên) *m* (pl ~e) comandante *m*
Fluglinie (*fluuk*-lii-nyö) *f* (pl ~n) aerolínea *f*
Flugplatz (*fluuk*-platss) *m* (pl ¨~e) campo de aviación
Flugzeug (*fluuk*-tssoik) *nt* (pl ~e)

avión *m*
Flugzeugabsturz (*fluuk*-tssoik-ap-ʃturtss) *m* (pl ~̈e) accidente aéreo
Flur (fluur) *m* (pl ~e) pasillo *m*
Fluß (fluss) *m* (pl Flüsse) río *m*
flüssig (*flü*-ssij) *adj* líquido, fluido
Flüssigkeit (*flü*-ssij-kait) *f* (pl ~en) fluido *m*
Flußufer (*fluss*-uu-för) *nt* (pl ~) ribera *f*
flüstern (*flüss*-törn) *v* susurrar
Flut (fluut) *f* pleamar *f*, riada *f*
Focksegel (*fok*-ssee-ghöl) *nt* (pl ~) foque *m*
Föderation (fö-de-ra-*tssyôôn*) *f* (pl ~en) federación *f*
Folge (*fol*-ghö) *f* (pl ~n) consecuencia *f*, resultado *m*; continuación *f*; serie *f*
folgen (*fol*-ghön) *v* *seguir; **folgend** posterior, siguiente
folglich (*folk*-lij) *adv* por consiguiente
Folklore (folk-*lôô*-rö) *f* folklore *m*
Fön (föön) *m* (pl ~e) secador para el pelo
Fonds (fo~~ng~~) *m* (pl ~) fondos *mpl*
foppen (*fo*-pön) *v* embromar
forcieren (for-*ssii*-rön) *v* *forzar
fordern (*for*-dörn) *v* reivindicar, exigir
fördern (*för*-dörn) *v* *promover
Forderung (*for*-dö-rung) *f* (pl ~en) reivindicación *f*, exigencia *f*
Forelle (fô-*rê*-lö) *f* (pl ~n) trucha *f*
Form (form) *f* (pl ~en) forma *f*
Formalität (for-ma-li-*têêt*) *f* (pl ~en) formalidad *f*
Format (for-*maat*) *nt* (pl ~e) formato *m*
Formel (*for*-möl) *f* (pl ~n) fórmula *f*
formen (*for*-mön) *v* formar; modelar
förmlich (*förm*-lij) *adj* formal
Formular (for-mu-*laar*) *nt* (pl ~e) formulario *m*
Forschung (*for*-ʃung) *f* (pl ~en) investigación *f*
Forst (forsst) *m* (pl ~e) selva *f*
Förster (*förss*-tör) *m* (pl ~) guardabosques *m*
Fort (fôôr) *nt* (pl ~s) fortaleza *f*
fort (fort) *adv* ido
fortdauern (*fort*-dau-örn) *v* durar
***fortfahren** (*fort*-faa-rön) *v* continuar, *proseguir; ~ **mit** continuar
fortgeschritten (*fort*-ghö-ʃri-tön) *adj* avanzado
fortlaufend (*fort*-lau-fönt) *adj* continuo
fortschicken (*fort*-ʃi-kön) *v* *despedir
***fortschreiten** (*fort*-ʃrai-tön) *v* avanzar
Fortschritt (*fort*-ʃrit) *m* (pl ~e) progreso *m*, adelanto *m*
fortsetzen (*fort*-sê-tssön) *v* continuar
fortwährend (*fort*-vêê-rönt) *adv* continuamente
Fotokopie (fô-tô-kô-*pii*) *f* (pl ~n) fotocopia *f*
Foyer (f^u^a-*yee*) *nt* (pl ~s) vestíbulo *m*
Fracht (frajt) *f* (pl ~en) carga *f*, cargo *m*
Frage (*fraa*-ghö) *f* (pl ~n) pregunta *f*; cuestión *f*, problema *m*
fragen (*fraa*-ghön) *v* preguntar; **fragend** interrogativo; **sich** ~ preguntarse
Fragezeichen (*fraa*-ghö-tssai-jön) *nt* (pl ~) signo de interrogación
Fragment (fra-*ghmênt*) *nt* (pl ~e) fragmento *m*
frankieren (frang-*kii*-rön) *v* sellar
franko (*frang*-kô) *adj* franco
Frankreich (*frangk*-raij) Francia *f*
Franse (*fran*-sö) *f* (pl ~n) franja *f*
Franzose (fran-*tssôô*-sö) *m* (pl ~n) francés *m*
französisch (fran-*tssöö*-siʃ) *adj* francés
Frau (frau) *f* (pl ~en) mujer *f*; **gnädige** ~ señora *f*

Frauenarzt (*frau*-ön-artsst) *m* (pl ¨~e) ginecólogo *m*
Fräulein (*froi*-lain) *nt* (pl ~) señorita *f*
frech (frêj) *adj* descarado, grosero, insolente; impertinente
frei (frai) *adj* libre; vacante
freigebig (*frai*-ghee-bij) *adj* generoso
***freihalten** (*frai*-hal-tön) *v* *retener
Freiheit (*frai*-hait) *f* (pl ~en) libertad *f*
Freikarte (*frai*-kar-tö) *f* (pl ~n) billete gratuito
Freispruch (*frai*-ʃpruj) *m* (pl ¨~e) absolución *f*
Freitag (*frai*-taak) *m* viernes *m*
freiwillig (*frai*-vi-lij) *adj* voluntario
Freiwillige (*frai*-vi-li-ghö) *m* (pl ~n) voluntario *m*
Freizeit (*frai*-tssait) *f* tiempo libre
fremd (frêmt) *adj* extraño
Fremde (*frêm*-dö) *m* (pl ~n) extranjero *m*
Fremdenheim (*frêm*-dön-haim) *nt* (pl ~e) pensión *f*
Fremdenverkehr (*frêm*-dön-fêr-keer) *m* turismo *m*
Fremdling (*frêmt*-ling) *m* (pl ~e) extranjero *m*
Frequenz (fre-*kvêntss*) *f* (pl ~en) frecuencia *f*
Freude (*froi*-dö) *f* (pl ~n) regocijo *m*; alegría *f*, placer *m*
freudig (*froi*-dij) *adj* alegre
sich freuen (*froi*-ön) alegrarse
Freund (froint) *m* (pl ~e) amigo *m*
Freundin (*froin*-din) *f* (pl ~nen) amiga *f*
freundlich (*froint*-lij) *adj* bondadoso, amable
Freundschaft (*froint*-ʃaft) *f* (pl ~en) amistad *f*
freundschaftlich (*froint*-ʃaft-lij) *adj* amistoso
Frieden (*frii*-dön) *m* paz *f*
Friedhof (*friit*-hôôf) *m* (pl ¨~e) cementerio *m*
friedlich (*friit*-lij) *adj* tranquilo
***frieren** (*frii*-rön) *v* *helar
frisch (friʃ) *adj* fresco
Friseur (fri-*söör*) *m* (pl ~e) peluquero *m*, barbero *m*
Frisierkommode (fri-*siir*-ko-môô-dö) *f* (pl ~n) tocador *m*
Frist (frisst) *f* (pl ~en) plazo *m*
Frisur (fri-*suur*) *f* (pl ~en) peinado *m*
froh (frôô) *adj* contento
fröhlich (*fröö*-lij) *adj* alegre, jovial
Fröhlichkeit (*fröö*-lij-kait) *f* alegría *f*
fromm (from) *adj* pío
Frosch (froʃ) *m* (pl ¨~e) rana *f*
Frost (frosst) *m* escarcha *f*
Frostbeule (*frosst*-boi-lö) *f* (pl ~n) sabañón *m*
Frösteln (*fröss*-töln) *nt* escalofrío *m*
frösteln (*fröss*-töln) *v* tiritar
Frottierstoff (fro-*tiir*-ʃtof) *m* (pl ~e) tela para toallas
Frucht (frujt) *f* (pl ¨~e) fruto *m*
fruchtbar (*frujt*-baar) *adj* fértil
Fruchtsaft (*frujt*-saft) *m* (pl ¨~e) zumo *m*
früh (früü) *adj* temprano
früher (*früü*-ör) *adj* anterior; *adv* antes
Frühling (*früü*-ling) *m* primavera *f*
Frühstück (*früü*-ʃtük) *nt* desayuno *m*
Fuchs (fukss) *m* (pl ¨~e) zorro *m*
fühlbar (*füül*-baar) *adj* palpable
fühlen (*füü*-lön) *v* *sentir
führen (*füü*-rön) *v* *conducir; guiar, administrar; **führend** *adj* principal
Führer (*füü*-rör) *m* (pl ~) guía *m*; guía *f*
Führerschein (*füü*-rör-ʃain) *m* permiso de conducir
Führung (*füü*-rung) *f* dirección *f*; gestión *f*
Fülle (*fü*-lö) *f* abundancia *f*
füllen (*fü*-lön) *v* llenar

Füller (*fü*-lör) *m* (pl ~) estilográfica *f*
Füllung (*fü*-lung) *f* (pl ~en) relleno *m*
Fundbüro (*funt*-bü-rôô) *nt* (pl ~s) oficina de objetos perdidos
Fundsachen (*funt*-sa-jön) *fpl* objetos perdidos
fünf (fünf) *num* cinco
fünfte (*fünf*-tö) *num* quinto
fünfzehn (*fünf*-tsseen) *num* quince
fünfzehnte (*fünf*-tsseen-tö) *num* quinceno
fünfzig (*fünf*-tssij) *num* cincuenta
funkelnd (*fung*-kölnt) *adj* centelleante
Funken (*fung*-kön) *m* (pl ~) chispa *f*
Funktion (fungk-*tssyôôn*) *f* (pl ~en) función *f*; funcionamiento *m*
funktionieren (fungk-tssyô-*nii*-rön) *v* funcionar
funktionsunfähig (fungk-*tssyôônss*-un-fêê-ij) *adj* averiado
für (füür) *prep* para
Furcht (furjt) *f* terror *m*, temor *m*
furchtbar (*furjt*-baar) *adj* espantoso, terrible
fürchten (*fürj*-tön) *v* temer
fürchterlich (*fürj*-tör-lij) *adj* terrible
furchterregend (*furjt*-êr-ree-ghönt) *adj* aterrador
Furt (furt) *f* (pl ~en) vado *m*
Furunkel (fu-*rung*-köl) *m* (pl ~) forúnculo *m*
Fürwort (*füür*-vort) *nt* (pl ~er) pronombre *m*
Fusion (fu-*syôôn*) *f* (pl ~en) fusión *f*
Fuß (fuuss) *m* (pl ~e) pie *m*; **zu** ~ a pie
Fußball (*fuuss*-bal) *m* (pl ~e) fútbol *m*
Fußballspiel (*fuuss*-bal-ʃpiil) *nt* (pl ~e) partido de fútbol
Fußboden (*fuuss*-bôô-dön) *m* (pl ~) suelo *m*
Fußbremse (*fuuss*-brêm-sö) *f* (pl ~n) freno de pie
Fußgänger (*fuuss*-ghêng-ör) *m* (pl ~) peatón *m*; ~ **verboten** prohibido para los peatones
Fußgängerübergang (*fuuss*-ghêng-ör-üü-bör-ghang) *m* (pl ~e) cruce para peatones
Fußknöchel (*fuuss*-knö-jöl) *m* (pl ~) tobillo *m*
Fußpfleger (*fuuss*-pflee-ghör) *m* (pl ~) pedicuro *m*
Fußpuder (*fuuss*-puu-dör) *m* polvo para los pies
Fußtritt (*fuuss*-trit) *m* (pl ~e) patada *f*
Fußweg (*fuuss*-veek) *m* (pl ~e) senda *f*
Futter (*fu*-tör) *nt* (pl ~) forro *m*

G

Gabe (*ghaa*-bö) *f* (pl ~n) talento *m*; facultad *f*
Gabel (*ghaa*-böl) *f* (pl ~n) tenedor *m*
sich gabeln (*ghaa*-böln) bifurcarse
Gabelung (*ghaa*-bö-lung) *f* (pl ~en) bifurcación *f*
gähnen (*ghêê*-nön) *v* bostezar
Galerie (gha-lö-*rii*) *f* (pl ~n) galería *f*
Galgen (*ghal*-ghön) *m* (pl ~) horca *f*
Galle (*gha*-lö) *f* bilis *f*
Gallenblase (*gha*-lön-blaa-sö) *f* (pl ~n) vesícula biliar
Gallenstein (*gha*-lön-ʃtain) *m* (pl ~e) cálculo biliar
Galopp (gha-*lop*) *m* galope *m*
Gang[1] (ghang) *m* (pl ~e) pasillo *m*; plato *m*; velocidad *f*
Gang[2] (ghang) *m* paso *m*, andadura *f*, andares *mpl*; **in** ~ ***bringen** lanzar
gangbar (*ghang*-baar) *adj* corriente
Gangschaltung (*ghang*-ʃal-tung) *f* palanca de cambios

Gans (ghanss) *f* (pl ¨~e) oca *f*
Gänsehaut (*ghên*-sö-haut) *f* carne de gallina
ganz (ghantss) *adj* entero; todo, completo; *adv* enteramente; muy
Ganze (*ghan*-tssö) *nt* total *m*
gänzlich (*ghêntss*-lij) *adj* total, absoluto; *adv* totalmente
Garage (gha-*raa*-ʒö) *f* (pl ~n) garaje *m*
Garantie (gha-ran-*tii*) *f* (pl ~n) garantía *f*
garantieren (gha-ran-*tii*-rön) *v* garantizar
Garderobe (ghar-dö-*rôô*-bö) *f* (pl ~n) guardarropa *m*; vestuario *m*
Garderobenschrank (ghar-dö-*rôô*-bön-ʃrangk) *m* (pl ¨~e) armario *m*
Garderobenständer (ghar-dö-*rôô*-bön-ʃtên-dör) *m* (pl ~) percha *f*
***gären** (*ghêê*-rön) *v* fermentar
Garn (gharn) *nt* (pl ~e) hilo *m*
Garnele (ghar-*nee*-lö) *f* (pl ~n) camarón *m*
garstig (*gharss*-tij) *adj* desagradable
Garten (*ghar*-tön) *m* (pl ¨) jardín *m*; **zoologischer** ~ jardín zoológico
Gartenbau (*ghar*-tön-bau) *m* horticultura *f*
Gärtner (*ghêrt*-nör) *m* (pl ~) jardinero *m*
Gas (ghaass) *nt* (pl ~e) gas *m*
Gasherd (*ghaass*-heert) *m* (pl ~e) cocina de gas
Gasofen (*ghaass*-ôô-fön) *m* (pl ¨) estufa de gas
Gaspedal (*ghaass*-pe-daal) *nt* (pl ~e) acelerador *m*
Gasse (*gha*-ssö) *f* (pl ~n) callejón *m*
Gast (ghasst) *m* (pl ¨~e) visitante *m*, huésped *m*, invitado *m*
Gästezimmer (*ghêss*-tö-tssi-mör) *nt* (pl ~) habitación para huéspedes, cuarto para huéspedes
gastfreundlich (*ghasst*-froint-lij) *adj* hospitalario
Gastfreundschaft (*ghasst*-froint-ʃaft) *f* hospitalidad *f*
Gastgeber (*ghasst*-ghee-bör) *m* (pl ~) anfitrión *m*
Gastgeberin (*ghasst*-ghee-bö-rin) *f* (pl ~nen) azafata *f*
Gasthof (*ghasst*-hôôf) *m* (pl ¨~e) posada *f*
gastrisch (*ghass*-triʃ) *adj* gástrico
Gaststätte (*ghasst*-ʃtê-tö) *f* (pl ~n) parador *m*
Gastwirt (*ghasst*-virt) *m* (pl ~e) posadero *m*
Gaswerk (*ghaass*-vêrk) *nt* (pl ~e) fábrica de gas
Gatte (*gha*-tö) *m* (pl ~n) esposo *m*
Gatter (*gha*-tör) *nt* (pl ~) reja *f*
Gattin (*gha*-tin) *f* (pl ~nen) esposa *f*
Gattung (*gha*-tung) *f* (pl ~en) especie *f*
Gaze (*ghaa*-sö) *f* gasa *f*
Gebäck (ghö-*bêk*) *nt* dulces, pastelería *f*
Gebärde (ghö-*bêêr*-dö) *f* (pl ~n) gesto *m*
Gebärmutter (ghö-*bêêr*-mu-tör) *f* matriz *f*
Gebäude (ghö-*boi*-dö) *nt* (pl ~) edificio *m*; inmueble *m*, finca *f*
***geben** (*ghee*-bön) *v* *dar
Gebet (ghö-*beet*) *nt* (pl ~e) oración *f*
Gebiet (ghö-*biit*) *nt* (pl ~e) zona *f*, región *f*; territorio *m*; terreno *m*
Gebirge (ghö-*bir*-ghö) *nt* (pl ~) montaña *f*
gebirgig (ghö-*bir*-ghij) *adj* montañoso
Gebirgspaß (ghö-*birkss*-pass) *m* (pl -pässe) paso *m*
Gebiß (ghö-*biss*) *nt* (pl Gebisse) dentadura; **künstliches** ~ dentadura postiza
geboren (ghö-*bôô*-rön) *adj* nacido

Gebrauch (ghö-*brauj*) *m* uso *m*
gebrauchen (ghö-*brau*-jön) *v* aplicar, usar; **gebraucht** *adj* de segunda mano
Gebrauchsanweisung (ghö-*braujss*-an-vai-sung) *f* (pl ~en) modo de empleo
Gebrauchsgegenstand (ghö-*braujss*-ghee-ghön-ʃtant) *m* (pl ~e) utensilio *m*
Gebühr (ghö-*büür*) *f* (pl ~en) precio *m*; **Gebühren** derechos *mpl*; **gebührenpflichtige Verkehrsstraße** autopista de peaje
gebührend (ghö-*büü*-rönt) *adj* debido
Geburt (ghö-*buurt*) *f* (pl ~en) nacimiento *m*
Geburtsort (ghö-*buurtss*-ort) *m* (pl ~e) lugar de nacimiento
Geburtstag (ghö-*burtss*-taak) *m* (pl ~e) cumpleaños *m*
Gedächtnis (ghö-*dêjt*-niss) *nt* memoria *f*
Gedanke (ghö-*dang*-kö) *m* (pl ~n) pensamiento *m*
gedankenlos (ghö-*dang*-kön-lôôss) *adj* indiferente
Gedankenstrich (ghö-*dang*-kön-ʃtrij) *m* (pl ~e) guión *m*
Gedeckkosten (ghö-*dêk*-koss-tön) *pl* precio del cubierto
Gedenkfeier (ghö-*dêngk*-fai-ör) *f* (pl ~n) conmemoración *f*
Gedicht (ghö-*dijt*) *nt* (pl ~e) poema *m*
Geduld (ghö-*dult*) *f* paciencia *f*
geduldig (ghö-*dul*-dij) *adj* paciente
geeignet (ghö-*ai*-ghnöt) *adj* apto, apropiado, adecuado, conveniente
Gefahr (ghö-*faar*) *f* (pl ~en) peligro *m*
gefährlich (ghö-*fêêr*-lij) *adj* peligroso
Gefährte (ghö-*fêêr*-tö) *m* (pl ~n) compañero *m*
Gefälle (ghö-*fê*-lö) *nt* pendiente *f*
***gefallen** (ghö-*fa*-lön) *v* *placer
gefällig (ghö-*fê*-lij) *adj* simpático; grato
Gefälligkeit (ghö-*fê*-lij-kait) *f* (pl ~en) favor *m*
Gefangene (ghö-*fang*-ö-nö) *m* (pl ~n) prisionero *m*
***gefangennehmen** (ghö-*fang*-ön-nee-mön) *v* coger preso
Gefängnis (ghö-*fêng*-niss) *nt* (pl ~se) cárcel *f*, prisión *f*
Gefängniswärter (ghö-*fêng*-niss-vêr-tör) *m* (pl ~) carcelero *m*
Gefäß (ghö-*fêêss*) *nt* (pl ~e) vasija *f*
Gefecht (ghö-*fêjt*) *nt* (pl ~e) combate *m*
Geflügel (ghö-*flüü*-ghöl) *nt* aves de corral, volatería *f*
Geflügelhändler (ghö-*flüü*-ghöl-hên-dlör) *m* (pl ~) pollero *m*
Geflüster (ghö-*flüss*-tör) *nt* susurro *m*
gefräßig (ghö-*frêê*-ssij) *adj* glotón
***gefrieren** (ghö-*frii*-rön) *v* congelar; **gefroren** congelado
Gefrierpunkt (ghö-*friir*-pungkt) *m* punto de congelación
Gefrierschutzmittel (ghö-*friir*-ʃutss-mi-töl) *nt* (pl ~) anticongelante *m*
Gefrierwaren (ghö-*friir*-vaa-rön) *fpl* alimento congelado
Gefühl (ghö-*füül*) *nt* (pl ~e) sensación *f*
gefüllt (ghö-*fült*) *adj* rellenado
gegen (*ghee*-ghön) *prep* contra
Gegend (*ghee*-ghönt) *f* (pl ~en) región *f*; comarca *f*
Gegensatz (*ghee*-ghön-satss) *m* (pl ~e) contraste *m*
gegensätzlich (*ghee*-ghön-sêtss-lij) *adj* contrario
gegenseitig (*ghee*-ghön-sai-tij) *adj* recíproco
Gegenstand (*ghee*-ghön-ʃtant) *m* (pl ~e) artículo *m*, objeto *m*

Gegenteil (*ghee*-ghön-tail) *nt* contrario *m*; **im** ~ al contrario
gegenüber (ghee-ghön-*üü*-bör) *prep* enfrente de
***gegenüberstehen** (ghee-ghön-*üü*-bör-ʃtee-ön) *v* enfrentarse con
Gegenwart (*ghee*-ghön-vart) *f* presente *m*; presencia *f*
gegenwärtig (*ghee*-ghön-vêr-tij) *adj* actual; corriente
Gegner (*ghee*-ghnör) *m* (pl ~) contrincante *m*
Gehalt (ghö-*halt*) *nt* (pl ¨er) sueldo *m*, salario *m*
Gehaltserhöhung (ghö-*haltss*-êr-höö-ung) *f* (pl ~en) aumento de sueldo
gehässig (ghö-*hê*-ssij) *adj* malévolo
geheim (ghö-*haim*) *adj* secreto
Geheimnis (ghö-*haim*-niss) *nt* (pl ~se) secreto *m*; misterio *m*
geheimnisvoll (ghö-*haim*-niss-fol) *adj* misterioso
***gehen** (*ghee*-ön) *v* *ir; *andar, caminar
Gehirn (ghö-*hirn*) *nt* (pl ~e) cerebro *m*
Gehirnerschütterung (ghö-*hirn*-êr-ʃü-tö-rung) *f* conmoción cerebral
Gehör (ghö-*höör*) *nt* oído *m*
gehorchen (ghö-*hor*-jön) *v* *obedecer
gehören (ghö-*höö*-rön) *v* *pertenecer; *pertenecer a
Gehorsam (ghö-*hôôr*-saam) *m* obediencia *f*
gehorsam (ghö-*hôôr*-saam) *adj* obediente
Gehweg (*ghee*-veek) *m* (pl ~e) acera *f*
Geier (*ghai*-ör) *m* (pl ~) buitre *m*
Geige (*ghai*-ghö) *f* (pl ~n) violín *m*
Geisel (*ghai*-söl) *f* (pl ~n) rehén *m*
Geist (ghaisst) *m* (pl ~er) espíritu *m*, mente *f*, alma *f*; fantasma *m*
Geistesblitz (*ghaiss*-töss-blitss) *m* (pl ~e) ocurrencia *f*
geistig (*ghaiss*-tij) *adj* mental; espiritual
Geistliche (*ghaisst*-li-jö) *m* (pl ~n) clérigo *m*
geistreich (*ghaisst*-raij) *adj* chistoso
geizig (*ghai*-tssij) *adj* avaro
gekrümmt (ghö-*krümt*) *adj* encorvado
Gelächter (ghö-*lêj*-tör) *nt* risa *f*
gelähmt (ghö-*lêêmt*) *adj* paralítico
Gelände (ghö-*lên*-dö) *nt* terreno *m*; sitio *m*
Geländer (ghö-*lên*-dör) *nt* (pl ~) barrera *f*
gelassen (ghö-*la*-ssön) *adj* tranquilo
gelb (ghêlp) *adj* amarillo
Gelbsucht (*ghêlp*-sujt) *f* ictericia *f*
Geld (ghêlt) *nt* dinero *m*; **zu Gelde machen** cobrar
Geldanlage (*ghêlt*-an-laa-ghö) *f* (pl ~n) inversión *f*
Geldautomat (*ghêlt*-au-tô-maat) *m* (pl ~ en) cajero automático *m*
Geldbeutel (*ghêlt*-boi-töl) *m* (pl ~) monedero *m*
Geldschrank (*ghêlt*-ʃrangk) *m* (pl ¨e) caja fuerte
Geldstrafe (*ghêlt*-ʃtraa-fö) *f* (pl ~n) multa *f*
Gelee (ʒe-*lee*) *nt* jalea *f*
gelegen (ghö-*lee*-ghön) *adj* situado
Gelegenheit (ghö-*lee*-ghön-hait) *f* (pl ~en) ocasión *f*, oportunidad *f*
Gelegenheitskauf (ghö-*lee*-ghön-haitss-kauf) *m* (pl ¨e) ganga *f*
gelegentlich (ghö-*lee*-ghönt-lij) *adv* ocasionalmente
Gelehrte (ghö-*leer*-tö) *m* (pl ~n) erudito *m*
Geleit (ghö-*lait*) *nt* escolta *f*
Gelenk (ghö-*lêngk*) *nt* (pl ~e) articulación *f*
gelenkig (ghö-*lêng*-kij) *adj* ágil
geliebt (ghö-*liipt*) *adj* querido
***gelingen** (ghö-*ling*-ön) *v* *tener éxito
***gelten** (*ghêl*-tön) *v* aplicarse a

Gelübde (ghö-*lüp*-dö) *nt* (pl ~) voto *m*
Gemälde (ghö-*mêêl*-dö) *nt* (pl ~) pintura *f*, cuadro *m*
gemäß (ghö-*mêêss*) *prep* según; con arreglo a
gemäßigt (ghö-*mêê*-ssijt) *adj* moderado
gemein (ghö-*main*) *adj* vulgar, grosero
Gemeinde (ghö-*main*-dö) *f* (pl ~n) vecindario *m*; comunidad *f*, congregación *f*
gemeinsam (ghö-*main*-saam) *adj* común; *adv* juntamente
Gemeinschaft (ghö-*main*-ʃaft) *f* sociedad *f*
gemeinschaftlich (ghö-*main*-ʃaft-lij) *adj* en común
gemischt (ghö-*miʃt*) *adj* mezclado
Gemüse (ghö-*müü*-sö) *nt* (pl ~) legumbre *f*, legumbres *fpl*
Gemüsegarten (ghö-*müü*-sö-ghar-tön) *m* (pl ~̈) huerto *m*
Gemüsehändler (ghö-*müü*-sö-hên-dlör) *m* (pl ~) verdulero *m*
gemütlich (ghö-*müüt*-lij) *adj* íntimo
genau (ghö-*nau*) *adj* exacto; puntual, cuidadoso, meticuloso, preciso; correcto; *adv* justamente, exactamente
genehmigen (ghö-*nee*-mi-ghön) *v* *aprobar
Genehmigung (ghö-*nee*-mi-ghung) *f* (pl ~en) autorización *f*, permiso *m*
geneigt (ghö-*naikt*) *adj* inclinado
General (ghe-ne-*raal*) *m* (pl ~̈e) general *m*
Generalvertreter (ghe-ne-*raal*-fêr-tree-tör) *m* (pl ~) distribuidor *m*
Generation (ghe-ne-ra-*tssyôôn*) *f* (pl ~en) generación *f*
Generator (ghe-ne-*raa*-tor) *m* (pl ~en) generador *m*
***genesen** (ghö-*nee*-sön) *v* curarse
Genesung (ghö-*nee*-sung) *f* curación *f*
Genie (ʒe-*nii*) *nt* (pl ~s) genio *m*
***genießen** (ghö-*nii*-ssön) *v* disfrutar; gozar
Genosse (ghö-*no*-ssö) *m* (pl ~n) camarada *m*
Genossenschaft (ghö-*no*-ssön-ʃaft) *f* (pl ~en) cooperativa *f*
genug (ghö-*nuuk*) *adv* bastante
genügen (ghö-*nüü*-ghön) *v* *ser suficiente
genügend (ghö-*nüü*-ghönt) *adj* suficiente, bastante
Genugtuung (ghö-*nuuk*-tuu-ung) *f* satisfacción *f*
Genuß (ghö-*nuss*) *m* (pl Genüsse) goce *m*, delicia *f*
Geologie (ghe-ô-lô-*ghii*) *f* geología *f*
Geometrie (ghe-ô-me-*trii*) *f* geometría *f*
Gepäck (ghö-*pêk*) *nt* equipaje *m*
Gepäckaufbewahrung (ghö-*pêk*-auf-bö-vaa-rung) *f* consigna *f*
Gepäcknetz (ghö-*pêk*-nêtss) *nt* (pl ~e) rejilla *f*
Gepäckwagen (ghö-*pêk*-vaa-ghön) *m* (pl ~) furgón de equipajes
Geplauder (ghö-*plau*-dör) *nt* charla *f*
gerade (ghö-*raa*-dö) *adj* derecho; par; *adv* apenas
geradeaus (ghö-raa-dö-*auss*) *adv* todo seguido
geradewegs (ghö-*raa*-dö-veekss) *adv* directamente
Gerät (ghö-*rêêt*) *nt* (pl ~e) aparato *m*; utensilio *m*, herramienta *f*
geräumig (ghö-*roi*-mij) *adj* espacioso
Geräusch (ghö-*roiʃ*) *nt* (pl ~e) ruido *m*
gerecht (ghö-*rêjt*) *adj* justo
Gerechtigkeit (ghö-*rêj*-tij-kait) *f* justicia *f*
Gericht (ghö-*rijt*) *nt* (pl ~e) tribunal

m; guiso *m*
Gerichtshof (ghö-*rijtss*-hôôf) *m* (pl ¨~e) tribunal *m*
Gerichtsverfahren (ghö-*rijtss*-fêr-faa-rön) *nt* (pl ~) proceso *m*, causa *f*
Gerichtsvollzieher (ghö-*rijtss*-fol-tssii-ör) *m* (pl ~) ujier *m*
gering (ghö-*ring*) *adj* escaso, menudo; **geringer** inferior; **geringst** mínimo
geringfügig (ghö-*ring*-füü-ghij) *adj* insignificante, leve
Geringschätzung (ghö-*ring*-ʃê-tssung) *f* menosprecio *m*
***gerinnen** (ghö-*ri*-nön) *v* coagularse
Gerippe (ghö-*ri*-pö) *nt* (pl ~) esqueleto *m*
gern (ghêrn) *adv* gustosamente; ~ ***haben** gustar, amar; ~ ***mögen** *querer
gerne (*ghêr*-nö) *adv* gustosamente
Gerste (*ghêrss*-tö) *f* cebada *f*
Geruch (ghö-*ruj*) *m* (pl ¨~e) olor *m*
Gerücht (ghö-*rüjt*) *nt* (pl ~e) rumor *m*
Gerüst (ghö-*rüsst*) *nt* (pl ~e) andamio *m*
gesamt (ghö-*samt*) *adj* total
Gesamtsumme (ghö-*samt*-su-mö) *f* (pl ~n) total *m*
Gesandtschaft (ghö-*sant*-ʃaft) *f* (pl ~en) legación *f*
Gesäß (ghö-*sêêss*) *nt* (pl ~e) trasero *m*
Geschädigte (ghö-*ʃêê*-dij-tö) *m* (pl ~n) víctima *f*
Geschäft (ghö-*ʃêft*) *nt* (pl ~e) tienda *f*; negocio *m*; transacción *f*; **Geschäfte machen mit** *hacer negocios con
Geschäftigkeit (ghö-*ʃêf*-tij-kait) *f* agitación *f*
geschäftlich (ghö-*ʃêft*-lij) *adj* por asuntos de negocio
Geschäftsführer (ghö-*ʃêftss*-füü-rör) *m* (pl ~) ejecutivo *m*
Geschäftsmann (ghö-*ʃêftss*-man) *m* (pl -leute) hombre de negocios, tendero *m*
geschäftsmäßig (ghö-*ʃêftss*-mêê-ssij) *adj* práctico
Geschäftsreise (ghö-*ʃêftss*-rai-sö) *f* (pl ~n) viaje de negocios
Geschäftszeit (ghö-*ʃêftss*-tssait) *f* (pl ~en) horas de oficina
***geschehen** (ghö-*ʃee*-ön) *v* suceder
gescheit (ghö-*ʃait*) *adj* listo
Geschenk (ghö-*ʃêngk*) *nt* (pl ~e) regalo *m*, presente *m*
Geschichte (ghö-*ʃij*-tö) *f* (pl ~n) historia *f*; cuento *m*
geschichtlich (ghö-*ʃijt*-lij) *adj* histórico
Geschick (ghö-*ʃik*) *nt* suerte *f*
geschickt (ghö-*ʃikt*) *adj* hábil
Geschirrtuch (ghö-*ʃir*-tuuj) *nt* (pl ¨~er) trapo de cocina
Geschlecht (ghö-*ʃlêjt*) *nt* (pl ~er) sexo *m*; género *m*
geschlechtlich (ghö-*ʃlêjt*-lij) *adj* genital
Geschlechtskrankheit (ghö-*ʃlêjtss*-krangk-hait) *f* (pl ~en) enfermedad venérea
geschlossen (ghö-*ʃlo*-ssön) *adj* cerrado
Geschmack (ghö-*ʃmak*) *m* gusto *m*; sabor *m*
geschmacklos (ghö-*ʃmak*-lôôss) *adj* insípido
geschmeidig (ghö-*ʃmai*-dij) *adj* flexible; dulce
Geschöpf (ghö-*ʃöpf*) *nt* (pl ~e) ser *m*, criatura *f*
Geschoß (ghö-*ʃoss*) *nt* (pl Geschosse) piso *m*
Geschwader (ghö-*ʃvaa*-dör) *nt* (pl ~) escuadrilla *f*
Geschwätz (ghö-*ʃvêtss*) *nt* charla *f*

geschwind (ghö-*ʃvint*) *adj* veloz
Geschwindigkeit (ghö-*ʃvin*-dij-kait) *f* (pl ~en) velocidad *f*
Geschwindigkeitsbegrenzung (ghö-*ʃvin*-dij-kaitss-bö-ghrên-tssung) *f* (pl ~en) límite de velocidad
Geschwindigkeitsmesser (ghö-*ʃvin*-dij-kaitss-mê-ssör) *m* (pl ~) velocímetro *m*
Geschwindigkeitsübertretung (ghö-*ʃvin*-dij-kaitss-üü-bör-tree-tung) *f* (pl ~en) exceso de velocidad
Geschwulst (ghö-*ʃvulsst*) *f* (pl ⁓̈e) tumor *m*; hinchazón *f*
Geschwür (ghö-*ʃvüür*) *nt* (pl ~e) úlcera *f*
Gesellschaft (ghö-*sêl*-ʃaft) *f* (pl ~en) compañía *f*, asociación *f*; sociedad *f*; **Gesellschafts-** social
Gesellschaftsanzug (ghö-*sêl*-ʃaftss-an-tssuuk) *m* (pl ⁓̈e) traje de etiqueta
Gesellschaftsraum (ghö-*sêl*-ʃaftss-raum) *m* (pl ⁓̈e) salón *m*
Gesetz (ghö-*sêtss*) *nt* (pl ~e) ley *f*
gesetzlich (ghö-*sêtss*-lij) *adj* lícito; legal
gesetzmäßig (ghö-*sêtss*-mêê-ssij) *adj* legítimo
gesetzt (ghö-*sêtsst*) *adj* sosegado
Gesicht (ghö-*sijt*) *nt* (pl ~er) cara *f*
Gesichtskrem (ghö-*sijtss*-kreem) *f* (pl ~s) crema facial
Gesichtsmassage (ghö-*sijtss*-ma-ssaa-ʒö) *f* (pl ~n) masaje facial
Gesichtspackung (ghö-*sijtss*-pa-kung) *f* (pl ~en) máscara facial
Gesichtszug (ghö-*sijtss*-tssuuk) *m* (pl ⁓̈e) rasgo *m*
gesondert (ghö-*son*-dört) *adv* por separado
gespannt (ghö-*ʃpant*) *adj* curioso; tenso
Gespenst (ghö-*ʃpênsst*) *nt* (pl ~er) fantasma *m*
Gespräch (ghö-*ʃprêêj*) *nt* (pl ~e) conversación *f*
gesprächig (ghö-*ʃprêê*-jij) *adj* locuaz
gesprenkelt (ghö-*ʃprêng*-költ) *adj* moteado
Gestalt (ghö-*ʃtalt*) *f* (pl ~en) figura *f*
Geständnis (ghö-*ʃtênt*-niss) *nt* (pl ~se) confesión *f*
gestatten (ghö-*ʃta*-tön) *v* permitir
***gestehen** (ghö-*ʃtee*-ön) *v* *reconocer
Gestell (ghö-*ʃtêl*) *nt* (pl ~e) armadura *f*
gestern (*ghêss*-törn) *adv* ayer
gestikulieren (ghêss-ti-ku-*lii*-rön) *v* gesticular
gestreift (ghö-*ʃtraift*) *adj* rayado
Gestrüpp (ghö-*ʃtrüp*) *nt* (pl ~e) matorral *m*
Gesuch (ghö-*suuj*) *nt* (pl ~e) demanda *f*
gesund (ghö-*sunt*) *adj* sano
Gesundheit (ghö-*sunt*-hait) *f* salud *f*
Gesundheitsattest (ghö-*sunt*-haitss-a-têsst) *nt* (pl~e) certificado de salud
Getränk (ghö-*trêngk*) *nt* (pl ~e) bebida *f*; **alkoholfreies** ~ bebida no alcohólica; **alkoholische Getränke** bebidas espirituosas
Getreide (ghö-*trai*-dö) *nt* trigo *m*, cereales *mpl*
getrennt (ghö-*trênt*) *adj* separado; *adv* separadamente
Getriebe (ghö-*trii*-bö) *nt* caja de velocidades
Getue (ghö-*tuu*-ö) *nt* bulla *f*, alharaca *f*
geübt (ghö-*üüpt*) *adj* hábil
Gewächshaus (ghö-*vêkss*-hauss) *nt* (pl ⁓̈er) invernáculo *m*
gewagt (ghö-*vaakt*) *adj* arriesgado
gewähren (ghö-*vêê*-rön) *v* conceder
Gewalt (ghö-*valt*) *f* violencia *f*, fuerza *f*; **vollziehende** ~ poder ejecutivo
Gewaltakt (ghö-*valt*-akt) *m* (pl ~e) ul-

traje *m*
gewaltig (ghö-*val*-tij) *adj* formidable
gewaltsam (ghö-*valt*-saam) *adj* violento
Gewand (ghö-*vant*) *nt* (pl ¨~er) traje *m*
gewandt (ghö-*vant*) *adj* inteligente, hábil
Gewebe (ghö-*vee*-bö) *nt* (pl ~) tejido *m*
Gewehr (ghö-*veer*) *nt* (pl ~e) fusil *m*, rifle *m*
Geweih (ghö-*vai*) *nt* (pl ~e) cornamenta *f*
Gewerbe (ghö-*vêr*-bö) *nt* (pl ~) comercio *m*
Gewerkschaft (ghö-*vêrk*-ʃaft) *f* (pl ~en) sindicato *m*
Gewicht (ghö-*vijt*) *nt* (pl ~e) peso *m*
gewillt (ghö-*vilt*) *adj* dispuesto
Gewinn (ghö-*vin*) *m* (pl ~e) beneficio *m*; ganancia *f*
***gewinnen** (ghö-*vi*-nön) *v* vencer, ganar
gewiß (ghö-*viss*) *adj* cierto
Gewissen (ghö-*vi*-ssön) *nt* conciencia *f*
Gewitter (ghö-*vi*-tör) *nt* (pl ~) tronada *f*
gewitterschwül (ghö-*vi*-tör-ʃvüül) *adj* tormentoso
gewöhnen (ghö-*vöö*-nön) *v* acostumbrar
Gewohnheit (ghö-*vôôn*-hait) *f* (pl ~en) hábito *m*, costumbre *f*
gewöhnlich (ghö-*vöön*-lij) *adj* usual, corriente, ordinario; *adv* generalmente, habitualmente
gewohnt (ghö-*vôônt*) *adj* acostumbrado; habitual, normal, corriente; ~ ***sein** *estar acostumbrado a
gewöhnt (ghö-*vöönt*) *adj* acostumbrado
Gewölbe (ghö-*völ*-bö) *nt* (pl ~) bóveda *f*
gewunden (ghö-*vun*-dön) *adj* tortuoso
gewürfelt (ghö-*vür*-fölt) *adj* cuadriculado
Gewürz (ghö-*vürtss*) *nt* (pl ~e) especia *f*
gewürzt (ghö-*vürtsst*) *adj* condimentado
geziert (ghö-*tssiirt*) *adj* afectado
Gicht (ghijt) *f* gota *f*
Giebel (*ghii*-böl) *m* (pl ~) faldón *m*
Gier (ghiir) *f* codicia *f*
gierig (*ghii*-rij) *adj* codicioso
***gießen** (*ghii*-ssön) *v* *verter
Gift (ghift) *nt* (pl ~e) veneno *m*
giftig (*ghif*-tij) *adj* venenoso
Gipfel (*ghi*-pföl) *m* (pl ~) colmo *m*, cima *f*, pico *m*
Gips (ghipss) *m* yeso *m*
Gitarre (ghi-*ta*-rö) *f* (pl ~n) guitarra *f*
Gitter (*ghi*-tör) *nt* (pl ~) barandilla *f*
Glanz (ghlantss) *m* resplandor *m*, brillo *m*
glänzen (*ghlên*-tssön) *v* *resplandecer
glänzend (*ghlên*-tssönt) *adj* espléndido, brillante; lustroso
Glanzleistung (*ghlantss*-laiss-tung) *f* (pl ~en) gran trabajo
glanzlos (*ghlantss*-lôôss) *adj* apagado
Glas (ghlaass) *nt* (pl ¨~er) vaso *m*, vidrio *m*
gläsern (*ghlêê*-sörn) *adj* de vidrio
glasieren (ghla-*sii*-rön) *v* esmaltar
glatt (ghlat) *adj* llano; liso
Glattbutt (*ghlat*-but) *m* (pl ~e) rodaballo *m*
Glaube (*ghlau*-bö) *m* creencia *f*; fe *f*
glauben (*ghlau*-bön) *v* *creer
Gläubiger (*ghloi*-bi-ghör) *m* (pl ~) acreedor *m*
glaubwürdig (*ghlaub*-vür-dij) *adj* verosímil
gleich (ghlaij) *adj* igual; *adv* igualmente

***gleichen** (*ghlai*-jön) *v* asemejarse
gleichfalls (*ghlaij*-falss) *adv* asimismo
gleichförmig (*ghlaij*-för-mij) *adj* uniforme
gleichgesinnt (*ghlaij*-ghö-sint) *adj* unánime
Gleichgewicht (*ghlaij*-ghö-vijt) *nt* equilibrio *m*
gleichgültig (*ghlaij*-ghül-tij) *adj* indiferente
Gleichheit (*ghlaij*-hait) *f* igualdad *f*
***gleichkommen** (*ghlaij*-ko-mön) *v* igualar
gleichlaufend (*ghlaij*-lau-fönt) *adj* paralelo
gleichmachen (*ghlaij*-ma-jön) *v* igualar
Gleichstrom (*ghlaij*-ʃtrôôm) *m* corriente continua
gleichwertig (*ghlaij*-veer-tij) *adj* equivalente
gleichzeitig (*ghlaij*-tssai-tij) *adj* simultáneo
Gleis (ghlaiss) *nt* (pl ~e) vía *f*
***gleiten** (*ghlai*-tön) *v* resbalar, deslizarse
Gletscher (*ghlê*-chör) *m* (pl ~) glaciar *m*
Glied (ghliit) *nt* (pl ~er) miembro *m*; eslabón *m*
glitschig (*ghli*-chij) *adj* resbaladizo
global (ghlô-*baal*) *adj* general
Globus (*ghlôô*-buss) *m* (pl Globen) globo *m*
Glocke (*ghlo*-kö) *f* (pl ~n) campana *f*
Glockenspiel (*ghlo*-kön-ʃpiil) *nt* (pl ~e) carillón *m*
Glück (ghlük) *nt* éxito *m*, suerte *f*; felicidad *f*; fortuna *f*
glücklich (*ghlük*-lij) *adj* afortunado; feliz
Glückwunsch (*ghlük*-vunʃ) *m* (pl ¨~e) felicitación *f*
Glühbirne (*ghlüü*-bir-nö) *f* (pl ~n) bombilla *f*; foco *mMe*
glühen (*ghlüü*-ön) *v* brillar
Glut (ghluut) *f* brillo *m*
Gnade (*ghnaa*-dö) *f* perdón *m*; misericordia *f*
Gobelin (ghô-bö-*lêng*) *m* (pl ~s) tapiz *m*
Gold (gholt) *nt* oro *m*
golden (*ghol*-dön) *adj* dorado
Goldgrube (*gholt*-ghruu-bö) *f* (pl ~n) mina de oro
Goldschmied (*gholt*-ʃmiit) *m* (pl ~e) orfebre *m*
Golf (gholf) *m* (pl ~e) golfo *m*; *nt* golf *m*
Golfklub (*gholf*-klup) *m* (pl ~s) palo de golf
Golfplatz (*gholf*-platss) *m* (pl ¨~e) campo de golf
Gondel (*ghon*-döl) *f* (pl ~n) góndola *f*
Gosse (*gho*-ssö) *f* (pl ~n) cuneta *f*
Gott (ghot) *m* (pl ¨~er) dios *m*
Gottesdienst (*gho*-töss-diinsst) *m* (pl ~e) culto *m*
Göttin (*ghö*-tin) *f* (pl ~nen) diosa *f*
göttlich (*ghöt*-lij) *adj* divino
Gouvernante (ghu-vêr-*nan*-tö) *f* (pl ~n) aya *f*
Gouverneur (ghu-vêr-*nöör*) *m* (pl ~e) gobernador *m*
Grab (ghraap) *nt* (pl ¨~er) sepultura *f*, tumba *f*
Graben (*ghraa*-bön) *m* (pl ¨~) zanja *f*, cuneta *f*
***graben** (*ghraa*-bön) *v* cavar
Grabstein (*ghraap*-ʃtain) *m* (pl ~e) lápida *f*
Grad (ghraat) *m* (pl ~e) grado *m*
Graf (ghraaf) *m* (pl ~en) conde *m*
Gräfin (*ghrêê*-fin) *f* (pl ~nen) condesa *f*
Grafschaft (*ghraaf*-ʃaft) *f* (pl ~en) condado *m*
sich grämen (*ghrêê*-mön) *estar afli-

gido
Gramm (ghram) *nt* (pl ~e) gramo *m*
Grammatik (ghra-*ma*-tik) *f* gramática *f*
grammatikalisch (ghra-ma-ti-*kaa*-liʃ) *adj* gramatical
Grammophon (ghra-mô-*fôôn*) *nt* (pl ~e) gramófono *m*, tocadiscos *m*
Granit (ghra-*niit*) *m* granito *m*
Graphik (*ghraa*-fik) *f* (pl ~en) gráfico *m*
graphisch (*ghraa*-fiʃ) *adj* gráfico
Gras (ghraass) *nt* césped *m*
Grashalm (*ghraass*-halm) *m* (pl ~e) brizna de hierba
Grat (ghraat) *m* (pl ~e) cresta *f*
Gräte (*ghrêê*-tö) *f* (pl ~n) espina *f*
gratis (*ghraa*-tiss) *adv* gratuito
gratulieren (ghra-tu-*lii*-rön) *v* felicitar, cumplimentar
grau (ghrau) *adj* gris
grauenhaft (*ghrau*-ön-haft) *adj* atroz
grausam (*ghrau*-saam) *adj* cruel
Graveur (ghra-*vöör*) *m* (pl ~e) grabador *m*
gravieren (ghra-*vii*-rön) *v* grabar
greifbar (*ghraif*-baar) *adj* tangible
***greifen** (*ghrai*-fön) *v* tomar
Grenze (*ghrên*-tssö) *f* (pl ~n) frontera *f*; límite *m*
Grieche (*ghrii*-jö) *m* (pl ~n) griego *m*
Griechenland (*ghrii*-jön-lant) Grecia *f*
griechisch (*ghrii*-jiʃ) *adj* griego
Griff (ghrif) *m* (pl ~e) agarre *m*; apretón *m*
Grille (*ghri*-lö) *f* (pl ~n) grillo *m*; antojo *m*
grillen (*ghri*-lön) *v* asar en parrilla
Grillroom (*ghril*-ruum) *m* (pl ~s) parrilla *f*
Grinsen (*ghrin*-sön) *nt* sonrisa sardónica
grinsen (*ghrin*-sön) *v* *sonreír
Grippe (*ghri*-pö) *f* gripe *f*
grob (ghroop) *adj* grosero, burdo
Gros (ghross) *nt* gruesa *f*
groß (ghrôôss) *adj* grande; alto
großartig (*ghrôôss*-ar-tij) *adj* grandioso, imponente, tremendo
Großbritannien (ghrôôss-bri-*ta*-nyön) Gran Bretaña
Großbuchstabe (*ghrôôss*-buuj-ʃtaa-bö) *m* (pl ~n) mayúscula *f*
Größe (*ghröö*-ssö) *f* (pl ~n) tamaño *m*
Großeltern (*ghrôôss*-êl-törn) *pl* abuelos *mpl*
Großhandel (*ghrôôss*-han-döl) *m* venta al por mayor
Großhändler (*ghrôôss*-hên-dlör) *m* (pl ~) mayorista *m*
Großmama (*ghrôôss*-ma-maa) *f* (pl ~s) abuela *f*
Großmut (*ghrôôss*-muut) *m* generosidad *f*
Großmutter (*ghrôôss*-mu-tör) *f* (pl ¨~) abuela *f*
Großpapa (*ghrôôss*-pa-paa) *m* (pl ~s) abuelo *m*
Großvater (*ghrôôss*-faa-tör) *m* (pl ¨~) abuelo *m*
***großziehen** (*ghrôôss*-tssii-ön) *v* educar; criar
großzügig (*ghrôôss*-tssüü-ghij) *adj* generoso, dadivoso
Grotte (*ghro*-tö) *f* (pl ~n) gruta *f*
Grube (*ghruu*-bö) *f* (pl ~n) bache *m*, hoyo *m*; mina *f*
grün (ghrüün) *adj* verde; **grüne Versicherungskarte** tarjeta verde
Grund (ghrunt) *m* (pl ¨~e) tierra *f*; motivo *m*, razón *f*; **Grund-** primario
gründen (*ghrün*-dön) *v* *establecer, fundar; basar
Grundgesetz (*ghrunt*-ghö-sêtss) *nt* (pl ~e) constitución *f*
Grundlage (*ghrunt*-laa-ghö) *f* (pl ~n)

fundamento *m*
grundlegend (*ghrunt*-lee-ghönt) *adj* esencial, fundamental
gründlich (*ghrünt*-lij) *adj* minucioso
Grundriß (*ghrunt*-riss) *m* (pl -risse) plano *m*
Grundsatz (*ghrunt*-satss) *m* (pl ~̈e) principio *m*
Grundstück (*ghrunt*-ʃtük) *nt* (pl ~e) terreno *m*
Gruppe (*ghru*-pö) *f* (pl ~n) grupo *m*
Grus (ghruuss) *m* polvo *m*
gruselig (*ghruu*-sö-lij) *adj* espeluznante
Gruß (ghruuss) *m* (pl ~̈e) saludo *m*
grüßen (*ghrüü*-ssön) *v* saludar
gucken (*ghu*-kön) *v* mirar
gültig (*ghül*-tij) *adj* vigente
Gummi (*ghu*-mi) *m* caucho *m*; goma *f*; hule *mMe*
Gummiband (*ghu*-mi-bant) *nt* (pl ~̈er) cinta de goma, elástico *m*
Gummilinse (*ghu*-mi-lin-sö) *f* (pl ~n) lente de foco regulable
Gunst (ghunsst) *f* gracia *f*
günstig (*ghünss*-tij) *adj* favorable
gurgeln (*ghur*-ghöln) *v* *hacer gárgaras
Gurke (*ghur*-kö) *f* (pl ~n) pepino *m*
Gürtel (*ghür*-töl) *m* (pl ~) cinturón *m*
Gußeisen (*ghuss*-ai-sön) *nt* hierro fundido
gut (ghuut) *adj* bueno; correcto; *adv* bien; **gut!** ¡bueno!
Güter (*ghüü*-tör) *ntpl* bienes *mpl*
Güterzug (*ghüü*-tör-tssuuk) *m* (pl ~̈e) tren de mercancías
gutgelaunt (*ghuut*-ghö-launt) *adj* de buen humor
gutgläubig (*ghuut*-ghloi-bij) *adj* crédulo
gütig (*ghüü*-tij) *adj* bueno
gutmütig (*ghuut*-müü-tij) *adj* bondadoso
Gutschein (*ghuut*-ʃain) *m* (pl ~e) comprobante *m*
Gynäkologe (ghü-nê-kô-*lôô*-ghö) *m* (pl ~n) ginecólogo *m*

H

Haar (haar) *nt* (pl ~e) cabello *m*
Haarbürste (*haar*-bürss-tö) *f* (pl ~n) cepillo para el cabello
Haarfixativ (*haar*-fi-kssa-tiif) *nt* fijador *m*
haarig (*haa*-rij) *adj* cabelludo
Haarklemme (*haar*-klê-mö) *f* (pl ~n) horquilla *f*
Haarkrem (*haar*-kreem) *f* (pl ~s) brillantina *f*
Haarlack (*haar*-lak) *m* (pl ~e) laca para el cabello
Haarnadel (*haar*-naa-döl) *f* (pl ~n) horquilla *f*
Haarnetz (*haar*-nêtss) *nt* (pl ~e) redecilla *f*
Haaröl (*haar*-ööl) *nt* aceite para el pelo
Haarschnitt (*haar*-ʃnit) *m* (pl ~e) corte de pelo
Haartonikum (*haar*-tôô-ni-kum) *nt* tónico para el cabello
Haartracht (*haar*-trajt) *f* (pl ~en) peinado *m*
Habe (*haa*-bö) *f* bienes *mpl*, pertenencias *fpl*
***haben** (*haa*-bön) *v* *haber, *tener
Habicht (*haa*-bijt) *m* (pl ~e) azor *m*
hacken (*ha*-kön) *v* tajar
Hafen (*haa*-fön) *m* (pl ~̈) puerto *m*
Hafenarbeiter (*haa*-fön-ar-bai-tör) *m* (pl ~) obrero portuario
Hafer (*haa*-för) *m* avena *f*
Haft (haft) *f* detención *f*, encarcelamiento *m*

haftbar (*haft*-baar) *adj* responsable
Haftbarkeit (*haft*-baar-kait) *f* responsabilidad *f*
Häftling (*hêft*-ling) *m* (pl ~e) preso *m*
Hagel (*haa*-ghöl) *m* granizo *m*
Hahn (haan) *m* (pl ⍨e) gallo *m*; grifo *m*
Hai (hai) *m* (pl ~e) tiburón *m*
Hain (hain) *m* (pl ~e) soto *m*
häkeln (*hêê*-köln) *v* *hacer croché
Haken (*haa*-kön) *m* (pl ~) gancho *m*
halb (halp) *adj* medio; *adv* medio; **Halb-** semi-
halbieren (hal-*bii*-rön) *v* partir por la mitad
Halbinsel (*halp*-in-söl) *f* (pl ~n) península *f*
Halbkreis (*halp*-kraiss) *m* (pl ~e) semicírculo *m*
halbwegs (*halp*-veekss) *adv* a mitad de camino
Halbzeit (*halp*-tssait) *f* descanso *m*
Hälfte (*hêlf*-tö) *f* (pl ~n) mitad *f*
Halle (*ha*-lö) *f* (pl ~n) vestíbulo *m*
hallo! (ha-*lôô*) ¡hola!
Hals (halss) *m* (pl ⍨e) cuello *m*; garganta *f*
Halsband (*halss*-bant) *nt* (pl ⍨er) collar *m*
Halsentzündung (*halss*-ênt-tssün-dung) *f* (pl ~en) laringitis *f*
Halskette (*halss*-kê-tö) *f* (pl ~n) collar *m*
Halsschmerzen (*halss*-ʃmêr-tssön) *mpl* dolor de garganta
Halt (halt) *m* agarradero *m*
***halten** (*hal*-tön) *v* *tener; **halt!** ¡alto!; ~ **für** considerar
Haltestelle (*hal*-tö-ʃtê-lö) *f* (pl ~n) parada *f*
Haltung (*hal*-tung) *f* (pl ~en) actitud *f*
Hammelfleisch (*ha*-möl-flaiʃ) *nt* carnero *m*
Hammer (*ha*-mör) *m* (pl ⍨) martillo *m*
Hämorrhoiden (hê-mô-rô-*ii*-dön) *fpl* hemorroides *fpl*
Hand (hant) *f* (pl ⍨e) mano *f*; **Hand-** manual
Handarbeit (*hant*-ar-bait) *f* (pl ~en) obra hecha a mano, trabajo manual; labor de aguja
Handbremse (*hant*-brêm-sö) *f* (pl ~n) freno de mano
Handbuch (*hant*-buuj) *nt* (pl ⍨er) manual *m*
Händedruck (*hên*-dö-druk) *m* apretón de manos
Handel (*han*-döl) *m* comercio *m*; negocios *mpl*; **Handels-** comercial
handeln (*han*-döln) *v* *hacer; comerciar; regatear
Handelsrecht (*han*-dölss-rêjt) *m* derecho comercial
Handelsware (*han*-dölss-vaa-rö) *f* mercancía *f*
Handfläche (*hant*-flê-jö) *f* (pl ~n) palma *f*
handgearbeitet (*hant*-ghö-ar-bai-töt) *adj* hecho a mano
Handgelenk (*hant*-ghö-lêngk) *nt* (pl ~e) muñeca *f*
Handgepäck (*hant*-ghö-pêk) *nt* equipaje de mano
Handgriff (*hant*-ghrif) *m* (pl ~e) mango *m*
handhaben (*hant*-haa-bön) *v* manejar
Handkoffer (*hant*-ko-för) *m* (pl ~) maleta *f*
Handkrem (*hant*-kreem) *f* (pl ~s) crema para las manos
Händler (*hên*-dlör) *m* (pl ~) comerciante *m*
handlich (*hant*-lij) *adj* manejable
Handlung (*han*-dlung) *f* (pl ~en) acción *f*; trama *f*
Handschellen (*hant*-ʃê-lön) *fpl* espo-

sas *fpl*
Handschrift (*hant*-ʃrift) *f* (pl ~en) escritura *f*
Handschuh (*hant*-ʃuu) *m* (pl ~e) guante *m*
Handtasche (*hant*-ta-ʃö) *f* (pl ~n) bolso *m*, cartera *f*
Handtuch (*hant*-tuuj) *nt* (pl ~̈er) toalla *f*
Handvoll (*hant*-fol) *f* puñado *m*
Handwerk (*hant*-vêrk) *nt* artesanía *f*
Hanf (hanf) *m* cáñamo *m*
Hang (hang) *m* (pl ~̈e) ladera *f*
Hängebrücke (*hêng*-ö-brü-kö) *f* (pl ~n) puente colgante
Hängematte (*hêng*-ö-ma-tö) *f* (pl ~n) hamaca *f*
***hängen** (*hêng*-ön) *v* *colgar
Harfe (*har*-fö) *f* (pl ~n) arpa *f*
Harke (*har*-kö) *f* (pl ~n) rastrillo *m*
harmlos (*harm*-lôôss) *adj* inocuo
Harmonie (har-mô-*nii*) *f* armonía *f*
hart (hart) *adj* duro
hartnäckig (*hart*-nê-kij) *adj* testarudo, pertinaz, obstinado
Harz (hartss) *m* resina *f*
Hase (*haa*-sö) *m* (pl ~n) liebre *f*
Haselnuß (*haa*-söl-nuss) *f* (pl -nüsse) avellana *f*
Haß (hass) *m* odio *m*
hassen (*ha*-ssön) *v* detestar, odiar
häßlich (*hêss*-lij) *adj* feo
Hast (hasst) *f* prisa *f*
hastig (*hass*-tij) *adj* apresurado
Haufen (*hau*-fön) *m* (pl ~) montón *m*, masa *f*; grupo *m*
häufig (*hoi*-fij) *adj* frecuente; *adv* a menudo
Häufigkeit (*hoi*-fij-kait) *f* frecuencia *f*
Haupt (haupt) *nt* (pl ~̈er) cabeza *f*; jefe *m*; **Haupt-** capital; principal, dominante; mayor
Hauptbahnhof (*haupt*-baan-hôôf) *m* (pl ~̈e) estación central
Hauptleitung (*haupt*-lai-tung) *f* (pl ~en) conducción principal
Häuptling (*hoipt*-ling) *m* (pl ~e) jefe *m*
Hauptmahlzeit (*haupt*-maal-tssait) *f* (pl ~en) comida principal
Hauptquartier (*haupt*-kvar-tiir) *nt* (pl ~e) cuartel general
hauptsächlich (*haupt*-sêj-lij) *adj* principal, primordial; *adv* sobre todo, principalmente
Hauptstadt (*haupt*-ʃtat) *f* (pl ~̈e) capital *f*
Hauptstraße (*haupt*-ʃtraa-ssö) *f* (pl ~n) camino principal; calle mayor
Hauptstrecke (*haupt*-ʃtrê-kö) *f* (pl ~n) línea principal
Hauptverkehrsstraße (*haupt*-fêr-keerss-ʃtraa-ssö) *f* (pl ~n) arteria principal
Hauptverkehrszeit (*haupt*-fêr-keerss-tssait) *f* (pl ~en) hora punta, hora de afluencia
Hauptwort (*haupt*-vort) *nt* (pl ~̈er) nombre *m*
Haus (hauss) *nt* (pl ~̈er) casa *f*; **im ~** en casa; **nach Hause** a casa; **zu Hause** en casa
Hausangestellte (*hauss*-an-ghö-ʃtêl-tö) *f* (pl ~n) criada *f*
Hausarbeit (*hauss*-ar-bait) *f* (pl ~en) gobierno de la casa
Hausbesitzer (*hauss*-bö-si-tssör) *m* (pl ~) propietario *m*, dueño *m*
Häuserblock (*hoi*-sör-blok) *m* (pl ~s) manzana de casas
Häusermakler (*hoi*-sör-maak-lör) *m* (pl ~) corredor de casas
Hausfrau (*hauss*-frau) *f* (pl ~en) ama de casa
Haushalt (*hauss*-halt) *m* (pl ~e) gobierno de la casa, menaje *m*
Haushälterin (*hauss*-hêl-tö-rin) *f* (pl ~nen) ama de llaves

Haushaltsarbeiten (*hauss*-haltss-ar-bai-tön) *fpl* faenas domésticas
Hausherrin (*hauss*-hê-rin) *f* (pl ~nen) señora *f*
Hauslehrer (*hauss*-lee-rör) *m* (pl ~) maestro particular
häuslich (*hoiss*-lij) *adj* doméstico
Hausmeister (*hauss*-maiss-tör) *m* (pl ~) guardián *m*, conserje *m*
Hausschlüssel (*hauss*-ʃlü-ssöl) *m* (pl ~) llave de la casa
Hausschuh (*hauss*-ʃuu) *m* (pl ~e) zapatilla *f*
Haustier (*hauss*-tiir) *nt* (pl ~e) animal doméstico
Haut (haut) *f* piel *f*
Hautausschlag (*haut*-auss-ʃlaak) *m* erupción *f*
Hautkrem (*haut*-kreem) *f* (pl ~s) crema para la piel
Hebamme (*heep*-a-mö) *f* (pl ~n) comadrona *f*
Hebel (*hee*-böl) *m* (pl ~) palanca *f*
***heben** (*hee*-bön) *v* levantar; alzar
Hebräisch (he-*brêê*-iʃ) *nt* hebreo *m*
Hecht (hêjt) *m* (pl ~e) lucio *m*
Hecke (*hê*-kö) *f* (pl ~n) seto *m*
Heckenschütze (*hê*-kön-ʃü-tssö) *m* (pl ~n) francotirador *m*
Heer (heer) *nt* (pl ~e) ejército *m*
Hefe (*hee*-fö) *f* levadura *f*
Heft (hêft) *nt* (pl ~e) cuaderno *m*; número *m*
heftig (*hêf*-tij) *adj* violento; impetuoso, intenso
Heftklammer (*hêft*-kla-mör) *f* (pl ~n) grapa *f*
Heftpflaster (*hêft*-pflass-tör) *nt* (pl ~) esparadrapo *m*
Heide (*hai*-dö) *f* (pl ~n) landa *f*, brezal *m*; *m* pagano *m*
Heidekraut (*hai*-dö-kraut) *nt* brezo *m*
heidnisch (*hait*-niʃ) *adj* pagano
heikel (*hai*-köl) *adj* precario
Heilbad (*hail*-baat) *nt* (pl ~̈er) balneario *m*
Heilbutt (*hail*-but) *m* (pl ~e) halibut *m*
heilen (*hai*-lön) *v* curar
heilig (*hai*-lij) *adj* sagrado, santo
Heilige (*hai*-li-ghö) *m* (pl ~n) santo *m*
Heiligtum (*hai*-lij-tuum) *nt* (pl ~̈er) santuario *m*
Heilmittel (*hail*-mi-töl) *nt* (pl ~) remedio *m*
Heim (haim) *nt* (pl ~e) casa *f*; hospicio *m*, asilo *m*
Heimatland (*hai*-maat-lant) *nt* (pl ~̈er) país natal
***heimgehen** (*haim*-ghee-ön) *v* *volver a casa
Heimweh (*haim*-vee) *nt* nostalgia *f*
Heirat (*hai*-raat) *f* (pl ~en) matrimonio *m*
heiraten (*hai*-raa-tön) *v* casarse con, casarse
heiser (*hai*-sör) *adj* ronco
heiß (haiss) *adj* caliente
***heißen** (*hai*-ssön) *v* llamarse
heiter (*hai*-tör) *adj* alegre
Heiterkeit (*hai*-tör-kait) *f* alegría *f*
heizen (*hai*-tssön) *v* *calentar
Heizkörper (*haitss*-kör-pör) *m* (pl ~) radiador *m*
Heizofen (*haitss*-ôô-fön) *m* (pl ~̈) calefactor *m*
Heizöl (*haitss*-ööl) *nt* combustible líquido
Heizung (*hai*-tssung) *f* (pl ~en) calefacción *f*
Held (hêlt) *m* (pl ~en) héroe *m*
***helfen** (*hêl*-fön) *v* ayudar; asistir
Helfer (*hêl*-för) *m* (pl ~) ayudante *m*
hell (hêl) *adj* pálido, claro
hellhörig (*hêl*-höö-rij) *adj* ruidoso
hellviolett (*hêl*-vi-ô-lêt) *adj* malva
Helm (hêlm) *m* (pl ~e) casco *m*
Hemd (hêmt) *nt* (pl ~en) camisa *f*;

camiseta *f*
Henne (*hê*-nö) *f* (pl ~n) gallina *f*
her (heer) *adv* hace
herab (hê-*rap*) *adv* abajo
herabsetzen (hê-*rap*-sêtssön) *v* rebajar
***herabsteigen** (hê-*rap*-ʃtai-ghön) *v* *descender
herannahend (hê-*ran*-naa-önt) *adj* venidero
heraus (hê-*rauss*) *adv* fuera
herausfordern (hê-*rauss*-for-dörn) *v* desafiar
Herausforderung (hê-*rauss*-for-dö-rung) *f* (pl ~en) reto *m*
***herausgeben** (hê-*rauss*-ghee-bön) *v* publicar
***herausnehmen** (hê-*rauss*-nee-mön) *v* sacar
sich herausstellen (hê-*rauss*-ʃtê-lön) resultar
Herberge (*hêr*-bêr-ghö) *f* (pl ~n) hospedería *f*
Herbst (hêrpsst) *m* otoño *m*
Herd (heert) *m* (pl ~e) hogar *m*; cocina *f*; **Mikrowellen** ~ horno de microonda
Herde (*heer*-dö) *f* (pl ~n) manada *f*, rebaño *m*
Hering (*hee*-ring) *m* (pl ~e) arenque *m*
Herkunft (*heer*-kunft) *f* procedencia *f*
hernach (hêr-*naaj*) *adv* después
Hernie (*hêr*-nyö) *f* hernia intervertebral
Herr (hêr) *m* (pl ~en) caballero *m*; **mein** ~ señor *m*
Herrentoilette (*hê*-rön-tᵘa-lê-tö) *f* (pl ~n) lavabos para caballeros
Herrin (*hê*-rin) *f* (pl ~nen) dueña *f*
herrlich (*hêr*-lij) *adj* delicioso; espléndido
Herrschaft (*hêr*-ʃaft) *f* dominación *f*; dominio *m*, reinado *m*
Herrschaftshaus (*hêr*-ʃaftss-hauss) *nt* (pl ¨~er) mansión *f*, casa señorial
herrschen (*hêr*-ʃön) *v* *regir
Herrscher (*hêr*-ʃör) *m* (pl ~) gobernante *m*; soberano *m*
herstellen (*hee*-r-ʃtê-lön) *v* fabricar; *producir
herum (hê-*rum*) *adv* en torno
herunter (hê-*run*-tör) *adv* hacia abajo
***herunterlassen** (hê-*run*-tör-la-ssön) *v* bajar
hervorragend (hêr-*fôôr*-raa-ghönt) *adj* destacado, excelente
Herz (hêrtss) *nt* (pl ~en) corazón *m*
Herzklopfen (*hêrtss*-klo-pfön) *nt* palpitación *f*
herzlich (*hêrtss*-lij) *adj* cordial
herzlos (*hêrtss*-lôôss) *adj* insensible
Herzog (*hêr*-tssôôk) *m* (pl ¨~e) duque *m*
Herzogin (*hêr*-tssôô-ghin) *f* (pl ~nen) duquesa *f*
Herzschlag (*hêrtss*-ʃlaak) *m* (pl ¨~e) ataque cardíaco
heterosexuell (*he*-te-rô-sê-kssu-êl) *adj* heterosexual
Heu (hoi) *nt* heno *m*
Heuchelei (hoi-jö-*lai*) *f* hipocresía *f*
heucheln (*hoi*-jöln) *v* simular
Heuchler (*hoij*-lör) *m* (pl ~) hipócrita *m*
heuchlerisch (*hoij*-lö-riʃ) *adj* hipócrita
heulen (*hoi*-lön) *v* mugir
Heuschnupfen (*hoi*-ʃnu-pfön) *m* fiebre del heno
Heuschrecke (*hoi*-ʃrê-kö) *f* (pl ~n) saltamontes *m*
heute (*hoi*-tö) *adv* hoy; ~ **abend** esta noche; ~ **morgen** esta mañana; ~ **nachmittag** esta tarde; ~ **nacht** esta noche
heutzutage (*hoit*-tssu-taa-ghö) *adv* hoy en día
Hexe (*hê*-kssö) *f* (pl ~n) bruja *f*
Hexenschuß (*hê*-kssön-ʃuss) *m* lumbago *m*

hier (hiir) *adv* acá
Hierarchie (hi-e-rar-*jii*) *f* (pl ~n) jerarquía *f*
Hilfe (*hil*-fö) *f* ayuda *f*; auxilio *m*, socorro *m*; **erste** ~ primeros auxilios
hilfreich (*hilf*-raij) *adj* servicial
Himbeere (*him*-bee-rö) *f* (pl ~n) frambuesa *f*
Himmel (*hi*-möl) *m* cielo *m*
hinab (hi-*nap*) *adv* abajo
hinauf (hi-*nauf*) *adv* hacia arriba
***hinaufsteigen** (hi-*nauf*-ʃtai-ghön) *v* subir
hinaus (hi-*nauss*) *adv* fuera
hindern (*hin*-dörn) *v* *impedir, estorbar
Hindernis (*hin*-dör-niss) *nt* (pl ~se) obstáculo *m*; impedimento *m*
hinein (hi-*nain*) *adv* adentro
***hineingehen** (hi-*nain*-ghee-ön) *v* entrar
hinken (*hing*-kön) *v* cojear
hinreichend (*hin*-rai-jönt) *adj* suficiente
Hinrichtung (*hin*-rij-tung) *f* (pl ~en) ejecución *f*
hinsichtlich (*hin*-sijt-lij) *prep* en cuanto a, respecto a, con respecto a, en lo que se refiere a, tocante a
hinten (*hin*-tön) *adv* detrás
hinter (*hin*-tör) *prep* detrás de
Hinterbacke (*hin*-tör-ba-kö) *f* (pl ~en) nalga *m*
Hintergrund (*hin*-tör-ghrunt) *m* (pl ⍨e) fondo *m*
Hinterhalt (*hin*-tör-halt) *m* (pl ~e) emboscada *f*
hinterlegen (hin-tör-*lee*-ghön) *v* ingresar
Hintern (*hin*-törn) *m* trasero *m*
Hinterseite (*hin*-tör-sai-tö) *f* (pl ~n) parte posterior
***hinübergehen** (hi-*nüü*-bör-ghee-ön) *v* *atravesar
hinunter (hi-*nun*-tör) *adv* abajo
hinzufügen (hin-*tssuu*-füü-ghön) *v* añadir
Hinzufügung (hin-*tssuu*-füü-ghung) *f* (pl ~en) adición *f*
Hirt (hirt) *m* (pl ~en) pastor *m*
Historiker (hiss-*tôô*-ri-kör) *m* (pl ~) historiador *m*
historisch (hiss-*tôô*-riʃ) *adj* histórico
Hitze (*hi*-tssö) *f* calor *m*
hoch (hôôj) *adj* alto
Hochebene (*hôôj*-ee-bö-nö) *f* (pl ~n) meseta *f*
Hochland (*hôôj*-lant) *nt* altiplano *m*
hochmütig (*hôôj*-müü-tij) *adj* altivo, orgulloso
hochnäsig (*hôôj*-nêê-sij) *adj* arrogante
Hochsaison (*hôôj*-sê-so~~ng~~) *f* apogeo de la temporada
Hochsommer (*hôôj*-so-mör) *m* pleno verano
höchst (hööjsst) *adj* extremo
höchstens (*hööjsst*-önss) *adv* como máximo
Höchstgeschwindigkeit (*hööjsst*-ghö-ʃvin-dij-kait) *f* límite de velocidad
Hochzeit (*hoj*-tssait) *f* (pl ~en) boda *f*
Hochzeitsreise (*hoj*-tssaitss-rai-sö) *f* (pl ~n) luna de miel
***hochziehen** (*hôôj*-tssii-ön) *v* izar
Hockey (*ho*-ki) *nt* hockey *m*
Hof (hôôf) *m* (pl ⍨e) corral *m*; corte *f*
hoffen (*ho*-fön) *v* esperar
Hoffnung (*hof*-nung) *f* (pl ~en) esperanza *f*
hoffnungslos (*hof*-nungss-lôôss) *adj* desesperado
hoffnungsvoll (*hof*-nungss-fol) *adj* esperanzado
höflich (*hööf*-lij) *adj* cortés
Höhe (*höö*-ö) *f* (pl ~n) altura *f*; altitud *f*
Höhepunkt (*höö*-ö-pungkt) *m* (pl ~e)

apogeo *m*
höher (*höö*-ör) *adj* superior
hohl (hôôl) *adj* hueco
Höhle (*höö*-lö) *f* (pl ~n) cueva *f*; madriguera *f*
Höhlung (*höö*-lung) *f* (pl ~en) cavidad *f*
Hohn (hôôn) *m* escarnio *m*
holen (*hôô*-lön) *v* *ir por; *ir a buscar, recoger
Holland (*ho*-lant) Holanda *f*
Holländer (*ho*-lên-dör) *m* (pl ~) holandés *m*
holländisch (*ho*-lên-diʃ) *adj* holandés
Hölle (*hö*-lö) *f* infierno *m*
holperig (*hol*-pö-rij) *adj* lleno de baches, áspero
Holz (holtss) *nt* madera *f*
hölzern (*höl*-tssörn) *adj* de madera
Holzhammer (*holtss*-ha-mör) *m* (pl ~) mazo *m*
Holzkohle (*holtss*-kôô-lö) *f* carbón de leña
Holzschnitzerei (*holtss*-ʃni-tssö-rai) *f* (pl ~en) talla *f*
Holzschuh (*holtss*-ʃuu) *m* (pl ~e) zueco *m*
homosexuell (*hô*-mô-sê-kssu-êl) *adj* homosexual
Honig (*hôô*-nij) *m* miel *f*
Honorar (hô-nô-*raar*) *nt* (pl ~e) honorarios *mpl*
Hopfen (*ho*-pfön) *m* lúpulo *m*
hörbar (*höör*-baar) *adj* audible
hören (*höö*-rön) *v* *oír
Horizont (hô-ri-*tssont*) *m* horizonte *m*
Horn (horn) *nt* (pl ̈~er) cuerno *m*
Horsd'œuvre (or-*döövr*) *nt* (pl ~s) entremeses *mpl*
Hose (*hôô*-sö) *f* (pl ~n) pantalones *mpl*; **kurze** ~ pantalones cortos
Hosenanzug (*hôô*-sön-an-tssuuk) *m* (pl ̈~e) traje pantalón
Hosenträger (*hôô*-ssön-trêê-ghör) *mpl* tirantes *mpl*
Hotel (hô-*têl*) *nt* (pl ~s) hotel *m*
Hotelpage (hô-*têl*-paa-ʒö) *m* (pl ~n) paje *m*, botones *mpl*
hübsch (hüpʃ) *adj* bien parecido, bonito; ameno
Huf (huuf) *m* (pl ~e) casco *m*
Hufeisen (*huuf*-ai-sön) *nt* (pl ~) herradura *f*
Hüfte (*hüf*-tö) *f* (pl ~n) cadera *f*
Hüfthalter (*hüft*-hal-tör) *m* (pl ~) faja *f*, portaligas *m*
Hügel (*hüü*-ghöl) *m* (pl ~) colina *f*
hügelig (*hüü*-ghö-lij) *adj* montuoso
Huhn (huun) *nt* (pl ̈~er) gallina *f*; pollo *m*
Hühnerauge (*hüü*-nör-au-ghö) *nt* (pl ~n) callo *m*
huldigen (*hul*-di-ghön) *v* *rendir homenaje
Huldigung (*hul*-di-ghung) *f* (pl ~en) homenaje *m*
Hülle (*hü*-lö) *f* (pl ~n) funda *f*
Hummer (*hu*-mör) *m* (pl ~) langosta *f*
Humor (hu-*môôr*) *m* humor *m*
humorvoll (hu-*môôr*-fol) *adj* humorístico
Hund (hunt) *m* (pl ~e) perro *m*
Hundehütte (*hun*-dö-hü-tö) *f* (pl ~n) perrera *f*
hundert (*hun*-dört) *num* ciento
Hundezwinger (*hun*-dö-tssving-ör) *m* (pl ~) perrera *m*
Hündin (*hün*-din) *f* (pl ~nen) perra *f*
Hunger (*hung*-ör) *m* hambre *f*
hungrig (*hung*-rij) *adj* hambriento
Hupe (*huu*-pö) *f* (pl ~n) bocina *f*
hupen (*huu*-pön) *v* tocar la bocina
Hupf (hupf) *m* (pl ~e) salto *m*
hüpfen (*hü*-pfön) *v* brincar, saltar
Hure (*huu*-rö) *f* (pl ~n) puta *f*
Husten (*huuss*-tön) *m* tos *f*
husten (*huuss*-tön) *v* toser

Hut (huut) *m* (pl ⸚e) sombrero *m*
sich hüten (*hüü*-tön) guardarse
Hütte (*hü*-tö) *f* (pl ~n) cabaña *f*
Hygiene (hü-*ghyee*-nö) *f* higiene *f*
hygienisch (hü-*ghyee*-niʃ) *adj* higiénico
Hymne (*hüm*-nö) *f* (pl ~n) himno *m*
hypokritisch (hü-pô-*krii*-tiʃ) *adj* hipócrita
Hypothek (hü-pô-*teek*) *f* (pl ~en) hipoteca *f*
hysterisch (hüss-*tee*-riʃ) *adj* histérico

I

ich (ij) *pron* yo
ichbezogen (*ij*-bö-tssôô-ghön) *adj* egocéntrico
Ideal (i-de-*aal*) *nt* (pl ~e) ideal *m*
ideal (i-de-*aal*) *adj* ideal
Idee (i-*dee*) *f* (pl ~n) idea *f*
identifizieren (i-dên-ti-fi-*tssii*-rön) *v* identificar
Identifizierung (i-dên-ti-fi-*tssii*-rung) *f* (pl ~en) identificación *f*
identisch (i-*dên*-tiʃ) *adj* idéntico
Identität (i-dên-ti-*têêt*) *f* identidad *f*
Idiom (i-*dyôôm*) *nt* (pl ~e) modismo *m*
idiomatisch (i-dyô-*maa*-tiʃ) *adj* idiomático
Idiot (i-*dyôôt*) *m* (pl ~en) idiota *m*
Idol (i-*dôôl*) *nt* (pl ~e) ídolo *m*
Igel (*ii*-ghöl) *m* (pl ~) erizo *m*
ignorieren (i-ghnô-*rii*-rön) *v* ignorar
ihm (iim) *pron* le
ihn (iin) *pron* le
Ihnen (*ii*-nön) *pron* a usted
ihnen (*ii*-nön) *pron* les
Ihr (iir) *pron* de usted
ihr (iir) *pron* vosotros; su; le
Ikone (i-*kôô*-nö) *f* (pl ~n) icono *m*
illegal (*i*-le-ghaal) *adj* ilegal
Illusion (i-lu-*syôôn*) *f* (pl ~en) ilusión *f*
Illustration (i-luss-tra-*tssyôôn*) *f* (pl ~en) ilustración *f*
illustrieren (i-luss-*trii*-rön) *v* ilustrar
imaginär (i-ma-ghi-*nêêr*) *adj* imaginario
Imbiß (*im*-biss) *m* (pl Imbisse) almuerzo *m*; tentempié *m*
Imitation (i-mi-ta-*tssyôôn*) *f* (pl ~en) imitación *f*
immer (*i*-mör) *adv* siempre; ~ **wieder** repetidamente
immerzu (i-mör-*tssuu*) *adv* continuamente
immunisieren (i-muu-ni-*sii*-rön) *v* inmunizar
Immunität (i-muu-ni-*têêt*) *f* inmunidad *f*
impfen (*im*-pfön) *v* vacunar
Impfung (*im*-pfung) *f* (pl ~en) inoculación *f*, vacunación *f*
imponieren (im-pô-*nii*-rön) *v* impresionar
Import (im-*port*) *m* importación *f*
Importeur (im-por-*töör*) *m* (pl ~e) importador *m*
importieren (im-por-*tii*-rön) *v* importar
imposant (im-pô-*sant*) *adj* imponente
impotent (*im*-pô-tênt) *adj* impotente
Impotenz (*im*-pô-têntss) *f* impotencia *f*
improvisieren (im-prô-vi-*sii*-rön) *v* improvisar
Impuls (im-*pulss*) *m* (pl ~e) impulso *m*
impulsiv (im-pul-*siif*) *adj* impulsivo
imstande (im-*ʃtan*-dö) *adv* capaz; ~ ***sein zu** *ser capaz de
in (in) *prep* en; dentro de
indem (in-*deem*) *conj* mientras
Inder (*in*-dör) *m* (pl ~) indio *m*

Index (*in*-dêkss) *m* (pl ~e) índice *m*
Indianer (in-*dyaa*-nör) *m* (pl ~) indio *m*
indianisch (in-*dyaa*-niʃ) *adj* indio
Indien (*in*-dyön) India *f*
indirekt (*in*-di-rêkt) *adj* indirecto
indisch (*in*-diʃ) *adj* indio
individuell (in-di-vi-du-*êl*) *adj* individual
Individuum (in-di-*vii*-du-um) *nt* (pl -duen) individuo *m*
Indonesien (in-dô-*nee*-syön) Indonesia *f*
Indonesier (in-dô-*nee*-syör) *m* (pl ~) indonesio *m*
indonesisch (in-dô-*nee*-siʃ) *adj* indonesio
indossieren (in-do-*ssii*-rön) *v* endosar
Industrie (in-duss-*trii*) *f* (pl ~n) industria *f*
Industriegebiet (in-duss-*trii*-ghö-biit) *nt* (pl ~e) zona industrial
industriell (in-duss-tri-*êl*) *adj* industrial
Infanterie (in-fan-tö-*rii*) *f* infantería *f*
Infektion (in-fêk-*tssyôôn*) *f* (pl ~en) infección *f*
Infinitiv (*in*-fi-ni-tiif) *m* (pl ~e) infinitivo *m*
Inflation (in-fla-*tssyôôn*) *f* inflación *f*
infolge (in-*fol*-ghö) *prep* debido a
informell (*in*-for-mêl) *adj* informal
informieren (in-for-*mii*-rön) *v* informar
infrarot (*in*-fra-rôôt) *adj* infrarrojo
Ingenieur (in-ʒe-*nyöör*) *m* (pl ~e) ingeniero *m*
Ingwer (*ing*-vör) *m* jengibre *m*
Inhaber (*in*-haa-bör) *m* (pl ~) ocupante *m*; portador *m*
inhaftieren (in-haf-*tii*-rön) *v* encarcelar
Inhalt (*in*-halt) *m* contenido *m*
Inhaltsverzeichnis (*in*-haltss-fêr-tssaij-niss) *nt* (pl ~se) índice *m*
Initiative (i-ni-tssya-*tii*-vö) *f* iniciativa *f*
Injektion (in-yêk-*tssyôôn*) *f* (pl ~en) inyección *f*
inländisch (*in*-lên-diʃ) *adj* interior
inmitten (in-*mi*-tön) *prep* entre, en medio de
innen (*i*-nön) *adv* dentro
Innenseite (*i*-nön-sai-tö) *f* (pl ~n) interior *m*
inner (*i*-nör) *adj* interior; interno
Innere (*i*-nö-rö) *nt* interior *m*; **im Innern** dentro, de dentro
innerhalb (*i*-nör-halp) *prep* dentro de
Inschrift (*in*-ʃrift) *f* (pl ~en) inscripción *f*
Insekt (in-*sêkt*) *nt* (pl ~en) insecto *m*
Insektengift (in-*sêk*-tön-ghift) *nt* (pl ~e) insecticida *m*
Insektenschutzmittel (in-*sêk*-tön-ʃutss-mi-töl) *nt* (pl ~) insectífugo *m*
Insel (*in*-söl) *f* (pl ~n) isla *f*
insgesamt (inss-ghö-*samt*) *adv* en total
Inspektion (in-sspêk-*tssyôôn*) *f* (pl ~en) inspección *f*
inspizieren (in-sspi-*tssii*-rön) *v* inspeccionar
Installateur (in-ssta-la-*töör*) *m* (pl ~e) plomero *m*
installieren (in-ssta-*lii*-rön) *v* instalar
Instandhaltung (in-*ʃtant*-hal-tung) *f* mantenimiento *m*
Instandsetzung (in-*ʃtant*-sê-tssung) *f* reparación *f*
Instinkt (in-*sstingkt*) *m* (pl ~e) instinto *m*
Institut (in-ssti-*tuut*) *nt* (pl ~e) instituto *m*
Institution (in-ssti-tu-*tssyôôn*) *f* (pl ~en) institución *f*
Instrument (in-sstru-*mênt*) *nt* (pl ~e) instrumento *m*
Intellekt (in-tê-*lêkt*) *m* intelecto *m*

intellektuell (in-tê-lêk-tu-*êl*) *adj* intelectual
intelligent (in-tê-li-*ghênt*) *adj* inteligente
Intelligenz (in-tê-li-*ghêntss*) *f* inteligencia *f*
intensiv (in-tên-*siif*) *adj* intenso
interessant (in-te-rê-*ssant*) *adj* interesante
Interesse (in-te-*rê*-ssö) *nt* (pl ~n) interés *m*
interessieren (in-te-rê-*ssii*-rön) *v* interesar
intern (in-*têrn*) *adj* interno
Internat (in-têr-*naat*) *nt* (pl ~e) internado *m*
international (in-têr-na-tssyô-*naal*) *adj* internacional
Intervall (in-têr-*val*) *nt* (pl ~e) intervalo *m*
Interview (in-têr-*vyuu*) *nt* (pl ~s) entrevista *f*
intim (in-*tiim*) *adj* íntimo
Invalide (in-va-*lii*-dö) *m* (pl ~n) inválido *m*
invalide (in-va-*lii*-dö) *adj* inválido
Invasion (in-va-*syôôn*) *f* (pl ~en) invasión *f*
Inventar (in-vên-*taar*) *nt* (pl ~e) inventario *m*
investieren (in-vêss-*tii*-rön) *v* *invertir
Investition (in-vêss-ti-*tssyôôn*) *f* (pl ~en) inversión *f*
inwendig (*in*-vên-dij) *adj* interior
inzwischen (in-*tssvi*-ʃön) *adv* entretanto
Irak (i-*raak*) Irak *m*
irakisch (i-*raa*-kiʃ) *adj* iraquí
Iran (i-*raan*) Irán *m*
Iranier (i-*raa*-nyör) *m* (pl ~) iraní *m*
iranisch (i-*raa*-niʃ) *adj* iraní
Ire (*ii*-rö) *m* (pl ~n) irlandés *m*
irgendein (*ir*-ghönt-ain) *adj* alguno
irgendwie (*ir*-ghönt-vii) *adv* de cualquier modo
irgendwo (*ir*-ghönt-vôô) *adv* en alguna parte
irisch (*ii*-riʃ) *adj* irlandés
Irland (*ir*-lant) Irlanda *f*
Ironie (i-rô-*nii*) *f* ironía *f*
ironisch (i-*rôô*-niʃ) *adj* irónico
Irre (*i*-rö) *m* (pl ~n) alienado *m*
irre (*i*-rö) *adj* loco
irreal (*i*-re-aal) *adj* irreal
irren (*i*-rön) *v* *errar; **sich** ~ *errar, equivocarse
irreparabel (i-rê-pa-*raa*-böl) *adj* irreparable
Irrgarten (*ir*-ghar-tön) *m* (pl ¨~) laberinto *m*
irritieren (i-ri-*tii*-rön) *v* irritar
Irrsinn (*ir*-sin) *m* locura *f*
irrsinnig (*ir*-si-nij) *adj* lunático
Irrtum (*ir*-tuum) *m* (pl ¨~er) error *m*, equivocación *f*
Island (*iiss*-lant) Islandia *f*
Isländer (*iiss*-lên-dör) *m* (pl ~) islandés *m*
isländisch (*iiss*-lên-diʃ) *adj* islandés
Isolation (i-sô-la-*tssyôôn*) *f* (pl ~en) aislamiento *m*
Isolator (i-sô-*laa*-tor) *m* (pl ~en) aislador *m*
isolieren (i-sô-*lii*-rön) *v* aislar
Isolierung (i-sô-*lii*-rung) *f* (pl ~en) aislamiento *m*
Israel (*iss*-ra-êl) Israel *m*
Israeli (iss-ra-*ee*-li) *m* (pl ~s) israelí *m*
israelisch (iss-ra-*ee*-liʃ) *adj* israelí
Italien (i-*taa*-lyön) Italia *f*
Italiener (i-ta-*lyee*-nör) *m* (pl ~) italiano *m*
italienisch (i-ta-*lyee*-niʃ) *adj* italiano

J

ja (yaa) sí
Jacht (yajt) *f* (pl ~en) yate *m*
Jacke (*ya*-kö) *f* (pl ~n) chaqueta *f*; americana *f*; saco *mMe*
Jackett (ʒa-*kêt*) *nt* (pl ~s) chaqueta *f*
Jade (*yaa*-dö) *m* jade *m*
Jagd (yaakt) *f* caza *f*
Jagdhaus (*yaakt*-hauss) *nt* (pl ⁻̈er) apeadero de caza
jagen (*yaa*-ghön) *v* cazar
Jäger (*yêê*-ghör) *m* (pl ~) cazador *m*
Jahr (yaar) *nt* (pl ~e) año *m*
Jahrbuch (*yaar*-buuj) *nt* (pl ⁻̈er) anuario *m*
Jahrestag (*yaa*-röss-taak) *m* (pl ~e) aniversario *m*
Jahreszeit (*yaa*-röss-tssait) *f* (pl ~en) temporada *f*
Jahrhundert (yaar-*hun*-dört) *nt* (pl ~e) siglo *m*
jährlich (*yêêr*-lij) *adj* anual; *adv* al año
jähzornig (*yêê*-tssor-nij) *adj* colérico, irascible
Jalousie (ʒa-lu-*sii*) *f* (pl ~n) persiana *f*
Jammer (*ya*-mör) *m* miseria *f*
jämmerlich (*yê*-mör-lij) *adj* lamentable
Januar (*ya*-nu-aar) enero
Japan (*yaa*-pan) Japón *m*
Japaner (ya-*paa*-nör) *m* (pl ~) japonés *m*
japanisch (ya-*paa*-niʃ) *adj* japonés
je ... je (yee) cuanto más ... más
jedenfalls (*yee*-dön-falss) *adv* de todos modos
jeder (*yee*-dör) *pron* cada; cada uno
jedermann (*yee*-dör-man) *pron* todo el mundo, todos; cualquiera
jedoch (ye-*doj*) *conj* sin embargo, pero
jemals (*yee*-maalss) *adv* jamás
jemand (*yee*-mant) *pron* alguien; **irgend** ~ cualquiera
jene (*yee*-nö) *pron* aquellos; aquéllos
jener (*yee*-nör) *pron* aquel; ese; aquél
jenseits (*yeen*-saitss) *prep* al otro lado de, más allá de; *adv* más allá
Jersey (*dʒör*-ssi) *m* (pl ~s) jersey *m*
jetzt (yêtsst) *adv* ahora; actualmente; **bis** ~ hasta ahora
jeweilig (*yee*-vai-lij) *adj* respectivo
Joch (yoj) *nt* (pl ~e) yugo *m*
Jockei (*dʒo*-ki) *m* (pl ~s) jockey *m*
Jod (yôôt) *nt* yodo *m*
Joghurt (*yôg*-hurt) *m* yogur *m*
Johannisbeere (yô-*ha*-niss-bee-rö) *f* (pl ~n) grosella negra
Jolle (*yo*-lö) *f* (pl ~n) chinchorro *m*
Jordanien (yor-*daa*-nyön) Jordania *f*
Jordanier (yor-*daa*-nyör) *m* (pl ~) jordano *m*
jordanisch (yor-*daa*-niʃ) *adj* jordano
Journalismus (ʒur-na-*liss*-muss) *m* periodismo *m*
Journalist (ʒur-na-*lisst*) *m* (pl ~en) periodista *m*
Jubiläum (yu-bi-*lêê*-um) *nt* (pl -läen) aniversario *m*
Jucken (*yu*-kön) *nt* prurito *m*, picazón *f*
jucken (*yu*-kön) *v* picar; irritar; sentir picazón
Jude (*yuu*-dö) *m* (pl ~ n) judio *m*
Judin (*yuu*-din) *f* judía *f*
jüdisch (*yüü*-diʃ) *adj* judio
Jugend (*yuu*-ghönt) *f* juventud *f*
Jugendgericht (*yuu*-ghönt-ghö-rijt) *nt* (pl ~ e) tribunal de menores *m*
Jugendherberge (*yuu*-ghönt-hêr-bêr-ghö) *f* (pl ~n) albergue para jóvenes
jugendlich (*yuu*-ghönt-lij) *adj* juvenil

Juli (*yuu*-li) julio
Jumper (*dʒam*-pör) *m* (pl ~) jersey *m*
jung (yung) *adj* joven
Junge (*yung*-ö) *m* (pl ~n) muchacho *m*; joven *m*
Jungfrau (*yungk*-frau) *f* (pl ~en) virgen *f*
Junggeselle (*yung*-ghö-sê-lö) *m* (pl ~n) soltero *m*
Juni (*yuu*-ni) junio
Jurist (yu-*risst*) *m* (pl ~en) jurista *m*
Juwel (yu-*veel*) *nt* (pl ~en) joya *f*
Juwelier (yu-ve-*liir*) *m* (pl ~e) joyero *m*

K

Kabarett (ka-ba-*rêt*) *nt* (pl ~e) cabaret *m*; revista *f*, espectáculo de variedades
Kabel (*kaa*-böl) *nt* (pl ~) cable *m*; cordón flexible
Kabeljau (*kaa*-böl-yau) *m* (pl ~e) bacalao *m*
Kabine (ka-*bii*-nö) *f* (pl ~n) cabina *f*
Kabinett (ka-bi-*nêt*) *nt* (pl ~e) gabinete *m*
Kachel (*ka*-jöl) *f* (pl ~n) azulejo *m*
Kader (*kaa*-dör) *m* (pl ~) cuadro *m*
Käfer (*kêê*-för) *m* (pl ~) escarabajo *m*
Kaffee (*ka*-fe) *m* café *m*
Kaffeemaschine (*ka*-fe-ma-ʃii-nö) *f* (pl ~n) cafetera filtradora
Käfig (*kêê*-fij) *m* (pl ~e) jaula *f*
kahl (kaal) *adj* calvo; raso
Kai (kai) *m* (pl ~s) muelle *m*
Kaiser (*kai*-sör) *m* (pl ~) emperador *m*
Kaiserin (*kai*-sö-rin) *f* (pl ~nen) emperatriz *f*
kaiserlich (*kai*-sör-lij) *adj* imperial
Kaiserreich (*kai*-sör-raij) *nt* (pl ~e) imperio *m*
Kajüte (ka-*yüü*-tö) *f* (pl ~n) cabina *f*
Kalamität (ka-la-mi-*têêt*) *f* (pl ~en) catástrofe *f*
Kalb (kalp) *nt* (pl ¨~er) ternero *m*
Kalbfleisch (*kalp*-flaiʃ) *nt* carne de ternera
Kalbleder (*kalp*-lee-dör) *nt* becerro *m*
Kalender (ka-*lên*-dör) *m* (pl ~) calendario *m*
Kalk (kalk) *m* cal *f*
Kalkulation (kal-ku-la-*tssyôôn*) *f* (pl ~en) cálculo *m*
Kalorie (ka-lô-*rii*) *f* (pl ~n) caloría *f*
kalt (kalt) *adj* frío
Kälte (*kêl*-tö) *f* frío *m*
Kalvinismus (kal-vi-*niss*-muss) *m* calvinismo *m*
Kalzium (*kal*-tssyum) *nt* calcio *m*
Kamee (ka-*mee*) *f* (pl ~n) camafeo *m*
Kamel (ka-*meel*) *nt* (pl ~e) camello *m*
Kamera (*ka*-me-ra) *f* (pl ~s) cámara fotográfica; cámara *f*
Kamin (ka-*miin*) *m* (pl ~e) chimenea *f*
Kamm (kam) *m* (pl ¨~e) peine *m*
kämmen (*kê*-mön) *v* peinar
Kammgarn (*kam*-gharn) *nt* estambre *m/f*
Kampagne (kam-*pa*-nyö) *f* (pl ~n) campaña *f*
Kampf (kampf) *m* (pl ¨~e) combate *m*; lucha *f*
kämpfen (*kêm*-pfön) *v* luchar; combatir
Kanada (*ka*-na-da) Canadá *m*
Kanadier (ka-*naa*-dyör) *m* (pl ~) canadiense *m*
kanadisch (ka-*naa*-diʃ) *adj* canadiense
Kanal (ka-*naal*) *m* (pl ¨~e) canal *m*
Kanarienvogel (ka-*naa*-ryön-fôô-ghöl) *m* (pl ¨~) canario *m*
Kandidat (kan-di-*daat*) *m* (pl ~en) candidato *m*
Känguruh (kêng-ghu-ru) *nt* (pl ~s)

canguro *m*
Kaninchen (ka-*niin*-jön) *nt* (pl ~) conejo *m*
Kanone (ka-*nôô*-nö) *f* (pl ~n) cañón *m*
Kante (*kan*-tö) *f* (pl ~n) borde *m*
Kantine (kan-*tii*-nö) *f* (pl ~n) cantina *f*
Kanu (ka-*nuu*) *nt* (pl ~s) canoa *f*
Kanzel (*kan*-tssöl) *f* (pl ~n) púlpito *m*
Kap (kap) *nt* (pl ~s) cabo *m*
Kapelle (ka-*pê*-lö) *f* (pl ~n) orquesta *f*; capilla *f*
Kaper (*kaa*-pör) *m* (pl ~) secuestrador *m*
kapern (*kaa*-pörn) *v* apresar
kapieren (ka-*pii*-rön) *v* *entender
Kapital (ka-pi-*taal*) *nt* capital *m*
Kapitalgeber (ka-pi-*taal*-ghee-bör) *m* (pl ~) inversionista *m*
Kapitalismus (ka-pi-ta-*liss*-muss) *m* capitalismo *m*
Kapitän (ka-pi-*têên*) *m* (pl ~e) capitán *m*
Kapitulation (ka-pi-tu-la-*tssyôôn*) *f* (pl ~en) capitulación *f*
Kaplan (ka-*plaan*) *m* (pl ¨~e) capellán *m*
Kapsel (*ka*-pssöl) *f* (pl ~n) cápsula *f*
kaputt (ka-*put*) *adj* estropeado, roto
Kapuze (ka-*puu*-tssö) *f* (pl ~n) capucha *f*
Karaffe (ka-*ra*-fö) *f* (pl ~n) garrafa *f*
Karamelle (ka-ra-*mê*-lö) *f* (pl ~n) caramelo *m*
Karat (ka-*raat*) *nt* quilate *m*
Kardinal (kar-di-*naal*) *m* (pl ¨~e) cardenal *m*; **Kardinal-** cardinal
kariert (ka-*riirt*) *adj* a cuadros
karmesinrot (kar-me-*siin*-rôôt) *adj* carmesí
Karneval (*kar*-nö-val) *m* carnaval *m*
Karo (*kaa*-rô) *nt* (pl ~s) escaque *m*
Karosserie (ka-ro-ssö-*rii*) *f* (pl ~n) carrocería *f*
Karotte (ka-*ro*-tö) *f* (pl ~n) zanahoria *f*
Karpfen (*kar*-pfön) *m* (pl ~) carpa *f*
Karren (*ka*-rön) *m* (pl ~) carro *m*
Karriere (ka-*ryee*-rö) *f* (pl ~n) carrera *f*
Karte (kar-tö) *f* (pl ~n) tarjeta *f*; carta *f*; billete *m*; boleto *mMe*
Kartoffel (kar-*to*-föl) *f* (pl ~n) patata *f*; papa *fMe*
Karton (kar-*tong*) *m* (pl ~s) caja de cartón
Karussell (ka-ru-*ssêl*) *nt* (pl ~s) caballitos *mpl*
Kaschmir (*kaſ*-miir) *m* casimir *m*
Käse (*kêê*-sö) *m* queso *m*
Kaserne (ka-*sêr*-nö) *f* (pl ~n) cuartel *m*
Kasino (ka-*sii*-nô) *nt* (pl ~s) casino *m*
Kasperletheater (*kass*-pör-lö-te-*aa*-tör) *nt* (pl ~) teatro guiñol
Kasse (*ka*-ssö) *f* (pl ~n) caja *f*; taquilla *f*
Kassierer (ka-*ssii*-rör) *m* (pl ~) cajero *m*
Kassiererin (ka-*ssii*-rö-rin) *f* (pl ~nen) cajera *f*
Kastanie (kass-*taa*-nyö) *f* (pl ~n) castaña *f*
kastanienbraun (kass-*taa*-nyön-braun) *adj* castaño
Katakombe (ka-ta-*kom*-bö) *f* (pl ~n) catacumba *f*
Katalog (ka-ta-*lôôk*) *m* (pl ~e) catálogo *m*
Katarrh (ka-*tar*) *m* (pl ~e) catarro *m*
Katastrophe (ka-tass-*trôô*-fö) *f* (pl ~n) catástrofe *f*, desastre *m*
Kategorie (ka-te-ghô-*rii*) *f* (pl ~n) categoría *f*
Kater (*kaa*-tör) *m* resaca *f*
Kathedrale (ka-te-*draa*-lö) *f* (pl ~n) catedral *f*

katholisch (ka-*tôô*-liʃ) *adj* católico
Katze (*ka*-tssö) *f* (pl ~n) gato *m*; morro *m*
kauen (*kau*-ön) *v* masticar
Kauf (kauf) *m* (pl ⁓e) compra *f*
kaufen (*kau*-fön) *v* comprar
Käufer (*koi*-för) *m* (pl ~) comprador *m*
Kaufhaus (*kauf*-hauss) *nt* (pl ⁓er) grandes almacenes
Kaufmann (*kauf*-man) *m* (pl -leute) negociante *m*; comerciante *m*
Kaufpreis (*kauf*-praiss) *m* (pl ~e) precio de compra
Kaugummi (*kau*-ghu-mi) *m* goma de mascar, chicle *m*
kaum (kaum) *adv* apenas
Kaution (kau-*tssyôôn*) *f* (pl ~en) fianza *f*
Kaviar (*kaa*-vi-ar) *m* caviar *m*
Kegelbahn (*kee*-ghöl-baan) *f* (pl ~en) bolera *f*
Kegeln (*kee*-ghöln) *nt* juego de bolos
Kehle (*kee*-lö) *f* (pl ~n) garganta *f*
kehren (*kee*-rön) *v* *volver
Kehrseite (*keer*-sai-tö) *f* (pl ~n) reverso *m*
Keil (kail) *m* (pl ~e) cuña *f*
Keim (kaim) *m* (pl ~e) germen *m*
kein (kain) *pron* ninguno
keiner (*kai*-nör) *pron* ninguno; ~ **von beiden** ninguno de los dos
keinesfalls (*kai*-nöss-falss) *adv* de ningún modo
keineswegs (*kai*-nöss-veekss) *adv* en ningún caso
Keks (keekss) *m* (pl ~e) galleta *f*; bizcocho *m*
Keller (*kê*-lör) *m* (pl ~) sótano *m*
Kellermeister (*kê*-lör-maiss-tör) *m* (pl ~) camarero *m*
Kellner (*kêl*-nör) *m* (pl ~) camarero *m*; barman *m*
Kellnerin (*kêl*-nö-rin) *f* (pl ~nen) camarera *f*; mesera *fMe*
Kenia (*kee*-nya) Kenya *m*
* **kennen** (*kê*-nön) *v* *conocer
Kenner (*kê*-nör) *m* (pl ~) perito *m*
Kenntnis (*kênt*-niss) *f* (pl ~se) conocimiento *m*
Kennzeichen (*kên*-tssai-jön) *nt* (pl ~) característica *f*; matrícula *f*
kennzeichnen (*kên*-tssaij-nön) *v* caracterizar
Keramik (ke-*raa*-mik) *f* (pl ~en) cerámica *f*
Kerl (kêrl) *m* (pl ~e) hombre *m*, tipo *m*
Kern (kêrn) *m* (pl ~e) núcleo *m*; hueso *m*, pepita *f*; **Kern-** nuclear
Kernenergie (*kêrn*-e-nêr-ghii) *f* energía nuclear
Kerngehäuse (*kêrn*-ghö-hoi-sö) *nt* (pl ~) corazón *m*
Kerosin (ke-rô-*siin*) *nt* petróleo lampante
Kerze (*kêr*-tssö) *f* (pl ~n) candela *f*
Kessel (*kê*-ssöl) *m* (pl ~) olla *f*
Kette (*kê*-tö) *f* (pl ~n) cadena *f*
keuchen (*koi*-jön) *v* jadear
Keule (*koi*-lö) *f* (pl ~n) porra *f*
keusch (koiʃ) *adj* casto
Khaki (*kaa*-ki) *nt* caqui *m*
kichern (*ki*-jörn) *v* *soltar risitas, *reírse entre dientes
Kiebitz (*kii*-bitss) *m* (pl ~e) avefría *f*
Kiefer (*kii*-för) *m* (pl ~) mandíbula *f*
Kiel (kiil) *m* (pl ~e) quilla *f*
Kieme (*kii*-mö) *f* (pl ~n) branquia *f*
Kies (kiiss) *m* grava *f*
Kieselstein (*kii*-söl-ʃtain) *m* (pl ~e) guijarro *m*
Kilo (*kii*-lô) *nt* (pl ~s) kilogramo *m*
Kilometer (ki-lô-*mee*-tör) *m* (pl ~) kilómetro *m*
Kilometerzahl (ki-lô-*mee*-tör-tssaal) *f* kilometraje *m*
Kind (kint) *nt* (pl ~er) niño *m*; chico

m; **kleines** ~ niño pequeño
Kindergarten (*kin*-dör-ghar-tön) *m* (pl ¨~) escuela de párvulos, jardín de infancia
Kinderkrippe (*kin*-dör-kri-pö) *f* (pl ~n) guardería *f*
Kinderlähmung (*kin*-dör-lêê-mung) *f* poliomielitis *f*
Kindermädchen (*kin*-dör-mêêt-jön) *nt* (pl ~) niñera *f*
Kinderwagen (*kin*-dör-vaa-ghön) *m* (pl ~) cochecillo *m*
Kinderzimmer (*kin*-dör-tssi-mör) *nt* (pl ~) cuarto de niños
Kinn (kin) *nt* barbilla *f*
Kino (*kii*-nô) *nt* (pl ~s) cinematógrafo *m*; cine *m*
Kiosk (ki-*ossk*) *m* (pl ~e) quiosco *m*
Kirche (*kir*-jö) *f* (pl ~n) iglesia *f*
Kirchhof (*kirj*-hôôf) *m* (pl ¨~e) cementerio *m*
Kirchspiel (*kirj*-ʃpiil) *nt* (pl ~e) parroquia *f*
Kirchturm (*kirj*-turm) *m* (pl ¨~e) campanario *m*
Kirmes (*kir*-mêss) *f* (pl ~sen) feria *f*
Kirsche (*kir*-ʃö) *f* (pl ~n) cereza *f*
Kissen (*ki*-ssön) *nt* (pl ~) almohadón *m*
Kissenbezug (*ki*-ssön-bö-tssuuk) *m* (pl ¨~e) funda de almohada
Kiste (*kiss*-tö) *f* (pl ~n) caja *f*
kitzeln (*ki*-tssöln) *v* cosquillear
Klage (*klaa*-ghö) *f* (pl ~n) queja *f*
klagen (*klaa*-ghön) *v* quejarse
Klammer (*kla*-mör) *f* (pl ~n) grapa *f*
Klang (klang) *m* (pl ¨~e) sonido *m*; timbre *m*
Klaps (klapss) *m* (pl ~e) bofetada *f*
klar (klaar) *adj* claro; casto
klären (*klêê*-rön) *v* clarificar
klarstellen (*klaar*-ʃtê-lön) *v* aclarar
Klasse (*kla*-ssö) *f* (pl ~n) clase *f*
Klassenkamerad (*kla*-ssön-ka-mö-raat) *m* (pl ~en) compañero de clase
Klassenzimmer (*kla*-ssön-tssi-mör) *nt* (pl ~) clase *f*
klassisch (*kla*-ssiʃ) *adj* clásico
klatschen (*kla*-chön) *v* aplaudir
Klatschmohn (*klach*-môôn) *m* (pl ~e) amapola *f*
Klaue (*klau*-ö) *f* (pl ~n) garra *f*
Klausel (*klau*-söl) *f* (pl ~n) cláusula *f*, estipulación *f*
Klavier (kla-*viir*) *nt* (pl ~e) piano *m*
Klebealbum (*klee*-bö-al-bum) *nt* (pl -alben) álbum *m*
kleben (*klee*-bön) *v* pegar
Klebestreifen (*klee*-bö-ʃtrai-fön) *m* (pl ~) cinta adhesiva
klebrig (*klee*-brij) *adj* pegajoso
Klebstoff (*kleep*-ʃtof) *m* (pl ~e) cola *f*
Klecks (klêkss) *m* (pl ~e) borrón *m*, mancha *f*
Klee (klee) *m* trébol *m*
Kleeblatt (*klee*-blat) *nt* (pl ¨~er) trébol *m*
Kleid (klait) *nt* (pl ~er) vestido *m*; traje *m*, traje largo; **Kleider** vestidos *mpl*
kleiden (*klai*-dön) *v* *ir bien; **sich** ~ *vestirse
Kleiderbügel (*klai*-dör-büü-ghöl) *m* (pl ~) percha *f*
Kleiderbürste (*klai*-dör-bürss-tö) *f* (pl ~n) cepillo de la ropa
Kleiderhaken (*klai*-dör-haa-kön) *m* (pl ~) percha *f*
Kleiderschrank (*klai*-dör-ʃrangk) *m* (pl ¨~e) guardarropa *m*
Kleidung (*klai*-dung) *f* ropa *f*
klein (klain) *adj* pequeño; bajo
Kleingeld (*klain*-ghêlt) *nt* calderilla *f*, moneda *f*
Kleinhandel (*klain*-han-döl) *m* comercio al por menor
Kleinhändler (*klain*-hên-dlör) *m* (pl ~) minorista *m*

Kleinkind (*klain*-kint) *nt* (pl ~er) párvulo *m*
kleinlich (*klain*-lij) *adj* mezquino
Kleinod (*klain*-ôôt) *nt* (pl ~e) alhaja *f*
Klemme (*klê*-mö) *f* (pl ~n) mordaza *f*
klettern (*klê*-törn) *v* trepar
Klient (kli-*ênt*) *m* (pl ~en) cliente *m*
Klima (*klii*-ma) *nt* clima *m*
Klimaanlage (*klii*-ma-an-laa-ghö) *f* (pl ~n) aire acondicionado
klimatisiert (kli-ma-ti-*siirt*) *adj* climatizado
Klinge (*kling*-ö) *f* (pl ~n) hoja *f*
Klingel (*kling*-öl) *f* (pl ~n) timbre *m*
***klingen** (*kling*-ön) *v* *sonar
Klinik (*klii*-nik) *f* (pl ~en) clínica *f*; hospital *m*
Klippe (*kli*-pö) *f* (pl ~n) acantilado *m*, farallón *m*
Klopfen (*klo*-pfön) *nt* golpe *m*, golpecito *m*
klopfen (*klo*-pfön) *v* golpear
Kloster (*klôôss*-tör) *nt* (pl ¨) convento *m*; monasterio *m*
Klotz (klotss) *m* (pl ¨e) bloque *m*; madero *m*
Klub (klup) *m* (pl ~s) círculo *m*, club *m*
klug (kluuk) *adj* listo
Klumpen (*klum*-pön) *m* (pl ~) trozo *m*; grumo *m*
klumpig (*klum*-pij) *adj* apelmazado
knapp (knap) *adj* escaso; apretado; conciso
Knappheit (*knap*-hait) *f* escasez *f*
***kneifen** (*knai*-fön) *v* pellizcar
Kneifzange (*knaif*-tssang-ö) *f* (pl ~n) tenazas *fpl*
Kneipe (*knai*-pö) *f* (pl ~n) taberna *f*
Knie (knii) *nt* (pl ~) rodilla *f*
knien (*knii*-ön) *v* arrodillarse
Kniescheibe (*knii*-ʃai-bö) *f* (pl ~n) rótula *f*
Kniff (knif) *m* (pl ~e) truco *m*
knirschen (*knir*-ʃön) *v* crujir
Knoblauch (*knôôp*-lauj) *m* ajo *m*
Knochen (*kno*-jön) *m* (pl ~) hueso *m*
Knopf (knopf) *m* (pl ¨e) botón *m*
knöpfen (*knö*-pfön) *v* abrochar
Knopfloch (*knopf*-loj) *nt* (pl ¨er) ojal *m*
Knorpel (*knor*-pöl) *m* cartílago *m*
Knospe (*knoss*-pö) *f* (pl ~n) capullo *m*
Knoten (*knôô*-tön) *m* (pl ~) nudo *m*
knoten (*knôô*-tön) *v* anudar
Knotenpunkt (*knôô*-tön-pungkt) *m* (pl ~e) empalme *m*
knuffen (*knu*-fön) *v* *dar puñetazos
Knüppel (*knü*-pöl) *m* (pl ~) garrote *m*
knusprig (*knuss*-prij) *adj* crujiente, quebradizo
Koch (koj) *m* (pl ¨e) cocinero *m*
Kochbuch (*koj*-buuj) *nt* (pl ¨er) libro de cocina
kochen (*ko*-jön) *v* cocinar; *hervir
Kocher (*ko*-jör) *m* (pl ~) cocina *f*
Kode (kôôt) *m* (pl ~s) código *m*
Köder (*köö*-dör) *m* (pl ~) cebo *m*
Koffein (ko-fe-*iin*) *nt* cafeína *f*
koffeinfrei (ko-fe-*iin*-frai) *adj* descafeinado
Koffer (*ko*-för) *m* (pl ~) valija *f*, maleta *f*; baúl *m*
Kofferraum (*ko*-för-raum) *m* (pl ¨e) portaequipajes *m*
Kognak (*ko*-nyak) *m* coñac *m*
Kohl (kôôl) *m* col *m*
Kohle (*kôô*-lö) *f* (pl ~n) carbón *m*
Kohlepapier (*kôô*-lö-pa-piir) *nt* papel carbón
Koje (*kôô*-yö) *f* (pl ~n) camastro *m*, litera *f*
Kokain (kô-ka-*iin*) *nt* cocaína *f*
Kokosnuß (*kôô*-koss-nuss) *f* (pl -nüsse) coco *m*
Kolben (*kol*-bön) *m* (pl ~) pistón *m*
Kolbenring (*kol*-bön-ring) *m* (pl ~e)

aro de émbolo
Kolbenstange (*kol*-bön-ʃtang-ö) *f* (pl ~n) biela *f*
Kollege (ko-*lee*-ghö) *m* (pl ~n) colega *m*
Kollekteur (ko-lêk-*töör*) *m* (pl ~e) colector *m*
Kollektion (ko-lêk-*tssyôôn*) *f* (pl ~en) colección *f*
kollektiv (ko-lêk-*tiif*) *adj* colectivo
Kolonie (kô-lô-*nii*) *f* (pl ~n) colonia *f*
Kolonne (kô-*lo*-nö) *f* (pl ~n) columna *f*
Kolumbianer (kô-lum-*byaa*-nör) *m* (pl ~) colombiano *m*
kolumbianisch (kô-lum-*byaa*-niʃ) *adj* colombiano
Kolumbien (kô-*lum*-byön) Colombia *f*
Koma (*kôô*-ma) *nt* coma *m*
Kombination (kom-bi-na-*tssyôôn*) *f* (pl ~en) combinación *f*
kombinieren (kom-bi-*nii*-rön) *v* combinar
Komfort (kom-*fôôr*) *m* confort *m*
Komiker (*kôô*-mi-kör) *m* (pl ~) cómico *m*
komisch (*kôô*-miʃ) *adj* cómico; extraño, raro
Komma (*ko*-ma) *nt* (pl ~ta) coma *f*
***kommen** (*ko*-mön) *v* *venir; ~ ***lassen** mandar a buscar
Kommentar (ko-mên-*taar*) *m* (pl ~e) comentario *m*
kommentieren (ko-mên-*tii*-rön) *v* comentar
kommerziell (ko-mêr-*tssyêl*) *adj* comercial
Kommission (ko-mi-*ssyôôn*) *f* (pl ~en) comisión *f*
Kommode (ko-*môô*-dö) *f* (pl ~n) cómoda *f*
Kommune (ko-*muu*-nö) *f* (pl ~n) comuna *f*
Kommunikation (ko-mu-ni-ka-*tssyôôn*) *f* comunicación *f*
Kommunismus (ko-mu-*niss*-muss) *m* comunismo *m*
Kommunist (ko-mu-*nisst*) *m* (pl ~en) comunista *m*
Komödie (ko-*möö*-dyö) *f* (pl ~n) comedia *f*
kompakt (kom-*pakt*) *adj* compacto
Kompaß (*kom*-pass) *m* (pl -passe) brújula *f*
Kompetenz (kom-pe-*têntss*) *f* (pl ~en) competencia *f*
Kompliment (kom-pli-*mênt*) *nt* (pl ~e) cumplimiento *m*
kompliziert (kom-pli-*tssiirt*) *adj* complicado
Komplott (kom-*plot*) *nt* (pl ~e) complot *m*, intriga *f*
Komponist (kom-pô-*nisst*) *m* (pl ~en) compositor *m*
Komposition (kom-pô-si-*tssyôôn*) *f* (pl ~en) composición *f*
Konditor (kon-*dii*-tor) *m* (pl ~en) confitero *m*
Konditorei (kon-di-tô-*rai*) *f* (pl ~en) pastelería *f*
Kondom (kon-*dôôm*) *m* (pl ~ s) preservativo *m*
Konferenz (kon-fe-*rêntss*) *f* (pl ~en) conferencia *f*
Konflikt (kon-*flikt*) *m* (pl ~e) conflicto *m*
Kongreß (kon-*ghrêss*) *m* (pl -gresse) congreso *m*
König (*köö*-nij) *m* (pl ~e) rey *m*
Königin (*köö*-ni-ghin) *f* (pl ~nen) reina *f*
königlich (*köö*-nik-lij) *adj* real
Königreich (*köö*-nik-raij) *nt* (pl ~e) reino *m*
konkret (kon-*krêêt*) *adj* concreto
Konkurrent (kon-ku-*rênt*) *m* (pl ~en) competidor *m*
Konkurrenz (kon-ku-*rêntss*) *f* compe-

tencia *f*
***können** (*kö*-nön) *v* *poder; *saber
konservativ (kon-sêr-va-*tiif*) *adj* conservador
Konservatorium (kon-sêr-va-*tôô*-ryum) *f* (pl -rien) conservatorio *m*
Konserven (kon-*sêr*-vön) *fpl* conservas *fpl*
Konstruktion (kon-sstruk-*tssyôôn*) *f* (pl ~en) construcción *f*
Konsul (*kon*-sul) *m* (pl ~n) cónsul *m*
Konsulat (kon-su-*laat*) *nt* (pl ~e) consulado *m*
Konsultation (kon-sul-ta-*tssyôôn*) *f* (pl ~en) consulta *f*
konsultieren (kon-sul-*tii*-rön) *v* consultar
Konsument (kon-su-*mênt*) *m* (pl ~en) consumidor *m*
Kontakt (kon-*takt*) *m* (pl ~e) contacto *m*
Kontaktlinsen (kon-*takt*-lin-sön) *fpl* lentillas *fpl*
Kontinent (kon-ti-*nênt*) *m* (pl ~e) continente *m*
kontinental (kon-ti-nên-*taal*) *adj* continental
Konto (*kon*-tô) *nt* (pl -ten) cuenta *f*
Kontrast (kon-*trasst*) *m* (pl ~e) contraste *m*
Kontrollabschnitt (kon-*trol*-ap-ʃnit) *m* (pl ~e) talón *m*
Kontrolle (kon-*tro*-lö) *f* (pl ~n) control *m*; supervisión *f*
kontrollieren (kon-trô-*lii*-rön) *v* controlar
konvertieren (kon-vêr-*tii*-rön) *v* *convertir
Konzentration (kon-tssên-tra-*tssyôôn*) *f* (pl ~en) concentración *f*
konzentrieren (kon-tssên-*trii*-rön) *v* concentrarse
Konzern (kon-*tssêrn*) *m* (pl ~e) consorcio *m*
Konzert (kon-*tssêrt*) *nt* (pl ~e) concierto *m*
Konzertsaal (kon-*tssêrt*-saal) *m* (pl ~̈e) sala de conciertos
Konzession (kon-tssê-*ssyôôn*) *f* (pl ~en) concesión *f*; licencia *f*, permiso *m*
konzessionieren (kon-tssê-ssyô-*nii*-rön) *v* autorizar
kooperativ (kô-ô-pe-ra-*tiif*) *adj* cooperativo
koordinieren (kô-or-di-*nii*-rön) *v* coordinar
Koordinierung (kô-or-di-*nii*-rung) *f* coordinación *f*
Kopf (kopf) *m* (pl ~̈e) cabeza *f*
Kopfkissen (*kopf*-ki-ssön) *nt* (pl ~) almohada *f*
Kopfschmerzen (*kopf*-ʃmêr-tssön) *mpl* dolor de cabeza
Kopie (kô-*pii*) *f* (pl ~n) copia *f*
kopieren (kô-*pii*-rön) *v* copiar
Koralle (kô-*ra*-lö) *f* (pl ~n) coral *m*
Korb (korp) *m* (pl ~̈e) cesta *f*
Kordel (*kor*-döl) *f* (pl ~n) cinta *f*
Kordsamt (*kort*-samt) *m* pana *f*
Korinthe (kô-*rin*-tö) *f* (pl ~n) pasa de Corinto
Korken (*kor*-kön) *m* (pl ~) corcho *m*
Korkenzieher (*kor*-kön-tssii-ör) *m* (pl ~) sacacorchos *mpl*
Korn (korn) *nt* (pl ~̈er) grano *m*; trigo *m*
Kornfeld (*korn*-fêlt) *nt* (pl ~er) trigal *m*
Körper (*kör*-pör) *m* (pl ~) cuerpo *m*
körperbehindert (*kör*-pör-bö-hin-dört) *adj* minusválido
korpulent (kor-pu-*lênt*) *adj* gordo, corpulento
korrekt (ko-*rêkt*) *adj* justo
Korrespondent (ko-rêss-pon-*dênt*) *m* (pl ~en) corresponsal *m*
Korrespondenz (ko-rêss-pon-*dêntss*) *f*

correspondencia *f*
korrespondieren (ko-rêss-pon-*dii*-rön) *v* corresponderse
korrigieren (ko-ri-*ghii*-rön) *v* *corregir
korrupt (ko-*rupt*) *adj* corrupto
Korsett (kor-*sêt*) *nt* (pl ~s) corsé *m*
Kosmetika (koss-*mee*-ti-ka) *ntpl* productos cosméticos
Kost (kosst) *f* alimento *m* ; comida *f*
kostbar (*kosst*-baar) *adj* valioso, costoso
Kosten (*koss*-tön) *pl* coste *m*
kosten (*koss*-tön) *v* *costar ; *probar
kostenlos (*koss*-tön-lôôss) *adj* gratis
Kostgänger (*kosst*-ghêng-ör) *m* (pl ~) huésped *m*
köstlich (*kösst*-lij) *adj* delicioso
kostspielig (*kosst*-ʃpii-lij) *adj* caro
Kotelett (kot-*lêt*) *nt* (pl ~e) chuleta *f*; **Koteletten** patillas *fpl*
Kotflügel (*kôôt*-flüü-ghöl) *m* (pl ~) guardabarros *m* ; salpicadera *fMe*
Krabbe (*kra*-bö) *f* (pl ~n) cangrejo *m* ; gamba *f*
Krach (kraj) *m* (pl ¨~e) alboroto *m* ; bronca *f*
Krachen (*kra*-jön) *nt* crujido *m*
krachen (*kra*-jön) *v* crujir
Kraft (kraft) *f* (pl ¨~e) fuerza *f*, vigor *m* ; energía *f*
Kraftfahrer (*kraft*-faa-rör) *m* (pl ~) automovilista *m*
kräftig (*krêf*-tij) *adj* fuerte
Kraftwagen (*kraft*-vaa-ghön) *m* (pl ~) automóvil *m*
Kraftwerk (*kraft*-vêrk) *nt* (pl ~e) central eléctrica
Kragen (*kraa*-ghön) *m* (pl ~) cuello *m*
Kragenknopf (*kraa*-ghön-knopf) *m* (pl ¨~e) botón del cuello
Krähe (*krêê*-ö) *f* (pl ~n) corneja *f*
Krampf (krampf) *m* (pl ¨~e) convulsión *f*; calambre *m*
Krampfader (*krampf*-aa-dör) *f* (pl ~n) varice *f*
Kran (kraan) *m* (pl ¨~e) grúa *f*
krank (krangk) *adj* enfermo
kränken (*krêng*-kön) *v* ofender
Krankenhaus (*krang*-kön-hauss) *nt* (pl ¨~er) hospital *m*
Krankensaal (*krang*-kön-saal) *m* (pl -säle) enfermería *f*
Krankenschwester (*krang*-kön-ʃvêss-tör) *f* (pl ~n) enfermera *f*
Krankenwagen (*krang*-kön-vaa-ghön) *m* (pl ~) ambulancia *f*
Krankheit (*krangk*-hait) *f* (pl ~en) enfermedad *f*
Krater (*kraa*-tör) *m* (pl ~) cráter *m*
kratzen (*kra*-tssön) *v* *hacer raeduras, rascar
Kratzer (*kra*-tssör) *m* (pl ~) raedura *f*
Kraul (kraul) *m* crawl *m*
Kraut (kraut) *nt* (pl ¨~er) hierba *f*
Krawatte (kra-*va*-tö) *f* (pl ~n) corbata *f*
Krebs (kreepss) *m* cáncer *m*
Kredit (kre-*diit*) *m* (pl ~e) crédito *m*
kreditieren (kre-di-*tii*-rön) *v* acreditar
Kreditkarte (kre-*diit*-kar-tö) *f* (pl ~n) tarjeta de crédito
Kreide (*krai*-dö) *f* creta *f*
Kreis (kraiss) *m* (pl ~e) círculo *m* ; esfera *f*
kreischen (*krai*-ʃön) *v* gritar, chillar
Kreislauf (*kraiss*-lauf) *m* circulación *f*; circulación de la sangre, ciclo *m*
Krem (kreem) *f* (pl ~s) crema *f*
kremfarben (*kreem*-far-bön) *adj* de color crema
Kreuz (kroitss) *nt* (pl ~e) cruz *f*
Kreuzfahrt (*kroitss*-faart) *f* (pl ~en) crucero *m*
kreuzigen (*kroi*-tssi-ghön) *v* crucificar
Kreuzigung (*kroi*-tssi-ghung) *f* (pl ~en) crucifixión *f*
Kreuzung (*kroi*-tssung) *f* (pl ~en) encrucijada *f*, cruce *m*, intersección *f*

Kreuzzug (*kroitss*-tssuuk) *m* (pl ¨~e) cruzada *f*
Kricket (*kri*-köt) *nt* cricquet *m*
***kriechen** (*krii*-jön) *v* gatear, arrastrarse
Krieg (kriik) *m* (pl ~e) guerra *f*
kriegen (*krii*-ghön) *v* *obtener
Kriegsgefangene (*kriikss*-ghö-fang-ö-nö) *m* (pl ~n) prisionero de guerra
Kriegsmacht (*kriikss*-majt) *f* (pl ¨~e) fuerzas armadas
Kriegsschiff (*kriikss*-ʃif) *nt* (pl ~e) buque de guerra
Kriminalität (kri-mi-na-li-*têêt*) *f* criminalidad *f*
Kriminalroman (kri-mi-*naal*-rô-maan) *m* (pl ~e) novela policíaca
kriminell (kri-mi-*nêl*) *adj* criminal
Krippe (*kri*-pö) *f* (pl ~n) pesebre *m*
Krise (*krii*-sö) *f* (pl ~n) crisis *f*
Kristall (kriss-*tal*) *nt* cristal *m*
kristallen (kriss-*ta*-lön) *adj* de cristal
Kritik (kri-*tiik*) *f* (pl ~en) crítica *f*
Kritiker (*krii*-ti-kör) *m* (pl ~) crítico *m*
kritisch (*krii*-tiʃ) *adj* crítico
kritisieren (kri-ti-*sii*-rön) *v* criticar
Krokodil (krô-kô-*diil*) *nt* (pl ~e) cocodrilo *m*
Krone (*krôô*-nö) *f* (pl ~n) corona *f*
krönen (*kröö*-nön) *v* coronar
Kröte (*kröö*-tö) *f* (pl ~n) sapo *m*
Krücke (*krü*-kö) *f* (pl ~n) muleta *f*
Krug (kruuk) *m* (pl ¨~e) cántaro *m*, jarra *f*
Krümel (*krüü*-möl) *m* (pl ~) migaja *f*
krumm (krum) *adj* curvado, curvo
Krümmung (*krü*-mung) *f* (pl ~en) curva *f*
Kruste (*kruss*-tö) *f* (pl ~n) corteza *f*
Kruzifix (kru-tssi-*fikss*) *nt* (pl ~e) crucifijo *m*
Kuba (*kuu*-ba) Cuba *f*
Kubaner (ku-*baa*-nör) *m* (pl ~) cubano *m*
kubanisch (ku-*baa*-niʃ) *adj* cubano
Kubus (*kuu*-buss) *m* (pl Kuben) cubo *m*
Küche (*kü*-jö) *f* (pl ~n) cocina *f*
Kuchen (*kuu*-jön) *m* (pl ~) pastelería *f*, pastel *m*
Küchenchef (*kü*-jön-ʃêf) *m* (pl ~s) jefe de cocina
Kuckuck (*ku*-kuk) *m* (pl ~e) cuclillo *m*
Kugel (*kuu*-ghöl) *f* (pl ~n) esfera *f*; bala *f*
Kugelschreiber (*kuu*-ghöl-ʃrai-bör) *m* (pl ~) bolígrafo *m*
Kuh (kuu) *f* (pl ¨~e) vaca *f*
Kuhhaut (*kuu*-haut) *f* (pl ¨~e) cuero vacuno
kühl (küül) *adj* fresco
Kühlschrank (*küül*-ʃrangk) *m* (pl ¨~e) refrigerador *m*, frigorífico *m*
Kühlsystem (*küül*-süss-teem) *nt* sistema de refrigeración
kühn (küün) *adj* audaz
Kühnheit (*küün*-hait) *f* audacia *f*
Küken (*kü*-kön) *nt* (pl ~) pollo *m*
kultivieren (kul-ti-*vii*-rön) *v* cultivar
kultiviert (kul-ti-*viirt*) *adj* culto
Kultur (kul-*tuur*) *f* (pl ~en) cultura *f*
Kummer (*ku*-mör) *m* dolor *m*, pena *f*
sich kümmern um (*kü*-mörn) cuidar de
Kunde (*kun*-dö) *m* (pl ~n) cliente *m*
Kundgebung (*kunt*-ghee-bung) *f* (pl ~en) demostración *f*
Kunst (kunsst) *f* (pl ¨~e) arte *m/f*; **die schönen Künste** bellas artes
Kunstakademie (*kunsst*-a-ka-de-mii) *f* (pl ~n) academia de bellas artes
Kunstausstellung (*kunsst*-auss-ʃtê-lung) *f* (pl ~en) exposición de arte
Kunstgalerie (*kunsst*-gha-lö-rii) *f* (pl ~n) galería de arte
Kunstgeschichte (*kunsst*-ghö-ʃij-tö) *f* historia del arte
Kunstgewerbe (*kunsst*-ghö-vêr-bö) *nt*

artes industriales
Künstler (*künsst*-lör) *m* (pl ~) artista *m/f*
Künstlerin (*künsst*-lö-rin) *f* (pl ~nen) artista *m/f*
künstlerisch (*künsst*-lö-riʃ) *adj* artístico
künstlich (*künsst*-lij) *adj* artificial
Kunstsammlung (*kunsst*-sam-lung) *f* (pl ~en) colección de arte
Kunstseide (*kunsst*-sai-dö) *f* rayón *m*
Kunststoff (*kunsst*-ʃtof) *m* (pl ~e) plástico *m*; **Kunststoff-** de plástico
Kunstwerk (*kunsst*-vêrk) *nt* (pl ~e) obra de arte
Kupfer (*ku*-pför) *nt* cobre *m*
Kupon (ku-*pong*) *m* (pl ~s) cupón *m*
Kuppel (*ku*-pöl) *f* (pl ~n) cúpula *f*
Kupplung (*kup*-lung) *f* (pl ~en) embrague *m*
Kur (kuur) *f* (pl ~en) cura *f*
Kurbelgehäuse (*kur*-böl-ghö-hoi-sö) *nt* (pl ~) cárter *m*
Kurbelwelle (*kur*-böl-vê-lö) *f* (pl ~n) cigüeñal *m*
Kurpfuscher (*kuur*-pfu-ʃör) *m* (pl ~) curandero *m*
Kurs (kurss) *m* (pl ~e) cambio *m*; rumbo *m*
Kürschner (*kürʃ*-nör) *m* (pl ~) peletero *m*
Kursivschrift (kur-*siif*-ʃrift) *f* cursiva *f*
Kursus (*kur*-suss) *m* (pl Kurse) curso *m*
Kurve (*kur*-vö) *f* (pl ~n) curva *f*, vuelta *f*, comba *f*
kurz (kurtss) *adj* corto; breve; **in kurzem** pronto, próximamente
in Kürze (in *kür*-tssö) rápidamente
kurzgefaßt (*kurtss*-ghö-fasst) *adj* conciso
Kurzlehrgang (*kurtss*-leer-ghang) *m* (pl ¨~e) curso intensivo
kürzlich (*kürtss*-lij) *adv* recientemente, el otro día
Kurzschluß (*kurtss*-ʃluss) *m* cortocircuito *m*
kurzsichtig (*kurtss*-sij-tij) *adj* miope
Kurzwarengeschäft (*kurtss*-vaa-rön-ghö-ʃêft) *nt* (pl ~e) mercería *f*
Kuß (kuss) *m* (pl Küsse) beso *m*
küssen (*kü*-ssön) *v* besar
Küste (*küss*-tö) *f* (pl ~n) costa *f*, orilla *f*; orilla del mar
Küster (*küss*-tör) *m* (pl ~) sacristán *m*
Kutsche (*ku*-chö) *f* (pl ~n) carroza *f*, coche *m*

L

labil (la-*biil*) *adj* inestable
Laboratorium (la-bô-ra-*tôô*-ryum) *nt* (pl -rien) laboratorio *m*
Labyrinth (la-bü-*rint*) *nt* (pl ~e) laberinto *m*
Lächeln (*lê*-jöln) *nt* sonrisa *f*
lächeln (*lê*-jöln) *v* sonreír
Lachen (*la*-jön) *nt* risa *f*
lachen (*la*-jön) *v* *reír
lächerlich (*lê*-jör-lij) *adj* ridículo
lachhaft (*laj*-haft) *adj* grotesco
Lachs (lakss) *m* (pl ~e) salmón *m*
Lack (lak) *m* (pl ~e) laca *f*; barniz *m*
lackieren (la-*kii*-rön) *v* barnizar
Laden (*laa*-dön) *m* (pl ¨~) almacén *m*
***laden** (*laa*-dön) *v* cargar
Ladeninhaber (*laa*-dön-in-haa-bör) *m* (pl ~) tendero *m*
Ladentisch (*laa*-dön-tiʃ) *m* (pl ~e) mostrador *m*
Laderaum (*laa*-dö-raum) *m* (pl ¨~e) bodega *f*
Ladung (*laa*-dung) *f* (pl ~en) carga *f*
Lage (*laa*-ghö) *f* (pl ~n) ubicación *f*; situación *f*; sitio *m*, posición *f*

Lager (*laa*-ghör) *nt* (pl ~) almacén *m*; campamento *m*
Lagerhaus (*laa*-ghör-hauss) *nt* (pl ⁼er) almacén *m*
lagern (*laa*-ghörn) *v* almacenar
Lagerraum (*laa*-ghör-raum) *m* (pl ⁼e) almacén *m*
Lagerung (*laa*-ghö-rung) *f* almacenaje *m*
Lagune (la-*ghuu*-nö) *f* (pl ~n) laguna *f*
lahm (laam) *adj* cojo
lähmen (*lêê*-mön) *v* paralizar
Laib (laip) *m* (pl ~e) pan *m*
Laie (*lai*-ö) *m* (pl ~n) profano *m*
Laken (*laa*-kön) *nt* (pl ~) sábana *f*
Lakritze (la-*kri*-tssö) *f* regaliz *m*
Lamm (lam) *nt* (pl ⁼er) cordero *m*
Lammfleisch (*lam*-flaiʃ) *nt* cordero *m*
Lampe (*lam*-pö) *f* (pl ~n) lámpara *f*
Lampenschirm (*lam*-pön-ʃirm) *m* (pl ~e) pantalla *f*
Land (lant) *nt* (pl ⁼er) país *m*; tierra *f*; campo *m*; **an** ~ en tierra; **an** ~ ***gehen** desembarcar
landen (*lan*-dön) *v* aterrizar; desembarcar
Landenge (*lant*-êng-ö) *f* (pl ~n) istmo *m*
Landesgrenze (*lan*-döss-ghrên-tssö) *f* (pl ~n) frontera *f*
Landhaus (*lant*-hauss) *nt* (pl ⁼er) quinta *f*
Landkarte (*lant*-kar-tö) *f* (pl ~n) mapa *m*
ländlich (*lênt*-lij) *adj* rústico, rural
Landmarke (*lant*-mar-kö) *f* (pl ~en) punto de referencia
Landschaft (*lant*-ʃaft) *f* (pl ~en) campo *m*; paisaje *m*
Landsitz (*lant*-sitss) *m* (pl ~e) propiedad *f*
Landsmann (*lantss*-man) *m* (pl -leute) compatriota *m*
Landstraße (*lant*-ʃtraa-ssö) *f* (pl ~n) carretera *f*
Landstreicher (*lant*-ʃtrai-jör) *m* (pl ~) vagabundo *m*
Landstreicherei (lant-ʃtrai-jö-*rai*) *f* vagancia *f*
Landwirtschaft (*lant*-virt-ʃaft) *f* agricultura *f*; **Landwirtschafts-** agrícola
Landzunge (*lant*-tssung-ö) *f* (pl ~n) promontorio *m*
lang (lang) *adj* largo; alto; **lange** *adv* mucho tiempo
Länge (*lêng*-ö) *f* longitud *f*; **der** ~ **nach** longitudinalmente
Längengrad (*lêng*-ön-ghraat) *m* (pl ~e) longitud *f*
länglich (*lêng*-lij) *adj* oblongo
langsam (*lang*-saam) *adj* lento
Langspielplatte (*lang*-ʃpiil-pla-tö) *f* (pl ~n) microsurco *m*
langweilen (*lang*-vai-lön) *v* aburrir
Langweiler (*lang*-vai-lör) *m* (pl ~) pelmazo *m*
langweilig (*lang*-vai-lij) *adj* aburrido; desagradable
langwierig (*lang*-vii-rij) *adj* largo
Lappen (*la*-pön) *m* (pl ~) paño *m*
Lärm (lêrm) *m* alboroto *m*, ruido *m*
lärmend (*lêr*-mönt) *adj* ruidoso
***lassen** (*la*-ssön) *v* dejar; autorizar a
lässig (*lê*-ssij) *adj* relajado
Last (lasst) *f* (pl ~en) peso *m*; fardo *m*, carga *f*; molestia *f*
lästig (*lêss*-tij) *adj* molesto; irritante
Lastwagen (*lasst*-vaa-ghön) *m* (pl ~) camión *m*
Lateinamerika (la-*tain*-a-mee-ri-ka) América Latina
lateinamerikanisch (la-*tain*-a-me-ri-kaa-niʃ) *adj* latinoamericano
Laterne (la-*têr*-nö) *f* (pl ~n) linterna *f*
Laternenpfahl (la-*têr*-nön-pfaal) *m* (pl ⁼e) poste de farol

Lauf (lauf) *m* (pl ¨~e) curso *m*
Laufbahn (*lauf*-baan) *f* carrera *f*
***laufen** (*lau*-fön) *v* correr
Laufplanke (*lauf*-plang-kö) *f* (pl ~n) pasarela *f*
Laune (*lau*-nö) *f* (pl ~n) humor *m*; capricho *m*
Laus (lauss) *f* (pl ¨~e) piojo *m*
laut (laut) *adj* fuerte; *adv* en voz alta
läuten (*loi*-tön) *v* *sonar
Lautsprecher (*laut*-ʃprê-jör) *m* (pl ~) altavoz *m*
lauwarm (*lau*-varm) *adj* tibio
Lawine (la-*vii*-nö) *f* (pl ~n) avalancha *f*
Leben (*lee*-bön) *nt* (pl ~) vida *f*; **am** ~ en vida
leben (*lee*-bön) *v* vivir
lebend (*lee*-bönt) *adj* vivo
Lebensmittel (*lee*-bönss-mi-töl) *pl* comestibles *mpl*
Lebensmittelgeschäft (*lee*-bönss-mi-töl-ghö-ʃêft) *nt* (pl ~e) abacería *f*; abarrotería *fMe*
Lebensmittelhändler (*lee*-bönss-mi-töl-hên-dlör) *m* (pl ~) abacero *m*; abarrotero *mMe*
Lebensstandard (*lee*-bönss-ʃtan-dart) *m* nivel de vida
Lebensversicherung (*lee*-bönss-fêr-si-jö-rung) *f* (pl ~en) seguro de vida
Leber (*lee*-bör) *f* (pl ~n) hígado *m*
lebhaft (*leep*-haft) *adj* vivo, vivaz
Leck (lêk) *nt* (pl ~s) goteo *m*
leck (lêk) *adj* que tiene escapes
lecken (*lê*-kön) *v* gotear; lamer
lecker (*lê*-kör) *adj* apetitoso; exquisito, bueno, rico
Leckerbissen (*lê*-kör-bi-ssön) *m* (pl ~) golosina *f*
Leder (*lee*-dör) *nt* cuero *m*; **Leder-** de piel
ledern (*lee*-dörn) *adj* de piel
ledig (*lee*-dij) *adj* soltero
leer (leer) *adj* vacío; blanco
leeren (*lee*-rön) *v* vaciar
Leerung (*lee*-rung) *f* (pl ~en) recogida *f*
Legalisierung (le-gha-li-*sii*-rung) *f* legalización *f*
legen (*lee*-ghön) *v* *poner
Legitimierung (le-ghi-ti-*mii*-rung) *f* legitimación *f*
lehnen (*lee*-nön) *v* apoyarse
Lehnstuhl (*leen*-ʃtuul) *m* (pl ¨~e) sillón *m*, butaca *f*
Lehrbuch (*leer*-buuj) *nt* (pl ¨~er) libro de texto
Lehre (*lee*-rö) *f* (pl ~n) enseñanza *f*
lehren (*lee*-rön) *v* enseñar
Lehrer (*lee*-rör) *m* (pl ~) maestro *m*; institutor *m*, profesor *m*; instructor *m*
Lehrerin (*lee*-rö-rin) *f* (pl ~nen) profesora *f*
Lehrgang (*leer*-ghang) *m* (pl ¨~e) curso *m*
lehrreich (*leer*-raij) *adj* instructivo
Leib (laip) *m* (pl ~er) cuerpo *m*
Leibwache (*laip*-va-jö) *f* (pl ~n) guardia personal
Leiche (*lai*-jö) *f* (pl ~n) cadáver *m*
leicht (laijt) *adj* ligero; suave
Leichtigkeit (*laij*-tij-kait) *f* facilidad *f*
Leid (lait) *nt* pesadumbre *f*, sufrimiento *m*
Leiden (*lai*-dön) *nt* (pl ~) enfermedad *f*; sufrimiento *m*
***leiden** (*lai*-dön) *v* sufrir
Leidenschaft (*lai*-dön-ʃaft) *f* (pl ~en) pasión *f*
leidenschaftlich (*lai*-dön-ʃaft-lij) *adj* apasionado
leider (*lai*-dör) *adv* desgraciadamente
leidlich (*lait*-lij) *adv* bastante
Leierkasten (*lai*-ör-kass-tön) *m* (pl ¨~) organillo *m*
***leihen** (*lai*-ön) *v* prestar

Leim (laim) *m* cola *f*
Leine (*lai*-nö) *f* (pl ~n) cordón *m*; traílla *f*; correa *f*
Leinen (*lai*-nön) *nt* lino *m*
leise (*lai*-sö) *adj* bajo; suave; *adv* suavemente
Leiste (*laiss*-tö) *f* (pl ~n) ingle *f*
leisten (*laiss*-tön) *v* lograr; presentar; **sich** ~ permitirse
Leistung (*laiss*-tung) *f* (pl ~en) realización *f*
leistungsfähig (*laiss*-tungss-fêê-ij) *adj* eficiente
Leistungsfähigkeit (*laiss*-tungss-fêê-ij-kait) *f* (pl ~en) potencia *f*
leiten (*lai*-tön) *v* dirigir
Leiter[1] (*lai*-tör) *m* (pl ~) líder *m*
Leiter[2] (*lai*-tör) *f* (pl ~n) escalera de mano
Leitplanke (*lait*-plang-kö) *f* (pl ~n) barrera de protección
Leitung (*lai*-tung) *f* (pl ~en) dirección *f*
Lektion (lêk-*tssyôôn*) *f* (pl ~en) lección *f*
Lenksäule (*lêngk*-soi-lö) *f* (pl ~n) columna del volante
Lenz (lêntss) *m* primavera *f*
Lepra (*lee*-pra) *f* lepra *f*
Lerche (*lêr*-jö) *f* (pl ~n) alondra *f*
lernen (*lêr*-nön) *v* aprender; **auswendig** ~ aprenderse de memoria
Leselampe (*lee*-sö-lam-pö) *f* (pl ~n) lámpara para lectura
***lesen** (*lee*-sön) *v* *leer
leserlich (*lee*-sör-lij) *adj* legible
Lesesaal (*lee*-sö-saal) *m* (pl -säle) sala de lectura
letzt (lêtsst) *adj* último; final; pasado
leuchten (*loij*-tön) *v* brillar; **leuchtend** reluciente; luminoso
Leuchtturm (*loijt*-turm) *m* (pl ¨~e) faro *m*
leugnen (*loi*-ghnön) *v* *negar
Leute (*loi*-tö) *pl* gente *f*
Libanese (li-ba-*nee*-sö) *m* (pl ~n) libanés *m*
libanesisch (li-ba-*nee*-siʃ) *adj* libanés
Libanon (*lii*-ba-non) Líbano *m*
liberal (li-be-*raal*) *adj* liberal
Liberia (li-*bee*-rya) Liberia *f*
Liberier (li-*bee*-ryör) *m* (pl ~) liberiano *m*
liberisch (li-*bee*-riʃ) *adj* liberiano
Licht (lijt) *nt* (pl ~er) luz *f*
Lichtbild (*lijt*-bilt) *nt* (pl ~er) fotografía *f*
Lichtung (*lij*-tung) *f* (pl ~en) claro *m*
lieb (liip) *adj* querido; lindo, cariñoso
Liebe (*lii*-bö) *f* amor *m*
lieben (*lii*-bön) *v* amar
lieber (*lii*-bör) *adv* más bien
Liebesgeschichte (*lii*-böss-ghö-ʃij-tö) *f* (pl ~n) historia de amor
Liebhaber (*liip*-haa-bör) *m* (pl ~) amante *m*
Liebhaberei (liip-haa-bö-*rai*) *f* (pl ~en) afición *f*
liebkosen (*liip*-kôô-sön) *v* abrazar
Liebling (*liip*-ling) *m* (pl ~e) querida *f*, querido *m*; favorito *m*; cariño *m*; **Lieblings-** preferido; favorito
Liebreiz (*liip*-raitss) *m* encanto *m*
Liebschaft (*liip*-ʃaft) *f* (pl ~en) amorío *m*
Lied (liit) *nt* (pl ~er) canción *f*; tonada *f*
Lieferauto (*lii*-för-au-tô) *nt* (pl ~s) camioneta *f*
liefern (*lii*-förn) *v* suministrar, *proveer
Lieferung (*lii*-fö-rung) *f* (pl ~en) suministro *m*; reparto *m*
Lieferwagen (*lii*-för-vaa-ghön) *m* (pl ~) furgoneta *f*, camioneta de reparto
Liege (*lii*-ghö) *f* (pl ~n) cama de tijera
***liegen** (*lii*-ghön) *v* *yacer

Liegestuhl (*lii*-ghö-ʃtuul) *m* (pl ¨~e) silla de tijera
Likör (li-*köör*) *m* (pl ~e) licor *m*
Lilie (*lii*-lyö) *f* (pl ~n) azucena *f*
Limonade (li-mô-*naa*-dö) *f* (pl ~n) limonada *f*
Limone (li-*môô*-nö) *f* (pl ~n) lima *f*
Linde (*lin*-dö) *f* (pl ~n) tilo *m*
Lindenbaum (*lin*-dön-baum) *m* (pl ¨~e) tilo *m*
Lineal (li-ne-*aal*) *nt* (pl ~e) regla *f*
Linie (*lii*-nyö) *f* (pl ~n) línea *f*
Linienschiff (*lii*-nyön-ʃif) *nt* (pl ~e) vapor de línea
linke (*ling*-kö) *adj* izquierdo, de izquierda
linkshändig (*lingkss*-hên-dij) *adj* zurdo
Linse (*lin*-sö) *f* (pl ~n) lente *m/f*
Lippe (*li*-pö) *f* (pl ~n) labio *m*
Lippensalbe (*li*-pön-sal-bö) *f* (pl ~n) manteca de cacao
Lippenstift (*li*-pön-ʃtift) *m* (pl ~e) lápiz labial
List (lisst) *f* (pl ~en) artificio *m*, astucia *f*
Liste (*liss*-tö) *f* (pl ~n) lista *f*
listig (*liss*-tij) *adj* astuto
Liter (*lii*-tör) *m* (pl ~) litro *m*
literarisch (li-te-*raa*-riʃ) *adj* literario
Literatur (li-te-ra-*tuur*) *f* literatura *f*
Lizenz (li-*tssêntss*) *f* (pl ~en) licencia *f*
Lob (lôôp) *nt* elogio *m*
loben (*lôô*-bön) *v* alabar
Loch (loj) *nt* (pl ¨~er) agujero *m*
Locke (*lo*-kö) *f* (pl ~n) rizo *m*
locken (*lo*-kön) *v* rizar
Lockenwickler (*lo*-kön-vi-klör) *m* (pl ~) rulo *m*
lockern (*lo*-körn) *v* *soltar
lockig (*lo*-kij) *adj* crespo; chino *adjMe*
Löffel (*lö*-föl) *m* (pl ~) cuchara *f*
Logik (*lôô*-ghik) *f* lógica *f*
logisch (*lôô*-ghiʃ) *adj* lógico
Lohn (lôôn) *m* (pl ¨~e) paga *f*, sueldo *m*
sich lohnen (*lôô*-nön) *valer la pena; *rendir
Lohnerhöhung (*lôôn*-êr-höö-ung) *f* (pl ~en) aumento de sueldo
lokal (lô-*kaal*) *adj* local
Lokomotive (lô-kô-mô-*tii*-vö) *f* (pl ~n) locomotora *f*
Los (lôôss) *nt* (pl ~e) suerte *f*, destino *m*
löschen (*lö*-ʃön) *v* extinguir
Löschpapier (*löʃ*-pa-piir) *nt* papel secante
lose (*lôô*-sö) *adj* suelto
Lösegeld (*löö*-sö-ghêlt) *nt* (pl ~er) rescate *m*
lösen (*löö*-sön) *v* *resolver
löslich (*lööss*-lij) *adj* soluble
losmachen (*lôôss*-ma-jön) *v* separar
Lösung (*löö*-sung) *f* (pl ~en) solución *f*
Losungswort (*lôô*-sungss-vort) *nt* (pl ¨~er) santo y seña
löten (*löö*-tön) *v* *soldar
Lötkolben (*lööt*-kol-bön) *m* (pl ~) soldador *m*
Lotse (*lôô*-tssö) *m* (pl ~n) práctico *m*
Lötstelle (*lööt*-ʃtê-lö) *f* (pl ~n) soldadura *f*
Lotterie (lo-tö-*rii*) *f* (pl ~n) lotería *f*
Löwe (*löö*-vö) *m* (pl ~n) león *m*
Löwenzahn (*löö*-vön-tssaan) *m* diente de león
loyal (l[u]a-*yaal*) *adj* leal
Lücke (*lü*-kö) *f* (pl ~n) hueco *m*
Luft (luft) *f* (pl ¨~e) aire *m*
luftdicht (*luft*-dijt) *adj* hermético
Luftdruck (*luft*-druk) *m* presión atmosférica
lüften (*lüf*-tön) *v* airear
Luftfilter (*luft*-fil-tör) *m* (pl ~) filtro

de aire
luftig (*luf*-tij) *adj* airoso
Luftkrankheit (*luft*-krangk-hait) *f* mal de las alturas
Luftpost (*luft*-posst) *f* correo aéreo
Lüftung (*lüf*-tung) *f* aireo *m*
Luftzug (*luft*-tssuuk) *m* corriente de aire
Lüge (*lüü*-ghö) *f* (pl ~n) mentira *f*
***lügen** (*lüü*-ghön) *v* *mentir
Luke (*luu*-kö) *f* (pl ~n) trampa *f*; portilla *f*
Lumpen (*lum*-pön) *m* (pl ~) trapo *m*
Lunge (*lung*-ö) *f* (pl ~n) pulmón *m*
Lungenentzündung (*lung*-ön-ênt-tssün-dung) *f* neumonía *f*
Lunte (*lun*-tö) *f* (pl ~n) mecha *f*
Lust (lusst) *f* ganas *fpl*; energía *f*; ~ ***haben zu** antojarse
lustig (*luss*-tij) *adj* alegre
Lustspiel (*lusst*-ʃpiil) *nt* (pl ~e) comedia *f*
lutschen (*lu*-chön) *v* chupar
luxuriös (lu-kssu-*ryööss*) *adj* lujoso
Luxus (*lu*-kssuss) *m* lujo *m*

M

machen (*ma*-jön) *v* *hacer
Macht (majt) *f* (pl ¨~e) poder *m*; fuerza *f*; potencia *f*
Machtbefugnis (*majt*-bö-fuuk-niss) *f* (pl ~se) poder *m*
mächtig (*mêj*-tij) *adj* fuerte, poderoso
machtlos (*majt*-lôôss) *adj* impotente
Mädchen (*mêêt*-jön) *nt* (pl ~) muchacha *f*
Mädchenname (*mêêt*-jön-naa-mö) *m* (pl ~n) apellido de soltera
Magen (*maa*-ghön) *m* (pl ¨~) estómago *m*
Magengeschwür (*maa*-ghön-ghö-ʃvüür) *nt* (pl ~e) úlcera gástrica
Magenschmerzen (*maa*-ghön-ʃmêr-tssön) *mpl* dolor de estómago
Magenverstimmung (*maa*-ghön-fêr-ʃti-mung) *f* indigestión *f*
mager (*maa*-ghör) *adj* flaco; magro
Magie (ma-*ghii*) *f* magia *f*
Magnet (ma-*ghneet*) *m* (pl ~en) magneto *m*
magnetisch (ma-*ghnee*-tiʃ) *adj* magnético
Mahl (maal) *nt* (pl ¨~er) comida *f*
mahlen (*maa*-lön) *v* *moler
Mahlzeit (*maal*-tssait) *f* (pl ~en) comida *f*
Mai (mai) mayo
Mais (maiss) *m* maíz *m*
Maiskolben (*maiss*-kol-bön) *m* (pl ~) maíz en la mazorca
Major (ma-*yôôr*) *m* (pl ~e) mayor *m*
Makel (*maa*-köl) *m* (pl ~) mancha *f*
Makler (*maa*-klör) *m* (pl ~) corredor *m*
Makrele (ma-*kree*-lö) *f* (pl ~n) escombro *m*
Mal (maal) *nt* (pl ~e) vez *f*
mal (maal) por
malaiisch (ma-*lai*-iʃ) *adj* malayo
Malaria (ma-*laa*-rya) *f* malaria *f*
Malaysia (ma-*lai*-sya) Malasia *f*
malen (*maa*-lön) *v* pintar
Maler (*maa*-lör) *m* (pl ~) pintor *m*
malerisch (*maa*-lö-riʃ) *adj* pintoresco
Malkasten (*maal*-kass-tön) *m* (pl ¨~) caja de colores
Mammut (*ma*-mut) *nt* (pl ~e) mamut *m*
man (man) *pron* uno
manche (*man*-jö) *pron* algunos
manchmal (*manj*-maal) *adv* a veces
Mandarine (man-da-*rii*-nö) *f* (pl ~n) mandarina *f*
Mandat (man-*daat*) *nt* (pl ~e) mandato *m*

Mandel (*man*-döl) *f* (pl ~n) almendra *f*; **Mandeln** amígdalas *fpl*
Mandelentzündung (*man*-döl-ênt-tssün-dung) *f* amigdalitis *f*
Mangel (*mang*-öl) *m* (pl ¨) carencia *f*, escasez *f*, falta *f*; deficiencia *f*, defecto *m*
mangelhaft (*mang*-öl-haft) *adj* defectuoso
mangeln (*mang*-öln) *v* faltar; *carecer
Manieren (ma-*nii*-rön) *fpl* modales *mpl*
Maniküre (ma-ni-*küü*-rö) *f* (pl ~n) manicura *f*
maniküren (ma-ni-*küü*-rön) *v* *hacer la manicura
Mann (man) *m* (pl ¨er) hombre *m*; marido *m*
Mannequin (ma-nö-*kêng*) *nt* (pl ~s) maniquí *m*
männlich (*mên*-lij) *adj* macho; masculino
Mannschaft (*man*-ʃaft) *f* (pl ~en) equipo *m*
Manschette (man-*ʃê*-tö) *f* (pl ~n) puño *m*
Manschettenknöpfe (man-*ʃê*-tön-knö-pfö) *mpl* gemelos *mpl*; mancuernillas *fplMe*
Mantel (*man*-töl) *m* (pl ¨) abrigo *m*
Manuskript (ma-nu-*sskript*) *nt* (pl ~e) manuscrito *m*
Märchen (*mêêr*-jön) *nt* (pl ~) cuento de hadas
Margarine (mar-gha-*rii*-nö) *f* margarina *f*
Marine (ma-*rii*-nö) *f* marina *f*; **Marine-** naval
maritim (ma-ri-*tiim*) *adj* marítimo
Mark (mark) *nt* médula *f*
Marke (*mar*-kö) *f* (pl ~n) marca *f*
Markenautomat (*mar*-kön-au-tô-maat) *m* (pl ~en) máquina expendedora de sellos
Markise (mar-*kii*-sö) *f* (pl ~n) toldo *m*
Markstein (*mark*-ʃtain) *m* (pl ~e) mojón *m*
Markt (markt) *m* (pl ¨e) mercado *m*
Marktplatz (*markt*-platss) *m* (pl ¨e) plaza de mercado
Marmelade (mar-mö-*laa*-dö) *f* (pl ~n) confitura *f*; mermelada *f*
Marmor (*mar*-mor) *m* mármol *m*
Marokkaner (ma-ro-*kaa*-nör) *m* (pl ~) marroquí *m*
marokkanisch (ma-ro-*kaa*-niʃ) *adj* marroquí
Marokko (ma-*ro*-kô) Marruecos *m*
Marsch (marʃ) *m* (pl ¨e) marcha *f*
marschieren (mar-*ʃii*-rön) *v* marchar
Marter (*mar*-tör) *f* (pl ~n) tortura *f*
martern (*mar*-törn) *v* torturar
Märtyrer (*mêr*-tü-rör) *m* (pl ~) mártir *m*
März (mêrtss) marzo
Masche (*ma*-ʃö) *f* (pl ~n) malla *f*
Maschine (ma-*ʃii*-nö) *f* (pl ~n) máquina *f*; avión *m*; ~ ***schreiben** mecanografiar
Masern (*maa*-sörn) *pl* sarampión *m*
Maske (*mass*-kö) *f* (pl ~n) máscara *f*
Maß (maass) *nt* (pl ~e) medida *f*; **nach** ~ hecho a la medida
Massage (ma-*ssaa*-ʒö) *f* (pl ~n) masaje *m*
Masse (*ma*-ssö) *f* (pl ~n) bulto *m*; masa *f*
Massenproduktion (*ma*-ssön-prô-duk-tssyôôn) *f* producción en serie
Masseur (ma-*ssöör*) *m* (pl ~e) masajista *m*
massieren (ma-*ssii*-rön) *v* *dar masaje
mäßig (*mêê*-ssij) *adj* moderado
massiv (ma-*ssiif*) *adj* macizo
Maßnahme (*maass*-naa-mö) *f* (pl ~n) medida *f*
Maßstab (*maass*-ʃtaap) *m* (pl ¨e)

escala *f*; norma *f*
Mast (masst) *m* (pl ~e) mástil *m*
Mastdarm (*masst*-darm) *m* (pl ⸗e) intestino recto
Material (ma-te-*ryaal*) *nt* (pl ~ien) material *m*; tejido *m*
Materie (ma-*tee*-ryö) *f* (pl ~n) materia *f*
materiell (ma-te-*ryêl*) *adj* material
Mathematik (ma-te-ma-*tiik*) *f* matemáticas *fpl*
mathematisch (ma-te-*maa*-tiʃ) *adj* matemático
Matratze (ma-*tra*-tssö) *f* (pl ~n) colchón *m*
Mätresse (mê-*trê*-ssö) *f* (pl ~n) querida *f*
Matrose (ma-*trôô*-sö) *m* (pl ~n) marinero *m*, marino *m*
Matsch (mach) *m* aguanieve *f*
matt (mat) *adj* mate; pálido
Matte (*ma*-tö) *f* (pl ~n) estera *f*
Mauer (*mau*-ör) *f* (pl ~n) muro *m*
mauern (*mau*-örn) *v* mampostear
Maul (maul) *nt* (pl ⸗er) hocico *m*, boca *f*
Maulbeere (*maul*-bee-rö) *f* (pl ~n) mora *f*
Maulesel (*maul*-ee-söl) *m* (pl ~) mulo *m*
Maultier (*maul*-tiir) *nt* (pl ~e) mulo *m*
Maurer (*mau*-rör) *m* (pl ~) albañil *m*
Maus (mauss) *f* (pl ⸗e) ratón *m*
Mausoleum (mau-sô-*lee*-um) *nt* (pl -leen) mausoleo *m*
Mechaniker (me-*jaa*-ni-kör) *m* (pl ~) mecánico *m*
mechanisch (me-*jaa*-niʃ) *adj* mecánico
Mechanismus (me-ja-*niss*-muss) *m* (pl -men) mecanismo *m*; maquinaria *f*
Medaille (me-*da*-lyö) *f* (pl ~n) medalla *f*
meditieren (me-di-*tii*-rön) *v* meditar
Medizin (me-di-*tssiin*) *f* medicamento *m*; medicina *f*
medizinisch (me-di-*tssii*-niʃ) *adj* médico
Meer (meer) *nt* (pl ~e) mar *m*
Meeräsche (*meer*-ê-ʃö) *f* (pl ~n) mújol *m*
Meeresküste (*mee*-röss-küss-tö) *f* (pl ~n) litoral *m*, orilla del mar
Meerrettich (*meer*-rê-tij) *m* rábano picante
Meerschweinchen (*meer*-ʃvain-jön) *nt* (pl ~) conejillo de Indias
Meerwasser (*meer*-va-ssör) *nt* agua de mar
Mehl (meel) *nt* harina *f*
mehr (meer) *adv* más; **etwas** ~ algo más; **nicht** ~ ya no
mehrere (*mee*-rö-rö) *pron* varios
Mehrheit (*meer*-hait) *f* (pl ~en) mayoría *f*
Mehrzahl (*meer*-tssaal) *f* plural *m*
* **meiden** (*mai*-dön) *v* evitar
Meile (*mai*-lö) *f* (pl ~n) milla *f*
Meilenstand (*mai*-lön-ʃtant) *m* millaje *m*
Meilenstein (*mai*-lön-ʃtain) *m* (pl ~e) piedra miliar
mein (main) *pron* mi
Meineid (*main*-ait) *m* (pl ~e) perjurio *m*
meinen (*mai*-nön) *v* *querer decir
Meinung (*mai*-nung) *f* (pl ~en) parecer *m*, opinión *f*
Meißel (*mai*-ssöl) *m* (pl ~) cincel *m*
meist (maisst) *adj* el más
meistens (*mai*-sstönss) *adv* generalmente
Meister (*maiss*-tör) *m* (pl ~) campeón *m*; maestro *m*; patrón *m*
Meisterstück (*maiss*-tör-ʃtük) *nt* (pl ~e) obra maestra
melden (*mêl*-dön) *v* informar; **sich** ~ presentarse

Meldung (*mêl*-dung) *f* (pl ~en) relación *f*; mención *f*
meliert (*me*-liirt) *adj* mezclado
Melodie (me-lô-*dii*) *f* (pl ~n) melodía *f*; tonada *f*
melodisch (me-*lôô*-diʃ) *adj* melodioso
Melodrama (me-lô-*draa*-ma) *nt* (pl -dramen) melodrama *m*
Melone (me-*lôô*-nö) *f* (pl ~n) melón *m*
Membran (mêm-*braan*) *f* (pl ~en) membrana *f*
Memorandum (me-mô-*ran*-dum) *nt* (pl -den) apunte *m*
Menge (*mêng*-ö) *f* (pl ~n) cantidad *f*; abundancia *f*; muchedumbre *f*, masa *f*
Mensch (mênʃ) *m* (pl ~en) hombre *m*; ser humano
Menschheit (*mênʃ*-hait) *f* humanidad *f*
menschlich (*mênʃ*-lij) *adj* humano
Menstruation (mênss-tru-a-*tssyôôn*) *f* menstruación *f*
Merkbuch (*mêrk*-buuj) *nt* (pl ¨~er) agenda *f*
merken (*mêr*-kön) *v* notar
Merkmal (*mêrk*-maal) *nt* (pl ~e) señal *f*
merkwürdig (*mêrk*-vür-dij) *adj* notable; singular
Messe (*mê*-ssö) *f* (pl ~n) feria *f*; misa *f*
***messen** (*mê*-ssön) *v* *medir
Messer (*mê*-ssör) *nt* (pl ~) cuchillo *m*; *m* medidor *m*
Messing (*mê*-ssing) *nt* cobre amarillo, latón *m*
Messingwaren (*mê*-ssing-vaa-rön) *fpl* cobres *mpl*
Metall (me-*tal*) *nt* (pl ~e) metal *m*
metallisch (me-*ta*-liʃ) *adj* metálico
Meter (*mee*-tör) *nt* (pl ~) metro *m*
Methode (me-*tôô*-dö) *f* (pl ~n) método *m*
methodisch (me-*tôô*-diʃ) *adj* metódico
metrisch (*mee*-triʃ) *adj* métrico
Metzger (*mêtss*-ghör) *m* (pl ~) carnicero *m*
Meuterei (moi-tö-*rai*) *f* (pl ~en) amotinamiento *m*
Mexikaner (mê-kssi-*kaa*-nör) *m* (pl ~) mejicano *m*
mexikanisch (mê-kssi-*kaa*-niʃ) *adj* mejicano
Mexiko (*mê*-kssi-kô) Méjico *m*
mich (mij) *pron* me
Miete (*mii*-tö) *f* (pl ~n) alquiler *m*
mieten (*mii*-tön) *v* alquilar; reservar
Mieter (*mii*-tör) *m* (pl ~) inquilino *m*
Mietvertrag (*miit*-fêr-traak) *m* (pl ¨~e) contrato de arrendamiento
Migräne (mi-*ghrêê*-nö) *f* migraña *f*
Mikrophon (mi-krô-*fôôn*) *nt* (pl ~e) micrófono *m*
Milch (milj) *f* leche *f*
milchig (*mil*-jij) *adj* lechoso
Milchmann (*milj*-man) *m* (pl ¨~er) lechero *m*
mild (milt) *adj* suave
mildern (*mil*-dörn) *v* ablandar
Milieu (mi-*lyöö*) *nt* (pl ~s) medio ambiente
militärisch (mi-li-*têê*-riʃ) *adj* militar
Milkshake (*milk*-ʃeek) *m* (pl ~s) batido de leche
Million (mi-*lyôôn*) *f* (pl ~en) millón *m*
Millionär (mi-lyô-*nêêr*) *m* (pl ~e) millonario *m*
Minderheit (*min*-dör-hait) *f* (pl ~en) minoría *f*
minderjährig (*min*-dör-yêê-rij) *adj* menor de edad
Minderjährige (*min*-dör-yêê-ri-ghö) *m* (pl ~n) menor de edad
minderwertig (*min*-dör-veer-tij) *adj* inferior

mindest (*min*-dösst) *adj* menos
Mineral (mi-nö-*raal*) *nt* (pl ~e) mineral *m*
Mineralwasser (mi-nö-*raal*-va-ssör) *nt* agua mineral
Miniatur (mi-nya-*tuur*) *f* (pl ~en) miniatura *f*
Minimum (*mi*-ni-mum) *nt* mínimum *m*
Minister (mi-*niss*-tör) *m* (pl ~) ministro *m*
Ministerium (mi-niss-*tee*-ryum) *nt* (pl -rien) ministerio *m*
Ministerpräsident (mi-*niss*-tör-prê-si-dênt) *m* (pl ~en) Presidente de Consejo de ministros
Minute (mi-*nuu*-tö) *f* (pl ~n) minuto *m*
Minze (*min*-tssö) *f* (pl ~n) menta *f*
mir (miir) *pron* me
mischen (*mi*-ʃön) *v* mezclar; barajar
Mischung (*mi*-ʃung) *f* (pl ~en) mezcla *f*
mißbilligen (miss-*bi*-li-ghön) *v* *desaprobar
Mißbrauch (*miss*-brauj) *m* (pl ~̈e) abuso *m*
Mißerfolg (*miss*-êr-folk) *m* (pl ~e) fracaso *m*
***mißfallen** (miss-*fa*-lön) *v* desagradar
Mißgeschick (*miss*-ghö-ʃik) *nt* (pl ~e) infortunio *m*; catástrofe *f*
mißgestaltet (*miss*-ghö-ʃtal-töt) *adj* contrahecho
mißgönnen (miss-*ghö*-nön) *v* envidiar
mißlich (*miss*-lij) *adj* fino
Mißtrauen (*miss*-trau-ön) *nt* desconfianza *f*
mißtrauen (miss-*trau*-ön) *v* desconfiar de
mißtrauisch (*miss*-trau-iʃ) *adj* desconfiado
Mißverständnis (*miss*-fêr-ʃtênt-niss) *nt* (pl ~se) equivocación *f*
***mißverstehen** (*miss*-fêr-ʃtee-ön) *v* comprender mal
Misthaufen (*misst*-hau-fön) *m* (pl ~) estercolero *m*
mit (mit) *prep* con
Mitarbeit (*mit*-ar-bait) *f* colaboración *f*
***mitbringen** (*mit*-bring-ön) *v* *traer
mitfühlend (*mit*-füü-lönt) *adj* compasivo
Mitgefühl (*mit*-ghö-füül) *nt* compasión *f*
Mitglied (*mit*-ghliit) *nt* (pl ~er) socio *m*, miembro *m*
Mitgliedschaft (*mit*-ghliit-ʃaft) *f* afiliación *f*
Mitleid (*mit*-lait) *nt* piedad *f*; ~ ***haben mit** *tener piedad de
***mitnehmen** (*mit*-nee-mön) *v* llevar, llevar consigo; agotar
Mitschuldige (*mit*-ʃul-di-ghö) *m* (pl ~n) cómplice *m*
Mittag (*mi*-taak) *m* mediodía *m*
Mittagessen (*mi*-taak-ê-ssön) *nt* almuerzo *m*; comida principal
Mitte (*mi*-tö) *f* medio *m*
mitteilen (*mit*-tai-lön) *v* comunicar, notificar
Mitteilung (*mit*-tai-lung) *f* (pl ~en) comunicado *m*, comunicación *f*
Mittel (*mi*-töl) *nt* (pl ~) medio *m*; remedio *m*; **antiseptisches** ~ antiséptico *m*; **empfängnisverhütendes** ~ anticonceptivo *m*
Mittelalter (*mi*-töl-al-tör) *nt* Edad Media
mittelalterlich (*mi*-töl-al-tör-lij) *adj* medieval
mittelmäßig (*mi*-töl-mêê-ssij) *adj* mediano; mediocre
Mittelmeer (*mi*-töl-meer) *nt* Mediterráneo
Mittelpunkt (*mi*-töl-pungkt) *m* (pl ~e) centro *m*

Mittelstand (*mi*-töl-ʃtant) *m* clase media
mitten in (*mi*-tön in) en medio de
Mitternacht (*mi*-tör-najt) *f* medianoche *f*
mittler (*mit*-lö-rö) *adj* medio, mediano
mittlerweile (mit-lör-*vai*-lö) *adv* entretanto
Mittwoch (*mit*-voj) *m* miércoles *m*
mitzählen (*mit*-tssêê-lön) *v* *incluir
Mixer (*mi*-kssör) *m* (pl ~) batidora *f*
Möbel (*möö*-böl) *ntpl* muebles *mpl*
mobil (mô-*biil*) *adj* móvil
möblieren (mö-*blii*-rön) *v* instalar
Mode (*môô*-dö) *f* (pl ~n) moda *f*
Modell (mô-*dêl*) *nt* (pl ~e) modelo *m*
modellieren (mô-dê-*lii*-rön) *v* modelar
modern (mô-*dêrn*) *adj* moderno; a la moda
modifizieren (mô-di-fi-*tssii*-rön) *v* modificar
Modistin (mô-*diss*-tin) *f* (pl ~nen) sombrerera *f*
***mögen** (*möö*-ghön) *v* gustar; *poder
möglich (*möök*-lij) *adj* posible; eventual
Möglichkeit (*möök*-lij-kait) *f* (pl ~en) posibilidad *f*
Mohair (mô-*hêêr*) *m* mohair *m*
Mohn (môôn) *m* (pl ~e) adormidera *f*
Mohrrübe (*môôr*-rüü-bö) *f* (pl ~n) zanahoria *f*
Molkerei (mol-kö-*rai*) *f* (pl ~en) lechería *f*
mollig (*mo*-lij) *adj* regordete
Moment (mô-*mênt*) *m* (pl ~e) momento *m*
Monarch (mô-*narj*) *m* (pl ~en) monarca *m*
Monarchie (mô-nar-*jii*) *f* (pl ~n) monarquía *f*
Monat (*môô*-nat) *m* (pl ~e) mes *m*
monatlich (*môô*-nat-lij) *adj* mensual
Monatsheft (*môô*-natss-hêft) *nt* (pl ~e) revista mensual
Mönch (mönj) *m* (pl ~e) monje *m*
Mond (môônt) *m* (pl ~e) luna *f*
Mondlicht (*môônt*-lijt) *nt* luz de la luna
monetär (mô-ne-*têêr*) *adj* monetario
Monolog (mô-nô-*lôôgh*) *m* (pl ~e) monólogo *m*
Monopol (mô-nô-*pôôl*) *nt* (pl ~e) monopolio *m*
monoton (mô-nô-*tôôn*) *adj* monótono
Montag (*môôn*-taak) *m* lunes *m*
Monteur (mon-*töör*) *m* (pl ~e) mecánico *m*
montieren (mon-*tii*-rön) *v* montar
Monument (mô-nu-*mênt*) *nt* (pl ~e) monumento *m*
Moor (môôr) *nt* (pl ~e) turbera *f*
Moorhuhn (*môôr*-huun) *nt* (pl ~̈er) gallo de bosque
Moos (môôss) *nt* (pl ~e) musgo *m*
Moped (*môô*-pêt) *nt* (pl ~s) bicimotor *m*; motocicleta *f*
Moral (mô-*raal*) *f* moral *f*; moralidad *f*
moralisch (mô-*raa*-liʃ) *adj* moral
Morast (mô-*rasst*) *m* marisma *f*
Mord (mort) *m* (pl ~e) asesinato *m*
morden (*mor*-dön) *v* asesinar
Mörder (*mör*-dör) *m* (pl ~) asesino *m*
Morgen (*mor*-ghön) *m* (pl ~) mañana *f*
morgen (*mor*-ghön) *adv* mañana
Morgenausgabe (*mor*-ghön-auss-ghaa-bö) *f* (pl ~n) edición de mañana
Morgendämmerung (*mor*-ghön-dê-mö-rung) *f* alba *f*
Morgenrock (*mor*-ghön-rok) *m* (pl ~̈e) bata *f*
morgens (*mor*-ghönss) *adv* por la mañana
Morgenzeitung (*mor*-ghön-tssai-tung) *f* (pl ~en) diario matutino
Morphium (*mor*-fyum) *nt* morfina *f*

Mosaik (mô-sa-*iik*) *nt* (pl ~en) mosaico *m*
Moschee (mo-*ʃee*) *f* (pl ~n) mezquita *f*
Moskito (moss-*kii*-tô) *m* (pl ~s) mosquito *m*
Moskitonetz (moss-*kii*-tô-nêtss) *nt* (pl ~e) mosquitero *m*
Motel (mô-*têl*) *nt* (pl ~s) motel *m*
Motiv (mô-*tiif*) *nt* (pl ~e) motivo *m*; diseño *m*
Motor (*môô*-tor) *m* (pl ~en) motor *m*
Motorboot (*môô*-tor-bôôt) *nt* (pl ~e) bote a motor
Motorhaube (*môô*-tor-hau-bö) *f* (pl ~n) capó *m*
Motorrad (*môô*-tor-raat) *nt* (pl ¨er) motocicleta *f*
Motorroller (*môô*-tor-ro-lör) *m* (pl ~) motoneta *f*
Motorschiff (*môô*-tor-ʃif) *nt* (pl ~e) buque a motor
Motte (*mo*-tö) *f* (pl ~n) polilla *f*
Möwe (*möö*-vö) *f* (pl ~n) gaviota *f*
Mücke (*mü*-kö) *f* (pl ~n) mosquito *m*
müde (*müü*-dö) *adj* cansado
Mühe (*müü*-ö) *f* (pl ~n) molestia *f*; pena *f*, trabajo *m*; **sich ~ *geben** *esforzarse
Mühle (*müü*-lö) *f* (pl ~n) molino *m*
Müll (mül) *m* basura *f*
Müller (*mü*-lör) *m* (pl ~) molinero *m*
Multiplikation (mul-ti-pli-ka-*tssyôôn*) *f* (pl ~en) multiplicación *f*
multiplizieren (mul-ti-pli-*tssii*-rön) *v* multiplicar
Mumm (mum) *m* coraje *m*
Mumps (mumpss) *m* paperas *fpl*
Mund (munt) *m* (pl ¨er) boca *f*
Mundart (*munt*-art) *f* (pl ~en) dialecto *m*
mündig (*mün*-dij) *adj* mayor de edad
mündlich (*münt*-lij) *adj* verbal, oral
Mündung (*mün*-dung) *f* (pl ~en) desembocadura *f*
Mundwasser (*munt*-va-ssör) *nt* enjuague bucal
Münze (*mün*-tssö) *f* (pl ~n) moneda *f*; ficha *f*
Münzwäscherei (*müntss*-vê-ʃö-rai) *f* (pl ~en) lavandería de autoservicio
Murmel (*mur*-möl) *f* (pl ~n) canica *f*
murren (*mu*-rön) *v* refunfuñar
Muschel (*mu*-ʃöl) *f* (pl ~n) concha *f*; mejillón *m*
Museum (mu-*see*-um) *nt* (pl Museen) museo *m*
Musical (*myuu*-si-köl) *nt* (pl ~s) comedia musical
Musik (mu-*siik*) *f* música *f*
musikalisch (mu-si-*kaa*-liʃ) *adj* musical
Musiker (*muu*-si-kör) *m* (pl ~) músico *m*
Musikinstrument (mu-*siik*-in-sstru-mênt) *nt* (pl ~e) instrumento músico
Muskatnuß (muss-*kaat*-nuss) *f* (pl -nüsse) nuez moscada
Muskel (*muss*-köl) *m* (pl ~n) músculo *m*
muskulös (muss-ku-*lööss*) *adj* musculoso
Muße (*muu*-ssö) *f* ocio *m*; comodidad *f*
Musselin (mu-ssö-*liin*) *m* muselina *f*
***müssen** (*mü*-ssön) *v* *tener que; deber; deber de
müßig (*müü*-ssij) *adj* ocioso
Muster (*muss*-tör) *nt* (pl ~) diseño *m*; muestra *f*
Mut (muut) *m* valor *m*
mutig (*muu*-tij) *adj* valiente
Mutter (*mu*-tör) *f* (pl ¨) madre *f*
Muttersprache (*mu*-tör-ʃpraa-jö) *f* lengua materna
Mütze (*mü*-tssö) *f* (pl ~n) gorra *f*, gorro *m*

Mythos (*müü*-toss) *m* (pl Mythen) mito *m*

N

Nabel (*naa*-böl) *m* (pl ~) ombligo *m*
nach (naaj) *prep* hacia; para; después de; **unterwegs** ~ camino de
nachahmen (*naaj*-aa-mön) *v* imitar
Nachahmung (*naaj*-aa-mung) *f* imitación *f*
Nachbar (*naj*-baar) *m* (pl ~n) vecino *m*
Nachbarschaft (*naj*-baar-ʃaft) *f* (pl ~en) vecindad *f*
nachdem (naaj-*deem*) *conj* después de que
***nachdenken** (*naaj*-dêng-kön) *v* reflexionar
nachdenklich (*naaj*-dêngk-lij) *adj* pensativo
nachfolgen (*naaj*-fol-ghön) *v* suceder
Nachfrage (*naaj*-fraa-ghö) *f* (pl ~n) demanda *f*; indagación *f*
nachfragen (*naaj*-fraa-ghön) *v* informarse
***nachgeben** (*naaj*-ghee-bön) *v* ceder
nachher (naaj-*heer*) *adv* después
Nachkomme (*naaj*-ko-mö) *m* (pl ~n) descendiente *m*
nachlässig (*naaj*-lê-ssij) *adj* negligente
nachmachen (*naaj*-ma-jön) *v* imitar
Nachmittag (*naaj*-mi-taak) *m* (pl ~e) tarde *f*
Nachname (*naaj*-naa-mö) *m* apellido *m*
nachprüfen (*naaj*-prüü-fön) *v* verificar
Nachricht (*naaj*-rijt) *f* (pl ~en) mensaje *m*; informes *mpl*; **Nachrichten** noticias *fpl*, noticiario *m*
Nachsaison (*naaj*-sê-song) *f* temporada baja
***nachsenden** (*naaj*-sên-dön) *v* reexpedir
nachspüren (*naaj*-ʃpüü-rön) *v* rastrear
nächst (nêêjsst) *adj* próximo, siguiente
nachstreben (*naaj*-ʃtree-bön) *v* *perseguir
nachsuchen (*naaj*-suu-jön) *v* buscar
Nacht (najt) *f* (pl ¨~e) noche *f*; **bei** ~ de noche; **über** ~ de noche
Nachteil (*naaj*-tail) *m* (pl ~e) desventaja *f*
nachteilig (*naaj*-tai-lij) *adj* perjudicial
Nachtflug (*najt*-fluuk) *m* (pl ¨~e) vuelo nocturno
Nachthemd (*najt*-hêmt) *nt* (pl ~en) camisón *m*
Nachtigall (*naj*-ti-ghal) *f* (pl ~en) ruiseñor *m*
Nachtisch (*naaj*-tiʃ) *m* (pl ~e) postre *m*, dulce *m*
Nachtklub (*najt*-klup) *m* (pl ~s) cabaret *m*
Nachtkrem (*najt*-kreem) *f* (pl ~s) crema de noche
nächtlich (*nêjt*-lij) *adj* nocturno
Nachtlokal (*najt*-lô-kaal) *nt* (pl ~e) cabaret *m*
Nachttarif (*najt*-ta-riif) *m* (pl ~e) tarifa nocturna
Nachtzug (*najt*-tssuuk) *m* (pl ¨~e) tren nocturno
Nacken (*na*-kön) *m* (pl ~) nuca *f*
nackt (nakt) *adj* desnudo
Nadel (*naa*-döl) *f* (pl ~n) aguja *f*
Nagel (*naa*-ghöl) *m* (pl ¨~) clavo *m*; uña *f*
Nagelbürste (*naa*-ghöl-bürss-tö) *f* (pl ~n) cepillo para las uñas
Nagelfeile (*naa*-ghöl-fai-lö) *f* (pl ~n) lima para las uñas
Nagellack (*naa*-ghöl-lak) *m* barniz para las uñas
nagelneu (*naa*-ghöl-noi) *adj* flamante

Nagelschere (*naa*-ghöl-ʃee-rö) *f* (pl ~n) tijeras para las uñas
Nähe (*nee*-ö) *f* vecindad *f*
nahe (*naa*-ö) *adj* cercano
nähen (*nêê*-ön) *v* coser; *hacer una sutura
sich nähern (*nêê*-örn) acercarse
nahezu (*naa*-ö-tssuu) *adv* prácticamente
Nähmaschine (*nêê*-ma-ʃii-nö) *f* (pl ~n) máquina de coser
nahrhaft (*naar*-haft) *adj* nutritivo
Nahrung (*naa*-rung) *f* comida *f*
Nahrungsmittel (*naa*-rungss-mi-töl) *ntpl* artículos alimenticios
Nahrungsmittelvergiftung (*naa*-rungss-mi-töl-fêr-ghif-tung) *f* intoxicación alimentaria
Naht (naat) *f* (pl ⁻̈e) costura *f*
nahtlos (*naat*-lôôss) *adj* sin costura
Nahverkehrszug (*naa*-fêr-keerss-tssuuk) *m* (pl ⁻̈e) tren ómnibus
naiv (na-*iif*) *adj* ingenuo
Name (*naa*-mö) *m* (pl ~n) nombre *m*; fama *f*; **im Namen von** en nombre de
nämlich (*nêêm*-lij) *adv* a saber
Narbe (*nar*-bö) *f* (pl ~n) cicatriz *f*
Narkose (nar-*kôô*-sö) *f* narcosis *f*
Narr (nar) *m* (pl ~en) tonto *m*
närrisch (*nê*-riʃ) *adj* absurdo
Narzisse (nar-*tssi*-ssö) *f* (pl ~n) narciso *m*
Nascherei (na-ʃö-*rai*) *f* (pl ~en) golosinas
Nase (*naa*-sö) *f* (pl ~n) nariz *f*
Nasenbluten (*naa*-sön-bluu-tön) *nt* hemorragia nasal
Nasenloch (*naa*-sön-loj) *nt* (pl ⁻̈er) ventana de la nariz
Nashorn (*naass*-horn) *nt* (pl ⁻̈er) rinoceronte *m*
naß (nass) *adj* mojado
Nation (na-*tssyôôn*) *f* (pl ~en) nación *f*
national (na-tssyô-*naal*) *adj* nacional
Nationalhymne (na-tssyô-*naal*-hüm-nö) *f* (pl ~n) himno nacional
nationalisieren (na-tssyô-na-li-*sii*-rön) *v* nacionalizar
Natur (na-*tuur*) *f* naturaleza *f*
natürlich (na-*tüür*-lij) *adj* natural; *adv* naturalmente
Naturschutzpark (na-*tuur*-ʃutss-park) *m* (pl ~s) parque nacional
Naturwissenschaft (na-*tuur*-vi-ssön-ʃaft) *f* física *f*
Navigation (na-vi-gha-*tssyôôn*) *f* navegación *f*
Nebel (*nee*-böl) *m* (pl ~) niebla *f*
nebelig (*nee*-bö-lij) *adj* nebuloso, brumoso
Nebellampe (*nee*-böl-lam-pö) *f* (pl ~n) faro de niebla
neben (*nee*-bön) *prep* junto a
nebenan (nee-bön-*an*) *adv* al lado
Nebenanschluß (*nee*-bön-an-ʃluss) *m* (pl -schlüsse) extensión *f*
Nebenbedeutung (*nee*-bön-bö-doi-tung) *f* (pl ~en) connotación *f*
Nebenfluß (*nee*-bön-fluss) *m* (pl -flüsse) afluente *m*
Nebengebäude (*nee*-bön-ghö-boi-dö) *nt* (pl ~) anexo *m*
nebensächlich (*nee*-bön-sêj-lij) *adj* accesorio
necken (*nê*-kön) *v* tomar el pelo
Neffe (*nê*-fö) *m* (pl ~n) sobrino *m*
Negativ (ne-gha-*tiif*) *nt* (pl ~e) negativo *m*
negativ (ne-gha-*tiif*) *adj* negativo
Neger (*nee*-ghör) *m* (pl ~) negro *m*
Negligé (ne-ghli-*ʒee*) *nt* (pl ~s) bata suelta
***nehmen** (*nee*-mön) *v* coger; tomar
Neid (nait) *m* envidia *f*
neidisch (*nai*-diʃ) *adj* envidioso
neigen (*nai*-ghön) *v* inclinarse; *ten-

der a; **sich** ~ inclinarse
Neigung (*nai*-ghung) *f* (pl ~en) inclinación *f*
nein (nain) no
***nennen** (*nê*-nön) *v* llamar; nombrar
Neon (*nee*-on) *nt* neón *m*
Nerv (nêrf) *m* (pl ~en) nervio *m*
nervös (nêr-*vööss*) *adj* nervioso
Nerz (nêrtss) *m* (pl ~e) visón *m*
Nest (nêsst) *nt* (pl ~er) nido *m*
nett (nêt) *adj* agradable, amable, simpático
netto (*nê*-tô) *adj* neto
Netz (nêtss) *nt* (pl ~e) red *f*
Netzhaut (*nêtss*-haut) *f* retina *f*
neu (noi) *adj* nuevo
Neuerwerbung (*noi*-êr-vêr-bung) *f* (pl ~en) adquisición *f*
Neugier (*noi*-ghiir) *f* curiosidad *f*
neugierig (*noi*-ghii-rij) *adj* curioso
Neuigkeit (*noi*-ij-kait) *f* (pl ~en) noticia *f*
Neujahr (*noi*-yaar) año nuevo
neulich (*noi*-lij) *adv* recientemente
neun (noin) *num* nueve
neunte (*noin*-tö) *num* noveno
neunzehn (*noin*-tsseen) *num* diecinueve
neunzehnte (*noin*-tsseen-tö) *num* decimonono
neunzig (*noin*-tssij) *num* noventa
Neuralgie (noi-ral-*ghii*) *f* neuralgia *f*
Neurose (noi-*rôô*-sö) *f* (pl ~n) neurosis *f*
Neuseeland (*noi-see*-lant) Nueva Zelanda
neutral (noi-*traal*) *adj* neutral
nicht (nijt) *adv* no
Nichte (*nij*-tö) *f* (pl ~n) sobrina *f*
nichtig (*nij*-tij) *adj* nulo
nichts (nijtss) *pron* nada; nada *f*
nichtsdestoweniger (nijtss-dêss-tô-*vee*-ni-ghör) *adv* no obstante
nichtssagend (*nijtss*-saa-ghönt) *adj* irrelevante
Nickel (*ni*-köl) *m* níquel *m*
Nicken (*ni*-kön) *nt* cabeceo *m*
nicken (*ni*-kön) *v* cabecear
nie (nii) *adv* nunca
nieder (*nii*-dör) *adv* abajo
niedergeschlagen (*nii*-dör-ghö-ʃlaa-ghön) *adj* deprimido; abatido, triste
Niedergeschlagenheit (*nii*-dör-ghö-ʃlaa-ghön-hait) *f* desánimo *m*
Niederlage (*nii*-dör-laa-ghö) *f* (pl ~n) derrota *f*
Niederlande (*nii*-dör-lan-dö) *fpl* Países Bajos *mpl*
Niederländer (*nii*-dör-lên-dör) *m* (pl ~) holandés *m*
niederländisch (*nii*-dör-lên-diʃ) *adj* holandés
sich *niederlassen (*nii*-dör-la-ssön) arraigarse
sich niederlegen (*nii*-dör-lee-ghön) *tenderse
***niederreißen** (*nii*-dör-rai-ssön) *v* *demoler
Niederschläge (*nii*-dör-ʃlêê-ghö) *mpl* precipitación *f*
***niederschlagen** (*nii*-dör-ʃlaa-ghön) *v* derribar
niederträchtig (*nii*-dör-trêj-tij) *adj* vil, mezquino
niedrig (*nii*-drij) *adj* bajo
niemals (*nii*-maalss) *adv* nunca
niemand (*nii*-mant) *pron* nadie
Niere (*nii*-rö) *f* (pl ~n) riñón *m*
niesen (*nii*-sön) *v* estornudar
Nigeria (ni-*ghee*-rya) Nigeria *f*
Nigerianer (ni-ghe-*ryaa*-nör) *m* (pl ~) nigeriano *m*
nigerianisch (ni-ghe-*ryaa*-niʃ) *adj* nigeriano
Nikotin (ni-kô-*tiin*) *nt* nicotina *f*
nirgends (*nir*-ghöntss) *adv* en ninguna parte
Niveau (ni-*vôô*) *nt* (pl ~s) nivel *m*

nivellieren (ni-vê-*lii*-rön) *v* nivelar
noch (noj) *adv* todavía; aun; ~ **einmal** otra vez; **weder** ... ~ ni ... ni
nochmals (*noj*-maalss) *adv* de nuevo
Nockenwelle (*no*-kön-vê-lö) *f* (pl ~n) árbol de levas
nominell (nô-mi-*nêl*) *adj* nominal
Nonne (*no*-nö) *f* (pl ~n) monja *f*
Nonnenkloster (*no*-nön-klôôss-tör) *nt* (pl ¨) convento *m*
Norden (*nor*-dön) *m* norte *m*
nördlich (*nört*-lij) *adj* norteño, del norte, septentrional
Nordosten (nort-*oss*-tön) *m* nordeste *m*
Nordpol (*nort*-pôôl) *m* polo norte
Nordwesten (nort-*vêss*-tön) *m* noroeste *m*
Norm (norm) *f* (pl ~en) norma *f*
normal (nor-*maal*) *adj* normal
Norwegen (*nor*-vee-ghön) Noruega *f*
Norweger (*nor*-vee-ghör) *m* (pl ~) noruego *m*
norwegisch (*nor*-vee-ghiʃ) *adj* noruego
Not (nôôt) *f* (pl ¨e) necesidad *f*, peligro *m*
Notar (nô-*taar*) *m* (pl ~e) notario *m*
Notausgang (*nôôt*-auss-ghang) *m* (pl ¨e) salida de emergencia
Notfall (*nôôt*-fal) *m* (pl ¨e) caso de urgencia, urgencia *f*
nötig (*nöö*-tij) *adj* necesario; ~ ***haben** necesitar
Notiz (nô-*tiitss*) *f* (pl ~en) esquela *f*
Notizblock (nô-*tiitss*-blok) *m* (pl ¨e) bloque *m*; bloc *mMe*
Notizbuch (nô-*tiitss*-buuj) *nt* (pl ¨er) libreta de apuntes
Notlage (*nôôt*-laa-ghö) *f* emergencia *f*
Notsignal (*nôôt*-si-ghnaal) *nt* (pl ~e) señal de alarma
Nottreppe (*nôôt*-trê-pö) *f* (pl ~n) escala de incendios
notwendig (*nôôt*-vên-dij) *adj* necesario
Notwendigkeit (*nôôt*-vên-dij-kait) *f* (pl ~en) necesidad *f*
Nougat (*nuu*-ghat) *m* turrón *m*
November (nô-*vêm*-bör) noviembre
Nuance (nü-~~ang~~-ssö) *f* (pl ~n) matiz *m*
nüchtern (*nüj*-törn) *adj* desapasionado; sobrio
nuklear (nu-kle-*aar*) *adj* nuclear
Null (nul) *f* (pl ~en) cero *m*
Nummer (*nu*-mör) *f* (pl ~n) número *m*
Nummernschild (*nu*-mörn-ʃilt) *nt* (pl ~er) placa *f*
nun (nuun) *adv* ahora
nur (nuur) *adv* solamente; sólo, únicamente
Nuß (nuss) *f* (pl Nüsse) nuez *f*
Nußknacker (*nuss*-kna-kör) *m* (pl ~) cascanueces *m*
Nußschale (*nuss*-ʃaa-lö) *f* (pl ~n) cáscara de nuez
Nutzen (*nu*-tssön) *m* ventaja *f*, beneficio *m*; interés *m*; utilidad *f*
nützen (*nü*-tssön) *v* *servir
nützlich (*nütss*-lij) *adj* útil
nutzlos (*nutss*-lôôss) *adj* inútil; vano
Nylon (*nai*-lon) *nt* nylon *m*

O

Oase (ô-*aa*-sö) *f* (pl ~n) oasis *f*
ob (op) *conj* si; ~ ... **oder** si ... o
Obdach (*op*-daj) *nt* refugio *m*
oben (*ôô*-bön) *adv* encima; arriba; en alto; **nach** ~ hacia arriba; arriba; ~ **auf** encima de
Ober (*ôô*-bör) *m* (pl ~) camarero *m*; mesero *mMe*
ober (*ôô*-bör) *adj* superior; **Ober-**

principal
Oberdeck (*ôô*-bör-dêk) *nt* puente superior
Oberfläche (*ôô*-bör-flê-jö) *f* (pl ~n) superficie *f*
oberflächlich (*ôô*-bör-flêj-lij) *adj* superficial
oberhalb (*ôô*-bör-halp) *prep* encima de
Oberkellner (*ôô*-bör-kêl-nör) *m* (pl ~) jefe de camareros
Oberschenkel (*ôô*-bör-ʃêng-köl) *m* (pl ~) muslo *m*
Oberseite (*ôô*-bör-sai-tö) *f* (pl ~n) parte superior
Oberst (*ôô*-börsst) *m* (pl ~en) coronel *m*
oberst (*ôô*-börsst) *adj* superior
obgleich (op-*ghlaij*) *conj* aunque
Obhut (*op*-huut) *f* custodia *f*
Objekt (op-*yêkt*) *nt* (pl ~e) objeto *m*
objektiv (op-yêk-*tiif*) *adj* objetivo
Oblate (ô-*blaa*-tö) *f* (pl ~n) oblea *f*
Obligation (ô-bli-gha-*tssyôôn*) *f* (pl ~en) obligación *f*
obligatorisch (o-bli-gha-*tôô*-riʃ) *adj* obligatorio
Observation (op-sêr-va-*tssyôôn*) *f* (pl ~en) observación *f*
Observatorium (op-sêr-va-*tôô*-ryum) *nt* (pl -rien) observatorio *m*
observieren (op-sêr-*vii*-rön) *v* observar
obskur (opss-*kuur*) *adj* obscuro, oscuro
Obst (ôôpsst) *nt* fruta *f*
Obstgarten (*ôôpsst*-ghar-tön) *m* (pl ¨) vergel *m*
Obstipation (op-ssti-pa-*tssyôôn*) *f* estreñimiento *m*
obszön (opss-*tssöön*) *adj* obsceno
Obus (*ôô*-buss) *m* (pl ~se) trolebús *m*
obwohl (op-*vôôl*) *conj* aunque, si bien
Ochse (*o*-kssö) *m* (pl ~n) buey *m*
oder (*ôô*-dör) *conj* o
Ofen (*ôô*-fön) *m* (pl ¨) estufa *f*; horno *m*
offen (*o*-fön) *adj* abierto
offenbaren (o-fön-*baa*-rön) *v* *manifestar
offenherzig (*o*-fön-hêr-tssij) *adj* sincero
offensichtlich (*o*-fön-sijt-lij) *adj* obvio, evidente; *adv* evidentemente
offensiv (o-fên-*siif*) *adj* ofensivo
Offensive (o-fên-*sii*-vö) *f* (pl ~n) ofensivo *m*
öffentlich (*ö*-fönt-lij) *adj* público
offiziell (o-fi-*tssyêl*) *adj* oficial
Offizier (o-fi-*tssiir*) *m* (pl ~e) oficial *m*
offiziös (o-fi-*tssyööss*) *adj* extraoficial
öffnen (*öf*-nön) *v* abrir
Öffnung (*öf*-nung) *f* (pl ~en) abertura *f*
Öffnungszeiten (*öf*-nungss-tssai-tön) *fpl* horas hábiles
oft (oft) *adv* frecuentemente
ohne (*ôô*-nö) *prep* sin
ohnehin (ôô-nö-*hin*) *adv* en todo caso
Ohr (ôôr) *nt* (pl ~en) oreja *f*
Ohrenschmerzen (*ôô*-rön-ʃmêr-tssön) *mpl* dolor de oídos
Ohrring (*ôôr*-ring) *m* (pl ~e) pendiente *m*
Oktober (ok-*tôô*-bör) octubre
Öl (ööl) *nt* (pl ~e) aceite *m*
Öldruck (*ööl*-druk) *m* presión del aceite
ölen (*öö*-lön) *v* lubrificar
Ölfilter (*ööl*-fil-tör) *nt* (pl ~) filtro del aceite
Ölgemälde (*ööl*-ghö-mêêl-dö) *nt* (pl ~) pintura al óleo
ölig (*öö*-lij) *adj* aceitoso
Olive (ô-*lii*-vö) *f* (pl ~n) aceituna *f*
Olivenöl (ô-*lii*-vön-ööl) *nt* aceite de oliva
Ölquelle (*ööl*-kvê-lö) *f* (pl ~n) pozo

de petróleo
Ölraffinerie (*ööl*-ra-fi-nö-rii) *f* (pl ~n) refinería de petróleo
Oma (*ôô*-ma) *f* (pl ~s) abuela *f*
Onkel (*ong*-köl) *m* (pl ~) tío *m*
Onyx (*ôô*-nükss) *m* (pl ~e) ónix *m*
Opa (*ôô*-pa) *m* (pl ~s) abuelo *m*
Opal (ô-*paal*) *m* (pl ~e) ópalo *m*
Oper (*ôô*-pör) *f* (pl ~n) ópera *f*
Operation (ô-pe-ra-*tssyôôn*) *f* (pl ~en) operación *f*
Operette (ô-pe-*rê*-tö) *f* (pl ~n) opereta *f*
operieren (ô-pe-*rii*-rön) *v* operar
Opernglas (*ôô*-pörn-ghlaass) *nt* (pl ¨er) gemelos *mpl*
Opernhaus (*ôô*-pörn-hauss) *nt* (pl ¨er) teatro de la ópera
Opfer (*o*-pför) *nt* (pl ~) sacrificio *m*; víctima *f*
Opposition (o-pô-si-*tssyôôn*) *f* oposición *f*
Optiker (*op*-ti-kör) *m* (pl ~) óptico *m*
Optimismus (op-ti-*miss*-muss) *m* optimismo *m*
Optimist (op-ti-*misst*) *m* (pl ~en) optimista *m*
optimistisch (op-ti-*miss*-tiʃ) *adj* optimista
orange (ô-*rang*-ʒö) *adj* de color naranja
Orchester (or-*kêss*-tör) *nt* (pl ~) orquesta *f*
Orden (*or*-dön) *m* (pl ~) congregación *f*
ordentlich (*or*-dönt-lij) *adj* aseado
ordinär (or-di-*nêêr*) *adj* ordinario
ordnen (*or*-dnön) *v* ordenar; *disponer, clasificar
Ordnung (*or*-dnung) *f* orden *m*; sistema *m*; **in** ~ en regla; **in Ordnung!** ¡de acuerdo!
Organ (or-*ghaan*) *nt* (pl ~e) órgano *m*
Organisation (or-gha-ni-sa-*tssyôôn*) *f* (pl ~en) organización *f*
organisch (or-*ghaa*-niʃ) *adj* orgánico
organisieren (or-gha-ni-*sii*-rön) *v* organizar
Orgel (*or*-ghöl) *f* (pl ~n) órgano *m*
Orient (*ôô*-ri-ênt) *m* oriente *m*
orientalisch (ô-ri-ên-*taa*-liʃ) *adj* oriental
sich orientieren (ô-ri-ên-*tii*-rön) orientarse
originell (ô-ri-ghi-*nêl*) *adj* original
Orlon (*or*-lon) *nt* orlón *m*
ornamental (or-na-mên-*taal*) *adj* ornamental
Ort (ort) *m* (pl ~e) lugar *m*
orthodox (or-tô-*dokss*) *adj* ortodoxo
örtlich (*ört*-lij) *adj* local; regional
Örtlichkeit (*ört*-lij-kait) *f* (pl ~en) localidad *f*
Ortsansässige (*ortss*-an-sê-ssi-ghö) *m* (pl ~n) residente *m*
Ortsgespräch (*ortss*-ghö-ʃprêêj) *nt* (pl ~e) llamada local
Ortsnetzkennzahl (*ortss*-nêtss-kên-tssaal) *f* indicativo *m*
Osten (*oss*-tön) *m* este *m*
Ostern (*ôôss*-törn) Pascua
Österreich (*ööss*-tö-raij) Austria *f*
Österreicher (*ööss*-tö-rai-jör) *m* (pl ~) austríaco *m*
österreichisch (*öö*-sstö-rai-jiʃ) *adj* austríaco
östlich (*össt*-lij) *adj* oriental
Ouvertüre (u-vêr-*tüü*-rö) *f* (pl ~n) obertura *f*
oval (ô-*vaal*) *adj* ovalado
Ozean (*ôô*-tsse-aan) *m* (pl ~e) océano *m*

P

Paar (paar) *nt* (pl ~e) par *m*; pareja *f*
Pacht (pajt) *f* arrendamiento *m*
Päckchen (*pêk*-jön) *nt* (pl ~) paquete *m*
packen (*pa*-kön) *v* embalar
Packkorb (*pak*-korp) *m* (pl ~̈e) cesto *m*
Packpapier (*pak*-pa-piir) *nt* papel de envolver
Paddel (*pa*-döl) *nt* (pl ~) remo *m*
Paket (pa-*keet*) *nt* (pl ~e) paquete *m*
Pakistan (*paa*-kiss-taan) Paquistán *m*
Pakistaner (paa-kiss-*taa*-nör) *m* (pl ~) paquistaní *m*
pakistanisch (paa-kiss-*taa*-niʃ) *adj* paquistaní
Palast (pa-*lasst*) *m* (pl ~̈e) palacio *m*
Palme (*pal*-mö) *f* (pl ~n) palma *f*
Pampelmuse (pam-pöl-*muu*-sö) *f* (pl ~n) pomelo *m*; toronja *fMe*
Paneel (pa-*neel*) *nt* (pl ~e) painel *m*, cuarterón *m*
Panik (*paa*-nik) *f* pánico *m*
Panne (*pa*-nö) *f* (pl ~n) avería *f*; descompostura *fMe*; **eine ~ *haben** averiarse
Pantoffel (pan-*to*-föl) *m* (pl ~n) zapatilla *f*
Papagei (pa-pa-*ghai*) *m* (pl ~e) loro *m*
Papier (pa-*piir*) *nt* papel *m*
papieren (pa-*pii*-rön) *adj* de papel
Papierkorb (pa-*piir*-korp) *m* (pl ~̈e) cesto para papeles
Papierserviette (pa-*piir*-sêr-vyê-tö) *f* (pl ~n) servilleta de papel
Papiertaschentuch (pa-*piir*-ta-ʃön-tuuj) *nt* (pl ~̈er) pañuelo de papel
Pappe (*pa*-pö) *f* cartón *m*; **Papp-** de cartón
Papst (paapsst) *m* (pl ~̈e) Papa *m*
Parade (pa-*raa*-dö) *f* (pl ~n) parada *f*
parallel (pa-ra-*leel*) *adj* paralelo
Parallele (pa-ra-*lee*-lö) *f* (pl ~n) paralelo *m*
Parfüm (par-*füüm*) *nt* (pl ~s) perfume *m*
Park (park) *m* (pl ~s) parque *m*
parken (*par*-kön) *v* estacionar; **Parken verboten** prohibido estacionarse
Parkgebühr (*park*-ghö-büür) *f* (pl ~en) derechos de estacionamiento
Parkleuchte (*park*-loij-tö) *f* (pl ~n) luz de estacionamiento
Parkplatz (*park*-platss) *m* (pl ~̈e) parque de estacionamiento, estacionamiento *m*
Parkuhr (*park*-uur) *f* (pl ~en) parquímetro *m*
Parkzone (*park*-tssôô-nö) *f* (pl ~n) zona de aparcamiento
Parlament (par-la-*mênt*) *nt* (pl ~e) parlamento *m*
parlamentarisch (par-la-mên-*taa*-riʃ) *adj* parlamentario
Partei (par-*tai*) *f* (pl ~en) partido *m*
parteiisch (par-*tai*-iʃ) *adj* parcial
Partie (par-*tii*) *f* (pl ~n) carga *f*
Partner (*part*-nör) *m* (pl ~) compañero *m*; pareja *f*
Party (*paar*-ti) *f* (pl -ties) guateque *m*, fiesta *f*
Parzelle (par-*tssê*-lö) *f* (pl ~n) parcela *f*
Paß (pass) *m* (pl Pässe) pasaporte *m*
Passagier (pa-ssa-*ʒiir*) *m* (pl ~e) pasajero *m*
Passant (pa-*ssant*) *m* (pl ~en) transeúnte *m*
passen (*pa*-ssön) *v* *convenir; **~ zu** *hacer juego con
passend (*pa*-ssönt) *adj* conveniente
passieren (pa-*ssii*-rön) *v* pasar

Passion (pa-*ssyôôn*) *f* pasión *f*
passiv (*pa*-ssiif) *adj* pasivo
Paßkontrolle (*pass*-kon-tro-lö) *f* (pl ~n) inspección de pasaportes
Paßphoto (*pass*-fôô-tô) *nt* (pl ~s) fotografía de pasaporte
Paste (*pass*-tö) *f* (pl ~n) pasta *f*
Pastor (*pass*-tor) *m* (pl ~en) pastor *m*, rector *m*
Pate (*paa*-tö) *m* (pl ~n) padrino *m*
Patent (pa-*tênt*) *nt* (pl ~e) patente *f*
Pater (*paa*-tör) *m* (pl ~) padre *m*
Patient (pa-*tssyênt*) *m* (pl ~en) paciente *m*
Patriot (pa-tri-*ôôt*) *m* (pl ~en) patriota *m*
Patrone (pa-*trôô*-nö) *f* (pl ~n) cartucho *m*
patrouillieren (pa-trul-*yii*-rön) *v* patrullar
Pauschalsumme (pau-*ʃaal*-su-mö) *f* (pl ~n) suma global
Pause (*pau*-sö) *f* (pl ~n) pausa *f*; descanso *m*, intervalo *m*, entreacto *m*
pausieren (pau-*sii*-rön) *v* *hacer una pausa
Pavillon (*pa*-vi-lyong) *m* (pl ~s) pabellón *m*
Pazifismus (pa-tssi-*fiss*-muss) *m* pacifismo *m*
Pazifist (pa-tssi-*fisst*) *m* (pl ~en) pacifista *m*
pazifistisch (pa-tssi-*fiss*-tiʃ) *adj* pacifista
Pech (pêj) *nt* mala suerte
Pedal (pe-*daal*) *nt* (pl ~en) pedal *m*
Peddigrohr (*pê*-digh-rôôr) *nt* rota *f*
peinlich (*pain*-lij) *adj* embarazoso
Peitsche (*pai*-chö) *f* (pl ~n) azote *m*
Pelikan (*pee*-li-kaan) *m* (pl ~e) pelícano *m*
Pelz (pêltss) *m* (pl ~e) piel *f*
Pelzmantel (*pêltss*-man-töl) *m* (pl ~̈) abrigo de pieles
Pelzwerk (*pêltss*-vêrk) *nt* piel *f*
Pendler (*pên*-dlör) *m* (pl ~) suburbano *m*
Penicillin (pe-ni-tssi-*liin*) *nt* penicilina *f*
Pension (pang-*ssyôôn*) *f* (pl ~en) pensión *f*
pensioniert (pang-ssyô-*niirt*) *adj* jubilado
Perfektion (pêr-fêk-*tssyôôn*) *f* perfección *f*
periodisch (pe-*ryôô*-diʃ) *adj* periódico
Perle (*pêr*-lö) *f* (pl ~n) perla *f*; cuenta *f*
perlend (*pêr*-lönt) *adj* espumante
Perlmutt (*pêrl*-mut) *nt* nácar *m*
Perser (*pêr*-sör) *m* (pl ~) persa *m*
Persien (*pêr*-syön) Persia *f*
persisch (*pêr*-siʃ) *adj* persa
Person (pêr-*sôôn*) *f* (pl ~en) persona *f*; **pro** ~ por persona
Personal (pêr-sô-*naal*) *nt* personal *m*
Personalbeschreibung (pêr-sô-*naal*-bö-ʃrai-bung) *f* (pl ~en) señas personales
Personenzug (pêr-*sôô*-nön-tssuuk) *m* (pl ~̈e) tren de pasajeros
persönlich (pêr-*söön*-lij) *adj* personal
Persönlichkeit (pêr-*söön*-lij-kait) *f* (pl ~en) personalidad *f*
Perspektive (pêr-sspêk-*tii*-vö) *f* (pl ~n) perspectiva *f*
Perücke (pê-*rü*-kö) *f* (pl ~n) peluca *f*
Pessimismus (pê-ssi-*miss*-muss) *m* pesimismo *m*
Pessimist (pê-ssi-*misst*) *m* (pl ~en) pesimista *m*
pessimistisch (pê-ssi-*miss*-tiʃ) *adj* pesimista
Petersilie (pe-tör-*sii*-lyö) *f* perejil *m*
Petroleum (pe-*trôô*-le-um) *nt* petróleo *m*; parafina *f*
Pfad (pfaat) *m* (pl ~e) callejón *m*,

senda *f*, sendero *m*
Pfadfinder (*pfaat*-fin-dör) *m* (pl ~) explorador *m*
Pfadfinderin (*pfaat*-fin-dö-rin) *f* (pl ~nen) exploradora *f*
Pfand (pfant) *nt* (pl ~̈er) fianza *f*
Pfandleiher (*pfant*-lai-ör) *m* (pl ~) prestamista *m*
Pfanne (*pfa*-nö) *f* (pl ~n) sartén *f*, cacerola *f*
Pfarre (*pfa*-rö) *f* (pl ~n) rectoría *f*
Pfarrer (*pfa*-rör) *m* (pl ~) pastor *m*
Pfarrhaus (*pfar*-hauss) *nt* (pl ~̈er) casa del párroco, curato *m*
Pfau (pfau) *m* (pl ~en) pavo *m*
Pfeffer (*pfê*-för) *m* pimienta *f*
Pfefferminze (*pfê*-för-min-tssö) *f* menta *f*
Pfeife (*pfai*-fö) *f* (pl ~n) pipa *f*; silbato *m*
***pfeifen** (*pfai*-fön) *v* silbar
Pfeifenreiniger (*pfai*-fön-rai-ni-ghör) *m* (pl ~) limpiapipas *m*
Pfeil (pfail) *m* (pl ~e) flecha *f*
Pfeiler (*pfai*-lör) *m* (pl ~) columna *f*
Pferd (pfeert) *nt* (pl ~e) caballo *m*
Pferderennen (*pfeer*-dö-rê-nön) *nt* (pl ~) carrera de caballos
Pferdestärke (*pfeer*-dö-ʃtêr-kö) *f* (pl ~n) caballo de vapor
Pfingsten (*pfingss*-tön) Pentecostés *m*
Pfirsich (*pfir*-sij) *m* (pl ~e) melocotón *m*
Pflanze (*pflan*-tssö) *f* (pl ~n) planta *f*
pflanzen (*pflan*-tssön) *v* plantar
Pflaster (*pflass*-tör) *nt* (pl ~) esparadrapo *m*; pavimento *m*
pflastern (*pflass*-törn) *v* pavimentar
Pflaume (*pflau*-mö) *f* (pl ~n) ciruela *f*
Pflege (*pflee*-ghö) *f* cuidado *m*
Pflegeeltern (*pflee*-ghö-êl-törn) *pl* padres adoptivos
pflegen (*pflee*-ghön) *v* *atender a; cuidar de; *soler
Pflicht (pflijt) *f* (pl ~en) deber *m*
pflücken (*pflü*-kön) *v* recoger
Pflug (pfluuk) *m* (pl ~̈e) arado *m*
pflügen (*pflüü*-ghön) *v* arar
Pförtner (*pfört*-nör) *m* (pl ~) portero *m*
Pfosten (*pfoss*-tön) *m* (pl ~) poste *m*
Pfote (*pfôô*-tö) *f* (pl ~n) pata *f*
pfui! (pfuⁱ) ¡qué vergüenza!
Pfund (pfunt) *nt* (pl ~e) libra *f*
Pfütze (*pfü*-tssö) *f* (pl ~n) charco *m*
Phantasie (fan-ta-*ssii*) *f* imaginación *f*
phantastisch (fan-*tass*-tiʃ) *adj* fantástico
Phase (*faa*-sö) *f* (pl ~n) fase *f*
Philippine (fi-li-*pii*-nö) *m* (pl ~n) filipino *m*
Philippinen (fi-li-*pii*-nön) *pl* Filipinas *fpl*
philippinisch (fi-li-*pii*-niʃ) *adj* filipino
Philosoph (fi-lô-*sôôf*) *m* (pl ~en) filósofo *m*
Philosophie (fi-lô-ssô-*fii*) *f* (pl ~n) filosofía *f*
phonetisch (fô-*nee*-tiʃ) *adj* fonético
Photo (*fôô*-tô) *nt* (pl ~s) foto *f*
Photogeschäft (*fôô*-tô-ghö-ʃêft) *nt* (pl ~e) negocio fotográfico
Photograph (fô-tô-*ghraaf*) *m* (pl ~en) fotógrafo *m*
Photographie (fô-tô-ghra-*fii*) *f* fotografía *f*
photographieren (fô-tô-ghra-*fii*-rön) *v* fotografiar
Photokopie (fô-tô-kô-*pii*) *f* (pl ~n) fotocopia *f*
Physik (fü-*siik*) *f* física *f*
Physiker (*füü*-si-kör) *m* (pl ~) físico *m*
Physiologie (fü-syô-lô-*ghii*) *f* fisiología *f*
physisch (*füü*-siʃ) *adj* físico
Pianist (pya-*nisst*) *m* (pl ~en) pianista *m*

Pickel (*pi*-köl) *m* (pl ~) grano *m*
Pickles (*pi*-kölss) *pl* encurtidos *mpl*
Picknick (*pik*-nik) *nt* día de campo
picknicken (*pik*-ni-kön) *v* *hacer un día de campo
Pier (piir) *m* (pl ~s) muelle *m*
pikant (pi-*kant*) *adj* picante
Pilger (*pil*-ghör) *m* (pl ~) peregrino *m*
Pilgerfahrt (*pil*-ghör-faart) *f* (pl ~en) peregrinación *f*
Pille (*pi*-lö) *f* (pl ~n) píldora *f*
Pilot (pi-*lôôt*) *m* (pl ~en) piloto *m*
Pilz (piltss) *m* (pl ~e) hongo *m*
Pinguin (ping-ghu-*iin*) *m* (pl ~e) pingüino *m*
Pinsel (*pin*-söl) *m* (pl ~) pincel *m*, brocha *f*
Pinzette (pin-*tssê*-tö) *f* (pl ~n) pinzas *fpl*
Pionier (pi-ô-*niir*) *m* (pl ~e) pionero *m*
Pistole (piss-*tôô*-lö) *f* (pl ~n) pistola *f*
pittoresk (pi-tô-*rêssk*) *adj* pintoresco
plädieren (plê-*dii*-rön) *v* informar
Plage (*plaa*-ghö) *f* (pl ~n) plaga *f*
Plakat (pla-*kaat*) *nt* (pl ~e) poster *m*, cartel *m*
Plan (plaan) *m* (pl ~̈e) plan *m*; proyecto *m*; plano *m*; horario *m*
Plane (*plaa*-nö) *f* (pl ~n) lona impermeable
planen (*plaa*-nön) *v* planear
Planet (pla-*neet*) *m* (pl ~en) planeta *m*
Planetarium (pla-ne-*taa*-ryum) *nt* (pl -rien) planetario *m*
Plantage (plan-*taa*-ʒö) *f* (pl ~n) plantación *f*
Plappermaul (*pla*-pör-maul) *nt* (pl ~̈er) charlatán *m*
Platin (pla-*tiin*) *nt* platino *m*
platt (plat) *adj* plano
Platte (*pla*-tö) *f* (pl ~n) chapa *f*; plato *m*
Plattenspieler (*pla*-tön-ʃpii-lör) *m* (pl ~) tocadiscos *m*
Platz (platss) *m* (pl ~̈e) puesto *m*; sitio *m*, localidad *f*; plaza *f*
Platzanweiser (*platss*-an-vai-sör) *m* (pl ~) acomodador *m*
Platzanweiserin (*platss*-an-vai-sö-rin) *f* (pl ~nen) acomodadora *f*
plaudern (*plau*-dörn) *v* charlar
Plombe (*plom*-bö) *f* (pl ~n) empaste *m*
Plötze (*plö*-tssö) *f* (pl ~n) escarcho *m*
plötzlich (*plötss*-lij) *adj* súbito; *adv* repentinamente
Plunder (*plun*-dör) *m* cachivache *m*
plus (pluss) *adv* más
pneumatisch (pnoi-*maa*-tiʃ) *adj* neumático
pochen (*po*-jön) *v* golpear
Pocken (*po*-kön) *fpl* viruelas *fpl*
Pokal (pô-*kaal*) *m* (pl ~e) copa *f*
Pole (*pôô*-lö) *m* (pl ~n) polaco *m*
Polen (*pôô*-lön) Polonia *f*
Police (pô-*lii*-ssö) *f* (pl ~n) póliza *f*
polieren (pô-*lii*-rön) *v* pulir
Polio (*pôô*-lyô) *f* polio *f*
Politik (pô-li-*tiik*) *f* política *f*
Politiker (pô-*lii*-ti-kör) *m* (pl ~) político *m*
politisch (pô-*lii*-tiʃ) *adj* político
Polizei (pô-li-*tssai*) *f* policía *f*
Polizeiwache (pô-li-*tssai*-va-jö) *f* (pl ~n) comisaría *f*
Polizist (pô-li-*tssisst*) *m* (pl ~en) guardia *m*
polnisch (*pol*-niʃ) *adj* polaco
Polster (*polss*-tör) *nt* (pl ~) almohadilla *f*
polstern (*polss*-törn) *v* tapizar
Polyp (pô-*lüüp*) *m* (pl ~en) pulpo *m*
Pommes frites (pom-*frit*) patatas fritas
Pony (*po*-ni) *nt* (pl ~s) pony *m*
Popelin (pô-pö-*liin*) *m* popelín *m*

Popmusik (*pop*-mu-siik) *f* música pop
Portier (por-*tyee*) *m* (pl ~s) portero *m*
Portion (por-*tssyôôn*) *f* (pl ~en) porción *f*
Porto (*por*-tô) *nt* franqueo *m*
portofrei (*por*-tô-frai) *adj* franco
Porträt (por-*trêê*) *nt* (pl ~s) retrato *m*
Portugal (*por*-tu-ghal) Portugal *m*
Portugiese (por-tu-*ghii*-sö) *m* (pl ~n) portugués *m*
portugiesisch (por-tu-*ghii*-siʃ) *adj* portugués
Porzellan (por-tssö-*laan*) *nt* porcelana *f*
Position (pô-si-*tssyôôn*) *f* (pl ~en) posición *f*
Positiv (*pôô*-si-tiif) *nt* (pl ~e) positiva *f*
positiv (*pôô*-si-tiif) *adj* positivo
Posse (*po*-ssö) *f* (pl ~n) sainete *m*, farsa *f*
Post (posst) *f* correo *m*
Postamt (*posst*-amt) *nt* (pl ~̈er) casa de correos
Postanweisung (*posst*-an-vai-sung) *f* (pl ~en) giro postal
Postbote (*posst*-bôô-tö) *m* (pl ~n) cartero *m*
Postdienst (*posst*-diinsst) *m* servicio postal
Posten (*poss*-tön) *m* (pl ~) ítem *m*; puesto *m*
Postkarte (*posst*-kar-tö) *f* (pl ~n) tarjeta postal
postlagernd (*posst*-laa-ghörnt) *adj* lista de correos
Postleitzahl (*posst*-lait-tssaal) *f* (pl ~en) código postal
Pracht (prajt) *f* esplendor *m*
prächtig (*prêj*-tij) *adj* magnífico; espléndido, soberbio, estupendo, maravilloso
Präfix (*prê*-fikss) *nt* (pl ~e) prefijo *m*
prahlen (*praa*-lön) *v* presumir
praktisch (*prak*-tiʃ) *adj* práctico
Praline (pra-*lii*-nö) *f* (pl ~n) bombón *m*
Prämie (*prêê*-myö) *f* (pl ~n) prima *f*
Präposition (prê-pô-si-*tssyôôn*) *f* (pl ~en) preposición *f*
Präsent (prê-*sênt*) *nt* (pl ~e) regalo *m*
Präsident (prê-si-*dênt*) *m* (pl ~en) presidente *m*
Praxis (*pra*-kssiss) *f* práctica *f*
präzis (prê-*tssiiss*) *adj* preciso, exacto
predigen (*pree*-di-ghön) *v* predicar
Predigt (*pree*-dijt) *f* (pl ~en) sermón *m*
Preis (praiss) *m* (pl ~e) precio *m*; premio *m*; **den ~ festsetzen** fijar el precio
Preisgericht (*praiss*-ghö-rijt) *nt* (pl ~e) jurado *m*
Preisliste (*praiss*-liss-tö) *f* (pl ~n) lista de precios
Preisnachlaß (*praiss*-naaj-lass) *m* (pl -lässe) reducción *f*
Preissenkung (*praiss*-ssêng-kung) *f* (pl ~en) baja *f*
Premierminister (prö-*myee*-mi-nisstör) *m* (pl ~) jefe de gobierno
Presse (*prê*-ssö) *f* prensa *f*
Pressekonferenz (*prê*-ssö-kon-ferêntss) *f* (pl ~en) conferencia de prensa
Prestige (prêss-*tii*-ʒö) *nt* prestigio *m*
Priester (*priiss*-tör) *m* (pl ~) cura *m*
prima (*prii*-ma) *adj* excelente
Prinz (printss) *m* (pl ~en) príncipe *m*
Prinzessin (prin-*tssê*-ssin) *f* (pl ~nen) princesa *f*
Prinzip (prin-*tssiip*) *nt* (pl ~ien) principio *m*
Priorität (pri-ô-ri-*têêt*) *f* (pl ~en) prioridad *f*
privat (pri-*vaat*) *adj* particular, privado

Privatleben (pri-*vaat*-lee-bön) *nt* intimidad *f*, vida privada
Probe (*prôô*-bö) *f* (pl ~n) prueba *f*; ensayo *m*
proben (*prôô*-bön) *v* ensayar
probieren (prô-*bii*-rön) *v* intentar
Problem (prô-*bleem*) *nt* (pl ~e) problema *m*
Produkt (prô-*dukt*) *nt* (pl ~e) producto *m*
Produktion (prô-duk-*tssyôôn*) *f* producción *f*
Produzent (prô-du-*tssênt*) *m* (pl ~en) productor *m*
Professor (prô-*fê*-ssor) *m* (pl ~en) profesor *m*
profitieren (prô-fi-*tii*-rön) *v* aprovechar
Programm (prô-*ghram*) *nt* (pl ~e) programa *m*
progressiv (prô-ghrê-*ssiif*) *adj* progresista
Projekt (prô-*yêkt*) *nt* (pl ~e) proyecto *m*
proklamieren (prô-kla-*mii*-rön) *v* proclamar
Promenade (prô-mö-*naa*-dö) *f* (pl ~n) explanada *f*, paseo *m*
Propaganda (prô-pa-*ghan*-da) *f* propaganda *f*
Propeller (prô-*pê*-lör) *m* (pl ~) hélice *f*
Prophet (prô-*feet*) *m* (pl ~en) profeta *m*
proportional (prô-por-tssyô-*naal*) *adj* proporcional
Prospekt (prô-*sspêkt*) *m* (pl ~e) prospecto *m*
Prostituierte (prô-ssti-tu-*iir*-tö) *f* (pl ~n) prostituta *f*
Protein (prô-te-*iin*) *nt* (pl ~e) proteína *f*
Protest (prô-*têsst*) *m* (pl ~e) protesta *f*
protestantisch (prô-têss-*tan*-tiʃ) *adj* protestante
protestieren (prô-têss-*tii*-rön) *v* protestar
Protokoll (prô-tô-*kol*) *nt* (pl ~e) actas
Provinz (prô-*vintss*) *f* (pl ~en) provincia *f*
provinziell (prô-vin-*tssyêl*) *adj* provincial
Prozent (prô-*tssênt*) *nt* (pl ~e) por ciento
Prozentsatz (prô-*tssênt*-satss) *m* (pl ~̈e) porcentaje *m*
Prozeß (prô-*tssêss*) *m* (pl -zesse) proceso *m*
Prozession (prô-tssê-*ssyôôn*) *f* (pl ~en) procesión *f*
prüfen (*prüü*-fön) *v* verificar, examinar; ensayar
Prügel (*prüü*-ghöl) *pl* zurra *f*
Psychiater (pssü-ji-*aa*-tör) *m* (pl ~) psiquiatra *m*
psychisch (*pssüü*-jiʃ) *adj* psíquico
Psychoanalytiker (pssü-jô-a-na-*lüü*-ti-kör) *m* (pl ~) psicoanalista *m*
Psychologe (pssü-jô-*lôô*-ghö) *m* (pl ~n) psicólogo *m*
Psychologie (pssü-jô-lô-*ghii*) *f* psicología *f*
psychologisch (pssü-jô-*lôô*-ghiʃ) *adj* psicológico
Publikum (*puu*-bli-kum) *nt* público *m*, auditorio *m*
Puder (*puu*-dör) *m* polvo *m*
Puderdose (*puu*-dör-dôô-sö) *f* (pl ~n) polvera *f*
Puderquaste (*puu*-dör-kvass-tö) *f* borla para empolvarse
Pullmanwagen (*pul*-man-vaa-ghön) *m* (pl ~) coche Pullman
Pullover (pu-*lôô*-vör) *m* (pl ~) pulóver *m*
Puls (puls) *m* (pl ~e) pulso *m*
Pulsschlag (*pulss*-ʃlaak) *m* pulso *m*

Pult (pult) *nt* (pl ~e) pupitre *m*
Pumpe (*pum*-pö) *f* (pl ~n) bomba *f*
pumpen (*pum*-pön) *v* bombear
Punkt (pungkt) *m* (pl ~e) punto *m*
pünktlich (*püngkt*-lij) *adj* puntual
Puppe (*pu*-pö) *f* (pl ~n) muñeca *f*
purpur (*pur*-pur) *adj* purpúreo
Putz (putss) *m* estuco *m*
putzen (*pu*-tssön) *v* sacar brillo
Puzzlespiel (*pa*-söl-ʃpiil) *nt* (pl ~e) rompecabezas *m*
Pyjama (pi-*ʒaa*-ma) *m* (pl ~s) pijama *m*

Q

Quadrat (kva-*draat*) *nt* (pl ~e) cuadrado *m*
quadratisch (kva-*draa*-tiʃ) *adj* cuadrado
Qual (kvaal) *f* (pl ~en) tormento *m*
quälen (*kvêê*-lön) *v* atormentar
qualifiziert (kva-li-fi-*tssiirt*) *adj* calificado
Qualität (kva-li-*têêt*) *f* (pl ~en) calidad *f*
Qualle (*kva*-lö) *f* (pl ~n) medusa *f*
Quantität (kvan-ti-*têêt*) *f* (pl ~en) cantidad *f*
Quarantäne (ka-ran-*têê*-nö) *f* cuarentena *f*
Quartal (kvar-*taal*) *nt* (pl ~e) trimestre *m*
Quatsch (kvach) *m* habladuría *f*
quatschen (*kva*-chön) *v* *decir tonterías
Quecksilber (*kvêk*-sil-bör) *nt* mercurio *m*
Quelle (*kvê*-lö) *f* (pl ~n) manantial *m*, fuente *f*, pozo *m*
quer (kveer) *adv* de través
quetschen (*kvê*-chön) *v* magullar
Quetschung (*kvê*-chung) *f* (pl ~en) magulladura *f*
Quittung (*kvi*-tung) *f* (pl ~en) recibo *m*
Quiz (kviss) *nt* concurso *m*
Quote (*kvôô*-tö) *f* (pl ~n) cuota *f*

R

Rabatt (ra-*bat*) *m* (pl ~e) rebaja *f*, descuento *m*
Rabe (*raa*-bö) *m* (pl ~n) cuervo *m*
Rache (*ra*-jö) *f* venganza *f*
Rad (raat) *nt* (pl ¨~er) rueda *f*; biciclo *m*
Radfahrer (*raat*-faa-rör) *m* (pl ~) ciclista *m*
Radiergummi (ra-*diir*-ghu-mi) *m* (pl ~s) goma de borrar
Radierung (ra-*dii*-rung) *f* (pl ~en) aguafuerte *f*
radikal (ra-di-*kaal*) *adj* radical
Radio (*raa*-dyô) *nt* (pl ~s) radio *f*
Raffinerie (ra-fi-nö-*rii*) *f* (pl ~n) refinería *f*
Rahmen (*raa*-mön) *m* (pl ~) marco *m*
Rakete (ra-*kee*-tö) *f* (pl ~n) cohete *m*
Rampe (*ram*-pö) *f* (pl ~n) rampa *f*
Rand (rant) *m* (pl ¨~er) borde *m*; margen *m*
Randstein (*rant*-ʃtain) *m* bordillo *m*
Rang (rang) *m* (pl ¨~e) rango *m*, grado *m*
ranzig (*ran*-tssij) *adj* rancio
Rarität (ra-ri-*têêt*) *f* (pl ~en) curiosidad *f*
rasch (raʃ) *adj* rápido
Rasen (*raa*-sön) *m* (pl ~) césped *m*
rasen (*raa*-sön) *v* rabiar; *dar prisa
rasend (*raa*-sönt) *adj* furioso
Rasierapparat (ra-*siir*-a-pa-raat) *m* (pl ~e) afeitadora eléctrica; máquina

de afeitar
sich rasieren (ra-*sii*-rön) rasurarse, afeitarse
Rasierklinge (ra-*siir*-kling-ö) *f* (pl ~n) hoja de afeitar
Rasierkrem (ra-*siir*-kreem) *f* (pl ~s) crema de afeitar
Rasierpinsel (ra-*siir*-pin-söl) *m* (pl ~) brocha de afeitar
Rasierseife (ra-*siir*-sai-fö) *f* (pl ~n) jabón de afeitar
Rasierwasser (ra-*siir*-va-ssör) *nt* loción para después de afeitarse
raspeln (*rass*-pöln) *v* rallar
Rasse (*ra*-ssö) *f* (pl ~n) raza *f*; **Rassen-** racial
Rast (rasst) *f* descanso *m*
Rat (raat) *m* (pl ̈~e) consejo *m*
***raten** (*raa*-tön) *v* adivinar; aconsejar
Ratenzahlung (*raa*-tön-tssaa-lung) *f* (pl ~en) plazo *m*
Ratgeber (*raat*-ghee-bör) *m* (pl ~) consejero *m*
Rathaus (*raat*-hauss) *nt* (pl ̈~er) ayuntamiento *m*
Ration (ra-*tssyôôn*) *f* (pl ~en) ración *f*
Rätsel (*rêê*-tssöl) *nt* (pl ~) enigma *m*, adivinanza *f*
rätselhaft (*rêê*-tssöl-haft) *adj* misterioso
Ratsmitglied (*raatss*-mit-ghliit) *nt* (pl ~er) consejero *m*
Ratte (*ra*-tö) *f* (pl ~n) rata *f*
Raub (raup) *m* robo *m*
rauben (*rau*-bön) *v* robar
Räuber (*roi*-bör) *m* (pl ~) ladrón *m*
Raubtier (*raup*-tiir) *nt* (pl ~e) animal de presa
Rauch (rauj) *m* humo *m*
rauchen (*rau*-jön) *v* fumar; **Rauchen verboten** prohibido fumar
Raucher (*rau*-jör) *m* (pl ~) fumador *m*
Raucherabteil (*rau*-jör-ap-tail) *nt* (pl ~e) compartimento para fumadores
Rauchzimmer (*rauj*-tssi-mör) *nt* (pl ~) sala para fumar
rauh (rau) *adj* riguroso; áspero; ronco
Raum (raum) *m* (pl ̈~e) espacio *m*; habitación *f*
räumen (*roi*-mön) *v* vaciar
Rauschgift (*rauʃ*-ghift) *nt* (pl ~e) narcótico *m*
Reaktion (re-ak-*tssyôôn*) *f* (pl ~en) reacción *f*
realisieren (re-a-li-*sii*-rön) *v* realizar
rebellieren (re-bê-*lii*-rön) *v* sublevarse
Rebhuhn (*rêp*-huun) *nt* (pl ̈~er) perdiz *f*
Rechner (*rêj*-nör) *m* (pl ~ s) calculadora *f*
Rechnen (*rêj*-nön) *nt* aritmética *f*
rechnen (*rêj*-nön) *v* calcular
Rechnung (*rêj*-nung) *f* (pl ~en) cuenta *f*
Recht (rêjt) *nt* (pl ~e) derecho *m*; **mit ~** justamente
recht (rêjt) *adj* derecho; *adv* bastante; ~ ***haben** *tener razón
Rechteck (*rêjt*-êk) *nt* (pl ~e) rectángulo *m*
rechteckig (*rêjt*-ê-kij) *adj* rectangular
rechtlich (*rêjt*-lij) *adj* jurídico
rechtmäßig (*rêjt*-mêê-ssij) *adj* legítimo
Rechtsanwalt (*rêjtss*-an-valt) *m* (pl ̈~e) abogado *m*
rechtschaffen (*rêjt*-ʃa-fön) *adj* honesto
Rechtschreibung (*rêjt*-ʃrai-bung) *f* deletreo *m*
rechtswidrig (*rêjtss*-vii-drij) *adj* ilegal
rechtzeitig (*rêjt*-tssai-tij) *adv* a tiempo
Redakteur (re-dak-*töör*) *m* (pl ~e) redactor *m*
Rede (*ree*-dö) *f* (pl ~n) discurso *m*
reden (*ree*-dön) *v* hablar

Redewendung (*ree*-dö-vên-dung) *f* (pl ~en) frase *f*
redlich (*reet*-lij) *adj* justo
reduzieren (re-du-*tssii*-rön) *v* *reducir
Reeder (*ree*-dör) *m* (pl ~) armador *m*
Referenz (re-fe-*rêntss*) *f* (pl ~en) referencia *f*
Reflektor (re-*flêk*-tor) *m* (pl ~en) reflector *m*
Reformation (re-for-ma-*tssyôôn*) *f* Reforma *f*
Regal (re-*ghaal*) *nt* (pl ~e) estante *m*
Regatta (re-*gha*-ta) *f* (pl Regatten) regata *f*
Regel (*ree*-ghöl) *f* (pl ~n) regla *f*; **in der** ~ por regla general
regelmäßig (*ree*-ghöl-mêê-ssij) *adj* regular
regeln (*ree*-ghöln) *v* regular; arreglar
Regelung (*ree*-ghö-lung) *f* (pl ~en) regla *f*; arreglo *m*, acuerdo *m*
Regen (*ree*-ghön) *m* lluvia *f*
Regenbogen (*ree*-ghön-bôô-ghön) *m* (pl ¨~) arco iris
Regenguß (*ree*-ghön-ghuss) *m* (pl -güsse) aguacero *m*
Regenmantel (*ree*-ghön-man-töl) *m* (pl ¨~) impermeable *m*
Regenschauer (*ree*-ghön-ʃau-ör) *m* (pl ~) aguacero *m*
Regenschirm (*ree*-ghön-ʃirm) *m* (pl ~e) paraguas *m*
Regie (re-*ʒii*) *f* dirección de escena
regieren (re-*ghii*-rön) *v* *regir; *gobernar
Regierung (re-*ghii*-rung) *f* (pl ~en) gobierno *m*
Regime (re-*ʒiim*) *nt* (pl ~s) régimen *m*
Regisseur (re-ʒi-*ssöör*) *m* (pl ~e) director de escena
regnen (*ree*-ghnön) *v* *llover
regnerisch (*ree*-ghnö-riʃ) *adj* lluvioso
regulieren (re-ghu-*lii*-rön) *v* ajustar
Rehabilitation (re-ha-bi-li-ta-*tssyôôn*) *f* rehabilitación *f*
rehbraun (*ree*-braun) *adj* marrón claro
Rehkalb (*ree*-kalp) *nt* (pl ¨~er) cervato *m*, corcino *m*
Reibe (*rai*-bö) *f* (pl ~n) rayador *m*
***reiben** (*rai*-bön) *v* frotar
Reibung (*rai*-bung) *f* (pl ~en) fricción *f*
Reich (raij) *nt* (pl ~e) imperio *m*; reino *m*; **Reichs-** imperial
reich (raij) *adj* rico
reichen (*rai*-jön) *v* bastar; pasar
reichlich (*raij*-lij) *adj* abundante
Reichtum (*raij*-tüü-mör) *m* (pl ¨~er) riqueza *f*
reif (raif) *adj* maduro
Reife (*rai*-fö) *f* madurez *f*
Reifen (*rai*-fön) *m* (pl ~) neumático *m*; llanta *fMe*
Reifendruck (*rai*-fön-druk) *m* presión del neumático
Reifenpanne (*rai*-fön-pa-nö) *f* (pl ~n) pinchazo *m*, reventón *m*, neumático desinflado
Reihe (*rai*-ö) *f* (pl ~n) cola *f*, fila *f*; turno *m*
Reihenfolge (*rai*-ön-fol-ghö) *f* sucesión *f*, orden *m*
Reiher (*rai*-ör) *m* (pl ~) garza *f*
Reim (raim) *m* (pl ~e) rima *f*
rein (rain) *adj* puro
Reinemachen (*rai*-nö-ma-jön) *nt* limpieza *f*
reinigen (*rai*-ni-ghön) *v* limpiar; **chemisch** ~ limpiar en seco
Reinigung (*rai*-ni-ghung) *f* (pl ~en) limpieza *f*; **chemische** ~ tintorería *f*
Reinigungsmittel (*rai*-ni-ghungss-mi-töl) *nt* (pl ~) quitamanchas *m*; detergente *m*
Reis (raiss) *m* arroz *m*

Reise (*rai*-sö) *f* (pl ~n) viaje *m*
Reisebüro (*rai*-sö-bü-rôô) *nt* (pl ~s) agencia de viajes
Reisebus (*rai*-sö-buss) *m* (pl ~se) autobús *m*
Reisegeschwindigkeit (*rai*-sö-ghö-ʃvin-dij-kait) *f* velocidad de cruce
reisen (*rai*-sön) *v* viajar
Reisende (*rai*-sön-dö) *m* (pl ~n) viajero *m*
Reiseplan (*rai*-sö-plaan) *m* (pl ~̈e) itinerario *m*
Reisescheck (*rai*-sö-ʃêk) *m* (pl ~s) cheque de viajero
Reisespesen (*rai*-sö-ʃpee-sön) *pl* gastos de viaje
Reiseversicherung (*rai*-sö-fêr-si-jö-rung) *f* seguro de viaje
***reißen** (*rai*-ssön) *v* desgarrar
Reißnagel (*raiss*-naa-ghöl) *m* (pl ~̈) chinche *f*
Reißverschluß (*raiss*-fêr-ʃluss) *m* (pl -verschlüsse) cierre relámpago, cremallera *f*
Reißzwecke (*raiss*-tssvê-kö) *f* (pl ~n) chinche *f*
***reiten** (*rai*-tön) *v* montar
Reiter (*rai*-tör) *m* (pl ~) jinete *m*
Reitschule (*rait*-ʃuu-lö) *f* (pl ~n) picadero *m*
Reitsport (*rait*-ʃport) *m* equitación *f*
Reiz (raitss) *m* (pl ~e) atracción *f*; encanto *m*
reizbar (*raitss*-baar) *adj* irascible, irritable
reizen (*rai*-tssön) *v* irritar
reizend (*rai*-tssönt) *adj* gracioso, adorable
Reizmittel (*raitss*-mi-töl) *nt* (pl ~) estimulante *m*
Reklame (re-*klaa*-mö) *f* (pl ~n) publicidad *f*
Rekord (re-*kort*) *m* (pl ~e) récord *m*
Rekrut (re-*kruut*) *m* (pl ~en) recluta *m*
relativ (re-la-*tiif*) *adj* relativo
Relief (re-*lyêf*) *nt* (pl ~s) relieve *m*
Religion (re-li-*ghyôôn*) *f* (pl ~en) religión *f*
religiös (re-li-*ghyööss*) *adj* religioso
Reliquie (re-*lii*-kvi-ö) *f* (pl ~n) reliquia *f*
Ren (rên) *nt* (pl ~s) reno *m*
Rennbahn (*rên*-baan) *f* (pl ~en) pista para carreras; hipódromo *m*
Rennen (*rê*-nön) *nt* (pl ~) carrera *f*
***rennen** (*rê*-nön) *v* correr
Rennpferd (*rên*-pfeert) *nt* (pl ~e) caballo de carrera
rentabel (rên-*taa*-böl) *adj* rentable
Rente (*rên*-tö) *f* (pl ~n) pensión *f*
Reparatur (re-pa-ra-*tuur*) *f* (pl ~en) reparación *f*
reparieren (re-pa-*rii*-rön) *v* arreglar, reparar
Repertoire (re-pêr-*tᵘaar*) *nt* (pl ~s) repertorio *m*
repräsentativ (re-prê-sên-ta-*tiif*) *adj* representativo
Reproduktion (re-prô-duk-*tssyôôn*) *f* (pl ~en) reproducción *f*
reproduzieren (re-prô-du-*tssii*-rön) *v* *reproducir
Reptil (rêp-*tiil*) *nt* (pl ~e) reptil *m*
Republik (re-pu-*bliik*) *f* (pl ~en) república *f*
republikanisch (re-pu-bli-*kaa*-niʃ) *adj* republicano
Reserve (re-*sêr*-vö) *f* (pl ~n) reserva *f*
Reserverad (re-*sêr*-vö-raat) *nt* (pl ~̈er) rueda de repuesto
reservieren (re-sêr-*vii*-rön) *v* reservar
reserviert (re-sêr-*viirt*) *adj* reservado
Reservierung (re-sêr-*vii*-rung) *f* (pl ~en) reservación *f*; reserva *f*
Reservoir (re-sêr-*vᵘaar*) *nt* (pl ~s) embalse *m*
resolut (re-sô-*luut*) *adj* resuelto

Respekt (re-*sspêkt*) *m* respeto *m*
Rest (rêsst) *m* (pl ~e) resto *m*; residuo *m*
Restaurant (rêss-tô-*rang*) *nt* (pl ~s) restaurante *m*
Restbestand (*rêsst*-bö-ʃtant) *m* (pl ~̈e) resto *m*
Resultat (re-sul-*taat*) *nt* (pl ~e) resultado *m*
retten (*rê*-tön) *v* salvar, rescatar
Retter (*rê*-tör) *m* (pl ~) salvador *m*
Rettich (*rê*-tij) *m* (pl ~e) rábano *m*
Rettung (*rê*-tung) *f* (pl ~en) rescate *m*
Rettungsgürtel (*rê*-tungss-ghür-töl) *m* (pl ~) chaleco salvavidas
Reue (*roi*-ö) *f* arrepentimiento *m*
Revolution (re-vô-lu-*tssyôôn*) *f* (pl ~en) revolución *f*
revolutionär (re-vô-lu-tssyô-*nêêr*) *adj* revolucionario
Revolver (re-*vol*-vör) *m* (pl ~) revólver *m*
Rezept (re-*tssêpt*) *nt* (pl ~e) receta *f*; prescripción *f*
Rezeption (re-tssêp-*tssyôôn*) *f* oficina de recibo
Rhabarber (ra-*bar*-bör) *m* ruibarbo *m*
Rheumatismus (roi-ma-*tiss*-muss) *m* reumatismo *m*
Rhythmus (*rüt*-muss) *m* (pl -men) ritmo *m*
richten (*rij*-tön) *v* dirigir; arreglar; ~ **auf** apuntar
Richter (*rij*-tör) *m* (pl ~) juez *m*; magistrado *m*
richtig (*rij*-tij) *adj* correcto, justo
Richtigkeit (*rij*-tij-kait) *f* exactitud *f*
Richtlinie (*rijt*-lii-nyö) *f* (pl ~n) directriz *f*
Richtung (*rij*-tung) *f* (pl ~en) dirección *f*
***riechen** (*rii*-jön) *v* *oler
Riegel (*rii*-ghöl) *m* (pl ~) cerrojo *m*
Riemen (*rii*-mön) *m* (pl ~) correa *f*
Riese (*rii*-sö) *m* (pl ~n) gigante *m*
riesenhaft (*rii*-sön-haft) *adj* gigantesco
riesig (*rii*-sij) *adj* gigantesco, enorme
Riff (rif) *nt* (pl ~e) arrecife *m*
Rille (*ri*-lö) *f* (pl ~n) surco *m*
Rinde (*rin*-dö) *f* (pl ~n) corteza *f*
Rindfleisch (*rint*-flaiʃ) *nt* carne de vaca
Ring (ring) *m* (pl ~e) anillo *m*
Ringen (*ring*-ön) *nt* lucha *f*
***ringen** (*ring*-ön) *v* luchar
Rippe (*ri*-pö) *f* (pl ~n) costilla *f*
Risiko (*rii*-si-kô) *nt* (pl ~s) riesgo *m*
riskant (riss-*kant*) *adj* arriesgado
Riß (riss) *m* (pl Risse) hendidura *f*; rasgón *m*; grieta *f*
Ritter (*ri*-tör) *m* (pl ~) caballero *m*
Rivale (ri-*vaa*-lö) *m* (pl ~n) rival *m*
rivalisieren (ri-va-li-*sii*-rön) *v* rivalizar
Rivalität (ri-va-li-*têêt*) *f* rivalidad *f*
Robbe (*ro*-bö) *f* (pl ~n) foca *f*
robust (rô-*busst*) *adj* robusto
Rock (rok) *m* (pl ~̈e) falda *f*
Rockaufschlag (*rok*-auf-ʃlaak) *m* (pl ~̈e) solapa *f*
Rogen (*rôô*-ghön) *m* huevos de los peces, hueva *f*
roh (rôô) *adj* crudo
Rohmaterial (*rôô*-ma-te-ryaal) *nt* (pl ~ien) materia prima
Rohr (rôôr) *nt* (pl ~e) tubo *m*, conducto *m*; caña *f*
Röhre (*röö*-rö) *f* (pl ~n) tubo *m*
Rolle (*ro*-lö) *f* (pl ~n) rollo *m*; polea *f*
rollen (*ro*-lön) *v* *rodar
Roller (*ro*-lör) *m* (pl ~) patín *m*
Rollstuhl (*rol*-ʃtuul) *m* (pl ~̈e) silla de ruedas
Rolltreppe (*rôl*-trê-pö) *f* (pl ~n) escalera móvil
Roman (rô-*maan*) *m* (pl ~e) novela *f*
Romanschriftsteller (rô-*maan*-ʃrift-ʃtê-

lör) *m* (pl ~) novelista *m*
romantisch (rô-*man*-tiʃ) *adj* romántico
Romanze (rô-*man*-tssö) *f* (pl ~n) amorío *m*
römisch-katholisch (*röö*-miʃ-ka-tôô-liʃ) *adj* católico
röntgen (*rönt*-ghön) *v* radiografiar
Röntgenbild (*rönt*-ghön-bilt) *nt* (pl ~er) radiografía *f*
rosa (*rôô*-sa) *adj* rosado, rosa
Rose (*rôô*-sö) *f* (pl ~n) rosa *f*
Rosenkohl (*rôô*-sön-kôôl) *m* col de Bruselas
Rosenkranz (*rôô*-sön-krantss) *m* (pl ~̈e) rosario *m*
Rosine (rô-*sii*-nö) *f* (pl ~n) pasa *f*
Rost¹ (rosst) *m* herrumbre *f*
Rost² (rosst) *m* (pl ~e) reja *f*
rösten (*rööss*-tön) *v* asar en parrilla
rostig (*ross*-tij) *adj* oxidado
rot (rôôt) *adj* rojo
Rotkehlchen (*rôôt*-keel-jön) *nt* (pl ~) petirrojo *m*
Rotwild (*rôôt*-vilt) *nt* ciervo *m*
Rouge (ruuʒ) *nt* colorete *m*
Roulett (ru-*lêt*) *nt* ruleta *f*
Route (*ruu*-tö) *f* (pl ~n) ruta *f*
Routine (ru-*tii*-nö) *f* rutina *f*
Rübe (*rüü*-bö) *f* (pl ~n) remolacha *f*
Rubin (ru-*biin*) *m* (pl ~e) rubí *m*
Rubrik (ru-*briik*) *f* (pl ~en) columna *f*
Ruck (ruk) *m* (pl ~e) tirón *m*, estirón *m*
Rücken (*rü*-kön) *m* (pl ~) espalda *f*
Rückenschmerzen (*rü*-kön-ʃmêr-tssön) *mpl* dolor de espalda
Rückfahrt (*rük*-faart) *f* viaje de regreso; **Hin- und** ~ ida y vuelta
Rückflug (*rük*-fluuk) *m* (pl ~̈e) vuelo de regreso
Rückgang (*rük*-ghang) *m* depresión *f*, retroceso *m*
Rückgrat (*rük*-ghraat) *nt* (pl ~e) espinazo *m*, espina dorsal
Rückkehr (*rük*-keer) *f* regreso *m*
Rücklicht (*rük*-lijt) *nt* (pl ~er) farol trasero
Rückreise (*rük*-rai-sö) *f* vuelta *f*
Rucksack (*ruk*-sak) *m* (pl ~̈e) mochila *f*
Rückschlag (*rük*-ʃlaak) *m* (pl ~̈e) revés *m*
Rücksicht (*rük*-sijt) *f* consideración *f*
rücksichtsvoll (*rük*-sijtss-fol) *adj* considerado
rückständig (*rük*-ʃtên-dij) *adj* atrasado
Rücktritt (*rük*-trit) *m* resignación *f*
rückvergüten (*rük*-fêr-ghüü-tön) *v* reintegrar
Rückvergütung (*rük*-fêr-ghüü-tung) *f* (pl ~en) reintegro *m*
rückwärts (*rük*-vêrtss) *adv* hacia atrás; ~ ***fahren** *dar marcha atrás
Rückwärtsgang (*rük*-vêrtss-ghang) *m* marcha atrás
Rückweg (*rük*-veek) *m* vuelta *f*
Rückzahlung (*rük*-tssaa-lung) *f* (pl ~en) reintegro *m*
Ruder (*ruu*-dör) *nt* (pl ~) timón *m*; remo *m*
Ruderboot (*ruu*-dör-bôôt) *nt* (pl ~e) bote *m*
rudern (*ruu*-dörn) *v* remar
Ruf (ruuf) *m* (pl ~e) llamada *f*; grito *m*, voz *f*; reputación *f*
***rufen** (*ruu*-fön) *v* llamar; gritar
Ruhe (*ruu*-ö) *f* paz *f*
ruhelos (*ruu*-ö-lôôss) *adj* inquieto
Ruhelosigkeit (*ruu*-ö-lôô-sij-kait) *f* inquietud *f*
ruhen (*ruu*-ön) *v* descansar
ruhig (*ruu*-ij) *adj* tranquilo; quieto, sereno; reposado
Ruhm (ruum) *m* celebridad *f*, fama *f*; gloria *f*
Ruhr (ruur) *f* disentería *f*

rühren (*rüü*-rön) *v* *revolver; *conmover
rührend (*rüü*-rönt) *adj* conmovedor
Rührung (*rüü*-rung) *f* emoción *f*
Ruine (ru-*ii*-nö) *f* (pl ~n) ruina *f*
ruinieren (ru-i-*nii*-rön) *v* arruinar
Rumäne (ru-*mêê*-nö) *m* (pl ~n) rumano *m*
Rumänien (ru-*mêê*-nyön) Rumania *f*
rumänisch (ru-*mêê*-niʃ) *adj* rumano
rund (runt) *adj* redondo
Runde (*run*-dö) *f* (pl ~n) vuelta *f*
Rundfunk (*runt*-fungk) *m* radio *f*
rundherum (*runt*-hê-rum) *adv* en torno
Rundreise (*runt*-rai-sö) *f* (pl ~n) vuelta *f*
Russe (*ru*-ssö) *m* (pl ~n) ruso *m*
russisch (*ru*-ssiʃ) *adj* ruso
Rußland (*russ*-lant) Rusia *f*
Rüstung (*rüss*-tung) *f* (pl ~en) armadura *f*
Rutschbahn (*ruch*-baan) *f* (pl ~en) tobogán *m*

S

Saal (saal) *m* (pl Säle) sala *f*
Saalwärter (*saal*-vêr-tör) *m* (pl ~) guarda *m*
Saccharin (sa-ja-*riin*) *nt* sacarina *f*
Sache (*sa*-jö) *f* (pl ~en) asunto *m*; causa *f*
sachlich (*saj*-lij) *adj* sensato; material
sächlich (*sêj*-lij) *adj* neutro
Sachverständige (*saj*-fêr-ʃtên-di-ghö) *m* (pl ~n) experto *m*
Sack (sak) *m* (pl ~̈e) saco *m*; bolsa *f*
Sackgasse (*sak*-gha-ssö) *f* (pl ~n) callejon sin salida
säen (*sêê*-ön) *v* *sembrar
Safe (sseef) *m* (pl ~s) caja de caudales
Saft (saft) *m* (pl ~̈e) zumo *m*
saftig (*saf*-tij) *adj* zumoso
Säge (*sêê*-ghö) *f* (pl ~n) sierra *f*
Sägemehl (*sêê*-ghö-meel) *nt* serrín *m*
Sägemühle (*sêê*-ghö-müü-lö) *f* (pl ~n) serrería de maderas
sagen (*saa*-ghön) *v* *decir
Sahne (*saa*-nö) *f* nata *f*
Sahnebonbon (*saa*-nö-bo~~ng~~-bo~~ng~~) *m* (pl ~s) caramelo *m*
sahnig (*saa*-nij) *adj* cremoso
Saison (sê-*so~~ng~~*) *f* (pl ~s) estación *f*; **außer** ~ fuera de temporada
Saite (*sai*-tö) *f* (pl ~n) cuerda *f*
Salat (sa-*laat*) *m* (pl ~e) ensalada *f*; lechuga *f*
Salatöl (sa-*laat*-ööl) *nt* (pl ~e) aceite de mesa
Salbe (*sal*-bö) *f* (pl ~n) ungüento *m*
Saldo (*sal*-dô) *m* (pl Salden) saldo *m*
Salmiakgeist (sal-*myak*-ghaisst) *m* amoníaco *m*
Salon (sa-*lo~~ng~~*) *m* (pl ~s) salón *m*
Salz (saltss) *nt* sal *f*
Salzfäßchen (*saltss*-fêss-jön) *nt* (pl ~) salero *m*
salzig (*sal*-tssij) *adj* salado
Samen (*saa*-mön) *m* (pl ~) semilla *f*
sammeln (*sa*-möln) *v* juntar; coleccionar
Sammler (*sam*-lör) *m* (pl ~) coleccionista *m*
Sammlung (*sam*-lung) *f* (pl ~en) colección *f*
Samt (samt) *m* terciopelo *m*
Sanatorium (sa-na-*tôô*-ryum) *nt* (pl -rien) sanatorio *m*
Sand (sant) *m* arena *f*
Sandale (san-*daa*-lö) *f* (pl ~n) sandalia *f*
sandig (*san*-dij) *adj* arenoso
Sandwich (*sênt*-vich) *nt* (pl ~es) bocadillo *m*

sanft (sanft) *adj* gentil
Sänger (*sêng*-ör) *m* (pl ~) vocalista *m*, cantante *m*
Sängerin (*sêng*-ö-rin) *f* (pl ~nen) cantadora *f*
sanitär (sa-ni-*têêr*) *adj* sanitario
Saphir (*saa*-fir) *m* (pl ~e) zafiro *m*
Sardelle (sar-*dê*-lö) *f* (pl ~n) anchoa *f*
Sardine (sar-*dii*-nö) *f* (pl ~n) sardina *f*
Satellit (sa-tê-*liit*) *m* (pl ~en) satélite *m*
Satin (ssa-*têng*) *m* raso *m*
satt (sat) *adj* satisfecho
Sattel (*sa*-töl) *m* (pl ¨) silla *f*
Satz (satss) *m* (pl ¨e) frase *f*; juego *m*; precio *m*
sauber (*sau*-bör) *adj* limpio
säubern (*soi*-börn) *v* limpiar
Saudi-Arabien (sau-di-a-*raa*-byön) Arabia Saudí
saudiarabisch (sau-di-a-*raa*-biʃ) *adj* saudí
sauer (*sau*-ör) *adj* agrio
Sauerstoff (*sau*-ör-ʃtof) *m* oxígeno *m*
Säugetier (*soi*-ghö-tiir) *nt* (pl ~e) mamífero *m*
Säugling (*soik*-ling) *m* (pl ~e) criatura *f*
Säule (*soi*-lö) *f* (pl ~n) columna *f*, pilar *m*
Saum (saum) *m* (pl ¨e) dobladillo *m*
Sauna (*sau*-na) *f* (pl ~s) sauna *f*
Säure (*soi*-rö) *f* (pl ~n) ácido *m*
schaben (*ʃaa*-bön) *v* raspar
Schach (ʃaj) *nt* ajedrez *m*; **Schach!** ¡jaque!
Schachbrett (*ʃaj*-brêt) *nt* (pl ~er) tablero de ajedrez
Schachtel (*ʃaj*-töl) *f* (pl ~n) caja *f*
schade! (ʃaa-dö) ¡qué lástima!
Schädel (*ʃêê*-döl) *m* (pl ~) cráneo *m*
Schaden (*ʃaa*-dön) *m* (pl ¨) perjuicio *m*; daño *m*
schaden (*ʃaa*-dön) *v* perjudicar
Schadenersatz (*ʃaa*-dön-êr-satss) *m* indemnización *f*
schadhaft (*ʃaat*-haft) *adj* defectuoso
schädlich (*ʃêêt*-lij) *adj* dañoso, perjudicial
Schaf (ʃaaf) *nt* (pl ~e) oveja *f*
***schaffen** (*ʃa*-fön) *v* crear; *conseguir
Schaffner (*ʃaf*-nör) *m* (pl ~) cobrador *m*; revisor *m*; conductor *mMe*
Schal (ʃaal) *m* (pl ~s) bufanda *f*, chal *m*
Schale (*ʃaa*-lö) *f* (pl ~n) tazón *m*; cáscara *f*, piel *f*
schälen (*ʃêê*-lön) *v* pelar
Schalentier (*ʃaa*-lön-tiir) *nt* (pl ~e) marisco *m*
Schalk (ʃalk) *m* (pl ~e) pícaro *m*
Schall (ʃal) *m* sonido *m*
schalldicht (*ʃal*-dijt) *adj* insonorizado
Schallplatte (*ʃal*-pla-tö) *f* (pl ~n) disco *m*
Schaltbrett (*ʃalt*-brêt) *nt* (pl ~er) cuadro de distribución
schalten (*ʃal*-tön) *v* cambiar de marcha
Schalter (*ʃal*-tör) *m* (pl ~) interruptor *m*; barra *f*
Schaltjahr (*ʃalt*-yaar) *nt* año bisiesto
sich schämen (*ʃêê*-mön) *avergonzarse
Schande (*ʃan*-dö) *f* deshonra *f*, vergüenza *f*, deshonor *m*
scharf (ʃarf) *adj* afilado; agudo
schärfen (*ʃêr*-fön) *v* afilar
Scharfrichter (*ʃarf*-rij-tör) *m* (pl ~) verdugo *m*
scharlachrot (*ʃar*-laj-rôôt) *adj* escarlata
Scharlatan (*ʃar*-la-taan) *m* (pl ~e) charlatán *m*
Scharm (ʃarm) *m* encanto *m*
Scharnier (ʃar-*niir*) *nt* (pl ~e) bisagra

f
Schatten (*ʃa*-tön) *m* (pl ~) sombra *f*
schattig (*ʃa*-tij) *adj* sombreado
Schatz (ʃatss) *m* (pl ¨~e) tesoro *m*; amor *m*
Schatzamt (*ʃatss*-amt) *nt* Tesorería *f*
schätzen (*ʃê*-tssön) *v* apreciar; estimar, valuar
Schätzung (*ʃê*-tssung) *f* aprecio *m*
Schauder (*ʃau*-dör) *m* espanto *m*; estremecimiento *m*
schauen (*ʃau*-ön) *v* mirar
Schauer (*ʃau*-ör) *m* (pl ~) aguacero *m*
Schaufel (*ʃau*-föl) *f* (pl ~n) pala *f*, azada *f*
Schaufenster (*ʃau*-fênss-tör) *nt* (pl ~) escaparate *m*
Schaukel (*ʃau*-köl) *f* (pl ~n) columpio *m*
schaukeln (*ʃau*-köln) *v* oscilar; mecer
Schaum (ʃaum) *m* espuma *f*
schäumen (*ʃoi*-mön) *v* espumar
Schaumgummi (*ʃaum*-ghu-mi) *m* goma espumada
Schauspiel (*ʃau*-ʃpiil) *nt* (pl ~e) espectáculo *m*; obra de teatro
Schauspieler (*ʃau*-ʃpii-lör) *m* (pl ~) actor *m*; comediante *m*
Schauspielerin (*ʃau*-ʃpii-lö-rin) *f* (pl ~nen) actriz *f*
Schauspielhaus (*ʃau*-ʃpiil-hauss) *nt* (pl ¨~er) teatro *m*
Scheck (ʃêk) *m* (pl ~s) cheque *m*
Scheckbuch (*ʃêk*-buuj) *nt* (pl ¨~er) talonario *m*
Scheibe (*ʃai*-bö) *f* (pl ~n) disco *m*; cristal *m*
Scheibenwischer (*ʃai*-bön-vi-ʃör) *m* (pl ~) limpiaparabrisas *m*
***scheiden** (*ʃai*-dön) *v* divorciar
Scheidewand (*ʃai*-dö-vant) *f* (pl ¨~e) tabique *m*
Scheideweg (*ʃai*-dö-veek) *m* (pl ~e) bifurcación *f*
Scheidung (*ʃai*-dung) *f* (pl ~en) divorcio *m*
Schein (ʃain) *m* (pl ~e) resplandor *m*; apariencia *f*; certificado *m*; billete *m*
scheinbar (*ʃain*-baar) *adj* aparente
***scheinen** (*ʃai*-nön) *v* *parecer
scheinheilig (*ʃain*-hai-lij) *adj* mojigato
Scheinwerfer (*ʃain*-vêr-för) *m* (pl ~) faro *m*, fanal *m*; reflector *m*, proyector *m*
Scheitel (*ʃai*-töl) *m* (pl ~) raya *f*
Schellfisch (*ʃêl*-fiʃ) *m* (pl ~e) bacalao *m*
Schelm (ʃêlm) *m* (pl ~e) pillo *m*
schelmisch (*ʃêl*-miʃ) *adj* travieso
Schema (*ʃee*-ma) *nt* (pl ~ta) esquema *m*
Schenke (*ʃêng*-kö) *f* (pl ~n) taberna *f*
schenken (*ʃêng*-kön) *v* *verter
Schenkung (*ʃêng*-kung) *f* (pl ~en) donación *f*
Schere (*ʃee*-rö) *f* (pl ~n) tijeras *fpl*
scheu (ʃoi) *adj* esquivo
scheuern (*ʃoi*-örn) *v* *fregar
Scheune (*ʃoi*-nö) *f* (pl ~n) granero *m*
scheußlich (*ʃoiss*-lij) *adj* horrible
Schi (ʃii) *m* (pl ~er) esquí *m*; ~ ***laufen** esquiar
Schicht (ʃijt) *f* (pl ~en) capa *f*; turno *m*; equipo *m*
schicken (*ʃi*-kön) *v* enviar
Schicksal (*ʃik*-saal) *nt* destino *m*
***schieben** (*ʃii*-bön) *v* empujar
Schiebetür (*ʃii*-bö-tüür) *f* (pl ~en) puerta corrediza
Schiedsrichter (*ʃiitss*-rij-tör) *m* (pl ~) árbitro *m*
schief (ʃiif) *adj* oblicuo
Schiefer (*ʃii*-för) *m* pizarra *f*
schielend (*ʃii*-lönt) *adj* bizco
Schiene (*ʃii*-nö) *f* (pl ~n) tablilla *f*
Schienenweg (*ʃii*-nön-veek) *m* (pl ~e)

vía del tren
*schießen (*ʃii*-ssön) *v* tirar, disparar
Schießpulver (*ʃiiss*-pul-för) *nt* pólvora *f*
Schiff (ʃif) *nt* (pl ~e) barco *m*, buque *m*; embarcación *f*
Schiffahrt (*ʃif*-faart) *f* navegación *f*
Schiffahrtslinie (*ʃif*-faartss-lii-nyö) *f* (pl ~n) línea de navegación
Schiffswerft (*ʃifss*-vêrft) *f* (pl ~en) astillero *m*
Schihose (*ʃii*-hôô-sö) *f* (pl ~n) pantalones de esquí
Schilauf (*ʃii*-lauf) *m* esquí *m*
Schiläufer (*ʃii*-loi-för) *m* (pl ~) esquiador *m*
Schildkröte (*ʃilt*-kröö-tö) *f* (pl ~n) tortuga *f*
Schilfrohr (*ʃilf*-rôôr) *nt* (pl ~e) junquillo *m*
Schilift (*ʃii*-lift) *m* (pl ~e) telesilla *m*
Schimmel (*ʃi*-möl) *m* moho *m*
schimmelig (*ʃi*-mö-lij) *adj* enmohecido
schimpfen (*ʃim*-pfön) *v* insultar, reprender
Schinken (*ʃing*-kön) *m* (pl ~) jamón *m*
Schirm (ʃirm) *m* (pl ~e) mampara *f*
Schischuhe (*ʃii*-ʃuu-ö) *mpl* botas de esquí
Schisprung (*ʃii*-ʃprung) *m* (pl ¨~e) salto de esquí
Schistöcke (*ʃii*-ʃtö-kö) *mpl* bastones de esquí
Schlacht (ʃlajt) *f* (pl ~en) batalla *f*
Schlaf (ʃlaaf) *m* sueño *m*; **im** ~ dormido; **Schläfchen** *nt* siesta *f*
Schläfe (*ʃlêê*-fö) *f* (pl ~n) sien *f*
*schlafen (*ʃlaa*-fön) *v* *dormir
schlaff (ʃlaf) *adj* inerte
schlaflos (*ʃlaaf*-lôôss) *adj* desvelado
Schlaflosigkeit (*ʃlaaf*-lôô-sij-kait) *f* insomnio *m*
Schlafmittel (*ʃlaaf*-mi-töl) *nt* (pl ~) somnífero *m*
schläfrig (*ʃlêêf*-rij) *adj* soñoliento
Schlafsaal (*ʃlaaf*-saal) *m* (pl -säle) dormitorio *m*
Schlafsack (*ʃlaaf*-sak) *m* (pl ¨~e) saco de dormir
Schlafwagen (*ʃlaaf*-vaa-ghön) *m* (pl ~) coche cama
Schlafwagenbett (*ʃlaaf*-vaa-ghön-bêt) *nt* (pl ~en) litera *f*
Schlafzimmer (*ʃlaaf*-tssi-mör) *nt* (pl ~) dormitorio *m*
Schlag (ʃlaak) *m* (pl ¨~e) golpe *m*, bofetada *f*
Schlaganfall (*ʃlaak*-an-fal) *m* (pl ¨~e) ataque *m*
*schlagen (*ʃlaa*-ghön) *v* pegar, golpear, batir; *dar golpes; **sich** ~ combatir
Schlager (*ʃlaa*-ghör) *m* (pl ~) éxito *m*
Schläger (*ʃlêê*-ghör) *m* (pl ~) raqueta *f*
Schlagwort (*ʃlaak*-vort) *nt* (pl ¨~er) slogan *m*
Schlagzeile (*ʃlaak*-tssai-lö) *f* (pl ~n) titular *m*
Schlamm (ʃlam) *m* lodo *m*
schlammig (*ʃla*-mij) *adj* lodoso
schlampig (*ʃlam*-pij) *adj* chapucero
Schlange (*ʃlang*-ö) *f* (pl ~n) culebra *f*; cola *f*; ~ ***stehen** *hacer cola
schlank (ʃlangk) *adj* esbelto
schlau (ʃlau) *adj* astuto, listo
Schlauch (ʃlauj) *m* (pl ¨~e) cámara de aire
schlecht (ʃlêjt) *adj* malo; malvado; **schlechter** *adj* peor; **schlechtest** *adj* pésimo
Schleier (*ʃlai*-ör) *m* (pl ~) velo *m*
*schleifen (*ʃlai*-fön) *v* afilar
schleppen (*ʃlê*-pön) *v* arrastrar; remolcar
Schlepper (*ʃlê*-pör) *m* (pl ~) remolca-

dor *m*
schleudern (*ʃloi*-dörn) *v* tirar; patinar
Schleuse (*ʃloi*-sö) *f* (pl ~n) esclusa *f*, compuerta *f*
schlicht (ʃlijt) *adj* ingenuo, sencillo
***schließen** (*ʃlii*-ssön) *v* *cerrar; **in sich ~** implicar
schließlich (*ʃliiss*-lij) *adv* al final
schlimm (ʃlim) *adj* malo
Schlinge (*ʃling*-ö) *f* (pl ~n) nudo corredizo
Schlitten (*ʃli*-tön) *m* (pl ~) trineo *m*
Schlittschuh (*ʃlit*-ʃuu) *m* (pl ~e) patín *m*
Schlittschuhbahn (*ʃlit*-ʃuu-baan) *f* (pl ~en) pista de patinaje
Schlitz (ʃlitss) *m* (pl ~e) ranura *f*; bragueta *f*
Schloß (ʃloss) *nt* (pl Schlösser) cerradura *f*; castillo *m*
Schlucht (ʃlujt) *f* (pl ~en) cañón *m*
Schluckauf (*ʃluk*-auf) *m* hipo *m*
Schlückchen (*ʃlük*-jön) *nt* (pl ~) sorbo *m*
schlucken (*ʃlu*-kön) *v* tragar
Schlüpfer (*ʃlü*-pför) *m* (pl ~) braga *f*
schlüpfrig (*ʃlüpf*-rij) *adj* resbaladizo
Schluß (ʃluss) *m* (pl Schlüsse) fin *m*, terminación *f*; conclusión *f*
Schlüssel (*ʃlü*-ssöl) *m* (pl ~) llave *f*
Schlüsselbein (*ʃlü*-ssöl-bain) *nt* (pl ~e) clavícula *f*
Schlüsselloch (*ʃlü*-ssöl-loj) *nt* (pl ¨~er) ojo de la cerradura
Schlußfolgerung (*ʃluss*-fol-ghö-rung) *f* (pl ~en) conclusión *f*
Schlußlicht (*ʃluss*-lijt) *nt* (pl ~er) luz trasera
Schlußverkauf (*ʃluss*-fêr-kauf) *m* rebajas *fpl*
schmackhaft (*ʃmak*-haft) *adj* rico, sabroso
schmal (ʃmaal) *adj* estrecho
Schmalz (ʃmaltss) *m* cuplé lacrimoso
schmecken (*ʃmê*-kön) *v* *saber a
***schmelzen** (*ʃmêl*-tssön) *v* fundir
Schmerz (ʃmêrtss) *m* (pl ~en) dolor *m*
schmerzen (*ʃmêr*-tssön) *v* *doler
schmerzhaft (*ʃmêrtss*-haft) *adj* dolorido, doloroso
schmerzlos (*ʃmêrtss*-lôôss) *adj* sin dolor
Schmetterling (*ʃmê*-tör-ling) *m* (pl ~e) mariposa *f*
Schmetterlingsstil (*ʃmê*-tör-lingss-ʃtiil) *m* braza de mariposa
Schmied (ʃmiit) *m* (pl ~e) herrero *m*
schmieren (*ʃmii*-rön) *v* engrasar; lubricar
schmierig (*ʃmii*-rij) *adj* sucio
Schmieröl (*ʃmiir*-ööl) *nt* (pl ~e) aceite lubricante
Schmiersystem (*ʃmiir*-süss-teem) *nt* sistema de lubricación
Schmierung (*ʃmii*-rung) *f* (pl ~en) lubricación *f*
Schminke (*ʃming*-kö) *f* (pl ~n) maquillaje *m*
Schmirgelpapier (*ʃmir*-ghöl-pa-piir) *nt* papel de lija
Schmuck (ʃmuk) *m* joyería *f*
schmuggeln (*ʃmu*-ghöln) *v* contrabandear
Schmutz (ʃmutss) *m* suciedad *f*
schmutzig (*ʃmu*-tssij) *adj* sucio; inmundo
Schnabel (*ʃnaa*-böl) *m* (pl ¨~) pico *m*; tobera *f*
Schnalle (*ʃna*-lö) *f* (pl ~n) hebilla *f*
Schnappschuß (*ʃnap*-ʃuss) *m* (pl -schüsse) instantánea *f*
schnarchen (*ʃnar*-jön) *v* roncar
Schnauze (*ʃnau*-tssö) *f* (pl ~n) hocico *m*
Schnecke (*ʃnê*-kö) *f* (pl ~n) caracol *m*
Schnee (ʃnee) *m* nieve *f*

schneebedeckt (*ʃnee*-bö-dêkt) *adj* nevoso
Schneesturm (*ʃnee*-ʃturm) *m* (pl ¨~e) ventisca *f*, nevasca *f*
***schneiden** (*ʃnai*-dön) *v* cortar
Schneider (*ʃnai*-dör) *m* (pl ~) sastre *m*
Schneiderin (*ʃnai*-dö-rin) *f* (pl ~nen) modista *f*
schneien (*ʃnai*-ön) *v* *nevar
schnell (ʃnêl) *adj* rápido; **zu ~ *fahren** correr demasiado
Schnelligkeit (*ʃnê*-lij-kait) *f* rapidez *f*
Schnellkochtopf (*ʃnêl*-koj-topf) *m* (pl ¨~e) olla a presión
Schnellzug (*ʃnêl*-tssuuk) *m* (pl ¨~e) tren expreso
Schnitt (ʃnit) *m* (pl ~e) cortadura *f*
Schnitte (*ʃni*-tö) *f* (pl ~n) tajada *f*
Schnittlauch (*ʃnit*-lauj) *m* cebollino *m*
schnitzen (*ʃni*-tssön) *v* tallar
Schnitzerei (ʃni-tssö-*rai*) *f* (pl ~en) talla *f*
Schnorchel (*ʃnor*-jöl) *m* (pl ~) esnórquel *m*
Schnupfen (*ʃnu*-pfön) *m* resfrío *m*
Schnur (ʃnuur) *f* (pl ¨~e) cordel *m*; trenza *f*, cordón *m*
Schnurrbart (*ʃnur*-baart) *m* (pl ¨~e) bigote *m*
Schnürsenkel (*ʃnüür*-sêng-köl) *m* (pl ~) cordón *m*
Schock (ʃok) *m* (pl ~s) choque *m*
schockieren (ʃo-*kii*-rön) *v* chocar
Schokolade (ʃô-kô-*laa*-dö) *f* chocolate *m*
Scholle (*ʃo*-lö) *f* (pl ~n) platija *f*
schon (ʃôon) *adv* ya
schön (ʃöön) *adj* hermoso; bonito, bello
Schönheit (*ʃöön*-hait) *f* belleza *f*
Schönheitsmittel (*ʃöön*-haitss-mi-töl) *ntpl* cosméticos *mpl*
Schönheitssalon (*ʃöön*-haitss-sa-long) *m* (pl ~s) salón de belleza
Schornstein (*ʃorn*-ʃtain) *m* (pl ~e) chimenea *f*
Schotte (*ʃo*-tö) *m* (pl ~n) escocés *m*
schottisch (*ʃo*-tiʃ) *adj* escocés
Schottland (*ʃot*-lant) Escocia *f*
schräg (ʃrêêk) *adj* inclinado
Schramme (*ʃra*-mö) *f* (pl ~n) rasguño *m*, rozadura *f*
Schrank (ʃrangk) *m* (pl ¨~e) armario *m*
Schranke (*ʃrang*-kö) *f* (pl ~n) barrera *f*; **in Schranken *halten** *contener
Schraube (*ʃrau*-bö) *f* (pl ~n) tornillo *m*; hélice *f*
schrauben (*ʃrau*-bön) *v* atornillar
Schraubenmutter (*ʃrau*-bön-mu-tör) *f* (pl ~n) tuerca *f*
Schraubenschlüssel (*ʃrau*-bön-ʃlü-ssöl) *m* (pl ~) llave inglesa, llave *f*
Schraubenzieher (*ʃrau*-bön-tssii-ör) *m* (pl ~) destornillador *m*
Schreck (ʃrêk) *m* susto *m*, espanto *m*
schrecklich (*ʃrêk*-lij) *adj* terrible, tremendo, pésimo
Schrei (ʃrai) *m* (pl ~e) chillido *m*, grito *m*
Schreibblock (*ʃraip*-blok) *m* (pl ¨~e) bloque *m*
***schreiben** (*ʃrai*-bön) *v* escribir
Schreiber (*ʃrai*-bör) *m* (pl ~) escribano *m*
Schreibmaschine (*ʃraip*-ma-ʃii-nö) *f* (pl ~n) máquina de escribir
Schreibmaschinenpapier (*ʃraip*-ma-ʃii-nön-pa-piir) *nt* papel para mecanografiar
Schreibpapier (*ʃraip*-pa-piir) *nt* papel de escribir
Schreibtisch (*ʃraip*-tiʃ) *m* (pl ~e) escritorio *m*
Schreibwaren (*ʃraip*-vaa-rön) *fpl* papelería *f*

Schreibwarenhandlung (*ʃraip*-vaa-rön-han-dlung) *f* (pl ~en) papelería *f*
***schreien** (*ʃrai*-ön) *v* chillar, gritar
Schrein (ʃrain) *m* (pl ~e) santuario *m*
schriftlich (*ʃrift*-lij) *adj* por escrito
Schriftsteller (*ʃrift*-ʃtê-lör) *m* (pl ~) escritor *m*
Schritt (ʃrit) *m* (pl ~e) paso *m*; ~ ***halten mit** *seguir el paso
schroff (ʃrof) *adj* abrupto
schrumpfen (*ʃrum*-pfön) *v* encogerse
Schub (ʃuup) *m* (pl ¨~e) empujón *m*
Schubkarren (*ʃuup*-ka-rön) *m* (pl ~) carretilla *f*
Schublade (*ʃuup*-laa-dö) *f* (pl ~n) cajón *m*
schüchtern (*ʃüj*-törn) *adj* tímido
Schüchternheit (*ʃüj*-törn-hait) *f* timidez *f*
Schuft (ʃuft) *m* (pl ~e) descarado *m*; villano *m*
Schuh (ʃuu) *m* (pl ~e) zapato *m*
Schuhgeschäft (*ʃuu*-ghö-ʃêft) *nt* (pl ~e) zapatería *f*
Schuhkrem (*ʃuu*-kreem) *f* (pl ~s) betún *m*; grasa *fMe*
Schuhmacher (*ʃuu*-ma-jör) *m* (pl ~) zapatero *m*
Schuhwerk (*ʃuu*-vêrk) *nt* calzado *m*
Schulbank (*ʃuul*-bangk) *f* (pl ¨~e) pupitre *m*
Schuld (ʃult) *f* (pl ~en) culpa *f*; deuda *f*
schulden (*ʃul*-dön) *v* deber
schuldig (*ʃul*-dij) *adj* culpable; adeudado; ~ ***sein** deber
Schuldirektor (*ʃuul*-di-rêk-tor) *m* (pl ~en) director de escuela
Schule (*ʃuu*-lö) *f* (pl ~n) escuela *f*; colegio *m*; **höhere** ~ escuela secundaria
Schüler (*ʃüü*-lör) *m* (pl ~) alumno *m*
Schülerin (*ʃüü*-lö-rin) *f* (pl ~nen) alumna *f*
Schullehrer (*ʃuul*-lee-rör) *m* (pl ~) maestro *m*
Schulleiter (*ʃuul*-lai-tör) *m* (pl ~) director de escuela
Schultasche (*ʃuul*-ta-ʃö) *f* (pl ~n) cartera *f*
Schulter (*ʃul*-tör) *f* (pl ~n) hombro *m*
Schuppe (*ʃu*-pö) *f* (pl ~n) escama *f*
Schuppen[1] (*ʃu*-pön) *fpl* caspa *f*
Schuppen[2] (*ʃu*-pön) *m* (pl ~) cobertizo *m*
Schürze (*ʃür*-tssö) *f* (pl ~n) delantal *m*
Schuß (ʃuss) *m* (pl Schüsse) disparo *m*
Schüssel (*ʃü*-ssöl) *f* (pl ~n) fuente *f*; tazón *m*
Schutt (ʃut) *m* trastos *mpl*
schütteln (*ʃü*-töln) *v* sacudir
Schutz (ʃutss) *m* protección *f*; refugio *m*
Schutzbrille (*ʃutss*-bri-lö) *f* (pl ~n) gafas *fpl*
schützen (*ʃü*-tssön) *v* proteger; abrigar
Schutzmann (*ʃutss*-man) *m* (pl ¨~er) agente de policía
Schutzmarke (*ʃutss*-mar-kö) *f* (pl ~n) marca de fábrica
schwach (ʃvaj) *adj* débil; mediocre; vago
Schwäche (*ʃvê*-jö) *f* (pl ~n) debilidad *f*
Schwager (*ʃvaa*-ghör) *m* (pl ¨~) cuñado *m*
Schwägerin (*ʃvêê*-ghö-rin) *f* (pl ~nen) cuñada *f*
Schwalbe (*ʃval*-bö) *f* (pl ~n) golondrina *f*
Schwamm (ʃvam) *m* (pl ¨~e) esponja *f*
Schwan (ʃvaan) *m* (pl ¨~e) cisne *m*
schwanger (*ʃvang*-ör) *adj* encinta, embarazada

Schwanz (ʃvantss) *m* (pl ¨~e) cola *f*
schwänzen (*ʃvên*-tssön) *v* *hacer novillos
schwarz (ʃvartss) *adj* negro
Schwarzmarkt (*ʃvartss*-markt) *m* mercado negro
schwatzen (*ʃva*-tssön) *v* charlar
Schwede (*ʃvee*-dö) *m* (pl ~n) sueco *m*
Schweden (*ʃvee*-dön) Suecia *f*
schwedisch (*ʃvee*-diʃ) *adj* sueco
***schweigen** (*ʃvai*-ghön) *v* callarse, *estarse quieto; **schweigend** callado; **zum Schweigen *bringen** acallar
Schwein (ʃvain) *nt* (pl ~e) cerdo *m*
Schweinefleisch (*ʃvai*-nö-flaiʃ) *nt* carne de cerdo
Schweinsleder (*ʃvainss*-lee-dör) *nt* piel de cerdo
Schweiß (ʃvaiss) *m* sudor *m*
schweißen (*ʃvai*-ssön) *v* *soldar
Schweiz (ʃvaitss) *f* Suiza *f*
Schweizer (*ʃvai*-tssör) *m* (pl ~) suizo *m*
schweizerisch (*ʃvai*-tssö-riʃ) *adj* suizo
Schwelle (*ʃvê*-lö) *f* (pl ~n) umbral *m*
***schwellen** (*ʃvê*-lön) *v* hincharse
schwer (ʃveer) *adj* pesado; fastidioso
schwerfällig (*ʃveer*-fê-lij) *adj* lerdo
Schwerkraft (*ʃveer*-kraft) *f* gravedad *f*
Schwermut (*ʃveer*-muut) *f* melancolía *f*
Schwert (ʃveert) *nt* (pl ~er) espada *f*
Schwester (*ʃvêss*-tör) *f* (pl ~n) hermana *f*; enfermera *f*
Schwiegereltern (*ʃvii*-ghör-êl-törn) *pl* padres políticos
Schwiegermutter (*ʃvii*-ghör-mu-tör) *f* (pl ¨~) suegra *f*
Schwiegersohn (*ʃvii*-ghör-sôon) *m* (pl ¨~e) yerno *m*
Schwiegervater (*ʃvii*-ghör-faa-tör) *m* (pl ¨~) suegro *m*
Schwiele (*ʃvii*-lö) *f* (pl ~n) callo *m*
schwierig (*ʃvii*-rij) *adj* difícil
Schwierigkeit (*ʃvii*-rij-kait) *f* (pl ~en) dificultad *f*
Schwimmbad (*ʃvim*-baat) *nt* (pl ¨~er) piscina *f*
***schwimmen** (*ʃvi*-mön) *v* nadar; flotar
Schwimmer (*ʃvi*-mör) *m* (pl ~) nadador *m*; flotador *m*
Schwimmsport (*ʃvim*-ʃport) *m* natación *f*
Schwindel (*ʃvin*-döl) *m* vértigo *m*; fraude *m*
Schwindelanfall (*ʃvin*-döl-an-fal) *m* (pl ¨~e) vértigo *m*
Schwindelgefühl (*ʃvin*-döl-ghö-füül) *nt* mareo *m*
schwindlig (*ʃvin*-dlij) *adj* mareado
Schwingung (*ʃving*-ung) *f* (pl ~en) vibración *f*
Schwitzbad (*ʃvitss*-baat) *nt* (pl ¨~er) baño turco
schwitzen (*ʃvi*-tssön) *v* sudar
***schwören** (*ʃvöö*-rön) *v* jurar; prestar juramento
sechs (sêkss) *num* seis
sechste (*sêkss*-tö) *num* sexto
sechzehn (*sêj*-tsseen) *num* dieciséis
sechzehnte (*sêj*-tsseen-tö) *num* decimosexto
sechzig (*sêj*-tssij) *num* sesenta
Sediment (se-di-*mênt*) *nt* (pl ~e) capa *f*
See (see) *m* (pl ~n) lago *m*; *f* mar *m/f*
Seebad (*see*-baat) *nt* (pl ¨~er) playa de veraneo
Seehafen (*see*-haa-fön) *m* (pl ¨~) puerto de mar
Seehund (*see*-hunt) *m* (pl ~e) foca *f*
Seeigel (*see*-ii-ghöl) *m* (pl ~) erizo de mar
Seejungfrau (*see*-yung-frau) *f* (pl

~en) sirena *f*
Seekarte (*see*-kar-tö) *f* (pl ~n) carta marina
seekrank (*see*-krangk) *adj* mareado
Seekrankheit (*see*-krangk-hait) *f* mareo *m*
Seele (*see*-lö) *f* (pl ~n) alma *f*
Seemöwe (*see*-möö-vö) *f* (pl ~n) gaviota *f*
Seeräuber (*see*-roi-bör) *m* (pl ~) pirata *m*
Seereise (*see*-rai-sö) *f* (pl ~n) crucero *m*
Seevogel (*see*-fôô-ghöl) *m* (pl ¨~) ave marina
Seezunge (*see*-tssung-ö) *f* (pl ~n) lenguado *m*
Segel (*see*-ghöl) *nt* (pl ~) vela *f*
Segelboot (*see*-ghöl-bôôt) *nt* (pl ~e) buque velero
Segelflugzeug (*see*-ghöl-fluuk-tssoik) *nt* (pl ~e) planeador *m*
Segelklub (*see*-ghöl-klup) *m* (pl ~s) club de yates
Segelsport (*see*-ghöl-ʃport) *m* deporte de vela
Segeltuch (*see*-ghöl-tuuj) *nt* lona *f*
Segen (*see*-ghön) *m* bendición *f*
segnen (*see*-ghnön) *v* *bendecir
***sehen** (*see*-ön) *v* *ver; ~ ***lassen** *mostrar
Sehenswürdigkeit (*see*-önss-vür-dij-kait) *f* (pl ~en) curiosidad *f*
Sehne (*see*-nö) *f* (pl ~n) tendón *m*
sich sehnen nach (*see*-nön) anhelar
Sehnsucht (*seen*-sujt) *f* (pl ¨~e) anhelo *m*
sehr (seer) *adv* muy, mucho
seicht (saijt) *adj* poco profundo
Seide (*sai*-dö) *f* seda *f*
seiden (*sai*-dön) *adj* sedoso
Seife (*sai*-fö) *f* (pl ~n) jabón *m*
Seifenpulver (*sai*-fön-pul-för) *nt* jabón en polvo
Seil (sail) *nt* (pl ~e) cuerda *f*, soga *f*
sein (sain) *pron* su
***sein** (sain) *v* *estar, *ser
seit (sait) *prep* desde
seitdem (sait-*deem*) *conj* desde que
Seite (*sai*-tö) *f* (pl ~n) lado *m*; página *f*; **zur** ~ aparte
Seitenlicht (*sai*-tön-lijt) *nt* (pl ~er) luz lateral
Seitenschiff (*sai*-tön-ʃif) *nt* (pl ~e) nave lateral
Seitenstraße (*sai*-tön-ʃtraa-ssö) *f* (pl ~n) calle lateral
seither (sait-*heer*) *adv* desde entonces
seitwärts (*sait*-vêrtss) *adv* lateralmente
Sekretär (se-kre-*têêr*) *m* (pl ~e) secretario *m*
Sekretärin (se-kre-*têê*-rin) *f* (pl ~nen) secretaria *f*
Sekt (sêkt) *m* champán *m*
Sekunde (se-*kun*-dö) *f* (pl ~n) segundo *m*
selb (sêlb) *pron* mismo
selbst (sêlpsst) *pron* yo mismo; tú mismo; usted mismo; él mismo; ella misma; uno mismo; nosotros mismos; vosotros mismos; ustedes mismo; ellos mismos
selbständig (*sêlp*-ʃtên-dij) *adj* autónomo; independiente
Selbstbedienung (*sêlpsst*-bö-dii-nung) *f* autoservicio *m*
Selbstbedienungsrestaurant (*sêlpsst*-bö-dii-nungss-rêss-tô-rang) *nt* (pl ~s) restaurante de autoservicio, cafetería *f*
selbstgemacht (*sêlpsst*-ghö-majt) *adj* casero
Selbstklebeband (*sêlpsst*-klee-bö-bant) *nt* cinta adhesiva
Selbstlaut (*sêlpsst*-laut) *m* (pl ~e) vocal *f*
selbstlos (*sêlpsst*-lôôss) *adj* desintere-

sado
Selbstmord (*sêlpsst*-mort) *m* (pl ~e) suicidio *m*
Selbstsucht (*sêlpsst*-sujt) *f* egoísmo *m*
selbstsüchtig (*sêlpsst*-süj-tij) *adj* egoísta
selbstverständlich (*sêlpsst*-fêr-ʃtênt-lij) *adj* evidente; *adv* por supuesto
Selbstverwaltung (*sêlpsst*-fêr-val-tung) *f* autonomía *f*
Sellerie (*sê*-lö-rii) *m* apio *m*
selten (*sêl*-tön) *adj* raro; infrecuente; *adv* pocas veces, raras veces
Selterswasser (*sêl*-törss-va-ssör) *nt* agua de soda
seltsam (*sêlt*-saam) *adj* curioso, raro
Senat (se-*naat*) *m* senado *m*
Senator (se-*naa*-tor) *m* (pl ~en) senador *m*
***senden** (*sên*-dön) *v* mandar; emitir, transmitir
Sender (*sên*-dör) *m* (pl ~) emisor *m*
Sendung (*sên*-dung) *f* (pl ~en) envío *m*; transmisión *f*
Senf (sênf) *m* mostaza *f*
senil (se-*niil*) *adj* senil
senken (*sêng*-kön) *v* *reducir
senkrecht (*sêngk*-rêjt) *adj* vertical, perpendicular
Sensation (sên-sa-*tssyôôn*) *f* (pl ~en) sensación *f*
sensationell (sên-sa-tssyô-*nêl*) *adj* sensacional
sentimental (sên-ti-mên-*taal*) *adj* sentimental
September (sêp-*têm*-bör) septiembre
septisch (*sêp*-tiʃ) *adj* séptico
Serie (*see*-ryö) *f* (pl ~n) serie *f*
seriös (se-*ryööss*) *adj* serio
Serum (*see*-rum) *nt* (pl Seren) suero *m*
Serviette (sêr-*vyê*-tö) *f* (pl ~n) servilleta *f*
Sessel (*sê*-ssöl) *m* (pl ~) butaca *f*, silla *f*
setzen (*sê*-tssön) *v* *poner; colocar; **sich ~** *sentarse
Sex (sêkss) *m* sexualidad *f*
Sexualität (sê-kssu-a-li-*têêt*) *f* sexualidad *f*
sexuell (sê-kssu-*êl*) *adj* sexual
Shampoo (ʃêm-*puu*) *nt* champú *m*
Siam (*sii*-am) Siam *m*
Siamese (sya-*mee*-sö) *m* (pl ~n) siamés *m*
siamesisch (sya-*mee*-siʃ) *adj* (pl ~en) siamés
sich (sij) *pron* se
sicher (*si*-jör) *adj* firme, seguro
Sicherheit (*si*-jör-hait) *f* seguridad *f*
Sicherheitsgurt (*si*-jör-haitss-ghurt) *m* (pl ~e) cinturón de seguridad
Sicherheitsnadel (*si*-jör-haitss-naa-döl) *f* (pl ~n) imperdible *m*
sicherlich (*si*-jör-lij) *adv* seguramente
Sicherung (*si*-jö-rung) *f* (pl ~en) fusible *m*
Sicht (sijt) *f* vista *f*
sichtbar (*sijt*-baar) *adj* visible
Sichtweite (*sijt*-vai-tö) *f* visibilidad *f*
Sie (sii) *pron* usted
sie (sii) *pron* ella; la; ellos; les
Sieb (siip) *nt* (pl ~e) tamiz *m*
sieben[1] (*sii*-bön) *v* tamizar; filtrar
sieben[2] (*sii*-bön) *num* siete
siebente (*sii*-bön-tö) *num* séptimo
siebzehn (*siip*-tsseen) *num* diecisiete
siebzehnte (*siip*-tsseen-tö) *num* decimoséptimo
siebzig (*siip*-tssij) *num* setenta
Sieg (siik) *m* (pl ~e) victoria *f*
Siegel (*sii*-ghöl) *nt* (pl ~) sello *m*
Sieger (*sii*-ghör) *m* (pl ~) vencedor *m*
Signal (si-*ghnaal*) *nt* (pl ~e) señal *f*
signalisieren (si-ghna-li-*sii*-rön) *v* *hacer señales
Silbe (*sil*-bö) *f* (pl ~n) sílaba *f*
Silber (*sil*-bör) *nt* plata *f*; plata labra-

da
silbern (*sil*-börn) *adj* de plata
Silberschmied (*sil*-bör-ʃmiit) *m* (pl ~e) platero *m*
***singen** (*sing*-ön) *v* cantar
***sinken** (*sing*-kön) *v* hundirse
Sinn (sin) *m* (pl ~e) sentido *m*
sinnlos (*sin*-lôôss) *adj* sin sentido
Siphon (si-*fong*) *m* (pl ~s) sifón *m*
Sirene (si-*ree*-nö) *f* (pl ~n) sirena *f*
Sirup (*sii*-rup) *m* jarabe *m*
Sitte (*si*-tö) *f* (pl ~n) costumbre *f*; **Sitten** costumbres
Sittich (*si*-tij) *m* (pl ~e) cotorra *f*
sittlich (*sit*-lij) *adj* moral
Sitz (sitss) *m* (pl ~e) asiento *m*; sede *f*
***sitzen** (*si*-tssön) *v* *estar sentado
Sitzung (*si*-tssung) *f* (pl ~en) sesión *f*
Skandal (sskan-*daal*) *m* (pl ~e) escándalo *m*
Skandinavien (sskan-di-*naa*-vyön) Escandinavia *f*
Skandinavier (sskan-di-*naa*-vyör) *m* (pl ~) escandinavo *m*
skandinavisch (sskan-di-*naa*-viʃ) *adj* escandinavo
Skelett (sske-*lêt*) *nt* (pl ~e) esqueleto *m*
Skizze (*sski*-tssö) *f* (pl ~n) bosquejo *m*
Skizzenbuch (*sski*-tssön-buuj) *nt* (pl ~̈er) cuaderno de diseño
skizzieren (sski-*tssii*-rön) *v* bosquejar
Sklave (*ssklaa*-vö) *m* (pl ~n) esclavo *m*
Skulptur (sskulp-*tuur*) *f* (pl ~en) escultura *f*
Slip (sslip) *m* (pl ~s) braga *f*
Smaragd (ssma-*rakt*) *m* (pl ~e) esmeralda *f*
Smoking (*ssmôô*-king) *m* (pl ~s) smoking *m*
Snackbar (*ssnêk*-baar) *f* (pl ~s) cafetería *f*
so (sôô) *adv* así; tan; ~ **daß** así que
sobald als (sôô-*balt* alss) tan pronto como
Socke (*so*-kö) *f* (pl ~n) calcetín *m*
Sodawasser (*sôô*-da-va-ssör) *nt* soda *f*
Sodbrennen (*sôôt*-brê-nön) *nt* acidez *f*
soeben (sô-*ee*-bön) *adv* ahora mismo
Sofa (*sôô*-fa) *nt* (pl ~s) sofá *m*
sofort (sô-*fort*) *adv* en seguida; al instante, directamente, de inmediato
sofortig (sô-*for*-tij) *adj* inmediato
sogar (sô-*ghaar*) *adv* aun
sogenannt (*sôô*-ghö-nant) *adj* así llamado
sogleich (sô-*ghlaij*) *adv* inmediatamente, dentro de poco
Sohle (*sôô*-lö) *f* (pl ~n) suela *f*
Sohn (sôôn) *m* (pl ~̈e) hijo *m*
solch (solj) *pron* tal
Soldat (sol-*daat*) *m* (pl ~en) soldado *m*; militar *m*
solide (sô-*lii*-dö) *adj* sólido
Solistenkonzert (sô-*liss*-tön-kon-tssêrt) *nt* (pl ~e) recital *m*
Soll (sol) *nt* debe *m*
sollen (*so*-lön) *v* *tener que
Sommer (*so*-mör) *m* (pl ~) verano *m*
Sommerhaus (*so*-mör-hauss) *nt* (pl ~̈er) casa de campo
Sommerzeit (*so*-mör-tssait) *f* horario de verano
sonderbar (*son*-dör-baar) *adj* raro, peculiar, extraño
sondern (*son*-dörn) *conj* pero
Sonnabend (*son*-aa-bönt) *m* sábado *m*
Sonne (*so*-nö) *f* (pl ~n) sol *m*
sich sonnen (*so*-nön) tomar el sol
Sonnenaufgang (*so*-nön-auf-ghang) *m* (pl ~̈e) amanecer *m*
Sonnenbrand (*so*-nön-brant) *m* que-

madura del sol
Sonnenbrille (*so*-nön-bri-lö) *f* (pl ~n) gafas de sol
Sonnenlicht (*so*-nön-lijt) *nt* luz del sol
Sonnenöl (*so*-nön-ööl) *nt* aceite bronceador
Sonnenschein (*so*-nön-ʃain) *m* sol *m*
Sonnenschirm (*so*-nön-ʃirm) *m* (pl ~e) quitasol *m*
Sonnenstich (*so*-nön-ʃtij) *m* insolación *f*
Sonnenuntergang (*so*-nön-un-tör-ghang) *m* (pl ̈~e) ocaso *m*
sonnig (*so*-nij) *adj* soleado
Sonntag (*son*-taak) *m* domingo *m*
sonst (sonsst) *adv* si no
Sorge (*sor*-ghö) *f* (pl ~n) cuidado *m*; preocupación *f*
sorgen für (*sor*-ghön) *atender a, cuidar de; **sich sorgen um** preocuparse de
sorgfältig (*sork*-fêl-tij) *adj* pulcro; escrupuloso; minucioso
Sorte (*sor*-tö) *f* (pl ~n) género *m*, clase *f*
sortieren (sor-*tii*-rön) *v* clasificar; ordenar
Sortiment (sor-ti-*mênt*) *nt* (pl ~e) surtido *m*
Soße (*sôô*-ssö) *f* (pl ~n) salsa *f*
Souvenir (suu-vê-*nir*) *nt* (pl ~ s) recuerdo *m*
sowohl ... als auch (sô-*vôôl* ... alss auj) tanto ... como
sozial (sô-*tssyaal*) *adj* social
Sozialismus (sô-tssya-*liss*-muss) *m* socialismo *m*
Sozialist (sô-tyssa-*lisst*) *m* (pl ~en) socialista *m*
sozialistisch (sô-tssya-*liss*-tiʃ) *adj* socialista
spähen (*ʃpêê*-ön) *v* espiar
Spalt (ʃpalt) *m* (pl ~e) hendidura *f*; grieta *f*
Spalte (*ʃpal*-tö) *f* (pl ~n) grieta *f*; columna *f*
spalten (*ʃpal*-tön) *v* *hender
Spanien (*ʃpaa*-nyön) España *f*
Spanier (*ʃpaa*-nyör) *m* (pl ~) español *m*
spanisch (*ʃpaa*-niʃ) *adj* español
spannen (*ʃpa*-nön) *v* *apretar
Spannkraft (*ʃpan*-kraft) *f* elasticidad *f*
Spannung (*ʃpa*-nung) *f* (pl ~en) tensión *f*; esfuerzo *m*, tensión *m*; voltaje *m*
sparen (*ʃpaa*-rön) *v* economizar, ahorrar
Spargel (*ʃpar*-ghöl) *m* espárrago *m*
Sparkasse (*ʃpaar*-ka-ssö) *f* (pl ~n) caja de ahorros
sparsam (*ʃpaar*-saam) *adj* económico; parsimonioso
Spaß (ʃpaass) *m* diversión *f*
spaßig (*ʃpaa*-ssij) *adj* chistoso, gracioso
spät (ʃpêêt) *adj* tardío; **später** después
Spaten (*ʃpaa*-tön) *m* (pl ~) pala *f*
spazieren (ʃpa-*tssii*-rön) *v* pasear
Spaziergang (ʃpa-*tssiir*-ghang) *m* (pl ̈~e) caminata *f*
Spaziergänger (ʃpa-*tssiir*-ghêng-ör) *m* (pl ~) paseante *m*
Spazierstock (ʃpa-*tssiir*-ʃtok) *m* (pl ̈~e) bastón *m*
Speck (ʃpêk) *m* tocino *m*
Speer (ʃpeer) *m* (pl ~e) lanza *f*
Speiche (*ʃpai*-jö) *f* (pl ~n) radio *m*
Speichel (*ʃpai*-jöl) *m* esputo *m*
Speise (*ʃpai*-sö) *f* (pl ~n) alimento *m*
Speisekammer (*ʃpai*-sö-ka-mör) *f* (pl ~n) despensa *f*
Speisekarte (*ʃpai*-sö-kar-tö) *f* (pl ~en) menú *m*
speisen (*ʃpai*-sön) *v* cenar
Speisesaal (*ʃpai*-sö-saal) *m* (pl -säle) comedor *m*

Speisewagen (*ʃpai*-sö-vaa-ghön) *m* (pl ~) coche comedor
Speisezimmer (*ʃpai*-sö-tssi-mör) *nt* (pl ~) comedor *m*
spekulieren (ʃpe-ku-*lii*-rön) *v* especular
Spende (*ʃpên*-dö) *f* (pl ~n) donación *f*
spenden (*ʃpên*-dön) *v* donar
Sperling (*ʃpêr*-ling) *m* (pl ~e) gorrión *m*
sperren (*ʃpê*-rön) *v* bloquear
Sperrsitz (*ʃpêr*-sitss) *m* (pl ~e) butaca *f*
sich spezialisieren (ʃpe-tssya-li-*sii*-rön) especializarse
Spezialist (ʃpe-tssya-*lisst*) *m* (pl ~en) especialista *m*
Spezialität (ʃpe-tssya-li-*têêt*) *f* (pl ~en) especialidad *f*
speziell (ʃpe-*tssyêl*) *adj* especial; *adv* en particular
spezifisch (ʃpe-*tssii*-fiʃ) *adj* específico
Spiegel (*ʃpii*-ghöl) *m* (pl ~) espejo *m*
Spiegelbild (*ʃpii*-ghöl-bilt) *nt* (pl ~er) imagen reflejada
Spiegelung (*ʃpii*-ghö-lung) *f* (pl ~en) reflejo *m*
Spiel (ʃpiil) *nt* (pl ~e) juego *m*; partido *m*
spielen (*ʃpii*-lön) *v* *jugar; tocar; actuar
Spieler (*ʃpii*-lör) *m* (pl ~) jugador *m*
Spielkarte (*ʃpiil*-kar-tö) *f* (pl ~n) naipe *m*
Spielmarke (*ʃpiil*-mar-kö) *f* (pl ~n) ficha *f*
Spielplatz (*ʃpiil*-platss) *m* (pl ~̈e) terreno de recreo público, patio de recreo
Spielstand (*ʃpiil*-ʃtant) *m* tanteo *m*
Spielwarenladen (*ʃpiil*-vaa-rön-laa-dön) *m* (pl ~̈) juguetería *f*
Spielzeug (*ʃpiil*-tssoik) *nt* (pl ~e) juguete *m*
spießbürgerlich (*ʃpiiss*-bür-ghör-lij) *adj* burgués
Spinat (ʃpi-*naat*) *m* espinacas *fpl*
Spinne (*ʃpi*-nö) *f* (pl ~n) araña *f*
***spinnen** (*ʃpi*-nön) *v* hilar
Spinnwebe (*ʃpin*-vee-bö) *f* (pl ~n) tela de araña, telaraña *f*
Spion (ʃpi-*ôôn*) *m* (pl ~e) espía *m*
Spirituosen (ʃpi-ri-tu-*ôô*-sön) *pl* bebidas espirituosas, bebidas alcohólicas
Spirituosenladen (ʃpi-ri-tu-*ôô*-sön-laa-dön) *m* (pl ~̈) almacén de licores
Spirituskocher (*ʃpii*-ri-tuss-ko-jör) *m* (pl ~) calentador de alcohol
spitz (ʃpitss) *adj* puntiagudo
Spitze (*ʃpi*-tssö) *f* (pl ~n) punta *f*; cumbre *f*; parte superior; aguja *f*; puntilla *f*
Spitzhacke (*ʃpitss*-ha-kö) *f* (pl ~n) pico *m*
Spitzname (*ʃpitss*-naa-mö) *m* (pl ~n) mote *m*
Splitter (*ʃpli*-tör) *m* (pl ~) astilla *f*
Sport (ʃport) *m* (pl ~e) deporte *m*
Sportjacke (*ʃport*-ya-kö) *f* (pl ~n) chaqueta de deporte, chaqueta de sport
Sportkleidung (*ʃport*-klai-dung) *f* conjunto de deporte
Sportler (*ʃport*-lör) *m* (pl ~) deportista *m*
Sportwagen (*ʃport*-vaa-ghön) *m* (pl ~) coche de carreras
Spott (ʃpot) *m* burla *f*
Sprache (*ʃpraa*-jö) *f* (pl ~n) habla *f*; lenguaje *m*; lengua *f*
Sprachführer (*ʃpraaj*-füü-rör) *m* (pl ~) manual de conversación
Sprachlabor (*ʃpraaj*-la-bôôr) *nt* (pl ~e) laboratorio de lenguas
sprachlos (*ʃpraaj*-lôôss) *adj* atónito
Spray (sspree) *nt* (pl ~s) aerosol *m*
***sprechen** (*ʃprê*-jön) *v* hablar

Sprechstunde (*ʃprêj*-ʃtun-dö) *f* (pl ~n) horas de consulta
Sprechzimmer (*ʃprêj*-tssi-mör) *nt* (pl ~) consultorio *m*
Sprengstoff (*ʃprêng*-ʃtof) *m* (pl ~e) explosivo *m*
Sprichwort (*ʃprij*-vort) *nt* (pl ~er) proverbio *m*
Springbrunnen (*ʃpring*-bru-nön) *m* (pl ~) fuente *f*
***springen** (*ʃpring*-ön) *v* saltar
Spritze (*ʃpri*-tssö) *f* (pl ~n) inyección *f*; jeringa *f*
Sprühregen (*ʃprüü*-ree-ghön) *m* llovizna *f*
Sprung (ʃprung) *m* (pl ~e) salto *m*
Spucke (*ʃpu*-kö) *f* saliva *f*
spucken (*ʃpu*-kön) *v* escupir
Spule (*ʃpuu*-lö) *f* (pl ~n) bobina *f*
spülen (*ʃpüü*-lön) *v* enjuagar
Spülung (*ʃpüü*-lung) *f* (pl ~en) enjuague *m*
Spur (ʃpuur) *f* (pl ~en) huella *f*
spüren (*ʃpüü*-rön) *v* *sentir
Staat (ʃtaat) *m* (pl ~en) Estado *m*; **Staats-** del Estado
Staatsangehörige (*ʃtaatss*-an-ghö-höö-ri-ghö) *m* (pl ~n) súbdito *m*
Staatsangehörigkeit (*ʃtaatss*-an-ghö-höö-rij-kait) *f* nacionalidad *f*; ciudadanía *f*
Staatsbeamte (*ʃtaatss*-bö-am-tö) *m* (pl ~n) funcionario *m*
Staatsmann (*ʃtaatss*-man) *m* (pl ~er) estadista *m*
Staatsoberhaupt (*ʃtaatss*-ôô-bör-haupt) *nt* (pl ~er) jefe de Estado
stabil (ʃta-*biil*) *adj* estable
Stachelbeere (*ʃta*-jöl-bee-rö) *f* (pl ~n) grosella espinosa
Stachelschwein (*ʃta*-jöl-ʃvain) *m* (pl ~e) puerco espín
Stadion (*ʃtaa*-dyon) *nt* (pl -dien) estadio *m*
Stadium (*ʃtaa*-dyum) *nt* (pl -dien) fase *f*
Stadt (ʃtat) *f* (pl ~e) ciudad *f*
Städter (*ʃtêê*-tör) *mpl* ciudadanos *mpl*
städtisch (*ʃtê*-tiʃ) *adj* urbano; municipal
Stadtverwaltung (*ʃtat*-fêr-val-tung) *f* (pl ~en) municipalidad *f*
Stadtviertel (*ʃtat*-fir-töl) *nt* (pl ~) barrio *m*
Stadtzentrum (*ʃtat*-tssên-trum) *nt* (pl -zentren) centro de la ciudad
Stahl (ʃtaal) *m* acero *m*; **nichtrostender** ~ acero inoxidable
Stahlkammer (*ʃtaal*-ka-mör) *f* (pl ~n) caja de caudales
Stall (ʃtal) *m* (pl ~e) establo *m*
Stamm (ʃtam) *m* (pl ~e) tronco *m*; tribu *m*
stammeln (*ʃta*-möln) *v* balbucear
stämmig (*ʃtê*-mij) *adj* corpulento
stampfen (*ʃtam*-pfön) *v* patear
Stand (ʃtant) *m* (pl ~e) puesto *m*; nivel *m*
Standbild (*ʃtant*-bilt) *nt* (pl ~er) estatua *f*
standhaft (*ʃtant*-haft) *adj* constante
Standpunkt (*ʃtant*-pungkt) *m* (pl ~e) punto de vista
Stange (*ʃtang*-ö) *f* (pl ~n) barra *f*; barrote *m*; cartón *m*
Stanniol (ʃta-*nyôôl*) *nt* papel de estaño
Stapel (*ʃtaa*-pöl) *m* (pl ~) montón *m*
Stapellauf (*ʃtaa*-pöl-lauf) *m* botadura *f*
Star (ʃtaar) *m* (pl ~e) estornino *m*
stark (ʃtark) *adj* fuerte; robusto
Stärke (*ʃtêr*-kö) *f* fuerza *f*; almidón *m*
stärken (*ʃtêr*-kön) *v* almidonar
Stärkungsmittel (*ʃtêr*-kungss-mi-töl) *nt* (pl ~) tónico *m*

starr (ʃtar) *adj* entumecido
starren (*ʃta*-rön) *v* mirar
starrköpfig (*ʃtar*-kö-pfij) *adj* cabezudo, obstinado; testarudo
Start (ʃtart) *m* despegue *m*
Startbahn (*ʃtart*-baan) *f* (pl ~en) pista de aterrizaje
starten (*ʃtar*-tön) *v* despegar
Stationsvorsteher (ʃta-*tssyôônss*-fôôr-ʃtee-ör) *m* (pl ~) jefe de estación
Statistik (ʃta-*tiss*-tik) *f* (pl ~en) estadística *f*
statt (ʃtat) *prep* en lugar de
***stattfinden** (*ʃtat*-fin-dön) *v* *tener lugar
stattlich (*ʃtat*-lij) *adj* guapo
Staub (ʃtaup) *m* polvo *m*
staubig (*ʃtau*-bij) *adj* polvoriento
staubsaugen (*ʃtaup*-sau-ghön) *v* pasar el aspirador
Staubsauger (*ʃtaup*-sau-ghör) *m* (pl ~) aspirador *m*
Steak (ssteek) *nt* (pl ~s) biftec *m*
Stechen (*ʃtê*-jön) *nt* punzada *f*
***stechen** (*ʃtê*-jön) *v* pinchar; picar
stecken (*ʃtê*-kön) *v* meter
Steckenpferd (*ʃtê*-kön-pfeert) *nt* (pl ~e) comidilla *f*; afición *f*
Stecker (*ʃtê*-kör) *m* (pl ~) enchufe *m*
Stecknadel (*ʃtêk*-naa-döl) *f* (pl ~n) alfiler *m*
***stehen** (*ʃtee*-ön) *v* *estar de pie; **gut** ~ *sentar bien
***stehlen** (*ʃtee*-lön) *v* hurtar
steif (ʃtaif) *adj* tieso
Steigbügel (*ʃtaik*-büü-ghöl) *m* (pl ~) estribo *m*
***steigen** (*ʃtai*-ghön) *v* subir; trepar
Steigung (*ʃtai*-ghung) *f* (pl ~en) subida *f*
steil (ʃtail) *adj* abrupto
Stein (ʃtain) *m* (pl ~e) piedra *f*
Steinbruch (*ʃtain*-bruj) *m* (pl ~̈e) cantera *f*
steinern (*ʃtai*-nörn) *adj* de piedra
Steingarnele (*ʃtain*-ghar-nee-lö) *f* (pl ~n) gamba *f*
Steingut (*ʃtain*-ghuut) *nt* loza *f*, cerámica *f*
Stelle (*ʃtê*-lö) *f* (pl ~n) lugar *m*; puesto *m*; trozo *m*; **wunde** ~ llaga *f*
stellen (*ʃtê*-lön) *v* plantear, *poner; colocar
Stellung (*ʃtê*-lung) *f* (pl ~en) puesto *m*
Stellvertreter (*ʃtêl*-fêr-tree-tör) *m* (pl ~) sustituto *m*
Stempel (*ʃtêm*-pöl) *m* (pl ~) sello *m*
Stenograph (ʃte-nô-*ghraaf*) *m* (pl ~en) taquígrafo *m*
Stenographie (ʃte-nô-ghra-*fii*) *f* taquigrafía *f*
Stenotypistin (ʃte-nô-tü-*piss*-tin) *f* (pl ~nen) dactilógrafa *f*
Steppdecke (*ʃtêp*-dê-kö) *f* (pl ~n) colcha *f*
***sterben** (*ʃtêr*-bön) *v* *morir; *fallecer
sterblich (*ʃtêrp*-lij) *adj* mortal
steril (ʃte-*riil*) *adj* estéril
sterilisieren (ʃte-ri-li-*sii*-rön) *v* esterilizar
Stern (ʃtêrn) *m* (pl ~e) estrella *f*
stetig (*ʃtee*-tij) *adj* constante
Steuer (*ʃtoi*-ör) *f* (pl ~n) impuesto *m*
Steuerbord (*ʃtoi*-ör-bort) *nt* estribor *m*
steuerfrei (*ʃtoi*-ör-frai) *adj* libre de impuestos
Steuermann (*ʃtoi*-ör-man) *m* (pl ~̈er) timonero *m*, timonel *m*
steuern (*ʃtoi*-örn) *v* navegar
Steuerrad (*ʃtoi*-ör-raat) *nt* volante *m*
Steuerruder (*ʃtoi*-ör-ruu-dör) *nt* (pl ~) timón *m*
Steward (*sstyuu*-ört) *m* (pl ~s) camarero *m*

Stewardeß (*sstyuu*-ör-dêss) *f* (pl -dessen) azafata *f*
Stich (ʃtij) *m* (pl ~e) picadura *f*; punto *m*, sutura *f*; estampa *f*, grabado *m*
sticken (*ʃti*-kön) *v* bordar
Stickerei (ʃti-kö-*rai*) *f* (pl ~en) bordado *m*
stickig (*ʃti*-kij) *adj* sofocante
Stickstoff (*ʃtik*-ʃtof) *m* nitrógeno *m*
Stiefel (*ʃtii*-föl) *m* (pl ~) bota *f*
Stiefkind (*ʃtiif*-kint) *nt* (pl ~er) hijastro *m*
Stiefmutter (*ʃtiif*-mu-tör) *f* (pl ¨~) madrastra *f*
Stiefvater (*ʃtiif*-faa-tör) *m* (pl ¨~) padrastro *m*
Stiel (ʃtiil) *m* (pl ~e) mango *m*; tallo *m*
Stier (ʃtiir) *m* (pl ~e) toro *m*
Stierkampf (*ʃtiir*-kampf) *m* (pl ¨~e) corrida de toros
Stierkampfarena (*ʃtiir*-kampf-a-ree-na) *f* (pl -arenen) plaza de toros
stiften (*ʃtif*-tön) *v* fundar
Stiftung (*ʃtif*-tung) *f* (pl ~en) fundación *f*
Stil (ʃtiil) *m* (pl ~e) estilo *m*
still (ʃtil) *adj* callado; quieto, tranquilo
Stille (*ʃti*-lö) *f* silencio *m*
stillen (*ʃti*-lön) *v* amamantar
Stille Ozean (*ʃti*-lö *ôô*-tsse-aan) Océano Pacífico
stillstehend (*ʃtil*-ʃtee-önt) *adj* estacionario
Stimme (*ʃti*-mö) *f* (pl ~n) voz *f*; voto *m*
stimmen (*ʃti*-mön) *v* votar
Stimmung (*ʃti*-mung) *f* (pl ~en) humor *m*, moral *f*; esfera *f*, ambiente *m*
* **stinken** (*ʃting*-kön) *v* *heder; apestar
Stipendium (ʃti-*pên*-dyum) *nt* (pl -dien) beca *f*
Stirn (ʃtirn) *f* frente *f*
Stock (ʃtok) *m* (pl ¨~e) palo *m*; bastón *m*
Stockwerk (*ʃtok*-vêrk) *nt* (pl ~e) piso *m*
Stoff (ʃtof) *m* (pl ~e) materia *f*; tejido *m*; sujeto *m*
stofflich (*ʃtof*-lij) *adj* material
stöhnen (*ʃtöö*-nön) *v* *gemir
Stola (*ʃtôô*-la) *f* (pl ~s) estola *f*
stolpern (*ʃtol*-pörn) *v* *tropezarse
Stolz (ʃtoltss) *m* orgullo *m*
stolz (ʃtoltss) *adj* orgulloso
stopfen (*ʃto*-pfön) *v* zurcir
Stopfgarn (*ʃtopf*-gharn) *nt* hilo de zurcir
Stöpsel (*ʃtö*-pssöl) *m* (pl ~) tapón *m*
Storch (ʃtorj) *m* (pl ¨~e) cigüeña *f*
stören (*ʃtöö*-rön) *v* estorbar, molestar; trastornar
Störung (*ʃtöö*-rung) *f* (pl ~en) disturbio *m*
Stoß (ʃtôôss) *m* (pl ¨~e) topetón *m*; empujón *m*
Stoßdämpfer (*ʃtôôss*-dêm-pför) *m* (pl ~) amortiguador *m*
* **stoßen** (*ʃtôô*-ssön) *v* topetar; empujar; patear
Stoßstange (*ʃtôôss*-ʃtang-ö) *f* (pl ~n) parachoques *m*; defensa *fMe*
Strafe (*ʃtraa*-fö) *f* (pl ~n) castigo *m*
strafen (*ʃtraa*-fön) *v* castigar
straffen (*ʃtra*-fön) *v* *apretar
Strafrecht (*ʃtraaf*-rêjt) *nt* derecho penal
Strafstoß (*ʃtraaf*-ʃtôôss) *m* (pl ¨~e) penalty *m*
Strahl (ʃtraal) *m* (pl ~en) rayo *m*; chisguete *m*, chorro *m*
strahlen (*ʃtraa*-lön) *v* *relucir
Strahlturbine (*ʃtraal*-tur-bii-nö) *f* (pl ~n) avión turborreactor
stramm (ʃtram) *adj* estrecho

Strand (ʃtrant) *m* (pl ¨~e) playa *f*
Straße (*ʃtraa*-ssö) *f* (pl ~n) calle *f*, camino *m*
Straßenarbeiten (*ʃtraa*-ssön-ar-bai-tön) *fpl* camino en obras
Straßenbahn (*ʃtraa*-ssön-baan) *f* (pl ~en) tranvía *m*
Straßenkreuzung (*ʃtraa*-ssön-kroi-tssung) *f* (pl ~en) encrucijada *f*
Straßennetz (*ʃtraa*-ssön-nêtss) *nt* (pl ~e) red de carreteras
Straßenseite (*ʃtraa*-ssön-sai-tö) *f* (pl ~n) borde del camino
Strauch (ʃtrauj) *m* (pl ¨~er) arbusto *m*
Strauß[1] (ʃtrauss) *m* (pl ¨~e) ramo *m*
Strauß[2] (ʃtrauss) *m* (pl ~e) avestruz *m*
streben (*ʃtree*-bön) *v* aspirar
strebsam (*ʃtreep*-saam) *adj* ambicioso
Strecke (*ʃtrê*-kö) *f* (pl ~n) trecho *m*
***streichen** (*ʃtrai*-jön) *v* arriar
Streichholz (*ʃtraij*-holtss) *nt* (pl ¨~er) cerilla *f*; cerillo *mMe*
Streichholzschachtel (*ʃtraij*-holtss-ʃaj-töl) *f* (pl ~n) caja de cerillas
Streife (*ʃtrai*-fö) *f* (pl ~n) patrulla *f*
Streifen (*ʃtrai*-fön) *m* (pl ~) faja *f*; raya *f*
Streik (ʃtraik) *m* (pl ~s) huelga *f*
streiken (*ʃtrai*-kön) *v* *estar en huelga
Streit (ʃtrait) *m* disputa *f*; lucha *f*; pelea *f*, combate *m*; **Streit-** controvertido
***streiten** (*ʃtrai*-tön) *v* *reñir; disputar
Streitigkeit (*ʃtrai*-tij-kait) *f* (pl ~en) contienda *f*
Streitkräfte (*ʃtrait*-krêf-tö) *pl* fuerzas armadas
streitsüchtig (*ʃtrait*-süj-tij) *adj* alborotador
streng (ʃtrêng) *adj* severo, estricto; riguroso
Strich (ʃtrij) *m* (pl ~e) raya *f*
Strichpunkt (*ʃtrij*-pungkt) *m* (pl ~e) punto y coma
stricken (*ʃtri*-kön) *v* *hacer punto
Stroh (ʃtrôô) *nt* paja *f*
Strohdach (*ʃtrôô*-daj) *nt* (pl ¨~er) techo de paja
Strom (ʃtrôôm) *m* (pl ¨~e) corriente *f*
stromabwärts (ʃtrôôm-*ap*-vêrtss) *adv* río abajo
stromaufwärts (ʃtrôôm-*auf*-vêrtss) *adv* río arriba
strömen (*ʃtröö*-mön) *v* correr; *fluir
Stromschnelle (*ʃtrôôm*-ʃnê-lö) *f* (pl ~n) rápidos de río
Strömung (*ʃtröö*-mung) *f* (pl ~en) corriente *f*
Stromverteiler (*ʃtrôôm*-fêr-tai-lör) *m* distribuidor *m*
Strophe (*ʃtrôô*-fö) *f* (pl ~n) estrofa *f*
Struktur (ʃtruk-*tuur*) *f* (pl ~en) estructura *f*; textura *f*
Strumpf (ʃtrumpf) *m* (pl ¨~e) media *f*; **elastische Strümpfe** medias elásticas
Strumpfhose (*ʃtrumpf*-hôô-sö) *f* (pl ~n) media pantalón
Stück (ʃtük) *nt* (pl ~e) fragmento *m*, pedazo *m*; pieza *f*; terrón *m*, trozo *m*
Stückchen (*ʃtük*-jön) *nt* (pl ~) pedazo *m*, trozo *m*
Student (ʃtu-*dênt*) *m* (pl ~en) estudiante *m*
Studentin (ʃtu-*dên*-tin) *f* (pl ~nen) estudiante *f*
Studienrat (*ʃtuu*-dyön-raat) *m* (pl ¨~e) profesor *m*
studieren (ʃtu-*dii*-rön) *v* estudiar
Studium (*ʃtuu*-dyum) *nt* (pl -dien) estudio *m*
Stufe (*ʃtuu*-fö) *f* (pl ~n) peldaño *m*
Stuhl (ʃtuul) *m* (pl ¨~e) silla *f*
stumm (ʃtum) *adj* mudo
stumpf (ʃtumpf) *adj* obtuso, desafilado; embotado

Stunde (*ʃtun*-dö) *f* (pl ~n) hora *f*
stündlich (*ʃtünt*-lij) *adj* a cada hora
Sturm (ʃturm) *m* (pl ¨~e) tormenta *f*, ventarrón *m*
stürmen (*ʃtür*-mön) *v* correr
stürmisch (*ʃtür*-miʃ) *adj* tempestuoso
Sturmlaterne (*ʃturm*-la-têr-nö) *f* (pl ~n) lámpara sorda
Sturz (ʃturtss) *m* (pl ¨~e) caída *f*
Stute (*ʃtuu*-tö) *f* (pl ~n) yegua *f*
stutzen (*ʃtu*-tssön) *v* recortar
stützen (*ʃtü*-tssön) *v* *sostener, soportar
Suaheli (ss^{u}a-*hee*-li) *nt* suahili *m*
Subjekt (sup-*yêkt*) *nt* (pl ~e) sujeto *m*
Substantiv (*sup*-sstan-tiif) *nt* (pl ~e) substantivo *m*
Substanz (sup-*sstantss*) *f* (pl ~en) sustancia *f*
subtil (sup-*tiil*) *adj* sutil
subtrahieren (sup-tra-*hii*-rön) *v* restar
Subvention (sup-vên-*tssyôôn*) *f* (pl ~en) subsidio *m*
Suche (*suu*-jö) *f* búsqueda *f*
suchen (*suu*-jön) *v* buscar
Sucher (*suu*-jör) *m* visor *m*
Südafrika (*süüt*-aa-fri-ka) África del Sur
Süden (*süü*-dön) *m* sur *m*
südlich (*süüt*-lij) *adj* meridional
Südosten (süüt-*oss*-tön) *m* sudeste *m*
Südpol (*süüt*-pôôl) *m* polo sur
Südwesten (süüt-*vêss*-tön) *m* sudoeste *m*
Summe (*su*-mö) *f* (pl ~n) suma *f*
summen (*su*-mön) *v* tararear
Sumpf (sumpf) *m* (pl ¨~e) pantano *m*
sumpfig (*sum*-pfij) *adj* pantanoso
Sünde (*sün*-dö) *f* (pl ~n) pecado *m*
Sündenbock (*sün*-dön-bok) *m* (pl ¨~e) cabeza de turco
Superlativ (*suu*-pêr-la-tiif) *m* superlativo *m*
Supermarkt (*suu*-pêr-markt) *m* (pl ¨~e) supermercado *m*
Suppe (*su*-pö) *f* (pl ~n) sopa *f*
Suppenlöffel (*su*-pön-lö-föl) *m* (pl ~) cuchara *f*
Suppenteller (*su*-pön-tê-lör) *m* (pl ~) plato para sopa
suspendieren (suss-pên-*dii*-rön) *v* suspender
süß (süüss) *adj* dulce
süßen (*süü*-ssön) *v* endulzar
Süßigkeiten (*süü*-ssij-kai-tön) *fpl* golosinas, dulces
Süßwarengeschäft (*süüss*-vaa-rön-ghö-ʃêft) *nt* (pl ~e) confitería *f*
Süßwasser (*süüss*-va-ssör) *nt* agua dulce
Sweater (*ssvee*-tör) *m* (pl ~) suéter *m*
Symbol (süm-*bôôl*) *nt* (pl ~e) símbolo *m*
Sympathie (süm-pa-*tii*) *f* simpatía *f*
sympathisch (süm-*paa*-tiʃ) *adj* cordial, simpático
Symphonie (süm-fô-*nii*) *f* (pl ~n) sinfonía *f*
Symptom (sümp-*tôôm*) *nt* (pl ~e) síntoma *m*
Synagoge (sü-na-*ghôô*-ghö) *f* (pl ~n) sinagoga *f*
Synonym (sü-nô-*nüüm*) *nt* (pl ~e) sinónimo *m*
synthetisch (sün-*tee*-tiʃ) *adj* sintético
Syrer (*süü*-rör) *m* (pl ~) sirio *m*
Syrien (*süü*-ryön) Siria *f*
syrisch (*süü*-riʃ) *adj* sirio
System (süss-*teem*) *nt* (pl ~e) sistema *m*
systematisch (süss-te-*maa*-tiʃ) *adj* sistemático
Szene (*sstssee*-nö) *f* (pl ~n) escena *f*

T

Tabak (*taa*-bak) *m* tabaco *m*; tabaco de pipa
Tabakhändler (*taa*-bak-hên-dlör) *m* (pl ~) estanquero *m*
Tabakladen (*taa*-bak-laa-dön) *m* (pl ~̈) estanco *m*
Tabaksbeutel (*taa*-bakss-boi-töl) *m* (pl ~) petaca *f*
Tabelle (ta-*bê*-lö) *f* (pl ~n) tabla *f*
Tablett (ta-*blêt*) *nt* (pl ~s) bandeja *f*; charola *fMe*
Tablette (ta-*blê*-tö) *f* (pl ~n) pastilla *f*
Tabu (ta-*buu*) *nt* (pl ~s) tabú *m*
tadellos (*taa*-döl-lôôss) *adj* impecable
tadeln (*taa*-döln) *v* reprender
Tafel (*taa*-föl) (pl ~n) tablero *m*
Täfelung (*têê*-fö-lung) *f* enmaderado *m*
Tag (taak) *m* (pl ~e) día *m*; **bei Tage** de día; **eines Tages** uno u otro día; **guten Tag!** ¡buenos días!; **pro** ~ a diario; **vierzehn Tage** quincena *f*
Tagebuch (*taa*-ghö-buuj) *nt* (pl ~̈er) diario *m*
Tagesanbruch (*taa*-ghöss-an-bruj) *m* amanecer *m*, aurora *f*
Tagesausflug (*taa*-ghöss-auss-fluuk) *m* (pl ~̈e) jornada *f*
Tageslicht (*taa*-ghöss-lijt) *nt* luz del día
Tagesordnung (*taa*-ghöss-or-dnung) *f* (pl ~en) orden del día
Tageszeitung (*taa*-ghöss-tssai-tung) *f* (pl ~en) diario *m*
täglich (*têêk*-lij) *adj* diario
Tagung (*taa*-ghung) *f* (pl ~en) congreso *m*
Taille (*ta*-lyö) *f* (pl ~n) cintura *f*
Taktik (*tak*-tik) *f* (pl ~en) táctica *f*
Tal (taal) *nt* (pl ~̈er) valle *m*
Talent (ta-*lênt*) *nt* (pl ~e) talento *m*, aptitud *f*
Talkpuder (*talk*-puu-dör) *m* talco *m*
Tampon (ta~~ng~~-*po~~ng~~*) *m* (pl ~s) tapón *m*
Tank (tangk) *m* (pl ~s) tanque *m*
tanken (*tang*-kön) *v* llenar el depósito
Tankschiff (*tangk*-ʃif) *nt* (pl ~e) buque cisterna
Tankstelle (*tangk*-ʃtê-lö) *f* (pl ~n) puesto de gasolina, estación de servicio
Tanne (*ta*-nö) *f* (pl ~n) pino *m*
Tante (*tan*-tö) *f* (pl ~n) tía *f*
Tanz (tantss) *m* (pl ~̈e) baile *m*
tanzen (*tan*-tssön) *v* bailar
Tapete (ta-*pee*-tö) *f* (pl ~n) papel pintado
tapfer (*ta*-pför) *adj* valiente
Tapferkeit (*ta*-pför-kait) *f* valor *m*
Tarif (ta-*riif*) *m* (pl ~e) arancel *m*, tarifa *f*
Tasche (*ta*-ʃö) *f* (pl ~n) bolso *m*; bolsillo *m*
Taschenbuch (*ta*-ʃön-buuj) *nt* (pl -bücher) libro de bolsillo
Taschenkamm (*ta*-ʃön-kam) *m* (pl ~̈e) peine de bolsillo
Taschenlampe (*ta*-ʃön-lam-pö) *f* (pl ~n) linterna *f*
Taschenmesser (*ta*-ʃön-mê-ssör) *nt* (pl ~) cortaplumas *m*, navaja *f*
Taschentuch (*ta*-ʃön-tuuj) *nt* (pl ~̈er) pañuelo *m*
Taschenuhr (*ta*-ʃön-uur) *f* (pl ~en) reloj de bolsillo
Tasse (*ta*-ssö) *f* (pl ~n) taza *f*
Tastsinn (*tasst*-sin) *m* tacto *m*
Tat (taat) *f* (pl ~en) acto *m*
Tätigkeit (*têê*-tij-kait) *f* (pl ~en) trabajo *m*; empleo *m*
Tatsache (*taat*-sa-jö) *f* (pl ~n) hecho *m*
tatsächlich (taat-*sêj*-lij) *adj* verdadero,

real; *adv* efectivamente, en realidad; verdaderamente
Tau (tau) *m* rocío *m*
taub (taup) *adj* sordo
Taube (*tau*-bö) *f* (pl ~n) paloma *f*
tauchen (*tau*-jön) *v* bucear
Tauchsieder (*tauj*-sii-dör) *m* (pl ~) calentador de inmersión
tauen (*tau*-ön) *v* descongelarse
Taufe (*tau*-fö) *f* (pl ~n) bautizo *m*, bautismo *m*
taufen (*tau*-fön) *v* bautizar
tauglich (*tauk*-lij) *adj* apropiado
Tausch (tauʃ) *m* cambio *m*
tauschen (*tau*-ʃön) *v* *trocar
sich täuschen (*toi*-ʃön) equivocarse
Täuschung (*toi*-ʃung) *f* (pl ~en) ilusión *f*
tausend (*tau*-sönt) *num* mil
Tauwetter (*tau*-vê-tör) *nt* deshielo *m*
Taxameter (ta-kssa-*mee*-tör) *m* (pl ~) taxímetro *m*
Taxi (*ta*-kssi) *nt* (pl ~s) taxi *m*
Taxichauffeur (*ta*-kssi-ʃo-föör) *m* (pl ~e) taxista *m*
Taxifahrer (*ta*-kssi-faa-rör) *m* (pl ~) taxista *m*
Taxistand (*ta*-kssi-ʃtant) *m* (pl ¨~e) parada de taxis
Team (tiim) *nt* (pl ~s) equipo *m*
Technik (*têj*-nik) *f* (pl ~en) técnica *f*
Techniker (*têj*-ni-kör) *m* (pl ~) técnico *m*
technisch (*têj*-niʃ) *adj* técnico
Technologie (têj-nô-lô-*ghii*) *f* tecnología *f*
Tee (tee) *m* té *m*
Teekanne (*tee*-ka-nö) *f* (pl ~n) tetera *f*
Teelöffel (*tee*-lö-föl) *m* (pl ~) cucharilla *f*
Teenager (*tiin*-e-dʒör) *m* (pl ~) jovencito *m*
Teer (teer) *m* brea *f*
Teeservice (*tee*-sêr-viiss) *nt* juego de té
Teestube (*tee*-ʃtuu-bö) *f* (pl ~n) salón de té
Teestunde (*tee*-ʃtun-dö) *f* merienda *f*
Teetasse (*tee*-ta-ssö) *f* (pl ~n) taza de té
Teich (taij) *m* (pl ~e) estanque *m*
Teig (taik) *m* masa *f*
Teil (tail) *m* (pl ~e) parte *f*; tomo *m*
teilen (*tai*-lön) *v* dividir; compartir
Teilhaber (*tail*-haa-bör) *m* (pl ~) socio *m*, asociado *m*
Teilnahme (*tail*-naa-mö) *f* asistencia *f*
***teilnehmen** (*tail*-nee-mön) *v* participar
Teilnehmer (*tail*-nee-mör) *m* (pl ~) participante *m*
teils (tailss) *adv* en parte
Teilung (*tai*-lung) *f* (pl ~en) división *f*
teilweise (*tail*-vai-sö) *adj* parcial; *adv* en parte
Teilzahlungskauf (*tail*-tssaa-lungss-kauf) *m* (pl ¨~e) compra a plazos
Teint (têng) *m* tez *f*
Telegramm (te-le-*ghram*) *nt* (pl ~e) telegrama *m*, cablegrama *m*
telegraphieren (te-le-ghra-*fii*-rön) *v* telegrafiar, cablegrafiar
Teleobjektiv (*tee*-le-op-yêk-tiif) *nt* (pl ~e) teleobjetivo *m*
Telepathie (te-le-pa-*tii*) *f* telepatía *f*
Telephon (te-le-*fôôn*) *nt* (pl ~e) teléfono *m*
Telephonanruf (te-le-*fôôn*-an-ruuf) *m* (pl ~e) llamada telefónica
Telephonbuch (te-le-*fôôn*-buuj) *nt* (pl ¨~er) guía telefónica, listín telefónico; directorio telefónico *Me*
Telephonhörer (te-le-*fôôn*-höö-rör) *m* (pl ~) receptor *m*
telephonieren (te-le-fô-*nii*-rön) *v* telefonear
Telephonistin (te-le-fô-*niss*-tin) *f* (pl

~nen) telefonista *f*
Telephonzentrale (te-le-*fôôn*-tssên-traa-lö) *f* (pl ~n) central telefónica
Telex (*tee*-lêkss) *nt* (pl ~e) télex *m*
Teller (*tê*-lör) *m* (pl ~) plato *m*
Tempel (*têm*-pöl) *m* (pl ~) templo *m*
Temperatur (têm-pe-ra-*tuur*) *f* (pl ~en) temperatura *f*
Tempo (*têm*-pô) *nt* ritmo *m*
Tendenz (tên-*dêntss*) *f* (pl ~en) tendencia *f*
Tennis (*tê*-niss) *nt* tenis *m*
Tennisplatz (*tê*-niss-platss) *m* (pl ~̈e) campo de tenis, cancha *f*
Tennisschuhe (*tê*-niss-ʃuu-ö) *mpl* zapatos de tenis
Teppich (*tê*-pij) *m* (pl ~e) alfombra *f*
Termin (têr-*miin*) *m* (pl ~e) período *m*
Terpentin (têr-pên-*tiin*) *nt* trementina *f*
Terrasse (tê-*ra*-ssö) *f* (pl ~n) terraza *f*
Terror (*tê*-ror) *m* terror *m*
Terrorismus (tê-ro-*riss*-muss) *m* terrorismo *m*
Terrorist (tê-ro-*risst*) *m* (pl ~en) terrorista *m*
Terylene (*tê*-ri-leen) *nt* terilene *m*
Test (têsst) *m* (pl ~s) ensayo *m*
Testament (têss-ta-*mênt*) *nt* (pl ~e) testamento *m*
testen (*têss*-tön) *v* *probar
teuer (*toi*-ör) *adj* caro; querido, precioso
Teufel (*toi*-föl) *m* (pl ~) diablo *m*
Text (têksst) *m* (pl ~e) texto *m*
Textilien (têkss-*tii*-lyön) *pl* textil *m*
Thailand (*tai*-lant) Tailandia *f*
Thailänder (*tai*-lên-dör) *m* (pl ~) tailandés *m*
thailändisch (*tai*-lên-diʃ) *adj* tailandés
Theater (te-*aa*-tör) *nt* (pl ~) teatro *m*
Thema (*tee*-ma) *nt* (pl Themen) asunto *m*; tema *m*
Theologie (te-ô-lô-*ghii*) *f* teología *f*
theoretisch (te-ô-*ree*-tiʃ) *adj* teórico
Theorie (te-ô-*rii*) *f* (pl ~n) teoría *f*
Therapie (te-ra-*pii*) *f* (pl ~n) terapia *f*
Thermometer (têr-mô-*mee*-tör) *nt* (pl ~) termómetro *m*
Thermosflasche (*têr*-moss-fla-ʃö) *f* (pl ~n) termo *m*
Thermostat (têr-mô-*sstaat*) *m* (pl ~en) termostato *m*
These (*tee*-sö) *f* (pl ~n) tesis *f*
Thron (trôôn) *m* (pl ~e) trono *m*
Thunfisch (*tuun*-fiʃ) *m* (pl ~e) atún *m*
Thymian (*tüü*-myaan) *m* tomillo *m*
Tief (tiif) *nt* depresión *f*
tief (tiif) *adj* hondo; profundo
Tiefe (*tii*-fö) *f* (pl ~n) profundidad *f*
Tiefkühltruhe (*tiif*-küül-truu-ö) *f* (pl ~n) congelador *m*
Tiefland (*tiif*-lant) *nt* tierra baja
tiefsinnig (*tiif*-si-nij) *adj* profundo
Tier (tiir) *nt* (pl ~e) animal *m*
Tierarzt (*tiir*-artsst) *m* (pl ~̈e) veterinario *m*
Tierkreis (*tiir*-kraiss) *m* zodíaco *m*
Tiger (*tii*-ghör) *m* (pl ~) tigre *m*
tilgen (*til*-ghön) *v* amortizar
Tinte (*tin*-tö) *f* (pl ~n) tinta *f*
tippen (*ti*-pön) *v* escribir a máquina
Tisch (tiʃ) *m* (pl ~e) mesa *f*
Tischler (*tiʃ*-lör) *m* (pl ~) carpintero *m*
Tischtennis (*tiʃ*-tê-niss) *nt* tenis de mesa
Tischtuch (*tiʃ*-tuuj) *nt* (pl ~̈er) mantel *m*
Titel (*tii*-töl) *m* (pl ~) título *m*
Toast (tôôsst) *m* (pl ~e) pan tostado
Toben (*tôô*-bön) *nt* furor *m*
Tochter (*toj*-tör) *f* (pl ~̈) hija *f*
Tod (tôôt) *m* muerte *f*
Todesstrafe (*tôô*-döss-ʃtraa-fö) *f* pena de muerte
tödlich (*tööt*-lij) *adj* fatal, mortal

Toilette (tᵘa-*lê*-tö) *f* (pl ~n) cuarto de aseo, retrete *m*
Toilettenartikel (tᵘa-*lê*-tön-ar-tii-köl) *mpl* artículos de tocador
Toilettennecessaire (tᵘa-*lê*-tön-ne-ssê-ssêêr) *nt* (pl ~s) neceser *m*
Toilettenpapier (tᵘa-*lê*-tön-pa-piir) *nt* papel higiénico
Toilettenraum (tᵘa-*lê*-tön-raum) *m* (pl ⁻̈e) lavabos *mpl*; baño *mMe*
toll (tol) *adj* loco
Tollwut (*tol*-vuut) *f* rabia *f*
Tomate (tô-*maa*-tö) *f* (pl ~n) tomate *m*; jitomate *mMe*
Ton¹ (tôôn) *m* (pl ⁻̈e) tono *m*
Ton² (tôôn) *m* arcilla *f*
Tonbandgerät (*tôôn*-bant-ghö-rêêt) *nt* (pl ~e) magnetófono *m*
Tonleiter (*tôôn*-lai-tör) *f* (pl ~n) escala musical
Tonne (*to*-nö) *f* (pl ~n) tonel *m*; barril *m*, tonelada *f*
Topf (topf) *m* (pl ⁻̈e) olla *f*
Töpferware (*tö*-pför-vaa-rö) *f* (pl ~n) cerámica *f*, loza *f*
Tor¹ (tôôr) *nt* (pl ~e) reja *f*, portón *m*; gol *m*, meta *f*
Tor² (tôôr) *m* (pl ~en) idiota *m*
Torheit (*tôôr*-hait) *f* (pl ~en) antojo *m*
töricht (*töö*-rijt) *adj* necio, tonto
Torte (*tor*-tö) *f* (pl ~n) tarta *f*
Torwart (*tôôr*-vart) *m* (pl ~e) portero *m*
tot (tôôt) *adj* muerto
total (tô-*taal*) *adj* total
Totalisator (tô-ta-li-*saa*-tor) *m* (pl ~en) totalizador *m*
totalitär (tô-ta-li-*têêr*) *adj* totalitario
töten (*töö*-tön) *v* matar
Toupet (tu-*pee*) *nt* (pl ~s) postizo *m*
Tourist (tu-*risst*) *m* (pl ~en) turista *m*
Touristenklasse (tu-*riss*-tön-kla-ssö) *f* clase turista
toxisch (*to*-kssiʃ) *adj* tóxico
Tracht (trajt) *f* (pl ~en) traje del país
Tradition (tra-di-*tssyôôn*) *f* (pl ~en) tradición *f*
traditionell (tra-di-tssyô-*nêl*) *adj* tradicional
tragbar (*traak*-baar) *adj* portátil
träge (*trêê*-ghö) *adj* lento
***tragen** (*traa*-ghön) *v* llevar
Träger (*trêê*-ghör) *m* (pl ~) mozo *m*
tragisch (*traa*-ghiʃ) *adj* trágico
Tragödie (tra-*ghöö*-dyö) *f* (pl ~n) tragedia *f*
Trainer (*trêê*-nör) *m* (pl ~) entrenador *m*
trainieren (trê-*nii*-rön) *v* entrenar
Traktor (*trak*-tor) *m* (pl ~en) tractor *m*
Träne (*trêê*-nö) *f* (pl ~n) lágrima *f*
Transaktion (transs-ak-*tssyôôn*) *f* (pl ~en) transacción *f*
transatlantisch (transs-at-*lan*-tiʃ) *adj* transatlántico
Transformator (transs-for-*maa*-tor) *m* (pl ~en) transformador *m*
Transpiration (transs-pi-ra-tssyôôn) *f* transpiración *f*
transpirieren (transs-pi-*rii*-rön) *v* transpirar
Transport (transs-*port*) *m* (pl ~e) transporte *m*
transportieren (transs-por-*tii*-rön) *v* transportar
Tratsch (traach) *m* chisme *m*
tratschen (*traa*-chön) *v* *contar chismes
Tratte (*tra*-tö) *f* (pl ~n) giro *m*
Trauben (*trau*-bön) *fpl* uvas *fpl*
sich trauen (*trau*-ön) atreverse
Trauer (*trau*-ör) *f* luto *m*
Trauerspiel (*trau*-ör-ʃpiil) *nt* (pl ~e) tragedia *f*
Traum (traum) *m* (pl ⁻̈e) sueño *m*
träumen (*troi*-mön) *v* *soñar
traurig (*trau*-rij) *adj* triste

Traurigkeit (*trau*-rij-kait) *f* tristeza *f*
Treffen (*trê*-fön) *nt* (pl ~) reunión *f*; encuentro *m*
***treffen** (*trê*-fön) *v* tocar, *acertar; *encontrarse con
treffend (*trê*-fönt) *adj* impresionante
Treffpunkt (*trêf*-pungkt) *m* (pl ~e) lugar de reunión
***treiben** (*trai*-bön) *v* empujar, *conducir; *hacer; flotar
Treibhaus (*traip*-hauss) *nt* (pl ¨~er) invernadero *m*
Treibkraft (*traip*-kraft) *f* fuerza motriz
trennen (*trê*-nön) *v* separar; desconectar
Trennung (*trê*-nung) *f* (pl ~en) separación *f*
Treppe (*trê*-pö) *f* (pl ~n) escalera *f*
Treppengeländer (*trê*-pön-ghö-lên-dör) *nt* (pl ~) baranda *f*
***treten** (*tree*-tön) *v* pisar; patear
treu (troi) *adj* fiel, leal
Tribüne (tri-*büü*-nö) *f* (pl ~n) tribuna *f*
Trichter (*trij*-tör) *m* (pl ~) embudo *m*
Trichtermündung (*trij*-tör-mün-dung) *f* (pl ~en) estuario *m*
Trick (trik) *m* (pl ~s) truco *m*
Trikot (tri-*kôô*) *nt* (pl ~s) traje de malla
trinkbar (*tringk*-baar) *adj* potable
***trinken** (*tring*-kön) *v* beber
Trinkgeld (*tringk*-ghêlt) *nt* (pl ~er) propina *f*
Trinkspruch (*tringk*-ʃpruj) *m* (pl ¨~e) brindis *m*
Trinkwasser (*tringk*-va-ssör) *nt* agua potable
Tritt (trit) *m* (pl ~e) paso *m*; patada *f*
Triumph (tri-*umf*) *m* triunfo *m*
triumphieren (tri-um-*fii*-rön) *v* triunfar
trocken (*tro*-kön) *adj* seco
trockenlegen (*tro*-kön-lee-ghön) *v* desecar
trocknen (*tro*-knön) *v* secar
Trockner (*tro*-knör) *m* (pl ~) secadora *f*
Trommel (*tro*-möl) *f* (pl ~n) tambor *m*
Trommelfell (*tro*-möl-fêl) *nt* tímpano *m*
Trompete (trom-*pee*-tö) *f* (pl ~n) trompeta *f*
Tropen (*trôô*-pön) *pl* trópicos *mpl*
Tropfen (*tro*-pfön) *m* (pl ~) gota *f*
tropisch (*trôô*-piʃ) *adj* tropical
Trost (trôôsst) *m* consuelo *m*
trösten (*tröös*s-tön) *v* *consolar
Trostpreis (*trôôsst*-praiss) *m* (pl ~e) premio de consolación
trotz (trotss) *prep* a pesar de
trotzdem (*trotss*-deem) *conj* no obstante
trübe (*trüü*-bö) *adj* deslucido, difuso
trübsinnig (*trüüp*-si-nij) *adj* melancólico
Truhe (*truu*-ö) *f* (pl ~n) arca *f*
Truppen (*tru*-pön) *fpl* tropas *fpl*
Truthahn (*truut*-haan) *m* (pl ¨~e) pavo *m*
Tscheche (*chê*-jö) *m* (pl ~n) checo *m*
tschechisch (chê-jiʃ) *adj* checo; **Tschechische Republik** *f* República Checa *f*
Tube (*tuu*-bö) *f* (pl ~n) tubo *m*
Tuberkulose (tu-bêr-ku-*lôô*-sö) *f* tuberculosis *f*
Tuch (tuuj) *nt* (pl ~e) tela *f*
Tuchhändler (*tuuj*-hên-dlör) *m* (pl ~) pañero *m*
tüchtig (*tüj*-tij) *adj* capaz
Tuchwaren (*tuuj*-vaa-rön) *fpl* pañería *f*
Tugend (*tuu*-ghönt) *f* (pl ~en) virtud *f*
Tulpe (*tul*-pö) *f* (pl ~n) tulipán *m*
Tumor (*tuu*-mor) *m* (pl ~en) tumor *m*
Tumult (tu-*mult*) *m* alboroto *m*

***tun** (tuun) *v* *hacer
Tunesien (tu-*nee*-syön) Túnez *m*
Tunesier (tu-*nee*-syör) *m* (pl ~) tunecino *m*
tunesisch (tu-*nee*-siʃ) *adj* tunecino
Tunika (*tuu*-ni-ka) *f* (pl -ken) túnica *f*
Tunnel (*tu*-nöl) *m* (pl ~) túnel *m*
Tür (tüür) *f* (pl ~en) puerta *f*
Turbine (tur-*bii*-nö) *f* (pl ~n) turbina *f*
Türke (*tür*-kö) *m* (pl ~n) turco *m*
Türkei (tür-*kai*) Turquía *f*
türkisch (*tür*-kiʃ) *adj* turco
Türklingel (*tüür*-kling-öl) *f* (pl ~n) timbre *m*
Turm (turm) *m* (pl ~̈e) torre *f*
Turnen (*tur*-nön) *nt* gimnasia *f*
Turner (*tur*-nör) *m* (pl ~) gimnasta *m*
Turnhalle (*turn*-ha-lö) *f* (pl ~n) gimnasio *m*
Turnhose (*turn*-hôô-sö) *f* (pl ~n) pantalones de gimnasia
Turnier (tur-*niir*) *nt* (pl ~e) torneo *m*
Turnschuhe (*turn*-ʃuu-ö) *mpl* sandalias de gimnasia, zapatos de gimnasia
Tüte (*tüü*-tö) *f* (pl ~n) bolsa de papel
Tweed (tᵘiit) *m* lana tweed
Typ (tüüp) *m* (pl ~en) tipo *m*
Typhus (*tüü*-fuss) *m* tifus *m*
typisch (*tüü*-piʃ) *adj* típico
Tyrann (tü-*ran*) *m* (pl ~en) tirano *m*

U

U-Bahn (*uu*-baan) *f* (pl ~en) metro *m*
Übel (*üü*-böl) *nt* (pl ~n) mal *m*
übel (*üü*-böl) *adj* que tiene náuseas
Übelkeit (*üü*-böl-kait) *f* (pl ~en) náusea *f*
***übelnehmen** (*üü*-böl-nee-mön) *v* *resentirse por
übelriechend (*üü*-böl-rii-jönt) *adj* hediondo
üben (*üü*-bön) *v* ejercitar
über (*üü*-bör) *prep* encima de; a través de; acerca de; más de; por; ~ ... **hinaus** más allá de
überall (üü-bör-*al*) *adv* por todas partes; dondequiera
überarbeiten (üü-bör-*ar*-bai-tön) *v* revisar; **sich** ~ trabajar demasiado
Überarbeitung (üü-bör-*ar*-bai-tung) *f* (pl ~en) revisión *f*
Überbleibsel (*üü*-bör-blaip-ssöl) *nt* (pl ~) resto *m*
überdies (üü-bör-*diiss*) *adv* además
überdrüssig (*üü*-bör-drü-ssij) *adj* cansado; harto de
übereilt (üü-bör-*ailt*) *adj* precipitado
Übereinkunft (üü-bör-*ain*-kunft) *f* (pl ~̈e) convenio *m*
übereinstimmen (üü-bör-*ain*-ʃti-mön) *v* *convenir, *concordar; corresponder, *acordar; **nicht** ~ *disentir
Übereinstimmung (üü-bör-*ain*-ʃti-mung) *f* conformidad *f*; **in ~ mit** conforme a
Überfahrt (*üü*-bör-faart) *f* travesía *f*
Überfall (*üü*-bör-fal) *m* (pl ~̈le) atraco *m*
überfällig (*üü*-bör-fê-lij) *adj* atrasado
Überfluß (*üü*-bör-fluss) *m* abundancia *f*
überflüssig (*üü*-bör-flü-ssij) *adj* superfluo
überführen (üü-bör-*füü*-rön) *v* convencer
Überführung (üü-bör-*füü*-rung) *f* (pl ~en) condena *f*
überfüllt (üü-bör-*fült*) *adj* repleto
Übergabe (*üü*-bör-ghaa-bö) *f* rendición *f*
Übergang (*üü*-bör-ghang) *m* (pl ~̈e) transición *f*; paso *m*
***übergeben** (üü-bör-*ghee*-bön) *v* alar-

gar; confiar; **sich** ~ vomitar
***übergehen** (üü-bör-*ghee*-ön) *v* brincar
Übergewicht (*üü*-bör-ghö-vijt) *nt* sobrepeso *m*
Übergröße (*üü*-bör-ghröö-ssö) *f* (pl ~n) tamaño extraordinario
überhaupt (üü-bör-*haupt*) *adv* en modo alguno
überheblich (üü-bör-*heep*-lij) *adj* presumido
überholen (üü-bör-*hôô*-lön) *v* recoger; pasar; revisar; **Überholen verboten** prohibido adelantar
Überleben (üü-bör-*lee*-bön) *nt* supervivencia *f*
überleben (üü-bör-*lee*-bön) *v* sobrevivir
überlegen (üü-bör-*lee*-ghön) *v* considerar; deliberar; *adj* superior
übermorgen (*üü*-bör-mor-ghön) *adv* pasado mañana
übermüdet (üü-bör-*müü*-döt) *adj* exhausto
übermütig (*üü*-bör-müü-tij) *adj* presuntuoso
***übernehmen** (üü-bör-*nee*-mön) *v* encargarse de
überragend (üü-bör-*raa*-ghönt) *adj* mayor; superlativo
überraschen (üü-bör-*ra*-ʃön) *v* sorprender
Überraschung (üü-bör-*ra*-ʃung) *f* (pl ~en) sorpresa *f*
überreden (üü-bör-*ree*-dön) *v* persuadir
überreichen (üü-bör-*rai*-jön) *v* entregar
Überrest (*üü*-bör-rêsst) *m* (pl ~e) remanente *m*
Überrock (*üü*-bör-rok) *m* (pl ~̈e) sobretodo *m*
***überschreiten** (üü-bör-*ʃrai*-tön) *v* exceder
Überschrift (*üü*-bör-ʃrift) *f* (pl ~en) título *m*
Überschuß (*üü*-bör-ʃuss) *m* (pl -schüsse) sobra *f*
überschüssig (*üü*-bör-ʃü-ssij) *adj* disponible
Überschwemmung (üü-bör-*ʃvê*-mung) *f* (pl ~en) inundación *f*
überschwenglich (*üü*-bör-ʃvêng-lij) *adj* exuberante
überseeisch (*üü*-bör-see-iʃ) *adj* ultramar
***übersehen** (üü-bör-*see*-ön) *v* pasar por alto
übersetzen (üü-bör-*sê*-tssön) *v* *traducir
Übersetzer (üü-bör-*sê*-tssör) *m* (pl ~) traductor *m*
Übersetzung (üü-bör-*sê*-tssung) *f* (pl ~en) traducción *f*; versión *f*
Übersicht (*üü*-bör-sijt) *f* (pl ~en) resumen *m*
überspannt (üü-bör-*ʃpant*) *adj* sobreexcitado; excéntrico
***übertragen** (üü-bör-*traa*-ghön) *v* *transferir
***übertreffen** (üü-bör-*trê*-fön) *v* superar
***übertreiben** (üü-bör-*trai*-bön) *v* exagerar
übertrieben (üü-bör-*trii*-bön) *adj* exagerado; excesivo
übervoll (*üü*-bör-fol) *adj* de bote en bote
überwachen (üü-bör-*va*-jön) *v* vigilar
überwachsen (üü-bör-*va*-kssön) *adj* cubierto de verdor
überwältigen (üü-bör-*vêl*-ti-ghön) *v* subyugar
***überweisen** (üü-bör-*vai*-sön) *v* remitir
Überweisung (üü-bör-*vai*-sung) *f* (pl ~en) remesa *f*
***überwinden** (üü-bör-*vin*-dön) *v* ven-

cer
überzeugen (üü-bör-*tssoi*-ghön) *v* convencer
Überzeugung (üü-bör-*tssoi*-ghung) *f* (pl ~en) convicción *f*, convencimiento *m*
***überziehen** (üü-bör-*tssii*-ön) *v* tapizar
Überzieher (*üü*-bör-tssii-ör) *m* (pl ~) sobretodo *m*
üblich (*üüp*-lij) *adj* usual, acostumbrado; ordinario; frecuente
übrig (*üü*-brij) *adj* demás, restante
***übrigbleiben** (*üü*-brij-blai-bön) *v* quedar
übrigens (*üü*-bri-ghönss) *adv* a propósito, por otra parte
Übung (*üü*-bung) *f* (pl ~en) ejercicio *m*
Ufer (*uu*-för) *nt* (pl ~) orilla *f*, ribera *f*
Uferschnecke (*uu*-för-ʃnê-kö) *f* (pl ~n) caracol marino
Uhr (uur) *f* (pl ~en) reloj *m*; **um** … ~ a las …
Uhrband (*uur*-bant) *nt* (pl ¨~er) correa de reloj
Uhrmacher (*uur*-ma-jör) *m* (pl ~) relojero *m*
Ulk (ulk) *m* diversión *f*
Ulme (*ul*-mö) *f* (pl ~n) olmo *m*
ultraviolett (*ul*-tra-vi-ô-lêt) *adj* ultravioleta
um (um) *prep* alrededor de, en torno de; ~ … **herum** en torno de, alrededor de; ~ **zu** para
umarmen (um-*ar*-mön) *v* abrazar
Umarmung (um-*ar*-mung) *f* (pl ~en) abrazo *m*
***umbringen** (*um*-bring-ön) *v* matar
umdrehen (*um*-dree-ön) *v* *volver; *invertir; **sich** ~ *volverse
Umdrehung (*um*-dree-ung) *f* (pl ~en) revolución *f*
Umfang (*um*-fang) *m* bulto *m*
umfangreich (*um*-fang-raij) *adj* voluminoso; extenso
umfassen (um-*fa*-ssön) *v* comprender
umfassend (um-*fa*-ssönt) *adj* vasto, extenso
Umfrage (*um*-fraa-ghö) *f* (pl ~n) encuesta *f*
Umgang (*um*-ghang) *m* trato *m*
***umgeben** (um-*ghee*-bön) *v* cercar
Umgebung (um-*ghee*-bung) *f* alrededores *mpl*; escena *f*
***umgehen** (um-*ghee*-ön) *v* rodear; ~ **mit** frecuentar
Umgehungsstraße (um-*ghee*-ungss-ʃtraa-ssö) *f* (pl ~n) cinturón *m*
umgekehrt (*um*-ghö-keert) *adj* inverso; *adv* al revés
Umhang (*um*-hang) *m* (pl ¨~e) capa *f*
umher (um-*heer*) *adv* en torno
umherschweifen (um-*heer*-ʃvai-fön) *v* vagar, vagabundear
umherwandern (um-*heer*-van-dörn) *v* *errar
umherziehend (um-*heer*-tssii-önt) *adj* ambulante
umkehren (*um*-kee-rö) *v* *volver
Umkleidekabine (*um*-klai-dö-ka-bii-nö) *f* (pl ~n) cabina *f*
***umkommen** (*um*-ko-mön) *v* *perecer
Umkreis (*um*-kraiss) *m* radio *m*
umkreisen (um-*krai*-sön) *v* circundar
Umlauf (*um*-lauf) *m* circulación *f*
Umleitung (*um*-lai-tung) *f* (pl ~en) desvío *m*
umliegend (*um*-lii-ghönt) *adj* circundante
umrechnen (*um*-rêj-nön) *v* *convertir
Umrechnungstabelle (*um*-rêj-nungss-ta-bê-lö) *f* (pl ~n) tabla de conversión
umringen (um-*ring*-ön) *v* rodear
Umriß (*um*-riss) *m* (pl Umrisse) contorno *m*

Umsatz (*um*-satss) *m* (pl ¨~e) volumen de transacciones
Umsatzsteuer (*um*-satss-ʃtoi-ör) *f* impuesto sobre la venta
Umschlag (*um*-ʃlaak) *m* (pl ¨~e) cubierta *f*, sobrecubierta *f*
Umschlagtuch (*um*-ʃlaak-tuuj) *nt* (pl ¨~er) chal *m*
***umschließen** (um-*ʃlii*-ssön) *v* cercar
umsonst (um-*sonsst*) *adv* gratuito; en vano
Umstand (*um*-ʃtant) *m* (pl ¨~e) circunstancia *f*
***umsteigen** (*um*-ʃtai-ghön) *v* *hacer trasbordo
umstritten (um-*ʃtri*-tön) *adj* controvertible
Umweg (*um*-veek) *m* (pl ~e) desvío *m*
Umwelt (*um*-vêlt) *f* medio ambiente
***umwenden** (*um*-vên-dön) *v* *volver
***umziehen** (*um*-tssii-ön) *v* mudarse; **sich** ~ mudarse
Umzug (*um*-tssuuk) *m* (pl ¨~e) desfile *m*; mudanza *f*
unabhängig (*un*-ap-hêng-ij) *adj* independiente
Unabhängigkeit (*un*-ap-hêng-ij-kait) *f* independencia *f*
unabsichtlich (*un*-ap-sijt-lij) *adj* no intencional
unähnlich (*un*-êên-lij) *adj* diferente
unangebracht (*un*-an-ghö-brajt) *adj* fuera de lugar, inoportuno
unangenehm (*un*-an-ghö-neem) *adj* desagradable; antipático
unannehmbar (un-an-*neem*-baar) *adj* inaceptable
Unannehmlichkeit (*un*-an-neem-lij-kait) *f* (pl ~en) inconveniencia *f*
unanständig (*un*-an-ʃtên-dij) *adj* indecente
unartig (*un*-ar-tij) *adj* travieso
unauffällig (*un*-auf-fê-lij) *adj* discreto
unaufhörlich (*un*-auf-höör-lij) *adj* continuo
unbeantwortet (*un*-bö-ant-vor-töt) *adj* sin contestación
unbedeutend (*un*-bö-doi-tönt) *adj* insignificante; fútil
unbedingt (*un*-bö-dingt) *adv* sin falta
unbefriedigend (*un*-bö-frii-di-ghönt) *adj* poco satisfactorio
unbefugt (*un*-bö-fuukt) *adj* desautorizado
unbegreiflich (*un*-bö-ghraif-lij) *adj* embarazoso
unbegrenzt (*un*-bö-ghrêntsst) *adj* ilimitado
unbekannt (*un*-bö-kant) *adj* desconocido
Unbekannte (*un*-bö-kan-tö) *m* (pl ~n) forastero *m*
unbekümmert (*un*-bö-kü-mört) *adj* despreocupado
unbeliebt (*un*-bö-liipt) *adj* impopular
Unbequemlichkeit (*un*-bö-kveem-lij-kait) *f* (pl ~en) incomodidad *f*
unbeschädigt (*un*-bö-ʃêê-dijt) *adj* intacto
unbescheiden (*un*-bö-ʃai-dön) *adj* inmodesto
unbeschränkt (*un*-bö-ʃrêngkt) *adj* ilimitado
unbesetzt (*un*-bö-sêtsst) *adj* desocupado
unbesonnen (*un*-bö-so-nön) *adj* irreflexivo
unbestimmt (*un*-bö-ʃtimt) *adj* indefinido
unbewohnbar (*un*-bö-vôôn-baar) *adj* inhabitable
unbewohnt (*un*-bö-vôônt) *adj* inhabitado
unbewußt (*un*-bö-vusst) *adj* inconsciente
unbillig (*un*-bi-lij) *adj* ímprobo
und (unt) *conj* y; ~ **so weiter** etcéte-

ra
undankbar (*un*-dangk-baar) *adj* ingrato
undeutlich (*un*-doit-lij) *adj* vago
uneben (*un*-ee-bön) *adj* irregular; desigual
unecht (*un*-êjt) *adj* falso
unehrlich (*un*-eer-lij) *adj* deshonesto, ímprobo
unempfindlich (*un*-êm-pfint-lij) *adj* insensible
unendlich (un-*ênt*-lij) *adj* infinito; inmenso
unentbehrlich (un-ênt-*beer*-lij) *adj* indispensable
unentgeltlich (un-ênt-*ghêlt*-lij) *adj* gratuito
unerfahren (*un*-êr-faa-rön) *adj* inexperto
unerfreulich (*un*-êr-froi-lij) *adj* desagradable
unerheblich (*un*-êr-heep-lij) *adj* insignificante
unerklärlich (un-êr-*klêêr*-lij) *adj* inexplicable
unermeßlich (un-êr-*mêss*-lij) *adj* vasto, inmenso
unerschwinglich (un-êr-*ʃving*-lij) *adj* exorbitante
unerträglich (un-êr-*trêêk*-lij) *adj* insufrible, insoportable
unerwartet (*un*-êr-var-töt) *adj* inesperado
unerwünscht (*un*-êr-vünʃt) *adj* indeseable
unfähig (*un*-fêê-ij) *adj* incapaz, incompetente
Unfall (*un*-fal) *m* (pl ~̈e) accidente *m*
Unfallstation (*un*-fal-ʃta-tssyôôn) *f* (pl ~en) puesto de socorro
unfaßbar (*un*-fass-baar) *adj* inconcebible
unfreundlich (*un*-froint-lij) *adj* arisco, poco amistoso
Unfug (*un*-fuuk) *m* molestia *f*; diabluras *fpl*
ungangbar (*un*-ghang-baar) *adj* intransitable
Ungar (*ung*-ghar) *m* (pl ~n) húngaro *m*
ungarisch (*ung*-gha-riʃ) *adj* húngaro
Ungarn (*ung*-gharn) Hungría *m*
ungeachtet (*un*-ghö-aj-töt) *prep* a pesar de
ungebildet (*un*-ghö-bil-döt) *adj* inculto
ungebräuchlich (*un*-ghö-broij-lij) *adj* inusitado
ungeduldig (*un*-ghö-dul-dij) *adj* impaciente
ungeeignet (*un*-ghö-ai-ghnöt) *adj* inadecuado
ungefähr (*un*-ghö-fêêr) *adv* aproximadamente
ungehalten (*un*-ghö-hal-tön) *adj* enojado
ungeheuer (*un*-ghö-hoi-ör) *adj* enorme, tremendo
ungelegen (*un*-ghö-lee-ghön) *adj* inoportuno
ungelernt (*un*-ghö-lêrnt) *adj* no especializado
ungemütlich (*un*-ghö-müüt-lij) *adj* incómodo
ungenau (*un*-ghö-nau) *adj* inexacto
ungenießbar (*un*-ghö-niiss-baar) *adj* incomible
ungenügend (*un*-ghö-nüü-ghönt) *adj* insuficiente
ungerade (*un*-ghö-raa-dö) *adj* impar
ungerecht (*un*-ghö-rêjt) *adj* injusto
ungeschickt (*un*-ghö-ʃikt) *adj* torpe
ungeschützt (*un*-ghö-ʃütsst) *adj* indefenso
ungesetzlich (*un*-ghö-sêtss-lij) *adj* ilegal
ungesund (*un*-ghö-sunt) *adj* enfermizo, insalubre

ungewiß (*un*-ghö-viss) *adj* inseguro
ungewöhnlich (*un*-ghö-vöön-lij) *adj* insólito; extraordinario
ungewohnt (*un*-ghö-vôônt) *adj* desacostumbrado
ungezogen (*un*-ghö-tssôô-ghön) *adj* travieso
Ungezwungenheit (*un*-ghö-tssvung-ön-hait) *f* desenvoltura *f*
unglaublich (un-*ghlaup*-lij) *adj* increíble
ungleich (*un*-ghlaij) *adj* desigual
Unglück (*un*-ghlük) *nt* (pl ~e) contratiempo *m*; accidente *m*; desastre *m*
unglücklich (*un*-ghlük-lij) *adj* desafortunado; desdichado
unglücklicherweise (*un*-ghlük-li-jör-vai-sö) *adv* por desgracia
ungültig (*un*-ghül-tij) *adj* nulo
ungünstig (*un*-ghünss-tij) *adj* desfavorable
Unheil (*un*-hail) *nt* calamidad *f*; mal *m*
unheilbar (*un*-hail-baar) *adj* incurable
unheilvoll (*un*-hail-fol) *adj* siniestro; fatal
unheimlich (*un*-haim-lij) *adj* lúgubre, alarmante
unhöflich (*un*-hööf-lij) *adj* descortés
Uniform (u-ni-*form*) *f* (pl ~en) uniforme *m*
Union (u-*nyôôn*) *f* (pl ~en) confederación *f*
universal (u-ni-vêr-*saal*) *adj* universal
Universität (u-ni-vêr-si-*têêt*) *f* (pl ~en) universidad *f*
unklar (*un*-klaar) *adj* misterioso
Unkosten (*un*-koss-tön) *pl* gastos *mpl*
Unkraut (*un*-kraut) *nt* (pl ¨~er) mala hierba
unkultiviert (*un*-kul-ti-viirt) *adj* inculto
unlängst (*un*-lêngsst) *adv* recientemente
unleserlich (*un*-lee-sör-lij) *adj* ilegible
unliebenswürdig (*un*-lii-bönss-vür-dij) *adj* desagradable
unmittelbar (*un*-mi-töl-baar) *adj* directo; inmediato
unmöbliert (*un*-mö-bliirt) *adj* desamueblado
unmöglich (*un*-möök-lij) *adj* imposible
unnötig (*un*-nöö-tij) *adj* innecesario
unnütz (*un*-nütss) *adj* vano
unordentlich (*un*-or-dönt-lij) *adj* desaliñado, descuidado
Unordnung (*un*-or-dnung) *f* desorden *m*; **in** ~ ***bringen** estropear
unparteiisch (*un*-par-tai-iʃ) *adj* imparcial
unpassend (*un*-pa-ssönt) *adj* impropio
unpersönlich (*un*-pêr-söön-lij) *adj* impersonal
unpopulär (*un*-pô-pu-lêêr) *adj* impopular
unqualifiziert (*un*-kva-li-fi-tssiirt) *adj* incompetente
Unrecht (*un*-rêjt) *nt* injusticia *f*; mal *m*; ~ ***tun** agraviar
unrecht (*un*-rêjt) *adj* impropio; ~ ***haben** no *tener razón
unregelmäßig (*un*-ree-ghöl-mêê-ssij) *adj* irregular
unrein (*un*-rain) *adj* sucio
unrichtig (*un*-rij-tij) *adj* incorrecto
Unruhe (*un*-ruu-ö) *f* desasosiego *m*
unruhig (*un*-ruu-ij) *adj* inquieto
uns (unss) *pron* nosotros; nos
unschätzbar (*un*-ʃêtss-baar) *adj* inapreciable
Unschuld (*un*-ʃult) *f* inocencia *f*
unschuldig (*un*-ʃul-dij) *adj* inocente
unser (*un*-sör) *pron* nuestro
unsicher (*un*-si-jör) *adj* inseguro; incierto
unsichtbar (*un*-sijt-baar) *adj* invisible

Unsinn (*un*-sin) *m* tontería *f*
unsinnig (*un*-si-nij) *adj* insensato
unstet (*un*-ʃteet) *adj* inestable
unsympathisch (*un*-süm-paa-tiʃ) *adj* antipático
untauglich (*un*-tauk-lij) *adj* inadecuado
unten (*un*-tön) *adv* debajo; abajo; **nach** ~ hacia abajo
unter (*un*-tör) *prep* bajo; debajo de; entre; *adj* inferior; **Unter-** subalterno; ~ **anderem** entre otras cosas
***unterbrechen** (un-tör-*brê*-jön) *v* interrumpir
Unterbrechung (un-tör-*brê*-jung) *f* (pl ~en) interrupción *f*
***unterbringen** (*un*-tör-bring-ön) *v* acomodar
unterdrücken (un-tör-*drü*-kön) *v* oprimir; reprimir
Unterernährung (*un*-tör-êr-nêê-rung) *f* desnutrición *f*
Untergang (*un*-tör-ghang) *m* ruina *f*
untergeordnet (*un*-tör-ghö-or-dnöt) *adj* subordinado; secundario
Untergeschoß (*un*-tör-ghö-ʃoss) *nt* sótano *m*
Untergrundbahn (*un*-tör-ghrunt-baan) *f* (pl ~en) metro *m*
unterhalb (*un*-tör-halp) *prep* debajo de
Unterhalt (*un*-tör-halt) *m* sustento *m*; manutención *f*
***unterhalten** (un-tör-*hal*-tön) *v* *divertir
unterhaltsam (un-tör-*halt*-saam) *adj* divertido
Unterhaltung (un-tör-*hal*-tung) *f* (pl ~en) conversación *f*; entretenimiento *m*
Unterhemd (*un*-tör-hêmt) *nt* (pl ~en) camiseta *f*
Unterhose (*un*-tör-hôô-sö) *f* (pl ~n) calzoncillos *mpl*; braga *f*
unterirdisch (*un*-tör-ir-diʃ) *adj* subterráneo
Unterkunft (*un*-tör-kunft) *f* (pl ¨~e) acomodación *f*, alojamiento *m*
Untermieter (*un*-tör-mii-tör) *m* (pl ~) huésped *m*
Unternehmen (un-tör-*nee*-mön) *nt* (pl ~) empresa *f*; sociedad *f*
***unternehmen** (un-tör-*nee*-mön) *v* emprender
Unternehmer (un-tör-*nee*-mör) *m* (pl ~) contratista *m*
Unternehmung (un-tör-*nee*-mung) *f* (pl ~en) empresa *f*
Unterredung (un-tör-*ree*-dung) *f* (pl ~en) entrevista *f*
Unterricht (*un*-tör-rijt) *m* enseñanza *f*
unterrichten (un-tör-*rij*-tön) *v* enseñar
Unterrock (*un*-tör-rok) *m* (pl ¨~e) combinación *f*; fondo *mMe*
unterschätzen (un-tör-*ʃê*-tssön) *v* subestimar
***unterscheiden** (un-tör-*ʃai*-dön) *v* distinguir; **sich** ~ *diferir
Unterscheidung (un-tör-*ʃai*-dung) *f* distinción *f*
Unterschied (*un*-tör-ʃiit) *m* (pl ~e) distinción *f*, diferencia *f*
***unterschreiben** (un-tör-*ʃrai*-bön) *v* firmar
Unterschrift (*un*-tör-ʃrift) *f* (pl ~en) firma *f*
unterst (*un*-törsst) *adj* inferior
***unterstreichen** (un-tör-*ʃtrai*-jön) *v* subrayar
Unterströmung (*un*-tör-ʃtröö-mung) *f* resaca *f*
unterstützen (un-tör-*ʃtü*-tssön) *v* apoyar; asistir
Unterstützung (un-tör-*ʃtü*-tssung) *f* (pl ~en) apoyo *m*; ayuda *f*
untersuchen (un-tör-*suu*-jön) *v* investigar
Untersuchung (un-tör-*suu*-jung) *f* (pl

~en) investigación *f*, encuesta *f*; reconocimiento *m*, examen *m*
Untertasse (*un*-tör-ta-ssö) *f* (pl ~n) platillo *m*
Untertitel (*un*-tör-tii-töl) *m* (pl ~) subtítulo *m*
Unterwäsche (*un*-tör-vê-ʃö) *fpl* ropa interior
***unterweisen** (un-tör-*vai*-sön) *v* *instruir
Unterweisung (un-tör-*vai*-sung) *f* instrucción *f*
***unterwerfen** (un-tör-*vêr*-fön) *v* someter; **unterworfen** sujeto a
unterzeichnen (un-tör-*tssaij*-nön) *v* suscribir
Unterzeichnete (un-tör-*tssaij*-nö-tö) *m* (pl ~n) suscrito *m*
untreu (*un*-troi) *adj* infiel
unüberlegt (*un*-üü-bör-leekt) *adj* imprudente
unübertroffen (*un*-üü-bör-tro-fön) *adj* sin igual
ununterbrochen (*un*-un-tör-bro-jön) *adj* continuo
unverdient (*un*-fêr-diint) *adj* inmerecido
unverletzt (*un*-fêr-lêtsst) *adj* ileso
unvermeidlich (un-fêr-*mait*-lij) *adj* inevitable
unvernünftig (*un*-fêr-nünf-tij) *adj* irrazonable
unverschämt (*un*-fêr-ʃêêmt) *adj* insolente, impudente, impertinente
Unverschämtheit (*un*-fêr-ʃêêmt-hait) *f* insolencia *f*, impertinencia *f*
unversehrt (*un*-fêr-seert) *adj* intacto
unverzüglich (un-fêr-*tssüük*-lij) *adj* pronto; *adv* instantáneamente, inmediatamente
unvollkommen (*un*-fol-ko-mön) *adj* imperfecto
unvollständig (*un*-fol-ʃtên-dij) *adj* incompleto
unvorhergesehen (*un*-fôôr-heer-ghö-see-ön) *adj* imprevisto
unwahr (*un*-vaar) *adj* falso
unwahrscheinlich (*un*-vaar-ʃain-lij) *adj* improbable
Unwetter (*un*-vê-tör) *nt* (pl ~) tempestad *f*
unwichtig (*un*-vij-tij) *adj* insignificante
unwiderruflich (*un*-vii-dör-ruuf-lij) *adj* irrevocable
unwillig (*un*-vi-lij) *adj* desinclinado
unwissend (*un*-vi-ssönt) *adj* ignorante
unwohl (*un*-vôôl) *adj* indispuesto
unzerbrechlich (*un*-tssêr-brêj-lij) *adj* irrompible
unzufrieden (*un*-tssu-frii-dön) *adj* insatisfecho, descontento
unzugänglich (*un*-tssuu-ghöng-lij) *adj* inaccesible
unzulänglich (*un*-tssuu-lêng-lij) *adj* inadecuado
Unzulänglichkeit (*un*-tssuu-lêng-lij-kait) *f* (pl ~en) deficiencia *f*
unzuverlässig (*un*-tssuu-vêr-lê-ssij) *adj* indigno de confianza, no confiable
unzweckmäßig (*un*-tssvêk-mêê-ssij) *adj* ineficiente
uralt (*uur*-alt) *adj* antiguo
Urin (u-*riin*) *m* orina *f*
Urkunde (*uur*-kun-dö) *f* (pl ~n) acta *f*, documento *m*
Urlaub (*uur*-laup) *m* (pl ~e) vacaciones *fpl*; licencia *f*; **auf** ~ de vacaciones
Ursache (*uur*-sa-jö) *f* (pl ~n) causa *f*
Ursprung (*uur*-ʃprung) *m* (pl ~̈e) origen *m*
ursprünglich (*uur*-ʃprüng-lij) *adj* auténtico
Urteil (*ur*-tail) *nt* (pl ~e) juicio *m*; sentencia *f*
urteilen (*ur*-tai-lön) *v* juzgar
Urteilsspruch (*ur*-tailss-ʃpruj) *m* (pl

~̈e) veredicto *m*
Uruguay (u-ru-*ghvai*) Uruguay *m*
uruguayisch (u-ru-*ghvai*-iʃ) *adj* uruguayo
Urwald (*uur*-valt) *m* (pl ~̈er) selva *f*

V

Vagabund (va-gha-*bunt*) *m* (pl ~en) vagabundo *m*
vage (*vaa*-ghö) *adj* vago
Vakanz (va-*kantss*) *f* (pl ~en) vacante *f*
Vakuum (*vaa*-ku-um) *nt* (pl Vakua) vacío *m*
Vanille (va-*ni*-lyö) *f* vainilla *f*
Varietétheater (va-ri-e-*tee*-te-aa-tör) *nt* (pl ~) teatro de variedades
Varietévorstellung (va-ri-e-*tee*-fôôr-ʃtê-lung) *f* (pl ~en) espectáculo de variedades
variieren (va-ri-*ii*-rön) *v* variar
Vase (*vaa*-sö) *f* (pl ~n) vaso *m*
Vaseline (va-sse-*lii*-nö) *f* vaselina *f*
Vater (*faa*-tör) *m* (pl ~̈) padre *m*; papá *m*
Vaterland (*faa*-tör-lant) *nt* patria *f*
Vati (*faa*-ti) *m* papaíto *m*
Vegetarier (ve-ghe-*taa*-ryör) *m* (pl ~) vegetariano *m*
Vegetation (ve-ghe-ta-*tssyôôn*) *f* (pl ~en) vegetación *f*
Veilchen (*fail*-jön) *nt* (pl ~) violeta *f*
Venezolaner (ve-ne-tssô-*laa*-nör) *m* (pl ~) venezolano *m*
venezolanisch (ve-ne-tssô-*laa*-niʃ) *adj* venezolano
Venezuela (ve-ne-tssu-*ee*-la) Venezuela *f*
Ventil (vên-*tiil*) *nt* (pl ~e) válvula *f*
Ventilation (vên-ti-la-*tssyôôn*) *f* (pl ~en) ventilación *f*
Ventilator (vên-ti-*laa*-tor) *m* (pl ~en) ventilador *m*
Ventilatorriemen (vên-ti-*laa*-tor-rii-mön) *m* (pl ~) correa del ventilador
ventilieren (vên-ti-*lii*-rön) *v* ventilar
Verabredung (fêr-*ap*-ree-dung) *f* (pl ~en) cita *f*; compromiso *m*
verabreichen (fêr-*ap*-rai-jön) *v* administrar
verachten (fêr-*aj*-tön) *v* despreciar
Verachtung (fêr-*aj*-tung) *f* desprecio *m*
veraltet (fêr-*al*-töt) *adj* anticuado
Veranda (ve-*ran*-da) *f* (pl -den) veranda *f*
veränderlich (fêr-*ên*-dör-lij) *adj* variable
verändern (fêr-*ên*-dörn) *v* alterar; cambiar
Veränderung (fêr-*ên*-dö-rung) *f* (pl ~en) cambio *m*
verängstigt (fêr-*êngss*-tijt) *adj* espantado
veranschlagen (fêr-*an*-ʃlaa-ghön) *v* evaluar
verantwortlich (fêr-*ant*-vort-lij) *adj* responsable
Verantwortlichkeit (fêr-*ant*-vort-lij-kait) *f* responsabilidad *f*
verausgaben (fêr-*auss*-ghaa-bön) *v* gastar
Verband (fêr-*bant*) *m* (pl ~̈e) vendaje *m*; federación *f*
Verbandskasten (fêr-*bantss*-kass-tön) *m* (pl ~̈) botiquín de urgencia
Verbannte (fêr-*ban*-tö) *m* (pl ~n) exiliado *m*
Verbannung (fêr-*ba*-nung) *f* exilio *m*
***verbergen** (fêr-*bêr*-ghön) *v* esconder; disimular
verbessern (fêr-*bê*-ssörn) *v* mejorar; *corregir
Verbesserung (fêr-*bê*-ssö-rung) *f* (pl ~en) mejora *f*; rectificación *f*

***verbieten** (fêr-*bii*-tön) *v* prohibir
***verbinden** (fêr-*bin*-dön) *v* conectar, juntar, enlazar; unir; vendar
Verbindung (fêr-*bin*-dung) *f* (pl ~en) enlace *m*; relación *f*; **sich in ~ setzen mit** *ponerse en contacto con
verblassen (fêr-*bla*-ssön) *v* *desteñirse
verblüffen (fêr-*blü*-fön) *v* asombrar; *desconcertar
Verbot (fêr-*bôôt*) *nt* (pl ~e) prohibición *f*
verboten (fêr-*bôô*-tön) *adj* prohibido
verbrauchen (fêr-*brau*-jön) *v* consumir
Verbraucher (fêr-*brau*-jör) *m* (pl ~) consumidor *m*
Verbrauchssteuer (fêr-*braujss*-ʃtoi-ör) *f* impuesto sobre la venta
Verbrechen (fêr-*brê*-jön) *nt* (pl ~) crimen *m*
Verbrecher (fêr-*brê*-jör) *m* (pl ~) criminal *m*
verbrecherisch (fêr-*brê*-jö-riʃ) *adj* criminal
verbreiten (fêr-*brai*-tön) *v* esparcir
***verbrennen** (fêr-*brê*-nön) *v* quemar; incinerar
***verbringen** (fêr-*bring*-ön) *v* pasar
verbunden (fêr-*bun*-dön) *adj* unido
Verbündete (fêr-*bün*-dö-tö) *m* (pl ~n) aliado *m*
Verdacht (fêr-*dajt*) *m* sospecha *f*
verdächtig (fêr-*dêj*-tij) *adj* sospechoso
Verdächtige (fêr-*dêj*-ti-ghö) *m* (pl ~n) persona sospechosa
verdächtigen (fêr-*dêj*-ti-ghön) *v* sospechar
verdampfen (fêr-*dam*-pfön) *v* evaporar
verdanken (fêr-*dang*-kön) *v* deber
verdauen (fêr-*dau*-ön) *v* *digerir
verdaulich (fêr-*dau*-lij) *adj* digerible
Verdauung (fêr-*dau*-ung) *f* digestión *f*
verdecken (fêr-*dê*-kön) *v* cubrir
***verderben** (fêr-*dêr*-bön) *v* echar a perder; **leicht verderblich** perecedero
verdicken (fêr-*di*-kön) *v* espesar
verdienen (fêr-*dii*-nön) *v* ganar; *merecer
Verdienst (fêr-*diinsst*) *nt* (pl ~e) mérito *m*; *m* ganancias *fpl*
verdorben (fêr-*dor*-bön) *adj* podrido
verdrehen (fêr-*dree*-ön) *v* dislocar
Verdruß (fêr-*druss*) *m* aburrimiento *m*
verdünnen (fêr-*dü*-nön) *v* *diluir
verehren (fêr-*ee*-rön) *v* venerar
Verein (fêr-*ain*) *m* (pl ~e) asociación *f*, sociedad *f*
vereinigen (fêr-*ai*-ni-ghön) *v* unir; reunir; **Vereinigte Staaten** Estados Unidos
Vereinigung (fêr-*ai*-ni-ghung) *f* (pl ~en) asociación *f*; liga *f*, unión *f*
Verfahren (fêr-*faa*-rön) *nt* (pl ~) procedimiento *m*
***verfahren** (fêr-*faa*-rön) *v* proceder
verfallen (fêr-*fa*-lön) *adj* caducado
***verfallen** (fêr-*fa*-lön) *v* expirar
sich verfärben (fêr-*fêr*-bön) *desteñirse
verfärbt (fêr-*fêrpt*) *adj* descolorido
Verfasser (fêr-*fa*-ssör) *m* (pl ~) autor *m*
Verfassung (fêr-*fa*-ssung) *f* condición *f*
Verfechter (fêr-*fêj*-tör) *m* (pl ~) defensor *m*
verfluchen (fêr-*fluu*-jön) *v* *maldecir
verfolgen (fêr-*fol*-ghön) *v* continuar; *perseguir, cazar
verfügbar (fêr-*füük*-baar) *adj* disponible
verfügen über (fêr-*füü*-ghön) *disponer de
Verfügung (fêr-*füü*-ghung) *f* disposición *f*

verführen (fêr-*füü*-rön) *v* *seducir
vergangen (fêr-*ghang*-ön) *adj* pasado, transcurrido
Vergangenheit (fêr-*ghang*-ön-hait) *f* pasado *m*
Vergaser (fêr-*ghaa*-sör) *m* (pl ~) carburador *m*
vergebens (fêr-*ghee*-bönss) *adv* inútilmente
sich vergegenwärtigen (fêr-ghee-ghön-*vêr*-ti-ghön) *reconocer
Vergehen (fêr-*ghee*-ön) *nt* (pl ~) falta *f*
***vergehen** (fêr-*ghee*-ön) *v* transcurrir; **sich** ~ transgredir
***vergessen** (fêr-*ghê*-ssön) *v* olvidar
vergeßlich (fêr-*ghêss*-lij) *adj* olvidadizo
vergeuden (fêr-*ghoi*-dön) *v* *perder
vergewaltigen (fêr-ghö-*val*-ti-ghön) *v* violar
sich vergewissern (fêr-ghö-*vi*-ssörn) *v* asegurarse de
***vergießen** (fêr-*ghii*-ssön) *v* derramar
vergiften (fêr-*ghif*-tön) *v* envenenar
Vergleich (fêr-*ghlaij*) *m* (pl ~e) comparación *f*; arreglo *m*, compromiso *m*
***vergleichen** (fêr-*ghlai*-jön) *v* comparar
Vergnügen (fêr-*ghnüü*-ghön) *nt* (pl ~) placer *m*, diversión *f*; distracción *f*; **mit** ~ con mucho gusto
vergoldet (fêr-*ghol*-döt) *adj* dorado
vergrößern (fêr-*ghröö*-ssörn) *v* ampliar; aumentar
Vergrößerung (fêr-*ghröö*-ssö-rung) *f* (pl ~en) ampliación *f*
Vergrößerungsglas (fêr-*ghröö*-ssö-rungss-ghlaass) *nt* (pl ¨~er) lente de aumento
vergüten (fêr-*ghüü*-tön) *v* compensar
verhaften (fêr-*haf*-tön) *v* arrestar
Verhaftung (fêr-*haf*-tung) *f* (pl ~en) arresto *m*
Verhältnis (fêr-*hêlt*-niss) *nt* (pl ~se) proporción *f*; amorío *m*
verhältnismäßig (fêr-*hêlt*-niss-mêê-ssij) *adj* relativo
verhandeln (fêr-*han*-döln) *v* negociar
Verhandlung (fêr-*han*-dlung) *f* (pl ~en) negociación *f*
Verhängnis (fêr-*hêng*-niss) *nt* destino *m*
verhängnisvoll (fêr-*hêng*-niss-fol) *adj* siniestro; fatal
verhätscheln (fêr-*hê*-chöln) *v* acariciar
verheerend (fêr-*hee*-rönt) *adj* desastroso
verhindern (fêr-*hin*-dörn) *v* *impedir
Verhör (fêr-*höör*) *nt* (pl ~e) interrogatorio *m*
verhören (fêr-*höö*-rön) *v* interrogar
verhüten (fêr-*hüü*-tön) *v* *prevenir
verirrt (fêr-*irt*) *adj* perdido
verjagen (fêr-*yaa*-ghön) *v* ahuyentar
Verkauf (fêr-*kauf*) *m* (pl ¨~e) venta *f*
verkaufen (fêr-*kau*-fön) *v* vender; **im kleinen** ~ vender al detalle; **zu** ~ de venta
Verkäufer (fêr-*koi*-för) *m* (pl ~) vendedor *m*; dependiente *m*
Verkäuferin (fêr-*koi*-fö-rin) *f* (pl ~nen) vendedora *f*
verkäuflich (fêr-*koif*-lij) *adj* vendible
Verkehr (fêr-*keer*) *m* tránsito *m*
verkehren mit (fêr-*kee*-rön) alternar con
Verkehrsampel (fêr-*keerss*-am-pöl) *f* (pl ~n) semáforo *m*
verkehrsreich (fêr-*keerss*-raij) *adj* concurrido
Verkehrsstauung (fêr-*keerss*-ʃtau-ung) *f* (pl ~en) congestión *f*, embotellamiento *m*
Verkehrsverein (fêr-*keerss*-fêr-ain) *m* oficina para turistas

verkehrt (fêr-*keert*) *adj* inexacto; *adv* al revés
sich verkleiden (fêr-*klai*-dön) disfrazarse
Verkleidung (fêr-*klai*-dung) *f* (pl ~en) disfraz *m*
verkrüppelt (fêr-*krü*-pölt) *adj* estropeado
verkürzen (fêr-*kür*-tssön) *v* acortar
Verlangen (fêr-*lang*-ön) *nt* deseo *m*
verlangen (fêr-*lang*-ön) *v* desear; *requerir; *pedir
verlängern (fêr-*lêng*-örn) *v* prolongar, alargar
Verlängerung (fêr-*lêng*-ö-rung) *f* (pl ~en) prórroga *f*
Verlängerungsschnur (fêr-*lêng*-ö-rungss-ʃnuur) *f* (pl ~̈e) cordón de extensión
verlangsamen (fêr-*lang*-saa-mön) *v* *ir más despacio
verlassen (fêr-*la*-ssön) *adj* desierto
***verlassen** (fêr-*la*-ssön) *v* dejar; **sich ~ auf** *contar con
verlegen (fêr-*lee*-ghön) *v* extraviar; *adj* tímido, turbado; **in Verlegenheit *bringen** *desconcertar
Verleger (fêr-*lee*-ghör) *m* (pl ~) editor *m*
***verleihen** (fêr-*lai*-ön) *v* conceder
verlernen (fêr-*lêr*-nön) *v* desacostumbrar
verletzbar (fêr-*lêtss*-baar) *adj* vulnerable
verletzen (fêr-*lê*-tssön) *v* *herir, dañar; ofender
Verletzung (fêr-*lê*-tssung) *f* (pl ~en) lesión *f*, herida *f*; violación *f*
Verleumdung (fêr-*loim*-dung) *f* (pl ~en) calumnia *f*
verliebt (fêr-*liipt*) *adj* enamorado
***verlieren** (fêr-*lii*-rön) *v* *perder
verlobt (fêr-*lôôpt*) *adj* prometido
Verlobte (fêr-*lôôp*-tö) *m* (pl ~n) novio *m*; *f* novia *f*
Verlobung (fêr-*lôô*-bung) *f* (pl ~en) noviazgo *m*
Verlobungsring (fêr-*lôô*-bungss-ring) *m* (pl ~e) anillo de esponsales
Verlust (fêr-*lusst*) *m* (pl ~e) pérdida *f*
***vermeiden** (fêr-*mai*-dön) *v* evitar
Vermerk (fêr-*mêrk*) *m* (pl ~e) nota *f*
Vermerkhäkchen (fêr-*mêrk*-hêêk-jön) *nt* (pl ~) señal *f*
vermieten (fêr-*mii*-tön) *v* alquilar; **zu ~** de alquiler
vermindern (fêr-*min*-dörn) *v* *reducir, *disminuir
vermischt (fêr-*miʃt*) *adj* misceláneo
Vermißte (fêr-*miss*-tö) *m* (pl ~n) desaparecido *m*
vermitteln (fêr-*mi*-töln) *v* mediar
Vermittler (fêr-*mit*-lör) *m* (pl ~) mediador *m*; intermediario *m*
Vermögen (fêr-*möö*-ghön) *nt* (pl ~) habilidad *f*; fortuna *f*
vermuten (fêr-*muu*-tön) *v* sospechar; *suponer, conjeturar
vermutlich (fêr-*muut*-lij) *adj* probable, presumible
Vermutung (fêr-*muu*-tung) *f* (pl ~en) conjetura *f*
vernachlässigen (fêr-*naaj*-lê-ssi-ghön) *v* descuidar
Vernachlässigung (fêr-*naaj*-lê-ssi-ghung) *f* (pl ~en) negligencia *f*
verneinend (fêr-*nai*-nönt) *adj* negativo
vernichten (fêr-*nij*-tön) *v* *destruir
Vernunft (fêr-*nunft*) *f* razón *f*, sentido *m*
vernünftig (fêr-*nünf*-tij) *adj* razonable
veröffentlichen (fêr-*ö*-fönt-li-jön) *v* publicar
Veröffentlichung (fêr-*ö*-fönt-li-jung) *f* (pl ~en) publicación *f*
verpachten (fêr-*paj*-tön) *v* *arrendar
Verpackung (fêr-*pa*-kung) *f* (pl ~en) embalaje *m*

verpassen (fêr-*pa*-ssön) *v* *perder
verpfänden (fêr-*pfên*-dön) *v* empeñar
verpflichten (fêr-*pflij*-tön) *v* obligar; **sich ~** comprometerse; **verpflichtet *sein zu** *estar obligado a
Verpflichtung (fêr-*pflij*-tung) *f* (pl ~en) compromiso *m*
Verrat (fêr-*raat*) *m* traición *f*
***verraten** (fêr-*raa*-tön) *v* traicionar; revelar
Verräter (fêr-*rêê*-tör) *m* (pl ~) traidor *m*
verrenkt (fêr-*rêngkt*) *adj* dislocado
verrichten (fêr-*rij*-tön) *v* desempeñar
verrückt (fêr-*rükt*) *adj* loco; idiota
Vers (fêrss) *m* (pl ~e) verso *m*
versagen (fêr-*saa*-ghön) *v* fallar; *denegar
versammeln (fêr-*sa*-möln) *v* reunir; **sich ~** juntarse
Versammlung (fêr-*sam*-lung) *f* (pl ~en) reunión *f*, asamblea *f*
Versand (fêr-*sant*) *m* envío *m*
versäumen (fêr-*soi*-mön) *v* omitir
verschaffen (fêr-*ʃa*-fön) *v* procurar
verschicken (fêr-*ʃi*-kön) *v* enviar
***verschieben** (fêr-*ʃii*-bön) *v* aplazar
verschieden (fêr-*ʃii*-dön) *adj* diferente, distinto; variado; **verschiedene** varios; **~ *sein** *diferir
***verschießen** (fêr-*ʃii*-ssön) *v* *desteñirse
***verschlafen** (fêr-*ʃlaa*-fön) *v* quedarse dormido
***verschließen** (fêr-*ʃlii*-ssön) *v* *cerrar con llave
***verschlingen** (fêr-*ʃling*-ön) *v* tragar
verschlissen (fêr-*ʃli*-ssön) *adj* gastado
Verschluß (fêr-*ʃluss*) *m* (pl -schlüsse) cierre *m*
Verschmutzung (fêr-*ʃmu*-tssung) *f* contaminación *f*
***verschreiben** (fêr-*ʃrai*-bön) *v* prescribir
verschütten (fêr-*ʃü*-tön) *v* *verter
verschwenderisch (fêr-*ʃvên*-dö-riʃ) *adj* derrochador, pródigo
Verschwendung (fêr-*ʃvên*-dung) *f* desperdicio *m*
***verschwinden** (fêr-*ʃvin*-dön) *v* *desaparecer
sich *verschwören (fêr-*ʃvöö*-rön) conspirar
Verschwörung (fêr-*ʃvöö*-rung) *f* (pl ~en) conjuración *f*
Versehen (fêr-*see*-ön) *nt* (pl ~) descuido *m*; error *m*
***versehen mit** (fêr-*see*-ön) *proveer de
***versenden** (fêr-*sên*-dön) *v* despachar; transportar
versetzen (fêr-*sê*-tssön) *v* trasladar
versichern (fêr-*si*-jörn) *v* asegurar
Versicherung (fêr-*si*-jö-rung) *f* (pl ~en) seguro *m*
Versicherungspolice (fêr-*si*-jö-rungss-pô-lii-ssö) *f* (pl ~n) póliza de seguro
Versöhnung (fêr-*söö*-nung) *f* (pl ~en) reconciliación *f*
versorgen (fêr-*sor*-ghön) *v* ocuparse de
verspätet (fêr-*ʃpêê*-töt) *adj* retrasado
versperren (fêr-*ʃpê*-rön) *v* *obstruir
verspotten (fêr-*ʃpo*-tön) *v* burlarse de
Versprechen (fêr-*ʃprê*-jön) *nt* (pl ~) promesa *f*
***versprechen** (fêr-*ʃprê*-jön) *v* prometer
Verstand (fêr-*ʃtant*) *m* inteligencia *f*; intelecto *m*, razón *f*, juicio *m*
verständig (fêr-*ʃtên*-dij) *adj* sensato
Verständigung (fêr-*ʃtên*-di-ghung) *f* comprensión *m*
verstauchen (fêr-*ʃtau*-jön) *v* *torcerse
Verstauchung (fêr-*ʃtau*-jung) *f* (pl ~en) torcedura *f*
verstecken (fêr-*ʃtê*-kön) *v* esconder
***verstehen** (fêr-*ʃtee*-ön) *v* compren-

der; *entender
Versteigerung (fêr-*ʃtai*-ghö-rung) *f* (pl ~en) subasta *f*
sich verstellen (fêr-*ʃtê*-lön) fingir
verstimmen (fêr-*ʃti*-mön) *v* disgustar
verstopft (fêr-*ʃtopft*) *adj* estreñido
Verstopfung (fêr-*ʃto*-pfung) *f* estreñimiento *m*
verstorben (fêr-*ʃtor*-bön) *adj* difunto
Verstoß (fêr-*ʃtôôss*) *m* escándalo *m*
verstreuen (fêr-*ʃtroi*-ön) *v* esparcir
Versuch (fêr-*suuj*) *m* (pl ~e) tentativa *f*; prueba *f*
versuchen (fêr-*suu*-jön) *v* *probar, intentar; *tentar
Versuchung (fêr-*suu*-jung) *f* (pl ~en) tentación *f*
verteidigen (fêr-*tai*-di-ghön) *v* *defender
Verteidigung (fêr-*tai*-di-ghung) *f* defensa *f*
Verteidigungsrede (fêr-*tai*-di-ghungss-ree-dö) *f* (pl ~n) defensa *f*
verteilen (fêr-*tai*-lön) *v* repartir; *distribuir
Vertrag (fêr-*traak*) *m* (pl ~̈e) contrato *m*; tratado *m*
Vertrauen (fêr-*trau*-ön) *nt* confianza *f*
vertrauen (fêr-*trau*-ön) *v* confiar en
vertraulich (fêr-*trau*-lij) *adj* confidencial; familiar
vertraut (fêr-*traut*) *adj* familiar
***vertreiben** (fêr-*trai*-bön) *v* expulsar
***vertreten** (fêr-*tree*-tön) *v* representar
Vertreter (fêr-*tree*-tör) *m* (pl ~) representante *m*
Vertretung (fêr-*tree*-tung) *f* (pl ~en) representación *f*; agencia *f*
verüben (fêr-*üü*-bön) *v* cometer
Verunreinigung (fêr-*un*-rai-ni-ghung) *f* polución *f*
verursachen (fêr-*uur*-sa-jön) *v* causar
verurteilen (fêr-*ur*-tai-lön) *v* sentenciar
Verurteilte (fêr-*ur*-tail-tö) *m* (pl ~n) condenado *m*
verwalten (fêr-*val*-tön) *v* administrar
Verwaltung (fêr-*val*-tung) *f* (pl ~en) gestión *f*, administración *f*; manejo *m*, dirección *f*; régimen *m*; **Verwaltungs-** administrativo
Verwaltungsrecht (fêr-*val*-tungss-rêjt) *nt* derecho administrativo
verwandeln (fêr-*van*-döln) *v* transformar; **sich ~ in** *convertirse en
verwandt (fêr-*vant*) *adj* emparentado
Verwandte (fêr-*van*-tö) *m* (pl ~n) pariente *m*
Verwandtschaft (fêr-*vant*-ʃaft) *f* familia *f*
verwechseln (fêr-*vê*-kssöln) *v* confundir
verweigern (fêr-*vai*-ghörn) *v* *negar, rehusar
Verweigerung (fêr-*vai*-ghö-rung) *f* (pl ~en) negativa *f*
verweilen (fêr-*vai*-lön) *v* hospedarse
Verweis (fêr-*vaiss*) *m* (pl ~e) referencia *f*
***verweisen auf** (fêr-*vai*-sön) remitir a
***verwenden** (fêr-*vên*-dön) *v* emplear; aplicar
***verwerfen** (fêr-*vêr*-fön) *v* rechazar, *reprobar
verwickelt (fêr-*vi*-költ) *adj* complicado, complejo
verwirklichen (fêr-*virk*-li-jön) *v* realizar
verwirren (fêr-*vi*-rön) *v* confundir; turbar; **verwirrt** confuso
Verwirrung (fêr-*vi*-rung) *f* confusión *f*
verwöhnen (fêr-*vöö*-nön) *v* mimar
verwunden (fêr-*vun*-dön) *v* *herir
verwundern (fêr-*vun*-dörn) *v* extrañar
Verwunderung (fêr-*vun*-dö-rung) *f* asombro *m*
Verwundung (fêr-*vun*-dung) *f* (pl ~en) lesión *f*

Verzeichnis (fêr-*tssaij*-niss) *nt* (pl ~se) índice *m*
***verzeihen** (fêr-*tssai*-ön) *v* perdonar; excusar
Verzeihung (fêr-*tssai*-ung) *f* perdón *m*; **Verzeihung!** ¡dispense usted!, ¡disculpe!
verzögern (fêr-*tssöö*-ghörn) *v* retardar; desacelerar
Verzögerung (fêr-*tssöö*-ghö-rung) *f* (pl ~en) tardanza *f*
verzollen (fêr-*tsso*-lön) *v* declarar
verzweifeln (fêr-*tssvai*-föln) *v* *estar desesperado
verzweifelt (fêr-*tssvai*-fölt) *adj* desesperado
Verzweiflung (fêr-*tssvai*-flung) *f* desesperación *f*
Vestibül (vêss-ti-*büül*) *nt* (pl ~e) vestíbulo *m*
Vetter (*fê*-tör) *m* (pl ~n) primo *m*
Viadukt (vi-a-*dukt*) *m* (pl ~e) viaducto *m*
vibrieren (vi-*brii*-rön) *v* vibrar
Videokamera (*vi*-de-ô-ka-me-ra) *f* videocamara *f*
Videokassette (*vi*-de-ô-ka-see-tö) *f* videocasete *m*
Videorekorder (*vi*-de-ô-re-kor-tör) *m* videograbadora *f*
Vieh (fii) *nt* ganado *m*
viel (fiil) *adj* mucho, muchos; *adv* mucho
vielleicht (fi-*laijt*) *adv* quizás
vielmehr (fiil-*meer*) *adv* bastante
vier (fiir) *num* cuatro
vierte (*fiir*-tö) *num* cuarto
Viertel (*fir*-töl) *nt* (pl ~) cuarto *m*
vierteljährlich (*fir*-töl-yêêr-lij) *adj* trimestral
Viertelstunde (fir-töl-*ʃtun*-dö) *f* (pl ~n) cuarto de hora
vierzehn (*fir*-tsseen) *num* catorce
vierzehnte (*fir*-tsseen-tö) *num* catorceno
vierzig (*fir*-tssij) *num* cuarenta
Vikar (vi-*kaar*) *m* (pl ~e) vicario *m*
Villa (*vi*-la) *f* (pl Villen) villa *f*
violett (vi-ô-*lêt*) *adj* morado
Visitenkarte (vi-*sii*-tön-kar-tö) *f* (pl ~n) tarjeta de visita
visitieren (vi-si-*tii*-rön) *v* cachear
Visum (*vii*-sum) *nt* (pl Visa) visado *m*
Vitamin (vi-ta-*miin*) *nt* (pl ~e) vitamina *f*
Vitrine (vi-*trii*-nö) *f* (pl ~n) vitrina *f*
Vizepräsident (*fii*-tssö-prê-si-dênt) *m* (pl ~en) vicepresidente *m*
Vogel (*fôô*-ghöl) *m* (pl ¨~) pájaro *m*
Vokabular (vô-ka-bu-*laar*) *nt* vocabulario *m*
vokal (vô-*kaal*) *adj* vocal
Volk (folk) *nt* (pl ¨~er) pueblo *m*; gente *f*; **Volks-** nacional; popular
Volkslied (*folkss*-liit) *nt* (pl ~er) canción popular
Volksschullehrer (*folkss*-ʃuul-lee-rör) *m* (pl ~) maestro *m*
Volkstanz (*folkss*-tantss) *m* (pl ¨~e) danza popular
Volkswirt (*folkss*-virt) *m* (pl ~e) economista *m*
voll (fol) *adj* lleno; animado; **brechend** ~ repleto
vollbesetzt (*fol*-bö-sêtsst) *adj* completo
vollblütig (*fol*-blüü-tij) *adj* purasangre
vollenden (fol-*ên*-dön) *v* terminar; completar
vollfüllen (*fol*-fü-lön) *v* llenar
völlig (*fö*-lij) *adj* completo; *adv* enteramente, absolutamente, completamente
vollkommen (fol-*ko*-mön) *adj* perfecto; *adv* enteramente
Vollkommenheit (fol-*ko*-mön-hait) *f* perfección *f*
Vollkornbrot (*fol*-korn-brôôt) *nt* pan

integral
Vollpension (*fol*-pang-ssyôôn) *f* pensión completa
vollständig (*fol*-ʃtên-dij) *adj* completo
***vollziehen** (fol-*tssii*-ön) *v* ejecutar; **vollziehend** *adj* ejecutivo
Volt (volt) *nt* voltio *m*
Volumen (vô-*luu*-mön) *nt* (pl ~) volumen *m*
von (fon) *prep* de; desde; por; ~ ... **an** a partir de; ~ **nun an** de ahora en adelante
vor (fôôr) *prep* antes de; delante de; para; ~ **allem** sobre todo
***vorangehen** (fô-*ran*-ghee-ön) *v* preceder
Voranschlag (*fôôr*-an-ʃlaak) *m* (pl ⸚e) estimación *f*; presupuesto *m*
voraus (fô-*rauss*) *adv* hacia adelante; **im** ~ por adelantado
vorausbezahlt (fô-*rauss*-bö-tssaalt) *adj* pagado por adelantado
voraussagen (fô-*rauss*-saa-ghön) *v* pronosticar
voraussetzen (fô-*rauss*-sê-tssön) *v* presumir; **vorausgesetzt daß** con tal que
Vorbehalt (*fôôr*-bö-halt) *m* (pl ~e) reserva *f*
vorbei (fôr-*bai*) *adv* acabado; **an** ... ~ más allá de
***vorbeifahren** (fôr-*bai*-faa-rön) *v* pasar
***vorbeigehen** (fôr-*bai*-ghee-ön) *v* pasar de largo
vorbereiten (*fôôr*-bö-rai-tön) *v* preparar; organizar
Vorbereitung (*fôôr*-bö-rai-tung) *f* (pl ~en) preparación *f*
vorbestellen (*fôôr*-bö-ʃtê-lön) *v* reservar
vorbeugend (*fôôr*-boi-ghönt) *adj* preventivo
Vorbildung (*fôôr*-bil-dung) *f* antecedentes *mpl*
***vorbringen** (*fôôr*-bring-ön) *v* *introducir, levantar
Vordergrund (*for*-dör-ghrunt) *m* primer plano
Vorderseite (*for*-dör-sai-tö) *f* frente *m*
Vorfahr (*fôôr*-faar) *m* (pl ~en) antepasado *m*
Vorfahrtsrecht (*fôôr*-faartss-rêjt) *nt* prioridad de paso
Vorfall (*fôôr*-fal) *m* (pl ⸚e) caso *m*
vorführen (*fôôr*-füü-rön) *v* exhibir
Vorgang (*fôôr*-ghang) *m* (pl ⸚e) proceso *m*
Vorgänger (*fôôr*-ghêng-ör) *m* (pl ~) predecesor *m*
***vorgeben** (*fôôr*-ghee-bön) *v* fingir
Vorgehen (*fôôr*-ghee-ön) *nt* política *f*
***vorgehen** (*fôôr*-ghee-ön) *v* actuar
vorgestern (*fôôr*-ghêss-törn) *adv* anteayer
vorhanden (fôôr-*han*-dön) *adj* disponible
Vorhang (*fôôr*-hang) *m* (pl ⸚e) cortina *f*; telón *m*
Vorhängeschloß (*fôôr*-hêng-ö-ʃloss) *nt* (pl -schlösser) candado *m*
vorher (*fôôr*-heer) *adv* por adelantado, antes
vorhergehend (fôôr-*heer*-ghee-önt) *adj* precedente, previo
Vorhersage (fôôr-*heer*-saa-ghö) *f* (pl ~n) previsión *f*
vorhersagen (fôôr-*heer*-saa-ghön) *v* *predecir
***vorhersehen** (fôôr-*heer*-see-ön) *v* *prever
vorig (*fôô*-rij) *adj* pasado, precedente
***vorkommen** (*fôôr*-ko-mön) *v* ocurrir
Vorladung (*fôôr*-laa-dung) *f* (pl ~en) citación *f*
vorläufig (*fôôr*-loi-fij) *adj* provisional; preliminar
Vorleger (*fôôr*-lee-ghör) *m* (pl ~) al-

fombrilla *f*
Vorlesung (*fôôr*-lee-sung) *f* (pl ~en) curso *m*
vormals (*fôôr*-maalss) *adv* antes
Vormittag (*fôôr*-mi-taak) *m* (pl ~e) mañana *f*
Vormund (*fôôr*-munt) *m* (pl ~e) tutor *m*
Vormundschaft (*fôôr*-munt-ʃaft) *f* tutela *f*
Vorname (*fôôr*-naa-mö) *m* (pl ~n) nombre de pila
vornehm (*fôôr*-neem) *adj* distinguido
Vorort (*fôôr*-ort) *m* (pl ~e) suburbio *m*
Vorrang (*fôôr*-rang) *m* prioridad *f*
Vorrat (*fôôr*-raat) *m* (pl ~̈e) repuesto *m*, existencias *fpl*; provisiones *fpl*
vorrätig (*fôôr*-rêê-tij) *adj* adquirible, obtenible; ~ ***haben** *tener en existencia
Vorrecht (*fôôr*-rêjt) *nt* (pl ~e) privilegio *m*
Vorrichtung (*fôôr*-rij-tung) *f* (pl ~en) aparato *m*
***vorschießen** (*fôôr*-ʃii-ssön) *v* anticipar
Vorschlag (*fôôr*-ʃlaak) *m* (pl ~̈e) sugestión *f*, propuesta *f*
***vorschlagen** (*fôôr*-ʃlaa-ghön) *v* *sugerir, *proponer
Vorschrift (*fôôr*-ʃrift) *f* (pl ~en) reglamento *m*, regulación *f*
Vorschuß (*fôôr*-ʃuss) *m* (pl -schüsse) anticipo *m*
sich *vorsehen (*fôôr*-see-ön) *tener cuidado
Vorsicht (*fôôr*-sijt) *f* cautela *f*; precaución *f*
vorsichtig (*fôôr*-sij-tij) *adj* cuidadoso; prudente
Vorsichtsmaßnahme (*fôôr*-sijtss-maass-naa-mö) *f* (pl ~n) precaución *f*
Vorsitzende (*fôôr*-si-tssön-dö) *m* (pl ~n) presidente *m*
Vorspeise (*fôôr*-ʃpai-sö) *f* (pl ~n) entremeses *mpl*
Vorsprung (*fôôr*-ʃprung) *m* ventaja *f*
Vorstadt (*fôôr*-ʃtat) *f* (pl ~̈e) suburbio *m*
vorstädtisch (*fôôr*-ʃtê-tiʃ) *adj* suburbano
Vorstand (*fôôr*-ʃtant) *m* (pl ~̈e) administración *f*
vorstellen (*fôôr*-ʃtê-lön) *v* presentar; representar; **sich** ~ imaginarse; imaginar
Vorstellung (*fôôr*-ʃtê-lung) *f* presentación *f*; noción *f*, entendimiento *m*; espectáculo *m*
Vorteil (*fôr*-tail) *m* (pl ~e) ventaja *f*; beneficio *m*
vorteilhaft (*fôr*-tail-haft) *adj* ventajoso; económico
Vortrag (*fôôr*-traak) *m* (pl ~̈e) conferencia *f*
Vorurteil (*fôôr*-ur-tail) *nt* (pl ~e) prejuicio *m*
Vorverkaufskasse (*fôôr*-fêr-kaufss-ka-ssö) *f* (pl ~n) taquilla *f*
Vorwand (*fôôr*-vant) *m* (pl ~̈e) pretexto *m*
vorwärts (*fôôr*-vêrtss) *adv* adelante
***vorwärtskommen** (*fôôr*-vêrtss-ko-mön) *v* adelantar
***vorwerfen** (*fôôr*-vêr-fön) *v* reprochar; echar la culpa
Vorwurf (*fôôr*-vurf) *m* (pl ~̈e) reproche *m*
vorzeitig (*fôôr*-tssai-tij) *adj* prematuro
***vorziehen** (*fôôr*-tssii-ön) *v* *preferir
Vorzug (*fôôr*-tssuuk) *m* (pl ~̈e) preferencia *f*
vorzüglich (fôôr-*tssüük*-lij) *adj* de primer orden
Vulkan (vul-*kaan*) *m* (pl ~e) volcán *m*

W

Waage (*vaa*-ghö) *f* (pl ~n) báscula *f*, balanza *f*
waagerecht (*vaa*-ghö-rêjt) *adj* horizontal
wach (vaj) *adj* despierto; ~ ***werden** *despertarse
Wache (*va*-jö) *f* (pl ~n) guardia *f*
Wachs (vakss) *nt* cera *f*
wachsam (*vaj*-saam) *adj* despierto
***wachsen** (*va*-kssön) *v* *crecer
Wachsfigurenkabinett (*vakss*-fi-ghuu-rön-ka-bi-nêt) *nt* (pl ~e) museo de figuras de cera
Wachtel (*vaj*-töl) *f* (pl ~n) codorniz *f*
Wächter (*vêj*-tör) *m* (pl ~) guardián *m*
wacklig (*vak*-lij) *adj* destartalado, vacilante
Wade (*vaa*-dö) *f* (pl ~n) pantorrilla *f*
Waffe (*va*-fö) *f* (pl ~n) arma *f*
Waffel (*va*-föl) *f* (pl ~n) barquillo *m*
wagehalsig (*vaa*-ghö-hal-sij) *adj* atrevido
Wagen (*vaa*-ghön) *m* (pl ~) coche *m*; vagón *m*, carruaje *m*; carro *m*
wagen (*vaa*-ghön) *v* osar; arriesgar
Wagenheber (*vaa*-ghön-hee-bör) *m* (pl ~) gato *m*
Waggon (va-*ghong*) *m* (pl ~s) vagón *m*
Wahl (vaal) *f* (pl ~en) elección *f*
wählen (*vêê*-lön) *v* escoger; *elegir
wählerisch (*vêê*-lö-riʃ) *adj* exigente
Wahlkreis (*vaal*-kraiss) *m* (pl ~e) distrito electoral
Wahlrecht (*vaal*-rêjt) *nt* derecho electoral; sufragio *m*
Wahlspruch (*vaal*-ʃpruj) *m* (pl ¨~e) lema *m*
Wahnsinn (*vaan*-sin) *m* locura *f*
wahnsinnig (*vaan*-si-nij) *adj* lunático, loco
wahr (vaar) *adj* verdadero
während (*vêê*-rönt) *prep* durante; *conj* mientras
wahrhaft (*vaar*-haft) *adj* verídico
Wahrheit (*vaar*-hait) *f* (pl ~en) verdad *f*
wahrnehmbar (*vaar*-neem-baar) *adj* perceptible
***wahrnehmen** (*vaar*-nee-mön) *v* percibir; observar
wahrscheinlich (vaar-*ʃain*-lij) *adj* probable
Währung (*vêê*-rung) *f* (pl ~en) moneda *f*; **fremde** ~ moneda extranjera
Währungseinheit (*vêê*-rungss-ain-hait) *f* (pl ~en) unidad monetaria
Waise (*vai*-sö) *f* (pl ~n) huérfano *m*
Wal (vaal) *m* (pl ~e) ballena *f*
Wald (valt) *m* (pl ¨~er) bosque *m*
Waldung (*val*-dung) *f* (pl ~en) arbolado *m*
Wallgraben (*val*-ghraa-bön) *m* (pl ¨~) foso *m*
Walnuß (*val*-nuss) *f* (pl -nüsse) nogal *m*
Walzer (*val*-tssör) *m* (pl ~) vals *m*
Wand (vant) *f* (pl ¨~e) pared *f*
wandern (*van*-dörn) *v* caminar, vagabundear
Wandschrank (*vant*-ʃrangk) *m* (pl ¨~e) armario *m*
Wandtafel (*vant*-taa-föl) *f* (pl ~n) pizarra *f*
Wandteppich (*vant*-tê-pij) *m* (pl ~e) tapiz *m*
Wange (*vang*-ö) *f* (pl ~n) mejilla *f*
wankelmütig (*vang*-kêl-müü-tij) *adj* vacilante
wanken (*vang*-kön) *v* vacilar
wann (van) *adv* cuándo; ~ **immer** cuando quiera que
Wanze (*van*-tssö) *f* (pl ~n) chinche *f*

Ware (*vaa*-rö) *f* (pl ~n) mercancía *f*
Warenhaus (*vaa*-rön-hauss) *nt* (pl ~̈er) almacén *m*
warm (varm) *adj* caliente
Wärme (*vêr*-mö) *f* calor *m*
wärmen (*vêr*-mön) *v* *calentar
Wärmflasche (*vêrm*-fla-ʃö) *f* (pl ~n) calorífero *m*
warnen (*var*-nön) *v* *advertir
Warnung (*var*-nung) *f* (pl ~en) advertencia *f*
Warteliste (*var*-tö-liss-tö) *f* (pl ~n) lista de espera
warten (*var*-tön) *v* esperar; ~ **auf** esperar
Wärter (*vêr*-tör) *m* (pl ~) guardián *m*
Wartezimmer (*var*-tö-tssi-mör) *nt* (pl ~) sala de espera
warum (va-*rum*) *adv* por qué
was (vass) *pron* qué; lo que; un poco; ~ ... **betrifft** por lo que se refiere a; ~ **auch immer** cualquier cosa que
waschbar (*vaʃ*-baar) *adj* lavable
Waschbecken (*vaʃ*-bê-kön) *nt* (pl ~) palangana *f*
Wäsche (*vê*-ʃö) *f* ropa sucia; ropa blanca
waschecht (*vaʃ*-êjt) *adj* lavable
Waschen (*va*-ʃön) *nt* lavado *m*
***waschen** (*va*-ʃön) *v* lavar
Wäscherei (vê-ʃö-*rai*) *f* (pl ~en) lavandería *f*
Waschmaschine (*vaʃ*-ma-ʃii-nö) *f* (pl ~n) máquina de lavar
Waschpulver (*vaʃ*-pul-för) *nt* (pl ~) jabón en polvo
Waschtisch (*vaʃ*-tiʃ) *m* (pl ~e) lavabo *m*
Wasser (*va*-ssör) *nt* agua *f*; **fließendes** ~ agua corriente
wasserdicht (*va*-ssör-dijt) *adj* impermeable
Wasserfall (*va*-ssör-fal) *m* (pl ~̈e) cascada *f*
Wasserfarbe (*va*-ssör-far-bö) *f* (pl ~n) color de aguada
Wasserhahn (*va*-ssör-haan) *m* (pl ~̈e) grifo *m*
Wasserlauf (*va*-ssör-lauf) *m* (pl ~̈e) corriente *f*
Wassermelone (*va*-ssör-me-lôô-nö) *f* (pl ~n) sandía *f*
Wasserpumpe (*va*-ssör-pum-pö) *f* (pl ~n) bomba de agua
Wasserschi (*va*-ssör-ʃii) *m* (pl ~er) esquí acuático
Wasserstoff (*va*-ssör-ʃtof) *m* hidrógeno *m*
Wasserstoffsuperoxyd (va-ssör-ʃtof-*suu*-pêr-o-kssüüt) *nt* peróxido *m*
Wasserstraße (*va*-ssör-ʃtraa-ssö) *f* (pl ~n) vía navegable
Wasserwaage (*va*-ssör-vaa-ghö) *f* (pl ~n) nivel *m*
waten (*vaa*-tön) *v* vadear
Watt (vat) *nt* vatio *m*
Watte (*va*-tö) *f* algodón *m*
weben (*vee*-bön) *v* tejer
Weber (*vee*-bör) *m* (pl ~) tejedor *m*
Wechsel (*vêk*-ssöl) *m* (pl ~) paso *m*, cambio *m*
Wechselgeld (*vê*-kssöl-ghêlt) *nt* cambio *m*
Wechselkurs (*vê*-kssöl-kurss) *m* (pl ~e) cambio *m*
wechseln (*vê*-kssöln) *v* cambiar; variar
wechselseitig (*vê*-kssöl-sai-tij) *adj* mutuo
Wechselstrom (*vê*-kssöl-ʃtrôôm) *m* corriente alterna
Wechselstube (*vê*-kssöl-ʃtuu-bö) *f* (pl ~n) oficina de cambio
wecken (*vê*-kön) *v* *despertar
Wecker (*vê*-kör) *m* (pl ~) despertador *m*
Weg (veek) *m* (pl ~e) camino *m*; cal-

zada *f*
weg (vêk) *adv* fuera; desaparecido
Wegegeld (*vee*-ghö-ghêlt) *nt* peaje *m*
wegen (*vee*-ghön) *prep* a causa de; por
* **weggehen** (*vêk*-ghee-ön) *v* partir; *irse
weglegen (*vêk*-lee-ghön) *v* guardar
* **wegnehmen** (*vêk*-nee-mön) *v* quitar
Wegrand (*veek*-rant) *m* (pl ~̈er) borde del camino
Wegweiser (*veek*-vai-sör) *m* (pl ~) poste de indicador, cipo *m*
wegwerfbar (*vêk*-vêrf-baar) *adj* desechable
Wehen (*vee*-ön) *fpl* dolores *mpl*
wehen (*vee*-ön) *v* soplar
weh *tun (vee tuun) *hacer daño
weiblich (*vaip*-lij) *adj* femenino
weich (vaij) *adj* blando
Weichspüler (*vaij*-ʃpüü-lör) *m* suavizante de cabello *m*
weichen (*vai*-jön) *v* empapar
Weide (*vai*-dö) *f* (pl ~n) prado *m*
weiden (*vai*-dön) *v* *pacer
Weihnachten (*vai*-naj-tön) Navidad *f*
weil (vail) *conj* porque
Weile (*vai*-lö) *f* rato *m*
Wein (vain) *m* (pl ~e) vino *m*
Weinberg (*vain*-bêrk) *m* (pl ~e) viña *f*
weinen (*vai*-nön) *v* llorar
Weinhändler (*vain*-hên-dlör) *m* (pl ~) vinatero *m*
Weinkarte (*vain*-kar-tö) *f* (pl ~n) carta de vinos
Weinkeller (*vain*-kê-lör) *m* (pl ~) cueva *f*
Weinlese (*vain*-lee-sö) *f* vendimia *f*
Weinrebe (*vain*-ree-bö) *f* (pl ~n) vid *f*
Weise (*vai*-sö) *f* (pl ~n) manera *f*, modo *m*
weise (*vai*-sö) *adj* sabio
* **weisen** (*vai*-sön) *v* dirigir
Weisheit (*vaiss*-hait) *f* (pl ~en) sabiduría *f*
weiß (vaiss) *adj* blanco
Weißfisch (*vaiss*-fiʃ) *m* (pl ~e) merluza *f*
weit (vait) *adj* ancho; vasto; **bei weitem** con mucho
weiter (*vai*-tör) *adj* ulterior; **und so ~** etcétera
* **weitergehen** (*vai*-tör-ghee-ön) *v* continuar
Weizen (*vai*-tssön) *m* trigo *m*
welcher (*vêl*-jör) *pron* que; cuál; **~ auch immer** cualquiera
Welle (*vê*-lö) *f* (pl ~n) ola *f*; ondulación *f*
Wellenlänge (*vê*-lön-lêng-ö) *f* (pl ~n) longitud de onda
Wellenreiterbrett (*vê*-lön-rai-tör-brêt) *nt* (pl ~er) tabla para surf
wellig (*vê*-lij) *adj* ondulado, ondulante
Welt (vêlt) *f* mundo *m*
Weltall (*vêlt*-al) *nt* universo *m*
weltberühmt (*vêlt*-bö-rüümt) *adj* de fama mundial
Weltkrieg (*vêlt*-kriik) *m* (pl ~e) guerra mundial
weltumfassend (*vêlt*-um-fa-ssönt) *adj* mundial
weltweit (*vêlt*-vait) *adj* mundial
wem (veem) *pron* a quien
* **wenden** (*vên*-dön) *v* girar
Wendepunkt (*vên*-dö-pungkt) *m* (pl ~e) punto decisivo
Wendung (*vên*-dung) *f* (pl ~en) cambio *m*
wenig (*vee*-nij) *adj* poco; pocos
weniger (*vee*-ni-ghör) *adj* menos
wenigstens (*vee*-nijss-tönss) *adv* por lo menos
wenn (vên) *conj* si; cuando; **~ auch** aunque
wer (veer) *pron* quien; **~ auch immer** quienquiera

Werbesendung (*vêr*-bö-sên-dung) *f* (pl ~en) anuncio publicitario
Werbung (*vêr*-bung) *f* (pl ~en) publicidad *f*
* **werden** (*veer*-dön) *v* *hacerse
* **werfen** (*vêr*-fön) *v* arrojar; lanzar, echar
Werk (vêrk) *nt* (pl ~e) acto *m*; trabajo *m*; obra *f*; fábrica *f*
Werkmeister (*vêrk*-maiss-tör) *m* (pl ~) capataz *m*
Werkstatt (*vêrk*-ʃtat) *f* (pl ¨~en) taller *m*
Werktag (*vêrk*-taak) *m* (pl ~e) día de trabajo
Werkzeug (*vêrk*-tssoik) *nt* (pl ~e) herramienta *f*
Werkzeugtasche (*vêrk*-tssoik-ta-ʃö) *f* (pl ~n) bolsa de herramientas
Wert (veert) *m* (pl ~e) valor *m*
wert (veert) *adj* amado; ~ ***sein** *valer
wertlos (*veert*-lôôss) *adj* sin valor
Wertsachen (*veert*-sa-jön) *fpl* objetos de valor
wertvoll (*veert*-fol) *adj* valioso
Wesen (*vee*-sön) *nt* (pl ~) ser *m*; esencia *f*
Wesensart (*vee*-sönss-aart) *f* natural *m*
wesentlich (*vee*-sönt-lij) *adj* esencial
Wespe (*vêss*-pö) *f* (pl ~n) avispa *f*
Weste (*vêss*-tö) *f* (pl ~n) chaleco *m*
Westen (*vêss*-tön) *m* oeste *m*; occidente *m*
westlich (*vêsst*-lij) *adj* occidental
Wettbewerb (*vêt*-bö-vêrp) *m* (pl ~e) concurso *m*
Wette (*vê*-tö) *f* (pl ~n) apuesta *f*
wetteifern (*vêt*-ai-förn) *v* *competir
wetten (*vê*-tön) *v* *apostar
Wetter (*vê*-tör) *nt* tiempo *m*
Wetterbericht (*vê*-tör-bö-rijt) *m* (pl ~e) boletín meteorológico
Wettlauf (*vêt*-lauf) *m* (pl ¨~e) carrera *f*
wichtig (*vij*-tij) *adj* importante; **wichtigst** principal
Wichtigkeit (*vij*-tij-kait) *f* importancia *f*
Wichtigtuerei (vij-tij-tuu-ö-*rai*) *f* ostentación *f*
Widerhall (*vii*-dör-hal) *m* eco *m*
widerlich (*vii*-dör-lij) *adj* repugnante
* **widerrufen** (vii-dör-*ruu*-fön) *v* revocar; anular
sich widersetzen (vii-dör-*sê*-tssön) *oponerse
widersinnig (*vii*-dör-si-nij) *adj* absurdo
widerspiegeln (*vii*-dör-ʃpii-ghöln) *v* reflejar
* **widersprechen** (vii-dör-*ʃprê*-jön) *v* *contradecir; **widersprechend** contradictorio
Widerspruch (*vii*-dör-ʃpruj) *m* (pl ¨~e) objeción *f*
Widerstand (*vii*-dör-ʃtant) *m* resistencia *f*
Widerstandsfähigkeit (*vii*-dör-ʃtantss-fêê-ij-kait) *f* vigor *m*
widerwärtig (*vii*-dör-vêr-tij) *adj* repugnante, repulsivo
Widerwille (*vii*-dör-vi-lö) *m* aversión *f*
widmen (*vit*-mön) *v* dedicar
widrig (*vii*-drij) *adj* desagradable
wie (vii) *adv* qué, cómo; *conj* tal como, como; que; ~ **auch immer** de todos modos
wieder (*vii*-dör) *adv* otra vez; **hin und ~** de vez en cuando
* **wiederaufnehmen** (vii-dör-*auf*-nee-mön) *v* reemprender
wiedererlangen (*vii*-dör-êr-lang-ön) *v* recuperar
wiedererstatten (*vii*-dör-êr-ʃta-tön) *v* reembolsar
Wiederherstellung (vii-dör-*heer*-ʃtê-

lung) *f* reparación *f*; recuperación *f*
wiederholen (vii-dör-*hôô*-lön) *v* *repetir
Wiederholung (vii-dör-*hôô*-lung) *f* (pl ~en) repetición *f*
auf Wiedersehen! (auf *vii*-dör-ssee-ön) ¡adiós!
wiedervereinigen (*vii*-dör-fêr-ai-ni-ghön) *v* reunir
Wiederverkäufer (*vii*-dör-fêr-koi-för) *m* (pl ~) revendedor *m*
wiederverwertbar (*vii*-dör-fêr-veert-baar) *adj* reciclable
wiederverwerten (*vii*-dör-fêr-veer-tön) *v* reciclar
Wiege (*vii*-ghö) *f* (pl ~n) cuna *f*
***wiegen** (*vii*-ghön) *v* pesar
Wiese (*vii*-sö) *f* (pl ~n) prado *m*
wieviel (vi-*fiil*) *adv* cuánto
Wild (vilt) *nt* caza *f*
wild (vilt) *adj* salvaje; fiero
wildern (*vil*-dörn) *v* cazar en vedado
Wildleder (*vilt*-lee-dör) *nt* gamuza *f*
Wildpark (*vilt*-park) *m* (pl ~s) parque de reserva zoológica
Willenskraft (*vi*-lönss-kraft) *f* fuerza de voluntad
Willkommen (vil-*ko*-mön) *nt* bienvenida *f*
willkommen (vil-*ko*-mön) *adj* bienvenido
Wimperntusche (*vim*-pörn-tu-ʃö) *f* (pl ~n) rímel *m*
Wind (vint) *m* (pl ~e) viento *m*
Windel (*vin*-döl) *f* (pl ~n) pañal *m*
***winden** (*vin*-dön) *v* enrollar; *torcer; **sich** ~ serpentear
Windhund (*vint*-hunt) *m* (pl ~e) galgo *m*
windig (*vin*-dij) *adj* borrascoso, ventoso
Windmühle (*vint*-müü-lö) *f* (pl ~n) molino de viento
Windpocken (*vint*-po-kön) *fpl* varicela *f*
Windschutzscheibe (*vint*-ʃutss-ʃai-bö) *f* (pl ~n) parabrisas *m*
Windstoß (*vint*-ʃtôôss) *m* (pl ¨~e) ráfaga *f*
Wink (vingk) *m* (pl ~e) seña *f*
Winkel (*ving*-köl) *m* (pl ~) ángulo *m*
winken (*ving*-kön) *v* *hacer señales
Winker (*ving*-kör) *m* (pl ~) indicador *m*
Winter (*vin*-tör) *m* (pl ~) invierno *m*
Wintersport (*vin*-tör-ʃport) *m* deportes de invierno
winzig (*vin*-tssij) *adj* menudo
Wippe (*vi*-pö) *f* (pl ~n) columpio *m*
wir (viir) *pron* nosotros
wirbeln (*vir*-böln) *v* *hacer girar
Wirbelsturm (*vir*-böl-ʃturm) *m* (pl ¨~e) huracán *m*
wirken (*vir*-kön) *v* operar
wirklich (*virk*-lij) *adj* verdadero; real; *adv* en realidad, por cierto
Wirklichkeit (*virk*-lij-kait) *f* realidad *f*
wirksam (*virk*-saam) *adj* eficaz
Wirkung (*vir*-kung) *f* (pl ~en) efecto *m*; consecuencia *f*
wirkungsvoll (*vir*-kungss-fol) *adj* eficaz
Wirkwaren (*virk*-vaa-rön) *fpl* géneros de punto
Wirrwarr (*vir*-var) *m* dédalo *m*
Wirt (virt) *m* (pl ~e) patrón *m*
Wirtin (*vir*-tin) *f* (pl ~nen) patrona *f*
Wirtschaft (*virt*-ʃaft) *f* economía *f*
wirtschaftlich (*virt*-ʃaft-lij) *adj* económico
Wirtshaus (*virtss*-hauss) *nt* (pl ¨~er) taberna *f*; café *m*
***wissen** (*vi*-ssön) *v* *saber
Wissenschaft (*vi*-ssön-ʃaft) *f* (pl ~en) ciencia *f*
Wissenschaftler (*vi*-ssön-ʃaft-lör) *m* (pl ~) científico *m*
wissenschaftlich (*vi*-ssön-ʃaft-lij) *adj*

científico
Witwe (*vit*-vö) *f* (pl ~n) viuda *f*
Witwer (*vit*-vör) *m* (pl ~) viudo *m*
Witz (vitss) *m* (pl ~e) broma *f*
witzig (*vi*-tssij) *adj* gracioso
wo (vôô) *adv* dónde; *conj* donde; ~ **auch immer** en donde sea; ~ **immer** dondequiera que
Woche (*vo*-jö) *f* (pl ~n) semana *f*
Wochenende (*vo*-jön-ên-dö) *nt* (pl ~n) fin de semana
Wochenschau (*vo*-jön-ʃau) *f* (pl ~en) noticiario *m*
Wochentag (*vo*-jön-taak) *m* (pl ~e) día laborable
wöchentlich (*vö*-jönt-lij) *adj* semanal
Wohlbefinden (*vôôl*-bö-fin-dön) *nt* bienestar *m*
wohlbegründet (*vôôl*-bö-ghrün-döt) *adj* fundamentado
wohlhabend (*vôôl*-haa-bönt) *adj* próspero; acomodado
wohlschmeckend (*vôôl*-ʃmê-könt) *adj* rico
Wohlstand (*vôôl*-ʃtant) *m* prosperidad *f*
Wohltätigkeit (*vôôl*-têê-tij-kait) *f* caridad *f*
Wohlwollen (*vôôl*-vo-lön) *nt* buena voluntad
Wohnblock (*vôôn*-blok) *m* (pl ~̈e) casa de pisos
Wohnboot (*vôôn*-bôôt) *nt* (pl ~e) casa flotante
wohnen (*vôô*-nön) *v* residir, vivir
Wohngebäude (*vôôn*-ghö-boi-dö) *nt* (pl ~) casa de pisos
wohnhaft (*vôôn*-haft) *adj* residente
Wohnsitz (*vôôn*-sitss) *m* (pl ~e) domicilio *m*, residencia *f*
Wohnung (*vôô*-nung) *f* (pl ~en) vivienda *f*; piso *m*; apartamento *m*
Wohnwagen (*vôôn*-vaa-ghön) *m* (pl ~) caravana *f*; carro de gitanos
Wohnzimmer (*vôôn*-tssi-mör) *nt* (pl ~) sala de estar, living *m*
Wolf (volf) *m* (pl ~̈e) lobo *m*
Wolke (*vol*-kö) *f* (pl ~n) nube *f*
Wolkenbruch (*vol*-kön-bruj) *m* (pl ~̈e) chaparrón *m*
Wolkenkratzer (*vol*-kön-kra-tssör) *m* (pl ~) rascacielos *m*
Wolle (*vo*-lö) *f* lana *f*
wollen (*vo*-lön) *adj* de lana
***wollen** (*vo*-lön) *v* *querer
Wolljacke (*vol*-ya-kö) *f* (pl ~n) chaqueta *f*
Wollpullover (*vol*-pu-lôô-vör) *m* (pl ~) jersey *m*
Wollust (*vo*-lusst) *f* concupiscencia *f*
Wonne (*vo*-nö) *f* (pl ~n) deleite *m*, delicia *f*
Wort (vort) *nt* (pl ~̈er) palabra *f*
Wörterbuch (*vör*-tör-buuj) *nt* (pl ~̈er) diccionario *m*
Wörterverzeichnis (*vör*-tör-fêr-tssaij-niss) *nt* (pl ~se) glosario *m*
Wortschatz (*vort*-ʃatss) *m* vocabulario *m*
Wortwechsel (*vort*-vê-kssöl) *m* (pl ~) disputa *f*
wozu (vôô-*tssuu*) *adv* para que
Wrack (vrak) *nt* (pl ~s) pecio *m*
Wuchs (vuukss) *m* crecimiento *m*
wund (vunt) *adj* doloroso
Wunde (*vun*-dö) *f* (pl ~n) herida *f*
Wunder (*vun*-dör) *nt* (pl ~) milagro *m*; maravilla *f*
wunderbar (*vun*-dör-baar) *adj* maravilloso; magnífico, precioso; milagroso
wunderlich (*vun*-dör-lij) *adj* singular
sich wundern (*vun*-dörn) maravillarse
Wunsch (vunʃ) *m* (pl ~̈e) deseo *m*
wünschen (*vün*-ʃön) *v* desear
wünschenswert (*vün*-ʃönss-veert) *adj* deseable
würdevoll (*vür*-dö-fol) *adj* distinguido

würdig (*vür*-dij) *adj* digno de
Wurf (vurf) *m* (pl ⁻̈~e) lanzamiento *m*; echada *f*; lechigada *f*
Würfel (*vür*-föl) *m* (pl ~) cubo *m*
Wurm (vurm) *m* (pl ⁻̈~er) gusano *m*
Wurst (vursst) *f* (pl ⁻̈~e) salchicha *f*
Wurzel (*vur*-tssöl) *f* (pl ~n) raíz *f*
würzen (*vür*-tssön) *v* sazonar
wüst (vüüsst) *adj* salvaje; feroz
Wüste (*vüüss*-tö) *f* (pl ~n) desierto *m*
Wut (vuut) *f* rabia *f*, furor *m*, cólera *f*
wüten (*vüü*-tön) *v* rabiar
wütend (*vüü*-tönt) *adj* rabioso, furioso

Z

zäh (tssêê) *adj* duro
Zahl (tssaal) *f* (pl ~en) número *m*; cifra *f*
zahlen (*tssaa*-lön) *v* pagar
zählen (*tssêê*-lön) *v* *contar
Zähler (*tssêê*-lör) *m* (pl ~) contador *m*
Zahlmeister (*tssaal*-maiss-tör) *m* (pl ~) tesorero *m*
zahlreich (*tssaal*-raij) *adj* numeroso
Zahlungsempfänger (*tssaa*-lungss-êm-pfêng-ör) *m* (pl ~) favorecido *m*
zahlungsunfähig (*tssaa*-lungss-un-fêê-ij) *adj* en quiebra
Zahlwort (*tssaal*-vort) *nt* (pl ⁻̈~er) numeral *m*
zahm (tssaam) *adj* manso, domesticado
zähmen (*tssêê*-mön) *v* domesticar
Zahn (tssaan) *m* (pl ⁻̈~e) diente *m*
Zahnarzt (*tssaan*-artsst) *m* (pl ⁻̈~e) dentista *m*
Zahnbürste (*tssaan*-bürss-tö) *f* (pl ~n) cepillo de dientes
Zahnfleisch (*tssaan*-flaiʃ) *nt* encía *f*
Zahnpaste (*tssaan*-pass-tö) *f* (pl ~n) pasta dentífrica
Zahnpulver (*tssaan*-pul-för) *nt* polvo para los dientes
Zahnstocher (*tssaan*-ʃto-jör) *m* (pl ~) palillo *m*
Zahnweh (*tssaan*-vee) *nt* dolor de muelas
Zange (*tssang*-ö) *f* (pl ~n) alicates *mpl*; tenazas *f*
Zank (tssangk) *m* disputa *f*, riña *f*
zanken (*tssang*-kön) *v* disputar
Zäpfchen (*tssêpf*-jön) *nt* (pl ~) supositorio *m*
zart (tssaart) *adj* delicado, tierno
zärtlich (*tssêêrt*-lij) *adj* tierno; cariñoso
Zauber (*tssau*-bör) *m* encanto *m*; **Zauber-** mágico
Zauberei (tssau-bö-*rai*) *f* magia *f*
Zauberer (*tssau*-bö-rör) *m* (pl ~) prestidigitador *m*
zauberhaft (*tssau*-bör-haft) *adj* espléndido
Zaun (tssaun) *m* (pl ⁻̈~e) cerca *f*
Zebra (*tssee*-bra) *nt* (pl ~s) cebra *f*
Zebrastreifen (*tssee*-bra-ʃtrai-fön) *m* (pl ~) cruce para peatones
Zehe (*tssee*-ö) *f* (pl ~n) dedo del pie
zehn (tsseen) *num* diez
zehnte (*tsseen*-tö) *num* décimo
Zeichen (*tssai*-jön) *nt* (pl ~) señal *f*; marca *f*, signo *m*
Zeichentrickfilm (*tssai*-jön-trik-film) *m* (pl ~e) dibujos animados
zeichnen (*tssaij*-nön) *v* dibujar; marcar
Zeichnung (*tssaij*-nung) *f* (pl ~en) dibujo *m*
Zeigefinger (*tssai*-ghö-fing-ör) *m* (pl ~) índice *m*
zeigen (*tssai*-ghön) *v* *mostrar; indicar, señalar con el dedo, apuntar; *demostrar; **sich ~** *salir

Zeile (*tssai*-lö) *f* (pl ~n) renglón *m*
Zeit (tssait) *f* (pl ~en) tiempo *m*; **in letzter ~** últimamente
Zeitabschnitt (*tssait*-ap-ʃnit) *m* (pl ~e) período *m*
Zeitgenosse (*tssait*-ghö-no-ssö) *m* (pl ~n) contemporáneo *m*
zeitgenössisch (*tssait*-ghö-nö-ssiʃ) *adj* contemporáneo
Zeitraum (*tssait*-raum) *m* (pl ¨~e) época *f*
Zeitschrift (*tssait*-ʃrift) *f* (pl ~en) periódico *m*; revista *f*
zeitsparend (*tssait*-ʃpaa-rönt) *adj* que economiza tiempo
Zeitung (*tssai*-tung) *f* (pl ~en) periódico *m*, diario *m*
Zeitungshändler (*tssai*-tungss-hên-dlör) *m* (pl ~) vendedor de periódicos
Zeitungsstand (*tssai*-tungss-ʃtant) *m* (pl ¨~e) quiosco de periódicos
zeitweilig (*tssait*-vai-lij) *adj* temporal
Zeitwort (*tssait*-vort) *nt* (pl ¨~er) verbo *m*
Zelle (*tssê*-lö) *f* (pl ~n) celda *f*; cabina *f*
Zellophan (tssê-lô-*faan*) *nt* celofán *m*
Zelt (tssêlt) *nt* (pl ~e) tienda *f*
zelten (*tssêl*-tön) *v* acampar
Zeltplatz (*tssêlt*-platss) *m* (pl ¨~e) camping *m*
Zement (tsse-*mênt*) *m* cemento *m*
Zenit (tsse-*niit*) *m* cenit *m*
Zensur (tssên-*suur*) *f* (pl ~en) nota *f*; censura *f*
Zentimeter (tssên-ti-*mee*-tör) *m* (pl ~) centímetro *m*
zentral (tssên-*traal*) *adj* central
Zentralheizung (tssên-*traal*-hai-tssung) *f* (pl ~en) calefacción central
zentralisieren (tssên-tra-li-*sii*-rön) *v* centralizar
Zentrum (*tssên*-trum) *nt* (pl -tren) centro *m*
zerbrechlich (tssêr-*brêj*-lij) *adj* frágil
zerfasern (tssêr-*faa*-sörn) *v* deshilacharse
zerhacken (tssêr-*ha*-kön) *v* picar
zerknittern (tssêr-*kni*-törn) *v* *plegar
zerlegen (tssêr-*lee*-ghön) *v* trinchar; analizar
***zerreiben** (tssêr-*rai*-bön) *v* triturar
***zerreißen** (tssêr-*rai*-ssön) *v* rasgar
zerstampfen (tssêr-*ʃtam*-pfön) *v* machacar
Zerstäuber (tssêr-*ʃtoi*-bör) *m* (pl ~) pulverizador *m*; vaporizador *m*
zerstören (tssêr-*ʃtöö*-rön) *v* *destruir
Zerstörung (tssêr-*ʃtöö*-rung) *f* destrucción *f*
Zettel (*tssê*-töl) *m* (pl ~) trozo de papel; nota *m*, hoja *f*; formulario *m*
Zeuge (*tssoi*-ghö) *m* (pl ~n) testigo *m*
Zeugnis (*tssoik*-niss) *nt* (pl ~se) certificado *m*
Ziege (*tssii*-ghö) *f* (pl ~n) cabra *f*
Ziegel (*tssii*-ghöl) *m* (pl ~) ladrillo *m*
Ziegelstein (*tssii*-ghöl-ʃtain) *m* (pl ~e) ladrillo *m*
Ziegenbock (*tssii*-ghön-bok) *m* (pl ¨~e) cabrón *m*
Ziegenleder (*tssii*-ghön-lee-dör) *nt* cabritilla *f*
***ziehen** (*tssii*-ön) *v* tirar; arrastrar; jalar *vMe*
Ziehung (*tssii*-ung) *f* (pl ~en) sorteo *m*
Ziel (tssiil) *nt* (pl ~e) fin *m*; meta *f*, objeto *m*, objetivo *m*
zielen auf (*tssii*-lön) *v* apuntar
Ziellinie (*tssiil*-lii-nyö) *f* (pl ~n) meta *f*
Zielscheibe (*tssiil*-ʃai-bö) *f* (pl ~n) blanco *m*
ziemlich (*tssiim*-lij) *adv* bastante, medianamente; algo
Ziffer (*tssi*-för) *f* (pl ~n) número *m*; cifra *f*

Zigarette (tssi-gha-*rê*-tö) *f* (pl ~n) cigarrillo *m*
Zigarettenetui (tssi-gha-*rê*-tön-êt-vi) *nt* (pl ~s) pitillera *f*
Zigarettenspitze (tssi-gha-*rê*-tön-ʃpi-tssö) *f* (pl ~n) boquilla *f*
Zigarettentabak (tssi-gha-*rê*-tön-taa-bak) *m* picadura *f*
Zigarre (tssi-*gha*-rö) *f* (pl ~n) puro *m*
Zigarrenladen (tssi-*gha*-rön-laa-dön) *m* (pl ¨~) estanco *m*
Zigeuner (tssi-*ghoi*-nör) *m* (pl ~) gitano *m*
Zimmer (*tssi*-mör) *nt* (pl ~) habitación *f*; cuarto *m*; ~ **mit Frühstück** cama y desayuno; ~ **mit Vollpension** pensión completa
Zimmerbedienung (*tssi*-mör-bö-dii-nung) *f* servicio de habitación
Zimmerflucht (*tssi*-mör-flujt) *f* apartamento *m*
Zimmermädchen (*tssi*-mör-mêêt-jön) *nt* (pl ~) doncella *f*
Zimmertemperatur (*tssi*-mör-têm-pe-ra-tuur) *f* temperatura ambiente
Zimt (tssimt) *m* canela *f*
Zink (tssingk) *nt* cinc *m*
Zinn (tssin) *nt* estaño *m*
Zins (tssinss) *m* (pl ~en) rédito *m*
Zirkus (*tssir*-kuss) *m* (pl ~se) circo *m*
Zirkusarena (*tssir*-kuss-a-ree-na) *f* (pl

Zitat (tssi-*taat*) *nt* (pl ~e) cita *f*
zitieren (tssi-*tii*-rön) *v* citar
Zitrone (tssi-*trôô*-nö) *f* (pl ~n) limón *m*
zittern (*tssi*-törn) *v* *temblar
zivil (tssi-*viil*) *adj* civil
Zivilisation (tssi-vi-li-sa-*tssyôôn*) *f* (pl ~en) civilización *f*
zivilisiert (tssi-vi-li-*siirt*) *adj* civilizado
Zivilist (tssi-vi-*lisst*) *m* (pl ~en) paisano *m*
Zivilrecht (tssi-*viil*-rêjt) *nt* derecho civil
zögern (*tssöö*-ghörn) *v* vacilar
Zölibat (tssö-li-*baat*) *nt* celibato *m*
Zoll (tssol) *m* (pl ¨~e) impuesto *m*, impuesto de aduana
Zollbehörde (*tssol*-bö-höör-dö) *f* (pl ~n) aduana *f*
zollfrei (*tssol*-frai) *adj* exento de impuestos
Zöllner (*tssöl*-nör) *m* (pl ~) oficial de aduanas
zollpflichtig (*tssol*-pflij-tij) *adj* imponible
Zone (*tssôô*-nö) *f* (pl ~n) zona *f*
Zoo (tssôô) *m* (pl ~s) jardín zoológico
Zoologie (tssô-ô-lô-*ghii*) *f* zoología *f*
Zorn (tssorn) *m* enojo *m*
zornig (*tssor*-nij) *adj* enfadado
zu (tssuu) *prep* a, en; para con; *adv* demasiado; cerrado
Zubehör (*tssuu*-bö-höör) *nt* (pl ~e) accesorios *mpl*
zubereiten (*tssuu*-bö-rai-tön) *v* guisar
züchten (*tssüj*-tön) *v* criar, recriar; cultivar
Zucker (*tssu*-kör) *m* azúcar *m/f*; **Stück** ~ terrón de azúcar
Zuckerkrankheit (*tssu*-kör-krangk-hait) *f* diabetes *f*
***zuerkennen** (*tssuu*-êr-kê-nön) *v* conceder
zuerst (tssu-*eersst*) *adv* antes
Zufall (*tssuu*-fal) *m* (pl ¨~e) suerte *f*; azar *m*
zufällig (*tssuu*-fê-lij) *adj* por casualidad, accidental, imprevisto
zufrieden (tssu-*frii*-dön) *adj* satisfecho; contento
zufriedenstellen (tssu-*frii*-dön-ʃtê-lön) *v* *satisfacer
Zufuhr (*tssuu*-fuur) *f* abastecimiento *m*
Zug (tssuuk) *m* (pl ¨~e) tren *m*; comitiva *f*; jugada *f*; rasgo *m*; **durchge-**

hender ~ tren directo
Zugang (*tssuu*-ghang) *m* entrada *f*; acceso *m*
zugänglich (*tssuu*-ghêng-lij) *adj* accesible
Zugbrücke (*tssuuk*-brü-kö) *f* (pl ~n) puente levadizo
***zugeben** (*tssuu*-ghee-bön) *v* *reconocer, admitir
zügeln (*tssüü*-ghöln) *v* refrenar
Zugeständnis (*tssuu*-ghö-ʃtênt-niss) *nt* (pl ~se) concesión *f*
zugetan (*tssuu*-ghö-taan) *adj* encariñado con
zugleich (tssu-*ghlaij*) *adv* al mismo tiempo
zugunsten (tssu-*ghunss*-tön) *prep* a favor de
zuhören (*tssuu*-höö-rön) *v* escuchar
Zuhörer (*tssuu*-höö-rör) *m* (pl ~) oyente *m*
Zuhörerraum (*tssuu*-höö-rör-raum) *m* (pl ~̈e) aula *f*
zujubeln (*tssuu*-yuu-böln) *v* aclamar
Zukunft (*tssuu*-kunft) *f* porvenir *m*
zukünftig (*tssuu*-künf-tij) *adj* futuro
Zulage (*tssuu*-laa-ghö) *f* (pl ~n) asignación *f*
Zulassung (*tssuu*-la-ssung) *f* (pl ~en) admisión *f*
zuletzt (tssu-*lêtsst*) *adv* al final
zumachen (*tssuu*-ma-jön) *v* *cerrar
zumindest (tssu-*min*-dösst) *adv* por lo menos
Zunahme (*tssuu*-naa-mö) *f* aumento *m*
Zündkerze (*tssünt*-kêr-tssö) *f* (pl ~n) bujía *f*
Zündung (*tssün*-dung) *f* (pl ~en) encendido *m*; bobina del encendido
***zunehmen** (*tssuu*-nee-mön) *v* *acrecentarse; **zunehmend** progresivo
Zuneigung (*tssuu*-nai-ghung) *f* cariño *m*
Zunge (*tssung*-ö) *f* (pl ~n) lengua *f*
zurichten (*tssuu*-rij-tön) *v* preparar
zurück (tssu-*rük*) *adv* atrás
***zurückbringen** (tssu-*rük*-bring-ön) *v* *devolver
***zurückgehen** (tssu-*rük*-ghee-ön) *v* regresar
***zurückhalten** (tssu-*rük*-hal-tön) *v* *impedir
zurückkehren (tssu-*rük*-kee-rön) *v* *volver
***zurückkommen** (tssu-*rük*-ko-mön) *v* *volver
***zurücklassen** (tssu-*rük*-la-ssön) *v* dejar
***zurückrufen** (tssu-*rük*-ruu-fön) *v* llamar
zurückschicken (tssu-*rük*-ʃi-kön) *v* *devolver
***zurücksenden** (tssu-*rük*-sên-dön) *v* *devolver
***zurücktreten** (tssu-*rük*-tree-tön) *v* resignar
***zurückweisen** (tssu-*rük*-vai-sön) *v* rechazar
zurückzahlen (tssu-*rük*-tssaa-lön) *v* reintegrar, reembolsar
***zurückziehen** (tssu-*rük*-tssii-ön) *v* retirar
zusammen (tssu-*sa*-mön) *adv* juntos
Zusammenarbeit (tssu-*sa*-mön-ar-bait) *f* cooperación *f*
***zusammenbinden** (tssu-*sa*-mön-bin-dön) *v* atar
***zusammenbrechen** (tssu-*sa*-mön-brê-jön) *v* desplomarse, derrumbarse
***zusammenfallen** (tssu-*sa*-mön-fa-lön) *v* coincidir
zusammenfalten (tssu-*sa*-mön-fal-tön) *v* doblar
Zusammenfassung (tssu-*sa*-mön-fa-ssung) *f* (pl ~en) resumen *m*, sumario *m*
zusammenfügen (tssu-*sa*-mön-füü-

ghön) *v* ensamblar
Zusammenhang (tssu-*sa*-mön-hang) *m* (pl ⁻̈e) conexión *f*; coherencia *f*
Zusammenkunft (tssu-*sa*-mön-kunft) *f* (pl ⁻̈e) asamblea *f*
zusammensetzen (tssu-*sa*-mön-sê-tssön) *v* montar
Zusammensetzung (tssu-*sa*-mön-sê-tssung) *f* (pl ~en) composición *f*
zusammenstellen (tssu-*sa*-mön-ʃtê-lön) *v* compilar; redactar, *componer
Zusammenstoß (tssu-*sa*-mön-ʃtôôss) *m* (pl ⁻̈e) colisión *f*; choque *m*
***zusammenstoßen** (tssu-*sa*-mön-ʃtôô-ssön) *v* chocar
Zusammensturz (tssu-*sa*-mön-ʃturtss) *m* hundimiento *m*
Zusammentreffen (tssu-*sa*-mön-trê-fön) *nt* coincidencia *f*
***zusammenziehen** (tssu-*sa*-mön-tssii-ön) *v* estrechar
zusätzlich (*tssuu*-sêtss-lij) *adj* adicional, extra
Zuschauer (*tssuu*-ʃau-ör) *m* (pl ~) espectador *m*
Zuschlag (*tssuu*-ʃlaak) *m* (pl ⁻̈e) sobretasa *f*
***zuschlagen** (*tssuu*-ʃlaa-ghön) *v* *dar un portazo; atacar
zuschreiben (*tssuu*-ʃrai-bön) *v* *atribuir a
Zuschuß (*tssuu*-ʃuss) *m* (pl Zuschüsse) subvención *f*
Zustand (*tssuu*-ʃtant) *m* (pl ⁻̈e) estado *m*
zustande *bringen (tssu-*ʃtan*-dö *bring*-ön) efectuar; cumplir
Zustellung (*tssuu*-ʃtê-lung) *f* entrega *f*
zustimmen (*tssuu*-ʃti-mön) *v* *consentir
Zustimmung (*tssuu*-ʃti-mung) *f* consentimiento *m*
Zutat (*tssuu*-taat) *f* (pl ~en) ingrediente *m*
zuteilen (*tssuu*-tai-lön) *v* asignar
Zutritt (*tssuu*-trit) *m* acceso *m*, admisión *f*
zuverlässig (*tssuu*-fêr-lê-ssij) *adj* fiable, confiable; bueno
zuversichtlich (*tssuu*-fêr-sijt-lij) *adj* lleno de confianza
zuviel (tssu-*fiil*) *pron* demasiado
zuvor (tssu-*fôôr*) *adv* antes
***zuvorkommen** (tssu-*fôôr*-ko-mön) *v* *prevenir
zuvorkommend (tssu-*fôôr*-ko-mönt) *adj* atento
***zuweisen** (*tssuu*-vai-sön) *v* asignar a
Zuweisung (*tssuu*-vai-sung) *f* (pl ~en) encargo *m*
sich *zuziehen (*tssuu*-tssii-ön) atrapar
zwanglos (*tssvang*-lôôss) *adj* informal
zwangsweise (*tssvangss*-vai-sö) *adv* forzosamente
zwanzig (*tssvan*-tssij) *num* veinte
zwanzigste (*tssvan*-tssijss-tö) *num* vigésimo
Zweck (tssvêk) *m* (pl ~e) fin *m*; objetivo *m*
zweckmäßig (*tssvêk*-mêê-ssij) *adj* apropiado; eficiente
zwei (tssvai) *num* dos
zweideutig (*tssvai*-doi-tij) *adj* equívoco
Zweifel (*tssvai*-föl) *m* (pl ~) duda *f*; **ohne** ~ sin duda
zweifelhaft (*tssvai*-föl-haft) *adj* dudoso
zweifellos (*tssvai*-föl-lôôss) *adv* sin duda
zweifeln (*tssvai*-föln) *v* dudar
Zweig (tssvaik) *m* (pl ~e) ramita *f*
Zweigstelle (*tssvaik*-ʃtê-lö) *f* (pl ~n) sucursal *f*
zweimal (*tssvai*-maal) *adv* dos veces
zweisprachig (*tssvai*-ʃpraa-jij) *adj* bilingüe

zweite (*tssvai*-tö) *num* segundo
zweiteilig (*tssvai*-tai-lij) *adj* de dos piezas
Zwerg (tssvêrk) *m* (pl ~e) enano *m*
Zwiebel (*tssvii*-böl) *f* (pl ~n) cebolla *f*; bulbo *m*
Zwielicht (*tssvii*-lijt) *nt* crepúsculo *m*
Zwillinge (*tssvi*-li-ngö) *mpl* gemelos *mpl*
***zwingen** (*tssving*-ön) *v* *forzar; obligar, compeler
Zwirn (tssvirn) *m* hilo *m*
zwischen (*tssvi*-ʃön) *prep* entre
Zwischenfall (*tssvi*-ʃön-fal) *m* (pl ¨~e) incidente *m*
Zwischenraum (*tssvi*-ʃön-raum) *m* (pl ¨~e) espacio *m*
Zwischenspiel (*tssvi*-ʃön-ʃpiil) *nt* (pl ~e) intermedio *m*
Zwischenstock (*tssvi*-ʃön-ʃtok) *m* (pl ¨~e) entresuelo *m*
Zwischenzeit (*tssvi*-ʃön-tssait) *f* interin *m*
zwölf (tssvölf) *num* doce
zwölfte (*tssvölf*-tö) *num* duodécimo
Zyklus (*tssüü*-kluss) *m* (pl Zyklen) ciclo *m*
Zylinder (tssi-*lin*-dör) *m* (pl ~) cilindro *m*
Zylinderkopf (tssi-*lin*-dör-kopf) *m* (pl ¨~e) culata del cilindro

Léxico gastronómico

Comidas

Aal anguila
Abendbrot, Abendessen cena
Allgäuer Bergkäse queso de Baviera, de pasta dura, parecido al Emmental suizo
Allgäuer Rahmkäse queso de Baviera cremoso y suave
Altenburger queso suave de cabra, de pasta blanda
Ananas piña
Anisbrot pastel, bizcocho de anís
Apfel manzana
~**charlotte** pastel de compota de manzanas y pan rallado
Apfelsine naranja
Appenzeller (Käse) queso suave, de pasta consistente
Appetithäppchen, Appetitschnitte tapa, canapé
Aprikose albaricoque
Artischocke alcachofa
Artischockenboden fondo de alcachofa
Aubergine berenjena
Auflauf 1) suflé 2) plato de pescado, carne, legumbres o frutas, gratinado al horno
Aufschnitt fiambre
Auster ostra
Backforelle trucha cocida al horno
Backhähnchen, Backhendl, Backhuhn pollo frito
Backobst fruta seca
Backpflaume ciruela pasa
Backsteinkäse queso fuerte de Baviera, parecido al *Limburger*
Banane plátano
Barsch perca
Bauernbrot pan de centeno o trigo candeal
Bauernfrühstück desayuno con huevos, tocino y patatas
Bauernomelett tortilla con cebollas y tocino en daditos
Bauernschmaus chucruta con tocino, cerdo ahumado, salchichas, bolillas de pasta y patatas
Bauernsuppe sopa espesa con coles y rodajas de salchicha
Baumnuß nuez
Bayerische Leberknödel albóndiga de hígado de ternera, servida con la chucruta
Bedienung (nicht) (e)inbegriffen servicio (no) incluido
Beere baya
Beilage adorno, aderezo
belegtes Brot/Brötchen bocadillo
Berliner (Pfannkuchen) buñuelo relleno de mermelada

Berliner Luft postre hecho de huevos y limón, cubierto con almíbar de frambuesas
Berner Platte chucruta (o judías) y patatas hervidas, aderezadas con chuletas de cerdo ahumadas, tocino, carne de buey hervida, salchichas, lengua y jamón
Beuschel pulmón, corazón e hígado de ternera o cordero en una salsa ligeramente agria
Bienenstich pastel de almendras y miel
Bierrettich rábano negro generalmente cortado en lonjas y salado; se sirve con cerveza
Biersuppe sopa suave con especias, a base de cerveza
Birchermus, Birchermüsli especie de gachas frías, con copos de avena, leche, trozos de frutas, avellanas ralladas y a veces yogur
Birne pera
Bischofsbrot pastel con frutas secas o escarchadas
Biskuitrolle bizcocho enrollado y relleno de mermelada o jalea de frutas
Bismarckhering arenque en escabeche con cebollas
blau pescado, generalmente trucha, poco hecho
Blaubeere arándano
Blaukraut lombarda
Blumenkohl coliflor
Blutwurst morcilla
Bockwurst salchicha cocida
Bohne judía
Bouillon consomé, caldo
Brachse, Brasse brema
Bratapfel manzana cocida al horno
Braten asado
~**soße** salsa, jugo de carne
Bratfisch pescado frito
Brathähnchen, Brathendl, Brathuhn pollo asado
Bratkartoffel patata asada
Bratwurst salchicha frita
Braunschweiger Kuchen pastel con frutas escarchadas y almendras
Brei gachas, puré
Brezel pastelillo duro y salado en forma de ocho
Bries, Brieschen, Briesel molleja
Brombeere zarzamora
Brot pan
~**suppe** sopa de pan viejo
Brötchen panecillo
Brühe consomé, caldo
Brunnenkresse berro de agua
Brüsseler Endivie endibia
Brust pecho, pechuga
~**stück** carne de pecho
Bückling arenque ahumado
Bulette albóndiga de carne o pescado
Bündnerfleisch carne de ternera seca, cortada en lonjas finísimas
Butt(e) barbada
Butter mantequilla
Champignon champiñón de París
Chicorée endibia
Cornichon pepinillo
Dampfnudel especialidad de dulce con almendras y limón; servidos con una crema de vainilla
Dattel dátil
deutsches Beefsteak bistec de carne picada, hamburguesa; a veces cubierto con un huevo
Dill eneldo
doppeltes Lendenstück solomillo de ternera asado
Dörrobst fruta seca
Dorsch bacalao pequeño

Dotterkäse queso a base de leche desnatada y yema de huevo
durchgebraten bien cocido
Egli perca
Ei huevo
~**dotter,** ~**gelb** yema
~**schnee** clara de huevo batida
~**weiß** clara
Eierauflauf suflé
Eierkuchen hojuela
Eierschwamm(erl) mízcalo
eingemacht en conserva (frutas o legumbres)
Eintopf guisado (generalmente de carne y legumbres)
Eis helado
~**bombe** postre helado
~**krem** helado en molde
Eisbein mit Sauerkraut pata de cerdo que se sirve con chucruta
Emmentaler (Käse) queso suizo de pasta consistente, con agujeros grandes
Endivie achicoria
Ente pato
Erbse guisante
Erdbeere fresa
Erdnuß cacahuete, maní
errötende Jungfrau frambuesas con crema
Essig vinagre
~**gurke** pepinillo
Eßkastanie castaña
Extraaufschlag suplemento
Fadennudel fideo
falscher Hase pan de carne cocido al horno
Fasan faisán
Faschiertes carne molida
faschiertes Laibchen albóndiga
Feige higo
Felchen farra (pescado)
Fenchel hinojo
fester Preis, zu festem Preis precio fijo
Filet filete
~ **Stroganoff** finas lonjas de ternera, cocidas en una salsa agria con mostaza y cebollas
Fisch pescado
~**klößchen** albóndiga de pescado
~**schüssel** cazuela de pescado y tocino cortado en daditos
Fladen hojuela
Flädle, Flädli hojuela fina que se añade a la sopa
flambiert flameado con algún licor
Flammeri pastel de sémola o de arroz, acompañado de compota, jugo de frutas o crema de vainilla
Fleisch carne
~**käse** pastel de carne
~**kloß** albóndiga
~**roulade,** ~**vogel** fricandó, pulpeta
Flunder lenguado, rodaballo
Forelle trucha
Frankfurter (Würstchen) salchicha de Francfort
Frikadelle albóndiga de carne, ave o pescado
Frikassee guisado, guiso
frisch fresco
Frischling jabato
Froschschenkel anca de rana
Frucht fruta
Frühlingssuppe sopa de legumbres frescas
Frühstück desayuno
Frühstückskäse queso de fuerte sabor y pasta blanda
Frühstücksspeck tocino ahumado
Füllung relleno, picadillo para relleno
Fürst-Pückler-Eis(bombe) helado en molde (chocolate, vainilla,

fresa)
Gabelfrühstück desayuno abundante que reemplaza el almuerzo
Gans ganso
Gänseklein despojo de ganso
Garnele gamba, camarón
Garnitur aderezo
Gebäck pastel
gebacken cocido al horno
gebraten asado, frito
gedämpft cocido al vapor
Gedeck menú de precio fijo
gedünstet cocido al vapor
Geflügel ave
~**klein** despojo de ave
Gefrorenes helado
gefüllt relleno
gegrillt asado a la parrilla
gehackt picado
Gehacktes carne picada
gekocht cocido, hervido
Gelee 1) (en) gelatina 2) jalea de frutas 3) mermelada
gemischt mezclado, variado
Gemüse legumbre
gepökelt conservado en vinagre, salado
geräuchert ahumado
Gericht plato
geröstet asado
Gerste cebada
gesalzen salado
geschmort estofado
Geschnetzeltes carne cortada en lonjas finas
Geselchtes carne salada y ahumada, en general de cerdo
gesotten hervido
gespickt mechado, lardeado
gesülzt en jalea
Gewürz especia
~**gurke** pepinillo
~**kuchen** pan de especias
~**nelke** clavo de especia
gewürzt con especias, picante
Gipfel panecillo en forma de creciente
Gittertorte pastel de almendras, cubierto con jalea de frambuesas
Gitzi cabrito
Glace helado
Glattbutt barbada (pescado)
Gnagi corvejón de cerdo ahumado
Götterspeise postre a base de jalea de frutas
Granat camarón grande
~**apfel** granada
gratiniert gratinado
Graubrot pan moreno
Graupensuppe sopa de cebada
Greyerzer (Käse) queso suizo de textura consistente
Griebenwurst salchicha con trozos de manteca cocida
Grieß sémola
Grill, grilliert parrilla, cocido a la parrilla
Gröstl patatas ralladas y asadas con trozos de carne
Gründling gobio
grüne Bohne judía verde
Grünkohl col rizada
Gugelhopf, Gugelhupf pastel con uvas pasas y almendras, en forma de corona
Güggeli pollo tomatero
Gulasch guisado de carne y legumbres, generalmente muy picante
Gurke pepino, pepinillo
Hachse corvejón
Hackbraten pan de carne, cocido al horno
Hackfleisch carne picada
Haferbrei gacha de avena
Haferflocken copos de avena

Hähnchen pollo tomatero
halb medio(a)
~**gar** poco hecho
Hamburger hamburguesa
Hamme jamón
Hammel(fleisch) carnero
Handkäse queso de sabor picante, hecho con leche agria
Haschee carne picada
Hase liebre
Hasenpfeffer estofado de liebre
Haselnuß avellana
Hauptgericht plato principal
hausgemacht, von Haus de confección casera
Hausmannskost comida sencilla y buena
Haxe corvejón
Hecht lucio (pescado)
Hefekranz pastel en forma de anillo
Heidelbeere arándano
Heilbutt especie de rodaballo
heiß caliente
Hering arenque
~ **Hausfrauenart** filete de arenque con cebollas y nata agria
Heringskartoffeln plato hecho con capas alternadas de arenques y patatas
Heringskönig pescado de mar de gran fama
Herz corazón
Himbeere frambuesa
Himmel und Erde mezcla de puré de patatas, compota de manzanas, cebollas, carne y tocino cortados en daditos
Hirn sesos
Hirsch ciervo, venado
Hirse mijo
hohe Rippe chuleta de ternera
Holsteiner Schnitzel escalope de ternera empanado, cubierto de un huevo frito
Honig miel
Hörnchen panecillo en forma de creciente
Huhn gallina
Hühnchen pollo
Hühnerklein despojo de pollo
Hummer bogavante
Husarenfleisch filetes de ternera o cerdo guisados con pimientos, cebollas y nata agria
Hutzelbrot pan con ciruelas u otras frutas secas
Imbiß comida ligera
Ingwer jengibre
italienischer Salat ensalada con mayonesa, tomates, salchichón, anchoas, pepino y apio
(nach) Jägerart salteado de carne con setas y cebollas
Jakobsmuschel venera
Johannisbeere grosella roja
jung fresco, joven, tierno
Jungfernbraten cerdo asado con tocino
Kabeljau bacalao
Kaisergranat langostino
Kaiserschmarren hojuela fina con uvas pasas que se sirve con compota o chocolate
Kalb(fleisch) ternera
Kalbsbries molleja
Kalbskopf cabeza de ternera
Kalbsmilch molleja
Kalbnierenbraten filete de ternera asado
Kaldaunen callos
kalt frío
Kaltschale compota de frutas fría
Kammuschel vieira
kandierte Frucht fruta confitada
Kaninchen conejo
Kapaun pollo tomatero, capón
Kaper alcaparra

Karamelkrem crema de caramelo
Karfiol coliflor
Karotte zanahoria
Karpfen carpa
Kartoffel patata
~**puffer** croqueta de patata
Käse queso
~**platte** bandeja de quesos
~**stange** galletita de queso en forma de bastoncillo
Kasseler Rippenspeer chuleta de cerdo ahumada, a menudo servida con chucruta
Kastanie castaña
Katenrauchschinken jamón ahumado como se hace en el campo
Katenwurst salchicha ahumada como se hace en el campo
Katzenjammer lonchas de carne de ternera frías, que se sirven con mayonesa, pepinos y pepinillos
Kaviar caviar
Keks bizcocho
Kerbel perifollo
Kesselfleisch carne de cerdo hervida, aderezada de legumbres
Ketchup salsa de tomates
Keule pierna
Kieler Sprotte arenque pequeño ahumado
Kipfel panecillo en forma de creciente
Kirsche cereza
Kitz cabrito
Kliesche especie de lenguado, pero de menor calidad
Klops albóndiga hervida
Kloß bola de masa hervida
Klößchen bolilla de masa hervida
Kluftsteak lomo de ternera
Knackwurst pequeña salchicha de Francfort
Knoblauch ajo
Knochen hueso
~**schinken** jamón ahumado
Knödel bola de masa hervida
Knöpfli tipo de tallarín espeso
Kohl col, repollo
~**rabi**, ~**rübe** nabo
~**roulade** hoja de col rellena de carne picada
Kompott fruta en conserva, compota
Konfitüre mermelada
Königinpastetchen pastelillo de hojaldre relleno de pollo picado y setas
Königinsuppe crema de pollo con trocitos de pechuga
Königsberger Klops albóndiga cocida en una salsa blanca y alcaparras
Kopfsalat ensalada de hortaliza, lechuga
Korinthe pasa de Corinto
Kotelett chuleta
Krabbe cangrejo de mar
Kraftbrühe caldo, consomé
Krainer salchicha de cerdo con especias
Kranzkuchen pastel en forma de corona
Krapfen buñuelo
Krauskohl col rizada
Kraut col, repollo
Kräutersoße salsa con diversas especias
Krautsalat ensalada de col
Krautstiel acelga, bledo
Krautwickel hoja de col con relleno de carne picada
Krebs cangrejo de río
Krem crema
~**schnitte** pastel de hojaldre (milhojas)
Kren rábano blanco
~**fleisch** guiso de cerdo, que se

sirve con diferentes legumbres y rábano blanco
Kresse berro
Krokette croqueta
Krustentier crustáceo
Kuchen pastel
Kukuruz maíz
Kümmel comino
Kürbis calabaza
Kuttelfleck, Kutteln callos
Labskaus espeso guiso de carne picada y adobada con patatas
Lachs salmón
~**forelle** trucha asalmonada
Lamm(fleisch) cordero
Languste langosta
Lattich lechuga
Lauch puerro
Leber hígado
~**käse** especie de pastel de hígado
Lebkuchen alajú
Leckerli galleta de miel
legiert ligado, en general con yema de huevo (para salsas y sopas)
Leipziger Allerlei plato con zanahorias, guisantes y espárragos (a veces setas)
Lende solomillo bajo
Lendenbraten solomillo asado
Lendenstück filete de ternera grueso
Limburger (Käse) queso de pasta blanda, de color amarillo, de fuerte sabor
Linse lenteja
Linzer Torte tarta con almendras, cubierta de jalea de frambuesas
Löwenzahn cardillo, diente de león, servido en general como ensalada
Lunge pulmón
Macaroni macarrones
Mahlzeit comida
Mainauer (Käse) queso cremoso de pasta consistente, de color amarillo cubierto con una corteza roja
Mainzer Rippchen chuleta de cerdo
Mais maíz
Makrele caballa
Makrone macarrón
Mandel almendra
Mangold acelga, bledo
Marille albaricoque
mariniert en escabeche
Mark tuétano
Marmelade mermelada
Marone castaña
Marzipan mazapán, pasta de almendras
Mastente anadón
Masthühnchen pollo tomatero
Matjeshering arenque pequeño salado
Matrosenbrot bocadillo con huevos duros, anchoas y especias
Maulbeere mora
Maultasche empanada pequeña rellena con carne, legumbres y especias
Mayonnaise mayonesa
Meerettich rábano blanco
Mehlnockerl bola de harina
Mehlsuppe sopa de harina
Melone melón
menü menú de precio fijo
Meringe(l) merengue
Mettwurst salchicha de cerdo muy condimentada, que se unta generalmente sobre el pan
Miesmuschel mejillón
Milke molleja
Mirabelle ciruela mirabel
Mittagessen almuerzo
Mohn adormidera

Möhre, Mohrrübe zanahoria
Mondseer (Käse) queso fermentado de pasta consistente
Morchel morilla (tipo de hongo)
Morgenessen desayuno
Morgenrötesuppe sopa espesa a base de carne, tapioca y caldo de aves
Mostrich mostaza
Mus puré, compota
Muschel mejillón
Muskat(nuß) (nuez) moscada
Nachspeise, Nachtisch postre
naturell natural, simple
Nelke clavo de especia
Nidel, Nidle crema
Niere riñón
Nierenstück filete, lomo o solomillo
Nockerl bola de masa hervida
Nudel tallarín
Nürnberger Bratwurst salchicha de cerdo o ternera para asar
Nuß 1) nuez 2) landrecilla (carne)
Obst fruta
~**salat** ensalada de frutas
Ochs(enfleisch) buey
Ochsenauge huevo frito
Ochsenmaulsalat ensalada de morros de buey
Ochsenschwanz cola de buey
Ohr oreja
Öl aceite
Olive aceituna
Omelett(e) tortilla
Orange naranja
Palatschinken hojuelas rellenas generalmente de mermelada o de queso; que se sirven a veces con una crema batida de chocolate y nueces
Pampelmuse pomelo, toronja
paniert empanado
Paprikaschote pimiento
Paradeis(er), Paradiesapfel tomate
Pastetchen pastelillo de hojaldre relleno de carne o salchichas
Pastete 1) pastel relleno de carne o pescado 2) pastelillo de hojaldre relleno de carne o salchichas
Patisserie pasteles diversos
Pellkartoffel patata hervida en su piel
Perlgraupe cebada
Petersilie perejil
Pfahlmuschel mejillón
Pfannkuchen hojuela
Pfeffer pimienta
~**kuchen** pan de jengibre
~**nuß** galleta de jengibre
~**schote** pimentón
Pfifferling mízcalo
Pfirsich melocotón
Pflaume ciruela
Pichelsteiner (Fleisch) guiso de carne y legumbres
pikant picante
Pilz seta
Platte plato
Plätzchen bizcocho
Plätzli escalope
pochiert escalfado
Pökelfleisch carne en escabeche
Pomeranzensoße salsa a base de naranjas amargas, vino y coñac; que se sirve en general con el pato
Pommes frites patatas fritas
Porree puerro
Poulet pollo
Praline chocolate relleno de almendras, mazapán o licor
Preiselbeere arándano agrio
Preßkopf queso de cerdo; cabeza de cerdo en gelatina
Printe galleta con sabor a miel

Pumpernickel pan de centeno, entero
Püree puré
Puter pavo
Quargel queso pequeño redondo y cremoso, de pasta fermentada, de sabor muy particular y fuerte
Quark(käse) queso blanco suave
Quitte membrillo
Radieschen rábano
Ragout guiso
Rahm crema
Rande remolacha
Räucheraal anguila ahumada
Räucherhering arenque ahumado
Räucherlachs salmón ahumado
Räucherspeck tocino ahumado
Rebhuhn perdiz
Rechnung cuenta, nota
Regensburger salchicha de cerdo ahumada y muy condimentada
Reh corzo
~**pfeffer** encebollado de corzo con nata agria
Reibekuchen croqueta de patata
Reibkäse queso rallado
Reis arroz
~**fleisch** carne de ternera braseada, servida con arroz, tomates y otras legumbres
Rettich rábano grande
Rhabarber ruibarbo
Ribisel grosella roja
Rinderbrust pecho de ternera
Rind(fleisch) ternera
Rippe costilla
Rippchen, Rippenspeer, Rippenstück, Rippli chuleta (generalmente de cerdo ahumado)
Rochen raya
Rogen hueva de pescado
Roggenbrot pan de centeno
roh crudo
Rohkost legumbre fresca y cruda
Rohschinken jamón crudo
Rollmops filete de arenque en escabeche, enrollado con cebollas cortadas o pepinillos
Rosenkohl col de Bruselas
Rosine uva pasa
Rosmarin romero
Rostbraten solomillo
Rösti patatas ralladas y asadas
Röstkartoffel patata frita
rote Beete/Rübe remolacha
rote Grütze postre a base de jalea de frutas, que se sirve con nata batida o crema de vainilla
Rotkohl, Rotkraut lombarda
Rotzunge especie de lenguado, pero de menor calidad
Roulade pulpeta de ternera
Rücken lomo
Rüebli zanahoria
Rührei huevo revuelto
Rumpsteak filete de lomo de ternera
russische Eier mitades de huevos duros, rellenos de caviar y salsa, con diversas especias
Sachertorte pastel de chocolate relleno de mermelada y crema
Safran azafrán
Saft jugo
Sahne crema
Saibling farra, variedad sedentaria de salmón
Saitenwurst especie de salchicha de Francfort
Salat ensalada
Salbei salvia
Salm salmón
Salz sal
~**fleisch** carne salada
~**gurke** pepino salado
~**kartoffel** patata hervida
Salzburger Nockerl claras de hue-

vos batidos, azucarados y cocidos al horno con mantequilla
Sandmuschel almeja
Sardelle anchoa
Sardellenring filete de anchoa enrollado
Sardine sardina
Sattel lomo
Saubohne haba
sauer agrio
Sauerampfer acedera
Sauerbraten asado en escabeche con hierbas aromáticas
Sauerkraut chucruta
Schalentier crustáceo
Schalotte chalote
Schaschlik trozos de carne asados, generalmente de carnero, que se cuecen en una salsa condimentada a base de tomates, cebollas y tocino
Schaumrolle pastelillo de hojaldre relleno de crema a la vainilla
Scheibe lonja, loncha
Schellfisch eglefino
Schildkrötensuppe consomé de tortuga
Schillerlocke pastelillo de hojaldre relleno de crema a la vainilla
Schinken jamón
~**brot** bocadillo de jamón
Schlachtplatte plato de fiambres, salchicha de hígado y chucruta
Schlagobers, Schlagrahm, Schlagsahne nata batida
Schlegel pierna
Schleie lonja, loncha
Schmelzkäse queso blando y picante, que se unta generalmente sobre el pan
Schmorbraten carne de ternera adobada
Schmorfleisch guiso de carne
Schnecke 1) caracol 2) panecillo de canela
Schnepfe becada
Schnittbohne judía verde cortada en trozos
Schnitte lonja, trozo
Schnittlauch cebolleta
Schnitzel escalope
Schokolade chocolate
Scholle platija
Schulter espalda
Schwamm(erl) hongo, seta
schwarze Johannisbeere/Ribisel grosella negra
Schwarzwälder Kirschtorte pastel de chocolate relleno de nata y cerezas, perfumado con *Kirsch*
Schwarzwälder Schinken variedad de jamón ahumado
Schwarzwurzel salsifí negro
Schwein(efleisch) cerdo
Seezunge lenguado
Selchfleisch carne de cerdo ahumada
Sellerie apio
Semmel panecillo
~**brösel** pan rallado
~**knödel** bola hecha de pan rallado
Senf mostaza
Siedfleisch carne de buey, hervida
Soße salsa, jugo
Spanferkel lechoncillo
spanische Soße salsa oscura con hierbas, especias y vino
Spargel espárrago
Spätzle, Spätzli tipo de tallarín espeso
Speck tocino
~**knödel** bola hecha de harina, leche, huevos, pan y trozos de tocino ahumado
Speise alimento, comida, plato
~**eis** helado

~**karte** menú, lista de platos
Spekulatius bizcocho de almendras con especias
Spezialität especialidad
~ **des Hauses** de la casa
~ **des Tages** del día
Spiegelei huevo frito
(am) Spieß (en) brocheta
Spinat espinaca
Sprossenkohl col de Bruselas
Sprotte arenque pequeño
Stachelbeere grosella espinosa
Steckrübe nabo
Steinbuscher (Käse) queso de pasta consistente y cremosa, picante y ligeramente amargo
Steinbutt rodaballo
Steingarnele camarón grande
Steinpilz boleto (hongo)
Stelze pata de cerdo
Stierenauge huevo frito
Stock puré de patatas
~**fisch** bacalao seco
Stollen pastel de almendras, uvas pasas, nueces y cáscaras de limón escarchadas
Stoßsuppe sopa al comino
Stotzen pierna
Strammer Max carne picada de cerdo, cruda y muy condimentada (a veces se reemplaza con una salchicha de cerdo); se sirve sobre el pan con huevos y cebollas
Streichkäse queso suave de diferentes sabores, que se unta sobre el pan
Streuselkuchen variedad de pastel de sabor a café, cubierto con una pasta a base de mantequilla, azúcar, harina y canela
Strudel variedad de pastelillo de hojaldre, relleno de trozos de manzanas, nueces, uvas pasas y mermelada o miel
Stück trozo, lonja
Sülze gelatina
Suppe sopa
süß azucarado, dulce
~**sauer** agridulce
Süßigkeit caramelo, dulce
Süßspeise postre, flan
Tagesgericht plato del día
Tagessuppe sopa del día
Tascherl empanadilla de carne, jamón o queso
Tatar carne picada de ternera, con una salsa picante, cebollas y hierbas aromáticas; se sirve cruda
Tatarenbrot bocadillo con *Tatar*
Taube pichón
Teigwaren pastas
Teller plato
~**gericht** solamente el plato principal
Thunfisch atún
Thymian tomillo
Tilsiter (Käse) queso de pasta consistente, de sabor fuerte y suave
Topfen queso blanco
~**strudel** pastelillo relleno de crema a base de requesón dulce, perfumado a la vainilla, cocido al horno
Topfkuchen pastel con uvas pasas
Törtchen tartita, pastelillo
Torte pastel
Traube uva
Trüffel trufa
Truthahn pavo
Tunke salsa
Türkenkorn maíz
Vanille vainilla
verlorenes Ei huevo escalfado
Voressen guisado de carne
Vorspeise entrada

Wacholderbeere baya de enebro
Wachtel codorniz
Waffel especie de barquillo
Walnuß nuez
warm caliente
Wassermelone sandía
Weinbeere, Weintraube uva
Weinkarte lista de vinos
Weinkraut col blanca servida con manzanas y asada en una salsa a base de vino
weiße Bohne judía blanca
Weißbrot pan blanco
Weißkäse queso blanco, requesón
Weißkohl, Weißkraut col, berza
Weißwurst salchicha de ternera o cerdo, aromatizada con perejil, cebollas y limón
Weizen trigo candeal
Welschkorn maíz
Westfälischer Schinken variedad de jamón crudo ahumado, proveniente de Westfalia
Wiener Schnitzel escalope de ternera empanado
Wiener Würstchen, Wiernerli salchicha de Francfort
Wild(bret) caza
Wildente pato salvaje
Wildschwein jabalí
Wilstermarschkäse queso de pasta consistente, parecido al *Tilsiter*
Windbeutel bollo con crema
Wirsing(kohl) col rizada
Wittling pescadilla
Wurst salchicha
Würstchen salchicha pequeña
würzig condimentado, picante
Yoghurt yogur
Zander lucio
Zervelat(wurst) salchichón de cerdo y tocino, condimentado
Zichorie endibia
Ziege cabra
Zimt canela
Zitrone limón
Zucchini calabacín
Zucker azúcar
Zunge lengua
Zutat ingrediente
Zwetsch(g)e ciruela
Zwiebel cebolla
~**fleisch** carne de ternera asada con cebollas
~**wurst** salchicha de hígado con cebollas
Zwischenrippenstück lomo

Bebidas

Abfüllung embotellado (vino comprado directamente al cultivador)
Abzug vino embotellado en la propiedad o en el lugar en que se cultivó la uva, por ejemplo, *Schloßabzug, Kellerabzug*
Ahr en esta región, cuyo nombre proviene del afluente del Rin, se encuentran los viñedos más septentrionales del continente; su vino tinto – claro, delicioso,

de suave aroma – es uno de los mejores de Alemania, que produce poco vino tinto; el vino del Ahr pocas veces se exporta y debe beberse joven; saboréelo cerca de las ciudades de Ahrweiler, Neuenahr y Walporzheim

Apfelmost sidra de manzanas

Apfelsaft jugo de manzanas

Apfelwein sidra de manzanas de alta graduación

Aprikosenlikör licor de albaricoque

Auslese vino producido con racimos selectos y exprimidos sin demora

Baden esta región vinícola se encuentra al suroeste de Alemania, limitada por Suiza al sur y por Alsacia (Francia) al oeste; los viñedos se hallan especialmente en los alrededores de la Selva Negra, por el lado del valle del Rin; algunos ejemplos de vinos son el *Kaiserstuhl*, producido en un islote volcánico al oeste de Friburgo, el *Markgräfler*, el *Mauerwein*, y el *Seewein* del Lago de Constanza

Beerenauslese vino de postre producido con uvas selectas durante la vendimia

Bier cerveza

dunkles ~ negra

helles ~ clara

Bock(bier) cerveza que contiene mucha malta

Branntwein aguardiente, brandy

Brauner café con leche

kleiner ~ tacita de café con leche

Danziger Goldwasser licor con sabor a comino, salpicado con minúsculas hojas doradas

Doppelkorn aguardiente de granos

Dornkaat aguardiente obtenido por destilación de granos, ligeramente perfumado con bayas de enebro

Eierlikör licor de huevos

Eiskaffee café helado

Enzian aguardiente de raíces de genciana

Exportbier cerveza que contiene más lúpulo que la cerveza tipo *Pilsener*

Flasche botella

Flaschenbier cerveza de botella

Franken Franconia; los mejores viñedos de la región vinícola del río Meno se encuentran cerca de Escherndorf, Iphofen, Randersacker, Rödelsee y Würzburg; el vino blanco de esta región es seco, fuerte y con cuerpo; Würzburg produce uno de los mejores vinos de la comarca con el nombre de *Steinwein*

Fruchtsaft jugo o zumo de fruta

Gewächs palabra empleada en las etiquetas junto con el año de cosecha

gezuckert con azúcar, azucarado

Glühwein vino rojo caliente y condimentado

Himbeergeist aguardiente de frambuesas

Kabinett término que indica que el vino es de calidad superior

Kaffee café

~ **Hag** descafeinado

~ **mit Sahne (und Zucker)** con nata (y azúcar)

~ **mit Schlag(obers)** con nata batida

schwarzer ~ solo

Kakao cacao
Kapuziner café con nata batida y chocolate rallado
Kirsch(wasser) aguardiente de cerezas
Klosterlikör licor de hierbas
Kognak coñac
Korn(branntwein) aguardiente de granos
Kümmel(branntwein) aguardiente perfumado con comino
Likör licor, cordial
Limonade 1) bebida analcohólica 2) limonada
Lindenblütentee té de flores de limero
Malzbier cerveza que contiene mucha malta
Märzenbier cerveza especial y fuerte producida en el mes de marzo
Maß(krug) jarra grande de cerveza (1 litro)
Milch leche
~**kaffee** con leche
~**mix** batido
Mineralwasser agua mineral
Mosel (-Saar-Ruwer) nombre oficial de la región de la Moselle; el mejor vino de la comarca se produce en el valle medio de la Moselle, entre Trittenheim y Traben-Trarbach; los mejores cultivos son los de Bernkastel, Brauneberg, Graach, Piesport, Wehlen y Zeltingen
Most 1) sidra 2) vino del año
Nahe región vinícola, llamada así por el afluente del Rin, que se extiende en las cercanías de Bad Kreuznach; su vino blanco tiene cuerpo, suele ser excelente y puede compararse al mejor vino del Hesse renano; los viñedos más famosos son los de Schloß Böckelheim, propiedad del estado; también se producen excelentes vinos cerca de Bad Kreuznach, Bretzenheim, Münster, Niederhausen, Norheim, Roxheim, Winzerheim
Naturwein vino sin mezcla, sin aditivos
Orangeade naranjada
Österreich Austria exporta poquísimo vino; el tinto – principalmente de Burgenland – es bastante común y suele beberse sólo en la región; probablemente el vino austríaco más conocido es el *Gumpoldskirchner*, producido al sur de Viena, un buen vino blanco que ha deleitado a generaciones de vieneses; en los bordes del Danubio, al oeste de Viena, se produce un buen blanco en la comarca de Wachau (p. ej., el *Dürnsteiner*, el *Loibner*, el *Kremser*); muy cerca de la capital de Austria se elabora vino de mesa (p. ej. el *Nußberger*, el *Badener*, el *Grinzinger*) del que a veces se embotella el mejor y se exporta
Perlwein vino blanco semiespumoso
Pfalz Palatinado; en años de buena vendimia, esta región es a menudo la que produce más vino de Alemania, sobre todo blanco; en la Edad Media, el Palatinado adquirió la fama de ser «la bodega del Sacro Imperio Romano»; hoy en día el Palatinado se halla limitado al norte por el Hesse renano, al este por el Rin, al sur y al oeste

por Alsacia y Lorena, Francia; algunos ejemplos de vinos: el *Forster*, el *Deidesheimer*, el *Ruppertsberger*, que son blancos, y el *Dürkheimer* blanco y tinto.

Pils(e)ner cerveza con un aroma particularmente fuerte de lúpulo

Pfefferminztee té de menta

Pflümli(wasser) aguardiente de ciruelas

Portwein Oporto

Rhein el vino del Rin se produce en cinco regiones del valle del río que ofrece los mejores vinos del país

Rheingau esta comarca, situada a los pies de los Montes Taunus frente al Rin; los mejores vinos del Rheingau son vinos de postre que pueden compararse con un fino Sauternes francés; también produce un buen vino tinto en Aßmannshausen

Rheinhessen el Hesse renano, cuya capital es Mainz; unas 155 localidades de la región se dedican a la vinicultura, pero tan sólo 10 producen un vino de calidad excepcional: Alsheim, Bingen, Bodenheim, Dienheim, Guntersblum, Ingelheim, Nakkenheim, Nierstein, Oppenheim y Worms; el vino que se vende bajo la denominación genérica de *Liebfrau(en)milch*

Rum ron

Schillerwein vino clarete

Schloß castillo, indica la propriedad de los viñedos

Schnaps aguardiente, brandy

Schokolade chocolate

Schweiz Suiza; mientras que los mejores vinos nacionales (tanto los tintos como los blancos) se producen en los cantones de habla francesa o italiana, la región germánica produce sobre todo vino tinto

Sekt vino espumoso parecido al champán

Sirup jarabe

Sodawasser agua gaseosa

Spätlese vino producido con uvas recogidas cuando la estación está ya avanzada, a menudo resulta un vino de cuerpo

Spezialbier cerveza más fuerte que la *Vollbier*

Sprudel(wasser) agua gaseosa

Starkbier cerveza con mucha malta

Steinhäger aguardiente perfumado con ginebra

Tee té

~ **mit Milch** con leche

~ **mit Zitrone** con limón

trocken seco

Trockenbeerenauslese vino producido con uvas recogidas cuando la estación está ya muy avanzada; a menudo resulta un vino de cuerpo

ungezuckert sin azúcar

verbessert refiriéndose a vino, significa «mejorado» o con azúcar añadido

Viertel $^1/_4$ de litro de vino

Vollbier la típica cerveza alemana, que contiene una graduación del 3–4%

Wachstum término que se utiliza en las etiquetas junto con el nombre del propietario del viñedo que garantiza que es un vino natural

Wasser agua

Wein vino
Rosé~ clarete, rosado
Rot~ tinto
Schaum~ espumoso
Süß~ dulce, de postre
Weiß~ blanco
Weinbrand brandy, coñac
Weißbier cerveza clara hecha con trigo
Wermut vermú
Württemberg el vino de esta región rara vez se exporta, ya que debe beberse muy joven; el término *Schillerwein* se emplea en la comarca para designar el clarete; los mejores vinos se producen en Cannstatt, Feuerbach, Untertürckheim; el *Stettener Brotwasser* es notable
Zitronensaft zumo de limón
Zwetschgenwasser aguardiente de ciruelas

Mini-gramática

A continuación presentamos un breve perfil de las principales características de la gramática alemana.

Artículos

En alemán todos los nombres son masculino, femenino o neutro, y se clasifican por el artículos que les precede.

1. Artículo determinado (el, la, lo):

			Plural:
Masculino	*der* **Mann**	el hombre	*die* **Männer**
Femenino	*die* **Frau**	la mujer	*die* **Frauen**
Neutro	*das* **Kind**	el niño	*die* **Kinder**

2. Artículo indeterminado (un/una):

Masculino	*ein* **Zug**	un tren
Femenino	*eine* **Reise**	un viaje
Neutro	*ein* **Flugzeug**	un avión

Nombres y adjetivos

1. Todos los nombres se escriben con mayúscula. Las reglas para formar el plural son muy complejas.

2. **Declinaciones:** En alemán, según el uso en la frase, los artículos, nombres y adjetivos modificantes cambian según el caso. Las tablas siguientes indican la declinación de las tres partes de la oración.

	Masculino singular	Masculino plural
Sujeto	**der reiche Mann**	**die reichen Männer**
Complemento directo	**den reichen Mann**	**die reichen Männer**
Posesivo	**des reichen Mannes**	**der reichen Männer**
Complemento indirecto	**den reichen Mann**	**den reichen Männern**
	Femenino singular	Femenino plural
Sujeto	**die schöne Frau**	**die schönen Frauen**
Complemento directo	**die schöne Frau**	**die schönen Frauen**
Posesivo	**der schönen Frau**	**der schönen Frauen**
Complemento indirecto	**der schönen Frau**	**den schönen Frauen**
	Neutro singular	Neutro plural
Sujeto	**das kleine Kind**	**die kleinen Kinder**
Complemento directo	**das kleine Kind**	**die kleinen Kinder**
Posesivo	**des kleinen Kindes**	**der kleinen Kinder**
Complemento indirecto	**dem kleinen Kind**	**den kleinen Kinder**

El artículo indefinido se declina de forma algo diferente, ya que es el adjetivo modificante.

	Masculino	Femenino
Sujeto	**ein reicher Mann**	**eine schöne Frau**
Complemento directo	**einen reichen Mann**	**eine schöne Frau**
Posesivo	**eines reichen Mannes**	**einer schönen Frau**
Complemento indirecto	**einem reichen Mann**	**einer schönen Frau**

	Neutro	Plural
Sujeto	**ein kleines Kind**	**keine* großen Leute**
Complemento directo	**ein kleines Kind**	**keine großen Leute**
Posesivo	**eines kleinen Kindes**	**keiner großen Leute**
Complemento indirecto	**einem kleinen Kind**	**keinen großen Leuten**

Si los adjetivos se declinan sin artículo, a estos se añaden las terminaciones del artículo definido, excepto en el posesivo, que apenas se usa: **guter Wein** (buen vino), **kalte Milch** (leche fría), **warmes Wasser** (agua caliente).

* **ein** no tiene plural, pero la tiene en el negativo kein (se declina en singular como ein).

3. **Adjetivos demostrativos:** En alemán hablado «ese» normalmente se expresa por el artículo definido, pero al contrario que en el artículo, lleva énfasis. «Este» **dieser, diese, dieses** y en plural **diese** se declina como el artículo definido.

das Buch (ese libro) **dieser Platz** (este asiento)

4. **Adjetivos posesivos:** Estos concuerdan en número y género con el nombre que modifican, es decir, con el objeto poseído y no con el poseedor. En singular se declinan como el artículo indefinido, y en plural como el definido. Véase que **Ihr** que significa «tu» en la forma formal lleva mayúscula.

	Masculino o neutro	Femenino o plural
mi	**mein**	**meine**
tu	**dein**	**deine**
su (de él)	**sein**	**seine**
su (de ella)	**ihr**	**ihre**
nuestro	**unser**	**unsere**
vuestro	**euer**	**euere**
suyo	**ihr**	**ihre**
suyo (de Vd.)	**Ihr**	**Ihre**

5. **Comparativos y superlativos:** Estos se forman añadiendo **-er (-r)** y **-est (-st)** respectivamente, con mucha frecuencia con diéresis.

alt (viejo)
älter (más viejo)
ältest (el más viejo)

kurz (corto)
kürzer (más corto)
kürzest (el más corto)

Adverbios

Algunos adjetivos se usan en su forma declinada como adverbios.

schnell	rápido, rápidamente
gut	bueno, bien

Existen algunas irregularidades:

glücklich – glücklicherweise	feliz – felizmente
anders	diferentemente
besonders	especialmente
gleichfalls	así mismo (el) mismo

Viel indica la cantidad y **sehr** la intensidad:

Er arbeitet viel.	Trabaja mucho
Er ist sehr müde.	Está muy cansado

Pronombres personales

	Sujeto	Complemento dir.	Complemento indir.
yo	**ich**	**mich**	**mir**
tu	**du**	**dich**	**dir**
él	**er**	**ihn**	**ihm**
ella	**sie**	**sie**	**ihr**
ello	**es**	**es**	**ihm**
nosotros	**wir**	**uns**	**uns**
vosotros	**ihr**	**euch**	**euch**
ellos, ellas	**sie**	**sie**	**ihnen**
Vds.	**Sie**	**Sie**	**Ihnen**

Nota: En alemán hay dos formas de decir «tu»: **du** y **Sie**; du (plural: **ihr**) se usa al hablar a familiares, amigos íntimos y niños (y entre gente joven); **Sie** (ambos singular y plural) en todos los demás casos. Sie se escribe con **S** mayúscula. El verbo tiene la misma forma que en la tercera persona plural.

Verbos

Aquí sólo nos ocupamos del infinitivo, el presente y el imperativo.

Aprenda estos dos importantes **verbos auxiliares:**

sein (ser)	**haben** (tener)
ich bin (yo soy)	**ich habe** (yo tengo)
du bist (tu eres)	**du hast** (tu tienes)
er, sie, es ist (él, ella, ello es)	**er, sie, es hat** (él, ella, ello tiene)
wir sind (nosotros somos)	**wir haben** (nosotros tenemos)
ihr seid (vosotros sois)	**ihr habt** (vosotros tenéis)
sie sind (ellos son)	**sie haben** (ellos tienen)
Sie sind (Vds. son)	**Sie haben** (Vds. tienen)

El infinitivo de prácticamente todos los verbos termina en **-en.** Aquí tiene las terminaciones del presente:

ich lieb*e*	yo amo
du lieb*st*	tu amas
er, sie, es lieb*t*	él, ella, ello ama
wir lieb*en*	nosotros amamos
ihr lieb*t*	vosotros amáis
sie, Sie lieb*en*	ellos, ellas, Vds. aman

Para los verbos regulares e irregulares, el **imperativo** se forma invirtiendo el orden del verbo y el pronombre personal.

Gehen wir!	¡Vamos!
Gehen Sie!	¡Vete!

Negaciones

La negación se forma con **nicht.**

Er ist nicht hier.	No esta aquí.

Interrogaciones

Estas se forman invirtiendo el sujeto y el verbo (poniendo primero el verbo y después el sujeto).

Sprechen Sie Spanisch?	¿Habla español?

Verbos irregulares

A continuación damos los verbos irregulares más usados en alemán. Entre paréntesis indicamos las formas irregulares del presente, generalmente la segunda y tercera personas del singular, que presentan una modificación de su radical. Los verbos compuestos o los precedidos de algún prefijo como *ab-, an-, auf-, aus-, be-, bei-, ein-, emp-, ent-, er-, mit-, nach-, um-, ver-, vor-, zer-, zu-*, etc., no figuran en esta lista ya que se conjugan como el verbo raíz.

Infinitivo	*Imperfecto*	*Part. pasado*	
backen (bäckst, bäckt)	backte/buk	gebacken	*asar al horno*
befehlen (befiehlst, befiehlt)	befahl	befohlen	*mandar*
beginnen	begann	begonnen	*comenzar*
beißen	biß	gebissen	*morder*
bergen (birgst, birgt)	barg	geborgen	*salvar*
bersten (birst, birst)	barst	geborsten	*reventar*
bewegen	bewog	bewogen	*incitar*
biegen	bog	gebogen	*doblar*
bieten	bot	geboten	*regalar*
binden	band	gebunden	*atar*
bitten	bat	gebeten	*solicitar*
blasen (bläst, bläst)	blies	geblasen	*soplar*
bleiben	blieb	geblieben	*quedar*
braten (brätst, brät)	briet	gebraten	*asar*
brechen (brichst, bricht)	brach	gebrochen	*romper*
brennen	brannte	gebrannt	*quemar*
bringen	brachte	gebracht	*traer*
denken	dachte	gedacht	*pensar*
dringen	drang	gedrungen	*penetrar*
dürfen (darf, darfst, darf)	durfte	gedurft	*tener permiso*
empfehlen (empfiehlst, empfiehlt)	empfahl	empfohlen	*recomendar*
essen (ißt, ißt)	aß	gegessen	*comer*
fahren (fährst, fährt)	fuhr	gefahren	*ir, conducir*
fallen (fällst, fällt)	fiel	gefallen	*caer*
fangen (fängst, fängt)	fing	gefangen	*coger*
fechten (fichtst, ficht)	focht	gefochten	*pelearse (con espada)*

finden	fand	gefunden	*encontrar*
flechten (flichtst, flicht)	flocht	geflochten	*trenzar*
fliegen	flog	geflogen	*volar*
fliehen	floh	geflohen	*huir*
fließen	floß	geflossen	*fluir, correr*
fressen (frißt, frißt)	fraß	gefressen	*comer (animales)*
frieren	fror	gefroren	*helar*
gären	gor/gärte	gegoren/gegärt	*fermentar*
geben (gibst, gibt)	gab	gegeben	*dar*
gedeihen	gedieh	gediehen	*prosperar*
gehen	ging	gegangen	*ir*
gelingen[1]	gelang	gelungen	*conseguir*
gelten (giltst, gilt)	galt	gegolten	*valer*
genesen	genas	genesen	*restablecerse*
genießen	genoß	genossen	*disfrutar, saborear*
geschehen[1] (geschieht)	geschah	geschehen	*ocurrir*
gewinnen	gewann	gewonnen	*ganar*
gießen	goß	gegossen	*verter*
gleichen	glich	geglichen	*parecerse a*
gleiten	glitt	geglitten	*resbalar*
graben (gräbst, gräbt)	grub	gegraben	*cavar*
greifen	griff	gegriffen	*agarrar*
haben (hast, hat)	hatte	gehabt	*haber*
halten (hältst, hält)	hielt	gehalten	*tener*
hängen	hing	gehangen	*colgar*
hauen	hieb	gehauen	*pegar, cortar*
heben	hob	gehoben	*levantar*
heißen	hieß	geheißen	*llamarse*
helfen (hilfst, hilft)	half	geholfen	*ayudar*
kennen	kannte	gekannt	*conocer*
klingen	klang	geklungen	*resonar*
kneifen	kniff	gekniffen	*pellizcar*
kommen	kam	gekommen	*venir*
können (kann, kannst, kann)	konnte	gekonnt	*poder*
kriechen	kroch	gekrochen	*arrastrar*
laden (lädst, lädt)	lud	geladen	*cargar*

[1] impersonal

lassen (läßt, läßt)	ließ	gelassen	*dejar*
laufen (läufst, läuft)	lief	gelaufen	*correr*
leiden	litt	gelitten	*sufrir*
leihen	lieh	geliehen	*prestar*
lesen (liest, liest)	las	gelesen	*leer*
liegen	lag	gelegen	*estar acostado*
lügen	log	gelogen	*mentir*
mahlen	mahlte	gemahlen	*moler*
meiden	mied	gemieden	*evitar*
messen (mißt, mißt)	maß	gemessen	*medir*
mißlingen	mißlang	mißlungen	*fracasar*
mögen (mag, magst, mag)	mochte	gemocht	*querer*
müssen (muß, mußt, muß)	mußte	gemußt	*deber*
nehmen (nimmst, nimmt)	nahm	genommen	*tomar*
nennen	nannte	genannt	*nombrar*
pfeifen	pfiff	gepfiffen	*silbar*
raten (rätst, rät)	riet	geraten	*aconsejar, adivinar*
reiben	rieb	gerieben	*frotar*
reißen	riß	gerissen	*arrancar*
reiten	ritt	geritten	*montar a caballo*
rennen	rannte	gerannt	*correr*
riechen	roch	gerochen	*oler*
ringen	rang	gerungen	*luchar*
rinnen	rann	geronnen	*correr, fluir*
rufen	rief	gerufen	*llamar*
saufen (säufst, säuft)	soff	gesoffen	*beber (animales)*
schaffen	schuf	geschaffen	*crear*
schallen	schallte/scholl	geschallt	*resonar*
scheiden	schied	geschieden	*separar*
scheinen	schien	geschienen	*brillar, parecer*
schieben	schob	geschoben	*empujar*
schießen	schoß	geschossen	*disparar*
schlafen (schläfst, schläft)	schlief	geschlafen	*dormir*
schlagen (schlägst, schlägt)	schlug	geschlagen	*batir*
schleichen	schlich	geschlichen	*andar de puntillas*
schleifen	schliff	geschliffen	*aguzar*
schließen	schloß	geschlossen	*cerrar*
schlingen	schlang	geschlungen	*enlazar*

schmeißen	schmiß	geschmissen	*arrojar*
schmelzen (schmilzt, schmilzt)	schmolz	geschmolzen	*fundir*
schneiden	schnitt	geschnitten	*cortar*
schrecken[1] (schrickst, schrickt)	schrak	geschrocken	*asustarse*
schreiben	schrieb	geschrieben	*escribir*
schreien	schrie	geschrie(e)n	*gritar*
schreiten	schritt	geschritten	*caminar*
schweigen	schwieg	geschwiegen	*callarse*
schwellen (schwillst, schwillt)	schwoll	geschwollen	*hincharse*
schwimmen	schwamm	geschwommen	*nadar*
schwinden	schwand	geschwunden	*disminuir*
schwingen	schwang	geschwungen	*blandir*
schwören	schwor	geschworen	*jurar*
sehen (siehst, sieht)	sah	gesehen	*ver*
sein (bin, bist, ist, sind, seid, sind)	war	gewesen	*ser*
senden	sandte	gesandt	*enviar*
sieden	sott	gesotten	*hervir*
singen	sang	gesungen	*cantar*
sinken	sank	gesunken	*hundir, bajar*
sinnen	sann	gesonnen	*meditar*
sitzen	saß	gesessen	*estar sentado*
sollen (soll, sollst, soll)	sollte	gesollt	*deber*
spinnen	spann	gesponnen	*hilar*
sprechen (sprichst, spricht)	sprach	gesprochen	*hablar*
springen	sprang	gesprungen	*saltar*
stechen (stichst, sticht)	stach	gestochen	*pinchar*
stehen	stand	gestanden	*estar de pie*
stehlen (stiehlst, stiehlt)	stahl	gestohlen	*hurtar*
steigen	stieg	gestiegen	*subir*
sterben (stirbst, stirbt)	starb	gestorben	*morir*
stinken	stank	gestunken	*apestar*
stoßen (stößt, stößt)	stieß	gestoßen	*empujar*
streichen	strich	gestrichen	*frotar, borrar*
streiten	stritt	gestritten	*disputar*
tragen (trägst, trägt)	trug	getragen	*llevar*

[1] se utiliza sólo con prefijos

treffen (triffst, trifft)	traf	getroffen	*encontrar, alcanzar*
treiben	trieb	getrieben	*empujar, conducir*
treten (trittst, tritt)	trat	getreten	*pisar*
triefen	troff/triefte	getroffen/ getrieft	*chorrear*
trinken	trank	getrunken	*beber*
trügen	trog	getrogen	*engañar*
tun (tue, tust, tut)	tat	getan	*hacer*
verderben (verdirbst, verdirbt)	verdarb	verdorben	*dañar*
verdrießen	verdroß	verdrossen	*contrariar*
vergessen (vergißt, vergißt)	vergaß	vergessen	*olvidar*
verlieren	verlor	verloren	*perder*
wachsen (wächst, wächst)	wuchs	gewachsen	*crecer*
wägen	wog	gewogen	*pesar*
waschen (wäschst, wäscht)	wusch	gewaschen	*lavar*
weben	wob/webte	gewoben/ gewebt	*tejer*
weichen	wich	gewichen	*ceder*
weisen	wies	gewiesen	*indicar*
wenden	wandte/ wendete	gewandt/ gewendet	*girar*
werben (wirbst, wirbt)	warb	geworben	*alistar*
werden (wirst, wird)	wurde	geworden	*volverse*
werfen (wirfst, wirft)	warf	geworfen	*echar*
wiegen	wog	gewogen	*pesar*
winden	wand	gewunden	*torcer*
wissen (weiß, weißt, weiß)	wußte	gewußt	*saber*
wollen (will, willst, will)	wollte	gewollt	*querer*
ziehen	zog	gezogen	*tirar de*
zwingen	zwang	gezwungen	*forzar*

Abreviaturas alemanas

Abf.	*Abfahrt*	salida
Abs.	*Absender*	remitente
ACS	*Automobil-Club der Schweiz*	Club Automóvil de Suiza
ADAC	*Allgemeiner Deutscher Automobil-Club*	Club Automóvil de Alemania
AG	*Aktiengesellschaft*	Sociedad Anónima
Ank.	*Ankunft*	llegada
Anm.	*Anmerkung*	observación
AvD	*Automobilclub von Deutschland*	Club Automóvil de Alemania
Bhf.	*Bahnhof*	estación del ferrocarril
Bez.	*Bezirk*	distrito, circunscripción
BRD	*Bundesrepublik Deutschland*	República Federal de Alemania
b.w.	*bitte wenden*	vuelva la página, por favor
bzw.	*beziehungsweise*	respectivamente
DB	*Deutsche Bundesbahn*	Ferrocarriles Federales Alemanes
DBP	*Deutsche Bundespost*	Correos, Teléfonos y Telégrafos Federales Alemanes
DDR	*Deutsche Demokratische Republik*	República Democrática de Alemania
d.h.	*das heißt*	a saber, es decir
DIN	*Deutsche Industrie-Norm*	norma industrial alemana
DM	*Deutsche Mark*	marco alemán
d.M.	*dieses Monats*	del corriente
D-Zug	*Durchgangszug*	rápido (tren)
EG	*Europäische Gemeinschaften*	Mercado Común
EV	*Europäische Vereinigung*	Europea Unión
E-Zug	*Eilzug*	exprés (tren)
Ffm.	*Frankfurt am Main*	Francfort del Meno
fl.W.	*fließendes Wasser*	agua corriente
Fr.	*Franken; Frau*	franco; Señora
Frl.	*Fräulein*	Señorita
g	*Groschen*	1/100 de chelín
Gebr.	*Gebrüder*	hermanos
gefl.	*gefälligst*	por favor
GmbH	*Gesellschaft mit beschränkter Haftung*	Sociedad de Responsabilidad Limitada
Hbf.	*Hauptbahnhof*	estación central del ferrocarril

Hr.	*Herr*	Señor
Ing.	*Ingenieur*	Ingeniero
Inh.	*Inhaber; Inhalt*	proprietario; contenido
Kfm.	*Kaufmann*	comerciante
Kfz.	*Kraftfahrzeug*	vehículo de motor
KG	*Kommanditgesellschaft*	Sociedad en Comandita
Lkw	*Lastkraftwagen*	camión
MEZ	*Mitteleuropäische Zeit*	hora del centro de Europa
MwSt	*Mehrwertsteuer*	tasa al valor añadido
n. Chr.	*nach Christus*	año de Cristo
ÖAMTC	*Österreichischer Automobil-, Motorrad- und Touringclub*	Club de Turismo de Austria
OB	*Oberbürgermeister*	alcalde
ÖBB	*Österreichische Bundesbahnen*	Ferrocarriles Federales Austriacos
OHG	*Offene Handelsgesellschaft*	Sociedad Regular Colectiva
Pf	*Pfennig*	1/100 de marco
Pfd.	*Pfund*	libra (peso)
Pkw	*Personenkraftwagen*	coche para turismo
PS	*Pferdestärke*	caballos de vapor
PTT	*Post, Telefon, Telegraf*	Correos, Teléfonos y Telégrafos Suizos
Rp.	*Rappen*	1/100 de franco
S	*Schilling*	chelín austriaco
SBB	*Schweizerische Bundesbahnen*	Ferrocarriles Federales Suizos
Str.	*Straße*	calle, avenida
TCS	*Touring-Club der Schweiz*	Club de Turismo de Suiza
u. a.	*unter anderem*	entre otras cosas
U-Bahn	*Untergrundbahn*	Metro
ü. d. M.	*über dem Meeresspiegel*	sobre el nivel del mar
UKW	*Ultrakurzwelle*	onda ultra corta
ung.	*ungefähr*	aproximadamente
UNO	*Vereinte Nationen*	Organización de las Naciones Unidas
usw.	*und so weiter*	etcétera
u. U.	*unter Umständen*	en ciertas circunstancias
v. Chr.	*vor Christus*	antes de Cristo
vgl.	*vergleiche*	comparc
v. H.	*vom Hundert*	porcentaje
Wwe.	*Witwe*	viuda
z. B.	*zum Beispiel*	por ejemplo
z. H.	*zu Händen*	para entregar a
z. Z.	*zur Zeit*	ahora, actualmente

Numerales

Cardinales

0	null
1	eins
2	zwei
3	drei
4	vier
5	fünf
6	sechs
7	sieben
8	acht
9	neun
10	zehn
11	elf
12	zwölf
13	dreizehn
14	vierzehn
15	fünfzehn
16	sechzehn
17	siebzehn
18	achtzehn
19	neunzehn
20	zwanzig
21	einundzwanzig
22	zweiundzwanzig
23	dreiundzwanzig
30	dreißig
40	vierzig
50	fünfzig
60	sechzig
70	siebzig
80	achtzig
90	neunzig
100	(ein)hundert
101	hundert(und)eins
230	zweihundert(und)dreißig
538	fünfhundert(und) achtunddreißig
1 000	(ein)tausend
10 000	zehntausend
100 000	(ein)hunderttausend
1 000 000	eine Million

Ordinales

1.	erste
2.	zweite
3.	dritte
4.	vierte
5.	fünfte
6.	sechste
7.	sieb(en)te
8.	achte
9.	neunte
10.	zehnte
11.	elfte
12.	zwölfte
13.	dreizehnte
14.	vierzehnte
15.	fünfzehnte
16.	sechzehnte
17.	siebzehnte
18.	achtzehnte
19.	neunzehnte
20.	zwanzigste
21.	einundzwanzigste
22.	zweiundzwanzigste
23.	dreiundzwanzigste
24.	vierundzwanzigste
25.	fünfundzwanzigste
26.	sechsundzwanzigste
27.	siebenundzwanzigste
28.	achtundzwanzigste
29.	neunundzwanzigste
30.	dreißigste
40.	vierzigste
50.	fünfzigste
60.	sechzigste
70.	siebzigste
80.	achtzigste
90.	neunzigste
100.	(ein)hundertste
230.	zweihundert(und)-dreißigste
1 000.	(ein)tausendste

La hora

En Alemania, Austria y Suiza se usa oficialmente el sistema de 24 horas; el sistema de 12 horas se emplea sólo en las conversaciones.

Para indicar el momento del día, podrá añadir *morgens, nachmittags* o *abends* a la hora.

Por ejemplo:

acht Uhr morgens	las 8 de la mañana
zwei Uhr nachmittags	las 2 de la tarde
acht Uhr abends	las 8 de la noche

Los días de la semana

Sonntag	domingo	*Donnerstag*	jueves
Montag	lunes	*Freitag*	viernes
Dienstag	martes	*Samstag, Sonnabend*	sábado
Mittwoch	miércoles		